Hans Franck · Tokkata und Fuge

Hans Franck

Tokkata und Fuge

Das Leben des Johann Sebastian Bach

Roman

AMALTHEA

40. Tausend, Berlin
41.–43. Tausend, Wien

Umschlaggestaltung: Doris Byer, Wien
Druck und Bindung: Wiener Verlag
Printed in Austria 1980
ISBN 3-85002-131-9

Wem die Kunst das Leben ist,
dess Leben ist eine Kunst.

JOHANN SEBASTIAN BACH

I

Während der Zeit, da Martin Luther dem Norden unseres Vaterlandes jenen evangelischen Glauben erkämpfte, welchen man späterhin den lutherischen Glauben nannte, zu Beginn des 16. Jahrhunderts also, gedieh vielverzweigt im Thüringer Lande die Familie Bach.

Ihre Mitglieder waren zum größeren Teil biedere Bauern, zum geringeren Teil tüchtige Handwerker. Alle hatten einen Hang zur Musik. Aber Biederkeit und Tüchtigkeit, Ordentlichkeit und Beladenheit hinderten sie daran, den Verlockungen der klingenden Kunst innerlich nachzugeben oder beruflich gar nachzugehen.

Denn die Musikanten galten als bemakelte Leute, deren Verpflichtung zur Lustigkeit sehr leicht in die Liederlichkeit ausartete, deren Neigung zur Unstetigkeit sehr oft bei der Unordentlichkeit landete. Abgesehen selbstverständlich von den perückentragenden cantores, welche Gott zu Ehren die Orgel schlugen und den Sängerknaben die rechten Töne beibrachten; von den Stadt-Musici, welche Einem Ehrbaren Rath die Feste begeigten und die Leichen bebliesen; von den Hof-Compositeurs, welche den Fürsten die Tafelfreuden erhöhten und die Abendtänze beschwingten. Aber wie sollten wohl Bauern und Handwerker auf einem der beiden Hauptwege, durch Einheirat oder Anstellung, in die Gilde der höheren Musiker gelangen? Für das niedere, für das zunftlose Musikantentum jedoch hielten die Bache sich zugut. Bierfiedler werden, die sich geigend in den Schänken umhertrieben und von den Groschen lebten, welche man ihnen herablassend zuwarf? Dann lieber der Musik gänzlich Valet sagen, lieber bleiben, was man zeitlebens gewesen war: ein rechtschaffener Bauer, ein ehrlicher Handwerker.

Daß es sich bei dem Bekenntnis zum lutherischen Glauben damals nicht um die Frage «Ob-Ob nicht?» handelte, sondern sehr häufig um die Entscheidung: «Leben oder Sterben?» mußte gegen Ende des gedachten Jahrhunderts ein Angehöriger der Bach-Familie an sich selbst erfahren. Der war ein Weißbäcker;

will sagen: je nach Bedarf Müller oder Bäcker oder auch Beides zugleich. Geboren wurde er in Wechmar, einem zwischen Gotha und Arnstadt gelegenen großen Dorf. Weil die Kirche seines Heimatortes dem Märtyrer Sanct Vitus geweiht war, so empfing dieser Bach-Sprößling durch die Heilige Taufe den Namen Vitus. Gerufen aber wurde er von dem ersten Tag an nicht, wie es im Kirchenbuch geschrieben stand, sondern auf Gutdeutsch: Veit.

Diesen Veit Bach trieb die Wandernslust weit durch die Lande. Bis nach Ungarn! Dort, in dem Umkreis von Preßburg, ließ er sich als Bäckersmann nieder. Weil jedoch an der Donau die berufliche Backkunst noch nicht so gut ausgebildet war wie an der Apfelstädt, dem Thüringerwaldflüßchen, welches Wechmar umschäumte, so fand Veit, seiner wohlschmeckenden Brote und seiner leckeren Kuchen wegen, großen Zulauf. Er beschloß also, in Preßburg zu bleiben. Nicht etwa, um ein Ungar zu werden! Das verhinderte sein Heimweh nach den deutschen Bergwäldern, welches an stillen Feierabenden und während schlafloser Nächte spürbar sein Herz benagte. Wohl aber, um dessen Lied zu singen, wessen Brot er buk.

Jedoch über diese säuberlich aufgestellte Rechnung machte Rudolf der Zweite, von dem selbst die Ärzte nicht wußten, ob er noch ein Sonderling wäre oder schon ein Wahnsinniger wurde, Höchstpersönlich einen dicken schwarzen Strich. Denn die Kaiserliche Majestät verlangte mittels eines durch Brief und Siegel beglaubigten Gesetzes: In Ihren Kronländern sollten alle Untertanen, welche sich der Lehre des «Ketzers Martin Luder» ausgeliefert hätten, diesen Irrglauben öffentlich abschwören und bis zu einem datumsmäßig bezeichneten Zeitpunkt reumütig in den Schoß der alleinseeligmachenden Kirche zurückkehren. Wer diesem Befehl nicht unverzüglich gehorche, gehe sämtlicher Besitztümer verlustig. Wer auf die Dauer bei seinem Unglauben beharre, müsse es mit Leib und Leben büßen.

Da verkaufte der deutsche Weißbäcker Veit Bach Haus und Hof, machte seine in Ungarn erworbenen Güter, so gut es sich unter der Peitsche des Zwanges bewerkstelligen ließ, zu Geld, barg den Erlös dafür, zusammen mit seinen Preßburger Ersparnissen, in einem wohlverschnürten Lederbeutel und kehrte nach Deutschland heim.

Die mitgenommene Barschaft reichte aus, eine der drei Mühlen seines Geburtsortes Wechmar, die Nieder-Mühle käuflich zu erwerben. Weil aber die deutschen Landfrauen fast Alle das Brot selber buken und sich auf das Kuchenanrühren besser verstanden als die Ungarinnen, so verwandelte der Weißbäcker Veit Bach sich endgültig in einen Müller. Der hatte alle Hände voll zu tun, das Korn auszumahlen, welches die Bauern des eigenen Dorfes sowie der umliegenden Dörfer mit knarrenden Wagen heranfuhren und auf gekrümmten Rücken zu seiner Mühle schleppten. Solchermaßen wurde Veit Bach im Thüringer Lande zwischen der Wartburg und den Drei-Gleichen ehrbarer Inhaber eines vielfältig mit dem Bauerntum verbundenen Gewerbes.

Und wurde es doch nicht ganz! Denn weitaus größeres Vergnügen als an dem nahrungschaffenden Geklapper seiner Mühle fand Veit an den ertraglosen Klängen seines Cythringen, eines gitarrenartigen Instrumentes, welches er meisterhaft spielte. Das hatte ihn von dem Thüringer Wald bis an die Donau und von der Donau bis in den Thüringer Wald als ein Besitztum begleitet, zu dem Geld und Geldeswert nicht emporreichten. Denn Veit Bach hätte aus Not zwar seinen Lederbeutel mit den klimpernden Münzen drangegeben, jedoch nicht sein Cythringen mit den klingenden Tönen. Gewiß, man konnte nach dem Verlust der Cythara für den Beutelinhalt eine andere, vielleicht gar eine bessere Zupfgeige kaufen. Aber nimmer und nirgendwo war dafür jenes Instrument zu erstehen, das ihm von seinem Vater, wie Diesem von dessen Vater zur Verschönerung und Vertiefung abendlicher Mußestunden überantwortet wurde.

Veit Bach spielte allerdings das Cythringen nicht nur, wie seine Vorfahren, an den Feierabenden. Wenn die Mäuler der Mahlgänge hinreichend mit Korn gefüttert, wenn die Säcke zum Mehlauffangen säuberlich vorgebunden waren, wenn das unermüdliche Wasser und die geschärften Steine ohne menschliche

Beihilfe ihr Werk taten: dann nahm Veit auch am Tage das geliebte Instrument in den Arm und ließ dessen Saiten zu seiner volltönigen Stimme erklingen. An geistliche Gesänge reihten sich Lieder des Volkes. Diese gingen vom Ernst zum Scherz über. Neben dem Lustigen fehlte Lockeres nicht. Daß er wiederholt nach eigenem Gusto präludierte und postludierte, wurde Veit Bach kaum bewußt. Jedenfalls nicht als eine Leistung, die Anerkennung verdiente. Beides ergab sich von selbst. Bedeutsamer war, daß die Töne des Gitarrchens und das Gelärm der Räder sich ineinanderfügten. Denn dem Taktgebot seiner Mühle konnte der singende Müller auf keine Weise entgehen. Es war immer da. Es war unausweichlich. Mochte gesungen und gespielt werden was wollte – Geistliches oder Weltliches, Schweres oder Leichtes – das Rädergeräusch war allbeherrschend. Sollte nicht unerträgliche Wirrnis entstehen, so blieb nur Eines übrig: der taktlichen Oberhoheit seiner Mühle sich zu unterwerfen. Veit Bach erkannte, mit seinem Gesang wie mit seinem Spiel, den Gang des Mahlwerkes als bestimmend an. Er ließ sich, ohne aufsässig zu werden, für das Musizieren den Takt von der Mühle befehlen. Denn der Ahn des Bach-Geschlechtes wußte: Takt ist A und O, Takt ist Anfang und Ende aller Musik.

Als dem Weißbäcker Bach der erste Sohn geboren wurde, erhielt Dieser einen biblischen Namen. Aber wie sein Vater nicht Vitus sondern Veit gerufen wurde, so hieß man ihn nicht, gemäß der Vorschrift des Kirchenbuches, Johannes sondern Hans.

Dieser Älteste des Wechmarer Besitzers der Nieder-Mühle ergriff die Profession eines Bäckers. Weil jedoch der Knabe eine ungewöhnliche Begabung für die Musik hatte, willigte Veit Bach schließlich ein, daß Hans nach dem Gewerbe des Bäckers auch noch das Gewerbe der Musik erlerne. Damit aus dem Jungen auf jeden Fall etwas Rechtes würde, gab der Vater seinen musiksüchtigen Sprößling einem entfernten Verwandten, dem Stadt-Pfeifer Caspar Bach zu Gotha, in die Lehrung. Nachdem die fünfjährige Lehrzeit ausgestanden war, kehrte Hans Bach nicht heim. Er blieb bei dem Gothaer Großonkel als Geselle in condition, half ihm fiedeln und blasen, pfeifen und tromben, wie es die jeweilige Gelegenheit ermöglichte oder die unabweisbare Notwendigkeit erforderte. Auch da sein Lehrmeister nach Arnstadt übersiedelte, folgte Hans freien Willens Diesem dorthin.

Inzwischen verzeichnete die Uhr der Geschichte das Jahr 1619. Zu Prag war um des Glaubens willen jener Krieg ausgebrochen, welcher erst nach einem Menschenalter endete. Ehe aber die Heere sich von Böhmen nach Deutschland wälzten, starb zu Wechmar der Weißbäcker Veit Bach, welcher wegen seiner Treue zum lutherischen Bekenntnis Ungarn mit der Überzeugung verlassen hatte, daheim in seiner Religion unangefochten zu sein.

Infolge des väterlichen Todes blieb dem Ältesten von Veits Söhnen, dem Stadtpfeifer-Gesellen Hans Bach, nichts übrig, als nach Wechmar zurückzukehren. Er nahm die Nieder-Mühle samt allen Gütern des Verstorbenen in Besitz, trug und ertrug, was ihm von dem Schicksal aufgepackt war, trieb sein nährendes Gewerbe schlecht und recht. Mit innerer Anteilnahme geschah es freilich nicht.

Denn Hans Bach fühlte sich in der Wechmarer Gastwirtschaft unter lustigen Zechkumpanen bei Fiedelsang und Becherklang wohler als in der stumpfen Einsamkeit seines Hauses bei dem gleichförmigen Geklapper der Räder und dem einschläfernden Rauschen des Wassers. So übergab er eines Tages seinem jüngeren Bruder mit allen Rechten die Nieder-Mühle und siedelte in das Dorfwirtshaus über. Nachdort zog ihn, außer der Möglichkeit des ungebundenen Lebens, ein zweipoliger Magnet; die dunklen Augen der Schänkentochter Anna Schmied. Sehr bald war Diese denn auch die Frau von dem Ältesten des verstorbenen Weißbäckers. Da wider die Vorhersage mancher Bach-Tanten und Bach-Basen mit der Heirat Alles nach der rechten Ordnung durchgeführt wurde, ließ sich gegen solchen Verlauf der Dinge nichts Ernsthaftes einwenden. Außer gegen den Leichtsinn, die gutgehende Mühle aufzugeben!

Denn wovon leben? Zumal, wenn die vielen Kinder kamen, welche seit alters ebenso zu den Bachen gehörten wie viele Instrumente! Wovon leben? Ja, wovon auskömmlich leben? Antworten, Hans! Der Bestürmte erwiderte lachend: «Von der Musik!» Natürlich, hieß es daraufhin, von der Musik. Wovon sonst? Um was für eine Anstellung im Musikerberuf er sich denn beworben hätte? Zum orgelschlagenden Cantor würde sein Gefiedel und Gepfeife nicht ausreichen. Zum Hof-Musicus fehlten ihm die feinen Sitten. Bliebe demnach nur die Stadt-Pfeiferei. Verständiger Weise habe sein in Gott seeliger Vater nach der Bäckerei ihn auch die Musikerei regelrecht erlernen lassen. Jedoch der Raths-Musikerstellen in den Städten seien wenige, der Bewerber darum aber viele! Ob er auf eine Anstellung rechnen könne? Ohne Zweifel. Denn sonst würde nicht Hals über Kopf geheiratet worden sein. «Anstellung?» Hans Bach lachte so hell und heiter, wie nur sein sorgloses Herz zu lachen vermochte. «Anstellung??» Er denke nicht daran, sich irgendwo festzusetzen. Denke nicht daran, gegen vertragliche Einkünfte, die zum Leben zu gering, zum Sterben zu groß seien, jahraus – jahrein das Gleiche an der gleichen Stelle als Musik von sich zu geben. Wer ihn brauche, dem spiele er. Wohin man ihn rufe, dahin gehe er. Was man von ihm wünsche, das musiziere er. «Bierfiedler werden?» fragten die Tanten entsetzt. «Nichtdoch!» begehrte Hans Bach auf. Kein umherstrolchender Tanzpauker, kein rechtloser Bierdudler gedenke er zu sein. Sondern ein ehrlichgesprochener Musikant. Jawohl, ein Musikant, dem Niemand etwas zu befehlen hätte als er selbst. Und die Musik! Ein Musikant, der eines Tages als zunftwürdig anerkannt werde. Wie es bis dato die Cantoren und Stadt-Musiker und Hof-Capellmeister schon seien! Nicht nur die Bachischen Tanten und Basen, auch die Bachischen Oheime und Vettern schüttelten über den Ausbund ihres Geschlechtes die Perückenköpfe. Der Angeklagte lachte.

So wurde aus Hans dem Bäcker, über Hans den Stadt-Pfeifer hinweg, Hans der Spielmann. Er zog von Wechmar aus durch die Lande; jeweils dorthin, wohin man ihn rief: nach Gotha und Arnstadt, nach Eisenach und Erfurt, nach Schmalkalden und Suhl. Denn man hatte ihn um seiner untrübbaren Heiterkeit willen überall gern. Bereitwillig half Hans Bach den musizierenden Stadt-Pfeifern, welche ihn sich verschrieben, mit seiner Fiedel aus. Noch lieber freilich spielte er in kleineren Orten und weltfernen Dörfern allein. Denn es war sein höchstes Glück, bei Hochzeiten und Kindtaufen, auf Erntefesten und Fastnachtsfeiern überströmende Fröhlichkeit zu verbreiten; durch sein Spiel und seinen Gesang, durch sein Lachen und sein Spaßen.

Die Einsprüche der Bach-Verwandten, ein Leben auf die Fiedel-Musik zu gründen, erwiesen sich als unberechtigt. Denn das Geigen des Spielmannes Hans rundum in den Thüringer Landen ernährte nicht nur seinen Mann. Auch Frau und Kinder hatten hinreichend zu essen. Mehr noch: Eines Tages war er imstande, zur gedeihlichen Unterkunft der Seinen, in unmittelbarer Nähe der väterlichen Mühle ein Haus zu kaufen; ein zwar nur eingeschossiges, aber breitgelagertes Gebäude, das mit seinem großen Torweg und seinem geräumigen Hof einen behäbigen Eindruck hervorrief. So brauchte Hans Bach, wenn er vorübergehend daheim weilte, nicht mehr in der Gastwirtschaft des Vaters seiner Frau um Aufnahme zu bitten. Er konnte unter eigenem Dach, im eigenen Bett schlafen, solange sein Gewerbe, das zur Hauptsache auf die Nächte angewiesen war, es nötig machte.

Freilich, den größten Teil der Lebenskosten für sich und die Angehörigen verdiente der Sohn Veit Bachs keineswegs durch sein Gespiel sondern durch sein Gespaß. Er war nämlich außer Hans dem Spielmann auch noch Hans der Narr. Immer wieder mußte der Musikbesessene, wenn man im Saal des Tanzens müde wurde und wirksamere Belustigungen verlangte, die Geige beiseite legen und die Pritsche zur Hand nehmen. Falls dann über seine Späße und Sprünge, über seine Narreteien und Bänkelsängereien des Lachens kein Ende war, so flossen die Belohnungen noch reichlicher als während des Spielens. Und zu vorgerückter Stunde ergoß sich über Den, der nichts als Musikant sein wollte, aber daneben Narr sein mußte, ein Münzenregen. Diesen mit den hohlen Händen aufzufangen, verfehlte der Beschenkte ebensowenig, wie sich zur Quittung für die empfangenen Gaben mit noch deftigeren Späßen beliebt zu machen.

Demgemäß hielt auf einem Kupferstich-Conterfei Hans Bach der Spielmann zwar in der Linken die Geige und in der Rechten den Geigenbogen. Oberhalb seiner Schultern aber war die Narrenschelle zu sehen. Die Haare kurz geschoren. Eine wohlgepflegte Locke allerdings hing über die ganze Stirn bis zur Nasenwurzel herab. Die übliche Perücke fehlte. Und – kaum zu glauben, aber tatsächlich! – und der fiedelnde Narr wagte es, einen Bart zu tragen; einen zierlichen Schnurrbart sowie einen üppigen Spitzbart. In der rechten Ecke des Bildes stand zu lesen:

Hie siehst du geigen Hannsen Bachen,
Wenn du es hörst so mustu lachen.
Er geigt gleichwol nach seiner art,
Unnd tregt ein hipschen Hanns Bachen-Bart.

Die Befürchtungen der bäuerlichen und handwerkerlichen Bache, daß durch bedingungslose Auslieferung an die Musik Unordentlichkeit und Unehrlichkeit, Unanständigkeit und Unehrbarkeit für Hans den Spielmann die unabwendbare Folge sein und damit in ihre Hochlöbliche Familie einziehen werde, erfüllte sich also nicht. Dieser angeblich aus der Art geschlagene Bachsprößling wurde vielmehr, wie auf einem anderen Bild – einem Holzschnitt – zu lesen war, genannt:

homo laboriosus simplex et pius,

mithin:

ein arbeitsamer, einfacher und frommer Mann.

Sieben Jahre nach dem Tode Veit Bachs, des Weißbäckers, raffte die Pest, welche in Wechmar fünfhundertunddrei Bewohner – mehr als die Hälfte – austilgte, Hans den Spielmann hinweg. Einige Jahre später folgte ihm, von der selben Krankheit überfallen, die Gastwirtstochter Anna Schmied, seine duldsame Frau, in jenes Reich, wo Melodien und Harmonien in solcher Reinheit erklingen, wie Menschen sie auf der Erde zwar immer ersehnen, aber niemals erreichen.

Mit Christoph, dem noch zu Lebzeiten des Großvaters geborenen Sohne des Spielmanns, schien dieser Zweig des Bachischen Geschlechtes zu verkümmern. Wohl hatte auch er die musikalische Begabung der Bache als Geschenk auf den Lebensweg mitbekommen, und sein Vater Hans ließ es sich, wenn er ausnahmsweise daheim war, nicht nehmen, ihm die musica instrumentalis beizubringen. Aber in Christoph wirkte sich das Blut der Mutter stärker aus als in seinem älteren Bruder Johann sowie in seinem jüngeren Bruder Heinrich, die um jeden Preis Musiker werden wollten und auch wurden. Anna Schmiedin, die Frau des Spielmanns, hatte zu oft vergeblich auf die Heimkehr ihres irgendwo im Lande fiedelnden Gatten warten, und wenn er endlich kam, erleben müssen, daß der Übermüdete daheim nach nichts dermaßen begehrte wie nach Schlaf. So daß also weder ihre alltäglichen Sorgen noch die Zukunft der Kinder ihn ernstlich bekümmerten. Sie forderte daher von dem weichmütigen Christoph das Gleiche, was die Tanten und Basen von Hans Bach verlangt hatten: «Anstellung!» Jawohl, eine bezahlte Anstellung! Damit er jederzeit zu essen und zu trinken, jederzeit ein Dach über dem Kopf und ein Bett unter dem Hintern hätte. War die Anstellung gesichert, dann könnte, neben dem Spiel für den Brotherrn, soviel Musik von ihm gemacht werden, wie er machen wollte. Wahrscheinlich sogar mehr, als sein Herz verlangte!

Und Christoph Bach – der Sohn des Spielmanns, der Enkel des Weißbäckers Bach zu Wechmar – erlangte eine gesicherte Anstellung. Freilich, während seine Brüder aufstiegen, Johann Stadt-Musicus in Arnstadt wurde, Heinrich es ebendort bis zum Stadt-Organisten brachte, freilich Christoph stieg hinab. Er wurde in Weimar fürstlicher Bedienter des Herzogs, erwarb als Lakai und Läufer, als Tafeldecker und Türhüter seinen kärglichen, aber sicheren Lebensunterhalt. Er wartete bei Tisch auf. Er öffnete Hohen Herrschaften die Tür. Er beförderte Briefe. Er verbrachte einen großen Teil seines Tages mit gekrümmtem Rücken. Wenn jedoch aus feierlichen Anlässen übertag bei Tisch oder des Abends zum Tanz die Herzogliche Capelle aufspielte, brauchte Christoph Bach keine Schüsseln zu schleppen, keine Türen vor heranrauschenden Fürstlichkeiten zu öffnen.

Dann durfte er die Geige spielen. Aber da ein Reisefourier die Trompete schmetterte, ein Grenadier die Flöte blies, ein Haarschneider die Oboe bediente, warum sollte der Lakai Christoph Bach nicht die Fiedel streichen?

In Erfurt, wo der auch-geigende fürstliche Bediente schließlich als Stadt-Pfeifer eine würdigere Anstellung fand, gebar Maria Magdalena Grabler ihrem Manne Christoph Bach drei Söhne: Johann Christoph, Johann Ambrosius und Georg Christoph. Die beiden Älteren waren Zwillinge und sich dermaßen ähnlich, daß selbst ihre Frauen, wenn die Männer des Tages nebeneinander daherkamen, sie des Öfteren verwechselten. Die Gleichheit der Zwillinge reichte so weit, daß Beide die gleiche Sprache redeten und die gleichen Weisen liebten, die gleiche Gesinnung hatten und die gleichen Speisen bevorzugten; daß Beide sich auf gleiche Art vergnügten und aus den gleichen Anlässen erregten. Was Wunder also, daß sie auch die gleichen Krankheiten bekamen und die gleichen Schicksalsschläge erlitten!

Sowohl Johann Christoph wie Johann Ambrosius waren kraftvolle Naturen. Als ihre Schwester Dorothea Maria in dem Hause des Letzteren, welcher sie aus Erbarmen zu sich genommen hatte, starb, da konnte der Eisenacher Pfarrer Valentin Schrön sich nicht enthalten, an dem aufgebahrten Sarge festzustellen: Unsere im Herrn verstorbene Mit-Schwester war ein einfältiges Geschöpf, die nicht wußte, was rechts oder links ist. Sie war wie ein Kind. Sehen wir hingegen ihre Brüder an, so finden wir, daß sie eines guten Verstandes sind, mit Kunst und Geschicklichkeit begabt wurden, die bei Kirchen, Schulen und gemeinem Stadtwesen sich wohl hören und sehen lassen können, so daß bei ihnen das Werk den Meister lobet.

Johann Christoph, dem ältesten der Zwillingsbrüder, drohte freilich die überschüssige Bach-Kraft den Boden seines bürgerlichen Lebensgebäudes zu unterhöhlen und es zum Einsturz zu bringen. Der Gesundheitstrotzende hing sein Herz, als er mit 23 Jahren zu Arnstadt Musicus geworden war, an die wohlhabende Bäckerswitwe Sophie Elisabeth Kannewurf. Da Diese, ihrer Ehre wegen, eines Tages die Innehaltung des in verschwiegener Stunde gegebenen Eheversprechens von ihm forderte, Johann Christoph jedoch bestritt, sich mit einem weitgreifenden Wort ihr verpfändet zu haben: so mußte ein Prozeß die verzwickte Sache schlichten. Nach zwei Jahren entschied der Richter zu Gunsten des Mannes dahin: Ein rechtsgültiges Eheversprechen liege nachweisbar nicht vor. Der Termin endete mit einem Vergleich. Sophie Elisabeth Kannewurf, die vierzigjährige füllige Bäckerswittib, überließ dem fünfundzwanzigjährigen jugendschlanken Musicus Christoph Bach zu unbeschränkter Nutzung ihr Haus auf der Kohlgasse, ihren Garten an der Borngasse, die Hälfte ihrer Äcker vor dem Stadttor. Dahingegen hatte der Losgesprochene für die Kannewurfin bis an ihr Lebensende zu leisten: Freie Wohnung, Kleidung, täglich einen wohlschmeckenden Braten samt dem dazugehörigen warmen Essen, täglich zwei Quart Bier. Johann Christoph Bach – froh, mit einem blauen Auge von der Bäckerswitwe losgekommen zu sein – erfüllte getreulich die richterlich festgesetzten Verpflichtungen. Allerdings tat die Verlassene dem jungen Musicus den Gefallen, bald zu sterben. Der heiratete im vierunddreißigsten Jahre seines Lebens die Tochter des Ohrdrufer Kirchners, lies: Küsters, Martha Elisabeth Eisentraut, zeugte sechs Kinder, waltete ehrbar seines Amtes, Musik zu machen in der Kirche und der Schule, auf dem Rathhaus und dem Tanzsaal; gleicherweise für die Ehrbaren Stadtväter wie für Gemeine Leut. Bis er, geachtet und geehrt, im besten Mannesalter starb.

Sein Zwillingsbruder Johann Ambrosius war um noch einige Grade kraftvoller und fülliger, aber auch zielbewußter und zweckstrebiger als der Arnstadter Musicus. Er stand mit beiden Beinen auf der Erde. Und zwar auf der Thüringischen Erde! Sein Bild bewies es eindeutig. Durch das offene Fenster des Eisenacher Hauses blickte von oben her, bestätigend und mahnend, die Wartburg in die Musicanten-Stube. Kein Zweifel: Der dort breitschulterig und vollgesichtig stand, war ein ganzer Mann. Das dunkle, eine Perücke verschmähende Haar geschoren wie bei Hans Bach. Allerdings die Stirnlocke des fröhlichen

Fiedlers fehlte. Ungewöhnlich große Augen und eine äußerst kräftige Nase belebten das Gesicht. Der breite Mund zusammengepreßt. Auf der Oberlippe der Hanns Bachen-Bart: dünn nur, jedoch unmißkennbar. Das Hemd über einer lockeren Halsbinde lässig geöffnet. Die Linke untätig. Aber schon — einen Angriff abwartend — in das dunkle, schmucklose Gewand geschoben. Die Rechte — nach dem beherrschten Mund sowie den wachsamen Augen — das Sprechendste des ganzen Bildes. Diese Hand war aufgetan. Also bereit, Jedem, was ihm gebührte zu geben. Es bestand jedoch keine Ungewißheit, daß sie sich nötigenfalls im Nu schließen und zupacken würde. Ja, wenn es nötig war, zuschlagen!

Einem solchen Mann mußte es gelingen, die Berufshürden zu übersteigen, die Zunftmauern zu durchbrechen, bis zu dem inneren Ring der Musikmacher vorzudringen und als vollgültiger Meister von den Bürgern in ihre Mitte aufgenommen zu werden. Freilich, so hervorragend auch Johann Ambrosius als Mit-Angehöriger der Erfurter Musicanten-Compagnie die Geige spielte — die bloße Musik würde keinesfalls vermocht haben, ihm den Gang bis zur erstrebten höchsten Stufe der Zunftwürdigkeit zu ermöglichen. Etwas Entscheidendes hatte hinzuzukommen: die Einheirat in eines der Erfurter Geschlechter. Nun wohl, Johann Ambrosius Bach brauchte nicht, wie andere Bache, die Tochter eines Gastwirtes oder Bäckers, eines Schneiders oder Küsters zu ehelichen. Es gelang ihm, den Verspruch mit der Tochter eines Ehrbaren Rathsverwandten, will sagen: eines angesehenen Rathsherren, zu erzielen.

Dieser, Valentin Lämmerhirt auf dem Junkersand, war freilich auch ein Kürschner gewesen. Aber er blieb es nicht. Also führte Ambrosius Bach, nachdem mancherlei Verhandlungen voraufgingen, mit dreiundzwanzig Jahren die vierundzwanzigjährige Lämmerhirtin Elisabeth, die Tochter eines Angehörigen der Erfurter Geschlechter, als Gattin heim.

Nun stand dem endgültigen Emporstieg des Stadt-Pfeifers Johann Ambrosius Bach in die übergeordnete Gilde seines Berufes nichts mehr entgegen. Drei Jahre darauf wurde denn auch der Schwiegersohn des Rathsherren Valentin Lämmerhirt als Stadt-Haußmann und Stadt-Musicus nach Eisenach berufen, wo bereits ein Bach, namens Johann Christoph, ein schöpferischer Musiker von hohen Graden, seit dem zweiundzwanzigsten Lebensjahr als Organist der Sanct Georgen-Kirche seines Amtes waltete.

In dem Vertrag mit dem Rath der Stadt Eisenach wurde festgelegt, daß nach dem Tode des Haußmannes und Musicus Christoph Schmid Herr Johann Ambrosius Bach von Erfurt als Stadt-Haußmann, das ist: als Türmer, und als Stadt-Musicus bestellt werde. Denn er habe sich während des Gottesdienstes durch eine Probe in der Musik sämtlichen Mitbewerbern überlegen erwiesen. Mit gedachtem Herrn Bachen sei also ein contract dahingehend geschlossen worden, daß Derselbige die vacierende – die offene – Dienststellung antreten und demnächst seinen Zuzug nehmen solle.

Als Haußmann habe Bach jeden Tag zweimal auf dem Rathhaus – sowohl des Mittags umb zehn Uhr wie auch des Abends umb fünf Uhr – abzublasen und dieses, wie sein Vorgänger, als gewöhnliche Observanz, als ständige Verpflichtung, zu erachten.

Die niederen Dienste des Haußmannes wurden dem von Erfurt aus zuziehenden Schwiegersohn eines Rathsmitgliedes erlassen. Johann Ambrosius brauchte also nicht, wie ein entfernter Verwandter in Gotha, auf dem Turm zu wohnen. Brauchte nicht die Stunden zu beblasen. Brauchte nicht alle sich der Stadt nahenden Fremden zu beachten. Brauchte nicht, wenn Feuer ausbrach oder mehr als zwei Reiter herangaloppierten, von oben herab ins Horn zu stoßen, damit die Flammen rechtzeitig gelöscht, die Tore vorsorglich geschlossen würden.

Als Stadt-Musicus habe, fuhr die Bestallung-Urkunde fort, Herr Johann Ambrosius Bach alle Festtage und Sonntage sowohl vor wie nach der Predigt, vormittags wie nachmittags beym Gottesdienst auf Anordnung des Herrn cantoris mit zweckwürdiger Music aufzuwarten. Bei sämtlichen Dienstleistungen solle der neue Stadt-Musicus sich willig erweisen. Auch ständig bemüht bleiben, in seiner Kunst sich zu vervollkommnen.

Für die gesamten Leistungen werde der künftige Stadt-Haußmann und Stadt-Musicus jährlich nachfolgende Summen (wobei nicht außer Acht zu lassen ist, daß dazumal ein Pfund Ochsenfleisch 20 Pfennige, ein Laib Brot 12 Pfennige und eine Kanne Bier 9 Pfennige kosteten) rechtens empfangen:

Erstens 5 Gulden 8 Gute Pfennige Marckwährung als Kleidergeld.

Zweitens 11 Gulden als Uhrgeld; wobei es als billig zu erachten sei, daß der Türmer für das Übernehmen gewisser niederer Dienste jährlich die gleiche Summe erhalte.

Drittens habe Bach den Covent — das Bezugsrecht — im Städtischen Bräuhaus, dürfe demgemäß von dort soviel Freibier holen lassen, wie er wolle.

Viertens seien ihm außerdem 24 Gulden Marckwährung aus den Einkünften Eines Ehrbaren Raths jährlich zugestanden.

Fünftens beziehe er 4 Gulden Marckwährung aus den Weihfasten.

Sechstens dürfe er, wenn das freibeziehbare Schwachbier für seinen Durst nicht reiche oder seinem Geschmack nicht zusage, gleich dem vorigen Stadt-Pfeifer, sich selber einen Haustrunck brauen.

Siebtens verspreche Ein Ehrbarer Rath, ihm für drei Jahre freye Wohnung zu verschaffen. Nach solcher Zeit jedoch habe er selbst sie sich zu erwerben und die Kosten derohalben zu tragen.

Achtens verweise man die Bierfiedler künfftighin an ihn und zwar dergestalt, daß er, Herr Johann Ambrosius Bach, da selbige bei vielen Festen mit Musik aufwarteten, den gewöhnlichen Lohn erhalten, die Bierfiedler jedoch nur das Trinkgeld davon haben sollten. Ein Ehrbarer Wohlweiser Rath sage ihm zu, daß Er seinem Stadt-Musicus jeden billigen Schutz leisten und eine andere Regelung inskünfftig nicht mehr zulassen werde.

So geschehen Eysenach, den 12. Oktober anno 1671.

Unterzeichnet:

Der Rath daselbst
Johann Ambrosius Bach

Darüber hinaus wurde dem Haußmann Johann Ambrosius Bach durch den Herzog Johann Georg von Sachsen noch eine weitere Besoldung an Geld und Frucht darumb aus Gnaden zugewendet, weil nicht nur Er bey der Hof-Capelle allzeit mitmusizieren müsse, sondern auch seine Leute, welche zu hausen und zu unterweisen er verpflichtet sei.

So war denn Johann Ambrosius Bach – der Urenkel des cythringenspielenden Wechmarer Müllers Veit Bach, der Enkel des dortigen Spielmanns Hans Bach, der Sohn des Weimarer Hoflakaien Christoph Bach – mit 26 Jahren in Eisenach Haußmann, Musicus und Hof-Capellen-Mitglied geworden, welcher für die Verstärkung des persönlichen Musizierens Lehrknaben und Gesellen auf seine Kosten hielt. Und zwar unter dem eigenen Dache! Denn die Einkünfte aus seiner vielfältigen Tätigkeit reichten hin, anfangs ein bescheidenes Haus in der Fleischergasse, später ein zweigeschossiges Haus an dem Frauenplan zu erwerben.

Johann Ambrosius genoß das volle Vertrauen der Stadtoberen und die Huld seines Herzogs. Er galt als ausgezeichneter Geiger und tüchtiger Bratscher. Er war seinen Untergebenen ein zwar strenger, aber gerechter Lehrmeister. Er stand bei seinen Mitbürgern als zuverlässiger, ehrenwerter Mann in hohem Ansehen. Er wurde von den Frauen Eisenachs um der stattlichen Erscheinung willen gern gesehen. Bewundernde Blicke folgten ihm, wenn er mit einem Instrument unter dem Arm zur Kirche, zum Rathhaus, zum Schloß hin die holperigen Straßen der Wartburgstadt gemessen, aber kraftvoll durchschritt.

Johann Ambrosius Bach hätte zufrieden sein können. Jedoch da ihm nach mehr denn zehnjähriger Tätigkeit zu Eisenach das

Angebot erreichte, in Erfurt die gleiche Music-Compagnie als Leiter zu übernehmen, deren Mitglied er längere Zeit gewesen war, beschloß der strebsame Musikant, diesem Rufe zu folgen.

Also richtete Ambrosius unter dem Datum des 2. April im Jahre 1684 an den Rath zu Eisenach das schriftliche Gesuch, ihm die Rückkehr nach Erfurt gnädigst verstatten zu wollen. Eine Reihe von Gründen wurden für diesen Entschluß angeführt. Einmal: In seinem Hause gebe es bereits sechs Kinder, und das Siebente sei dorthin auf dem Wege. Zum Anderen: Er müsse unter seinem Dach drei Lehrknaben sowie drei Gesellen hausen und nähren. Das mache in dem Verlauf eines Jahres viele Kosten. Dafür reiche aber seine Einnahme nicht aus. Alldieweil es zufolge von Todesfällen auf dem Schloß und in den Rathsherrenhäusern immer wieder Wochen der Amtlichen Trauer gebe, während derer Geige und Bratsche öffentlich nicht erklingen dürften. So hätte er, um mit Frau und Kindern, mit Gesellen und Lehrknaben nicht Hunger zu leiden, sich mehrfach schon bei den unzünftigen Musicanten – den Bierfiedlern, den Hümplern und Stümplern – eingereiht, um auch an den Trinkgeldern bei privaten Festen teilzuhaben. Das aber sei sub primo bei einem musicus designatus, einem privilegierten Stadt-Musicus, unter dessen Würde und reiche sub secundo als Aufbesserung seiner allzuschmalen Einkünfte doch nicht aus. Daher die dringliche Bitte: nach Erfurt, als director musices, zurückkehren zu dürfen. Allwo die Seinen besser leben könnten. Denn für die Music-Compagnie brauche dort nicht Er die Gesellen und Lehrknaben zu halten, zu speisen und zu lohnen. Sondern dies Alles geschehe von Seiten der Erfurter Stadtväter.

Unterzeichnet:

Euer WohlEdlen, WohlEhrenvesten, Groß- und Vorachtbaren, Weisheitlichen

Unterthäniger
Johann Ambrosius Bach,
Stadt-Pfeifer

Ein Ehrbarer WohlWeiser Rath der Stadt Eisenach antwortete auf dieses Bittgesuch seines Haußmannes und Musicus nicht.

Johann Ambrosius wiederholte nach drei Wochen den Antrag in dringlicherer Form.

Daraufhin eröffnete Ein Ehrbarer WohlWeiser Rath dem Supplicanten — dem Bittsteller — das ihm Gebührende: Sowohl Seine Durchlaucht der Herzog Johann Georg wie sämtliche Stadthäupter, wie auch die ganze Gemeinde seien mit dem Verhalten und den Leistungen ihres Musici Johann Ambrosius Bach nach allen Richtungen hin zufrieden. Er habe sich nicht nur eines stillen und Jedermann angenehmen christlichen Wandels befleißiget, sondern auch in seiner profession dermaßen qualifizieret, wie desgleichen in Eisenach nicht erinnerbar sei. Denn er hätte mit Geigen, Singen, Trompeten und Heerpauken dreingeschlagen wie noch kein Musicus oder Haußmann vor ihm. Demnach liege nicht der geringste Grund vor, ihn nach Erfurt zurückkehren zu lassen. Eine Aufbesserung seiner Bezüge komme trotzdem nicht in Frage. Alldieweil es um die Kassen der Stadt, infolge der Auswirkungen des unmenschlich langen Krieges, immer noch schlecht bestellt sei. Er möge es sich in seinem zweigeschossigen, vielräumigen Hause, das er statt des eingeschossigen, engen ersten Besitztumes hätte erwerben können, mit den Seinen gut ergehen lassen und weiterhin samt seinen Leuten so schönklingende Musik machen wie bisher.

Obwohl er auf eine Erhöhung seiner Bezüge als Mindestes gehofft hatte, nahm Johann Ambrosius diesen Entscheid unwidersprochen hin. Bis an seinen Tod verblieb er in dem hochgelegenen Hause zu Eisenach und erfüllte getreulich die trotz ihrer Dreifaltigkeit einheitliche Lebensaufgabe: für den Fürsten, die Rathsherrn, die Bürger so gute Musik zu machen, wie es seine Gaben und sein Fleiß ihm ermöglichten.

Johann Ambrosius Bach hätte zufrieden sein können. Der allzeit Strebsame war es nicht.

Gewiß, er kam als Musicus über den gitarrespielenden Weißbäcker, über den fiedelnden Spielmann, über den geigenden Hoflakaien weit hinaus. Aber Einer des Bachischen Geschlechtes stieg noch höher empor: Johann Christoph, der Sohn Heinrichs, des jüngsten Sohnes von Hans dem Spielmann, also sein rechtmäßiger Vetter. Dieser Begnadete wirkte ebenfalls in Eisenach. Er schlug unter den Gewölben von Sanct Georg die Orgel. Er fügte ihre Töne ineinander, daß Einem oft Hören und Sehen zu vergehen drohte. Was indessen niemals geschah. Weil man nicht in ein Geräuschlabyrinth verstoßen, sondern durch Dunkelheiten und Wirrnisse, mittelst immerwiederkehrender motiva, hinaufgeleitet wurde in himmlische Höhen. Er schlang achtfach, schlang sechzehnfach die Stimmen zusammen. Er setzte kunstvoll seine Motetten, übte sie den Sängerknaben ein und erhob mit ihnen an den Sonntagen, an den Kirchlichen Festtagen die Herzen der Gläubigen. Ihm aber, Johann Ambrosius Bach, war es zugefallen, dabei Handlangerdienste zu tun.

Glücklicher Johann Christoph Bach!

Denn Dies mußte das höchste Erdenglück eines Musikers sein: nicht die Töne eines Anderen — und sei es noch so rein, noch so stark, noch so vollendet — zu spielen, sondern eigene Töne für das eigene Spiel zu erfinden. Falsch gesagt. Zu finden! mußte es heißen. Sie waren da, die rechten Töne. Inwendig und auswendig. Sie gingen durch den Menschen hin. Man brauchte sie nur zu hören. Und festzuhalten! Hörte er, Johann Ambrosius sie? Ja! Warum hielt er die vorhandenen Töne alsdann nicht wie Johann Christoph eindeutig fest? Doch wohl, weil er sie vor der Unruhe seines Lebens und der Unzufriedenheit seines Herzens nicht nahe genug hörte, um sie für immer sich anzueignen und an Andere weiterzugeben. Freilich, manche Bache hatten die umherschwirrenden Töne mit dem Netz der Noten eingefangen. Befand sich aber zuviel Hast und Handwerkerei dabei! So entglitt ihnen das Göttliche. Und kein Bach von allen Bachen war bisher mit seinen Tönen dem Ewigen Getön so nahe gekommen wie der Cantor zu Sanct Georgen, dem er geigend und bratschend handlangerte.

Glücklicher Johann Christoph? Ja!

Unglücklicher Johann Ambrosius? Nein!

Ihm waren freilich nicht wie dem Knechte der Bibel, als der

Herr über Land ging, fünf Zentner anvertraut. Aber auch nicht nur ein Zentner. Sondern zwei! Mit diesen hatte er gewuchert unter großen Mühen und unermeßlichem Fleiße. So konnte er dem Gebieter über Alles, wenn Dieser die Rückgabe des Musiker-Darlehens forderte, zwei weitere Zentner überreichen. Und Gott würde sagen: «Ei, du frommer und getreuer Knecht, du bist über Wenigem getreu gewesen; ich will dich über Viel setzen.» Über Viel? Dafür war es zu spät. Jedoch daß der Allmächtige die von ihm verdoppelten Zentner an einen seiner Knaben weitergebe, damit Dieser durch abermalige Vermehrung die musikschaffende Kraft Johann Christophs, des Cantors zu Sanct Georgen, erreichte — oder gar überböte! — um solche Gnade wollte er Gott in verschwiegener Nacht immer aufs Neue bitten.

Unglücklicher Johann Ambrosius? Mitnichten!

Am 21. März 1685 war für Elisabeth Bach, die Tochter des Rathsherren Valentin Lämmerhirt, wiedereinmal die Stunde gekommen, da sie gebären sollte. Das achte oder das neunte Kind? Johann Ambrosius Bach wußte es nicht. Er begann also, an den Fingern abzuzählen, um das Wievielte es sich handele. Die Namen der Lebenden hatte er bald beisammen. Die Toten aber machten ihm Beschwer. War es die Folge davon, daß die Heimgerufenen zu früh die Erde verlassen mußten? So daß ihre Gesichter in der Wiege sich zum Verwechseln ähnelten und hinterher bei dem besten Willen nicht mehr unterschieden werden konnten. Der Vater kam schließlich mit sich dahin überein: Das neunte Kind, hoffentlich wieder ein Knabe, war im Anzug. Als Ambrosius es sich von der Lämmerhirtin, die er vor siebzehn Jahren geehelicht hatte, bestätigen lassen wollte, lachte Die, obwohl es ihre Schmerzen vermehrte, ihn aus. Sie erklärte, sobald die Wehe vorüber war: «Das Achte!» Johann Ambrosius stimmte widerspruchslos zu: «Alsdann mit Gottes Hilfe das Achte!» Denn die Mutter mußte es, weil sie neun Monate lang Gelegenheit gehabt hatte, darüber nachzudenken, besser wissen als Er.

Elisabeth Bach brachte an dem gedachten Tage wiederum einen gesunden Knaben zur Welt.

Lange konnten die Eltern sich über den Namen des Neugeborenen nicht einigen. Früher hatten die Bache wohlunterscheidbare Namen gehabt: Wolf und Caspar, Kunz und Nicol, Veit und Jacob, Lips und Stephan, Jonas und Tobias, Thomas und Melchior. Dann war die Sitte aufgekommen, daß die Knaben einen Doppelnamen erhielten. Nun hießen die jeweiligen Bachsöhne Johann Gottfried und Johann Bernhard, Johann Elias und Johann Lorenz, Johann Günther und Johann Michael, Johann Nicolaus und Johann Egidius, Johann Valentin und Johann Georg, Johann Philipp und Johann Samuel, Johann Friedrich und Johann Ludwig und so weiter im gleichen Takt. Es stand demnach fest, daß der Name des am 21. März 1685 geborenen sechsten Sohnes des Eisenacher Musicus Johann Ambrosius Bach ebenfalls mit Johann beginnen müsse. Aber wie sollte der Vorname weitergehen?

Die Mutter schlug, da es ihn – soweit sie sehe – unter den Bachen noch nicht gebe, den Namen Sebastian vor.

Der Vater widersprach: Den Namen eines Märtyrers? Eines Mannes, welcher – über und über mit Wunden bedeckt – vor der Zeit von dieser Welt abscheiden mußte? Nein. Er hoffe, dem neugeborenen Sohn sei ein beßres Schicksal beschieden als dem Heiligen Sebastianus. So daß ihn nicht bei vollen Lebenskräften die Pfeile seiner Gegner auf den Tod träfen.

Die Mutter beharrte bei ihrem Vorschlag.

Der Vater entgegnete: Wenn der Name Sebastian unvermeidbar sei, was er einstweilen weder glauben könne noch glauben wolle, dann laute sein Wunsch, daß ihr achtes Kind, ihr sechster Knabe, sich in Einem den Namenspatron unter keinen Umständen zum Vorbild nehme. Also späterhin nicht seinen Leib den Pfeilen der Widersacher geduldig hinhalte. Sondern ihnen den Bogen aus der Hand reiße, um sie damit zu züchtigen, wie und wo und wann er es vermöge.

Die Mutter bat den Vater: Die Bibel aufschlagen! Aus dem Evangelium Lucas die Geschichte von dem Priester Zacharias und ihrer Namensschwester Elisabeth vorlesen!

Johann Ambrosius Bach las: Wie der Engel Gottes im Tempel dem Priester Zacharias, zur Rechten des Räucheraltars stehend, verkündete, daß sein Weib einen Sohn gebären würde, dessen Name Johannes heißen sollte — wie Zacharias die himmlische Botschaft nicht glaubte, weil er alt und Elisabeth hochbetagt wäre — wie der Engel Gabriel den Ungläubigen mit Stummheit strafte, so daß er vor der wartenden Menge seines Amtes nicht mehr walten und daheim das Geschehene nicht auszusagen, sondern nur aufzuschreiben vermochte — wie Elisabeth einen Sohn gebar nach der Verheissung Gottes, die Nachbarn und Gefreundeten beratschlagten, welcher Vorname dem Neugeborenen beizulegen wäre und sich auf den Namen des Vaters, nämlich Zacharias, einigten — wie Elisabeth sagte: «Mitnichten, sondern er soll Johannes heißen» — wie Alle widersprachen, weil Niemand in der ganzen Verwandtschaft so gerufen werde — wie Zacharias, um seine Entscheidung gefragt, auf ein Täflein schrieb und zugleich mit wiedergelöster Zunge sprach: «Er heißt Johannes.»

Die Mutter fragte: «Muß ich es auch wie Zacharias aufschreiben, wie unser achtes Kind heißen soll?»

Der Vater schüttelte den Kopf.

Und Elisabeth sagte: «Er heißt Sebastian.»

Zwei Tage danach, am 28. März 1685, wurde der sechste Sohn des Stadt-Pfeifers Johann Ambrosius Bach, in der Sanct Georgen-Kirche unter dem Beistand der Paten — des Eisenacher Forstmannes Johann Georg Koch sowie des Gothaer Türmers Sebastian Nagel — getauft. Und zwar auf den Namen:

Johann Sebastian

II

Vom Morgen bis zum Abend, am Alltag und am Feiertag, des Winters wie des Sommers ertönte in dem Hause des Stadt-Pfeifers Johann Ambrosius Bach Musik. Der Vater mußte, um die contractliche Verpflichtung seiner ständigen künstlerischen Vervollkommnung zu erfüllen, üben. Die Gesellen mußten, wenn sie bei dem Erreichten nicht stehen bleiben wollten, üben. Die Lehrknaben mußten, daß sie nach der kurzen Unterrichtszeit von fünf Jahren freigesprochen werden konnten, üben. Die Buben mußten, falls sie keine Bierfiedler und Bönhasen sondern richtige Musikanten zu werden gedachten, üben. Versteht sich, auf ehrlichen Instrumenten wie Geigen, Bratschen und Gamben, Trompeten, Zinken und Posaunen, Oboen und Fagotten, Pfeifen und Trommeln, Schnabelflöten und Querflöten, Bomharten und Pauken. Nicht etwa auf unehrlichen Instrumenten! Als da sind: Dudelsäcke und Triangeln, Sackpfeifen und Drehleiern.

Aber nicht alle Bewohner des Bachhauses an dem Eisenacher Frauenplan handelten nach den Gesetzen der Vernunft und den Geboten der Pflicht. Manche Gesellen rannten eifriger den liebewilligen Mädchen nach als schwer erhaschbaren Tönen. Viele Lehrlinge hatten statt Noten Flausen im Kopf. Einige Knaben mochten lieber umhertollen als Musik einpauken.

Infolgedessen hatte Ambrosius Bach oft beträchtliche Not mit den werdenden Musikanten, welche seiner meisterlichen und menschlichen Obhut anvertraut waren. Wenn trotz unablässiger Mahnung zum Üben bei dem Zusammentritt der Bachischen Haus-Capelle daheim, nun gar in der Kirche, auf dem Rathhaus oder dem Schloß nicht Alles nach den Weisungen der Noten klappte: dann hagelte es Vorwürfe und Schelte, Knüffe und Püffe. Ja, falls die Fehler gar zu arg wurden, tanzte der Bogen des Stadt-Musicus, statt wohllautend auf den Saiten der Geige, schmerzbringend auf den Köpfen der Spieler. Dabei machte es Ambrosius wenig aus, wes Alters der Getroffene war. Er kümmerte sich nicht darum, ob von den Buben mit verstohlenen

Tränen, von den Lehrknaben mit halblautem «Au!», von den Gesellen mit wütenden Blicken die fühlbare Zurechtweisung beantwortet wurde.

Denn Musik war Johann Ambrosius Bach eine ernstliche Sache. Das galt für die weltliche Musik, der seine Helfer gemeinsam mit ihm dienten, nicht minder als für die geistliche Musik, von deren überragender Bedeutung der vetterliche Cantor an Sanct Georgen oft gar zu anspruchsvoll redete. Wer glaubte, daß man fröhliche Stücke liederlich, leichte Weisen unordentlich spielen dürfe, irrte gründlich. Genauigkeit war bei den Suiten und Tänzen, den Intraden und Canzonen, den Sonaten und Conzerten in gleichem Maße notwendig wie bei den Präludien und Fugen, den Madrigalen und Passacaglien, den Kantaten und Motetten. «Also von vorn! Noch einmal! Und noch einmal! Daß es endlich bis zum letzten Nötchen klappt.»

Die geringste Mühe hatte Johann Ambrosius als Lehrmeister mit den eigenen Kindern. Diese waren in die Tonwelt hineingeboren. Weil demgemäß ihre Seelen Musik tagtäglich einatmeten, wie sollten sie nicht Musik tagtäglich ausatmen? Da der Erstling schon in Erfurt verstarb, der blinde Jonas sehr bald der Natur durch den Tod seine Schuld bezahlte, so verblieben nur noch Vier, genauer gesagt: Drei. Denn der Älteste, Johann Christoph, verließ bereits mit 15 Jahren das elterliche Haus, um sich durch Johann Pachelbel in der von seinem Vater nicht gepflegten Kunst des Tastenschlagens auszubilden. Unter den drei Knaben, die in Eisenach zurückblieben, zeichnete sich Johann Jacob, welcher die Oboe und die Flöte blies, unverkennbar bei dem täglichen Musizieren aus.

In den Schatten gestellt aber wurde dieser hochbegabte Bach-Sprößling durch die Fähigkeiten und Leistungen seines um drei Jahre jüngeren Bruders Johann Sebastian. Der hatte sich die Instrumente des Vaters, Geige und Bratsche, zum Spielen auserwählt. Immer von Neuem staunte Johann Ambrosius Bach, wie geringe Mühe sein sechster Knabe ihm als Musiklehrling machte. Oft waren weitgreifende Unterweisungen gar nicht nötig. Einmaliges Zeigen genügte. Ja, Manches sah der Knirps ihm bei seinem Spielen ab und übertrug es, ohne daß Worte hinzukommen mußten, auf seine halbe Geige, der so früh, wie eine Kinderhand es zuließ, die dreiviertel Geige und die ganze Geige folgten, beizeiten durch die Bratsche ergänzt. Deshalb ergab es sich in dem Laufe der Jahre des Öfteren, daß bei diesem Begabtesten der Begabten des Eisenacher Musikantenhauses, was an das Unbegreifliche grenzte, als selbstverständlich hingenommen wurde.

Eines Tages überraschte Johann Ambrosius seinen Jüngsten, als Dieser in der Stille ihrer Wohnung spielend vor dem Clavichord saß. Da konnte der Vater sich allerdings nicht enthalten, verwundert zu fragen: Wer ihm denn das Tastenschlagen beigebracht hätte? Wohl einer von den solcher Kunst mächtigen Gesellen? Denn wie das Geigen und das Bratschen müsse auch das Clavizimbeln und Clavichorden erlernt werden. Sebastians Antwort lautete: Das Tastenschlagen brauche Einem doch nicht beigebracht zu werden. Die Töne seien alle da. In dem Instrument! Nichts nötig, als sie rechtzeitig an sich zu nehmen. Während man auf der Geige erst jeden Ton zurechtmachen müsse. Aber auf Klavieren spielen? Einfach. Die richtige Taste rechtzeitig runterdrücken. So! Und Johann Sebastian spielte ein Tanzstückchen, das sein Vater nicht kannte. Nicht kennen konnte, da es in diesem Augenblick entstand. Als der Sechsjährige glückglühend zu ihm aufsah, glitt Johann Ambrosius mit verhaltener Zärtlichkeit durch die dichten dunklen Haare seines Jüngsten. Zu einem Wort brachte er es nicht. Denn der Stadt-Musicus wollte keinesfalls eingestehen, daß bei ihm selber monatelanger Unterricht nötig sein würde, bis Er es mit dem Tastenschlagen soweit brächte, wie sein hoffnungvollster Sprößling es ohne Mithilfe eines Lehrers bereits geschafft hatte. So ergab sich ohne besonderes Zutun der Eltern, daß ihr Zuletztgeborener eher die durcheinanderpurzelnden Noten zu lesen vermochte als die wohlausgerichteten Buchstaben in Bibel, Katechismus und Gesangbuch.

Aber Johann Sebastian Bach besaß nicht nur eine außerordentliche Geschicklichkeit der Hände beim Musikmachen. Er verfügte auch über eine ungewöhnlich schöne Sopranstimme.

Also reihten die Currendarii schon vor Beginn seiner Schulzeit den Jüngsten des Stadt-Pfeifers Bach bei sich ein. Die Currendeknaben zogen nämlich dreimal in der Woche singend und bittend — um Almosen bittend! — durch die Stadt Eisenach. Angetan mit schwarzen Schalaunen — langen, steifen Umhängemänteln —, auf den Köpfen zylindrige Hüte, in den Händen Notenbücher und Notenblätter: so besangen sie regelmäßig die Hauptstraßen. Nicht etwa alle Häuser gleich ausgiebig! Denn sie wußten, wo die Frau eine mildtätige Hand hatte und wo eine Geizteufelin das Regiment führte, welche den Mann feurig anblies, wenn sein Herz gebeweich wurde, und den Kindern fauchend wehrte, wenn sie von ihren Sparpfennigen einige zu den Knaben herausbringen wollten, die wunderschön vor ihrer Tür gesungen hätten.

Im Allgemeinen flossen Gaben für die Currende reichlich. Dieweil den Eisenachern bekannt war, daß manche von den kleinen Sängern ihr nicht aus Bettelsucht angehörten. Sondern aus bitterer Leibesnot! So gab man, trotz dreimaliger Wiederkehr des Bittsingens in jeder Woche, gern einen namhaften Beitrag zur Verbesserung der Lebenshaltung werdender Musici. An außergewöhnlichen Tagen war die ersungene Summe Geldes häufig dermaßen groß, daß der zur gleichmäßigen Verteilung berufene Lehrer den Überschuß für sich und seine Kollegen zurückbehielt, damit die Knaben ihn nicht unnütz verschleuderten oder lästerlich vergeudeten.

In jedem Januar zogen die Currendaner — unter denen sich, sofern sie noch keinen Stimmbruch erlitten, Siebzehnjährige, ja Achtzehnjährige befanden — während einiger Ferientage auf die Dörfer. Weil sie dort nur alljährlich, nicht wie zu Eisenach allwöchentlich, bittsangen, bekamen sie soviel an Geld und Geldeswert, an Eßbarem und Trinkbarem, daß diese Fahrten meistens in Unfug und Händel, in Völlerei und Sauferei ausarteten. Infolgedessen verbot eines Jahres der Schulrector kurzerhand das auswärtige Singen der Currende. Die Schüler sahen sich also unter dem 18. Januar 1693 genötigt, ein lateinisches Bittgesuch des Inhaltes einzureichen, ihnen doch weiterhin das Singen auf den Dörfern zu erlauben. Denn sie benötigten dringend die bäurischen Gelder, um zu Ostern die neuen teuren Bücher kaufen zu können. Gnädiglich gestattete der Rector weiterhin die Dorfsingefahrten. Freilich unter dem nachdrücklichen Hinweis auf die Gelöbnisse betreffs gesitteten Verhaltens und mit der unmißverständlichen Drohung, daß im nichtbefolgten Falle sein abermaliges Verbot für alle Zeiten Geltung hätte.

Gesungen wurden von den Currendariis auf Eisenachs Straßen hauptsächlich Choräle, vereinzelt auch Jahreszeitlieder; und zwar in planer Form, will sagen: einstimmig. Denn die Mensuralmusik — der mehrstimmige und der figurierte Gesang — war noch nicht solchermaßen inneres Eigentum der Buben geworden, daß sie beide ohne Zeichengebung eines Musiklehrers einwandfrei ausführen konnten.

Keiner sang in den Neunzigern des siebzehnten Jahrhunderts so rein, so inbrünstig wie der kleine Johann Sebastian Bach. Besonders dann, wenn die Eisenacher mit den Weisen noch unbekannter Choräle vertraut gemacht werden sollten; wie etwa mit dem Gesang:

Sei gegrüßet, Jesu, gütig,
Über alle Maß sanftmütig!
Ach, wie bist Du so zerschmissen
Und Dein ganzer Leib zerrissen!
Laß mich Deine Liebe erben
Und darinnen seelig sterben!

Keiner sang so hell, so jubelnd wie Johann Sebastian, wenn es galt, zur pfingstlichen Zeit den noch winterhörigen Eisenachern die Wiederkehr des Frühlings mit der alten Weise zu verkünden:

Die liebe Maienzeit
Mein ganzes Herz erfreut,
Wenn ich mir tu anschauen
Die Blumen auf der Auen
Und hör die Vögel singen,
Wie es so schön tut klingen.

Der Sohn des Stadt-Pfeifers und Hof-Musicus Johann Ambrosius Bach hatte nicht nötig, sein Brot durch Singen zu erbetteln, wie es vor anderthalb Jahrhunderten der Sohn des Bergmannes Hans Luther tun mußte. Der gehörte als Siebzehnjähriger ebenfalls der Eisenacher Currende an, deren Mitglieder sich das panem propter Deum — das Brot um Gottes willen — ersangen. Martin Luther gedachte an diese Tätigkeit gern zurück. So sagte er später voll Stolz in seiner «Lobrede auf die Musik»: Verachtet mir solche Gesellen nicht. Ich bin auch ein Partekenhengst gewest. Das sind die Rechten, die in geflickten Mänteln und Schuhen gehen und das liebe Brod vor den Thüren sammeln. Es werden oft die besten, gelehrtesten und vornehmsten Leute. Oh, verzagt nicht, ihr guten Gesellen, die ihr jetzt in der Currende gehet und mit im Chor seid! Manchem unter euch wird ein Glück beschert, daran ihr jetzt nicht denkt.

Johann Sebastian Bach brauchte nicht zu erhoffen, daß ihn eine begüterte Eisenacherin um seiner schönen Stimme und seines andächtigen Singens willen zu sich holte, speiste, kleidete, wie es Frau Cotta mit dem Currendaner Martin Luther getan hatte. Gewiß, die Kost in dem Haus am Frauenplan war schmal, der Platz eng, die Kleidung bescheiden. Aber was zum Leben benötigt wurde, fand er daheim. Johann Sebastian konnte also nach dem beendeten Umzug der Currende getrost zu den Eltern zurückkehren und sich des Gedankens erfreuen, um des Singens willen gesungen zu haben.

Die älteren Mitglieder der Currende hatten es bald herausbekommen, daß die Gaben der Eisenacher, wenn der Sohn des Stadt-Musicus bei dem Umherziehen mitsang, reichlicher flossen, als wenn er gezwungen war, zu fehlen. So schoben sie ihn geflissentlich nach vorn. Damit man sähe, wie klein Sebastianchen noch sei, kleiner denn sie Alle; damit man hörte, wie schön Sebastianchen singe, schöner denn Irgendwer.

Als Johann Sebastian Bach acht Jahre geworden war, kam er mit seinem um drei Jahre älteren Bruder Johann Jacob auf jene Lateinschule, die auch Martin Luther besucht hatte. Er trat in die Quinta ein und erhielt den 47. Platz, sein Bruder hingegen den 48. In der Quarta arbeitete der Jüngere von Beiden sich bis zu dem 14. Platz hinauf, während der Ältere als Fünfzehnter neben ihm sitzen blieb. In der Tertia sackte Johann Sebastian bis zum 23. Platz, Johann Jacob bis zum 25. ab. Das waren keine Zeugnisse für hervorragende Leistungen. Aber weil in den niederen Klassen der sechsstufigen Lateinschule hundert, ja zuweilen noch mehr Schüler saßen, mußten sie als ausreichend bezeichnet werden.

Die ehrwürdige Lateinschule, welche ursprünglich als Pfarrschule der Sanct Georgen-Kirche angegliedert war, hatte nach ihrer Umgestaltung zur evangelischen Unterrichtsanstalt das von den Mönchen verlassene Dominicanerkloster am Predigerplatz bezogen. Für ihre Bedürfnisse reichten dessen Südflügel und das Refectorium aus. Der unbenützte Teil des weitläufigen Gebäudes wurde als armamentarium — Zeughaus für die Sammlung von Waffen — und als custodia — Gefängnis für die Verwahrung von Verbrechern — benützt. Das war nicht widersinnig. Es bestand nämlich kein wesensmäßiger sondern nur ein gradmäßiger Unterschied, ob die Ordnung vom Korporalstock, vom Wärterprügel oder vom Schulmeisterrohr aufrecht erhalten wurde. Denn der Rektor Heinrich Bostelmann mußte, ob er wollte oder nicht, zum obersten Bakelschwinger werden. Die Jugend war infolge der Nachwirkungen des Dreißigjährigen Krieges äußerst verwildert. Klagen über Frechheit und Aufsässigkeit, über Völlerei und Trunksucht, über Roheit und Zügellosigkeit, über Diebstähle und Unzucht nahmen kein Ende. Unter Denen, welche von der Schule verwiesen wurden, befand sich auch ein Angehöriger der Bachischen Familie: Jacob aus Großbehrungen. In Rücksicht auf viele ehrbare Bache innerhalb der Städte und Dörfer ringsum vermeldete von ihm mit sanftem Zungenschlag die Anstaltschronik: «Er entzog sich, des Diebstahls überführt, der Schule.»

Infolge solcher Kriegsverwilderung der Jugend, gegen welche Elternhaus und Schule vergeblich ankämpften, nahmen die Unterrichtsversäumnisse ein ungeheuerliches Maß an. Hierbei zeichneten sich die Söhne des Stadt-Pfeifers Bach aus. Allerdings nicht durch niedrige Zahlen. Johann Sebastian brachte es in einem Jahr auf 103 versäumte halbe Tage — nur von Johann Ludovicus Juncker übertroffen, der 121 Versäumnisse schaffte —, und Johann Jacob blieb mit 86 Halbtagen weit hinter Johann Pauly zurück, der mit 26 als regelmäßigster Schulbesucher durch das Ziel ging.

Der Unterricht begann des Sommers um 6 und endete um 9 Uhr. Des Winters wurden Anfang und Ende eine Stunde rückwärts verschoben. Nach Tisch lagen die Schulstunden von 1 bis 3 Uhr. Die Mittwochnachmittage und die Sonnabendnachmittage waren schulfrei. An den Sonntagen blieben die Jungen keineswegs sich selbst überlassen. Denn der Gottesdienst galt, um ihres unentbehrlichen Gesanges willen, als besuchspflichtig.

Den bevorzugtesten Platz nahm in der Schule die Religion ein. Daneben behaupteten die fremden Sprachen — Lateinisch, Griechisch und Hebräisch — breitstundig ihr Recht. Logik und Rhetorik, Arithmetik und Geschichte mußten sich mit Zeitabfällen begnügen. Lesen und Schreiben der deutschen Sprache führten ein Aschenbrödeldasein.

Johann Sebastian Bach leistete in Allem, was billigerweise von einem ordentlichen Schüler zu fordern war. Johann Jacob hing sich an die Rockschöße des jüngeren Bruders. Ganz freilich ging Diesem das Herz nur dann auf, wenn Musik an die Reihe kam. Der Gesangsunterricht beanspruchte allerdings unter den Schulfächern einen überaus breiten Raum. Nach dem Religionsunterricht den breitesten von allen. Die Musik war der Kirche, welche sie dringend benötigte, zu ständigem Dienst verpflichtet. Er wurde von der Schule willig geleistet. Denn fast alle Lehrer waren Theologen, die unterwürfig den Unterricht als Durchgang zu einer Pfarrstelle benutzten.

Johann Sebastian, der ebenso wie dem plansingenden chorus currendus der Straße auch dem figurale Musik pflegenden chorus scholasticus der Lateinschule angehörte, klagte niemals über die Dauer und die Schwierigkeit des Probens. Was andere Schüler als langweilig, ja peinvoll empfanden, bedeutete ihm höchste Befriedigung, reinstes Glück. Zumal der Gesangs-Lehrer und

Quarta-Schulmeister Andreas Christian Dedekind war, den mit seinem verschlossenen Vater langjährige Freundschaft verband. Der unermüdliche Schulmusikant vertraute dem kleinen Sebastian nicht nur bei dem Absingen schwieriger Stellen blindlings. Er begünstigte Diesen vielmehr sichtlich dadurch, daß dem jüngsten Angehörigen des Schulchores die Aufgabe zugewiesen wurde, den Älteren – wenn sie gepatzt hatten – kniffliche Notenfolgen vorzusingen. Galt es gar, ein Sopran-Solo einzuschieben, so fiel es selbstverständlich keinem Anderen zu als dem Knirps Sebastian.

Daß bei den Proben manches daneben ging, war durchaus nicht zu verwundern. Denn man hatte für die lateinischen Gesänge lediglich Einen Notenband zur Verfügung: das 54 cm – mehr als einen halben Meter – hohe, 39 cm – mehr als einen drittel Meter – breite, 19 cm dicke Cantorenbuch. Dieses lag während des Unterrichtes und des öffentlichen Musizierens auf einem dreiviertelmannshohen Pult, um das sich die Schüler singend scharten. Sie waren nach der Schulordnung des Rektors angewiesen, so nah wie irgendmöglich an das Buch, das große Cantional, hinanzutreten. Denn nur vermittelst solchen Eifers vermöchten sie dermaßen zu singen, daß ihr Cantor damit in der Kirche vor der andächtigen Gemeinde Ehre einlege. Solch kostbares Notenwerk könne selbstverständlich nicht zum zweiten Mal beschafft werden; weder von der Geistlichkeit noch von der Schule. Hingegen werde man ihnen, wenn sie deutsche Cantilenen sängen, gerne Singbücher sowie Singblätter in die Hände geben und, soweit Selbige noch nicht vorhanden sein sollten, sie käuflich erwerben oder abschriftlich beschaffen.

Infolge dieser rectorlichen Anweisung kam es immerwieder vor, daß ältere Schüler, um die Noten des Riesenbuches richtig zu singen, sich nach vorn drängten und ihre Mitschüler – nicht eben sanft – fort schoben, wohl gar seitwärts schubsten. Das hatte bei den Jüngeren vielfach falsches Singen und daraufhin peinliches Eingreifen des Cantors zur Folge.

Johann Sebastian brauchte nicht um einen der vorderen Plätze zu kämpfen. Hatte er auch nur Ein Mal in das Alte Cantorenbuch hineingesehen, so verblieben ihm die Noten für immer. Ja, es gab innerhalb der ehrwürdigen Stücke manche Stellen, die es unnötig machten, sich durch Ablesen um die Folge zu kümmern. Denn wie bei Worten der gedruckten Bücher so hatten auch auf den Cantionalseiten die Noten ihren vorausbestimmbaren Fortgang. Das vierte Gebot: «Ehre Vater und Mutter, auf daß es dir wohlgehe und du lange — —» konnte nur enden: «lebest auf Erden». Falls Jemand einem Anderen, der es zum allerersten Mal läse, den Schluß mit der Hand zudeckte, mußte Der ohne Zaudern die gleichen drei Katechismus-Worte sprechen! Wenn er nicht gottverlassen war wie Sebastians blöde Base Maria. Das Gleiche galt von der Tonsprache. Dutzendfach konnte man, sobald das motivum auf seinem Höhepunkt angelangt war, voraussehen, vielmehr: voraushören, wie es abklingen müsse und demzufolge auch abklang. Man brauchte deshalb entweder überhaupt nicht oder nur mit einem halben Auge in das Cantional hineinzuschauen. Wenigstens Er hatte mehr nicht nötig, um die Musik richtig zu bringen und als Vorsinger der zaudernden Schüler ein zufriedenes Lächeln auf dem runden roten Gesichte des Cantors und Quarta-Lehrers Dedekind hervorzurufen.

Wie in den Straßen die planen Choräle als Currendar, so sang in Kirche und Schule Johann Sebastian Bach als Scholar, noch nicht zehnjährig, die musica mensuralis, die figurierte Musik, mit solch großer Hingabe, mit solch staunenswerter Vollkommenheit, daß keiner von den fünfzig Knaben, welche aus den vierhundert Besuchern der Anstalt durch strenge Prüfung für den chorus scholasticus ausgewählt wurden, es ihm darin gleichtat. Oder wo war der Schüler, der inbrünstiglich wie Sebastian Bach singend zu flehen vermochte:

Veni, Creator Spiritus,
Mentes tuorum visita,
Imple superna gratia,
Quae tu creasti pectora.

Wo war er unter dem Halbhundert Eisenacher Chorknaben zu

finden, der Schüler, welcher so sehr von dem Geist der Musik erfüllt wurde, daß er in gleicher Vollendung singend um das Kommen des Schöpferischen Geistes, um die Erfüllung der Menschenherzen mit Gnade bat wie Johann Sebastian Bach? Wo war er?

Es geschah denn auch immer aufs Neue, daß Andreas Christian Dedekind den jüngsten Sohn seines Freundes Johann Ambrosius Bach den Mitschülern als Vorbild hinstellte und ihm beifallspendend durch die Haare glitt oder, um die anderen Schüler vor Neid zu bewahren, seinem Lieblingschoristen zum Dank für dessen vorbildliche Leistung heimlich die Hand drückte.

Jedoch weder das Straßensingen in der Currende noch das Unterrichtssingen in dem chorus scholasticus war höchste Erfüllung für Johann Sebastian Bach. Die kam erst zu ihm, sobald er — weit früher als üblich — in den chorus symphoniacus der Stadt Eisenach eintreten durfte.

Dieser kirchliche Chor wurde von Johann Christoph Bach, dem Organisten an Sanct Georgen, geleitet und mit einem zuweilen begeisternden, oft aber verletzenden Eifer auf ungewöhnliche Höhe emporgetrieben. Besonders dann, wenn er an den Hohen Kirchlichen Festen des Jahres eine eigene musikalische Schöpfung zu Gehör bringen wollte, kannte der Unerbittliche während der Proben keine Grenzen. Nichts wurde so genau wiedergegeben, daß es nicht noch genauer zu bringen war. Nichts ertönte so vollkommen, daß es nicht noch vollkommener klingen konnte. Infolgedessen ermüdete der unbarmherzige Eisenacher Cantor häufig seine Sänger. Er machte sie mutlos. Er verletzte Gutwillige. Um hinterher dann freilich den ganzen, ihm unterstellten chorus symphoniacus zu lodernder Begeisterung zu entfachen. Denn dieser große und ausdrückende profunde Componist, der als Erster das Herz hatte, in seinen Musikwerken die bisher verpönte übermäßige Sexte zu verwenden, Johann Christoph Bach war ein höchst vielschichtiger Mann: menschsüchtig und einsam, offenherzig und grüblerisch, heftig und gütig, herrisch und hingegeben, kraftvoll und empfindsam im gleichen Maße. Wenn er lebensmäßig keinen Ausgleich dieser inneren

Gegensätze finden konnte, dann mußte sein Spiel ihm dazu verhelfen. Tausendmal mehr vertraute Johann Christoph durch gebundene, sorgsam gearbeitete Musik während der Gottesdienste und durch freies, dem Augenblick entspringendes Musizieren in Stunden der Einsamkeit seiner Orgel an, als er auf dem Papier durch Noten festhalten konnte. Ja, festhalten wollte! Denn es gab Tongespräche, bei denen kein Mensch als Hörer zugegen sein durfte.

Der Eisenacher Organist erkannte sehr bald die ungewöhnliche Begabung des kleinen Johann Sebastian. Er jedoch verwöhnte den Jüngsten des Vetters Johann Ambrosius nicht. Streicheln, Handgeben kamen für Ihn keinesfalls in Frage. Ein billigender Blick, ein anerkennendes Kopfnicken mußten genügen. Wenn ein «Ordentlich!» oder gar ein «Gut!» hervorgeknurrt wurde, so war es höchste Zustimmung. Nur falls er mit dem unersättlich nach Musik hungernden Jungen für einige Zeit allein war — was je länger desto häufiger geschah —, lösten sich die starren Züge des Cantors. Seine Worte wurden lockerer, freundlicher, ungescheuter. Indessen nach wie vor verschmähte er jede körperliche Dankbezeugung und erstickte den hörbaren oder fühlbaren Widerdank des Knaben im Keim.

Es konnte nicht anders sein, als daß Johann Sebastian sehr bald seinen Vater bat: außer dem Geigen und Bratschen bei ihm, dem Voculieren und Figurieren bei Dedekind auch noch das Orgelspielen bei dem Oheim erlernen zu dürfen. Johann Christoph hatte, als er von dem Achtjährigen darum befragt wurde, geknurrt: «Meinerwegen!», was — in die übliche Menschensprache übersetzt — hieß: «Selbstverständlich.» Johann Ambrosius Bach aber lehnte die Bitte seines Jüngsten ab. Nach dem Grund dieser Weigerung nicht nur von Sebastian sondern auch von dessen Mutter dringlich befragt, antwortete er: Es würde für den Knirps des Musizierens zuviel. Der Abgewiesene widersprach lachend. Daraufhin hieß es: Neben allem andern Musikmachen käme das schwere Orgelspiel nicht zu seinem Recht. Johann Sebastian widersprach trotzig. Nunmehr behauptete Vater Bach: Der Gernegroß wäre zum Unterricht bei Johann

Christoph zu klein. Wie Orgel spielen, da seine Füße noch nicht bis zu dem Pedal hinunterreichten? Johann Sebastian versicherte nachdrücklich: Es gebe, wie er von dem Oheim wisse, genug manualiter zu spielen. So daß zunächst seine Hände im Orgelspiel geübt werden könnten. Wenn jedoch die Beine gebraucht würden und noch nicht bis zu den hölzernen Tasten hinablangten, dann trete er eben in der Luft auf die richtige Stelle. «Aber Du wirst sie nicht hören, die heuchlerisch getretenen Pedaltasten!» trumpfte der Vater. «Nicht hören, was ich hören muß?» fragte Johann Sebastian. Da schüttelte Johann Ambrosius Bach verwundert und bewundernd zugleich den Kopf. Die Erlaubnis zum Orgelspiel bei dem Berühmtesten des Bachgeschlechtes — dem vielgepriesenen Eisenacher Kirchen-Cantor — gab der unberühmte Eisenacher Stadt-Pfeifer seinem sechsten Knaben nicht. Auch die Mutter vermochte durch stundenlange nächtliche Bedrängungen den Vater nicht umzustimmen.

Johann Ambrosius Bach und Johann Christoph Bach waren keineswegs feindliche Brüder, genauer gesagt: feindliche Vettern. Sie wahrten nicht nur nach außen hin den Anstand, welchen die Verwandtschaft von jedem der Bache forderte. Wieviel mehr von Denen, die sich blutmäßig so nahestanden und obendrein in der gleichen Stadt als Musiker wirkten! Jedoch der Unterschied ihrer Musik und die Gegensätze ihrer Stellungen riefen immer wieder Unterschiede ihres Inneren und Gegensätze ihres Handelns hervor, die sich nur schwer durch Freundlichkeiten überbrücken ließen.

Als Johann Sebastian den Gründen nachspürte, die seinen Vater veranlaßt hatten, ihm den Orgelunterricht hartnäckig zu untersagen, erkannte er eines Tages zu seinem Schrecken: Der Georgen-Cantor fühlte sich dem Stadt-Pfeifer durch sein Musizieren himmelhoch überlegen. Musica sacra nannte der Oheim die eigene Kunst. Die musikalischen Bemühungen des Vaters hingegen wurden von ihm mit der Bezeichnung musica profana abgetan. So anerkennenswert die Leistungen des Johann Ambrosius auch seien, es käme — behauptete Johann Christoph — nichts Rechtes dabei heraus. Denn sie schlügen eine falsche Richtung ein. Statt im Dienste Gottes reine Musik zu erstreben, verschleiße der allzuwillige Herr Vetter das himmlische Gut im Dienste genußsüchtiger Menschen.

Niemals sah Johann Sebastian den fast immer beherrschten Vater so von Zorn überfüllt wie während der Stunde, da er ihm dieses Gespräch mit dem Oheim von der Kirche her in das Haus am Frauenplan überbrachte. Johann Ambrosius verbot seinem Jungen, die Bezeichnung musica profana jemals wieder in den Mund zu nehmen. Sebastian werde, wenn es doch geschähe, Prügel bekommen, wie er bisher noch keine geschmeckt hätte. Gleichviel, ob das ehrenrührige Wort in seiner Gegenwart oder vor fremden Menschen ausgesprochen würde. Als der Junge verschüchtert fragte: Wie es denn richtig heiße? da schrie Johann Ambrosius Bach: «musica viva!» Alsdann eröffnete er seinem Buben mit zwar immer noch erregten, aber herabgestimmten Worten: Jawohl, musica viva, lebendige Musik sei die richtige Bezeichnung für jene Kunst, der sein eifriges Bemühen gewidmet bleiben werde. Musica viva! Kunst aus dem Leben. Kunst für das Leben. Denn Gott hätte den Menschen keinesfalls der Erde überantwortet, wenn er nicht von Anbeginn des Willens gewesen wäre, daß Dieser sein irdisches Leben nach allen Richtungen hin meistere. Wozu die Musik eines der wichtigsten Mittel sei! Alldieweil nichts uns eine solche Beherrschung widriger Umstände verbürge, wie fröhlich zu singen und zu springen. Das Zuletztgesagte könne Sebastian mit seinen acht Jahren freilich noch nicht verstehen. Es werde aber, wenn die soeben ausgesprochenen Worte als Samenkörner in seinem Herzen aufgingen, der Tag kommen, da er die Meinung des Vaters begreife. Dann solle Sebastian dieser Stunde gedenken. Solle nach der Erkenntnis handeln: Musica sacra und musica viva seien Zwillingsschwestern; einander — wenn man ihnen die unterschiedliche Gewandung nehme — so bis in das Letzte gleich, wie er und sein Zwillingsbruder. Niemals vergessen: Alle Musik habe Gott und den Menschen, den Menschen und Gott zu dienen. Und zwar Gott durch Dienst an dem Menschen und dem Menschen durch Dienst an Gott.

Johann Sebastian Bach mußte sich also, wenn er nichtsingend auf der Empore von Sanct Georgen stand, damit begnügen, seinem spielenden Oheim die Noten umzublättern und durch rechtzeitiges Ziehen der Register behilflich zu sein. Dabei war es ausgeschlossen, daß er zu früh oder zu spät ein Blatt wendete, daß er eine zu laute oder zu leise Stimme in den vorhandenen Klang mischte.

Die Orgel-Unterweisung Sebastians durch den Oheim konnte infolge der Weigerung des Vaters nur flüchtig und beiläufig, nur heimlich und selten erfolgen. Trotzdem saß der Achtjährige immerwiedereinmal unter stillschweigender Duldung des Georgen-Cantors musizierend vor dem mächtigen Werk. Als ihm das Spiel manualiter, nur mit den Händen, nicht mehr genügte, hielt der Knirps es so, wie er seinem Vater angekündigt hatte: Er bediente, weil die Füße zu den Tasten des Pedals nicht hinabreichten, durch Treten in die Luft den Baß. Und Johann Sebastian Bach hörte die Töne, welche sein kleiner Körper noch nicht erzeugen konnte. Hörte sie so unmißkennbar, daß er den hinzukommenden Oheim eines Tages fragte: «War der Baß richtig?» Da Johann Christoph Bach versicherte, was nicht gespielt werde, könne weder richtig noch falsch sein, rief der jugendliche Spieler: «Aber hör doch!» Im Eifer des Spielens rutschte Johann Sebastian so weit an die Vorderkante der Orgelbank, daß er kaum mehr saß. Zum ersten Mal in seinem Leben reichten die Füße zu den Holztasten hinab und spielten tatsächlich die oft gehörten, aber bisher nicht erlangten Töne. Sobald der Choral verklungen war, sah der Knabe glückseelig zu dem neben ihm stehenden Oheim auf, welcher bei der Schluß-Wiederholung des Choral-Anfangs – «Meinen Jesum laß ich nicht» – ein verstärkendes Register gezogen hatte, und fragte: «War Alles richtig? Auch im Baß?» Da erwiderte Johann Christoph Bach, der profunde Componist: «Wie solltest Du wohl bei der Musik einen ernstlichen Fehler machen?» Und der ausdrükkende Organist tat, was er bisher noch niemals getan hatte: legte seine Hand auf den Kopf des glückseeligen Knaben.

Neben der Musik, zu welcher der väterliche Stadt-Musicus,

der befreundete Schul-Cantor und der verwandte Kirchen-Cantor die Wege wiesen — soweit es solcher Weisung bedurfte und der frühreife Knabe nicht nachtwandlerisch die ersehnten Pfade ging — neben der Musik, gewannen die Worte der Mutter Jahr um Jahr tieferen Einfluß auf Johann Sebastian. Sie liebte es, Diesem, seinem Bruder Johann Jacob und ihrer zweiten Tochter Johanne Juditha — die ältere Tochter Maria Salome, die beiden älteren Söhne Johann Christoph und Johann Balthasar waren ihrem Einfluß schon entwachsen — Elisabeth Bach liebte es, bei hereinbrechender Dämmerung Geschichten des heimatlichen Landes zu erzählen. Diese knüpften mit Vorliebe an die Berge Thüringens an.

Da war der Hörselberg. In Den ging auf der Suche nach einer schönen, aber lästerlichen Frau — nach Frau Venus — ein tugendsamer Ritter hinein. Jedoch das offene Bergtor schloß sich hinter ihm. Und er ward unter Menschen niemals mehr gesehen!

Da waren die Drei Gleichen mit den drei Burgen des selben Geschlechtes. Auf einer von ihnen lebte ein heimgekehrter Kreuzfahrer. Der hatte aus dem Morgenland ein verschleiertes Mädchen mitgebracht. Das pflegte ihn gesund, während er — von dem Lanzenstich eines Heiden schwer verwundet — in der Fremde auf den Tod darniederlag. Die Frau des Grafen von Gleichen gewann die braune Morgenländerin lieb, als wäre es ihre leibliche Schwester. So wurden die drei Menschen, welche getrennt und vereint — gleich den drei Burgbergen — nebeneinander gelebt hatten, in Einem Grabe beerdigt: Der Mann in der Mitte, die christliche deutsche Frau zu seiner Rechten, die getaufte heidnische Frau zu seiner Linken.

Da war vor Allem die Wartburg. Bei Beginn der Geschichtenstunden schaute sie, welche dazumal noch nicht überwaldet war, häufig auf die Bachmutter mit ihren drei Kindern grüßend hinab, um während des Erzählens nach und nach langsam zu entschwinden, bis sie in den Himmel aufgegangen war. Was ließ sich von dieser Burg Alles erzählen! Es nahm kein Ende.

Auf der Wartburg hatten Ritter, statt nach Lanzen und Speeren, nach Harfen und Fiedeln gegriffen, hatten ein Singturnier, den Sängerwettstreit, veranstaltet. Bis erwiesen war, wer am Besten die selbstgedichteten Worte zu setzen, am Schönsten die selbstgeschaffenen Weisen zu singen wußte. Diesen, den Sieger auf einem unblutigen Schlachtfeld, krönte man mit einem Lorbeerkranz.

Auf der Wartburg wohnte die Heilige Elisabeth. Sie wurde mit vier Jahren als Gemahlin des künftigen Landgrafen Ludwig unter großem Gepränge aus dem Ungarland geholt; dorther, wo der Urahn aller Bache als Müller gelebt hatte. So sehr erbarmte, als sie erwachsen war, Elisabeth sich der Armen, daß die Hohe Frau am Fuße des Burgberges in der Nähe von Eisenach ein Seuchenhaus erbaute und selber Tag für Tag zu den Bresthaften Brot und Wein, Fleisch und Milch hinuntertrug. Das verdroß den Herrn Gemahl. Und der Landgraf verbot ihr Solches. Aber Elisabeth achtete das Gebot des gnädigen Gottes, den Armen zu helfen, höher als den Befehl ihres unbarmherzigen Mannes. Sie trug weiterhin stärkende und erquickende Gaben zu den Insassen ihres Seuchenhauses hinab. Der Landgraf drohte seiner Gattin, wenn sie dauernd ihm ungehorsam wäre, mit dem Tod. Um die gutherzige Frau zu prüfen, gab er vor, dringend über Land reiten zu müssen; und zwar so weit, daß er frühestens nach zwei oder drei Tagen zurückkehren könne. Elisabeth füllte ihren Kleiderschoß mit noch köstlicheren, noch reichlicheren Gaben als bisher und ging zu der Stadt hinab. An dem Fuße des Berges trat ihr der Landgraf, welcher sich hinter Bäumen versteckt hatte, entgegen. Er schrie: «Zeig mir, was Du in Deiner Schürze verbirgst!» Jetzt ging es um das Leben. Um Tod oder Leben der Heiligen Elisabeth! Die Hohe Frau sandte mit flehenden Blicken ein stummes Gebet zu Gott empor. Dann öffnete sie ihren Kleiderschoß. Und — denkt nur, Basti, Jaköbchen, Judithchen! — und: Es lagen lauter Rosen darin. Landgraf Ludwig fiel vor seiner Gattin nieder. Flehentlich bat er um Verzeihung. Sie wurde ihm gewährt. Und fortan durfte die Heilige Elisabeth Alles tun, was ihr das Herz zu tun gebot.

Auf der Wartburg hatte Martin Luther gelebt, welcher Deutschland den gereinigten Glauben brachte, um dessen Erhaltung willen der Müller Veit Bach, der Urahn, das Ungarland wieder verließ und nach Thüringen zurückkehrte. Junker Jörg hieß der Reformator damals. Er trug statt der Mönchskutte eine Rüstung und, damit ihn Niemand erkenne, einen langen blonden Vollbart. Denn seine andersgläubigen Feinde trachteten ihm nach dem Leben! Nur der Burghauptmann durfte wissen, wer der fremde Ritter war. Es handelte sich aber um Martin Luther! Und er übersetzte dort oben die Bibel aus dem Lateinischen in das Deutsche. In unsere Sprache, Kinder! In die, welche wir alle Tage reden! Eines Nachts wollte ihm der Teufel, welcher wußte, daß es mit seiner Herrschaft vorbei wäre, wenn Jedermann in stillen Stunden die Bibel selber lesen könne, bei der Arbeit stören. Da nahm Martin Luther das Tintenfaß und warf es nach dem Satan. Der verschwand auf Nimmerwiederkehr. Die Tinte des zerschmetterten Glases verfärbte die Wand. Der dunkle Fleck — geht nur nach oben und überzeugt Euch! — der Tintenfleck ist bis auf den heutigen Tag zu sehen. Der Reformator aber ließ sich durch Nichts und Niemand bei seiner Arbeit beirren. Am Allerwenigsten durch den Teufel! Er schrieb — schrieb — — schrieb — — — Bis die deutsche Bibel fertig war.

Martin Luther hatte aber nicht nur unsere Sprache lieb. Er schätzte auch unsere Musik über die Maßen. Hört doch, meine Buben und mein Mädchen, wie es darüber in dem Buch der Bücher heißt!

Elisabeth Bach nahm das stets bereitliegende Gotteswort, welches ihr in vielen Nöten des Leibes wie der Seele geholfen hatte, und fuhr lesend fort: So ist geschrieben 2. Samuelis, Kapitel 6, Vers 4 und 5:

Da sie den neuen Wagen mit der Lade Gottes aus dem Hause Abinadab führeten, der zu Gibea wohnete, und Ahio vor der Lade her ging: spielte David und das ganze Haus Israel vor dem Herrn her mit allerlei Saitenspiel von Tännenholz, mit Harfen, und Psaltern, und Pauken, und Schellen und Cymbeln.

Und so ist zu lesen Psalm 57, Vers 8 bis 11:

Mein Herz ist bereit, GOTT, mein Herz ist bereit, daß ich singe und lobe. Wach auf, meine Ehre, wach auf, Psalter und

Harfe; frühe will ich aufwachen. HERR, ich will Dir danken unter den Völkern, ich will Dir lobsingen unter den Leuten. Denn Deine Güte ist so weit der Himmel ist, und Deine Wahrheit so weit die Wolken gehen.

Das – Sebastian, Jacob, Juditha – das konnte so nur Jemand schreiben, der ein gewaltiger Meister der Sprache ist und ein wahrhafter Musiker dazu. Haltet Euch, meine Kinder – wie ich es ein Leben lang in Freuden und Nöten, vor Allem in den letzteren es getan habe – haltet Euch an das Wort Gottes mit Martin Luthers auf der Wartburg geschriebener Verdeutschung! Und, wie alle Bache, an die Musik! Dann wird Euch kein Übel treffen, welches sich nicht überwinden ließe.

An dem nächsten Morgen, in der Frühe eines Oktobertages anno 1693, machten sich der achtjährige Johann Sebastian und der elfjährige Johann Jacob auf, die Wartburg, zu der sie von ihrem Hause her viele hundert Mal sehnsuchtvoll emporgeblickt hatten, aus unmittelbarer Nähe zu betrachten. Sie verrieten der Schwester Judith von diesem Vorhaben nichts. Auch die Mutter erfuhr keine Silbe.

Der Zickzackweg nach oben, welcher Erwachsenen an manchen Stellen den Atem fortnahm, brachte den beiden Bachjungen nirgendwo ernsthafte Schwierigkeiten. Sie liefen beträchtliche Strecken bergan. So standen die jugendlichen Wanderer bald vor dem Eingang der Burg. Beglückt stellten sie fest: Der Himmel ist uns gnädig! Die Mutter hatte nämlich wiederholt betont: Den einzigen Weg in das Innere der auf einem steilen Felsen erbauten Wartburg bilde eine an rasselnden Ketten hangende Zugbrücke. Diese werde zwar jederzeit für die Fürstlichen Bewohner samt ihrem Gefolge heruntergelassen. Jedoch für Fremde geschehe es nur ausnahmsweise. Lediglich in dem Fall, wenn ihnen das richtige Losungswort bekannt sei. Und jetzt war die Brücke unten! Man konnte ungehindert darüberweg in den Burghof gehn! Als aber Johann Sebastian, von Johann Jacob gefolgt, die dicken Eichenbohlen betreten hatte, also oberhalb einer tiefen Schlucht zwischen Erde und Himmel stand, donnerte eine Menschenstimme: «Wohin?» Sebastian faßte sich als

Erster. Beherzt antwortete er: «In das Burgzimmer, wo Martin Luther die Bibel übersetzt hat!» Jacob ergänzte die Angabe des Bruders: «Jawohl, den schwarzen Klecks auf der Wand sehn!» Der Brückenwärter bedeutete den Knaben: Von einem Betreten des Burghauses könne unter keinen Umständen die Rede sein. Es werde zur Zeit von den Hochfürstlichen Herrschaften bewohnt. Die dürfe man in ihrem Morgenschlaf nicht stören. «Dann den Burghof ansehen!» bat Sebastian. «Nein!» lautete die barsche Antwort. «Warum nicht?» fragte Jacob. Die Frage des Älteren klang so jämmerlich, die Bitte des Jüngeren so innig, daß dadurch das Herz des Brückenwärters zwiefach angerührt wurde. Also seinerwegen! knurrte er. Los! Über den Burgplatz gehn. Den hinteren Bergfried hinaufklettern. Hopphopp wieder nach unten. Und über die Zugbrücke ins Freie. Das Ganze dürfe nicht länger dauern als zehn Minuten. Manchmal lasse der Herzog, um zu jagen, es sich einfallen, früh aufzustehn. Wenn er alsdann die unwillkommenen Besucher erwische, sei es um seine Brückenwärterstellung geschehn. Los! Los!!

Johann Sebastian Bach und Johann Jacob Bach gingen also über die Zugbrücke in den Wartburghof. Sie sahen ehrfürchtig zu den Fensteröffnungen empor, hinter denen die Ritter ihren Sängerwettstreit austrugen, die Heilige Elisabeth Gaben für die Armen zurechtlegte, Martin Luther die Bibel ins Deutsche übersetzte. Sie betrachteten erschauernd die Kanonen und Feldstücke, mit denen man irgendwoweitfort Feinde töten konnte. Sie schauten in die dunkle Tiefe des Brunnens hinab, wo sich der Regen und das Sickerwasser sammelten, so daß es den Belagerern der Burg ebensowenig möglich war, sie auszudursten wie auszuhungern. Sie erstiegen eilenden Fußes den hinteren Bergfried. Sonnenbeglänzt, winderfrischt sahen die beiden Bachknaben ihr Thüringer Land vor sich hingebreitet.

Es war einer von jenen überklaren Tagen, wie man sie das ganze Jahr hindurch höchstens ein Dutzendmal erleben kann; am Bezauberndsten während eines Herbstmorgens. Noch hing alles Laub auf den Bäumen. Jedoch die sommersatten Kronen hatten sich bereits verfärbt. Vom hellen Gelb über glänzendes Gold hinweg bis zum leuchtenden Rot bedeckte ein Meer von Farben die Berge. Das umwogte sie in unablässigen Lichtwandlungen. Aber nicht genug damit! Über den Himmel glitten weißgerandete Wolken. Ihre Schatten behuschten die Farbbrandung der Berge. Bis sie in dem fernen Blau der bewaldeten Höhen geistergleich entschwanden. Und nirgendwo rundum leuchtete es dermaßen hell wie vor dem Kommen, wie nach dem Gehen der wandernden Dunkelheit.

Sebastian und Jacob konnten sich an der Schönheit und Vielfalt ihrer Thüringischen Heimat nicht satt sehen. Schließlich aber mahnte der Ältere: Nach Haus! Sie dürften den Brückenwärter nicht erzürnen! Der Angerufene verstand keine Silbe. Jacob stieß ihm unsanft in die Seite. Da erst kehrte Sebastian auf die Erde zurück. Ein letzter glückerfüllter Blick rundum — behutsamer Treppenabstieg — ein sehnsüchtiger Blick zu den verschlossen gebliebenen Gemächern hinauf — gebührender Dank an den Torhüter — Gang über die Brücke: Die Buben befanden sich wieder an der Grenze des Alltags, in dessen Reich sie jeder Schritt bergab tiefer hineinführte.

Dem Verlangen Johann Jacobs, hinterher wenigstens der Mutter von ihrem Gang auf die Wartburg zu erzählen, stimmte Johann Sebastian nicht zu. Wie stets, so folgte auch in diesem Fall der Ältere dem Jüngeren.

Während des ganzen Winters, der von dem Jahre 1693 zu dem Jahre 1694 die Brücke bildete, kränkelte Elisabeth Bach. Neben dem Zuspruch ihres Mannes und der Folgsamkeit ihrer Kinder fand sie immer wieder Trost an dem Worte Gottes. Stundenlang las die Kranke, obwohl sie viele Seiten auswendig wußte, in der lutherischen Bibel. An einem der ersten Tage im Mai, da ihr Jüngster kaum das neunte Jahr seines Lebens beendet hatte, schloß die Mutter Johann Sebastian Bachs, geschwächt von vielen Ceburten, fünfzigjährig ihre Augen für immer.

Als unter dem ausschließlichen Geleite von Männern der Gang zum Friedhof jenseits der Stadtmauer beendet und die

Gattin des Eisenacher Stadt-Pfeifers Johann Ambrosius Bach in die Erde gesenkt war, kehrte der Verwitwete unverzüglich nachhause zurück. Dort nahm er die beiden jüngsten Buben bei der Hand und ging noch einmal, nun ohne weitere Begleitung als die seiner Kinder, auf den Gottesacker hinaus: Sebastian zu seiner Rechten, Johann Jacob zu seiner Linken, dahinter Hand in Hand Maria Salome und Johanna Juditha, zum Beschluß allein Johann Christoph. Denn Johann Balthasar war wie der blinde Jonas bereits vor der Mutter gestorben.

Der Totengräber hatte, als man auf dem Friedhof anlangte, just begonnen, die offene Grube zuzuschaufeln. Schon war ein Teil des Sarges verdeckt. Desto schmerzlicher starrte an den offenen Stellen sein Schwarz durch den gelben Sand. Der Vater bedeutete wortlos dem Kirchhofsmann, daß er mit seiner Arbeit innehalte. Denn die Kinder sollten ihrer Mutter die übliche Letzte Ehre erweisen. Der Angerufene willfahrte dem Wunsche des Stadt-Musicus. Ohne daß es nötig gewesen wäre, darum zu bitten, hielt er dem Ältesten eine Schaufel mit Erde griffbereit hin. Der wußte von manchem Grab her, was es zu bedeuten hatte, und warf davon drei Hände voll mit dem alten Spruch in die offene Grube. Beide Schwestern konnten vor Weinen den bekannten Brauch nicht erfüllen, faßten sich dann aber und sandten gebührlich den Abschiedsgruß zu der Mutter hinab. Johann Jacob – sei es nun, daß er zu sehr erschüttert oder zu ungeschickt war – Johann Jacob vermochte der feierlichen Handlung nicht gerecht zu werden. Der Vater mußte seine Hand zu der Schaufel, von dort aus zu dem Grabe führen und an des Jungen Statt den gewohnten Spruch sagen. So war es Johann Ambrosius gewiß, daß er in noch weitergehender Weise dem um drei Jahre jüngeren Sohn behilflich zu sein habe. Jedoch Johann Sebastian wies mit stummer Bitte jede väterliche Hilfe ab. Allein trat er zu dem Totengräber hin. Nahm ohne Unterstützung drei Hand voll Sand von dessen Schaufel. Ließ sie auf den Sarg der Mutter hinabrieseln. Und sagte unterdessen mit fester Stimme: «Erde zu Erde – Asche zu Asche – Staub zum Staube.»

Während der Rückkehr in das mutterlose Haus gingen der älteste Sohn und paarweise die Schwestern dem Vater vorauf. Dieser folgte ihnen mit den beiden jüngsten Brüdern, welche sich noch heftiger als bei dem Gang zum Friedhof an den Händen des Vaters festhielten.

Schon am 27. November des gleichen Jahres, also nach weniger als sechs Monaten, führte Johann Ambrosius Bach eine zweite Gattin heim. Das Haus brauchte eine Betreuerin, der Mann eine Versorgerin, die Kinder eine Mutter. Die Wahl des noch nicht fünfzigjährigen Eisenacher Stadt-Pfeifers fiel auf Barbara Margaretha Keul, die wohlhabende Tochter des Bürgermeisters von Arnstadt. Diese hatte bereits zwei Männer beerdigt. Denn sie war in erster Ehe fünf Monate lang mit dem Organisten Johann Günther Bach, dem Sohn des Spielmannssohnes Heinrich Bach, vermählt. Zum zweiten Mal gab sie dem Diaconus Jacobus Bartholomäi die Hand zum Bunde für das Leben. Aus der letzteren, nach vier Jahren ebenfalls durch Tod des Mannes beendeten Ehe brachte die zweimal Verwitwete eine neunjährige Tochter, Christiane Maria, mit sich von Arnstadt her in das Haus am Eisenacher Frauenplan. Die immer noch wohlansehnliche Keulin scheute sich nicht, dort einzuziehen und abermal einen Musicus mit Namen Bach zu ehelichen. Es gingen zwar wunderliche Gerüchte um über die völlige Gleichheit der Schicksale ihres künftigen Gatten mit dessen Zwillingsbruder Johann Christoph. Aber in so Vielem die beiden Brüder sich auch glichen, so Manches sie auch gleicherweise verrichteten, in Einem hatte das Gerede nicht Recht behalten: Johann Christoph und Johann Ambrosius waren nicht zu gleicher Zeit gestorben. Jener lag seit Kurzem auf dem Arnstadter Friedhof. Dieser schritt in voller Lebenskraft durch die Straßen Eisenachs, machte Tag für Tag Musik, begehrte nach dem Tod der Ersten eine zweite Frau. Kein Grund, ihm das Jawort nicht zu geben. Natürlich würden Kinder kommen. Wahrscheinlich viele Kinder! Ihre Versorgung ließ sich trotz deren Dreischichtigkeit schaffen. Aber das Zwillingsschicksal? Dummes Gerede! Sie, Barbara Margaretha Keulin – verwitwete Bachin, verwitwete

Bartholomäin, verheiratete Bachin — sie würde mit dem gespenstischen Tode ebenso fertig werden wie mit dem vermehrten Leben.

Aber bald nach der stillen Hochzeit, die wegen des noch nicht beendigten Trauerjahres daheim stattfand, begann der neue Ehemann der Arnstadter Bürgermeisterstochter zu kränkeln. Gegen Ende Januar 1695 hatte sich sein Zustand dermaßen verschlechtert, daß er zuhause mit der Frau das Heilige Abendmahl nehmen mußte. Und am Ausgang des Februar 1695 verstarb der Stadt-Haußmann, Stadt-Pfeifer und Hof-Musicus Johann Ambrosius Bach nach dreimonatiger zweiter Ehe. Nicht im gleichen Kalenderjahr jedoch im gleichen Lebensjahr, dem kaum begonnenen Einundfünfzigsten, wie sein Zwillingsbruder. Der, hieß es unter den Leuten, hatte ihn nachgeholt in das jenseitige Reich.

Die Keulin mußte also, unter Hilfe der Leichenfrau, ihren dritten Mann einsargen.

Johann Sebastian hatte, wie mit neun Jahren seine Mutter, mit zehn Jahren seinen Vater verloren.

Die Öffentliche Totenfeier für den Hochachtbaren Musicus der Stadt Eisenach fand am 28. Februar, einem Sonntag, in der bis zum letzten Platz gefüllten Sanct Georgen-Kirche statt. Auf dem Wege dorthin nahm, wie vor zehn Monaten der Vater, jetzt die Stiefmutter Johann Sebastian mit der Rechten, ihre Tochter Christiane Maria Bartholomäi mit der Linken an sich. Johann Jacob, der Dreizehnjährige mochte sehen, wer von den Schwestern und Brüdern ihm half. Es waren dafür genug Bache und Bachinnen vorhanden.

Als man zu der Kirche kam, von deren Türmen die Glocken herunterdröhnten, daß in der Stadt Niemand vergesse, an welchen verdienstvollen, sie unzählige Male mit Musik erfreuenden Mann es in dieser Stunde still zu gedenken gelte: da wollte Johann Sebastian seine Hand aus der Hand der zweiten Mutter herausziehen. Doch Die gab ihn nicht frei. So blieb dem Knaben, wenn er seinen Willen durchzusetzen gedachte, nur Eines übrig: Gewalt anzuwenden. Dies tat denn auch, ohne sich um das Aufsehen zu kümmern, welches er mit seiner Widerspenstigkeit erregte, der noch nicht zehnjährige Knabe. Die verwitwete Bachin griff, damit Niemand behaupten könne, sie kümmere sich wohl um die eigene Tochter, nicht aber um die Stiefkinder, griff hinter sich. Dankbar nahm Johann Jacob die hingehaltene Hand seiner anderen Mutter.

Bei dem Betreten der Kirche trennte Johann Sebastian sich von der Familie. Die Witwe rief ihn an: Er gehöre mit allen Anverwandten des toten Vaters in die leere vordere Bankreihe. Gegenüber dem aufgebahrten Sarg! Sebastian schüttelte den Kopf. Damit man wisse, wo sein angestammter Platz sei, zeigte er nach oben und stieg die Orgeltreppe hinauf.

Als Johann Sebastian Bach die Empore betrat, fragte sein Oheim: «Du?» Die Antwort lautete: «Ja.» Auf die weitere Frage des Cantors: Was er, der heut unten zu sitzen habe, inmitten seiner Geschwister, was Sebastian oben wolle? hieß es: «Singen». Darauf wurde erwidert: Man hätte es in diesem Fall auch ohne ihn geschafft. Sicherer sei es freilich, wenn er mitsinge. Vor Allem aber schöner. Sebastian nickte.

Und es erklang in der Eisenacher Sanct Georgen-Kirche für den verstorbenen Stadt-Musicus Johann Ambrosius Bach die Motette seines Vetters, des Stadt-Organisten Johann Christoph

Bach: Der Gerechte, ob er gleich zeitig stirbt,
ist er doch in der Ruhe.

Sebastian sang als Mitsinger zu dem Sarg seines Vaters hinab:

Er gefällt Gott wohl und ist ihm lieb,
und wird weggenommen aus dem Leben — —

Sebastian sang als Vorsinger schöner denn je. Erwachsene sahen heimlich, Jüngere unbekümmert um, daß sie feststellten, wessen Stimme silbrig wie Flügel sonnbeglänzter Tauben über allen Stimmen des chorus symphoniacus schwebte.

Sebastian sang inniger als irgendwer von Allen:

Und wird hingerücket,
daß die Bosheit seinen Verstand nicht verkehre,
noch falsche Lehre seine Seele betrübe.

Er ist bald vollkommen worden,
und hat viel Jahr erfüllet.

Tränen drohten dem neunjährigen Jungen die Stimme zu rauben. Das durfte nicht sein. Er mußte singen.

Und Sebastian sang seinem hingeschiedenen Vater zu:

Denn seine Seele gefällt Gott wohl.
Darum eilet er mit ihm aus dem bösen Leben.

Johann Sebastian Bach sang.

III

Immer und immer wieder hatte die Not halbvermummt an die Tür des Stadt-Pfeifers Johann Ambrosius Bach geklopft. Aber jedes Mal, wenn der Familienvater trotzig fragte: «Wer da?» zog sie sich unverrichteter Sache zurück. Nach dem vorzeitigen Tode des emsigen Musicus jedoch hielt die oft Verscheuchte das Anklopfen nicht mehr für nötig. Unverhüllt betrat sie das Haus an dem Eisenacher Frauenplan.

Indessen die dreimal verwitwete Bachin war keine von den Frauen, welche sich drohenden Lebensschwierigkeiten tatenlos unterwerfen. Sie beschloß, den Kampf mit dem Gespenst aufzunehmen. Also bestellte die geborene Keulin den nächsten Freund ihres gestorbenen Mannes, Schul-Cantor Dedekind, zu sich und eröffnete Diesem: Sie gedenke, an den Rath der Stadt, welcher freiwillig die Kosten des Begräbnisses für ihren Seeligen gezahlt hätte, ein Bittgesuch um weitere geldliche Hilfe zu richten. Nun wäre ihr selber zwar, wie von der Tochter eines Bürgermeisters nicht anders erwartet werden könne, die geschriebene Schrift geläufig. Doch beherrsche sie weder den Stil solcher scripta so gut, noch seien ihre Buchstaben so glatt, daß die Hohen Herren auf dem Rathhaus mit jener Schnelligkeit und jenem Wohlwollen darüber hingleiten könnten, welche die Wirkung eines diesbezüglichen Schreibens begünstige. Sie bitte deswegen den Herrn Cantor, der mit ihrem von Gott abberufenen Manne des Öfteren eine Kanne freien Schwachbieres und noch lieber eine Kanne selbstgebrauten Starkbieres getrunken hätte, ihr — dieweil Er ein Meister der Schreibkunst sei — das beabsichtigte Bittgesuch aufzusetzen. Andreas Christian Dedekind willigte ohne Widerspruch ein und verfaßte, vierzehn Tage nach dem Tod seines Freundes, im Namen der Witwe Johann Ambrosius Bachs eine längere, säuberlich geschriebene Eingabe an die Väter der Stadt Eisenach. Diese hub an:

WohlEdle, Veste, auch WohlEhrenveste,
Groß- und Vorachtbare, Hoch- und WohlGelahrte,

Hoch- und WohlWeise, insbesonders HochGeehrte Herren Bürgermeister und Rath, HochGeneigteste Patroni und Herren.

Denselben können wir Wehmütigst zu hinterbringen nicht unterlassen, ist Ihnen zwar allbereit auch selbstwissend, welcher Gestalt der grundgütige Gott nach seiner hohen Allwissenheit unseren respektiven Ehemann und Vatter, Johann Ambrosius Bachen, Eines Edlen WohlWeisen Raths wohlbestallt gewesenen Stadt-Musicus, nunmehro seelig, jüngsthin den 20. passato durch den zeitlichen Todt von dieser mühseeligen Welt abgefordert, und wir dadurch zur betrübten Wittben abermahlst und armen Vatter- und Mutterlosen Waisen worden.

Nach dieser sorgsam gedrechselten Vorrede rückte das Schreiben mit seinem eigentlichen Anlaß heraus. Nämlich mit dem Ersuchen: der Witwe des verstorbenen Stadt-Pfeifers Bach das Gnadenhalbjahr zu bewilligen. Gewiß stehe den Patronis zu, die offene Stelle durch ein tüchtiges subjectum jederzeit wiederzubesetzen, wofür man sämbtlich Glück und Segen wünsche. Aber dieweil bisher die löbliche Gewohnheit geherrschet hätte, Witwen und Erben die vorgedachte Zeit in der profession – der Stellung – des heimgegangenen Mannes sambt vollen Bezügen zu belassen, so hoffe sie, ebenfalls mit selbiger Gnade beschenkt zu werden.

Begründet wurde diese dringliche Bitte damit, daß Schulden abgetragen werden müssten. Diese wären durch unterschiedliche Todesfälle in der Familie, durch die jüngste Verehelichung, so nur zwölf Wochen und einen Tag dauerte, durch Arzneiausgaben und Apothekerkosten entstanden. Der WohlWeise Rath gewänne durch Erfüllung der Bitte Zeit, einen guten Musiker wiederzubekommen. Die beiden großen Lehrjungen, denen nur noch ein dreiviertel Jahr bis zur Loßsprechung fehle, und die drei tüchtigen Gesellen, die sich der Meisterschaft näherten, könnten derweil die notwendigen Dienste so versehen, daß weder an der Kirchenmusik noch an dem Abblasen noch an den sonstigen Aufwartungen irgendwelcher Mangel gespürt werde. Wie es zu Zeiten des seeligen Vatters auch geschehen wäre. Dem vermöge Niemand Widriges nachzusagen, womit für sie in ihrem elenden und betrübten Zustande der Trost verbleibe, daß der Heimgegangene 23 Jahre lang durch seine Music Jedermänniglich vergnüget hätte. Das Schreiben schloß mit der Versicherung, die Bachin habe das gute Vertrauen:

Es werden Ein Edler WohlWeiser Rath unseres liebgewesenen Ehemannes und Vatters halber uns mit unserem petito — unserem Bittgesuch — keinen Fehltritt thun laßen. Wir werden es sämbtlich nicht allein mit Dienstgehorsamsten Dank erkennen und rühmen, sondern vor Dero allerseits gutem Wohlstande, langem Leben und glücklicher Regierung Gott instehend anflehen,

die Wir unter deßen hoher Protection,
Dieselben empfehlende verharren

Eines Edlen WohlWeisen Rathß Ehren-Dienstwilligste gehorsambste Johann Ambrosius Bachß hinterlassene
Wittbe und Erben.

Eisenach, den 2. Märtz 1695

Trotz säuberlicher Schrift des Stadt-Cantors, trotz sorgfältiger Begründung der Bachin hatte Diese mit ihrem Gesuch an einen WohlWeisen Rath der Stadt Eisenach wenig Glück. Er lehnte zwar ihre Bitte nicht ab, bewilligte aber die Weiterzahlung des Gehaltes lediglich für ein Vierteljahr. Selbige Summe wurde mit insgesamt 11 Gulden, 12 Groschen und 3¼ Pfennig der hinterbliebenen zweiten Frau des verstorbenen Stadt-Musicus Johann Ambrosius Bach ausgehändigt. Wodurch alle weiteren Ansprüche rechtlicher Art erloschen seien. Ein für alle Mal.

Barbara Margaretha Bach, die geborene Keulin, war in dem Kampf mit der Not unterlegen. Nach Ablauf der drei Gnadenmonate wußte sie nicht: Wovon die vorhandenen Schulden bezahlen? Womit die eigene Tochter und die angeheirateten Kinder ernähren? Es blieb nur Eines übrig: Auflösung der bisherigen Lebensgemeinschaft. Diese wurde unverzüglich beschlossen und unnachsichtig durchgeführt. Man verkaufte an den Nachfolger des Verstorbenen das Haus. Sein gesamter Inhalt verfiel der Aufteilung. Nicht nur der tote Besitz — Möbel und Instrumente — auch das lebende Inventar: die Kinder.

Der älteste Sohn, Johann Christoph, schied bei dieser Kindervergebung aus. Denn der Vierundzwanzigjährige hatte bereits in Ohrdruf eine Anstellung gefunden und besaß dort, weil er sechs Monate nach dem Tode der Mutter die Rathsherrentochter Johanna Dorothea vom Hoff geheiratet hatte, einen eigenen Haushalt. Der Zweitälteste, Johann Balthasar, war mit achtzehn Jahren als Trompeter in Köthen noch vor seiner Mutter gestorben. Schied also auch aus. Die achtzehnjährige Maria Salome stand im Begriff, das Haus als Gattin des Erfurter Bürgers Wiegand zu verlassen. Schied aus. Da die Bachin gefragt wurde, welches von den drei zur Wahl stehenden Kindern ihres verstorbenen Mannes sie haben wolle, erbat Diese sich die fünfzehnjährige Johanna Juditha. Mit zwei Töchtern kehrte die Keulin als Witwe nach Arnstadt zurück, das von ihr als Gattin des Eisenacher Stadt-Pfeifers Bach mit einer Tochter verlassen wurde. Johann Jacob, den Dreizehnjährigen, gab man bei dem Successor, dem Nachfolger seines Vaters, in die Lehre. Den Kleinsten, Johann Sebastian, nahm der um vierzehn Jahre ältere Bruder Johann Christoph, unter Zustimmung seiner jungen Ehefrau, mit sich. So verblieb von den hinterlassenen Kindern des Johann Ambrosius als Einziger Johann Jacob in der gewohnten Umgebung. Aber unter fremden Menschen! Johann Sebastian konnte bei einem Blutsverwandten sein Leben weiterführen. Jedoch er mußte vom Vaterhaus, vom liebsten Bruder Abschied nehmen; mußte sich von Cantor Dedekind, von seinen Mitsängern trennen; mußte die Sanct Georgen-Kirche und seinen Oheim Johann Christoph verlassen! Mit zehn Jahren war die Kindheit Johann Sebastian Bachs zu Ende.

Johann Christoph Bach, der älteste Sohn des verstorbenen Johann Ambrosius Bach, verwaltete seit seinem 22. Lebensjahr die Organistenstelle der Michaelis-Kirche zu Ohrdruf an der

Ohra. Er war ein Schüler des großen Orgelmeisters Johann Pachelbel, der – obwohl zu Nürnberg gebürtig – längere Zeit in Eisenach und Erfurt wirkte. Auch Johann Christoph verfügte über eine ungewöhnliche musikalische Begabung. Allerdings blieb ihm, gleich seinem Vater, die schöpferische Kraft versagt. So wachte er unermüdlich darüber, daß man die Werke der Meister tadelfrei wiedergab und entwickelte sich zu einem hochgeschätzten Lehrer in der Kunst des Tastenschlagens; sowohl auf der Orgel wie auf den unterschiedlichen Clavieren. Allerdings wurde er mehr gefürchtet als geliebt. Denn Johann Christoph Bach war streng und unerbittlich, heftig und unduldsam. Trotzdem stellten seine Anhänger immer wieder anerkennend fest: Er sei ein optimus artifex – ein höchster Könner – und ein künstlerischer Mensch.

In dem Hause des jungen Ohrdrufer Organisten herrschte Schmalhans als Küchenmeister. Die Bezüge für Ausübung seines Amtes waren gering. Sie betrugen 45 Gulden, drei Malter Korn und einen Klafter Brennholz, reichten also bei Weitem nicht an die Besoldung seines Vaters, des Eisenacher Stadt-Pfeifers, hinan. Wenn der Bruder trotz dieser Armsäligkeit den Bruder nach dessen völliger Verwaisung in sein Haus aufnahm, so wurde er dazu vor Allem durch den ungewöhnlich starken Familiensinn der Bache bestimmt. Denn Diese betrachteten sich, ungeachtet ihrer Verstreuung über ganz Thüringen, als eine durch Bande des Blutes und Mächte der Musik zusammengehaltene Gemeinschaft. Außer dem brüderlichen Erbarmen war dabei aber auch Eigennutz im Spiel. Johann Sebastian wurde nämlich sehr bald nach der Übersiedlung Singer der Ohrdrufer Currende. Deren Einkünfte gingen beträchtlich über die Almosen der Eisenacher Currendaner hinaus. Sie betrugen im Jahr 240 bis 260 Thaler, so daß auf den einzelnen Chorknaben jährlich 17 bis 20 Thaler, mithin nahezu die Hälfte des Organisteneinkommens, entfielen. Sebastian bezahlte demnach durch das ungekürzt abzugebende Singegeld nicht nur Unterhalt und Speisen redlich. Er trug auch zu den Kosten des Lebens der Bruderfamilie beträchtlich bei.

Johann Sebastian Bach besuchte in Ohrdruf das aus einer Klosterschule hervorgegangene, von den Grafen Gleichen gegründete Lyceum. Dieses vermittelte etwa dreihundert, auf sieben Klassen verteilten Schülern von fünfeinhalb bis zweiundzwanzig Jahren durch sechs Lehrer ungewöhnliches Wissen. Es galt als eine Musteranstalt, auf welche die Eltern nicht nur der näheren Umgebung ihre Kinder schickten. Ging doch unter den Thüringern das Wort um: Im Gothaischen lernen die Bauern mehr als anderswo die Edelleute.

Auf selbigem Lyceum rückte Johann Sebastian, der zu Eisenach nur ein mittelguter Schüler gewesen war, an die Spitze. Er wurde in Tertia Erster, in Secunda Zweiter und hätte es in der obersten Klasse bis zum Primus primorum, zum Ersten aller Ersten, gebracht, wenn er wie üblich dort vier Jahre verblieben wäre.

Dieser Aufschwung der Leistungen Johann Sebastians erklärte sich durch die lebensnähere Art der neuen Schule. Herzog Ernst von Sachsen-Gotha hatte nach den Schriften des Amos Comenius, zu dessen begeisterten Verehrern er gehörte, die Erziehungsanstalten seines Ländchens an Haupt und Gliedern reformieren lassen. Sie wurden auf das Gegenwärtige ausgerichtet. Durch den Gothaer Schulmethodus traten also statt der Religion und der Alten Sprachen die realen Fächer und die deutsche Sprache in den Vordergrund. Diese zeitgerechte Belebung des Unterrichtes steigerte den Eifer Sebastians dermaßen, daß aus dem mittleren Eisenacher Lateinschüler ein ausgezeichneter Ohrdrufer Lyceist wurde.

Um den Musikunterricht der vielgerühmten Erziehunganstalt war es allerdings, obwohl ihm fünf von dreißig wöchentlichen Schulstunden gehörten, schlimm bestellt. Immer wieder sehnte sich Johann Sebastian nach den Singstunden seines Eisenacher Lehrers Dedekind und den Chorproben seines dortigen Oheims Johann Christoph. Die Sangeskunst in Ohrdruf zu pflegen, lag dem Cantor Johann Heinrich Arnold ob. Der aber war ein böswilliger Mensch. Ununterbrochen hatte er mit den Schülern heftigste Zusammenstöße, bei welchen oft die satanische Freude zutage trat, seinen Willen um jeden Preis durchzusetzen. Zwei Primaner mußten aus der Schule verwiesen werden. Ob turbas a Domino Cantore Arnoldo, wegen heftigen Lärmens mit dem Herrn Cantor Arnold. Zwei andere Schüler, von denen der Eine sogar ein leiblicher, aus Arnstadt stammender Vetter Sebastians war, wurden vor der Zeit nach Secunda versetzt. Daß sie der intolerabilis disciplinae, der unduldsamen Herrschaft, des Herrn Cantor Arnold entgingen. Es wäre auf die Dauer sicherlich auch bei dem Eisenacher Bach zu einem schlimmen Zusammenstoß mit dem tyrannischen Ohrdrufer Cantor gekommen. Aber man stellte eines Tages schriftlich fest, daß der gottlose Cantor Arnold sei: pestis scholae, scandalum ecclesiae et carcinoma civitatis, also: eine Pestbeule der Schule, ein Schandfleck der Kirche und ein Krebsgeschwür der Bürgerschaft. Statt der Entfernung von Schülern war also die Entlassung des bösartigen Lehrers unvermeidlich. Sie erfolgte wegen Unduldsamkeit zwei Jahre nach dem Eintritt Johann Sebastians in das Lyceum. Ein Jahr später verstarb der allmächtige Ohrdrufer Schultyrann zu Erfurt miserrime, lies: elendiglich.

An die Stelle des entlassenen Peinigers trat als Gesangslehrer der vierundzwanzigjährige Elias Herda. Dieser, der Sohn eines Hufschmiedes, war in Leina bei Gotha geboren; mithin, wie fast alle Bache, ein Thüringer. Ausgebildet aber wurde er sechs Jahre lang zu Lüneburg. Sebastian befreundete sich ebenso schnell mit seinem dienstwilligen neuen Lehrer wie Dieser mit seinem begabtesten zwölfjährigen Schüler.

Den entscheidenden musikalischen Unterricht während seiner Jugendjahre erhielt Johann Sebastian Bach jedoch von seinem um 14 Jahre älteren Bruder Johann Christoph. Freilich, als der Jüngere Diesen, wie einst den Vater, bat: «Orgel spielen! Das Spielen auf der Orgel lernen!» da lehnte, gleich dem Vater, auch der Bruder ab. Unterweisung im Geigen und Bratschen sei, behauptete er, weder möglich noch nötig. Nicht nötig, weil Sebastians Spiel staunenswert rein und durchdringend wäre. Nicht möglich, weil er, Johann Christoph, das Geigenspiel nicht professionaliter – berufsmäßig – ausübe. Sebastian sei zu Eisenach durch den Vater in selbiger Kunst soweit gefördert worden, daß er sich mit ihr allein weiterhelfen könne. Ihm, dem Bruder, wäre es nicht gegeben, zu der Vervollkommnung des Spieles auf Saiteninstrumenten Wesentliches beizusteuern. Also den Wunsch des Kleinen erfüllen und ihn auf die Orgel loslassen? Nein. «Warum nicht?» fragte Sebastian betrübt. Die Antwort lautete: Keineswegs, um ihm etwas zu verwehren. Sondern um ihm den rechten Weg zu dem berghohen Ziel der Orgelmeisterschaft zu zeigen. Sebastian begehrte zu wissen: «Wann also?» Der Bruder behauptete: Man müsse, ehe sinnvoller Weise mit dem Pedalspiel begonnen werde, zunächst — wie es Pachelbel auch mit ihm gehalten hätte — die Kunst des Manualspieles beherrschen. Johann Sebastian versicherte: «Kann ich.» Johann Christoph höhnte: Ohne darin unterrichtet zu sein? Sebastian erklärte: «Ja.» Solches zu behaupten, sei Vermessenheit! wies der Bruder den Bruder zurecht.

Sebastian Bach ging auf das Clavichord zu, öffnete seinen Deckel und begann zu spielen: Handstücke, welche er in den ersten vier Wochen von Schülern Johann Christophs gehört und während dessen Abwesenheit heimlich geübt hatte; Weiteres, das Dieser nicht kennen konnte, da es dem Geiste und dem Herzen des Spielenden entstammte.

Johann Christoph Bach mußte zugestehen: Nicht übel. Wenn man bedenke, daß der Knirps bisher, wie er hoffentlich mit Recht sage, keinen Unterricht im Tastenschlagen gehabt habe, sogar recht anerkennenswert. Denn er bringe nicht nur die erforderlichen Töne rechtzeitig. Seine Hände besäßen außerdem schon jetzt die Fähigkeit, ihnen durch Bebung die angemessene Cantabilität, die claviristische Singart, zu verleihen. Auf der Orgel sei es natürlich anders! Bei ihr nütze nach dem zeitgerechten Anschlag alle Fingerei gar nichts. So wär es denn auch unsinnig, die Orgel mit pathetischer Gebärde zu spielen. Denn Pathos sei ihr Wesen. Ob man die Hände vor dem Anschlagen einen halben Meter gen Himmel reiße oder die Finger vor dem Niederdrücken in Nähe der Tasten belasse, bleibe für die Schönheit des Orgelspieles gleichgültig. Auf den Wind komme es an! Auf den Tonwind, der durch die Orgelpfeifen fahre! Und auf den Gefühlswind, der durch die Menschenseele seinen Weg nehme! Wie gesagt: Sebastian habe ordentlich gespielt. Sehr ordentlich! Ein paar Unarten seien da. Aber Die ließen sich wegbringen. Das Clavichord werde keine lange Zeit für sich beanspruchen. Im Gegensatz zu dem Clavicembalospiel, welches ebenfalls vor dem Beginn des Orgelspiels erlernt werden müsse.

«Kann ich auch!» behauptete Sebastian.

«Auf dem Kielflügel spielen?» fragte spöttisch Johann Christoph Bach.

«Ja!» beteuerte Johann Sebastian Bach.

Jetzt rede er Unsinn! verwies der ältere Bruder dem jüngeren Bruder seine Worte. Denn das Clavicembalo besitze ja nicht Ein Manual wie das Clavichord. Sondern zwei! Und Register obendrein! Wie er mit zwei Manualen samt Registern fertig werden wolle?

«Hab ich bei unserm Oheim Johann Christoph gesehen!» versicherte Sebastian.

Sehen sei etwas Anderes als Ausüben. Doch wenn er es auch mit den beiden Manualen schaffe, wie mit den Registern zurechtkommen?

«Hab ich oft in der Sanct Georgen-Kirche gezogen. Obwohl die Orgel viel mehr Register hat als das Clavicembalo!» erklärte Sebastian.

Sei verschieden! belehrte Johann Christoph das naseweise Brüderchen. Sei völlig verschieden, ob man — ohne selber zu spielen — für einen Andern die Register ziehe, oder ob man — selber spielend — sich — — nein: nicht sich, sondern die unter den eigenen Händen erklingende Musik durch wirksame Registrierung bediene.

Johann Sebastian ging zu dem offenstehenden Cembalo. Er setzte sich davor und spielte den Choral:

Hilf uns, Herr, in allen Dingen,
Daß wir unser Amt und Werk

Wohl anfangen und vollbringen,
Gieb uns Weisheit, Kraft und Stärk!
Ohne Deine Hülf und Gunst
Ist all unser Werk umsunst.
Hilf uns, Herr, in allen Dingen
und laß alles wohlgelingen!

Vielleicht noch mehr als über das richtige, keinen Augenblick stockende Spiel seines jüngsten Bruders staunte Johann Christoph über dessen zweckmäßigen Manualwechsel und sinnvolle Registrierung. Die Tonstärke wurde nach der ersten Hälfte des Chorals durch Benutzung der oberen Tasten gemildert. Bei dem vorletzten Vers vermehrte sie sich registermäßig. Der letzte Vers erklang durch Zurückwechseln auf das untere Manual und Benutzung sämtlicher Züge pleno cembalo: mit stärkster, dringlichster Cembalo-Möglichkeit. Das Alles war für Johann Sebastian durchaus nicht selbstverständlich. Dennoch ergab es sich ohne wissentliches oder willentliches Zutun. Dieweil sein Herz während des Spielens sang:

«Hilf mir, Herr, in allen Dingen,
Laß mir alles wohlgelingen!»

Als der zehnjährige Johann Sebastian Bach, um den Widerhall seines Spieles bangend, zu Johann Christoph Bach aufsah, sagte Dieser: «Morgen beginnen wir mit dem Unterricht.»

«Auf der Orgel?» fragte Johann Sebastian beglückt.

«Nein,» antwortete Johann Christoph, «auf dem Clavichord! Und wenn ich Dir die Unarten abgewöhnt habe, welche jeder Selbstunterricht mit sich bringt, auf –»

«Dann auf der Orgel?» fiel Johann Sebastian dem Bruder ins Wort.

«Nein,» ging Johann Christoph unbekümmert den betretenen Weg weiter, «dann auf dem zweimanualigen, sechsregistrigen Clavicembalo.»

«Und wann auf der Orgel?» fragte Johann Sebastian kleinlaut.

«Das hängt von Deinem Fleiß und Deiner Anstelligkeit ab», wich Johann Christoph aus.

«Daran solls nicht fehlen!» gelobte Johann Sebastian.

«Werden wir erleben!» entgegnete Johann Christoph und schloß die Unterhaltung mit den Worten: «Wenn es mir gelungen ist, aus Dir einen guten Claviristen zu machen, will ich es mir angelegen sein lassen, Dich auch noch zu einem brauchbaren Organisten heranzubilden. Zu einem brauchbaren! hab ich behauptet. Denn ein vollkommner Orgelspieler wird man, wie Meister Pachelbel immerwieder zu mir gesagt hat, niemals. Weil bei aller Einfalt im Grunde kein Instrument eine gleiche Vielfalt im Ausfluß hat wie die Orgel.»

Johann Sebastian Bach hielt Wort. Er ließ es an Fleiß und Anstelligkeit bei dem Musikunterricht nicht fehlen. Er steigerte häufig durch unbegreifliche Begabung sowohl seinen Eifer wie sein Geschick. Und zwar dermaßen, daß der lehrende Bruder des Öfteren von einem Staunen ins andere fiel. Johann Christoph konnte für sich beanspruchen, daß er unter den Schülern Pachelbels einer der fleißigsten und geschicktesten gewesen war, der manches Lob von dem hochgeehrten Lehrer eingeheimst hatte. Aber an den Bewährungen Sebastians ließen Christophs Leistungen sich nicht messen. Dafür mußte der Stab mit ausreichenden Maßmarken noch erst zurechtgemacht werden.

Johann Christoph Bach verfuhr mit dem brüderlichen Schüler weit strenger als mit sämtlichen anderen Buben, welche er unterrichtete. Dazu bestimmte ihn einmal der Vorsatz, um der Verwandtschaft willen dem Begabtesten von allen Bachen nicht das Geringste nachzusehen. Zum Anderen kam er je länger desto mehr zu der Überzeugung, daß an diesem schnell gen Himmel schießenden jungen Baum die üppigsten Triebe weggeschnitten werden müßten. Damit er in die Breite gehe und eine volle Krone bekomme! Nur dann sei Sebastian den Schicksalsstürmen gewachsen. Wenn man ihn sämtliche Kraft-Zweige ungekappt in die Luft jagen lasse, werde er eine billige Beute der Lebensfrühlingswinde.

Johann Sebastian ließ sich durch keinen Tadel und kein Toben, durch keine Mahnung und kein Murren, durch kein Schmähen und kein Schelten des Bruders beirren. Es ging um die Musik. In ihrem Dienst war nichts, was ihm aufgeladen wurde, zu schwer. Er verbiß seinen Schmerz über Härte, bändigte seinen Zorn über Ungerechtigkeiten des blutsverwandten Lehrers. Er unterdrückte die aufsteigenden Tränen. Wenn aber Johann Sebastian des Weinens schließlich doch nicht mehr Herr werden konnte, dann gab er diesem erst freien Lauf, nachdem Johann Christoph ihn verlassen hatte. So gewahrte der Bruder seine Schwäche nicht. Ungehindert konnte der weitere Unterricht vonstatten gehen.

Dennoch stand Ein Mal während der fünf Jahre, welche Sebastian in Ohrdruf verblieb, die Fortdauer des brüderlichen Verhältnisses auf dem Spiel.

Weil zu damaliger Zeit nur ein winziger Teil der geschaffenen Musik gedruckt werden konnte, war es üblich, daß alle ernsthaft um die klingende Kunst bemühten Männer ein Notenbuch anlegten. In dies trugen sie zum eigenen Gebrauch und zur Nutzung der Schüler handschriftlich jene Stücke ein, welche ihnen besonders gut oder zweckmäßig erschienen. Auch Johann Christoph besaß ein solches, säuberlich von ihm selbst geschriebenes Notenheft. Darin standen Kompositionen von Kerll und Froberger, von Böhm und Fischer, von Bruhns und, versteht sich, vor Allem von Pachelbel, seinem vergötterten Lehrer. Als er die leichten Stücke, welche der Bruder ihm vorgelegt hatte, völlig in — wie man zu sagen pflegte — in die Faust gebracht hatte, bat Johann Sebastian um jenes handgeschriebene Notenbuch, daß er sich die schweren Stücke aneigne. Denn der Schüler hatte nicht nur mehrfach mit Wohlgefallen gehört, wie sein Lehrmeister daraus spielte, sondern auch mit Freude bemerkt, daß es Stellen darin gab, welche dem Bruder Schwierigkeiten machten. Diese reizten den lernwütigen Knaben in besonderem Maße. Vielleicht bezwang Er sie besser? Das Notenbuch! Das geschriebene Notenbuch! Aber Johann Christoph lehnte die Bitte des Elfeinhalbjährigen ab. Er nahm das geliebte Heft von dem Pult des Cembalos herunter, verschloß es in dem Schrank, welcher die wertvollsten Besitztümer seines Lebens vor fremden Zugriffen schützte, und holte es während der nächsten Wochen nicht zum Spielen hervor.

Nun hatte aber der Schrank, welcher die heiligen Schätze des Hauses hütete, nur einen Gittervorsatz, durch dessen Öffnungen man seinen Inhalt sah. Eines Abends, als Niemand daheim war, versuchte Sebastian, ob er mit einem Griff nach drinnen käme. Die Hand war gottlob noch so klein, daß sie zwischen zwei Stäbe hindurchgeschoben werden konnte. Jedoch nicht Das war der schwierigste Teil des Vorhabens. Dieser bestand vielmehr darin: Auf welche Weise bekam sie ohne Schädigung die begehrten Noten nach außen? Einige Versuche mißglückten. Dann gelang es dem fiebernden Knaben, das Heft, welches glücklicherweise keinen steifen Deckel besaß, aufzurollen und mit der sich schmalmachenden Rechten – vorsichtig! vorsichtig! daß keines der Blätter einknickte! – zu sich heranzuziehen.

So schnell er nur konnte, lief Johann Sebastian zu seinem Giebelstübchen hinauf. Schrieb mit fliegender Feder das erste der Lieblingsstücke des Bruders ab. Lief nach unten. Schob die Notenblätter durch eine Gitterlücke in das Innere des Schrankes – was leichter glückte als das Herausholen – und fuhr, sobald sie auseinandergefallen waren, mit der Hand darüberhin. Das geschah nicht nur, um sie zu glätten; sondern auch, um dem Büchlein gebührenden Dank für seine Willigkeit abzustatten.

Dieser Vorgang wiederholte sich viele Male. Freilich – der Sicherheit wegen – nur des Nachts, wenn in dem Haus Alle schliefen. Und mit mehrwöchigen Unterbrechungen! Denn Sebastian verfügte über kein Licht. Sobald der Junge die Schlafstätte betrat, hatte er sich ins Bett zu legen. Dafür war feierliche Kerzenbeleuchtung nicht nötig. Diese verführte nur zu sündigen Gedanken. Auch waren die Talglichter teuer. Jedenfalls viel zu teuer für einen schlechtbezahlten Organisten! Weil der Lernbegierige das ersehnte Heft übertag aus dem Schrank nicht herausholen durfte – denn er würde sicher geprügelt, falls der Bruder die eigenmächtige Entleihung bemerkte –, weil ein Licht keinesfalls zur Verfügung stand: so konnte Johann Sebastian die Abschrift nur während der Mondnächte auf seiner Fensterbank vornehmen und damit den Anfang machen zu der handgeschriebenen Sammlung seines unermeßlichen Notenschatzes, der stummen Lehrmeister. Außerdem mußte er ständig bedacht sein, das Heft nicht zu früh barfuß zu holen, nicht zu spät barfuß nach unten zurückzubringen.

Sechs Monate benötigte Johann Sebastian Bach für die nächtliche Abschrift des verweigerten Buches. Dann war es geschafft. Der Meisternotenband Johann Christoph Bachs bestand zum zweiten Mal. Der Schüler konnte, wenn sein Lehrer aus dem Hause war, spielen, was ihm verwehrt wurde; konnte, wenn Das nicht anging, die geliebten Noten in seinem Büchlein lesen. Es war dem Spielen gegenüber ein Unterschied? Gewiß. Aber ein weit geringerer, als Musikunkundige glaubten. Denn Sebastian hörte, sobald er mit den Augen, nein! mit der Seele sie in sich aufnahm, die Stücke deutlich und rein, ja manchesmal deutlicher und reiner als durch das von Stimmungschwankungen und Materialhemmungen behinderte Instrument.

Ein Mal konnte Sebastian aus dem erschriebenen Notenheft ungehemmt spielen. Das zweite Mal überraschte ihn, da er Raum und Zeit vergessen hatte, der Bruder. Johann Sebastian duckte den Kopf. Jetzt würden Schelte und Schläge auf ihn niedersausen. Mit vollem Recht! Diebstahl blieb Diebstahl. Gleichviel, zu welchem Zweck gestohlen wurde. Aber Johann Christoph schlug nicht. Johann Christoph schalt nicht. Johann Christoph sagte kein Wort. Er ging zu dem Gitterschrank. Sein sorgsam gehüteter Schatz lag darin. Er ging an das Clavicembalo zurück. Dort lag das Buch noch einmal. Wenige Blicke auf die Noten belehrten ihn, wie das zweite Büchlein zustande gekommen war. Johann Christoph nahm es von dem Notenpult fort. Ging erneut zu seinem Schatzschrank. Holte das von ihm geschriebene Notenbuch heraus. Versenkte sein Heft sowie das Heft des brüderlichen Schülers in das Dunkel einer Kommodenschublade. Und sperrte auch diese ab.

In selbiger Nacht schloß Johann Sebastian kein Auge. Er zürnte mit sich. Er zürnte mit seinem Bruder. Er zürnte mit

Gott. Mit Diesem, weil er vor der Zeit den Vater von der Erde fortnahm, welcher ihm die rechten Wege in Allem gewiesen hätte. Aus dem Dunkel trat der Versucher vor den Schlaflosen hin und raunte ihm lockend ins Ohr: Das Haus des Bruders, wo er unwürdig behandelt werde, wo er nicht lernen dürfe, was er lernen wolle und müsse, heimlich verlassen! Fliehn! Ehe der Morgen komme. Wohin? In die Welt. Zu Wem? Zu dem Eisenacher Oheim Johann Christoph. Der werde ihn unter die Schar seiner Kinder einreihen. Und ihm einen Orgelunterricht erteilen, wie der Bruder Johann Christoph solchen niemals zu geben vermöge. Fliehn! Noch in dieser Nacht! Jedoch Johann Sebastian blieb in Ohrdruf.

Johann Christoph Bach schlief in dieser Nacht äußerst unruhig. Am andern Morgen sagte er wie beiläufig: «Wenn Du Zwölf geworden bist, also in einem halben Jahr, können wir mit dem Orgelunterricht anfangen.» Johann Sebastian griff, beschämt und beglückt zugleich, nach der Hand des Bruders. Dieser sollte ohne Worte, die in seinem Halse stecken blieben, den schuldigen Dank spüren. Doch Johann Christoph verlangte: «Laß das! Zeig lieber, was Du gelernt hast!»

Sebastian ging zu dem Clavicembalo und begann die Stücke zu spielen, welche ihm zum Üben aufgegeben waren. Er hatte sie jetzt tatsächlich so sehr in die Faust bekommen, daß weitere Bemühungen keine größere Vollendung bringen konnten. Ungewollt glitt dem Spielenden eine der Compositionen aus dem weggeschlossenen Buch unter die Finger. Sebastian erschrak. Was würde geschehen? Sicherlich schlug der Bruder den Instrumentendeckel zu. Unbekümmert darum, ob seine Finger eingeklemmt würden. Mochte es sein. Er würde nicht schreien. Aber Johann Christoph knurrte: «Weiterspielen! Selbstverständlich richtig!» Sebastian, der vor Schreck tatsächlich geprudelt hatte, riß sich zusammen. Er brachte das Stück – das gestohlene Stück – fehlerlos zu Ende. Der Bruder verbarg seine Anerkennung hinter den Worten: «In sechs Wochen beginnen wir mit dem Orgelunterricht. Nicht erst in sechs Monaten!» Sebastian hütete sich, seiner Freude bemerkbaren Ausdruck zu geben.

Das nächste Mal legte Johann Christoph Bach dem Schüler Johann Sebastian Bach dessen Notenabschrift auf das Cembalopult und überließ es Diesem, daraus zu spielen, was er wollte. Sehr bald zeigten sich Fehler in dem Heft. Christoph schalt. Sebastian entschuldigte sich: Eile — Mondschein — — Angst — — — Christoph erklärte: «In der Musik gibts für Fehler keine Entschuldigung.» Sebastian spielte kopfnickend weiter. Seine Abschriftfehler konnten nur zum Teil, oft erst im letzten Augenblick, durch das Spiel berichtigt werden. Christoph nahm das Notenheft von dem Cembalo herunter und zerriß es. Sebastian wollte schreien. Aber schon stand das Urheft, welches der Bruder bisher in der Hand gehalten hatte, aufgeschlagen vor ihm. Christoph sagte: «Daraus spielen! Richtig! Kannst meine Noten haben, so oft Du willst. Brauchst nur um den Schlüssel zu bitten. Ich lege sie nach Schluß dieser Stunde wieder in den Gitterschrank zurück. Das Sudelheft wird verbrannt!» Sebastian spielte und nickte, nickte und spielte.

Als der verwaiste elfeinhalbjährige Knabe glückseelig geendet hatte, sagte Johann Christoph Bach: «Ich habe Dich als Schüler oft getadelt. Tadeln müssen! So ist es heut an der Zeit, auch einmal Dich zu loben.» Und der Bruder gestand Sebastian zu: Seine Hände spielten mit so kleinen und leichten Fingerbewegungen, daß man diese oft kaum bemerken könne. Noch weniger nähmen die übrigen Teile seines Körpers durch unruhbringende Verrenkungen an dem Spiel der Hände teil. In Ordnung. Falls er weiterhin solche Fortschritte mache wie in den ersten anderthalb Jahren ihres Beisammenseins, werde Sebastian es zu einem guten Tastenschläger bringen. Als Clavirist und — vorausgesetzt, daß die Füße es an Geschicklichkeit den Händen gleichtäten — auch als Organist.

Johann Christoph Bach hielt sein gegebenes Wort. Sechs Wochen später begann er mit dem weiteren Unterricht seines um 14 Jahre jüngeren Bruders. Versteht sich, nach der Weise des eigenen Lehrers Johann Pachelbel! Sebastian Bach lernte also in Ohrdruf die süddeutsche Orgelkunst kennen. Diese war beweglicher und gefälliger als die norddeutsche Orgelkunst. Sie sprach infolgedessen schneller an, erreichte aber deren Größe und Gewalt nicht. Nachdem der Vater ihn zu einem guten Geiger und Bratscher ausgebildet, der Bruder ihn zu einem tüchtigen Cembalisten gemacht hatte, begann Johann Sebastian, die Orgel zu umwerben. Jedoch von Jahr zu Jahr wurde ihm mehr bewußt, daß auf ihr der Weg zur Vollendung unendlich viel weiter war als bei Geige und Bratsche, Clavichord und Clavicembalo.

Wie zu Hause während des Spielens auf den bisherigen Saiteninstrumenten und den hinzugekommenen Tasteninstrumenten, so fügte Sebastian auch in der Kirche bei und nach dem Üben auf der Orgel eigene Töne zu abgerundeten Gebilden zusammen. Darunter befanden sich Passacaglien und Canons, Präludien und Fugen. Alle Stücke aber blieben mehr oder minder in der Tonalität befangen. Sie täuschten Größe durch Starrheit vor. Sie kamen mit der Contrapunktik nur gewaltsam zu Rande. Es waren Jugendsünden eines Genies. Sünden! Aber eben doch: eines werdenden Genies!

Als Johann Sebastian Bach, statt wie üblich mit siebzehn, bereits mit fünfzehn Jahren in die Ohrdrufer Prima versetzt war und den Ersten der Klasse wegen seines Platzes ernsthaft bedrängte, da eröffnete Johann Christoph Bach dem Bruder: Er müsse das Haus verlassen. Seine Frau hätte ihm während der verwichenen fünf Jahre vier Kinder geboren. Das Fünfte sei auf dem Weg in die Welt. Weitere würden sicherlich folgen. (Tatsächlich hieß das Endergebnis: fünf Knaben und fünf Mädchen.) Also sei für Sebastian im Hause kein Platz mehr vorhanden. Das Ausbleiben der Currende-Einnahmen ließe sich verschmerzen. Denn die Drohung, daß er bei Ablehnung seiner Bitte um Gehaltserhöhung Ohrdruf verlassen und die ihm angebotene, besser bezahlte Organistenstelle in Gotha übernehmen werde, hätte die Stadtväter bewogen, zu dem baren Geld von 45 Gulden nunmehr 10 Gulden hinzuzulegen, sowie den Bezug von Korn und Holz zu verdoppeln. Wenn jedoch im Falle weiterer Kinderzunahme auch das erhöhte Gehalt nicht ausreiche, dann müsse noch mehr Claviristenunterricht von ihm gegeben oder neben dem Organistenamt eine schäbige Schulmeisterstelle angenommen werden.

Diese Eröffnung des Bruders war für Johann Sebastian Bach ein schwerer Schicksalsschlag. Er hatte gehofft, die ganze Prima durchlaufen zu können, wofür von ihm sicher nur drei Jahre benötigt würden, nicht vier wie von fast allen Primanern. Dann wollte er zur Vervollkommnung seines Wissens die Universität beziehen. Aber den Gründen Johann Christophs gegenüber war kein Widerspruch möglich. Vielmehr galt es, Diesem zu danken, daß er ihn fünf Jahre bei sich behalten und einen tüchtigen Tastenschläger, einen angehenden Organisten sowie einen ordentlichen Menschen aus ihm gemacht hatte. Das brüderliche Haus verlassen? Selbstverständlich. Gehen? Natürlich. Aber wohin? Ja, wohin mit fünfzehn Jahren, ohne um Almosen bitten zu müssen, ohne im Elend zu verkommen? Wohin??

Der befreundete Schul-Cantor Elias Herda gab Antwort. Er empfahl Sebastian Bach und seinen in der Secunda sitzengebliebenen Freund Georg Erdmann als Discantisten und den Ersteren darüber hinaus als Concertisten — lies: als Solisten — an jene Anstalt, auf der ihm die musikalische Ausbildung zuteil geworden war: an das Institut des Mettenchores der Lüneburger Michaelis-Kirche. Dort wurden als Freischüler Söhne armer Eltern aufgenommen, die eine hervorragende Stimme und eine unanzweifelbare Musikalität besaßen. Besonders erwünscht waren junge Sopranisten. Alles Geforderte, vermeldete der Cantor Herda, treffe auf beide Knaben zu. Insbesondere auf Johann Sebastian Bach! Der — seit seinem zehnten Jahre Vollwaise — sei bettelarm. Er habe eine wohllautende Stimme von durchdringender guter Singart. Seine Musikalität müsse so ungewöhnlich genannt werden, wie Gott sie nur ganz wenigen Menschen verleihe. Aus dem Norden traf die Antwort ein: Der jüngste Sohn des verstorbenen Stadt-Pfeifers Johann Ambrosius Bach zu Eisenach sowie sein Freund Georg Erdmann aus Leina seien als Schüler willkommen. Wenn die vorzunehmende Prüfung sämtliche Angaben über ihre Fähigkeiten bestätige, könnten Beide als Kloster-Schüler in den Mettenchor der Michaelis-

Kirche eingereiht werden. Das Ohrdrufer Lyceum entließ den Primaner Bach mit der Eintragung in das Schülerverzeichnis: Fortgegangen weil dahier kein officium — keine Freistelle — vorhanden.

So begannen an einem schönen Märztage anno 1700, der Wende vom 17. zum 18. Jahrhundert, Johann Sebastian Bach — kurz vor der fünfzehnten Wiederkehr seines Geburtstages — und Georg Erdmann — der bereits Siebzehnjährige — die Fußwanderung von Ohrdruf an der Ohra im Thüringer Lande nach Lüneburg an der Ilmenau in der norddeutschen Heide.

Die Prüfung bestätigte sämtliche Versicherungen des Cantors Elias Herda. Vor Allem war man von der schönen Sopranstimme und der unfehlbaren Musikalität des seit einem Jahr konfirmierten Stadt-Pfeiferssohnes entzückt. Also wurden beide Zugereisten in den Mettenchor, die Spitzengruppe des chorus symphoniacus der Lüneburger Particularschule, unverzüglich eingereiht. Und zwar als beneficiante Discantisten! Das heißt: als bezahlte Sopranisten. Wie sehr man die Fähigkeiten Johann Sebastian Bachs schätzte, ging aus der Höhe seines Einkommens hervor. Es betrug 12 Gute Groschen monatlich, während zwei anfängerhafte Expectanten nur je 4 Groschen erhielten. Da diese Bezüge durch Einnahmen aus den Straßenmusiken, durch Besingen der Hochzeiten, durch Beklagen der Leichen sich noch erhöhten und die Abgabe an den Bruder für den Lebensunterhalt wegfiel: so war Johann Sebastian Bach nicht mehr auf ein gnädig gewährtes Taschengeld angewiesen. Er verdiente mittelst Ausübung seiner musikalischen Fähigkeiten bereits als Fünfzehnjähriger was zu einem bescheidenen Dasein benötigt wurde. Denn Bach bekam außer dem baren Geld freie Unterkunft auf einer Gemeinsamkeitstube, unentgeltliche Kost, unbezahlten Unterricht, Brennholz und Talglichter. Vorübergehend beaufsichtigte auch er die Schulaufgaben der Söhne wohlhabender Eltern und wurde von ihnen zur Entlohnung besser gespeist als in dem Kloster.

Wiederum gehörte Johann Sebastian Bach der Currende an. Diese nannte sich in Lüneburg Cantorei. Wie es jedoch in Wahrheit um sie stand, zeigte die allgemeine Bezeichnung. Man hieß ihre Mitglieder: Arme Sanckscholere, so mede uns to chore gan; oder auch: De arme Scholeren, welke von unser Kerken de elemosinas — die Almosen — hebben. Gleich den übrigen armen Sanges-Schülern mußte Bach auf dem weiten Schmuckplatz Lüneburgs, dem Sand, vor dessen Staffelgiebeln und in den engen dunklen Gassen vor deren Fachwerkhäusern singen. Mußte mit bittender Gebärde wartend dastehen. Bis zum Beschluß der Straßensingerei die durch einen doppelten Riegel gesicherte Geldbüchse von dem Cantor oder dem Präfecten geöffnet wurde. Auf daß die ersungenen Gaben der Lüneburger Bürger — nachdem Cantor und Präfect den Löwenanteil erhalten hatten — unter die Schüler verteilt werden konnten.

Da die Stadt zwei Cantoreien besaß, von denen die eine zur Michaelis-Kirche die andere zur Johannis-Kirche gehörte, kam es zwischen den Sängern des Öfteren zu Reibereien, deren Urheber sich infolge der winterlichen Dunkelheit nicht feststellen ließen. Um Zwistigkeiten zu verhindern, verbot man jegliches Betreten von Häusern mit Gastereien während des Umsingens und teilte die Straßen unter die beiden Cantoreien auf. Aber die Hoffnung, daß dadurch Begegnungen und Auseinandersetzungen vermieden würden, erfüllte sich nicht. In der Craapengießerstraße kam es zu einer Schülerschlacht. Der Präfect von der Johanniskirchen-Cantorei, die sich wegen Fehlens von Freischülern vornehmer dünkte als die Cantorei der Michaelis-Kirche, hatte deren Angehörige Almosenfresser genannt. Darauf zogen diese Knüppel und Carabatschen hervor, welche sie unter den Schalaunen verborgen hatten. Die Gegner taten das Gleiche. Eine wüste Schlägerei war die Folge. Diese wurde erst dadurch beendet, daß der Schmied Soltau durch ein glühendes Eisen die Schüler trennte. Auch mit den adligen Angehörigen der Ritterakademie ergaben sich mancherlei Reibereien. Sie liebten es, quer durch die Singenden hindurchzugehen. Eines Abends schrie der dreizehnjährige Monsieur de Heßberger Johann Sebastian, der nicht schnell genug zur Seite trat, an: «Du Hundsfott, Du Canaille, kannste vor Cavallieren nicht den Huth abnehmen?»

Er entblößte zur Hälfte seinen Degen und drohte, wofern irgendeiner von den Almosenisten ein einziges Wort würde sprechen, so sollten sie sehen, was ihnen widerführe. Da die Mettenschüler keine Degen tragen durften, versteckte Carabatschen dieses Mal nicht zur Hand waren, blieb ihnen nichts, als vor dem adligen Lümmel die Kappen zu ziehen. Auch Johann Sebastian Bach tat schweigend das Gleiche. Erst als der Monsieur de Heßberger außer Sicht war, konnten die Singschüler das unterbrochene Lied von Neuem beginnen.

Für die Zuwendungen, welche sie von der reichen, ehemals klösterlichen Schule bekamen, mußten die Angehörigen des Mettenchores, der aus sieben Sopranen, drei Alten, drei Tenören und zwei Bässen bestand, an den Hohen Festen mit vollständiger Musik, unter Zuhilfenahme des Chorus instrumentalis, in der Kirche zum Hauptgottesdienst aufwarten. Wohingegen an den einfachen Sonntagen der ausgewählte Knabenchor bereits durch eine mehrstimmige Motette seiner Pflicht genügte. Hinzukam bei den Abendmahlsfeiern, an den Sonntagnachmittagen und den Vorabenden kirchlicher Festtage der Brauch, zur Verschönerung einige freie Stücklein beizusteuern.

Um die vielbeschäftigten Sänger aufzumuntern, bekamen sie an den neun Hohen Festtagen des Jahres Timpenstuten — vierzipflige Weizenbrote —. Diese waren so begehrt, daß mehrfach schon bei dem Holen von der Bäckerei einige aus dem Weckenkorb verschwanden.

Die Lüneburger Schule bereitete Sebastian keine Schwierigkeiten. So rückte die Musik noch mehr als zu Ohrdruf in den Mittelpunkt seines Lebens. Während der fünf Stunden, welche von den dreißig des wöchentlichen Unterrichts ihr gehörten, konnte Dieser seine Kenntnis der Motetten, Kantaten und anderer religiöser Kunstwerke bedeutsam vermehren. Aber nach der Gesangslehre bei Cantor Dedekind und der Gesangsbewährung bei Oheim Johann Christoph vermochte er für sein Können nichts Wesentliches mehr hinzuzugewinnen. Man gestand Bach daher größere Freiheiten zu als anderen Schülern. Er hätte während längerer Zeit ein gefestigtes Dasein führen können. Jedoch das Schicksal griff heimtückisch ein.

Nachdem Johann Sebastian Bach kaum ein Jahr lang in Lüneburg alle Pflichten eines Chorknaben zur eigenen Freude und zur Befriedigung der Lehrer erfüllt hatte, klang eines Tages sowohl bei seinem Singen wie auch bei seinem Sprechen neben der bisherigen hellen Stimme die tiefere Oktave verdunkelnd mit. Und zwar ohne daß er es wußte! Man wies den just Sechzehnjährigen darauf hin. Der setzte, um sein Brot nicht zu verlieren, alle Willenskraft ein, die untere Stimme zu verscheuchen. Es gelang nicht. Eine Woche hindurch sang und sprach Sebastian zweistimmig. Dann verschwand die obere Stimme. Sein vielbewunderter Sopran war für immer dahin. Während das Schülerdasein Georg Erdmanns, der trotz seines höheren Alters noch geraume Zeit vom Stimmbruch verschont blieb, weiterhin gesichert war, hätte Sebastian Bach, wenn nicht aus der Schule, doch aus dem Mettenchor entfernt werden müssen.

Aber da der Stadt-Pfeiferssohn nicht nur über eine ungewöhnlich schöne Stimme verfügte, sondern als Geiger und Bratscher wiederholt außerordentliche Fähigkeiten bewiesen hatte, so beließ man ihn zur Durchführung der Figuralmusik im chorus instrumentalis und kürzte seine bisherigen Bezüge nicht. Im Gegenteil: Weil der auf dem Gebiet der Musik unerschöpfliche Knabe sehr schnell als Spieler und Accompagnist in die vorderste Reihe rückte, ernannte man Sebastian mit weniger als siebzehn Jahren zum Präfecten, zum stellvertretenden Dirigenten, des Kirchenorchesters. Das brachte neben der Vermehrung seiner beruflichen Kenntnisse und der Vertiefung seiner musikalischen Freuden die Erhöhung der regelmäßigen Einkünfte um monatlich einen Thaler mit sich; außerdem, weil er bei allen a cappella-Veranstaltungen, des Stimmbruches wegen, nicht mehr mitwirken konnte, eine Verminderung seiner dienstlichen Verpflichtungen.

Die gewonnene freie Zeit nützte Johann Sebastian Bach zu weiten Wanderungen. Diese galten, obwohl er durchaus ein Auge für sie hatte, nicht den Naturschönheiten des Landes oder den Kunstdenkmälern der Städte. In erster und letzter Hinsicht war dadurch die Musik zu fördern. Es verstand sich, daß ein Schüler der Lüneburger Michaelis-Kirche zur Durchführung solcher Wanderfahrten, auch während der Ferien, die Erlaubnis seines Schulinspectors, des Pastors Martin Georg Hülsemann, benötigte. Aber Bach war von Jugend an, teils infolge seines Charakters – teils durch die Elternlosigkeit, sehr selbstherrlich. Es machte ihm wenig aus, sich eigenmächtig zu beurlauben oder die bewilligte Abwesenheit nach freiem Ermessen zu verlängern. Seiner außerordentlichen Leistungen wegen entschuldigte man bei diesem Schüler, was Andere mit Entlassung hätten bezahlen müssen.

Mehrfach wanderte Johann Sebastian Bach nach Celle durch die übelbeleumundete Lüneburger Heide. Die Postkutsche zu benutzen, verbot sein geldliches Einkommen. Denn es war immer noch schmal. Auch wäre dadurch wohl Bequemlichkeit, die er nicht brauchte, aber keine Zeit, mit welcher er haushalten mußte, gewonnen. Alldieweil man, der unvorstellbar schlechten Wege halber, auf denen Achsenschäden und Radbrüche an der Tagesordnung waren, zu Fuß die 90 Kilometer vielfach schneller hinter sich brachte als mit abgeschindeten Pferden und ausgeleierten Gefährten.

In Celle regierte Herzog Georg Wilhelm. Der hatte seinem jüngeren Bruder Ernst August von Hannover die schriftliche Zusage gegeben, daß er niemals heiraten werde. Damit mangels eines echtbürtigen Leibeserben nach seinem Tode die beiden Herzogtümer vereinigt würden. Weil aber Georg Wilhelm – ein lebenshungriger, weitgereister Mann – durchaus nicht geneigt war, ohne Liebe zu leben, so brachte er aus Paris Eléonore Desmier d'Olbreuse de Poitou als erklärte Maitresse mit sich nach Celle: eine ebenso schöne wie kluge, in gleichem Maße wendige wie willensstarke Frau. Als Diese ihm 1666 eine gesunde Tochter gebar, der man die braven deutschen Namen Sophia Dorothea beilegte, da brach nach zehnjährigem Schwanken der Herzog das feierlich gegebene Versprechen. Er ließ sich seine Pariser Freundin rechtens antrauen.

Herzogin Eléonore, nunmehr gesetzmäßig im Mitbesitz der Staatsmacht, für deren Ausübung sie bisher der Zustimmung des ihr allerdings liebehörigen herzoglichen Gemahls bedurft hatte, Eléonore setzte Alles daran, aus Celle ein schönverkleidetes Klein-Versailles zu machen, dessen unbestrittene Königin sie war.

Die ehemalige Hugenottin zog Franzosen heran, welche um ihres Glaubens willen außer Landes gehen mußten. Das Schloß wurde vergrößert. Lustgärten bildeten seinen Rahmen. Fontänen sprudelten Tag und Nacht. Statuen schmückten die Laubengänge. Während weniger Jahre entstand in Celle eine Pariser Kolonie. Französisch Sprache und Gebahren, französich Kleidung und Sitte, französisch Essen und Trinken, französisch Unterhaltungen und Belustigungen, französisch Flötisten und Clavicinisten, französisch Violinisten und Organisten, französisch Theaterstücke und Konzertprogramme.

Die berühmte Herzogliche Capelle, nicht das Spiel des gepriesenen Organisten monsieur Charles Gaudon, veranlaßte Johann Sebastian Bach wiederholt zu einer Fußwanderung nach Celle. Aber wie bis zu den ersehnten Konzerten vordringen? Bei ihnen, die im glanzvoll erbauten Schloß stattfanden, hatten nur geladene Gäste Zutritt. Wie zu einer Einladung kommen? Für wenige Aufführungen überließ man ehrwürdigen Stadtbewohnern, um ihr Knurren zu verhindern — wie hungrigen Hunden abgegessene Knochen — einige Karten. Aber keinesfalls einem hergelaufenen Schüler! Wie also bis zu diesen Konzerten vordringen? Der Trompeter Johann Pack, mit dem Sebastian Bach sich angefreundet hatte, wußte einen Weg. Er schmuggelte den musikhungrigen Jungen unter die Herzoglichen Geiger. Obwohl er an einem der hinteren Pulte saß, mußte der deutsche Stadt-Pfeiferssprößling es sich gefallen lassen, daß Pack, der früher einmal Paque geheißen hatte, seinen Schützling französich verkleidete, ihm die Musikantenlivree anzog und auf den dunklen Kopf eine weißgepuderte Perücke setzte.

So lernte Sebastian Bach, nachdem der Lüneburger Tanzmeister Thomas de la Selle ihn darauf vorbereitet hatte, nunmehr mitwirkend die Spielweise und die Spielstücke der französierten Herzoglichen Capelle im Hannoverschen Land kennen. Und damit die französische Musik! Das war freilich eine andere Welt als jene, darin sein Herz bisher sich zu Hause fühlte. Aber auch sie bestand als wirkliche Welt: hell und heiter, freudig und froh, beweglich und beschwingt. Sebastian gab sich der französischen Tonkunst, deren bewunderungwürdigste Verkörperung ihm der große François Couperin wurde, vorbehaltlos hin. Denn wo fand sich geschrieben, daß Heiterkeit und Frohsinn, Beschwingtheit und Grazie nicht Wesensteile wahrhafter Musik seien? Umgekehrt lag der Fall: Da sie zum vollen Leben gehörten, so mußten sie auch in dessen gültigen Wiederklang, in die Musik, einbezogen werden. Ja, sie waren für Manches von ihr der Urquell! Wie die Sonne, welche gleichzeitig Schatten und Licht, Dunkelheit und Helle hervorruft, der Urquell des irdischen Daseins ist. So daß neben dem Schatten das Licht noch lichter leuchtet, daß inmitten der Dunkelheit die Helle noch herzlicher hoffen läßt als im Gleichmaß unseres Geschickes.

Sehr viel zu schaffen machten Sebastian Bach die manières, die französischen Manieren: jene Spielverzierungen, die keine überflüssigen Zutaten, keine zweckerzwungenen Befehle waren; sondern unentbehrliche Ausdrucksformen gelockerten Geistes. Der französisch verkleidete deutsche Geiger schrieb sich die Zeichen der manières mit möglichster Vollständigkeit ab. Neben jeder von den zeichenhaften Abkürzungen vermerkte er auf das Genaueste die gebotene Spielart.

Aber so sehr Wanderungen nach Celle Kenntnis und Können des Musikers Johann Sebastian Bach erweiterten, ihre entscheidende Förderung, ihre wesenhafte Vertiefung erfuhren diese in Lüneburg. Und zwar auf jenem Gebiet, welchem von Kindesbeinen an das Herz des Herzens gehörte: der Orgelkunst. Der Musicus an seiner, an der Michaelis-Kirche, Christoph Morhardt, schied wegen Mittelmäßigkeit als Lehrer aus. Der Organist an der Nicolai-Kirche, Jacob Loewe — in Eisenach 1628 geboren, in Wien und Italien ausgebildet, in Dresden Schüler des Altmeisters Heinrich Schütz — dieser Dreiundsiebzigjährige war zu hilflos geworden, als daß er Sebastian in der angestrebten Kunst Wesentliches übermitteln konnte. Dafür sprang ebenso freudig wie selbstlos der Organist an der Johannis-Kirche, Georg Böhm, ein. Der kaum Vierzigjährige — aus Hohenkirchen bei Ohrdruf stammend, in Hamburg weitergebildet, gleicherweise als Spieler auf der Orgel wie als Schöpfer für die Orgel bedeutsam — Georg Böhm ließ es sich angelegen sein, den jungen, ihn durch Begabung und Leistung immer von Neuem überraschenden Thüringer Landsmann musikalisch zu fördern. Bach durfte auf der Johannis-Kirchen-Orgel nach Herzenslust üben und spielen. Bach durfte sich in Improvisationen ergehen und eigenen Kompositionen nachtrachten. Böhm hörte Sebastians Spielen sehr aufmerksam an. Dabei galt es für ihn allerdings mehr gutzuheißen als zu unterweisen, selten etwas zu tadeln und zu bessern. Böhm überprüfte äußerst genau die Orgelschöpfungen Sebastians. Bei ihnen fand er trotz oft staunenswerter Begabung Manches zurechtzurücken. Denn Böhm war unermüdlich bestrebt, dem jugendlichen Schüler sein künstlerisches Glaubensbekenntnis zu übermitteln. Das lautete: «Man darf die Großen nicht nachahmen. Man muß ihnen nachtrachten.» Vom Himmel sei noch kein Meister gefallen. Folglich gelte es, auf der einen Seite unausgesetzt die Werke der Größten hinzunehmen. Auf der andern Seite aber sei es nötig, sich ihnen nicht auszuliefern.

Nach der von seinem Bruder, dem Schüler Johann Pachelbels, ihm übermittelten süddeutschen Orgelkunst lernte Sebastian Bach durch Georg Böhm, den Schüler des Hamburger Reinken, die norddeutsche Orgelkunst kennen. An die Stelle des gebändigt Schönen trat das ungebändigt Fantastische. Dem Gefälligen stellte sich Härte gegenüber. Dadurch ergab sich staunenswerte Größe und verehrungwürdige Erhabenheit, aber auch manches Mal abschreckende Gewaltsamkeit und verwirrende Uferlosigkeit.

Hin und wieder trat Böhm seinem Schüler Johann Sebastian den Platz ab, daß Er an seiner Stelle das Postludium spiele. Dann konnte Bach sich als angehender Organist entfalten. Denn die Kirchenordnung forderte ausdrücklich: Zum Beschluß sei die Orgel tüchtig zu rühren und ein ansprechend Finale zu machen, damit der Gottesdienst nicht stumpf abgebissen werde, sondern zierlich und vernünftig, kunstvoll und durchdacht ende.

Eines Tages eröffnete Georg Böhm seinem jungen Freund: Es sei jetzt an der Zeit, daß Sebastian Bach sich zu den Quellen aller gegenwärtigen Orgelkunst aufmache. Bis zu der Letzten von ihnen wäre freilich der Weg für ihn zu weit. Wo diese Urquelle des nordischen Orgelspiels zu suchen sei? In der Kunst des Holländers Jan Pieterson Sweelinck. Mit Recht nenne man diesen Meister den Meister der deutschen Organistenmacher. Denn von ihm stammten Alle ab, die im Norden Deutschlands auf den Orgelbänken säßen: Adam Reinken und Vincent Lübeck, Dietrich Buxtehude und Andreas Werckmeister, auch — in zweiter Generation — Nicolaus Bruhns und er selber, sowie viele Andere noch. Also, da es bis in die Niederlande zu Fuß übermässig weit sei, auf nach Hamburg! Auf zu dem überragenden Meister der nordischen Orgelkunst! Auf zu seinem großen Lehrer Adam Reinken! Auf an die Elbe! Bald! Um Adam Reinkens willen eile es nicht. Der sei zwar im achtundsiebzigsten Lebensjahr, dem Kalender nach also fünf Jahre älter als Vater Loew. Aber in Wirklichkeit um mindestens fünfzehn jünger als Dieser. Immer noch, wenn er auf der Orgelbank sitze, erweise der Hochbetagte sich als so frischen Geistes, so beweglichen Körpers, daß seine sämtlichen Schüler ihn deswegen beneideten. Um Adam Reinkens willen eile die Wanderung an die Elbe also nicht. Wohl aber um seiner, um Sebastians, willen! Denn es wäre mehr als an der Zeit, daß Dieser — statt aus dem abgeleiteten Wasser, welches er, Böhm, ihm zuführe — aus der tatsächlichen Quelle der norddeutschen Orgelkunst schöpfe.

Johann Sebastian Bach befolgte den Rat seines Lehrers Georg Böhm: Er machte sich eines Tages zu Fuß gen Norden auf, um nach Überwindung der nur 45 Kilometer langen Strecke in Hamburg der ursprünglichen Orgelkunst näher zu kommen, als es in Lüneburg möglich war. Bach besuchte vorweg die deutsche Oper am Gänsemarkt. Diese stand unter seinem, ebenfalls aus Mitteldeutschland stammenden Landsmann Reinhard Keiser in höchster Blüte. Aber so tiefe Eindrücke Johann Sebastian von der Theatermusik auch empfing — sie drangen nicht in sein Innerstes wie bei Händel, der bald danach auf dieser Bühne die ersten Opernlorbeeren erntete. Bach hörte in Sanct Nicolai das Orgelspiel Vincent Lübecks und war erschüttert. Aber diese Erschütterung drang ebensowenig bis zu den letzten Wurzeln seines Wesens hinab. Bach lauschte in Sanct Katharinen der Orgelkunst des fast achtzigjährigen Adam Reinken und wurde überwältigt.

Das war tatsächlich in reinster Form jene norddeutsche Orgelkunst, zu welcher Georg Böhm ihm den Weg gewiesen hatte. Mochten Andere sich über ihre Uferlosigkeit beklagen, wegen ihrer Unbegrenztheit schelten — eine der Fugen Reinkens sollte es auf ein dritteltausend Takte gebracht haben —, für ihn war es keine sträfliche sondern eine lohnende Länge.

Erst bei dem zweiten Hamburger Besuch wagte Johann Sebastian Bach, für die Überbringung von Grüßen seines Lehrers Georg Böhm Adam Reinken um eine Unterredung zu bitten. Dies wurde ihm gern gewährt und mit weit mehr als Worten gefüllt. Bei dem dritten Besuch spielte Bach dem unermüdbaren Hamburger Organisten, dem Meister seines Meisters, auf der Katharinen-Orgel vor. Zunächst ein Präludium und eine Fuge Pachelbels. Adam Reinken lobte das Spiel des Lüneburger Particularschülers höchlich. Dann folgte die eigene Partita «O Gott, du frommer Gott». Adam Reinken nannte die Variationenfolge eine handwerklich saubere Arbeit; wies aber darauf hin, daß diese Musikfrucht nicht auf Bachs, sondern auf Böhms Feld gewachsen sei. So spielte Sebastian sein zu Lüneburg entstandenes Präludium a-moll und die dazugehörige Fuge. Adam Reinken urteilte: Ausgezeichnet. Man sehe das Woher kaum mehr. Wohl aber das Wohin! Demnach sei auch dieses Werk keinesfalls an das letzte Ziel gelangt. Weil es noch irgendwohin wolle, habe es das Höchste nicht erreicht. Alles Vollendete ruhe, ohne Woher und ohne Wohin, in sich selber. Sebastian Bach bat um ein Thema, daß er aus dem Stegreif fugiere. Adam Reinken entsprach durch Vorspielen diesem Wunsch. Entgegenkommend fügte er hinzu: Wievielstimmig die improvisierte Fuge werde, bleibe dem Spielenden anheimgestellt. Während der nächsten Minuten erlebte der fast achtzigjährige Hamburger Orgelmeister durch den noch nicht achtzehnjährigen Lüneburger Schüler, der eine vierstimmige Fuge von bezwingender Gewalt gen Himmel türmte, etwas so Wundersames, vielmehr: ein solches Wunder, daß er ausrief: «Nun kann ich in Frieden meine Augen schließen. Denn ich weiß, daß die deutsche Orgelkunst nicht – wie ich manchesmal befürchtete – mit mir untergeht. Sondern daß Gott in Dir Den gesandt hat, welcher sie weiterführen und höher hinauftragen wird, als es den Gegenwärtigen im Schatten Pieterson Sweelincks möglich war.» Und da der greise Lübecker Dietrich Buxtehude in Hamburg eintraf, um mit Adam Reinken seine Erfahrungen auszutauschen, verkündete ihm Dieser: «Es wird Einer kommen, der größer ist denn wir Alle. So groß, daß Keiner von uns wert ist, ihm die Schuhriemen aufzulösen! Denn Er wird jenes Land der Musik betreten, welches wir nur in der Ferne zu unsern Füßen liegen sahen, das Land, wo die südliche Orgelkunst mit der nordischen Orgelkunst zu der deutschen Orgelkunst vereingt ist. Wie er heißt dieser Begnadete? Sein Name – merk ihn Dir gut, lieber alter Freund! – sein Name lautet: Johann Sebastian Bach.»

IV

Immer noch war Johann Sebastian Schüler. Immer noch besuchte er die Prima der Lüneburger Michaelis-Kirchen-Particularschule. Immer noch mußte er Vocabeln pauken und Geschichtszahlen auswendig lernen, Arithmetikaufgaben lösen und Redeübungen niederschreiben. Dies Alles – sowie Weiteres, das seine Zeit stahl – wurde von ihm verlangt, obwohl er in dem Mettenchor als erster Violinist und dirigierender Präfect wirkte; obwohl er unter Anleitung Georg Böhms ein in gleicher Weise kenntnisreicher wie schaffensfreudiger Musiker geworden war; obwohl Adam Reinken sein Orgelspiel bewundert, seinen Orgelschöpfungen eine bedeutsame Zukunft vorausgesagt hatte. Aber wie ändern? Unmöglich. Denn immer noch zählte Johann Sebastian siebzehn Jahre.

Wenn sein Knabentraum sich erfüllen sollte, nach Ablegung der Reifeprüfung die Universität zu beziehen und dort jene umfassende Bildung zu erwerben, deren die Musiker mindestens eben so sehr bedurften wie sämtliche im Dienste des Öffentlichen Wohles wirkenden Männer: dann mußte er ein weiteres Jahr in Lüneburg verbleiben. Noch ein Jahr opfern? Es gab Wichtigeres als den Abschluß des Schulwissens. Also nahm Sebastian Bach sich das Recht, auf Examen und Universitätsstudium zu verzichten. Er mußte möglichst früh Das sein, was er werden wollte: Musiker. Nichts als Musiker. Infolgedessen lag es schon in dem zweiten Jahr des Lüneburger Schüleraufenthaltes für Bach offen zutage: Es galt den Norden Deutschlands sobald wie irgend möglich zu verlassen. Das weitere Leben konnte nur auf die Ausübung jener Kunst gegründet werden, welche seinem Herzen am nächsten stand und ihn, trotz seiner Jugend, bereits zu bedeutsamen Leistungen befähigte: auf das Orgelspiel.

Also bewarb der Primaner Johann Sebastian Bach sich um die Organistenstelle an der Markt-Kirche in Sangerhausen. Diese wurde durch den Tod des bisherigen Inhabers frei, der zugleich Stadt-Richter und Figural-Organist gewesen war. Wesen und

Spiel des Lüneburger Musikpräfecten machten auf die Männer der Prüfung-Commission einen äußerst günstigen Eindruck. Sie versprachen — ungeachtet seiner offenbekundeten Jugendlichkeit — Sebastian einstimmig die begehrte Stelle. Aber dieses Wahl-Collegium hatte für ihre Besetzung nur das Vorschlagsrecht. Die endgültige Bestimmung stand dem Herzog Johann Georg von Sachsen-Weißenfels zu. Der stieß jedoch die Entscheidung seiner fachkundigen Berater um. Er verlieh die freigewordene Organistenstelle an der ihm botmäßigen Kirche in Sangerhausen Augustin Kobelius, welcher dem Lüneburger Bewerber gegenüber allerdings Einen Vorzug hatte: Er war elf Jahre älter als Sebastian. Dem größenwahnsinnigen norddeutschen Chorknaben, höhnte Serenissimus, wäre anzuraten, daß Selbiger zunächsteinmal seine Schulzeit ordnunggemäß hinter sich brächte und nicht die Anmaßung besäße, ein Amt zu erstreben, welches Männern zustände.

Nun gab es allerdings in der Thüringer Heimat Sebastians eine andere Stelle, die weit begehrenswerter war als jene an der Markt-Kirche zu Sangerhausen. Dort konnte sein innigster Wunsch sich erfüllen: in der Lebenshaltung unabhängig zu werden und zugleich in der Kunstausübung unbehindert zu bleiben. Es war das Organistenamt an Sanct Bonifacii zu Arnstadt. Hier hatten mehr Angehörige der Familie Bach Gott und den Bürgern durch geistliche sowie durch weltliche Musik erfolgreich gedient als an irgendeinem anderen Orte des ganzen Thüringer Landes: Christoph Bach und Heinrich Bach, die Söhne des Spiemannes Hans Bach; Johann Christoph Bach, der Sohn Heinrich Bachs und manch andere Bache noch. Er, Johann Sebastian Bach, würde also in jener Stadt, wohin die Musik ihres Geschlechtes das Hauptgefälle hatte, zusammenführen, was die ehrenwerten Männer seines Namens nacheinander geleistet hatten. Würde es höher denn je gen Himmel stauen. Wünsche und Hoffnungen Johann Sebastians, diese Stelle aller Stellen zu bekommen, hätten sich wahrscheinlich erfüllt, wenn — — ja, wenn die Orgel in der Bonifacius-Kirche fertig gewesen wäre. Doch traf Das noch immer nicht zu.

Damit er dem Ziel seiner Sehnsucht näher war und den wirkungvollen Zeitpunkt der Bewerbung um das Organistenamt an Sanct Bonifacii, genannt die Neue Kirche, keinesfalls verfehle, nahm der Ungeduldige schnellentschlossen die Stelle eines Violinisten in Weimar an. Nach zweieinhalb Jahren schied Bach von Lüneburg, wo seine Chorknabentätigkeit längst ein Ende gefunden und er schon seit geraumer Zeit unter Führung Georg Böhms seine Organistenlaufbahn begonnen hatte. Johann Sebastian ging auf und davon. Ohne seine Schulzeit abzuschließen. Ohne die Reifeprüfung abzulegen. Ohne Dietrich Buxtehude den langgeplanten Besuch in Lübeck abzustatten. Die Lehrzeit Bachs war mit achtzehn Jahren beendet. Da der Weg zum Organistentum für ihn noch nicht frei war, mußte er sich einstweilen damit begnügen, als Geselle durch Geige und Bratsche sein Brot zu verdienen.

Sebastian trat zu Weimar nicht in jene Capelle ein, darin der Großvater Christoph neben seiner Lakaientätigkeit bei besonderen Gelegenheiten die Geige zu spielen hatte. Denn nicht dem regierenden Herzog Wilhelm Ernst verdingte sich der Enkel des Musicus der Hof-Capelle. Er stellte vielmehr seine künstlerischen Kräfte dessen jüngerem Bruder zur Verfügung. Dieser, Herzog Johann Ernst, und in noch höherem Maße sein Sohn gleichen Namens, war ein leidenschaftlicher Liebhaber der Musik. Er spielte, wie Bach, die Geige. Er schlug, wie Bach, das Clavicembalo. Er war, wie Bach, des Komponierens beflissen. So hielt sich Johann Ernst, darin lebhaft unterstützt durch seine ebenfalls ungewöhnlich musikalische Gemahlin Dorothea Sophia von Hessen-Homburg, eine eigene cammermusikalische Hof-Capelle.

Bach spielte, je nach Bedarf, Geige oder Bratsche. Diese war ihm besonders lieb. Denn er befand sich mit ihr in der Mitte der Harmonie, konnte sie also von zwei Seiten her hören. Der Wechsel beider Instrumente behinderte ihn durch die verschiedene Mensur durchaus nicht. Ergriff Bach die Bratsche, so saß Johann Ernst, statt als Zuhörer unten im Saal, als Geiger oben auf dem Podium neben ihm. Geduldig nahm der Herzog es hin, wenn sein Angestellter, an dessen Können er nicht entfernt hinanreichte, ihn belehrte und bevormundete, tadelte oder zurechtwies. Denn für richtige Einsätze und reines Spiel, für gleichmäßigen Takt und gebührenden Ausdruck mußte, auch wenn er neben dem Herzog vorübergehend am zweiten Platze saß, der schulentlaufene, noch nicht achtzehnjährige Sebastian Bach mit seinem Musizieren und seinem Dirigieren sorgen.

Zu Weimar stand die gesamte Musik, sowohl die der Hof-Capelle des Regierenden Herzogs Wilhelm Ernst wie auch die der Haus-Capelle seines Bruders Johann Ernst, unter einem anderen Zeichen als zu Celle, wo der verkleidete Lüneburger Particularschüler in die Musikerschar der Hugenotten geschmuggelt wurde. Man huldigte der italienischen Kunst. Der wohlbezahlte Geiger an dem ersten Pult, Johann Sebastian, lernte somit durch eigenes Spiel eine Musik kennen, der höchste Leidenschaft innewohnte, ohne daß sie deswegen — wie es manches Mal den Deutschen widerfuhr — plump wurde. Allerdings: Dies war eine Musik, die gleich der französischen Kunst gefällig blieb, auch wenn sie sich zu höheren Geistesgebieten emporschwang; die jedoch in der Nähe des Lebens fast stets der Gefahr entging, Zierlichkeit zu Geziertheit ausarten zu lassen. War dem Lüneburger Michaeliskirschenschüler in Celle am Musikhimmel François Couperin als Stern erster Ordnung aufgegangen, so erstrahlte nunmehr dem Weimarer Conzertmeister Antonio Vivaldi mit noch höherem Glanze.

Trotz der kenntnisfördernden Tätigkeit innerhalb der Herzoglichen Haus-Capelle, trotz des mehr und mehr zur Freundschaft sich entwickelnden persönlichen Verhältnisses mit seinem Brotgeber, dem Herzog Johann Ernst, verlor Johann Sebastian sein höchstes Ziel, ein Meister der Orgel zu werden, nicht aus den Augen. Weil zu Weimar jedoch während dieser Zeit eine Organistenstelle nicht frei und die Erbauung der neuen Orgel zu Arnstadt noch immer nicht beendet war: so vertrat Bach des Öfteren den Hof-Organisten Johann Effler. Der überließ Sebastian gern seinen Platz auf der Orgelbank. Denn ihn plagte sein hohes Alter. Weil Effler jedoch neben der Organistentätigkeit wodhüber noch ausgedehnte Schreiberdienste für die Herzogliche Kanzlei zu verrichten hatte, ergab es sich wie von selber, daß Johann Sebastian in ständig höherem Maße Efflers kirchliches Amt übernahm, während des Gottesdienstes immer häufiger spielte, alltags länger und lauter, als es jemals Einer getan hatte, die Orgel der Hofkirche schlug. Daher nannte man Bach bereits «Fürstlich Sächsischer Hof-Organist zu Weimar», als er es rechtens noch gar nicht war. Und der Ruf, daß in Thüringens Herzstadt ein großer Orgelkönner heranwüchse, welcher mit noch nicht achtzehn Lebensjahren sämtliche Orgelspieler seines Namens an Meisterschaft übertreffe, dieser Ruf verbreitete sich unter Kundigen und Unkundigen durch das ganze Land.

Im Juli des Jahres 1703 erhielt Johann Sebastian Bach von Arnstadt her das schriftliche Angebot: Er möge – gegen Erstattung seiner Kosten – die nunmehr fertiggestellte Orgel zu Sanct Bonifacii, genannt die Neue Kirche, überprüfen und durch sein vielgerühmtes Spiel feststellen, ob sie in Allem und Jedem den Anforderungen entspreche, welche billigerweise an ein Werk gerichtet werden könnten, für dessen Erbauung man weder Kosten noch Mühen gespart hätte. Was auf den ersten Blick widersinnig erschien, daß man einen Jüngling mit der verantwortlichen Prüfung des unter großen Opfern erbauten neuen Instrumentes betraute, war es – genau betrachtet – nicht. Denn kein Künstler im Thüringer Lande kannte den Orgelbau so aus dem Grunde wie Sebastian Bach.

Die Tür zu jenen ersehnten Räumen, welche Sangerhausen in letzter Minute ihm vor der Nase zuschlug, hatte sich aufgetan. Von innen her! Jetzt galt es für Bach, Alles daranzusetzen, daß es nicht bei der Ausführung des begrenzten Auftrages der Orgelprüfung blieb. Die entscheidenden Männer mußten durch sein Spiel dermaßen überzeugt, mußten überwältigt werden, daß man ihn zu dauerndem Kommen durch vertragliche Übertragung der freien Organistenstelle einlud. In der Hoffnung, dem Ziele seines Lebens bis auf wenige Schritte nahe zu sein, machte sich Johann Sebastian zu der Thüringischen Stadt der

Bache auf, um zuvörderst den überaus ehrenvollen Auftrag der Orgelprüfung gewissenhaft auszuführen.

Arnstadt war mit seinen etwa 4000 Einwohnern – geschützt durch eine fünftorige Mauer, bewohnt von Ackerbauern und Handwerkern, vor Allem Gerbern, Tuchmachern und Bierbrauern – Arnstadt war lange Zeit hindurch ein bedeutsamer Handelsplatz gewesen. Hier wurden jene Waren, die vom Thüringer Wald herunterkamen, und jene anderen Waren, die zum Thüringer Wald hinaufwollten, umgeschlagen, mit anderen Worten: von den Bergwagen auf Talwagen, von den Talwagen auf Bergwagen umgeladen. Im 16. Jahrhundert aber hatte die blühende Stadt, deren ständiges Wachstum die Mauern zu sprengen drohte, ein schweres, auf lange hinaus unverwindbares Unglück getroffen.

Am 17. August 1581 ließ nämlich der Bürgermeister Nebel, welcher nahe bei der Bonifacius-Kirche am Markt wohnte, das Dach seines Hauses teeren. Das war im Hinblick auf die Kosten ein ausgezeichneter Gedanke. Denn da ein glutheißer Tag erwartet werden durfte, so konnte der Teer dermaßen dünn mit dem Quast aufgetragen werden, wie es an einem bewölkten Tag nicht möglich gewesen wäre. Für die Stadt aber mußte Nebels Verhalten als Frevel bezeichnet werden. Die Sonne glitzerte auf den Dächern, wie wenn unzählige Sönnchen vom Himmel heruntergesprungen wären. Ein Nachbar wies denn auch den Bürgermeister auf die Feuersgefahr hin, welche er durch sein Tun herbeibeschwöre. Nebel höhnte: Feuer? Dann müsse der Teufel aus der Hölle nach Arnstadt kommen und die Flammen seines Teerofens über die Dächer verstreuen. Als ob Satanas diese lästerlichen Worte gehört hätte, fuhr im selben Augenblick das Feuer aus dem Heizloch des Ofens heraus. Sprang zu dem siedenden Pech des Kessels empor. Setzte es in Brand. Und wenige Sekunden später war das bereits halbgeteerte Dach des Bürgermeisters Nebel eine einzige Flamme. Die raste, durch den Ostwind gehetzt, von Dach zu Dach den ganzen Markt entlang. Binnen kurzer Zeit wurde das Rathaus zerstört. Die Bonifacius-Kirche ließ sich vor der Wut des Feuers nicht retten. Am Abend des 17. August 1581 waren 400 Häuser niedergebrannt. Von den drei Kirchen der Stadt bestand Eine, die Sanct Bonifacius-Kirche, nur noch als rauchender Trümmerhaufen.

Die Obdachlosen gingen ebenso unverzüglich wie unverzagt daran, ihre Häuser wiederaufzubauen. Und zwar viel prächtiger, viel wohnlicher, als sie vor dem großen Brand dagestanden hatten. Um die zerstörte Kirche kümmerte sich Niemand. Man hatte Wichtigeres zu tun. Außerdem waren zwei Kirchen heil geblieben: die Obere-Kirche und die Liebfrauen-Kirche. Sie hatten für die Gottesdienste zu genügen. Wenn der dort vorhandene Platz nicht reichte, so mußte man eben enger zusammenrücken. Wenn es auch damit nicht zu schaffen war, sollte man zuhaus seine Andacht halten. Gott war überall, wo man ihn ernstlich suchte.

Am 8. Juli 1617, also sechsunddreißig Jahre nach dem Großen Brand, schlug der Blitz in die bereits von Gras und Gebüsch überwucherten Trümmer der Bonifacius-Kirche. Das konnte nicht vom Teufel befohlen sein. Denn Dieser hatte sein Werk der Zerstörung hinreichend getan. Also war es eine Mahnung des Allmächtigen: Die abgebrannte Kirche endlich wiederaufbauen! Ein Teil der Gemeinde forderte dringend, mit der abermaligen Herstellung des Gotteshauses unverzüglich zu beginnen. Bürgermeister und Rath sagten nun nicht mehr, was sie seit Jahrzehnten gesagt hatten: Menschenbehausungen seien wichtiger als Gotteswohnungen. Wohl aber versicherten sie, was Bürgermeister und Rath bei Plänen, welche ihnen unwillkommen sind, stets erklären: Kein Geld. Die Bonifacius-Kirche blieb nach wie vor, was sie seit Jahrzehnten war: ein Trümmerhaufen. Man begnügte sich damit, alljährlich am 7. August in den beiden heilgebliebenen Kirchen einen Gedenkgottesdienst an den Großen Brand zu veranstalten. Dabei wurde mit teils wehmütigen, teils unaufrichtigen Blicken gen Himmel stets von Neuem beteuert, daß leider noch immer keine ausreichende Möglichkeit bestehe, die abgebrannte dritte Kirche wiederherzustellen.

An einem dieser Erinnerunggottesdienste wetterte der Archidiaconus Fasch gegen das heuchlerische Gebahren der Arnstadter. Von der Kanzel herab bezichtigte er sie der Saumsäligkeit und Bequemlichkeit, der Unwahrhaftigkeit und Gleichgültigkeit. Die Obere Kirche und die Liebfrauen-Kirche reichten bei Weitem nicht aus, die Menge der regelmäßigen Gottesdienstbesucher zu fassen. Von den Hohen Festen zu schweigen! Also mit dem Bau der dringend notwendigen Kirche, mit der Wiederherstellung von Sanct Bonifacii beginnen! Wenn nicht in der nächsten Woche, dann in dem nächsten Monat. Wenn nicht in dem nächsten Monat, dann in dem nächsten Jahr. Anfangen! Endlich anfangen! Oder Gott der Herr werde noch einmal den Blitz vom Himmel herniederfahren lassen. Jedoch nicht erneut in die Trümmer der Kirche. Sondern in eines ihrer verschwenderisch wiederaufgebauten Häuser! Wahrscheinlich in das längst aus dem Schutt prunkvoll auferständene Rathaus! Und ein Brand werde ausbrechen, gegen welchen die erste, von dem zur Hölle abgeholten Bürgermeister Nebel entfachte Feuersbrunst ein Kinderspiel gewesen wäre. So daß Arnstadt nach 24 Stunden nur noch ein Name sei wie Sodom und Gomorrha, welche der Allmächtige durch Feuer, das vom Himmel fiel, zerstört hätte, daß man hinterher ihre Stätte nicht mehr finden konnte. Also: Beginnen! Beginnen!!

Diese Brandrede des Archidiaconus Fasch vermehrte in der Bürgerschaft beträchtlich die Zahl Derer, welche für die baldige Wiederherstellung der dritten Kirche eintraten. Aber sie vermochten sich gegenüber dem Beschluß der Oberen, daß zwei Gotteshäuser für eine Gemeinde von 4000 Seelen ausreichten, nicht durchzusetzen.

Fünfzig weitere Jahre vergingen ungenutzt. 1676 wurde dann doch mit dem Wiederaufbau der durch Feuer zerstörten Kirche begonnen. 1683 war er beendet. Und am 4. April, also nach 102 Jahren, konnte das Gotteshaus Sanct Bonifacii feierlich eingeweiht werden.

Die Kirche war fertig. Indessen sie hatte keine Orgel! Zu dieser fehlte es nun tatsächlich an Geld. Man begann nach den Gottesdiensten Collecten für sie abzuhalten. Man sammelte innerhalb der Gemeinde von Haus zu Haus. Denn eine Kirche ohne

Orgel war taubstumm. Eine Orgel mußte unter allen Umständen beschafft werden. Aber die Mittel für ihre Erbauung flossen zäh. Immerhin hatte man im Jahre 1699, nach sechzehnjähriger kirchlicher und weltlicher Sammlung, 1000 Gulden angehäuft. Das war eine stattliche Summe. Jedoch sie reichte für eine würdige Orgel nicht hin und nicht her. Da bot der kranke Ratsherr Johann Wilhelm Magen der Stadt an: Er werde für die noch immer der Bonifacius-Kirche fehlende Orgel durch letztwillige Verfügung die Summe von 800 Gulden stiften. Unter der Bedingung, daß ihm und seiner Gattin ein Grab zu Füßen des durch sein Legat ermöglichten Orgelwerkes für alle Zeiten verstattet werde. Über diese Verstattung wurden auf dem Rathaus langwierige Verhandlungen geführt. Schließlich – Eile tat not, wenn der Stadt die angebotene hohe Summe nicht entgehen sollte – schließlich stimmten die Arnstadter Rathsherren der Bedingung ihres Mitgliedes zu. Drei Tage vor seinem Tode vollzog auf dem Letzten Lager der magenkranke Kaufmann Johann Wilhelm Magen durch zittrige, notariell beglaubigte Unterschrift die schon seit Längerem wartende Urkunde, mittelst welcher die Stiftung der zugesagten 800 Gulden bestätigt wurde.

Derweil war ein neues Jahrhundert gekommen. Denn man schrieb 1701. Immerhin: Achtzehn Jahre nach Fertigstellung des Gotteshauses, 120 Jahre nach dem Großen Stadtbrand konnte mit Erbauung der neuen Bonifacius-Orgel begonnen werden. Dafür galt es zunächst den richtigen Mann zu finden. Die Stadtväter wandten sich um Rat an den in Arnstadt geborenen Diaconus Fischer, Prediger der Sanct Blasius-Kirche zu Mühlhausen. Denn Dieser war nicht nur als gründlicher Kenner des Gotteswortes, sondern auch als bedeutsamer Kenner der Gottesmusik bekannt. Der befragte Geistliche empfahl Georg Christoph Wender. So konnte zwischen dem zu Mühlhausen lebenden Orgelmacher und dem in Arnstadt wirkenden Superintendent Olearius der grundlegliche Vertrag über die Erbauung einer neuen Orgel für die Neue Kirche abgeschlossen werden. Man war sich auf beiden Seiten darüber einig, daß ein bedeutsames Werk geschaffen werden müsse: würdig zum Lobe

Gottes, geeignet zum Ruhme der Stadt, dienstbar einem bedeutsamen Organisten. Also wurde schriftlich festgelegt: Die Orgel solle bestehen aus einem Oberwerk, einem Brustpositiv und einem Pedal, wechselweis miteinander zu koppeln. Das Oberwerk habe zu enthalten: 10 Register, das Brustpositiv 7 Register, das Pedal 4 Register; insgesamt 21 klingende Stimmen. Ihnen seien hinzuzufügen: ein Tremulant und zwei Zimbelsterne, das ist: ein Stimm-Beber und zwei Glocken-Spiele.

Mehrere Jahre lang baute Georg Christoph Wender an dem seiner Werkstatt übertragenen klingenden Abschluß des niedergebrannten Arnstadter Gotteshauses. Dann, nach insgesamt 122 Jahren, war statt der vernichteten Orgel die neue Orgel zu Sanct Bonifacii vollendet.

Als die Frage erwogen wurde, wer das wiedererstandene Werk durch sein Spiel überprüfen und dem WohlWeisen Arnstadter Rath die befriedigte Abnahme oder die unwirsche Zurückweisung empfehlen sollte, da stand nach wenigen Minuten fest: Nicht der einheimische Organist Andreas Börner, welcher des Orgelamtes an der Oberen-Kirche — dem Hauptgotteshause — und auch der Liebfrauen-Kirche — dem Nebengotteshause — waltete. Börner war ein achtbarer Musicus. Aber für die sorgsame Überprüfung und die wohlbegründete Abnahme oder Ablehnung der mit großen Kosten erbauten Neuen Orgel reichten seine Fähigkeiten nicht aus. Wen also sollte man zu der Ausführung des wichtigen Auftrages nach Arnstadt rufen? Selbstverständlich einen Bach. Wenn aber, was auf der Hand lag, dafür lediglich ein Bach in Frage kam, dann mußte — auch Das stand sehr bald fest — der Ruf an Johann Sebastian Bach ergehen; an den Enkel des überbescheidenen Christoph Bach, den Großneffen des aufs Orgelspiel versessenen Heinrich Bach, den Neffen des musikerfüllten Johann Christoph Bach, Einer wie der Andere bis zu seinem Tod in Arnstadt als Musicus tätig. Zwar verwaltete besagter Sebastian Bach zur Zeit keine Organistenstelle. Er war vielmehr um des Verdienstes willen als Geiger in einer Herzoglichen Capelle untergekommen. Er vertrat nur den gebrechlichen Weimarer Hof-Organisten. Er zählte noch keine zwanzig Jahre. Aber Alter hin – Alter her! Es blieb unumstößlich: Keiner von allen lebenden Bachen im ganzen Thüringer Lande – wieviel weniger ein Organist andern Namens! – Keiner reichte diesem jugendlichen Bach als Kenner und Spieler der Orgel das Wasser. Sie war sein eigentliches Instrument. War sein angestammtes Werkzeug. So erging, wie bereits gesagt, im Frühsommer des Jahres 1703 von Arnstadt aus nach Weimar an Sebastian die Einladung zu seiner ersten Amtlichen Orgelprüfung.

Am 3. Juli 1703 saß Johann Sebastian Bach endlich vor der neuerbauten Orgel der Arnstadter Bonifacius-Kirche, auf die er – schon als Schüler von Lüneburg aus – als auf Sein Instrument ein Auge geworfen hatte.

Im Halbrund umstand eine Schar geladener Männer den Spieltisch der Orgel: Geistliche und Weltliche, Kundige und Unkundige, Musikbeflissene und Musikfremde, Wohlmeinende und Übelwollende. Sebastian verkündete, während er zu spielen begann: Zunächst müsse festgestellt werden, ob die fertige Orgel für das volle Spiel genug Luft in den Lungen hätte. Er zog alle Register, die sich ziehen ließen. Er koppelte, was zu koppeln war. Er griff mit sämtlichen Fingern in die Tasten beider Manuale. Er holte aus dem Pedal das Letzte heraus. Die Orgel dröhnte. Die Fenster klirrten. Der Bälgetreter warf den heruntergerissenen Rock beiseit. Die ängstlichen Rathsherren befürchteten, ihre kostbare Orgel werde zerspringen. Die redegewohnten Geistlichen sperrten den Mund auf. Die betulichen Organisten erbleichten. Bach spielte mit himmelstürmender Gewalt, spielte wie es bisher noch Keiner von den Umstehenden vernommen hatte. Sebastian nickte befriedigt. Daraufhin sagte er: Jetzt müsse geprüft werden, wie leise die Orgel zu sein vermöge. In der entferntesten Kirchenecke dürfe selbst dem ältesten Mütterlein, auch beim zartesten Spiel, kein einziger Ton verloren gehen. Register um Register wurde hineingeschoben, das Pedal ausgeschaltet, das Brustpositiv verlassen. Nun kamen auf dem Oberwerk das Liebliche, das Innige, das Jenseitige, welches neben dem Gewaltigen jeder guten Orgel zu eigen sein mußte, staunenswert zu ihrem Recht. Der Kirchner ließ sich nicht täuschen. Das Gegenwärtige, stellte er hemdsärmelig fest, war nur ein Übergang. Mit Gesäusel schloß der vornsitzende Feuerkopf sein Spiel nicht. Also die Atempause nutzen! Nach dem Rock auch noch das Wams ausziehn! Die Rathsherren wiegten beifällig ihre wolligen Perücken. Sanftheit war nach ihrem Herzen. Also hatte man es auch beim Orgelspiel dem Getöse überzuordnen. Die Geistlichen ließen ihre Gesichter glänzen, als ob Sie den Tönen die neue Weise geböten und der spielende Jüngling nur ausführte, was Sie ihm beföhlen. Die Organisten aber begannen, die Köpfe zu schütteln, daß ihre Perücken stäubten. Denn Bach hub an, die Register zu mischen, wie es nicht statthaft war. Es konnte nicht klingen. Aber es klang! Es mußte sich als unmöglich erweisen. Aber es wurde wohllautende Wirklichkeit! Allmählich steigerte sich das Spiel Bachs erneut. Ein Register nach dem andern wurde gezogen. Die Koppelung des Pedals war nötig. Die Koppelung des Oberwerkes konnte nicht länger entbehrt werden. Pleno organo! hieß das Gebot. Volles Werk! Alles an Tonmöglichkeiten Verfügbare nutzen! Schon geschehen. Nicht doch! Bach begann das Pedal zweistimmig zu spielen. Der schwitzende Kirchner hatte nur noch Hemd und Hose an. Die ehrwürdigen Rathsherren verhielten den Atem. Die verwirrten Geistlichen falteten die Hände. Gott allein konnte solcher Versuchung ihrer Orgel einen guten Ausgang geben. Die fassunglosen Organisten wußten nicht, was von ihnen zu tun war. Sollten sie über den Mißbrauch der Orgel durch dudelndes Gelärm schelten? Sollten sie bewundernd anerkennen, daß ein Orgelspieler gekommen sei, dem man zum Dank für seine übermenschliche Leistung die Hände küssen müßte? Einer blieb in dem Gewoge der Töne und dem Gestürm der Meinungen unerschüttert: Georg Christoph Wender, der weitberühmte Mühlhausener Orgelbauer. Bach spürte dessen wortlose Zustimmung. Sie bedeutete ihm mehr als lautes Lob der Geladenen. Bach spürte den Widerstand der Rathsherren und Geistlichen, der Organisten und Patrizier. Nachgeben? Nein! Bach wurde durch die Gegenkraft zu noch größerer, noch glänzenderer, noch ungehemmterer Entfaltung seines Orgelspiels bestimmt. Er sah, ohne dieses zu unterbrechen, freudestrahlend um. Er rief, ohne innezuhalten: «Warum nicht? Da die Möglichkeiten vorhanden sind, weswegen sie nicht nützen? Da der Mensch zwei Füße hat, weswegen sie nicht gleichzeitig zum Spiel gebrauchen? Wie auf den Manualen die zehn Finger beider Hände! Warum nicht??» Trotz dieser aufsässigen Worte wurden Stärke und Vielfalt des Spiels von Bach abermals zurückgenommen. Schließlich erklang im schlichten vierstimmigen Satz der Choral.

Sei Lob und Ehr dem höchsten Gut,
Dem Vater aller Güte,
Dem Gott, der alle Wunder tut,
Dem Gott, der mein Gemüte
Mit seinem reinen Trost erfüllt,
Dem Gott, der allen Jammer stillt:
Gebt unserm Gott die Ehre!

Man vermeinte ringsum, Bach werde zur Beruhigung der Gemüter mit dem stillen Gesang schließen. Aber nein! Sebastian begann, aus dem Stegreif diesen Choral zu figurieren, zu variieren. Noch einmal mußte die Orgel Alles hergeben, was sie zu leisten vermochte. Dann freilich schloß Bach mit dem Choral «Sei Lob und Ehr dem höchsten Gut». Von Neuem erklang das Lied im stillen vierstimmigen Satz. Nicht so wie zum Beginn! Was unterdessen den Spieler und die Hörer durchwogt hatte, verlangte eine geänderte, dem standhaft gebliebenen Text und der abgewandelten Empfindung gleicherweise gerecht werdende Harmonisierung. Da sie nötig war, wurde sie während des Spieles, wurde sie durch das Spiel geschaffen.

Auf Grund des Zeugnisses Johann Sebastian Bachs, des kaum achtzehnjährigen Violinisten in der Herzoglichen Capelle und stellvertretenden Fürstlich Sächsischen Organisten an der Hof-Kirche zu Weimar, erhielt der um dreißig Jahre ältere Mühlhausener Orgelmacher Georg Christoph Wender von dem Bürgermeister und Rath in Arnstadt ein schriftliches Zeugnis, daß er die ihm aufgetragene Arbeit der Erbauung einer Orgel für

Sanct Bonifacii, genannt die Neue Kirche, zu allseitiger Zufriedenheit ausgeführt hätte und daher sämtlicher vertraglicher Verpflichtungen ledig gesprochen würde. In Anerkennung der dadurch bewirkten Unterstützung eines gedeihlichen Gottesdienstes in besagtem Hause des Herrn überreichte man Wender gnädigst außer den vereinbarten rechtmäßigen Baukosten, für sich und seine Frau zur desentio — zum Abschied — 6 Thaler. Als Erstattung seiner Unkosten empfing der Orgelbaumeister für Pferdemiethe, Kost und Bothenlohn während der Prüfung 2 Thaler und 16 Gute Groschen. Johann Sebastian Bach, den man von Weimar her angefordert hatte, das neue Orgelwerk zu beschlagen, bekam für Kost und Logis 1 Gulden, mithin siebenachtel Thaler. Zum recompens — zur Belohnung seiner Leistung als Organist — überreichte man ihm 4 Thaler. In beider Hinsicht wurde also dem Orgelspieler weniger zugewiesen als dem Orgelmacher.

Durch seine staunenswerte Leistung während der Abnahme des neuen Orgelwerkes stand sowohl bei der weltlichen wie bei der geistlichen Behörde fest, daß für die endgültige Wiederbesetzung des Organistenamtes an der neuen Bonifacius-Kirche zu Arnstadt Niemand ernstlich in Frage käme außer — trotz seiner großen Jugend — außer Johann Sebastian Bach. Aber man wollte, und sei es auch nur zum Schein, die letzte Entscheidung der Gemeinde überlassen. Also erhielt Sebastian Bach den Auftrag, nach der befriedigend verlaufenen Orgelprüfung auch die öffentliche Orgeleinweihung durchzuführen. Vor der versammelten Gemeinde, für welche an diesem Sonntag die Kirchenbänke nicht ausreichten, spielte Johann Sebastian zum ersten Mal während des Gottesdienstes in der nach einemundeinemviertel Jahrhundert aus dem Bauschutt wiedererstandenen Neuen Kirche. Da er die Möglichkeiten seiner Kunst überlegen entfaltete, aber sich hütete, die Singenden durch waghalsige Figurationen zu verwirren, die Hörenden durch übermäßig ausgedehnte Vor-, Zwischen- und Nach-Spiele zu ermüden, so sagte man dem jugendlichen Bewerber einmütiglich die Verwaltung der offenen Stelle zu. Am 9. August 1703, kaum einen Monat nach der erfolgreichen Orgelprobe, wurde der zwischen dem Gräflich Schwarzenburgischen Consistorium und Bach abgesprochene, von einem Rechtsberater sorgsam aufgesetzte Vertrag unterschrieben und durch feierlichen Handschlag bekräftigt.

Als Oberster Gebieter des zur Dienstleistung an Sanct Bonifacii in Arnstadt bestellten Organisten Johann Sebastian Bach war vorweg genannt: Der HochGebohrene Gnädigste Herr Graff und Herr, Herr Anthon Gunther, einer der vier Graffen des Reichs. Bach wurde zuvörderst auferlegt, Ihro Hoch-Gräflichen Gnaden treu, hold und gewärtig zu seyn, insonderheith aber in dem anbefohlenen Ambt, Beruff, Kunst-Übung und Wißenschaft sich fleißig und treulich zu bezeigen; in andere Händel und Verrichtungen nicht einzumengen; zu rechter Zeit an den Sonn- und Fest- auch an anderen zum öffentlichen Gottesdienst bestimmten Tagen in obbesagter Neuer Kirch sich bey dem ihm anvertrauten Orgelwerke einzufinden, solches gebührend zu tractiren, darauf guthe Acht zu haben und es mit allem Fleiß zu verwahren, etwaige Veränderungen bey Zeithen zu melden, auf daß alsdann die nöthige reparatur geschehe. Auch dürfe Bach ohne Vorbewußtsein des Herrn Superintendenten Niemanden auf die Orgelempore lassen. Wie er denn gehalten sei, nach insgemein bester Möglichkeit Schaden zu verhüthen und alles in guthem Wesen und Ordnung zu erhalten. Dergestalt daß er sich auch sonsten mit seinem Leben und Wandel der Gottesfurcht, Nüchternheit und Verträglichkeit befleißige, böse Gesellschaften und Abhaltungen seines Berufes gänzlich meide und übrigens in Allem wie ein ehrliebender Diener und Organist sich gegen Gott, die Hohe Obrigkeit und Vorgesetzten treulich verhalte.

Dahingegen sollten Bach zur Ergetzlichkeit und zur Besoldung gegen Quittung jährlich zustehen: fünfzig Gulden; außerdem vor die Kost und Wohnung dreyßig Thaler. Diese seyen folgendermaßen zu beschaffen: 25 Gulden aus den Biergeldern, 25 Gulden aus dem Gotteskasten und die übrigen 30 Thaler vom Hospital.

Schlußbemerkung:

Urkundlich ist diese Bestallung unter dem Gräflichen Canzlei Secret und gewöhnlicher Unterschrift wißentlich ausgefertiget. Sng. den 9. August 1703 Gräflich Schwarzenburgisches Consistorium etc.

Die Besoldung Johann Sebastian Bachs ging weit über das Bisherige hinaus. Keiner von seinen Vorgängern, keiner von den Orgelschlägern der beiden anderen Kirchen, keiner von all den vielen bislang in Arnstadt musikmachenden Bachen hatte für seine Bemühungen eine gleiche Summe Geldes erhalten. Weil die Kirche sich außerstande erklärte, einen so hohen Betrag allein aufzubringen, wurde die Stadt mit einem Bruchteil der Biersteuer herangezogen und das verweltlichte, indessen immer noch reiche Sanct Georg-Hospital verpflichtet, den Rest von seinen Pfründen dazuzulegen. Dem Letzteren, das eine Anzahl alter Leute in seinen nonnenverlassenen Räumen betreute, erwies Sebastian den Dank dadurch, daß er hin und wieder die Siechen und die Kranken durch sein Spiel auf ihrer kleinen Hospitalorgel erfreute, also es, als großmächtiger Bonifacius-Organist, nicht für unter seiner Würde hielt, ihren zittrigen Choralgesang einesteils zu unterstützen — anderteils anzufeuern.

Bereits fünf Tage später, am 14. August 1703, wurde Johann Sebastian Bach — nach freundschaftlichem Abschied von Herzog Johann Ernst, von dessen Hoher Gemahlin, von dem greisen Johann Effler, von den Freunden zu Weimar, wo er keine zwölf Monate als Violinist gewirkt hatte — in sein langersehntes Amt eingeführt. Noch nicht achtzehnundeinhalbes Jahr alt, saß Bach vor Seiner Orgel. Er konnte mit ihr des Sonntags nach alten, aber durch seine Kunst sich ständig erneuernden Bräuchen ungehindert schalten und walten. Er konnte während der Woche nach eigenem Ermessen üben: wann er wollte und wie er wollte, lange oder kurze Zeit, laut oder leise. Er konnte die Stücke der Meister bis zur Vollendung sich aneignen: von Pachelbel und Reinken, von Froberger und Buxtehude, von Kerrl und Böhm, von Fischer und Bruhns, von Frescobaldi und Sweelinck. Er konnte ihnen eigene Schöpfungen anreihen, welche vor den Großen der Orgelkunst bestanden.

Im Gegensatz zu Lüneburg, wo außerhalb der Ferien jeder Tag Sebastians vom Schulunterricht und Pauken, vom Musicieren und Dirigieren, vom Orgelspielen und Notenschreiben dermaßen überlastet war, daß ihm manches Mal der Wunsch kam, für ihn möchten täglich vier Stunden Schlaf reichen, damit er zwanzig Stunden ungestört arbeiten könnte, im Gegensatz zu Lüneburg war der Dienst des Arnstadter Organisten geringfügig. Bach hatte an den Sonntagen während des jeweiligen Hauptgottesdienstes von 8 bis 10 Uhr in der Früh die Orgel zu rühren; an jedem Montag während der Bethstunde, welche statt des Geistlichen der Bethvater abhielt, einige Gesänge zu begleiten; an jedem Donnerstag während des Nebengottesdienstes von 7 bis 9 Uhr spielend seines Amtes zu walten. Das war — außer gelegentlichen Mitwirkungen bei Hochzeiten und Begräbnissen — Alles, wozu Sebastian sich verpflichtet fühlen mußte und demgemäß auch verpflichtet fühlte.

Weil die Zeit des jugendlichen Orgelspielers dadurch nicht ausgefüllt wurde, seine Kraft sich nicht hinreichend auswirken konnte, so suchte Johann Sebastian Bach nach weiterer Musikbetätigung. Er übernahm, obwohl vertraglich dazu in keiner Weise verpflichtet, die Ausbildung des Schul-Chores. Sie war außerordentlich wichtig. Denn Schüler bildeten die Grundstütze des großen Kirchenchores, in dem außer ihnen Adjuvanten — also musikalisch begabte, erwachsene Dilettanten — mitwirkten.

Kundige warnten Bach vor Beschäftigung mit den Gymnasiasten. Deren Zuchtlosigkeit war stadtbekannt. Hatte doch ihr eigener Rektor, Johann Friedrich Treiber, wehklagend an den Rath der Stadt geschrieben: Sie hätten keinen Respekt vor ihren Lehrern, rauften sich trotz deren Gegenwart, begegneten ihnen in der anstößigsten Weise, trügen ihre Degen nicht nur auf der Straße sondern auch auf der Schule, spielten während der Unterrichtsstunden, ja während des Gottesdienstes draußen Ball, liefen wohl gar an ungeziemende Orte. Ihre freie Zeit brächten sie zu mit Hazardieren, Trinken und unaussprechbaren noch schlimmeren Dingen. Des Nachts trieben sie Mutwillen durch Schreien, Tournieren, Katzenmusiken und andere böse Streiche.

Der Bonifacius-Organist lachte die Warner aus. An Seiner Kirche, sagte er, sei noch kein Cantor vorhanden. Wer also solle dem Chor die Geistlichen Gesänge, welche man bei den Festgottesdiensten unbedingt benötigte, ordnunggemäß beibringen, wenn nicht Er, der Organist zu Sanct Bonifacii? Sebastian Bach — obwohl nur wenig älter als die Mehrzahl seiner singenden Schüler, von Einigen an Jahren sogar überragt — Bach begann tapfer und unverzagt mit den Chorübungen am Gymnasium.

Außerdem musizierte der Arnstadter Organist des Öfteren bei seinem Hohen Vertragsgebieter auf dem Schloß, dessen Türme er über die Dächer der Stadt hinweg von seiner Stube in der Güldenen Krone, welche seinem Gönner, dem Bürgermeister Feldhaus, gehörte, jederzeit sehen konnte. Der Besitzer des Schlosses Neideck, Graf Anthon Günther von Schwarzenburg, und dessen Gemahlin Augusta Dorothea von Braunschweig waren nicht in der gleichen Weise musikalisch befähigt wie Bachs Herzoglicher Herr und Herzogliche Herrin zu Weimar. Aber auch sie liebten die Musik und setzten Alles daran, in ihrer Pflege den Fürstlichkeiten nicht nachzustehen. Die Gräflichkeiten unterhielten also ein eigenes Theater, besaßen eine eigene Capelle. Diese übertraf, wenn auch nicht an Kultur, so doch an Umfang die Capelle des Weimarischen Herzogs Johann Ernst. Denn sie umfaßte vierundzwanzig Mitglieder. Davon waren fünf Trompeter, zwei Oboisten und einer Fagottist. Immerwieder ging, nach herzlichen Einladungen, Johann Sebastian — mit seiner Geige und seiner Bratsche unter den Armen — zu dem Gräflichen Schloß Neideck hinauf. Wurde statt Kammermusik ein Orchesterabend angesetzt, so brauchte er Geige und Bratsche nicht selber zu tragen. Denn Johann Sebastian war dann begleitet von Gymnasiasten, welche bei dem Gräflichen Konzert als Sänger mitwirkten, als Instrumentalisten aushalfen. Unter ihnen aber befanden sich, neben Rüpeln, auch gesittete Schüler, die es an Aufmerksamkeit und Zuvorkommenheit ihrem jungen Gesangslehrer gegenüber nicht fehlen ließen.

Obwohl Johann Sebastian Bach außer den geringfügigen kirchlichen Diensten freiwillig die Leitung des Schulchores übernommen hatte und unerschöpflich bei den Schloßmusiken seines Gräflichen Herrn als Violinist mitwirkte, verblieb ihm hinreichend Kraft und Zeit für die eigene musikalische Weiterbildung. So zeigten sich zu Arnstadt die ersten Früchte seines ungeheuerlichen Fleißes. Sebastian wurde es nicht müde, die Werke der berühmten Organisten in gleicher Weise für sein Orgelspiel wie für seine Orgelkompositionen zu benützen. Ihre innere Aneignung erfolgte durch Betrachtung der Meisterwerke seiner überragenden Vorgänger und seiner bedeutenden Zeitgenossen, durch Nachsinnen, welches er spielend und komponierend anwandte. Denn das Höchste lernte Sebastian dadurch, daß er seine Erkenntnisse in tätige Bewährung umsetzte, sein Wissen tönende Wirklichkeit werden ließ.

So war Johann Sebastian Bach an der Schwelle der Zwanziger zu einem Orgelspieler geworden, dem es in ganz Deutschland nur Wenige gleichtun konnten. Trotzdem blieb er durch immerwache Unzufriedenheit bemüht, mit seinen Leistungen dem unerreichbaren Gipfel der Vollendung Schritt um Schritt näher zu kommen. Des Weiteren ließen seine Orgelkompositionen in stets höherem Maße hoffen, daß die Zeit nicht mehr fern sei, da er sich als Den bezeichnen lassen durfte, welcher mit seiner Kunst sämtliche Flüsse des bisherigen Orgelschaffens von allen Himmelsrichtungen her, insbesondere von Norden und Süden, zu einem unaufhaltbar dem ewigen Musik-Meere zustrebenden Strom vereinigte.

Seine freie Zeit verbrachte Sebastian nicht bei der Witwe des Zwillingsbruders Johann Ambrosius Bachs, seiner Muhme; auch nicht bei der nach Arnstadt zurückgezogenen ehemaligen Keulin, seiner zweiten Mutter, welche ihm der Vater nach dem Tode der Lämmerhirtin, seiner richtigen Mutter, gegeben hatte. Sondern er ging mit Vorliebe zu der Jungfer Regina Wedemann. Doch war es nicht Diese, welche ihn anzog. So sehr sie sich auch bemühte, dem seit seinem zehnten Jahr verwaisten Musicus in ihrer Wohnung zu bieten, was auf einer Junggesellenstube nicht zu finden ist: wohlige Wärme, anheimelnde Häuslichkeit. Nein, es war nicht Regina Wedemann, welche den Organisten der

Bonifacius-Kirche ständig stärker anzog. Aber bei ihr lebte eine schöne Jungfrau, zugleich deren eigene wie Johann Sebastians Verwandte. Maria Barbara Bach hieß sie, war die Enkelin des Arnstadter Musicus Heinrich Bach, die Tochter des Gehrener Organisten Michael Bach, also eine Base entfernten Grades von Johann Sebastian Bach. Da Michael Bach Catharina Wedemann — die Schwester Regina Wedemanns — geheiratet hatte, konnte Diese in noch höherem Maße als Johann Sebastian Bach Maria Barbara als ihre Verwandte bezeichnen, nämlich als regelrechte Nichte. Wie der Stadt-Pfeiffer Johann Ambrosius Bach samt dessen Gattin vor der Zeit starben und ihren Jüngsten mit zehn Jahren elternlos auf der Erde zurückließen, so verlor auch Maria Barbara Bach mit zehn Jahren ihren Vater Michael Bach und bald hernach ihre Mutter. Gleich dem älteren Bruder Johann Christoph Bach, der Sebastian nach Ohrdruf zu sich holte, nahm Regina Wedemann Maria Barbara, die verwaiste Tochter ihrer verstorbenen Schwester, nach Arnstadt zu sich ins Haus, welches sie mit sämtlichem Zubehör geerbt hatte und als fast fünfzigjährige Jungfer, die allenfalls noch auf einen Witwer für die Ehe hoffen durfte, umsichtig verwaltete.

Anfangs war es die Musik, welche Johann Sebastian und Maria Barbara zusammenführte. Denn Diese besaß in noch höherem Maße, als es bei den meisten Mädchen der weitverzweigten Familie zutraf, die Urbegabung der Bache: eine ungewöhnliche Musikalität. Außerdem wurde ihr vom Geschick eine schöne Sopranstimme geschenkt; eine Stimme, die mit dem ungemein schönen Sopran Sebastians zauberisch zusammengeklungen hätte, wenn Der noch im Besitz seiner Knabenstimme gewesen wäre. Weil es nicht mehr zutraf, mußte Sebastian sich damit begnügen, den Gesang seiner Base auf dem Cembalo zu begleiten. Also musizierten die beiden jungen Menschen gemeinsam bei der Jungfer Wedemann; anfangs nur selten und für kurze Zeit, dann öfter und länger, schließlich fast Tag für Tag.

Maria Barbara sang — Johann Sebastian begleitete. Johann Sebastian begleitete — Maria Barbara sang: Choräle und Lieder,

Ernstes und Lustiges, Kunstvolles und Volksliedhaftes, Inniges und Übermütiges. Wenn Maria Barbara müde wurde oder – um ihren Begleiter zu dem hinzulenken, was ihr mehr bedeutete als der eigene Gesang – oder sich müde stellte: dann spielte Johann Sebastian Stücke der Meister, deutsche und französische und italienische, in buntem Wechsel. So sehr Maria Barbara dieses Spiel auch immer wieder beseeligte, aufs Höchste beglückt war sie erst, wenn Johann Sebastian ihre tastende Frage: «Von Wem?» mit den beiden Silben beantworten konnte: «Von mir.» Denn Maria Barbaras Glaube an die schöpferische Berufung Johann Sebastians kannte keine Grenzen. Anfangs mußte Maria Barbara Johann Sebastian mit Bitten bedrängen, daß Dieser ihr eigene Stücke vorspielte. Er vermeinte nämlich, es sei weit wichtiger, daß sie zunächst die vollendeten Stücke der Meister kennen lerne als seine unvollkommenen Versuche. Späterhin waren Bitten nicht mehr nötig. Zuletzt kam es sogar vor, daß Johann Sebastian die angebliche Unterrichtsstunde Maria Barbaras mit der Wiedergabe einer eigenen Komposition begann und sein Spiel erst dann beendete, wenn die zum gemeinsamen Musizieren vorgesehene Zeit längst davongeflogen war. Maria Barbara war deswegen nicht traurig. So gerne sie zu der meisterlichen Begleitung Johann Sebastians, dem sie um ein halbes Jahr auf dem Lebenswege voraus war, auch immerwieder sang – die Kunst des Bonifacius-Organisten stand ihr gipfelhoch über dem eigenen musikalischen Bemühen. Er konnte nur zuwenig, nicht zuviel spielen. Besonders dann, wenn sie als Erste aller Menschen eine neue Komposition Johann Sebastians kennen lernen durfte, kannte die Bewunderung Maria Barbaras keine Grenzen. Denn Bewundern, das war es, wozu sie als Frau sich innerlich verpflichtet fühlte. Um dem Schaffenden weiterzuhelfen! Wie der Wind dem fahrtbereiten Schiff weiterhilft, wenn er freudig in dessen Segel hineinspringt. Und Maria Barbara bewunderte, was mit vollem Recht zu bewundern war; die von Lebensfrische überschäumenden Jugendwerke eines in der Entfaltung begriffenen schöpferischen musikalischen Genius.

Eines Tages bat Johann Sebastian Bach unvermittelt die Base, zum Musizieren mit ihm in Seine Kirche zu kommen. Dort erst werde sie jene Höhe des Gesanges, er jene Höhe des Spieles erreichen, die zu erlangen ihnen Beiden bestimmt sei. Maria Barbara erschrak. Außerhalb des Gottesdienstes mit Sebastian in die Kirche gehen? Dort singen? Als Frau? Unmöglich. Mit der Gemeinde durfte auch die Frau in der Kirche singend den Mund auftun. Sie war dann keine weibliche Person. Sondern das geschlechtslose Teilchen eines großen Ganzen: der christlichen Gemeinschaft. Aber als Frau, als einzelne Frau in der Heiligen Kirche singen? Ausgeschlossen. Sobald Maria Barbara diese Gedanken Johann Sebastian gegenüber geäußert hatte, widersprach er heftig: Stimme nicht! Die Zeiten seien im Begriff, sich von Grund auf zu wandeln! Das «Unmöglich!» bestehe nicht mehr. Mattheson, der begabte Hamburger Organist und Chorleiter, habe mit dem überalterten Brauch gebrochen. So wäre — statt wie bisher in Italien von gewissen Männern, in Deutschland von Knaben — eine Sopranarie innerhalb der Kirche zum ersten Mal von einer Frau gesungen worden. Als man ihm, auf seine dringende Bitte hin, die Erlaubnis dazu gegeben hätte, da habe es geheißen, die Sängerin müsse dermaßen aufgestellt werden, daß kein Kirchenbesucher gewahre: Eine Frau singt! Mattheson habe dieser Forderung vollauf Genüge getan. Trotzdem sei es ruchbar geworden: Eine Frau! Die Folge? Nicht etwa allgemeine Empörung! Sondern das ungestüme Verlangen, die Künstlerin, welche überaus trefflich gesungen hätte, von Angesicht zu Angesicht zu sehen! Es sei Mattheson nichts Anderes übrig geblieben, als bei dem nächsten Mal die singende Frau unbekümmert aus ihrem Versteck hinter der Säule hervorzuholen und sie an die Brüstung der Orgelempore treten zu lassen. Seitdem Solches geschehe, verrenke man sich die Hälse. Denn Allewelt könnte sich garnicht genug tun im Anschaun der engelschönen Frau, welche wiederholt unter dem Dach eines Gotteshauses gesungen habe und weiterhin singen werde. Mit den Zeiten änderten sich die Sitten. Also zum gemeinsamen Musizieren die Kirche aufsuchen! Maria Barbara wandte ein: Im großen Hamburg — freilich. In der Freien Hansestadt — glaubhaft. Aber im engen Thüringen? Ausgeschlossen. In einer Stadt von wenigen Tausend Einwohnern? Undenkbar. Auf die Erfüllung des gefährlichen Wunsches verzichten! Jawohl, es gebe ein Unglück. Keineswegs für sie. Wohl aber für ihn. Amt und Brot könne es kosten! Johann Sebastian wiederholte dringlicher seine Bitte. Er wandelte sie schließlich zu der Forderung um: Mit ihm zum Singen in die Kirche kommen! Unverzüglich! Maria Barbara lehnte schmerzüberflort ab.

Zu Beginn des nächsten Beisammenseins, das noch immer als Unterrichtsstunde seiner jungen Verwandten ausgegeben wurde, sagte Johann Sebastian: Er habe den Pfarrer der Bonifacius-Kirche um Erlaubnis für das Singen der Base im Gotteshaus gebeten und dessen Zustimmung erhalten. Maria Barbara erkundigte sich lächelnd: Habe gebeten? Habe die Zustimmung erhalten? Johann Sebastian errötete wie ein ertappter Junge. Schnell verbesserte er sich: Werde um Erlaubnis bitten. Werde die gewünschte Zustimmung des Geistlichen erhalten. Maria Barbara sagte aufatmend: «Das genügt. Du wirst Dein Versprechen halten. Ich komme mit.» «Morgen?» wurde tastend gefragt? «Sogleich!» wurde festen Herzens geantwortet.

Johann Sebastian Bach hatte das Zukünftige richtig vorausgesagt: Erst während der Stunden, da Maria Barbara Bach — auf der Orgel von ihm begleitet — alte Choräle und geistliche Lieder, neue Ariosi und religiöse Arien — zum größten Teil von ihm selber geschaffen — in der Kirche Sanct Bonifacii sang, erst da erklommen Beide die Höhen ihrer Kunst. Es bedurfte nur weniger Weisungen des Mannes, nur seltener Fragen der Frau. Falsches und Mißtöniges waren nicht möglich. Menschenseelen klangen ineinander.

Längst hatten sich glitzernde Fäden der Zuneigung von Herz zu Herz zweier Menschen gesponnen. Weit früher als Johann Sebastian und Maria Barbara gewahrte es Jungfer Wedemann. Die Siebenundvierzigjährige empfand darüber helle Freude. Denn die Nichte war ihr lieb wie eine Schwester. Für den jungen Organisten der Neuen Kirche hatte sie zum Gernhaben daneben noch ausreichenden Platz. Aber die beiden offensichtlich verliebten Jungen Leute kamen auf dem betretenen Wege nicht weiter! Sie musizierten stundenlang. Ihre Augen hingen endlos aneinander. Ihre Hände konnten sich kaum trennen. Jedoch von weiteren Annäherungen durfte keine Rede sein! Immer häufiger, immer ausgiebiger ließ die Jungfer Wedemann unter irgendwelchen Vorwänden die Musizierenden allein. Es änderte sich nichts. Der Neunzehnjährige sprach der Zwanzigjährigen nicht von Liebe. Legte nicht den Arm um sie. Küßte sie nicht. Irrtum? Keinesfalls. Regina Wedemann hatte es durch Schlüssellochblicke wiederholt festgestellt. Johann Sebastian und Maria Barbara musizierten. Ununterbrochen. Gleichviel, ob die Junfer Wedemann im Zimmer war oder nicht.

Eines Tages brachte Johann Sebastian, wie des Öfteren, ein frischgeschriebenes Notenblatt in die Wohnung der Muhme Maria Barbaras mit, daß Diese es zum ersten Mal sänge. Die Hocherfreute warf einige prüfende Blicke auf das Lied und erklärte: Nein, das könne sie nicht singen! Neinnein, das werde sie nicht singen! Johann Sebastian schlug das Es des Auftaktes an. Maria Barbara schwieg. Johann Sebastian sah entrüstet um. Seit wann verfehlte seine Base den Einsatz? Johann Sebastian nickte der Zaudernden aufmunternd zu: Singen! Maria Barbara nickte zustimmend: Singen! Johann Sebastian hatte Recht. Man mußte der Musik dienen. Um jeden Preis. Unter allen Umständen. Mit Hintansetzung persönlicher Gefühle. Also: Singen! Johann Sebastian schlug das Es zum zweiten Mal an. Auf den Bruchteil einer Sekunde genau setzte Maria Barbara ein. Und sang zu der Cembalobegleitung des geliebten Mannes:

Willst Du Dein Herz mir schenken,
so fang es heimlich an,
daß unser beider Denken
niemand erraten kann.
Die Liebe muß uns beiden
allzeit verschwiegen sein,
drum schließ die größten Freuden
in Deinem Herzen ein.

Zaghaft klang der erste Vers. Zaghafter als sonst ein Liedbeginn. Bei dem zweiten Vers festigte sich die Stimme Maria Barbaras. Ihr Mut wuchs. Ihr Können nahm zu. Mit dem dritten Vers sang Maria Barbara sich frei. So erklang in voller Reinheit und schelmischer Unbefangenheit der vierte Vers:

Zu frei sein, sicher gehen
hat oft Gefahr gebracht.
Man muß sich wohl verstehen,
weil ein falsch Auge wacht.
Du mußt den Spruch bedenken,
den ich zuvor getan:
Willst Du Dein Herz mir schenken,
so fang es heimlich an.

Vorhalt, Schlußakkord und Schlußton des Liedes waren verhallt. Es erfolgte nichts. Kein Wort. Kein Händedruck. Kein Ineinandersinken. Kein Kuß. Sondern: nichts. Durchaus — der Jungfer Wedemann, welche an Weiterem ihre Freude hatte haben wollen, stellte es mittelst Blicken durch das Schlüsselloch kopfschüttelnd fest — nichts, jawohl: nichts.

Johann Sebastian und Maria Barbara, die vor dem Singen schwiegen, bedurften hinterher keines Geständnisses ihrer Liebe. Die Musik sagte alles Unumgängliche. Sagte es so schön, so rein, daß gelobende Worte und beteuernde Taten von der Schönheit, der Reinheit des Erlebten wahrscheinlich manches weggenommen, ihnen aber kaum etwas hinzugefügt hätten.

V

Das langersehnte Ziel — die Organistenstelle an der Neuen Kirche in Arnstadt, dem Bachmittelpunkt des Thüringer Landes — war nach mancherlei Mühen und unvermeidlichen Umwegen erreicht. Was konnte das Leben nun noch für Bach Bedeutsames bringen? Erfüllungen vielfältiger Art? Ja. Außerordentliches? Kaum. Unvorhergesehenes? Nein. Das irdische Dasein würde ablaufen, wie das Dasein der übrigen Bache — der Vorfahren und Verwandten — abgelaufen war. Gleich Caspar und Johann Christoph Bach, gleich Heinrich und Johann Günther Bach würde Johann Sebastian Bach in Arnstadt eine Frau — er wußte schon, welche — nehmen. Würde von ihr Kinder — so Gott wollte, recht viele — geschenkt erhalten. Würde in Arnstadt — mit einer Hingabe, die Keiner übertraf — seines kirchlichen Amtes walten. Würde als geachteter Mann — gemessenen Schrittes — durch die Straßen der Bachstadt schreiten. Würde in Arnstadt — hoffentlich nicht so früh wie sein Vater Johann Ambrosius mit fünfzig Jahren, sondern erst so spät wie sein Großohm Heinrich mit 77 Jahren — in Ehren sterben. Würde nach Verklingen der eigens zu dieser Totenfeier geschaffenen Motette — für die sich mühelos ein Bach finden ließ — ins Grab gelegt werden, unfern den Gräbern der anderen Bache. Würde — würde — — würde — — — Was konnte ihm das Leben nach Erreichung des selbstgesetzten Zieles an Unerwartetem noch bieten? Gewiß, er machte Musik. Mehr Musik als irgendeiner von seinen Vorfahren! Freilich, er schuf Musik. Und zwar bedeutsamerer Art, als sie irgendwer von seinen Namensgenossen zustande gebracht hatte! Aber Nichtdagewesenes? Einmaliges? Es würde ihm ebensowenig beschieden sein wie den übrigen Bachen, die — gleich ihm — Musiker waren, nichts als Musiker.

Johann Sebastian Bach glaubte mit Erlangung der Arnstadter Organistenstelle an dem Ende seines irdischen Wanderweges angelangt zu sein. Und befand sich doch erst an dessen Anfang!

Allerdings folgten nach der wechselvollen Jugend in Arnstadt

Jahre der inneren Sammlung. Die musikalische Tätigkeit Bachs galt ebensosehr den amtlich geforderten Pflichten und den freiwillig übernommenen Diensten wie dem Aufbau des persönlichen Musikertums. Das blieb im Wesentlichen an die Orgel gebunden. So war es vor allem Anderen nötig, immer und immer wieder nötig, sich die Werke der Meister dieses Instrumentes durch ständiges Spiel und schriftliche Heranholung als köstlichsten Besitz aller Besitztümer zu erwerben. Tagelang saß Johann Sebastian Bach von Früh bis Spät auf der Orgelbank. Nächtelang schrieb er von Spät bis Früh die Schöpfungen der Orgelkünstler Deutschlands und Frankreichs, Hollands und Italiens für sich ab. Das Letztere geschah nun nicht mehr, wie in Ohrdruf, bei dem Schein des Mondes, wohl aber bei dem kümmerlichen Licht flackernder Kerzen. Manches Mal geboten Stiche seiner Augen dem Schreibenden Haltein. Sebastian verachtete das Schmerzgebot. Er schrieb — schrieb — — Bis die Aufgabe, welche sein Herz sich gestellt hatte, bewältigt war. Neben der Hinnahme fremder Werke regte das eigene Schöpfertum seine Flügel. Eine Kantate, die erste einer unübersehbaren Reihe, entstand. Cembalostücke — ein Konzert, Capriccios, Präludien und Fugen — schlossen sich an. Alles aber wurde überglänzt von Orgelstücken: Choralvariationen, Fantasien, Präludien, Fugen, welche das Cembalistische weit hinter sich ließen. Aber so oft und so hoch auch diese Schöpfungen den neunzehnjährigen Arnstadter Organisten über die Armsäligkeiten und Begrenztheiten des irdischen Daseins hinaushoben, in höchste Höhen trugen sie ihn nicht. Wahrhafte Flüge waren Johann Sebastian noch versagt. Es blieb bei Flugversuchen sehr beachtlicher, viel verheißender Art. Aber: bei Versuchen!

Nach Ablauf des ersten friedvollen Arnstadter Organistenjahres begann der Lebenshimmel Johann Sebastian Bachs sich mehr und mehr zu verdunkeln. Widerwärtigkeiten und Widersetzlichkeiten, Mißverständnisse und Mißbilligungen zogen auf wie Wetterwolken, welche ein nahendes Gewitter verkünden, das sich nicht so sehr durch feurige Blitze und grollende Donnerschläge in Himmelshöhen entlädt wie durch schädigende

Schloßen und vernichtenden Hagel auf Erdenfluren. Feststand: Das Unwetter würde über Johann Sebastians Leben herfallen. Es fragte sich nur, wann es niederprasselte und welche Verheerungen es anrichtete.

Der allgemeinen Unbill ging ein persönliches Schmerz-Erlebnis vorauf. Es kam von Johann Jacob, dem Kindheitgefährten und Lieblingsbruder Sebastians. Diesen hatte es, sobald er als Lehrbube freigesprochen war, kaum noch in dem elterlichen, fremden Menschen gehörenden Eisenacher Hause gehalten. Trotzdem verdingte er sich um des Lebensunterhaltes willen zum Spiel mit der Oboe und der Flöte dem Nachfolger des Johann Ambrosius für einige weitere Jahre. Dann war Johann Jacob der beruflichen Abhängigkeit an schmerzlichster Stelle überdrüssig. Sebastian, der um zwei Jahre Jüngere, verwaltete ein Öffentliches Amt. Wohin aber zeigte sein Lebensweiser? Stadt-Pfeifer werden wie der Vater? Bis an das Ende seiner Tage in dem Eisenacher Schatten des Unvergessenen stehen? Nein. Der Sinn Johann Jacobs trachtete nach Ferne. Sein Herz verlangte nach Weite. Nun war derzeit im Norden wie ein glanzvoller Komet der Ruhm des Schwedenkönigs Karls des Zwölften aufgegangen. Sieg nach Sieg heftete er an seine Fahnen. Kein Volk konnte ihm widerstehen: nicht die Balten – nicht die Polen, nicht die Russen – nicht die Ukrainer. Die Türkei würde dem Unbesiegbaren anheimfallen. Und auch – versteht sich! – Deutschland. Das war der Mann der Zukunft. Von jahrelanger Enge bedrückt, durch ununterbrochene Abhängigkeit gepeinigt, übernahm Johann Jacob Bach die Stelle eines Hautboisten in dem Heere Karl des Zwölften.

Es war dem Scheidenden, bevor er in die glanzvolle Fremde zog, ein unwiderstehliches Bedürfnis, sich von Sebastian, seinem geliebten jüngeren Bruder, in Arnstadt persönlich zu verabschieden. Dorthin kam, durch Johann Jacob verständigt, aus Ohrdruf auch der ältere Bruder Johann Christoph. Keiner von den Dreien täuschte sich im Grunde seines Herzens darüberhinweg, daß es ein Abschied fürs ganze Leben sei. Die Zukunft gab dieser Ahnung vollauf Recht. Nach der Schlacht bei Poltawa, welche dem europäischen Siegeszug des Schwedenkönigs durch die Überlegenheit des russischen Volkes unter Peter dem Großen ein Ende setzte und sein Lebensschicksal in das Gegenteil verkehrte, bis er einer Verräterkugel zum Opfer fiel, nach Poltawa wurde Johann Jacob Bach in die Türkei verschlagen. Zu Konstantinopel nahm er noch als Mann erneuten Flötenunterricht; und zwar bei dem berühmten Flötisten Pierre Buffardin, der mit einer französischen Gesandtschaft von Paris aus dorthin gekommen war. Es gelang dem Versprengten, auf abenteuerlichen Umwegen Schweden wieder zu erreichen. Dort wurde er, nach Ablösung vom Heer, Königlicher Cammer- und Hof-Musicus. Als Solcher starb der Sohn des Eisenacher Stadt-Pfeifers Johann Ambrosius Bach — um seiner ausgezeichneten Musik willen vielbegehrt, seines gefälligen Wesens wegen hochgeehrt — mit 40 Jahren in Stockholm, ohne seine Heimat auch nur ein einziges Mal wiedergesehen zu haben.

Wenn auch die Bach-Brüder um diese zukünftigen Dinge nicht wissen konnten — sie wurden dennoch durch Abschiedsschmerzen gepeinigt, von düsteren Ahnungen über das Schicksal des Scheidenden bedrückt. Nach außenhin zeigten Beide es nicht. Die Stunden des Beisammenseins verblieben ungetrübt. Erinnerungen an die trotz aller Schwere schöne Kindheit überglänzten sie. Hoffnungen auf ein musikerfülltes Dasein standen darüber wie am Himmel der Pol, um den alle Sterne kreisen.

Insbesondere Johann Sebastian verhielt während der Anwesenheit Johann Jacobs und Johann Christophs seine Gefühle. Er gab weder den gewandelten Empfindungen gegenüber dem Ältesten der Familie Ausdruck, noch zeigte er dem Jugendgefährten seinen Schmerz wegen der bevorstehenden Trennung. Was es zu sagen galt, das mußte, sobald er allein war, die Musik aussprechen. Nicht nur für das eigene Herz. Sondern auch für andere Menschen, welche Gleiches durchlebten und durchlitten. Denn Sebastian Bach war nun soweit herangereift, daß die Töne ihm, dem Zwanzigjährigen, in Allem, was er mit ihnen auszudrücken begehrte, zu Willen waren.

Das erste von den beiden Werken, welche aus den Arnstadter

Abschiedsstunden hervorgingen, galt dem Ohrdrufer Bruder. Sebastians Gefühle hatten sich Johann Christoph gegenüber gewandelt. Aus Unwillen über harte Behandlung, aus Empörung über verletzende Zurücksetzung wurde die Erkenntnis, daß Beides zu einer Bändigung notwendig gewesen war und somit seinem Besten gedient hatte. Vor Allem aber: Was wogen Mißverständnisse und Mißhelligkeiten gemessen an der Fürsorge des Bruders? Fast nichts. Daher galt es, die letzten Würzelchen der Bitterkeit im Herzen auszureuten und zu danken, aufrichtig zu danken. Denn es ließ sich nicht ergründen, wie äußerlich und innerlich seine Jugend verlaufen wäre, wenn man ihn mit zehn Jahren den Händen fremder Menschen überantwortet hätte.

Also schrieb Johann Sebastian Bach über das in Hinwendung zu dem ältesten Bruder entstandene Cembalowerk:
«Capriccio in honorem Joh. Christoph Bachii Ohrdrufiensis»
mithin:
«Capriccio zu Ehren Johann Christoph Bachs des Ohrdrufers»

Es wurde ein verhaltenes Bekenntnis, das mehr dem Willen als dem Müssen entsprang, tiefer der Einsicht als dem Gefühl verpflichtet war, daher in Manchem begrenzt, ja behindert blieb.

Mit der Tonschöpfung aber, welche er dem abschiednehmenden Bruder Johann Jacob widmete, konnte Johann Sebastian seinen aufgestauten Gefühlen freien Lauf lassen. So war sie aus Ernst und Scherz, Abhängigkeit und Überlegenheit, Zwang und Freiheit ebenso wunderlich wie wundersam gemischt.

Die Herkunft von der französischen Wirklichkeitmusik und die Abhängigkeit von den musikalischen Überwirklichkeitgebilden des Thomascantors Johann Kuhnau ließ sich nicht verkennen. Hatte es Dieser doch fertig gebracht durch sechs Sonaten «Biblische Historien» tonlich zu illustrieren. In einer von ihnen wurde Sauls Wahnsinn und die Heilung der königlichen Melancholie durch David hörbar. In einer anderen Sonate vernahm man mittelst eines tiefen, trotzig punktierten Themas das Wüten Goliaths. Man hörte im Gefolge einer geschwinden

Fuge die Flucht der Philister, das Nacheilen der Kinder Israel, das Sausen des geschleuderten Steines, mit dem David sein Volk von dem Riesen errettete.

Auf gleiche und doch beträchtlich darüber hinausgehende Weise machte Johann Sebastian Bach das Arnstadter Abschiedserlebnis durch Töne vernehmbar. Dieses Werk war betitelt:

«Capriccio sopra la lontananza del suo fratello dilettissiomo»; das ist:

Capriccio auf die Entfernung seines geliebtesten Bruders.

Der erste Satz brachte die Schmeicheleien der Freunde, um denselben von der geplanten Reise abzuhalten. ‚Aber bleib, aber bleib, aber bleib doch hier!' flehten die Töne. ‚Daheim ist alles lieblich und heiter.' Zierliche Pralltriller haschten einander. Beharrende Triller überglänzten Gewesenes. Vorhalte betonten Gegenwärtiges. Das letzte ‚Bleib hier!' wurde nicht nur durch den größeren Wert der Note, der ersten Halben in dem ganzen bewegten Stück, verstärkt, sondern durch die beliebig auszuhaltende Fermate noch verlängert. Sie war nicht, wie nur zu oft bei dem Gesang in der Kirche, ein Zufluchtort für Verirrte, sondern vom Gehalt bestimmter musikalischer Ausdruck.

Es folgte in dem zweiten Stück: Die Vorstellung der verschiedenen Zufälle, welche dem Bruder in der Fremde begegnen könnten. Einmal, zweimal, dreimal, viermal, durch alle Stimmen hin die gleiche schwermütige Warnung. Dazu obenauf die Tonversicherung von dem schönen, ungefährdeten Daheim. Vergeblich. Nach kämpferischem, chromatisch zerwühltem Hin und Her die hammerschlägige Antwort des Bruders: ‚Muß sein!' Selbst der mittelstimmige mißtönige Vorhalt konnte daran nichts ändern. Mit der äußersten Helle des vollen C-dur-Akkordes stand fest, was geschehen mußte und also geschehen würde: Abschied.

So setzte denn, zum Dritten, das allgemeine Wehklagen der Freunde ein. Schmerzliche Akkorde eröffneten es. Dann rannen die tönenden Tränen nieder: f — e, es — d — des; und e — es, d — des — c; weiterhin, ohne Unterbrechung, halbtönig abwärts, immerfort abwärts. Anfangs in der Oberstimme, über Alles hinwegfließend, dann in der Mittelstimme, schließlich im Baß: e — es, d — des — c. Weinen, nichts als Weinen.

Darauf nahmen die Freunde, weil es anders nicht konnte sein, Abschied; kurzen, aber sehr schweren Abschied. Unerbittliche, disharmonische Akkordschläge. Dann beherrschtes Sichfügen. Zum Beschluß mit hochgeworfenen Händen Abschiedwinken: ‚Lebwohl! Lebwohl! Lebwohl!' Sechs Mal hochoben der gleiche hallende Ton: d — f, c — f, b — f, c — f, d — f, e — f; schließend, nach gemildertem Weinen, mit e — f; eine Oktave tiefer zur Halben verlängert und fermatisiert: ‚Leb — wooooohl — — — —'

Damit brach aber die Tonfolge nicht ab. Verheißen wurde ein Capriccio, das ist: ein Bockssprung. In der Tat gelangte Johann Sebastian mit einem Sprung vom Ernst zum Scherz, vom Weinen zum Lachen, vom Schwer-Mut zum Über-Mut. Das Lied des Postillons wurde nachgebildet. Nah klang es, wiederholte sich, kam aus größerer Ferne, war nur noch bruchstückweise zu hören, verhallte.

Und eine breite dreistimmige Fuge, deren Thema sich an den Ruf des Posthorns anlehnte, beschloß das Capriccio, welches der Abschied Johann Jacob Bachs, seines liebsten Bruders, in Johann Sebastian Bach, aus dem Leben heraus hatte erstehen lassen.

Das erste, für den jungen Arnstadter Komponisten lebengefährdende Unwetter zog sich über dem Schulgebiet zusammen. Bach war mit dem Gymnasialchor unzufrieden. Die Leistungen genügten seinen Ansprüchen nicht. Künstlerischer Eifer und menschliches Verhalten der Singenden ließen viel zu wünschen übrig.

Die Schuld für dieses Mißergebnis lag zur Hauptsache auf Seiten der Schüler. Da die Kirche Sanct Bonifacii keinen eigenen Chor hatte, so bildete die von Johann Sebastian geleitete Singgemeinschaft eine Vorstufe für den großen Gemeindechor der Hauptkirche. Es war selbstverständlich, daß die besten der jugendlichen Stimmen zum Dienst bei dem Hauptchor herangezogen wurden. Bach mußte sich mit den Überbleibseln, ja mit dem Ausschuß begnügen. Auch fehlte ihm ein Director musices, welcher den Takt angab und die Singenden zusammenhielt, wenn er ihnen orgelspielend den Rücken zukehrte. Alle Hinweise auf diesen Übelstand, alle Bitten um seine Abstellung fruchteten bei den geistlichen Vorgesetzten nicht das Geringste. Ein Präfect freilich war vorhanden. Bach lag also nur die letzte Einstudierung, die Vorbereitung der Aufführungen und die Begleitung während des Singens in der Kirche ob. Das ermüdende Drillen der Stimmen, das langweilige Einpauken der Noten, das qualvolle Abhören des Erreichten — meistens: des Nicht-Erreichten! — dies Alles war Aufgabe jenes älteren Schülers, welchem das Amt des Präfecten übertragen wurde. Der aber mochte so begabt sein wie möglich, so eifrig wie angängig — die Leistungen des ehemal als Chorpräfect wirkenden Lüneburger Mettenschülers Johann Sebastian Bach erreichte er auf keinen Fall. Unzufriedenheit und Enttäuschung auf der einen Seite, Ärger und Widerspenstigkeit auf der andern Seite waren die unausbleibliche Folge. Auch machte sich die zeitbedingte Verwilderung der Jugend vielfach hemmend bemerkbar. Man kam nicht zu den Proben. Man trieb während ihrer Unfug. Man war lässig. Man bockte.

Aber nur einen Teil der Schuld für die Mißhelligkeiten der Chorarbeit konnte man den Schülern aufbürden. Der andere mußte Bach zur Last gelegt werden. Er ging daraus nicht unmittelbar, wohl aber mittelbar hervor, daß Johann Sebastian seine Forderungen an die jugendlichen Sänger, gleich dem Eisenacher Oheim, übersteigerte. Jedoch während Johann Christoph Bach das hochgesteckte Ziel durch Beharrlichkeit und Unbeirrbarkeit schließlich erreichte, verfehlte Johann Sebastian Bach es sehr häufig durch Bedenklichkeit und Ungleichmäßigkeit. Waren in der einen Stunde seine Forderungen maßlos, so schraubte er sie in der nächsten Stunde ungebührlich herab und erreichte dadurch nicht das Gewollte — begangenes Unrecht wiedergutzumachen —, sondern gab seinen Schülern die Waffen des Belächelns und der Mißachtung in die Hand. Ohnehin kein Meister der Disciplin, machte Johann Sebastian durch Ausfälle, durch Ungerechtigkeiten die Sache noch schlimmer, als sie bereits war. Hitzigkeit und Heftigkeit, Jähzorn und Rechthaberei rissen ihn zu Worten, ja zu Taten der Unvernunft hin, die er hinterher zwar bereute, aber nicht ungeschehen machen konnte.

Johann Sebastian Bach half sich dadurch, daß er anfangs die Arbeit mit dem Schulchor einschränkte, dann sie vernachlässigte. Dagegen ließ sich von der Behörde mit stichhaltigen Gründen nichts einwenden. Denn in dem sorgsam aufgesetzten Anstellungvertrag des künftigen Arnstadter Organisten war der Singunterricht an dem Gymnasium mit keinem Wort erwähnt. Sebastian hatte ihn freiwillig übernommen. Also konnte er auch freiwillig darauf verzichten. Aber obwohl die Vorgesetzten kein verbrieftes Recht für die Betreuung des Schulchores durch den Organisten der Neuen Kirche besaßen, leiteten sie aus dem bisherigen Brauch ein Gewohnheitrecht her. Sie forderten also Bach wiederholt dringlich auf, seiner Pflicht besser denn in der letzten Zeit nachzukommen. Als Erfolg war das Gegenteil des Beabsichtigten zu verzeichnen. Johann Sebastian pochte auf sein schriftlich nachweisbares Recht, lediglich zum Orgelspiel verpflichtet zu sein. Um die freiwillig übernommene Chorarbeit in der Schule kümmerte er sich nicht mehr.

So mußten die Wetterwolken, welche sich in Arnstadt über dem Haupte Johann Sebastian Bachs zusammengezogen hatten, eines Tages zu heftigen Entladungen kommen. Die Unzufriedenheit der Behörden kehrte sich gegen den aufsässigen Organisten, dessen allseitig anerkanntes Können kein Freibrief für Vernachlässigung eines Teiles der ihm zugefallenen Aufgaben wäre. Die Widerspenstigkeit der Schüler, welche sich bedrückt und beschimpft, verkannt und verstoßen fühlten, trachtete nach einem Ausgleich, und sei er auch gewaltsamer Art.

Am 5. August des Jahres 1705 kam Johann Sebastian von dem Schlosse Neideck, dem Sitz seines Gräflichen Herrn Johann Günther, herab. Er wollte sich zu seinem Zimmer in der Güldenen Krone begeben, um dort die wohlverdiente Ruhe zu finden. Bach war noch erfüllt von all dem Schönen, das unter seiner Mitwirkung als Geiger, unter seiner Leitung als Director instrumentalis während eines langen Musikabends erklang. Töne hallten beglückend in ihm nach. Vor sich hinsummend, schritt der Zwanzigjährige die Galerie, eine Straße mit überdecktem Seitengang, entlang. Aber auf dem Markt, am Langen Stein, warteten sechs knüttelbewaffnete Gymnasiasten des Heimkehrenden. Ihr Anführer war der als Raufbold bekannte Primaner Johann Heinrich Geyersbach. Er zählte bereits zweiundzwanzig Jahre, also zwei mehr als sein Musiklehrer Bach.

Als Sebastian aus der überdeckten Galerie auf den freien Markt trat, fielen die sechs Gymnasiasten mit geschwungenen Knütteln über ihren jugendlichen Chorleiter her.

Geyersbach verlangte zu wissen: Warum er ihn beschimpfet hätte?

Bach behauptete: Er habe ihn nicht beschimpft. Still sei er des Weges gegangen. Fordere daher, daß man ihm diesen unverzüglich freigebe.

Geyersbach tobte: Wenn er auch nicht ihn persönlich beschimpfet, so hätte er doch sein Fagott beschimpfet; und wer sein geliebtes Instrument beschimpfe, der beschimpfe Ihn.

Bach wollte wissen: Wann und wo und wie er das Instrument des Gymnasiasten beschimpft habe?

Geyersbach brüllte: Er hätte ihn einen Zippelfagottisten genannt! Ob der Herr Cantor etwa diese vor Zeugen getane Beschimpfung des Instrumentes und damit seiner selbst ableugne?

Bach antwortete: Dazu liege nicht der geringste Anlaß vor. Denn seine Behauptung sei wahr!

Geyersbach schrie: «Ich — ein Zippelfagottist?»

Bach erwiderte: Ja. Wenn er es ihm nicht glaube, so wolle man einige musikverständige Leute zusammenbitten, damit der Gymnasiast vor ihnen spiele. Es stehe im Voraus fest, daß — weil Alles, was der Primaner blase, zipplich klinge — am Schluß das Urteil einstimmig lauten werde: «Zippelfagottist.»

«Hundsfott!» kreischte Johann Heinrich Geyersbach, der zweiundzwanzigjährige Gymnasiast. Mit erhobenen Prügel drang er auf Johann Sebastian Bach, den zwanzigjährigen Organisten, ein. Dieser entging durch rechtzeitiges Bücken dem gefährlichen Schlag. Außerdem brachte er währenddessen nicht nur seine Geige in Sicherheit, sondern zog unbemerkt den Degen. Damit setzte Johann Sebastian dem Schlagetot so heftig und geschickt zu, daß es einen Schwerverwundeten gegeben hätte, wenn nicht die fünf anderen Gymnasiasten dazwischensprangen. Sie trennten die hitzigen Kämpfer und hielten, bis deren Wut verging, Beide fest. Bach faßte sich als Erster. Er steckte den Degen ein, nahm die unbeschädigt gebliebene Geige unter den Arm und erklärte: Sowohl Schüttewürfel wie Hoffmann, wie auch die übrigen Spießgesellen des Geyersbachers sollten genau achtgeben, was jetzt zu sagen sei. Dieses nämlich: Er werde sich das ihm zustehende Recht verschaffen. Morgen schon. Nicht etwa dadurch, daß er sich mit einem Rauflustigen schlage. Solches sei für ihn keine Ehre. Auch stehe es dem Lehrer nicht wohl an, mit einem Schüler auf der gleichen Ebene die Waffen zu kreuzen. Jedoch er werde sein Recht bekommen! Auf welche Weise, solle sich am andern Morgen zeigen. Recht müsse Recht bleiben, solange es einen gerechten Gott im Himmel und ehrliche Menschen auf Erden gebe. Gute Nacht!

Die Schüler, selbst Geyersbach, waren von der äußeren Haltung und der inneren Überlegenheit ihres Chorleiters dermaßen beeindruckt, daß sie nunmehr den Angefallenen ungehindert des Weges gehen ließen. Bach schritt quer über den Markt zu seiner Wohnung in der Güldenen Krone. Dort wurde bald darauf eine Kerze angezündet, jedoch keineswegs zur Nachtruhe einige Zeit später gelöscht. Johann Sebastian schrieb Noten. Eigene Noten, welche eine neue Schöpfung festhielten. Ein Fugenthema in c-moll kam während des Spielens auf Schloß Neideck zu ihm. Es mußte noch am gleichen Tage mehrstimmig durchgeführt werden. Ein Präludium war ihm voranzusetzen. Das hatte ein Teil von der Fuge zu sein. Aber nicht so sehr, daß es diese durch Vorwegnahme behinderte; vielmehr dermaßen, daß durch Präludieren Spieler und Hörer zu der Fuge hingeführt wurden; daß sie diese ersehnten, ja im Wesentlichen vorausahnten. Gepriesen sei die Musik auf Schloß Neideck, die einer Reihe von Menschen durch Anhören, ihm selber durch

Ausüben weitere Wege gewiesen hatte! Während seines nächtlichen Heimganges geschah etwas Gefährliches, etwas Empörendes? Was war es? Was hatte sich zugetragen? Gleichviel. Das Unsinnige auszugleichen, das Unrecht wegzuschaffen, verblieb anderntags Zeit genug. Jetzt galt es, Noten zu schreiben. Damit nicht unvollendet blieb, was Vollendung forderte! Damit nicht auf immer verklang, was nach Bewahrung rief! Noch als er des Lichtes längst nicht mehr bedurfte, brannte in der Stube des notenschreibenden Arnstadter Organisten die Kerze.

Die sechs Schüler ließen ihren Plan, den zweifellos zu erwartenden Sieg über ihren Lehrer in einer Weinstube durch ein nächtliches Gelage zu feiern, nach dem Fortgang des Schul-Cantors fallen. Einer wie der Andere verabschiedete sich von Geyersbach mit knurrigem «Gute Nacht!» So blieb Diesem nichts übrig, als hastigen Schrittes allein in die Weinstube zu gehen, allein sich zu betrinken.

Am Morgen des nächsten Tages, dem 6. August 1705, stand Johann Sebastian Bach auf Schloß Neideck seinen Vorgesetzten, dem Hohen Arnstadter Consistorium, als Kläger gegenüber.

Er schilderte wahrheitgemäß den nächtlichen Überfall auf dem Markt. Er nannte als Hauptübeltäter Geyersbach, Schüttewürfel und Hoffmann. Die übrigen Drei wären im Halbdunkel nicht erkennbar gewesen. Doch ließen sie sich durch Nachfragen ohne sonderliche Mühe feststellen. Was er für sich erbitte, was er zu Gunsten der Allgemeinheit fordere, sei: Schutz während notwendiger nächtlicher Gänge! Den gedachten Geyersbach und die übrigen fünf Gymnasiasten zu der verdienten Strafe heranziehen! Einmal, damit er selbst die gebührliche Genugtuung erhalte. Zum Andern, damit die bezeichneten Übeltäter und sonstige Raufbolde unter den Schülern dermaßen erschreckt würden, daß sie hinfort sich besser benähmen und man auch zu nächtlicher Stunde die Straßen Arnstadts, ohne beschimpft, ohne geschlagen zu werden, passieren könne. Recht wolle er. Nichts als Recht.

Das Consistorium, dessen Vorsitz der Superintendent Olearius führte, sagte eine gründliche Untersuchung des betrüblichen

Vorfalles sowie angemessene Bestrafung der Sünder zu und entließ seinen Organisten Johann Sebastian Bach in Gnaden.

Es geschah aber, nach oberflächlicher Besprechung des nächtlichen Überfalles – nein, nicht: des Überfalles! sondern: des Zusammenstoßes, an welchem der aufbrausende junge Cantor mitschuldig war! – es geschah den sechs Gymnasiasten nichts Übles. Fünf wurden als schuldlos heimgeschickt. Ihr Anführer bekam einen von guten Ermahnungen begleiteten Verweis. Nicht ein einziger Tag Carzer, mit dem man sonst schnell bei der Hand war, wurde dem Gewalttäter zugemutet. Als Dreiundzwanzigjähriger konnte der Zippelfagottist Johann Heinrich Geyersbach seine Reifeprüfung ablegen und ungehindert die Universität beziehen.

Die Enttäuschung über den Ausgang dieses schlimmen Handels, die Empörung über das behördliche Gutheißen der Rechtlosigkeit festigten in Johann Sebastian Bach den schon während seiner Lüneburger Zeit gefaßten, niemals aufgegebenen Entschluß: Dietrich Buxtehude, den berühmten Lübecker Organisten, zu besuchen. Noch einmal wollte er zum Schüler eines Meisters, zum Schüler des Meisters aller deutschen Orgelmeister werden.

Johann Sebastian Bach war mit seinem Orgelspiel bis zu einer Wegwende gekommen. Über sie hinaus konnte ihn die unbefruchtet bleibende Kraft nicht helfen. Alle Urteilsberechtigten nannten sein Spiel vollendet. Er aber wußte besser als Irgendwer, was diesem noch fehlte. Alle Kundigen erklärten sein Spiel als vollkommen. Er aber hörte Mal für Mal Unzulängliches. Gewiß, Hände und Füße hatten solche Fertigkeit auf der Orgel erlangt, daß er mit jedem Thüringischen Meister, auch mit um Jahrzehnte Älteren, zum Wettkampf antreten konnte und nicht als Geschlagener daraus hervorgehen würde. Indessen selbst die höchste Virtuosität mußte Mittel zum Zweck bleiben; zu dem schönsten aller Zwecke: dem Gottesgeist durch Menschengeist, dem Menschengeist durch Gottesgeist mit Tönen zu dienen. War er, Johann Sebastian Bach, in Weimar der drohenden Gefahr ganz entgangen: zu spielen um des Spielens willen? Nein. Wer konnte weiterhelfen? Nicht Pachelbel im Süden. Nicht Reinken im Norden. Jener war zu gelinde – Dieser zu wild. Jener ließ sich vor dem Erreichen des Letzten genügen – Dieser hielt auch da, wo dem Menschen seine Grenzen gesetzt sind, nicht an. Jener war seiner Wirkung sicher, jedoch das Äußerste blieb ihm verwehrt – Dieser rang immer von Neuem mit dem Höchstmöglichen, brachte sich aber durch Maßlosigkeit oft um seine Wirkung. Wer konnte weiterhelfen? Nicht Pachelbel, der Nürnberger Meister. Nicht Reinken, der Hamburger Meister. Wer konnte ihm, Johann Sebastian Bach, weiterhelfen auf dem Weg zum vollendeten Spiel? Nur Der, bei welchem das Können den Geist, der Geist das Können befruchtete, nur: Buxtehude.

Nicht viel anders wie mit dem Spiel stand es nach zwei Arnstadter Jahren um das Schaffen Johann Sebastian Bachs. Man rühmte mit lauten Worten die neuen Werke: seine Konzerte und Capriccios, seine Präludien und Fugen, seine Choräle und Choralvariationen, seine Sonaten und Fantasieen. Man rühmte sie sehr. Jedoch er, Sebastian Bach, wußte, daß alles Bisherige nur Vorspeisen zu dem eigentlichem Mahl waren. Wußte, daß sie das Verlangen anregten – nicht befriedigten. Wußte, daß sie hungrig – nicht satt machten. Wer konnte ihm die weiteren Schaffenswege zeigen? Jene, die Umwege zu sein schienen und doch auf dem kürzesten Weg, welcher im Menschenleben nicht immer der gerade ist, zu der höchsten Entfaltung des Eigenen führten. Wer konnte weiterhelfen? Nicht Georg Böhm in Lüneburg. Dessen Kunst war, wie er selbst zugestand, keineswegs die Quelle. Sie schöpfte mit bewunderswerter Emsigkeit und Reinheit aus ihr. Die eigentliche Quelle aber war sie nicht. Wer also konnte ihm, Sebastian Bach, wie im Spielen so auch im Schaffen, weiterhelfen? Nur Er, dessen Kunst der Urquell des neuen deutschen Orgelschaffens war. Nur: Buxtehude.

Zu Beidem, was Johann Sebastian verlockte, nach Lübeck zu wallfahrten, kam noch ein Drittes. An der Trave bestand eine durch Buxtehude geschaffene Einrichtung, welche es in ganz Deutschland nicht zum zweiten Mal gab: die Abendmusiken der

Marien-Kirche. Alle musica sacra, alle geistliche Musik, war bisher an die Kirche gebunden. Zu Weihnachten erklang weihnachtliche Musik, zu Ostern österliche, zu Pfingsten pfingstliche, zu den Bußtagen bußtägliche und so fort. Buxtehude aber hatte eine neue Darbietung kirchlicher Musik eingeführt. Der Ort – die Kirche – war geblieben. Ihr Geist jedoch hatte sich geändert. Nicht mehr der Pastor bestimmte nach dem Ablauf des Kirchenjahres, welcher Art die zu spielenden und zu singenden Stücke sein müßten. Der Organist setzte sie selbständig auf Grund der musikalischen Möglichkeiten fest. Diese vielbesuchten Kirchenkonzerte bedeuteten demnach wesensgemäß etwas Anderes als die weltlichen Capellen-Konzerte, an denen Bach mitgewirkt hatte. Sie wurden nicht, wie im französisch verkleideten Lüneburger Schloß, vom Hof getragen. Sie waren auch nicht, wie im italienisch aufgezäumten Herzoglichen Weimar, von der Gunst eines fürstlichen Familienmitgliedes abhängig. Ihren Ursprung und ihre Unterstützung hatten die Lübecker Abendmusiken in dem Bedürfnis des Bürgertums. Wurden sie doch dadurch hervorgerufen, daß wohlhabende Lübecker Kaufleute auf dem Gang zur donnerstäglichen Abendbörse während der Zeit, welche sie – um Gottes Segen für ihre Geschäfte bittend – in der Kirche verweilten, zur Zeit-Kürzung Orgelklänge nicht entbehren wollten. Späterhin kamen die Zünfte als Veranstalter hinzu. Sie wollten, daß dem höchsten Gott musicalisch gedanket würde für alle erwiesene Güte. So verlegte man die Abendmusiken auf die Sonntage. Bach mußte das Neue, die Musik, welche geistlich und weltlich in Einem, himmlischen Ursprungs und irdischen Zwecks zugleich war, kennen lernen. Also: Auf zu Buxtehude!

Die Abendmusiken des berühmten Organisten fanden – des Nachmittags um vier Uhr – fünfmal im Jahre statt: an den beiden letzten Trinitatissonntagen und an den drei letzten Adventssonntagen. Nicht am ersten Adventssonntag. Der galt als Fastentag und mußte somit außerhalb des Gottesdienstes musikfrei gehalten werden. Daraus ergab sich für Sebastian Bach, wann er seine Reise anzutreten hatte: gegen Ende des Jahres.

Die Abendmusiken waren stets stark besucht. Manches Mal mußten Stadtwächter mit vorgehaltenen Hellebarden Spätkommenden, daß es in der Kirche durch zu großes Gedränge kein Unglück gebe, gebieterisch den Eintritt verwehren. Was wurde aber auch geboten! Ariose Sonaten und tosende Hallelujahs, Psalmen und Choräle, Sologesänge und Kantaten, Jahreszeitenlieder und Jubiläumshymnen. Außerdem überstieg die Zahl der Mitwirkenden fast das vorstellbare Maß. Neben dem großen Chor wirkten vierzig Instrumentalisten mit! Für sie hatten zur Rechten und zur Linken der Orgel zwei Galerien gebaut werden müssen! Selbstverständlich besaß der Lübecker Cantor einen musikerfahrenen, sämtliche Vorarbeiten leistenden Chorpräfecten. Während der Arnstadter Cantor sich mit einem unreifen Schüler begnügen und manche Paukereien, die nicht seines Amtes waren, persönlich durchführen mußte. Ebenso selbstverständlich stand hinter dem Rücken des spielenden Lübecker Organisten bei allen Aufführungen ein Chor und Orchester zusammenhaltender Director musices. Während man dem Arnstadter Organisten diesen unentbehrlichen Helfer halsstarrig verweigerte. Sehen, was möglich war! Hören, was sich erreichen ließ! Auf zu Buxtehude!!

Wallfahrten zu dem großen Lübecker Organisten bedeuteten durchaus nichts Seltenes. Nicolaus Bruhns war aus dem Schleswigschen gekommen und hatte nach ausreichender Unterweisung durch Buxtehude die Organistenstelle im heimatlichen Husum erhalten. Daniel Erich machte sich aus Mecklenburg nach Lübeck auf und wurde hinterher mit dem Organistenamt in Güstrow belohnt. Georg Leiding wanderte von der Weser zur Trave und fand später in Braunschweig die Möglichkeit, seine erhöhten Fähigkeiten auszuwirken. Auch Sebastian Bach wollte nur der Musik wegen nach Lübeck pilgern. Aber Buxtehude war alt. Fast siebzig Jahre! Es ging die Kunde um, daß er nicht mehr lange seines Amtes zu walten gedenke. Vielleicht ließen sich also Berufung und Beruf vereinigen? Vielleicht konnte er durch die Musik und die Weisungen des großen betagten Meisters sich die Befähigung erringen, als würdiger Nachfolger des greisen

Organisten mit dessen Amt betraut zu werden? Arnstadt — das kleine, enge Thüringische Nest — mit Lübeck — der großen, freien Hansestadt — vertauschen, statt des bescheidenen Instrumentes der Bonifacius-Kirche die gewaltige Orgel der Marien-Kirche mit 54 klingenden Registern, Mixturen, Koppeln, 32-füßigen Pedalstimmen zur Verfügung haben; von einem kundigen Chorpräfecten entlastet, durch einen geschickten Director musices unterstützt werden: es war die Rettung aus den heimatlichen Bedrängnissen. War Erlösung von den Arnstädter Nöten. Auf zu Buxtehude!!

Einen Monat nach dem Zusammenstoß mit Geyersbach erbat Johann Sebastian Bach von seiner vorgesetzten Behörde, dem Hohen Gräflich-Schwarzenburgischen Consistorium, Urlaub für eine Fahrt nach Lübeck. Er gedenke, lautete die Begründung, sich bei dem größten Orgelmeister, der zur Zeit lebe, bei Dietrich Buxtehude, in der Kunst des Tastenschlagens zum Nutzen der Arnstadter Gemeinde zu vervollkommnen. Denn so sehr man sein eigenes Orgelspiel auch lobe — Niemand auf der Welt wisse sicherer als er, wie unzulänglich es noch immer sei. So daß eine Steigerung seines Könnens durch den Meister aller Meister, eben Dietrich Buxtehude, dringend geboten wäre. Der erbetene Urlaub wurde Bach bewilligt. Allerdings seien zwei Bedingungen, so verkündete Superintendent Olearius dem Wanderlustigen, an die behördliche Erlaubnis geknüpft. Einmal: Die Abwesenheit des Bonifacius-Organisten von Arnstadt dürfe nur einen Monat dauern. Nicht länger! Wenn die bewilligte Zeit auch nur um einen einzigen Tag überschritten werde, dann setze er sich schwerer Bestrafung aus. Zweitens: Es müsse von ihm ein orgelkundiger Vertreter bestellt und aus eigener Tasche bezahlt werden. Bach sagte Beides zu. Natürlich kehre er auf den Tag genau heim. Selbstverständlich beschaffe er zum Spielen in der Neuen Kirche einen ausreichenden Vertreter. Und zwar binnen einer halben Stunde! Tatsächlich willigte Johann Ernst Bach, der Sohn Johann Christoph Bachs, des Zwillingsbruders seines Vaters Johann Ambrosius Bach, also Johann Sebastian Bachs leiblicher Vetter, ohne Bedenken ein, den Abwesenden während des einmonatigen Urlaubes als Organist zu vertreten. Er war lediglich zwei Jahre jünger als Sebastian, reichte aber mit seinem Können an Diesen bei Weitem nicht hinan. So bedeutete es für ihn eine Ehre, anstelle des Vielgepriesenen während der Gottesdienste die Orgel in der Arnstadter Bonifacius-Kirche spielen und an den Alltagen durch Üben auf ihr seine Kunst vervollkommnen zu dürfen. Von Bezahlen redete keiner der Beiden.

Am 1. Oktober des Jahres 1705 trat der zwanzigeinhalbjährige Organist der Neuen Kirche seine Pilgerfahrt von Arnstadt nach Lübeck an. Johann Sebastian hatte, weil diese Wanderung ihm schon seit Längerem als notwendig vor Augen lag, dafür einiges Geld gespart. Aber der verfügbare Betrag reichte höchstenfalls zum Beschaffen von Essen und Trinken. Jedoch zur Bezahlung der Post oder gar eines anderen Fahrzeuges war kein Heller übrig. Jawohl, es blieb ihm, wollte das ersehnte Ziel erreicht werden, nichts Anderes übrig, als die sechzig Meilen zu Fuß zurückzulegen. Und Johann Sebastian Bach brachte, abgesehen von geringen Strecken, während derer ihn ein Bauer um «Vergelts Gott!» oder ein Kaufmann für «Schönen Dank!» mitnahm, brachte die vierhundertundfünfzig Kilometer von Arnstadt bis Lübeck auf Schusters Rappen hinter sich.

Der Abschied von Jungfer Wedemann war kurz und fröhlich, das Scheiden von Maria Barbara schwer und schmerzlich. Außer Hinweisen auf die erlittenen Arnstadter Nöte, auf die erhofften Lübecker Befreiungen fiel kein Wort von Bedeutung. Je weiter Johann Sebastian nach Norden kam, desto stärker verblaßten die beruflichen Thüringer Bedrängnisse. Dadurch lokkerten sich auch die persönlichen Bindungen. Wie lautete das letzte Wort? Bin — dun — gen — — Er war nicht gebunden. An Nichts. An Niemand. Der Anstellungvertrag? Ließ sich aufkündigen. Und — —? Er war auch an Maria Barbara nicht gebunden. Hatte Entscheidendes nicht versprochen. Hatte Gültiges nicht gelobt. Er war frei. Von Unerträglichem. Er war frei. Für Zukünftiges. Er war frei. Zu einem neuen, weitergreifenden, schaffensmächtigeren Leben.

So rückte während der Wanderung nach Norden die Frage eines dauernden Verbleibens an der Trave mehr und mehr in das Blickfeld Johann Sebastian Bachs. Er zweifelte nicht, daß trotz aller Unvollkommenheit sein Spiel Buxtehude genügen werde. Wofür? Nun wohl, für die Übernahme des Organistenamtes an der Lübecker Marien-Kirche! Auch von dem Wert seiner musikalischen Schöpfungen hoffte er Buxtehude zu überzeugen. Nicht so sehr durch die Werke, welche für das Cembalo, für die Orgel und vereinzelt auch für den Gesang schon dawaren. Wohl aber durch die Fähigkeiten, welche in ihm schlummerten und nur geweckt zu werden brauchten. Von Wem? Von Vater Buxtehude.

Das Wort «Vater» wirkte wie ein Blitz, welcher die jagenden Wolken zerteilt, so daß Himmel und Erde des Nachts für Augenblicke genauer zu erkennen sind, als es die gleichbleibende Sonne mit ihrem Glast übertag zuwege bringt. In dem grellen Schein des Wortes «Vater» sah Johann Sebastian, was er zu Arnstadt nicht klar gesehen hatte, vielleicht nicht deutlich sehen wollte: Die Übernahme der Organistenstelle Sanct Mariens zu Lübeck war an eine außermusikalische Forderung geknüpft. Buxtehude hatte festgelegt: Sein Nachfolger könne nur werden, wer sein Eidam wolle sein. Weil er selbst, als die Übersiedlung von Helsingör nach Lübeck hinter ihm lag, das Organistenamt Sanct Mariens endgültig erst erhalten hatte, nachdem er die Tochter seines Vorgängers Franz Tunder heiratete, so erschien die Bedingung «Eidam» ihm weder ungewöhnlich noch schwierig. Der Lübecker Senat hatte ihr denn auch als rechtsgültig zugestimmt. Angeblich, um des guten Herkommens willen. In Wahrheit, weil er dadurch der Versorgung des altersmüden Organisten überhoben war. Denn sie lag auf Grund der getroffenen Abmachung dem orgelnden Schwiegersohn des bisherigen Amtsinhabers ob. Die Tochter Buxtehudes heiraten? Warum nicht? Aber Maria Barbara! Er hatte seiner Base die Heirat nicht versprochen. Er war frei. Jawohl: Frei! Vernehm es, wer sich gedrungen fühlt zu widersprechen: Frei!

Nun gingen allerdings über die Tochter Buxtehudes, welche

zur Erlangung des väterlichen Amtes geheiratet werden mußte, in Organistenkreisen seltsame Gerüchte um. Anna Margareta hieß sie. Sollte bereits eine hohe Dreißigerin sein. Und das Gegenteil der Schönheit. Doch wer bürgte dafür, daß es sich bei diesen Angaben nicht um leeres Gerede handelte? Eines freilich gab zu denken: Ihre sechs Schwestern hatten allesamt geheiratet. Auch die drei Jüngeren. So sollte die Organistenstelle mit Anna Margareta, Anna Margareta mit der Organistenstelle vergeben werden. Die einzige noch ledige Tochter Buxtehudes – die Achtunddreißigjährige oder Neununddreißigjährige – wurde für die Nachfolgerschaft ihres Vaters konserviert. Allerdings: Das gab zu denken. Aber die verheißungvollste Organistenstelle in ganz Deutschland war eines Opfers wert. Sofern dieses Opfer sich als nötig erwies! Denn wo stand geschrieben, daß die Ehe mit Anna Margareta unglücklich werden mußte? Nirgend. Vielleicht würde die übriggebliebene Tochter Buxtehudes gerade weil sie fast zwanzig Jahre älter war als er, sich dreifach, zehnfach mühen, dem jüngsten Sohne Johann Ambrosius Bachs die Wünsche von den Augen abzulesen?

Es stak aber in dem Innern Johann Sebastians ein Widerhaken, der sich ohne Schmerzen keinesfalls herausziehen ließ, jedoch herausgezogen werden mußte, wenn die Wunde nicht eitern sollte. Mattheson und Händel, so hieß es, wären vor zwei Jahren von Hamburg nach Lübeck gereist, um zu klären, ob einer von ihnen die Organistenstelle an Sanct Marien übernehmen könnte. Aber Beide hätten auf die Nachfolgerschaft Buxtehudes verzichtet! Man munkelte: der abschreckenden Tochter wegen. Jedoch selbst wenn dies zutreffen sollte, wer bürgte dafür, daß er, Johann Sebastian Bach, ebenso über Anna Margareta urteilte wie die beiden lebenslustigen Hamburger? Vielleicht hatte er tieferdringende Augen? Vielleicht erkannte er die wahren Werte Margaretas? Es war sinnlos, Fragen zu stellen, welche aus der Ferne nicht beantwortet werden konnten. Weiterwandern! Auch wenn die Füße schmerzten, weiterwandern! Auch wenn das Herz keine Ruhe gab, weiterwandern!

Auch wenn vor den inneren Augen das Künftige dunkel war, weiterwandern! Bis Lübeck, gleichviel in welchem körperlichen Zustand – gleichviel in welcher seelischen Verfassung, bis Lübeck erreicht war, weiterwandern! weiterwandern!! Am Ziel seiner Pilgerfahrt, bei Buxtehude, würde er auf Grund des persönlichen, von keinem Gerede verdorbenen Urteils tun, was sein Gewissen ihm gebot: zupacken und als Sanct Marien-Organist in Lübeck verbleiben oder ablehnen und nach Arnstadt zurückkehren; zu seiner Orgelbank in Sanct Bonifacii, zu seinen Singschülern im Gymnasium, zu seinem Cembalo in der Güldenen Krone, zu den Stuben der Jungfer Wedemann und zu seiner Base Maria Barbara. Deren sanfte, wohllautende Stimme hörte Bach sobald die wunden Füße ausruhten, die müden Augen sich schlossen, aber der Schlaf trotzdem nicht kommen wollte, Abend für Abend. So nah, so deutlich, daß im Entschlummern des Öfteren der Glaube zu ihm kam: Er brauche nur um die Ecke zu gehen – ein wohlbekanntes Haus zu betreten – ein Notenblatt auf das Cembalo zu legen – – und, ohne daß es einer Bitte bedurfte, sänge eine Stimme, wie noch keine ihm jemals gesungen hatte. Doch jetzt galt es nicht, an Thüringen zu denken. Sondern an Lübeck. Nicht zu sagen: Maria Barbara! Sondern zu fragen: Margareta? Von der Antwort darauf hing alles Weitere ab.

Das Erlebnis «Buxtehude» übertraf Johann Sebastians kühnste Hoffnungen, überstieg seine ausschweifendsten Träume.

Bach musizierte.

Er diente tagtäglich, des Sonntags wie des Alltags, in Sanct Marien der Musik. Er spielte die Geige. Er spielte die Bratsche. Er unterwies den einübenden Präfecten. Er unterstützte den dirigierenden Director musices. Er trat an dessen Stelle. Er spielte auf der Orgel; vor und nach Buxtehude, von und für Buxtehude. Schließlich – bedrängt durch den meisterlichen Lehrer, der schnell zu seinem väterlichen Freund wurde – auch von sich selbst; Altes und Neues, Kaumentstandenes und Zukünftiges. Wie unvollkommen und beengt, wie unfrei und erzwungen, wie unselbständig und gedrechselt das Meiste von dem war, was er in Arnstadt, in Weimar und nun gar in Lüneburg an Noten niedergeschrieben hatte, es wurde Johann Sebastian durch Buxtehude zu seinem Schrecken und seiner Beglückung bewußt. Ja, auch zu seiner Beglückung! Denn nichts trieb ihn so schnell auf dem betretenen Wege voran wie klare Erkenntnis der vorhandenen Mängel und offenes Zugeständnis der begangenen Fehler. Buxtehude kam aus dem Staunen über die Fähigkeiten seines begabtesten Schülers nicht heraus. Hatte Dieser ihn durch kunstvolles Spiel zur Bewunderung hingerissen, dann überraschte der Zwanzigjährige ihn gleichdarauf durch eine musikalische Schöpfung, die in Ehren neben den Werken des Meisters bestehen konnte. Daß Diesem seine Kompositionen vielfältig zu Dank verpflichtet waren, sprach nicht gegen die Zukunft des Jünglings. Denn sie erwiesen sich nirgends als sklavisch.

Bach musizierte.

Der Monat Oktober ging im Fluge hin. Die vereinbarten vier Urlaubswochen waren im Nu verstrichen. Johann Sebastian mußte, sofern er sich nicht schwerer Bestrafung aussetzen wollte, mußte heimkehren. Jetzt, da kaum mit dem begonnen war, was ihn nach Lübeck getrieben hatte? Jetzt da Aufgaben in Angriff genommen wurden, die ohne seine Mitwirkung nicht befriedigend gelöst werden konnten? Jetzt heimkehren? Vater Buxtehude in Stich lassen?

Bach blieb.

Es galt zunächst die Trauerfeier für den im Mai des Jahres verstorbenen deutschen Kaiser Leopold den Ernsten und die Jubelfeier für den neuen Kaiser Josef den Ersten gründlich vorzubereiten. Das war ohne ihn nicht zu schaffen. Weder die Instrumentalisten noch der Chor, weder der Präfect noch der Director musices würden allein ausreichend, geschweige denn gut damit zustande kommen. Auch Buxtehude brauchte Hilfe. Das Alter setzte ihm doch schon hart zu. Johann Sebastian war wegweisend, unterstützend, spielend, leitend allüberall: bei den Sängern und den Instrumentalisten, bei dem Chordriller und dem Chorführer, bei Buxtehude. Am 2. Dezember des Jahres 1705 fand in Sanct Marien, wo alles Blinkende mit schwarzem

Flor verhängt war, die extraordinaire Abendmusik zur Trauer um den Tod Kaiser Leopolds, zum glorwürdigen Gedenken an den Verstorbenen, statt. Bereits am 3. Dezember folgte ihr in dem festlich erleuchteten Gotteshause die Jubelfeier zur Thronbesteigung Kaiser Josefs, der auf diese Weise musikalisch den Lübecker Untertanen vorgestellt wurde. Bei jener Feier erklang Buxtehudes Castrum doloris, das Castell des Schmerzes, bei dieser sein Templum honoris, der Tempel der Ehre. Beide außergewöhnlichen Abendmusiken gelangen — dank Johann Sebastians geistiger und tätiger, musikalischer und handwerksmäßiger Mitwirkung — auf das Beste. Allgemein wurden diese extra ordinairen Kirchenkonzerte als Höhepunkte der Leistungen Buxtehudes bezeichnet. Nur Wenige wußten um das Maß der Beteiligung Johann Sebastians an dem Erfolg. Zumal Dieser sich bescheiden im Hintergrund hielt und, wenn doch einer von den Mitwirkenden beginnen wollte, ihn zu loben, den Ruhm auf den Meister ihrer Aller weiterleitete. In der ersten Dezemberwoche hätte der Arnstädter Organist abreisen können. Hätte er abreisen müssen! Die verfügbare Urlaubszeit war bereits um mehr als einen Monat überschritten. Bis er daheim anlangte, würden anderthalb Monate vergangen sein. Trotzdem: Jetzt sich davonmachen? Bevor der wesentlichste Zweck seiner Reise — die Kenntnis der ordinairen, der gewöhnlichen Abendmusiken, welche er nach Thüringen verpflanzen wollte — erreicht war? Wofür hielt man ihn? Für einen Flatterhans? Die begonnene Sache halb machen? Vorzeitig davonlaufen?

Bach blieb.

Während des Dezembermonates erlebte Johann Sebastian die alljährlichen Abendmusiken der Adventssonntage durch tätiges Mitwirken in sehr viel höherem Maße, als es durch hinnehmendes Hören möglich gewesen wäre. Er hatte an den wochenlangen Vorbereitungen unmittelbaren Anteil und lernte auf diese Weise das Gespielte bis zur letzten Note kennen. Er half bei den Aufführungen als Einer von Vielen und war zugleich der Erste unter Allen. Am Ende des Dezembermonates stand der Heimkehr Johann Sebastians nichts mehr im Wege?

Doch! Der zweite Zweck seiner Reise, die Ausbildung und Unterweisung in der höchsten Orgelkunst, wurde durch die vielen Proben zu den Abendmusiken vernachlässigt. Sollte der Sinn seiner Nordwanderung sich ganz erfüllen, ihr Segen sich voll auswirken, dann mußte die Abreise verschoben werden. Er hatte schwere Bestrafung zu erwarten? Keineswegs. Sein Vetter vertrat ihn während aller Kirchenfeiern hinreichend. Es kam nicht darauf an, ob Johann Sebastian Bach oder Johann Ernst Bach die Orgel schlug. Entscheidend war, daß zu Arnstadt jeweils in der Neuen Kirche gespielt, gut gespielt, ohne zusätzliche Kosten gespielt wurde. Dessen konnte er sicher sein. Warum also seinen Aufenthalt in Lübeck vor der Zeit beenden? Warum ihn unsinniger Weise abbrechen?

Bach blieb.

Tatsächlich widmete nach Abwicklung der drei großen dezemberlichen Abendmusiken Buxtehude sich Johann Sebastian, der aus einem Schüler längst zum Kameraden, aus einem Mitarbeiter zum Mitstreiter um die Erhaltung und Förderung der deutschen Orgelkunst geworden war, so hingebungvoll, so ausschließlich wie noch Niemand vor ihm. Kein Zweifel für den Lehrer: Der Jugendliche würde eines Tages über alle bisherigen deutschen Orgelmeister hinauswachsen, auch über ihn; und zwar sowohl mit seinem Spiel wie mit seinem Schaffen. Insbesondere war Buxtehude durch fördernde Bewunderung und bewundernde Förderung um die Improvisationen Johann Sebastians bemüht, bei denen die erstaunlichen Fähigkeiten des Spielenden und die beglückenden Bewährungen des Schaffenden Eines wurden. Es machte nichts aus, ob Sebastian das Thema, welches durchzugestalten war, selbst gewählt oder bei Beginn der Orgelstunde von seinem Meister erhalten hatte. Der regte den Jünger immer wieder an, das Gespielte schriftlich festzuhalten. Johann Sebastian zuckte die Achseln. Was konnte man von dem Eigentlichen — dem Unwägbaren, dem Unmeßbaren — durch Noten aufbewahren? Buxtehude gestand zu: Gewiß, Noten seien Notbehelfe. Das Wesentliche stehe — wie bei den gedruckten Buchstaben zwischen den Zeilen — bei den aufgeschriebenen Noten zwischen den fünf Linien. Aber es sei keine andere Möglichkeit für die Aufbewahrung und Weitergabe der Musik vorhanden! Man müsse hoffen, daß berufene Musikanten mithörten und mitspielten, was zwischen den Notenköpfen stände, und es dadurch den schöpferischen Stunden möglichst annäherten. Johann Sebastian schüttelte den Kopf. Freilich, was der Meister sagte, es stimme. Jedoch der Sinn seines nun schon mehr als dreimonatigen, aber noch immer unausgeschöpften Lübecker Aufenthaltes bestehe keineswegs darin, daß er eine möglichst große musikalische Beute nachhause mitbringe. Wesentlicher für seine künstlerische Entwicklung seien die ungreifbaren Erkenntnisse, die geistigen Weisungen, welche gleich Samenkörnern erst vergehen müßten, ehe sie keimen, wachsen und Frucht tragen könnten. Daher gelte es nicht, möglichst viele Notenblätter zu beschreiben, sondern die Seele tief umzuackern und ausreichend zu besäen. Der Lehrer fügte sich dem Schüler. Der Meister war dem Lernenden zu Willen. Also trat zu den bisherigen Förderungen der Entwicklung Sebastians eine dritte hinzu. Johann Christoph hatte dem Bruder in Ohrdruf die Kenntnis der süddeutschen Orgelkunst übermittelt. Georg Böhm entwickelte in Lüneburg das Spielen seines Schülers zu höchster Vollkommenheit. Dietrich Buxtehude weihte den jugendlichen Meister in den Geist des Orgelschaffens ein, das — obwohl es vom Nördlichen her den Ausgang nahm — nicht darin befangen blieb, sondern Nord und Süd, Inhalt und Form so sehr vereinte, wie er selbst es zwar ständig erstrebte, aber nicht oft genug, nicht bezwingend genug geleistet hatte.

Bach musizierte.

Er spielte Tag für Tag in Sanct Marien. Er geigte und bratschte allabendlich in der Wohnung Buxtehudes. Er wurde es nicht müde, die Werke der Meister allein und gemeinsam mit dem Lehrer zum vorbestimmten Leben zu erwecken. Er bedrängte Diesen um die gerngewährte Hergabe seiner Kammermusikwerke. Er ließ sich erbitten, frischgeschriebene eigene Blätter auf die Notenpulte zu legen. Bedurfte man des begleitenden Cembalos, so mußte die Buxtehudin zuhilfe kommen.

Anna Margareta war eine gute Spielerin. An die musikalische Begabung Maria Barbaras freilich reichte sie nicht hinan. Wie Alles, was die Tochter Buxtehudes tat, war auch ihr Cembalospiel zu ordentlich und zu nüchtern, zu kalt und zu zweckbeflissen. Aber manchmal schien es, als schmölze durch das eifervolle Spiel der beiden Ur-Musiker die Eiskruste, welche über dem Gefühl der Buxtehudin lag.

Bach musizierte.

Der Monat Januar des Jahres 1706 näherte sich dem Ende. Aus den behördlich bewilligten vier Urlaubswochen waren vier Urlaubsmonate geworden. Dadurch würde sich bei der Heimkehr schwere Bestrafung ergeben? Wahrscheinlich. Selbstverständlich. Aber weil der Urlaub bereits überschritten und Strafe nicht mehr abzuwenden war, machte es nichts aus, wenn zu den drei Monaten noch drei Wochen hinzukamen.

Bach blieb.

Er mußte bleiben. Warum? Weil die Entscheidung darüber, ob ihm die Organistenstelle an der Lübecker Marien-Kirche zugesprochen werden konnte, noch nicht gefallen war. Weswegen fiel sie nicht? Kein Zweifel: Buxtehude wußte Niemanden als berufeneren, seiner würdigeren Nachfolger denn Johann Sebastian. Es war gewiß, daß der Senat den Vorschlag, Bach mit seiner Nachfolgerschaft zu betreuen, in kürzester Frist gutheißen würde. Es stand fest, daß Buxtehude die Worte: «Bach! Niemand sonst als Johann Sebastian Bach!» lieber heute als morgen sagen würde. Es konnte nicht bestritten werden, daß für den Arnstadter Organisten keine bedeutsamere, reichere Erfüllung bietende Organistenstelle vorhanden war als die Lübecker. Warum fiel die Entscheidung nicht? Um des einzigen, schriftlich niedergelegten Satzes willen: Buxtehudes Nachfolger könne nur werden, wer sein Eidam wolle sein.

Zwei Organisten hatten schon, dieser Bedingung wegen, das Amt an Sanct Marien verschmäht: der Hamburger Mattheson und der Hallenser Händel. Zubläser berichteten Bach in Lübeck das Nähere. Beide waren, um sich über die Nachfolgerschaft Buxtehudes schlüssig zu machen, durch den Rathspräsidenten

Magnus von Wedderkopp eingeladen. Sie fuhren mit der Kutsche los. Um sich die Zeit zu verkürzen, arbeiteten Händel und Mattheson während der langweiligen Fahrt Doppelfugen über Themen aus, die Einer dem Anderen singend zuwarf. Sie wurden an dem Stadtrand, als seien sie Großmächtige Gesandte, von Vertretern der Bürgerschaft feierlich abgeholt. Eine Einladung jagte hinter der anderen her. Festlichkeiten mit Essen und Trinken, mit Musik und Tanz folgten sich auf dem Fuße. Der Nachfolger des ehrwürdigen Buxtehude war gefunden! Einer von den zwei Bewerbern würde es sein. Wer, stand noch nicht fest. Es war auch gleichgültig. Denn Beide überboten sich in vorbildlichem Benehmen und einwandfreiem Musizieren. Als unwidersprechbar konnte gelten: Der Nachfolger Buxtehudes befindet sich in Lübecks Mauern! Mattheson und Händel ließen es sich Tag für Tag wohlsein. Warum nicht an Lebensgenüssen nehmen, was man ihnen freiwillig bot? Mattheson und Händel spielten, da es sich nicht vermeiden ließ, die Orgel in Sanct Marien. Dieser, der Jüngere, weit besser als Jener. Mattheson und Händel besuchten, um sich das Amtsopfer Margareta anzusehen, Buxtehude. Dann mußte die Entscheidung fallen. Präsident von Wedderkopp begann bereits zu zweifeln, ob die Gastereien ihren Zweck erfüllten. Es war zwischen den Lübeckfahrern vereinbart worden: Den Vorrang bei der Sache solle der zweiundzwanzigjährige Mattheson haben. Erst wenn er ablehnte, dürfe der achtzehnjährige Händel sich über die Annahme schlüssig machen. Nach Besichtigung der Orgelbraut wollte Mattheson bereitwillig Händel den Vortritt zu der Entscheidung lassen. Doch Dieser bestand auf der getroffenen Vereinbarung. Mattheson lehnte ab. Bei ihm — dem Tenor an der Gänsemarktoper in Hamburg — nicht zu verwundern. Im Hinblick auf die außerordentlichen Leistungen, die man allgemein von dem Nachfolger Buxtehudes erwartete, vielleicht gar wünschenswert. Aber auch Händel lehnte ab. Obgleich er doch ein ungewöhnliches Können sowohl als Orgelspieler wie als Orgelwerkschöpfer besaß! Warum also die Ablehnung? Um des Einen Satzes willen, der da lautete: Buxtehudes Nachfolger könne nur werden, wer sein Eidam wolle sein. Durch dieses kaudinische Joch gedachte keiner von den beiden Bewerbern mit gebeugtem Rücken zu gehen. Mattheson und Händel waren infolgedessen unter herzlichen Dankesworten und fröhlichem Händewinken von Lübeck nach Hamburg zurückgefahren. Margareta Buxtehude als Zugabe für die Erwerbung der Organistenstelle zur Gattin hinzunehmen, hatten sie nicht die geringste Lust bezeugt.

Wie aber stand es um den in guter Stellung befindlichen Arnstadter Organisten mit der Anerkennung des Satzes: Buxtehudes Nachfolger könne nur werden, wer sein Eidam wolle sein? Ja, wie stand es, fragte Bach sich selbst, in dieser Hinsicht mit ihm?

Anna Margareta war sechzehn Jahre älter als er. Das bedeutete für die Ablehnung ihrer Hand keinen ausschlaggebenden Grund. Viele Ehen wurden trotz größerer Altersunterschiede von Mann und Frau glücklich. Maria Barbara aber war mit ihm fast gleichaltrig — — — Anna Margareta besaß keine fraulichen Reize. Sie wirkte mit der dürren Gestalt und dem eulennasigen Gesicht abstoßend. Maria Barbara aber war von edler Gestalt und schönem Antlitz — — — Anna Margareta konnte nur als eine mittelmäßige Musikantin gelten. Sie spielte sorgfältig, was geschrieben stand. Jedoch von dem, was zwischen den Noten zu finden war, vernahm man durch ihr Spiel nicht den Widerhall eines Widerhalls. Maria Barbara aber hörte und sang auch das Nicht-Aufschreibbare — — — Gerecht sein! Also: Anna Margareta war ungemein tüchtig. Sie würde eine vorbildliche Hausfrau sein und ihn so pünktlich versorgen, daß er es sich nicht besser wünschen konnte. Maria Barbara aber — — —? Nein, das ließ sich im Voraus nicht feststellen. Auch war der Altersunterschied zu groß. Kaum zwanzigjährig und mehr als sechsunddreißigjährig. Die Gewichte waren ungleich verteilt. Wie also entscheiden? Es gab nichts zu entscheiden. Er hatte sich Maria Barbara versprochen. Fest versprochen! Zwar nicht durch Worte. Noch viel weniger durch Taten. Wohl aber durch die Musik! Also entsprach nur Eines seinem innersten Wesen und Wollen: Heimkehr gen Arnstadt! Dann — nach dem überaus bedeutsamen gewinnbringenden Umwege der Lübecker Wallfahrt — dann weiterwandern in der ursprünglichen Richtung seines Lebens.

Buxtehude sprach mit Bach über seine Nachfolgerschaft und die daran geknüpfte Bedingung nach der vorbehaltlosen Eröffnung an dem ersten Abend des Beisammenseins nicht mehr. Je länger Johann Sebastian seine Abreise hinauszögerte, desto gewisser wurde ihm, daß Dieser dauernd in Lübeck bliebe. Mit dem dritten Bewerber um das Organistenamt an Sanct Marien war sein Nachfolger, der einzig würdige, Alle überragende Verwalter der Lübecker Kirchenmusik gefunden. Welch anderen Sinn konnte dessen überlanges Bleiben haben? Es war eindeutig: Bach schickte sich in die Heirat mit seiner Tochter, wie er selber sich in die Heirat mit der Tochter seines Vorgängers Franz Tunder geschickt hatte.

Anna Margareta aber wurde, je länger Johann Sebastian blieb, desto sicherer in ihrer Hoffnung. Kein Blick des jungen Organisten entzündete sich an ihren Feuerblicken. Kein Händedruck sagte, was der Mund zu gestehen sich weigerte. Die notwendige Klarheit blieb aus. Dann aber schlug die Verzagtheit Anna Margaretas in Sicherheit um. Johann Sebastian, so glaubte sie schließlich, Sebastian war zu jung, zu unerfahren, zu ungeschickt, als daß er auf die übliche Weise seinen Willen zur Heirat, seine Zuneigung, seine Liebe bekennen konnte. Unzweifelbar: Sebastian blieb für immer.

Er mußte bleiben! Um vier Monate hatte er den zeitlich genau bemessenen Urlaub überschritten! Unausdenkbar, welche Strafe seiner wartete, wenn er jetzt noch in Arnstadt erschiene. Es gab keinen Rückweg mehr. Der Nachfolger ihres Vaters stand fest. Und damit auch ihr Ehemann! Sie würde in Kürze schon aus der einzig noch vorhandenen Buxtehudin eine der vielen Bachinnen werden, welche den musikmachenden Bachen eine ordentliche Häuslichkeit bereiteten — —

An dem Abend des Tages, da Anna Margareta sich zu dieser Gewißheit durchgerungen hatte, sagte Johann Sebastian: «Morgen in aller Herrgottsfrühe kehre ich heim.»

Die Tochter verließ mit heftigem Türschlag das Zimmer. Der Vater beugte sich stumm vor dem schwer errungenen Entschluß Dessen, der längst zu seinem geistigen Sohn geworden war.

Anna Margareta kehrte mit starren Augen zurück. Diese konnten, obwohl sie draußen blank gewaschen waren, nicht verbergen, daß sie geweint hatten. Aber die Buxtehudin hatte erkannt: Sie besaß kein Recht auf die gehegte Hoffnung. Mithin galt es, das begangene Unrecht wiedergutzumachen. So war Anna Margareta zurückgekehrt. Und an diesem Abend williger als je zuvor.

Noch einmal spielten die Drei — Buxtehude, Bach und die Buxtehudin — wie des Öfteren. Und doch wie noch nie zuvor! Bach hatte sich Musik von Buxtehude erbeten. Doch Der bestand darauf: Zum Abschied Musik von Bach. Nichts Anderes. Weder vorher noch nachher. Johann Sebastian fügte sich. Infolgedessen erklang zum ersten Mal eine von seinen Gambensonaten. Sie war Buxtehudeschen Ursprungs. Aber Bachischen Geistes! Sie hatte noch nicht ihre endgültige Gestalt. Erwies jedoch durch Form und Gehalt den kommenden Meister! Buxtehude mit der Gambe, Bach mit der Violine gaben Schönstes. Sowohl im Einzelspiel wie im Zusammenklang. Anna Margareta übertraf sich selbst durch Dienstwilligkeit und Einfügsamkeit. Stumm trennte man sich.

Anna Margareta ging ihren Schicksalsweg zu Ende. Der vierte Bewerber um die Nachfolgerschaft Buxtehudes willigte in die Bedingung: daß er dessen Eidam wolle sein. Johann Christian Schieferdecker hieß er, stammte aus Hamburg, wirkte dort als mittelmäßiger Cembalist, war zehn Jahre jünger als die Buxtehudin und hatte bereits eine Frau kinderlos ins Grab gelegt. Warum, weil damit die Anwartschaft auf eine einträgliche Organistenstelle erworben wurde, warum nicht als zweite Frau die Orgelbraut Anna Margareta gutheißen? Wenn Mattheson und Händel und Bach zu töricht waren, ihren Vorteil zu sichern, mußte Schieferdecker deswegen ebenso dumm sein? Nicht doch! Nachdem der Hamburger Musicus bey sämbtlichen Herrn Vorstehern sowohl mündlich wie schriftlich Ansuchung gethan, übertrug man ihm durch Beschluß einer Vorstandssitzung das Amt des Werkmeisters und Organisten an der Lübecker Marien-Kirche. So wurde aus der Buxtehudin keine Bachin, sondern eine Schieferdeckin.

Sobald er von Buxtehude und Anna Margareta Abschied genommen hatte, betrat Johann Sebastian Bach seinen vorgezeichneten Weg. Er wanderte vierhundertfünfzig Kilometer heimwärts gen Süden: nach Arnstadt, zur Auswirkung seines durch die Nordfahrt hundertfältig geklärten, tausendfältig vertieften Daseins im Dienste der Musik.

VI

Wenige Tage nach der Rückkehr aus Lübeck stand Johann Sebastian Bach an jener Stelle, wo er manches Mal der Musik durch sein Spiel gedient hatte — auf dem Schlosse Neideck — als Angeklagter der vorgesetzten Behörde gegenüber. Damit sich während der schwierigen Verhandlungen keine Mißverständnisse ergäben, hinterher keine Mißdeutungen einschlichen, wurden über alles Vorfallende sogleich genaue Aufzeichnungen gemacht. Deren Überschrift lautete:

Protokoll
des Gräflichen Consistoriums in Arnstadt,
Johann Sebastian Bachen, Organisten in der Neuen Kirche betreffend, wegen Langwierigen Verreißens und Unterlaßener Figural music.

Das Schriftstück begann:

Actum den 21. Februar 1706.

Wird der Organist in der Neuen Kirche Bach vernommen, wo er unlängst so lange gewesen, und bey wem er dessen Verlaub genommen?

Bach antwortete gebührlich: Er sei zu Lübeck gewesen, um daselbst ein und anderes in seiner Kunst zu begreifen, wolle sagen: sie zu vervollkommnen. Jedoch habe er zuvor von dem Herrn Superintendenten Urlaub erbeten.

Der angesprochene Dominus Superintendens, der Vorsitzer des Geistigen Richtercollegiums, Johann Gottlieb Olearius, wies mit würdevollem Nachdruck darauf hin: Der junge Organist habe nur auf 4 Wochen umb solche Verlaubnüß gebethen, sey aber viermahl solange außen geblieben.

Bach wich der peinlichen Anschuldigung durch den herrischen Hinweis aus: Das Orgelschlagen wäre unterdes von dem Organisten, welchen er hierzu bestellt hätte, von seinem Vetter Johann Ernst Bach, versehen worden. Und zwar so gut, daß deswegen keine Klage geführt werden könne; weder gegen seinen Vertreter, noch gegen ihn selbst.

Jetzt begannen sich die Stimmen der aufgebrachten Richter

vor Empörung zu überschlagen. Einer nahm dem Anderen das Wort vom Munde fort. Wir halten Ihm vor, hieß es, daß er bißher in dem Choral viele wunderliche variationes gemachet — — auch viele frembde Töne mit eingemischet — so daß die Gemeinde darüber confundiret — — jawohl: verwirret und aus dem Singgeleise geworfen worden. Er habe Inskünfftige, wenn er denn einen tonum peregrinum, einen frembden Thon, mit einbringen wolle, selbigen auch auszuhalten — — und nicht zu geschwinde auf etwas Anderes zu verfallen — — oder, wie er es bisher im Brauch gehabt, gar einen tonum contrarium zu spielen, einen gegensätzlichen — — sonstiger Harmonie zugehörigen — — also disharmonischen — — und somit mißthönigen Thon.

Bach erklärte mit mühsam unterdrücktem Lächeln: Was er von der neuen Choralweise, welche ihm zu Lübeck bekannt und lieb geworden wäre, bisher in Arnstadt anzubringen gewagt hätte, sei gegenüber dem, was sein könne, was sein müsse und also auch zu Arnstadt eines Tages sein werde, äußerst bescheiden. Allerdings: Sein müsse! habe er gesagt. Denn auf andere Weise, als daß man die Choräle figuriere, mit mutmachenden Vorspielen versehe, durch anreizende Zwischenspiele unterbreche, mittels steigender Nachspiele kröne, anders könne man die träge Gemeinde nicht aus dem Trott ihres Grabgesanges herausbringen. Und wie der Organist sich vor dem Einschlafen retten solle, wenn er dutzendweis den Choral unverändert ableiere? Nur dadurch gelinge es, daß er die drohende Langeweile mit wechselnden harmonischen Füllungen bekämpfe, die einzelnen Verse zur beiderseitigen Belebung nach Herzenslust variiere, daß er figuriere und improvisiere. Dietrich Buxtehude hätte in Lübeck — —

Der Superintendent schnitt dem Angeklagten das Wort ab: Man wolle von Lübeck nichts mehr wissen! Es gehe bei der anberaumten Verhandlung um das gedeihliche Orgelspiel in der Neuen Kirche zu Arnstadt.

Bach reckte sich hoch. Er war bereit, den Fehdehandschuh, welchen man ihm zugeworfen hatte, vom Boden aufzuheben, den Kampf anzutreten und seinen teils verknöcherten — teils unkundigen Vorgesetzten zu beweisen, wie künftighin das kirchliche Orgelspiel beschaffen sein müsse: vom pulsenden Leben erfüllt, dem überschäumenden Geiste verpflichtet, dem weltlichen Glanze hingegeben.

Aber die consistorialen Perückenköpfe vermieden eine grundsätzliche Klärung des kirchlichen Orgelspieles. Sie bogen dorthin ab, wo die Geistlichkeit uneingeschränkt zu befehlen, der Cantor unbedingt zu gehorchen hatte: auf das Gebiet der Schule. Wiederum ließ man dem Superintendenten nicht allein das Wort, sondern mischte ergänzend, verstärkend Hinweise, Forderungen, ja Drohungen ein. Nächstdem sei es gar befremdlich, wurde behauptet, daß in der letzten Zeit von ihrem Bonifacius-Organisten mit den Schühlern des Gymnasii garnichts mehr musiciret worden wäre — — die Ursache dafür liege bei Ihm — — weil er sich mit den Schülern nicht comportieren — jawohl: nicht vertragen — und in gedeihliches Einvernehmen setzen wolle.

Bach trumpfte dawider: Er habe die Musizier-Arbeit bei dem Schulchor nicht durch Vertrag sondern freiwillig übernommen. Also könne er davon auch freiwillig lassen. Wann und soweit es ihm beliebe.

Olearius brauste auf: Vertrag hin — Vertrag her! Es gebe altgewohnte Bräuche, die nicht mißachtet werden dürften. In Kirche und Schule müßten um jeden Preis ersprießliche Music-Zustände geschaffen werden. Wie bislang gehe es nicht mehr weiter!

Man sprang, mutig geworden durch diese Zurechtweisung des ungebührlichen jungen Organisten, dem Vorsitzer der hochnotpeinlichen Verhandlung bei: Allerdings, wie bislang gehe es nicht weiter! — — Dahero er sich auf der Stelle zu erclähren hätte: Ob er sowohl Figural alß Choral mit den Schühlern spielen wolle — — Wenn er es nicht thuen wolle, dann möge ers categorice sagen — — Allerdings categorisch — — ohne Umschweife — — Daß man endlich erfahre, wessen man sich von ihm zu versehen habe — — und danach behördlicherseits handeln könne — — Falls er nämlich bei seinem Widerstand verharre, dann würden andere Anstalten gemachet — — und Jemand, der freiwillig thäte, was anfangs auch von Ihm gethan wäre, jetzt aber hartnäckig verweigert werde, für sein Organistenamt an der Neuen Kirche bestellet!

Bach wich erneut der Forderung einer bündigen Willenserklärung aus und versicherte: Würde man ihm einen rechtschaffenen Director musices ständig halten, so wolle er — wie anfangs — öffentlich musizieren und spielen mit den Schülern.

Mehrere Stimmen schrieen zugleich: Man könne ihm keinen Capellmeister halten! Wegen der zu hohen Kosten!

Bach erwiderte mit ebenfalls erhöhter, jedoch nicht schreierischer Stimme: Was in Lübeck bereits viele Jahre lang möglich gewesen sei, ohne daß Stadt und Kirche verarmt wären, selbiges müsse auch — —

Olearius schnitt dem Trotzigen abermal das Wort mit der Weisung ab: Nichts mehr von Lübeck! Und sowohl zu seiner Rechten wie zu seiner Linken echote es: Nichts mehr von Lübeck — — Überhaupt nichts mehr! — — Kein Wort! — — Keine Silbe! — — Wir befinden uns in Arnstadt! — — Alldort ist der ordnunggemäßen Untersuchung wegen pflichtwidriger Urlaubsüberschreitung genug getan — — Schluß mit dem Verhör! — — Jawohl: Schluß! Schluß!

Bach wurde hinausgeschickt, damit man unbehindert das Urteil über ihn wegen der doppelten Anklage — Langwieriges Verreisen und Unterlassene Figuralmusik — erörtern, Rechtmäßiges beschließen und dies nach gewonnenem einmütigem Beschluß dem Culpanten, dem Schuldigen, auf Grund der vorherigen schriftlichen Festlegung verkünden könne.

Sehr bald wurde der Fortgeschickte wieder nach drinnen gerufen. Die Mitglieder des Gräflich-Schwarzenburg-Arnstadtischen Consistoriums erhoben sich feierlich hinter dem schwarzbehangenen Richtertisch. Nur langsam fanden die flatternden Perücken ihre Ruhe wieder.

Der noch nicht einundzwanzigjährige Angeklagte Johann Sebastian Bach, trat ihnen mit betonter Gelassenheit gegenüber.

Superintendent Johann Gottlieb Olearius erklärte: Man werde jetzt den rechtmäßig gefaßten Beschluß ablesen lassen und daraufhin zwei Fragen an den Vorgeladenen richten.

Bach schwieg.

Der Canzlist las mit knarrender Stimme, was zu unterst auf dem von seiner Hand schnörkelig beschriebenen Aktenbogen stand:

Resolvitur:

Soll binnen 8 Tagen sich erclähren.

Olearius fragte den verstummten jugendlichen Organisten milde: Ob Dieser den gefaßten Beschluß verstanden hätte? Dahingehend nämlich, daß er binnen 8 Tagen bündigen Bescheid zu geben habe wegen der doppelten behördlichen Anweisung: Einmal, in der Kirche künftighin, um die Gemeinde bei ihrem Gesang nicht zu verwirren, mäßiger als bisher die Orgel zu rühren; zum Andern, mit den Gymnasiasten nach gutem altem Brauch regelmäßig vocaliter Music zu üben und instrumentaliter das Erübte zu gebothenen Zeiten öffentlich aufzuführen. Ob er Beides voll verstanden hätte?

Bach nickte.

Olearius stellte die gefährlichere zweite Frage: Ob der Verhörte das gefällte Urteil, sich binnen einer Woche erclähren zu müssen, als rechtens anerkenne?

Bach verneigte sich übertief. Das konnte sowohl Ja bedeuten als auch ein Abschiedszeichen sein. Jedenfalls verließ der Angeklagte, kaum daß er sich wieder emporgerichtet hatte, mit aufeinandergebissenen Zähnen und zusammengekniffenen Lippen hochgereckt das Gerichtszimmer auf dem Schlosse Neideck und begab sich schnurstracks zu der Jungfer Wedemann. Doch traf er Maria Barbara dort nicht an. So blieb sie vor dem Sturm seines Zornes über die ihm angetane Schmach bewahrt. Auf seiner Stube in der Güldenen Krone mußte das Cembalo die Wut Johann Sebastian Bachs über sich ergehen lassen.

Der Richtertisch geriet, als der Angeklagte das Zimmer ungeziemlich verlassen hatte, durch die heftigen Bewegungen der Richter so sehr ins Wanken, daß er umzufallen drohte und auch umgefallen wäre, wenn man ihn — weil er zum Draufschlagen mit den Fäusten gebraucht wurde — nicht festgehalten hätte. Die empörten Geistlichen zeigten große Lust, den Davongelaufenen durch den Büttel zurückholen zu lassen. Nötigenfalls mit Gewalt!

Jedoch Superintendent Olearius, der bei aller beruflichen Beengtheit ein gerechtseinwollender Mann blieb, beschwichtigte die erregten Gemüter. Als es gelungen war, entschied er: Man werde die gewährte Frist von acht Tagen dem Verhörten unbeschädigt zubilligen. Wenn die Woche abgelaufen wäre, könne man gemeinsam feststellen, was Weiteres in der Schulchorsache zu tun sei.

Die Perückenköpfe beruhigten sich. Einer nach dem Anderen stimmte mit sanftem Neigen dem Vorgesetzten zu. Denn Der hatte wiederum einen salomonischen Schlußspruch getan.

Ebendaselbst, also auf dem Gräflichen Schlosse Neideck oberhalb Arnstadts, erschien anschließend zum Verhör in gleicher Sache der neunzehnjährige schlaksige Schüler Johann Andreas Rambach. Dem Primaner, der wegen Choralsingens seit einigen Monaten bei der Neuen Kirche angestellt war, wurde von dem Superintendenten Olearius in barschem Tone Vorhaltung gemacht wegen der desordres, wegen der Unordnungen, so zwischen den Schühlern und dem Organisten passiret wären.

Ille — also Jener, nämlich der Angeklagte Rambach — versuchte, die Schuld auf den nicht mehr anwesenden Organisten abzuwälzen. Bach, versicherte er, habe bißhero etwas gar zu lang gespiehlet. Nachdem ihm aber vom Herrn Superintendent derwegen Vorwürfe geschehen seien, wäre er gleich auf das andere extremum, auf den völligen Gegensatz, gefallen und hätte es gar zu kurtz gemachet.

Nos — also Wir, die untersuchenden Richter — wagten nicht, die fragwürdige Bachangelegenheit in Gegenwart des Schühlers noch einmal aufzunehmen, blieben daher bei der Sache Rambach und erclährten Diesem mit heftigen Worten: Verweisen Ihm, daß er letztverwichenen Sonntags während der Predigt in den Weinkeller gegangen!

Ille gab reumütig zu: Es sey ihm leid und solle gewiß nicht mehr geschehen.

Nos hatten jetzt — was bei Bach nicht gelungen war — die Oberhand bekommen, fragten also ohne Bedenken den Schüler: Wie es denn um den conflictum mit dem Organisten der Neuen Kirche eigentlich stehe?

Ille reckte den Kopf aus der Zerknirschung hoch und beteuerte mit krähender Stimme: Der Organist Bach hätte sich über ihn wegen des Dirigierens durchaus nicht zu beschweren! Indem nicht Er, den man nur zum Singen verpflichtet hätte, sondern der junge Schmidt als Schulpräfect es verrichten müsse.

Nos erkannten, daß auf solche groben Klotzsätze grobe Keilworte gehörten, berücksichtigten die vorgenommene Ausflucht nicht, sondern brachten die unangenehme Dirigentensache mit einem heftigen, an den Schüler gerichteten Bescheid zum behördlich befriedigenden Ende: Er müßte sich künfftig gantz anders und besser alß er bißher gethan, aufführen! Sonst würde das Guthe, so man durch die Anstellung wegen Choralsingens ihm zugedacht habe, wieder eingezogen werden! Hätte er gegen den Organisten etwas zu erinnern, so solle ers gehörigen Orths anbringen. Und sich nicht selbst Recht geben!

Ille versprach mit betrübter Miene, was von ihm verlangt wurde.

Nos gaben uns damit nicht zufrieden, befahlen vielmehr dem Cantzley-Diener, dem Rectori zu sagen, daß er Rambachen 4 Tage nacheinander 2 Stunden ins Carcer gehen lassen solle.

Ille — Rambach — verneigte sich zum Zeichen seines Einverständnisses gebührend und verließ mit Armsünderschritten den Untersuchungsraum auf Schloß Neideck.

Nos — Wir — die von Amtes wegen erleuchteten Geistlichen Richter — Nos wiegten befriedigt unsere Perücken, daß wenigstens dieser zweite Teil der Verhandlung zu einem guten Ende gebracht worden war.

Es vergingen die festgesetzten acht Tage — Bach gab die behördlicherseits verlangte Doppelerklärung, ob er geziemender als bisher Orgel spielen und mit dem Schulchor wieder regelmäßig musizieren wolle, nicht ab. Es vergingen acht Wochen — Bach erklärte sich nicht.

Olearius mahnte die aufsässigen Mitglieder des Superintendenten-Collegiums zur Ruhe: Junges Blut — — Noch zu hitzig — — Werde, wie übermütige Füllen die tüchtigsten Pferde ergäben, binnen einiger Zeit gut im Amtsgespann gehen — — und seine großen Gaben bestens zum Dienste Gottes verwenden. Wenn man ihm nicht mit Gewalt das scheuernde Gehorsamsgeschirr auflege! Dann freilich sei zu befürchten, daß er es zerreiße oder gar das Arnstadter Organistenamt zerschlage und davonstürme. Also: Ruhe — Geduld — — Ruhe — — —

Es vergingen acht Monate — Bach, als ob es ein Verhör auf Schloß Neideck mit eindeutigem Entscheid niemals gegeben hätte, Bach erklärte sich nicht.

Nach der Wartezeit von nahezu einem dreiviertel Jahr, blieb dem Vorsitzer des Superintendenten-Collegiums, Johann Gottlieb Olearius, nichts Anderes übrig, als dem Drängen seiner Amtsbrüder nachzugeben und den halsstarrigen Sünder zum zweiten Male vorzuladen.

Bach erschien zur bestimmten Stunde, am 11. November 1706, erneut auf dem Schlosse Neideck: trotziger denn je; wie wenn nicht über ihn zu Gericht gesessen werden solle, sondern ihm zustehe, seine Ankläger vor Gericht zu fordern.

Der Superintendent, empört über die herausfordernde Haltung des Angeklagten, stellte seinen Organisten weit schärfer, als es beabsichtigt gewesen war, zur Rede: Er habe sich nunmehr bündig zu erclähren, ob er — wie ihm anbefohlen wäre — mit den Schühlern musiziren wolle oder nicht. Denn weil Bach es als keine Schande erachte, bey der Kirche seinen Dienst auszuüben und die hohe Besoldung dafür anzunehmen, so dürfe er alsdann sich auch nicht schämen, mit den Schühlern Music zu machen. Die Gymnasiasten müßten singemäßig exerciret werden. Damit sie im großen Kirchenchor für die music besser zu gebrauchen wären, als es bis dato der Fall sey. Und zwar infolge seiner monatelangen Versäumniß! Wie es also um die ihm durch rechtmäßigen Beschluß des anwesenden collegii abgeforderte

Erclährung stehe? Für welche er, anstatt der bewilligten acht Tage, bereits mehr als acht Monate gebraucht hätte! Und zwar ohne sie zu erbringen!

Bach, durch die Erregung des Superintendenten noch empörter als bei Beginn der Verhandlung, antwortete mit dem schneidenden Satz: Er wolle sich schriftlich erklären.

Olearius: Warum schriftlich?

Bach: Weil eine mündliche Erklärung unter den obwaltenden Umständen sicherlich nach einer von beiden Seiten der Mißdeutung verfalle.

Olearius verlor die Fassung. Er schrie den einundzwanzigjährigen, ihm dienstlich unterstellten Organisten an: Aus welcher Machtvollkommenheit er ohnlängst eine frembde Jungfer auf das Chor entbothen und dort habe musiciren lassen?

Bach sehr ruhig: Er hätte dem Pfarrer Justus Christian Uthe vorher davon gesagt.

Olearius, noch lauter als bislang: Im Vertrag stehe unmißdeutbar, daß zu solchem außergewöhnlichen Geschehen die Erlaubnis von dem Superintendenten eingeholt werden müsse. Also von Ihm!

Bach noch ruhiger, noch leiser: Es habe von dort oben her in diesem Raum schon einmal geheißen: Vertrag hin – Vertrag her! Außerdem handle es sich bei der angeblich fremden Jungfer um seine leibhafte Base Maria Barbara Bach.

Olearius brüllend: Auch eine Base bleibe eine Frau! Und Frauen hätten in der Kirche keine Soli zu singen! Sondern bekanntlich, außer bei dem Gemeindegesang, ihren Mund zu halten. Mulier taceat in ecclesia! Die Frau schweige in der Kirche! Schweige!! Schweige!!!

Bach, kaum noch hörbar, aber gerade deswegen überdeutlich: Und besagte Jungfer werde in absehbarer Zeit ihm verwandtschaftlich noch näher stehen, als die Base es bereits tue.

Olearius gemäßigter, jedoch durchaus nicht ohne Erregung: Das sei für die Behörde in der anstehenden Sache ohne Belang! Denn es trage zur Beantwortung der grundsätzlichen Amtsfrage nicht das Geringste bei.

Da die Untersuchung in persönliches Gezänk auszugleiten drohte, rief einer von den Geistlichen Beisitzern gebieterisch: Die Erclährung über geziemendes Orgelspiel! Die Erclährung! Und rund um den Richtertisch fiel man ein: Jawohl, die Erclährung! — Die Erclährung über den Schulmusikunterricht! — Und die Erclährung über geziemendes Orgelspiel! — Die Erclährung!

Durch dieses Getobe auf dem erhöhten Richterplatz fand Johann Sebastian Bach völlig seine Ruhe wieder. Mit einesteils unwahrscheinlicher, andernteils unheimlicher Gelassenheit sagte er: Die verlangte Doppel-Erklärung werde, wie bereits in Aussicht gestellt, schriftlich erfolgen. Zu jener Zeit, die Er dafür angebracht halte. In einer Form, die Er als notwendig erachte.

Sprachs. Verließ das Gerichtszimmer auf Schloß Neideck. Mit kaum sichtlicher Andeutung der gebotenen dienstlichen Verbeugung.

Die Richter sprangen, höchlichst erregt über das herausfordernde Verhalten ihres jugendlichen Organisten, dermaßen heftig hoch, daß der Tisch hinter dem sie saßen, nun tatsächlich umfiel. So war man in den nächsten Minuten damit beschäftigt, ihn wieder hinzustellen und — da er mehreren Geistlichen auf die Füße fiel — mit den körperlichen Schmerzen fertig zu werden. Was Einige durch gesichterziehendes Verkneifen, Andere durch Streicheln der getroffenen Zehen zuwege brachten.

Als die gestörte Ordnung endlich wiedergefunden wurde und man erneut vollzählig hinter dem Richtertische saß, war der Angeklagte talwärts verschwunden. Es blieb also nur noch übrig, die eigenmächtig von dem beorderten Organisten der Kirche Sanct Bonifacii verlassene Sitzung für beendet zu halten und als ihr Ergebnis befriedigt zu verbuchen: Der Organist Bach werde die vonseiten der Kirche geforderte Erclährung über sein weiteres Dienst-Verhalten zu geeigneter Zeit in schrifftlicher Form einreichen.

Der November ging hin — Bach gab die zugesagte Erklärung nicht. Das Jahr 1706 nahm ein Ende — Bach schwieg. Der Januar schwand, der Februar lief bis zum einundzwanzigsten, zu dem

Tag, an welchem vor zwölf Monaten das erste Verhör auf Schloß Neideck stattgefunden hatte, Tag für Tag ab — Bach musizierte unermüdlich in der Kirche, auf seiner Stube, bei der Jungfer Wedemann. Um die musikalische Pflege des Gymnasiastenchores kümmerte er sich nicht. Man konnte ihn um Jenes, das rechtlich nicht ausbedungen war, geziemend bitten. Er war keineswegs abgeneigt, dann dem Wunsche seiner Vorgesetzten zu entsprechen, also mit dem Schulmusizieren von Neuem anzufangen und es durchzuhalten. Zwingen ließ er sich durch Nichts. Vergewaltigen konnte ihn Niemand. Im April, im Mai anno 1707, des zweiten Jahres seit Beginn der Untersuchung, war es das Gleiche — Bach schwieg.

Auch die Vorgesetzten des widerspenstigen Organisten schwiegen. Denn es war dem Superintendenten nach langen unbeirrbaren Bemühungen gelungen, innerhalb des Geistlichen-Collegiums durchzusetzen: Man wolle die zugesagte Erklärung nicht datumsmäßig von dem Angeschuldigten fordern. Alldieweil es dadurch ohne Frage zu einem offenen Bruch mit dem Organisten der Neuen Kirche kommen werde. Um sich Bach zu erhalten, sei es geboten, das Weitere abzuwarten. Und zwar aus dem durchschlagenden Grunde, daß es einen Organisten von solchem Vermögen des Spielens, solchem Können des Schaffens wie Johann Sebastian Bach es besitze, zum zweiten Mal in Thüringen nicht gebe, also für Arnstadt auch nicht zu erlangen sei. Selbst dann nicht, wenn der Nachfolger an Sanct Bonifacii, gleich dem gegenwärtigen Inhaber der Stelle, Bach heiße. Abwarten! Keinen Bruch herbeiführen! Schon gehe das Gerücht um, daß aus anderen Städten, wo man von den Arnstadter Unstimmigkeiten gehört hätte, Bach verlockende Angebote gemacht worden wären. Er sei aber geblieben. Könne es einen deutlicheren Beweis dafür geben, daß der Hitzkopf trotz seiner ausfallenden Worte innerlich einer Verständigung nachtrachte? Also nicht die Sache übers Knie brechen! Bach werde die schriftliche Erklärung seines Einverständnisses liefern. Oder persönlich kommen. Um zu sagen, daß er nach reiflicher Überlegung bereit sei, die an ihn gestellten Forderungen, insbesondere die

Wiederaufnahme des Chorunterrichtes in der Schule, bedingungslos zu erfüllen. Wofür man ihm nach angemessener Zeit, zur Belohnung seiner Botmäßigkeit, den ungebührlich verlangten Director musices freiwillig zubilligen könne, dessen Tätigkeit wahrscheinlich unentbehrlich sei, dessen Besoldung gewißlich die Kirche nicht verarmen lasse. Ruhig bleiben! Geduld üben! Bach werde kommen.

Und Bach kam.

Nicht mit der zugesagten schriftlichen Erklärung. Sondern persönlich. Aus welchem Grunde er selbst erschien, zeigten eindeutig Inhalt und Verlauf des neuen Zusammentreffens.

Am 29. Juni 1707, einundeindrittel Jahr nach der ersten Untersuchung, sieben Monate nach dem abgebrochenen zweiten Verhör, stand Johann Sebastian Bach, Organist der Neuen Kirche, seiner vorgesetzten Behörde gegenüber. Zum dritten Mal. Nicht auf Schloß Neideck. Sondern auf dem Arnstadter Rathhaus. Jetzt hatte Er Zeit und Ort bestimmt. Auch Gegenstand und Ablauf der Unterredung fügten sich Seinem Willen. Denn Bach berichtete, laut Acte vom genannten Tage, den überrascht aufhorchenden Geistlichen mit äußerster Sachlichkeit:

Er, bißheriger Organist zur Neuen Kirche in Arnstadt, sey nach Mühlhausen zum Organisten an der Kirche Divi Blasii beruffen worden. Habe auch solche Vocation bereits angenommen. Bedancke sich demnach gegen den Rath gehorsambst vor die bißherige Bestallung. Bitte umb Dimission. Überliefere hiermit die Schlüssel zur Orgel wieder Dem, von welchem er sie empfangen habe: dem WohlWeisen Rathe zu Arnstadt. Die fünf Gulden aus den Biergeldern, welche man ihm von seinem Gehalt noch schuldig sey, sollten nicht an ihn selbst ausgezahlet werden. Sondern an seinen Vetter Johann Ernst Bach. Als Erkenntnis dafür, daß Dieser ihn während seiner Fahrt nach Lübeck bei allen Gottesdiensten auf der Orgel würdig vertreten hätte. Womit denn ja wohl die voriges Jahr auf Schloß Neideck geführten Verhandlungen sich zu beyderseitiger Zufriedenheit erledigt hätten.

Man nahm mit oftgeübter amtlicher Würde diese schwerwiegenden Mitteilungen hin, erwiderte jedoch, daß die mündliche Bitte um Entlassung nicht ausreiche. Selbige müsse schriftlich erfolgen. Die rathsseitige Entscheidung, ob man die erbetene Dimission annehme oder nicht, werde ebenfalls schriftlich erteilt. Jedoch bedürfe sie in jedem Falle, mithin des Ja gleicherweise wie des Nein, der Bestätigung des Hohen Grafen Günther von Schwarzenburg-Arnstadt, des Hochlöblichen Patroni der Kirche Sanct Bonifacii. So daß nicht vorausgesagt werden könne, bis wann die letztgültige Entscheidung über die schriftlich einzureichende Bitte um Dimission fallen werde.

Dieses Mal reichte Johann Sebastian das gewünschte Schriftstück unverzüglich ein. Wenige Wochen später wurde dem ungeduldig Wartenden ein Schreiben überreicht, in welchem der Arnstadter Rath mitteilte: Nach Anhörung der Geistlichen Behörde und nach erfolgter Gräflicher Approbation werde seinem Ansuchen um Entlassung aus dem Organisten-Ambte an Sanct Bonifacii, der Neuen Kirche, hiermit behördlicherseits stattgegeben. Bey Ablauf des halben Septembermonates könne Bach sich als außerhalb seines Ambtes betrachten. Ein Teil seines Gehaltes für das Quartal Crucis, also vom 20. Juni bis zum 14. September – nämlich fünf Gulden – werde auf seine ausdrückliche Weisung an Johann Ernst Bach gegen eigenhändige Quittung ausgezahlet. Man wünsche ihm reichen Segen für sein irdisches Fortkommen und gutes Gedeihen für seine im Dienste des allmächtigen Gottes stehende Kunst: die Musik.

Johann Sebastians Nachfolger wurde sein Vetter Johann Ernst. Dieser spielte schlecht und recht, was man ihm auftrug. Aber damit waren die Hohen Consistoriumsherren ebensowenig zufrieden. Sie wiesen ihn an: nicht immer auff Einer Leyer zu bleiben!

Bach hatte trotz bedrohlicher Gefahren und atemraubender Widerstände, einen neuen Gipfel seines Lebens erklommen.

Wie aber stand es um Maria Barbara? Johann Sebastian wollte sie nicht allein in Arnstadt zurücklassen. Nach Mühlhausen jedoch durfte die Base dem wohlbestallten Organisten von Divi Blasii lediglich als Gattin folgen. Nun war es für Beide mit zweiundzwanzig Jahren durchaus an der Zeit zu heiraten.

Zumal Bach sehr sich danach sehnte, das Junggesellenzimmer in einem Gasthaus endlich mit einer eigenen Wohnung zu vertauschen. Jedoch um eine Hochzeit auszurüsten und käuflich zu beschaffen, was zu einer selbständigen Behausung nötig war, fehlte den elternlosen Brautleuten das Geld. Zwar hatte Sebastian für den Beginn der weiteren Lebensreise, ebenso wie seinerzeit für die Wallfahrt nach Lübeck, Einiges erspart. Aber das vorhandene Sümmchen reichte jetzt noch viel weniger als vor zwei Jahren.

Da die beiden Verlobten nicht mehr aus noch ein wußten und ernstlich überlegten, ob Maria Barbara in Arnstadt zurückbleiben und den Tag erwarten solle, bis die Ersparnisse von dem beträchtlichen Mühlhausener Organistengehalt für die Verehelichung genügten, zu dieser bedrängnisvollen Zeit starb kinderlos in Erfurt Tobias Lämmerhirt, ein Bruder von Sebastians rechtmässiger Mutter, der geborenen Lämmerhirtin. Er hinterließ bei seinem am 18. September 1707 erfolgten Tode das ungewöhnliche hohe Vermögen von 5707 Thalern. Über selbige Summe verfügte der Kürschnermeister in seinem Testament, welches der geschworene Kayserliche Notarius Stadtschreiber Emanuel Hogel nach allen ausschweifenden Regeln der Kunst aufsetzte. Dieser fand, wie zur Gültigkeit der Bestimmungen ausdrücklich bemerkt wurde, in der Ober-Wohnstube des am Junkersand gelegenen Hauses «Zu den drey Rosen» Tobias Lämmerhirt, wiewohl schwachen Leibes, jedoch annoch beygesunder Vernunfft und ungetrübtem Verstand, mit deutlich wahrnehmbarer Sprache in dem Bette liegend; gewillt, durch gar bedachtsamen Willen die Letzten Bestimmungen über seine Besitztümer zu treffen. Unter den höchstgenauen Entscheidungen, welche der Todgezeichnete mit seinem lieben Eheweibe Frau Martha Catharina Lämmerhirtin traf, stand an der zweiten Stelle die Bestimmung, daß — daferne er vor seinem Weibe sterben sollte — auszuzahlen wären

an seine Bruder-Tochter Anna Christiana Lämmerhirtin fünfzig Gulden
an seine Schwester-Kinder, deren vier seien, nämlich
1. Johann Christoph Bach, Organist zu Ohrdruf
2. Maria Salome Bach, verehelichte Wiegand zu Erfurt
3. Johann Jacob Bach, Hautboist zu Stockholm
4. als Letzter, da die übrigen Kinder verstorben seyen, Johann Sebastian Bach zu Arnstadt
ebenfalls je fünfzig Gulden.

Fünfzig Gulden, mehr als die Hälfte seines jährlichen Organistengehaltes waren Johann Sebastian in den Schoß gefallen! Der unverzüglichen Hochzeit mit Maria Barbara stand nichts mehr im Wege. Gemeinsam konnte das menschlich erfüllte, beruflich unbehinderte Leben in Mühlhausen begonnen werden.

Vorher jedoch galt es, nach Erfurt zu reisen und an der Bestattung des Retters aus der Not, des verstorbenen Kürschners Tobias Lämmerhirt, teilzunehmen. Darüber hinweg war es notwendig, für das großherzige Legat sich gebührend zu bedanken. Wie bei der Versöhnung mit seinem älteren Bruder das Capriccio zu Ehren Johann Christoph Bachii, bei der Trennung von seinem jüngeren Kindheitgefährten Johann Jacob Bachii das Capriccio über die Abreise des geliebten Bruders, so komponierte Johann Sebastian Bach zum Gedenken für seinen verstorbenen Oheim den Actus tragicus, die Kantate «Gottes Zeit».

Dieses Werk erhob sich nun, an dem Schlusse der Arnstadter Tage, über die erste Kantate seines Lebens bei dem Beginn der Arnstadter Tätigkeit berghoch hinaus und erwies, welch weiten Weg Johann Sebastian Bach durch seine Organistentätigkeit an der Neuen Kirche, durch die Pilgerfahrt nach Lübeck, durch die Kämpfe um seine künstlerische Freiheit zurückgelegt hatte.

Flöten, Gamben und Continuo hoben in einer fünfstimmigen Sonatina molto adagio, äußerst getragen, mit dem großen Klagegesang über die Vergänglichkeit alles Irdischen an. Nach einem zusammenfassenden Akkord und den Anruf des Soprans fiel der Chor tröstend ein:

Gottes Zeit ist die allerbeste Zeit.

Die Fuge setzte in schnellem Zeitmaß forte ein:

In ihm leben, weben und sind wir.

Immer höher schwebten, ineinander verwebend, die Töne der Singenden und der Spielenden empor. Bis in den hellen Äther der Gewißheit:

So lang — — —ge, so lange er will.

Über mehr als drei Takte dehnte sich das erste «Lange» aus, während das zweite es unerbittlich zu Vierteln zusammenschweißte. Ein Triller, der kein Ende nehmen wollte, wie für die Jugend das Leben ohne Ende scheint, schloß sich an. Plötzlich schlug das Allegro wieder in ein Adagio, die Daseinssicherheit in Todesgewißheit um. Doch damit war keineswegs bittere Verzweiflung gekommen. Bestehen blieb die gläubige Gewißheit:

In ihm sterben wir zu rechter Zeit,
wann er will.

Was es nun zu sagen und zu singen, zu bedenken und zu begreifen galt, konnte nur die Einzelstimme verkünden. So erklang nach kurzem Aufspiel der Flöten und der Gamben — immerfort unterstützt, immer aufs Neue weitergeführt von dem Spiel der Instrumente — das dringliche Flehen des Tenors:

Ach Herr! Herr, lehre uns bedenken,
daß wir sterben müssen,
auf daß wir klug werden.

Der unerbittliche Baß lenkte den Blick von dem Himmel auf die Erde zurück und forderte gebieterisch:

Bestelle Dein Haus! Bestelle Dein Haus!
Denn Du wirst sterben
und nicht lebendig bleiben.
Bestelle Dein Haus!

Die Instrumente unterstrichen es ein Mal um das andere! ‚Jaja, bestelle Dein Haus!' Der Chor stimmte fugierend mit höchster Eindringlichkeit zu:

> Es ist der alte Bund:
> Mensch, Du mußt sterben.

Tenor, Alt, Baß konnten sich nicht genug tun, mit Tönen, die in tiefste Tiefen hinabstiegen, zu versichern: «Du mußt sterben.
Du mußt! Du mußt!» Aber war es wirklich nur ein bitteres Muß, nur ein trostloser Zwang? Leuchtete etwa nicht hinter Allem hochoben himmlische Helle? Der Sopran, welcher zu dem unausweichlichen «Du mußt!» beharrlich geschwiegen hatte, erkannte sie und jauchzte zu Gott empor:

> Ja, ja, ja komm, Herr Jesu,
> komm, Herr Jesu, komm!

Die drei anderen Stimmen blieben bei ihrem Hinweis auf den alten Bund, blieben bei ihrer Versicherung von dem Sterbenmüssen. Der Sopran kämpfte dagegen mit der an Innigkeit sich ständig steigernden Bitte um das Kommen Jesu. Bald schien die Eine Stimme den Sieg davonzutragen. Bald schienen die drei anderen Stimmen die Oberhand zu gewinnen. Doch die Stimme der Höhe siegte. Ihr allein gehörte schließlich das Reich. Der Sopran konnte sich in seeligem Vorempfinden der unaufhaltbar nahenden Vereinigung mit dem Ewigen nicht genug tun. Zwar pochte es nach dem letzten gewalttätig sich ausbreitenden «Mußt ster — — ben!» in den Tiefen noch ein Dutzend mal wortlos weiter: «Mußt — mußt! Mußt — mußt! F — f! F — f!» Aber die Macht des Glaubens der Seele an das Jenseitige war stärker als die Gewalt des Naturhaften im Diesseitigen. Triolen kamen als Bezeugung der Freude dem Sopran zur Hilfe. Auch sie reichten nicht aus. Pralltriller sprangen ihnen bei. Damit auf Erden das Glück wenigstens geahnt werde, welches die zu perlenden Tönen gewordenen Worte umschlossen:

> Ja komm, Herr Je — — — su, Herr Jesu!

Der Alt löste nach einem Zwischenspiel, welchem in dem letzten Takt das F des Basses genommen war, den Sopran ab. Über einem nach kurzen Atempausen unabwehrbar aus der Tiefe stürmisch aufsteigenden Thema, das – so oft es auch unterbrochen, ja abgebrochen wurde – sich ständig kraftvoll erneuerte, sang nun die Mittelstimme mit gläubigem Ergeben in Gottes Willen:

In Deine Hände
befehl ich meinen Geist.
Du hast mich erlöset, Herr,
Du getreuer Gott.

Dem innigen Gebet wurde Erhörung zuteil. Sein Flehen empfing aus dem Munde Jesu die Verheißung:

Heute, heute wirst Du mit mir
im Paradies sein.

So konnte die erhörte, die belohnte Seele – während die Tröstung unausgesetzt weiterklang – alles Widerstreitende zusammenraffen und den friedevollen Choral anstimmen:

Mit Fried und Freud ich fahr dahin
In Gottes Willen.
Getrost ist mir mein Herz und Sinn,
Sanft und stille – –

Die göttliche Stimme schwieg. Der Mensch bedurfte hinfort keinerlei Verheißung. Ihm war die Gewissheit des jenseitigen Fortlebens zuteil geworden. Der Mensch hatte Trost nicht mehr nötig. Er fand in sich die Erkenntnis von der Notwendigkeit und der Sinnvollheit des Todes. Der Mensch sang daher allein in seeligem Erschauern mit erschauernder Seeligkeit das Geistliche Lied zu Ende:

Wie Gott mir verheissen hat,
Der Tod ist mein Schlaf worden.

Allerdings, wie der tägliche Schlaf nicht der Bruder des Todes war sondern der Bruder des Lebens, in dessen Hut, durch dessen Segnung die Leiden und Freuden des menschlichen Daseins ausreiften, so ist gleichermaßen der Todesschlaf nicht der Bruder unserer Vernichtung sondern der Bruder unserer Auferstehung zu einem neuen, geläuterten Dasein. Demnach durfte der Actus tragicus in Jubel, konnte die Trauerkantate in Frieden enden. Zu Lob und Preis des Erschaffers und Erhalters jeglichen Lebens stimmte er an:

> Gloria, Lob, Ehr und Herrlichkeit
> Sei Dir, Gott Vater und Sohn bereit,
> Dem Heiligen Geist mit Namen!

Der Chor bat:

> Die göttlich Kraft
> Mach uns sieghaft
> Durch Jesum Christum.
> Amen.

Und dann umschlang — durchschlang, umglänzte — beglänzte das «Amen» den Namen, der da über allen Namen ist, den Namen Jesu Christi, des Erlösers der Welt: unermeßlich, unergründlich, unermüdlich. Bis ein starker Chorakkord verkündete: «Amen!» und ein trillergekrönter Widerhall der Instrumente die rauschende Kantate leise abschloß mit dem unumstößlichen Glaubenswort: «Amen» Das heißt: Es ist gewißlich wahr.

Der verwandtschaftlichen und menschlichen Pflicht war genug getan. Bach hatte seinen Oheim Tobias Lämmerhirt ehrenvoll zu Grabe geleitet. Bach hatte sich auf Seine Weise für das Legat des Erfurter Kürschnermeisters bedankt. So wie nur ein Genie zu danken vermag. Das glaubt eine Schuld abzutragen. Aber es läßt rundum Schuldner zurück, welche niemals ihrer Dankespflicht ausreichend Genüge tun können.

Der Hochzeit Johann Sebastian Bachs mit seiner Base Maria Barbara, welche beglückt die ausbezahlten fünfzig Gulden in einem wohlverschnürten Beutel mitnahmen, stand nach Rückkehr aus Erfurt nichts im Wege. Nichts? Doch!! Denn es mußte noch ausgemacht werden, wo sie stattfinden sollte. Das schien völlig klar zu liegen: In Arnstadt. In Sanct Bonifacii. In der Neuen Kirche. Aber es schien nur so. Denn bei hellem Licht besehen, war dies das Unrichtige. Schon die Trauung in Arnstadt, wo er nach dem anfänglich Schönen und Verheißungvollen unermeßlich viel Schweres und Hoffnungloses erlebt hatte, widerstrebte dem Empfinden Johann Sebastians. Und nun gar in Seiner Kirche? Ausgeschlossen. An dem Ort, von welchem – neben höchsten Beglückungen – tiefste Demütigungen für ihn ausgegangen waren? Unmöglich. Zu den Füßen der von ihm erprobten, von ihm eingeweihten, von ihm gespielten Orgel? Unsinnig. Anhören, daß ein Anderer jenes Instrument, welches ihm selber völlig zu Willen war, stümperig, fehlerhaft spielte? Unter keinen Umständen. Also in einer der beiden übrigen Kirchen des Ortes? Nein. Fest stand: Nicht in Arnstadt. Nicht in der Neuen Kirche. Nicht in einer von den Alten Kirchen. Aber mit dem Nicht-Nicht-Nicht war die drängende Frage des Hochzeitortes keineswegs beantwortet. Also eine standhaltende Antwort suchen auf das Wo?-Wo?!

In seiner inneren Not wandte Johann Sebastian Bach sich an Lorenz Stauber, den Pfarrer des eine dreiviertel Stunde von Arnstadt entfernten Dorfes Dornheim. Er kannte Diesen durch seine frühere Tätigkeit an der Schule als einen ebenso stillen wie entgegenkommenden, der Musik aufrichtig ergebenen Mann. Demgemäß wurde die lebenswichtige Frage, welche der frühere Arnstadter, jetzige Mühlhausener Organist an ihn richtete – ob er Johann Sebastian mit der ihm anverlobten Base Maria Barbara in Seiner Kirche trauen wolle? – durch ein blankes Ja beantwortet.

Bach warf freudig das Haupt zurück. Überzeugt, daß nunmehr Alles geregelt sei, wollte er davoneilen.

Jedoch der Pfarrer schob ihm ein Hindernis vor die Füße. Stauber wies nämlich den Heiratwilligen darauf hin: Da die Hochzeit in dem Hause der Braut-Eltern oder – falls Diese bereits verstorben seien – in dem Hause der Braut-Anverwandten brauchmäßig stattfinde, so dürfe die ordnungmäßige Trauung nur durch den Pfarrer in der Kirche des Wohnortes der Verlobten vorgenommen werden. Schon damit die Bezahlung der Geistlichen Gebühren den vorgeschriebenen Verlauf nehme und das Geld nicht in unberechtigte Hände gelange, sei solches nötig. Wenn der junge Organist die Arnstadter Trauung umgehen wolle, dann verbleibe für die Erfüllung seines Wunsches keine andere Möglichkeit, als die zuständige, diesenfalls die Arnstadter Superintendentur um Dispens, um Befreiung, von der behördlicherseits festgelegten Regel zu bitten.

Bach begehrte auf: Zu Kreuze kriechen? Olearius um etwas anbetteln? Eher — — Dieser Satz wurde nicht beendet.

Lorenz Stauber wies lächelnd darauf hin: Sebastians plötzliches Schweigen beweise, daß die notwendige Bitte doch ausgesprochen und, wie er gewißlich hoffe, von der zuständigen Amtsstelle erfüllt werde.

Tatsächlich reichte Bach am nächsten Tage das unumgängliche Gesuch, die Trauung mit seiner Base Maria Barbara Bach, statt in Arnstadt, in der Dorfkirche zu Dornheim durch den ihm befreundeten Pfarrer Lorenz Stauber vornehmen lassen zu dürfen, mit geziemender Form schriftlich ein.

Der Geistliche hatte das Wesentliche richtig vorausgesagt. Die Kirchenbehörde — in kleinen Dingen ebenso großherzig wie in großen Dingen kleinlich — bewilligte, unter Zustimmung des Gräflichen Patronatsherrn, den erbetenen Dispens von der Trauung in Arnstadt.

So machten sich am 17. Oktober 1707 der zweiundzwanzigeinhalbjährige Organist Johann Sebastian Bach und die dreiundzwanzigjährige Maria Barbara Bach von Arnstadt nach Dornheim auf den Weg, daß dort ihre Trauung vorgenommen werde. Die Gesellschaft, welche Beide begleitete, war klein. Sie ging über die notwendigen Trauzeugen kaum hinaus. Darunter befand sich — als stellvertretende Brautmutter — die Jungfer Regina Wedemann. Deren Schicksal entschied sich an diesem Tage. Denn sie lernte in Lorenz Stauber den vorzeitigen Witwer kennen, der sie nach einem Jahr zur zweiten, sich als Mutter seiner vielen Kinder bestens bewährenden Frau auf die Pfarre holte.

Die Kirche in Dornheim, welche die winzige Hochzeitgesellschaft erwartete, war klein. Sie hockte unter dem riesigen Schindeldach auf der Erde wie eine Glucke, die ihre Brut beschützt. Der holzverkleidete Turm wirkte als Kopf. Dem fehlte mit der Uhr das Auge nicht. Die Wetterfahne konnte als der leuchtende Kamm gelten.

Die Musik zu der kirchlichen Feier stammte von Johann Sebastian. Nach dem Chorgesang, einer Arie und zwei Rezitativen schloß der erste, vor der Trauung gesungene Teil mit dem Choral:

Du süße Lieb, schenk uns Deine Gunst,
Laß uns empfinden der Liebe Brunst,
Daß wir von Herzen einander lieben
Und in Frieden auf einem Sinne bleiben.

Es folgte, nachdem die Hände der Brautleute sich voneinander gelöst hatten, und Diese getrennt vor den Altar getreten waren, die Zeremonie der Trauung. Pfarrer Lorenz Stauber las die dunkeldrohenden Worte aus dem ersten Buch Mosis vor, welche Gott nach dem Sündenfall zu dem Weibe sprach: «Ich will dir viel Schmerzen schaffen, wenn du schwanger wirst; du sollst mit Schmerzen Kinder gebären; und dein Wille soll deinem Mann unterworfen sein, und er soll dein Herr sein.» Beide Brautleute – um ihren Willen gefragt, ob sie unter dem Zeichen dieses Gotteswortes ihre Ehe eingehen wollten – Mann und Frau sagten, rundum eindeutig vernehmbar: «Ja.» Die Ringe wurden getauscht. Der Pfarrer legte die Hände der Neuverbundenen zusammen. Über sie hinweg sprach er in die Gemeinde hinein die fordernden Worte: «Was Gott zusammengefügt hat, das soll der Mensch nicht scheiden!» Darauf segnete er die Niedergeknieten feierlich als Eheleute.

Noch bevor Johann Sebastian Bach und Maria Barbara Bach, die nicht gleich unzählbaren Frauen in dieser Stunde ihren Namen zu wechseln brauchte, sich erhoben hatten, setzte der zweite Teil der Trauungkantate mit der Arie ein:

O du angenehmes Paar!
Dir wird eitel Heil begegnen,

Gott wird dich aus Zion segnen
Und dich leiten immerdar.

Nach dem Rezitativ, einer neuen Arie und einem abermaligen Rezitativ klang der Schlußteil der Kantate Johann Sebastian Bachs und damit seine Trauung in dem Dorfkirchlein zu Dornheim mit dem Choral friedlich aus:

So wandelt froh auf Gottes Wegen,
Und was ihr tut, das tut getreu!
Verdienet eures Gottes Segen,
Denn der ist alle Morgen neu;
Denn welcher seine Zuversicht
Auf Gott setzt, den verläßt er nicht.

Sobald der Segen über alle Anwesenden gesprochen war, konnte Lorenz Stauber in das Pfarr-Register des Dorfes Dornheim bei Arnstadt eintragen:

> Den 17. Oktober 1707 ist der Ehrenveste Herr Johann Sebastian Bach, ein lediger Gesell und Organist zu Sanct Blasii in Mühlhausen, des weyland wohlEhrenvesten Herrn Ambrosii Bachen, berühmten Stadtorganisten und Musici in Eisenach Seeligen, nachgelassener eheleiblicher Sohn, mit der Tugendsamen Jungfrau Marien Barbaren Bachin, des weyland WohlEhrenvesten und Kunstberühmten Herrn Johann Michael Bachens, Organisten im Amt Gehren Seeligen, nachgelassenen Jungfrau jüngsten Tochter, allhier in unserem Gotteshause, auf Gnädiger Herrschaft Vergünstigung, nachdem sie zu Arnstadt aufgebothen worden, copuliert.

Daß der Pfarrer Stauber Johann Ambrosius Bach und dessen Vetter Johann Christoph Bach in Eisenach verwechselt hatte und Jenen zu einem Stadtorganisten machte, was er nie gewesen war, Diesem seinen Ruhm wegnahm und ihn dem Stadt-Pfeiffer um den Hals hängte, der ihn nicht errungen hatte, es mochte hingehen. Jedenfalls widersprach Johann Sebastian Bach, der schon zu Beginn der Zwanziger Beides besaß – eine bedeutsame Organistenstelle und unangefochtenen Ruhm – dem begangenen Irrtum nicht.

In das Arnstadter Eheregister wurde von Kanzlistenhand mit weitausschwingenden Buchstaben fast das Gleiche eingetragen. Zum Beschluß aber hieß es: Die Accidentien sind ihnen geschenkt.

Daß man dem unfriedlich geschiedenen Organisten die Gebühren für die Trauung von Seiten der Arnstadter Kirche erließ, vielmehr sie ihm gnädiglich schenkte, war eine behördliche Gunst des Superintendenten-Collegiums. Man wollte den undankbaren Angestellten von Sanct Bonifacii dadurch beschämen, erzielte aber nur dessen spöttisches Lächeln.

Unmittelbar nach der Trauung verließ die kleine Hochzeitgesellschaft das Dörfchen Dornheim. Fröhlichen Sinnes begab man sich gen Arnstadt. Dort verblieben die Jungen Eheleute Eine Nacht: Sebastian nun nicht mehr in der Güldenen Krone auf seinem Junggesellenstübchen. Sondern in der Wohnung der Jungfer Regina Wedemann.

Am anderen Morgen fuhren Johann Sebastian Bach und Maria Barbara Bach hoffnungfroh hinaus in ihr gemeinsames Leben.

VII

Es war ein weiter Weg, den Johann Sebastian Bach von jener Stunde an, da er seine umstrittene Stellung in Arnstadt verlassen wollte, bis zu jener Stunde hin, da er sein verheißungvolles Organistenamt in Mühlhausen antreten konnte, hatte zurücklegen müssen. Es war ein sehr weiter Weg.

Am 2. Dezember 1706 starb der Mühlhausener Organist zu Divi Blasii, der Sanct Blasius-Kirche, Johann Georg Ahle, Sohn des Organisten an dem gleichen Gotteshause Johann Rudolph Ahles. Da die Lenker des Geschickes der Stadt seit eh und je nachdrücklichen Wert auf gute kirchliche Musik legten, infolgedessen Männer von dem Range Johannes Eccards und Georg Neumarks ihr eigen nannten: so wurden unverzüglich Verhandlungen mit einer Reihe von Bewerbern angebahnt, welche für die Übernahme der verwaisten Organistenstelle in Frage zu kommen schienen. Aber man hatte bei dem Bemühen, einen würdigen Nachfolger der beiden Ahles zu finden, eine unglückliche Hand. Einer nach dem Anderen von jenen Organisten, die sich eifervoll um die Übernahme des musikalischen Amtes an der Kirche Divi Blasii bewarben, erwies während des geforderten Probespieles fragwürdiges Können. Man wollte jedoch die wichtige Stelle nicht nur hinreichend besetzen, war vielmehr bemüht, einen ungewöhnlichen Könner zu gewinnen. Als nach vier Monaten vergeblichen Suchens den Mühlhausener Stadtvätern zu Ohren kam, daß zwischen der Arnstadter Geistlichkeit und dem Organisten der dortigen Bonifacius-Kirche, dem jungen Bach, ernsthafte Zwistigkeiten ausgebrochen wären und es demgemäß nicht ausgeschlossen sei, den berühmtesten Musiker dieses Namens für sich zu gewinnen: da wurde Johann Sebastian zu einem Probespiel auf der Orgel von Divi Blasii eingeladen. Der Zweiundzwanzigjährige sagte zu. Am 24. April 1707, dem Ostersonntage, saß der jugendliche Organist von der Neuen Kirche zu Arnstadt zum ersten Male vor dem Orgelwerk der Sanct Blasius-Kirche in Mühlhausen und übermittelte den staunenden Stadtherren die Botschaft, welche seiner Musik aufgetragen wurde. Denn Johann Sebastian Bach war durch die Wallfahrt nach Lübeck und die Kämpfe in Arnstadt so weit gereift, daß ihm Kunst nun nicht mehr von Können herkam. Können bedeutete für jede Kunst die zwar notwendige, aber nicht entscheidende Voraussetzung. Es war Mittel zum Zweck, zu einem höheren Zweck, als es das Zeigen von Fertigkeiten darstellte. Denn Kunst leitete sich von Künden her. Bach kündete also mittelst seiner ungewöhnliches Können bezeugenden Kunst, was zu offenbaren, durch die Musik zu offenbaren, ihm aufgetragen wurde.

Als das Probespiel nach zwei Stunden beendet war, stand für Alle, die ihm beigewohnt hatten — für Bürgermeister und Rathsherren, für Geistliche und Laien, für Orgelkundige und Orgelunkundige — fest: Bach. Nur Bach. Niemand als Bach.

Trotz dieser einmütigen Überzeugung verging ein voller Monat, ehe der entscheidende behördliche Beschluß über die Wiederbesetzung des Organistenamtes der Sanct Blasius-Kirche gefaßt wurde. Aber am 24. Mai 1707 tagte in der Sakristei des Gotteshauses Divi Blasii der conventus parochianorum, eine Versammlung von beamteten Rathsherren und erwählten Gemeindemitgliedern. Die Besprechung war kurz, der Beschluß klar. Beide ließen sich zusammenfassen in die Eine Silbe: Bach. Wer ausschweifend sein wollte, mochte sieben Silben bemühen: Johann Sebastian Bach. So wies denn auch die Akte, welche Beratung und Entscheidung festhielt, nicht die übliche Weitschweifigkeit auf. Sie verbriefte mit wenigen Sätzen: Der Dominus Senior Consul — der Älteste Herr Bürgermeister — Dr. Conrad Meckbach erinnere sicherlich wie alle Anwesenden, daß durch den Tod Johann Georg Ahles die Organistenstelle bei der Kirche Divi Blasii vor einem halben Jahre ledig geworden sei. Weil es dringende Nothdurft genannt werden müsse, selbige nunmehr neu zu besetzen, so werde dahero die Umfrage gestellet, wie Solches am Besten zu vollführen. Ob nicht vor sämtlichen Anderen auff den Mann Namens Pachen von Arnstadt, so neulich auff Ostern die Probe gespielet (also auf Johann Sebastian Bach) reflektion zu machen sey. Allseitige Zustimmung teils durch Kopfnicken, teils durch Mundöffnen: Jawohl, Pach. Woraufhin als Beschluß des conventus parochianorum schriftlich festgelegt wurde: Pach sei dahin zu bearbeiten, daß mit Ihm billig accordiret werden könne, und Selbiger zu dem Ende anhero nach Mühlhausen persönlich zu bescheiden.

Den Auftrag, diesen Beschluß durchzuführen, erhielt Bürgermeister Dr. Conrad Meckbach. Der wies den Stadt-Secretarius Bellstedt an, in dem gedachten Sinne nach Arnstadt zu schreiben. Bereits vier Tage später, am 28. Mai, erhielt Johann Sebastian Bach aus Mühlhausen einen Amtlichen Brief mit der Kunde, daß man nach allseitigen Erwägungen aus der großen Zahl der Bewerber um die verwaiste Organistenstelle zu Divi Blasii Ihn auserwählt hätte. Er möge, sobald es Zeit und Umstände erlaubten, herüberkommen, damit die notwendigen Abmachungen an dem zuständigen Orte getroffen werden könnten.

Aber nach weiteren drei Tagen riß eine Hiobspost das Hoffnunggebäude Bachs ein. Mit Windeseile flatterte über Arnstadt die Botschaft hin: Am 30. Mai wäre Mühlhausen durch Feuer zerstört! Auch die Kirche Divi Blasii, glücklicherweise nur diese Eine von allen dortigen Gotteshäusern, sei den Flammen zum Opfer gefallen! Johann Sebastian verzweifelte an Gott. Wie konnte der Allmächtige Solches zulassen? Johann Sebastian verwünschte die Menschen. Wie durften sie so herzlos sein, zu sagen, da «glücklicherweise» nur die Divi Blasii-Kirche niedergebrannt wäre? Johann Sebastian verhöhnte den Himmel. Begriff er denn nicht, was für ihn die Erhaltung von Divi Blasii, gerade dieser Einen Kirche, bedeutet hätte? Johann Sebastian verfluchte die Erde. Sie war ein Jammertal, wo sich ein Unglück an das andere Unglück reihte. Wie seinerzeit in Arnstadt! mußte er denken. Just die Kirche durch Feuer zerstört, an welcher sein Leben und Wirken sich vollenden sollte! Wenn auch die Mühlhausener nicht gleich den Arnstadtern hundert Jahre brauchten, bis von ihnen eine neue Kirche mit der dazugehörigen Orgel erbaut würde, so waren doch hundert Monate das Allermindeste, was sie dafür benötigten. Auf viele Jahre hinaus bestand mithin keine Möglichkeit, das ihm übertragene Organistenamt tatsächlich anzutreten und Arnstadt, so dringend es der zermürbenden Kämpfe und seiner Hochzeit wegen auch nötig war, zu verlassen. Vorbei. Sich bescheiden? Sich ducken? Sich verkriechen? Bis zum bitteren Ende wie sämtliche Arnstadter Bache ein Leben führen, das — trotz alles Guten und Schönen, welches von ihm ausging — schließlich doch im Herkömmlichen erstickte? Nein! Aber allein schaffte er es nicht. Gott mußte helfen. Und Gott half.

Es traf zu, was mit Schauder in Arnstadt von Mund zu Mund verbreitet wurde: Mühlhausen war das Opfer einer Feuersbrunst geworden. Mehr als vierhundert Häuser, dazu viele Nebengebäude und zahllose Stallungen, vernichteten die Flammen. Aber im Gegensatz zu Arnstadt, wo die Sanct Bonifacius-Kirche bis zum Grundgemäuer hinab vernichtet wurde, verschonte das Feuer, gleich den anderen beiden Hauptkirchen, auch die Mühlhausener Sanct Blasius-Kirche. Bach faltete, als er es glaubwürdig vernahm, die Hände. Alles, was sein Herz Gott zu sagen hatte, mündete in Ein Wort: «Dank!»

Johann Sebastian erwartete geduldig den Ruf zur Weiterführung der unterbrochenen Besprechungen, welcher aus Mühlhausen kommen mußte. Tag für Tag ging hin. Das erhoffte Schreiben blieb aus.

Als zwei Wochen seit dem großen Brandunglück vergangen waren und man rundum bereits tapfer damit begonnen hatte, die Schäden der Flammen zu überwinden, sagte der Stadt-Secretarius Bellstedt unterwürfig zu seinem Obersten Herrn, dem Bürgermeister Dr. Conrad Meckbach: Wie es denn nun eigentlich um die Wiederbesetzung der seit dem Tode Johann Georg Ahles ledigen Organistenstelle bei der Kirche Divi Blasii stehe? Es liege doch ein conclusum, der schriftlich festgehaltene Beschluß des conventus parochianorum, bei den Acten, daß der Arnstadter compositeur Johann Sebastian Bach damit betraut werden solle. Auch habe er auftragsgemäß im Sinne des conclusi vom 24. Mai huius anni — dieses Jahres — bereits vor einiger Zeit an den auserwählten Bewerber geschrieben.

Meckbach spöttete: Beschluß! Geschrieben! Acte! Daraus bestehe natürlich für einen Secretarius das A und O des irdischen

Daseins. Was in geordneten Zeiten durchaus anzuerkennen sei. Aber jetzt? Da zu Mühlhausen Alles drunter und drüber gehe! Da die Halbe Stadt ein Schutthaufen sei!

Bellstedt schwieg.

Meckbach, den Widerspruch zum Zorn gereizt hätte, fuhr in Anerkennung des gebührlichen Verhaltens seines Untergebenen gemildert fort: Man sei von dem großen Brandunglück noch zu sehr verwirrt. Habe wichtigere Dinge für die Stadt zu beschaffen als einen dritten Hauptkirchenorganisten. Besitze nicht einmal Tinte und Feder, um die Urkunde der Bestallung rechtsgültig zu unterschreiben!

Bellstedt erlaubte sich, geziemend einzuwenden: Das öffentliche Unglück Mühlhausens, dessen Schwere er keine Minute lang verkenne, möglichst bald und tunlichst gründlich überwinden zu helfen, sei selbstverständlich die reservatio — die uneingeschränkte Aufgabe — des Herrn Bürgermeisters. Tinte und Feder auch unter schlimmsten Umständen ausreichend zu beschaffen, sei opus des Secretarius. Dieser, nämlich Er, werde, was ihm obliege, hinreichend vollführen. Auch wenn besagter Bach, statt nach einer Woche, schon nach einer Stunde im Rathhaus advenire, das ist: ankomme.

Meckbach lächelte. Wiederum durch die unbegrenzte Willigkeit der Beamtenseele überwunden, sagte er äußerst milde: Also seinerwegen erneut nach Arnstadt schreiben. Morgen. Oder schon heute. Denn gespielt hätte, trotz seiner Jugend, Sebastian Bach, wie er allseinlebtag noch keinen Organisten das Instrument der Instrumente habe schlagen hören.

Secretarius Bellstedt verneigte sich tief zum Zeichen des Dankes, daß seine unumgängliche Erinnerung an das conclusum des conventus parochianorum bei dem WohlWeisen Herrn Bürgermeister eine günstige Aufnahme gefunden hätte. Noch des gleichen Tages schrieb er einen sprachlich und handschriftlich verschnörkelten Brief nach Arnstadt an den Organisten bey Sanct Bonifacii, genannt die Neue Kirche. Wenn es auch einiger Mühe bedurfte, den eigentlichen Inhalt herauszuwickeln, so ließ sich doch nicht verkennen, daß er besagte: Kommen! Bald kommen! Nach Mühlhausen zum Abschluß der angebahnten Verhandlungen kommen!

So stand am 17. Juni 1707, mehr als anderthalb Monate nach dem erfolgreichen Probespiel in der Kirche Divi Blasii, Johann Sebastian zum zweiten Mal dem Mühlhausener conventus parochianorum gegenüber. Bürgermeister Gottfried Stüber strebte ohne lange Vorrede dem Mittelpunkt der Besprechung zu. Er forderte den bisherigen Arnstadter Organisten auf: Dieser solle seine Bedingungen für die Übernahme der Organistenstelle an der Kirche Divi Blasii kundtun. Klipp und klar.

Bach konnte, trotz dieser Anweisung, einige Vorhalte nicht ungespielt lassen. Es sei, betonte er, überall im Lande der Brauch, daß man sich bei jedem freiwilligen Amtswechsel verbessere. Hinzukomme: Er gedenke bald seine Base Maria Barbara Bach als Ehegattin nachzuholen und habe alsdann für Zwei, ja — wenn es Gottes Wille sei, daß Kinder kämen — in absehbarer Zeit für drei, vier oder nochmehr Bache zu sorgen. Trotzdem werde von ihm lediglich die gleiche Besoldung beansprucht, welche er in Arnstadt empfangen hätte. Stüber — sichtlich bemüht, die Stadt Mühlhausen in dieser Kernfrage nicht festzulegen — Stüber fragte: Und weitere Bedingungen?

Bach erwiderte: Nur Eine.

Stüber runzelte die Stirn. Jetzt mußte es kommen, das Gefährliche. Denn neben dem Ruf seines ungewöhnlichen Könnens war dem Arnstadter Organisten der böse Leumund voraufgegangen: Er sei hochmütig; bezeige sich trotz seiner großen Jugend oft halsstarrig; scheue vor unverschämten beruflichen Forderungen nicht zurück. Lediglich an seiner Überheblichkeit wäre in Arnstadt die gedeihliche Zusammenarbeit zwischen der amtswürdigen Geistlichkeit und dem ihr unterstellten Orgelschläger gescheitert! Jetzt mußte es sich zeigen, was an diesem Gerücht wahr geheißen werden konnte. Also fragte der Bürgermeister barsch: Und diese Eine Bedingung laute?

Bach erkannte, daß die eigentliche Entscheidung über seine Nachfolgerschaft des verstorbenen Organisten Johann Georg Ahle in der nächsten Minute falle. Daher sagte er leise: Im

Grunde genommen handle es sich um keine Bedingung. Aber eine Bitte, eine durch die Not der Zeit erzwungene Bitte, sei von ihm vorzubringen.

Stüber wies, während ringsum Alle sichtlich und hörlich aufatmeten, den Zaudernden an: Heraus mit dem, was noch zu sagen sei! Daß man feststellen könne, ob das von ihm außer dem riesigen Gehalt Begehrte tatsächlich eine Bitte sei. Oder doch eine — wenn auch versteckte — Bedingung.

Bach erklärte: Das unumgängliche Ersuchen gehe dahin, ihm kostenlos ein Fuhrwerk zur Verfügung zu stellen, welches seine Arnstadter Besitztümer nach Mühlhausen überführe. Die vorhandene persönliche Habe sei durchaus nicht umfänglich. Zwei Pferde und vier Räder genügten zu ihrer Fortschaffung. Denn es handele sich im Wesentlichen um Tisch, Bett und Stuhl, einige Noten und Bücher, um Geige und Bratsche, um Clavichord und Clavicembalo.

Bürgermeister Stüber stand auf. Auch wenn man ihm nicht wohlgefällig zugenickt hätte, wäre es für ihn sicher gewesen: daß er in aller Namen reden werde. Denn Bürgermeister Meckbach — der Einzige, welcher Einspruch zu erheben pflegte — war dringender Amtsgeschäfte wegen nicht anwesend. Stüber erklärte somit als vorläufigen Amtlichen Beschluß: Die Bitte, eine kostenlose Herbeischaffung der Organistensachen von Arnstadt nach Mühlhausen vorzunehmen, sei bewilligt. Auch wenn zur sorglichen Überführung der Instrumente acht Räder und vier Pferde benötigt würden, stehe dem nichts entgegen. Die Forderung der Organistenbezüge hingegen bedürfe sorgsamer Beratung, klärender Beschlafung und endgültiger Beschließung. Nach vierundzwanzig Stunden werde man ihm an der gleichen Stelle den Entscheid des conventus parochianorum verbindlich mitteilen. Freilich, wenn er bei seiner Forderung — soviel an Geld und Geldeswert wie in Arnstadt! — beharre, dann bestehe die Möglichkeit, daß man zusammenkomme, nicht. Sondern Mühlhausen werde gezwungen sein, unter den vielen Bewerbern um das Organistenamt der Sanct Blasius-Kirche einen Anderen als ihn auszuwählen.

Bach schwieg.

So fuhr Bürgermeister Stüber fort: Welches die Gründe für diesen Beschluß des conventus parochianorum seien? Zwei, die sich nicht entkräften ließen. Ad eins: Infolge des großen Brandes wären die Öffentlichen Kassen der Stadt Mühlhausen so leer, daß oft nichteinmal die Mittel für Befriedigung der notwendigsten allgemeinen Bedürfnisse beschafft werden könnten. Ad zwo: Man empfinde es auf allen Seiten als unbillig, daß ein Zweiundzwanzigjähriger, dessen Bewährung noch ausstehe, mehr Geld erhalte als ein Siebzigjähriger, der viele Jahre seines Amtes treu und umsichtig, geschickt und würdig gewaltet hätte.

Bach schwieg. Stüber ging auf dem betretenen Weg weiter: Ob der ihnen an sich genehme Bewerber die Aufstellung und Unterzeichnung des Vertrages, zu dessen Abschluß er nach Mühlhausen gekommen wäre, tatsächlich gefährden oder gar unmöglich machen wolle? Er rate dringend nachzugeben. Mühlhausen könne so viele Organisten — auch seines Namens! — bekommen, wie es wolle.

Bach lächelte.

Stüber stellte nunmehr die unausweichliche Frage: «Ist der bisherige Arnstadter Organist nicht doch schon jetzt bereit, seine unerfüllbare Forderung, wenn auch nur geringfügig, herabzusetzen?»

Bach sagte: «Nein».

Stüber schloß die Sitzung. Er nickte den Mitgliedern des conventus parochianorum selbstbewußt zu. Augenzwinkern und Kopfnicken bestätigten ihm, daß er seine Sache ausgezeichnet gemacht hätte. Der zweiundzwanzigjährige Bewerber Bach würde, wenn alles Geredete von ihm überschlafen wäre, sicherlich nachgeben. So beschied der Bürgermeister Diesen, sich nach vierundzwanzig Stunden am gleichen Orte wieder einzufinden! Zwecks Entgegennahme des Conventsbeschlusses, welcher freilich — wenn Bach bei seiner Forderung beharre — schon jetzt feststehe! Aber bewährtem Brauch gemäß erst nach Ablauf eines Tages verkündet werden solle.

Johann Sebastian schlief während dieser Nacht sehr ruhig. Denn im Grunde seines Herzens hegte der Vertröstete die Überzeugung, daß er bereits gesiegt hätte. Sollte seine Vermutung aber nicht zutreffen, so war deswegen kein Anlaß zu Selbstvorwürfen noch gar zum Verzweifeln. Er hatte nur gefordert, was ihm gemäß seiner Leistungen gebührte und im Hinblick auf das Schicksal Maria Barbaras angemessen genannt werden mußte. Mochte also die Angelegenheit ihren vorbestimmten Verlauf nehmen.

Als Conrad Meckbach in das Rathaus zurückkehrte und erfuhr, welchen Ausgang die Verhandlungen mit dem von Arnstadt her nach Mühlhausen beschiedenen Organisten nahm, da hätte Dieser am liebsten die Hände über den Kopf zusammengeschlagen. Doch mußte er davon abstehen. Denn der Herr Bürgermeister war umfänglichen Leibes und kurzen Atems. So beraumte er die Sitzung des Convents eine Stunde früher an, als vorgesehen wurde, damit man noch einmal die Sache in Abwesenheit Bachs berate. Während dieser Besprechung setzte Dr. Conrad Meckbach seine auch körperlich gewichtige Persönlichkeit – er wog zweiundeinenhalben Zentner – zu Gunsten Johann Sebastians ein. Sämtlichen Einwänden gegenüber machte er geltend: Es gehe nicht darum, irgendeinen Organisten zu bekommen, es müsse vielmehr danach getrachtet werden, den Besten von Allen für die Kirche Divi Blasii zu verpflichten. Selbstverständlich könne man soviele Orgelschläger haben, wie man wolle. Auch Bache. Aber Keinen, der es im Spielen und Musikmachen mit Johann Sebastian Bach aufnehme! Das Geld dürfe nicht den Ausschlag geben. Was Arnstadt zu zahlen vermöge, sei für Mühlhausen nicht unerschwinglich. Umdenken! Umkehren! Daß man nicht nach verschiedenen Richtungen auseinandergehe. Sondern zusammentreffe! Scheitern dürften die bisher verheißungvoll gelaufenen Unterhandlungen keinesfalls.

Als Johann Sebastian Bach zur bestimmten Stunde ein drittes Mal dem conventus parochianorum gegenüberstand, eröffnete ihm Bürgermeister Dr. Conrad Meckbach: Man habe, so schwer unter den gegenwärtigen widrigen Umständen für Mühlhausen ihre Erfüllung auch sei, den Beschluß gefaßt, seine Forderung der gleichen Besoldung wie in Arnstadt als berechtigt anzuerkennen. Stadt-Secretarius Johann Hermann Bellstedt hätte die Urkunde der Bestallung bereits schriftlich aufgesetzt. Er, Bach, als Vertragspartner der anderen Seite möge sie sogleich geruhsam überprüfen. Wenn sich, was rundum angenommen werde, sein Einverständnis ergebe, so sei nichts Weiteres nötig, als besagtes Schriftstück, welches ihm hiermit überreicht werde, zu unterzeichnen und durch einen eidesgleichen Handschlag als beiderseit rechtsverbindlich zu bekräftigen. Bach las, nachdem er die Urkunde empfangen hatte, das Folgende:

> Wir, bey der Kayserlich freyen und des Heiligen Reichs Stadt Mühlhausen sämtlich eingepfarrte Bürgermeistere und Rathsherren des Kirchspiels Divi Blasii, fügen hiermit zu wißen: Nachdem dasige Organisten-Stelle durch tödtlichen Hintritt des Herrn Johann George Ahlen, weyland unseres Mit-Raths-Freundes, vacant und erlediget worden ist, haben Wir, solchen nun zu ersetzen, Herrn Johann Sebastian Bachen, zur Zeit bey der dritten Kirche zu Arnstadt bestellten Organisten, anhero beruffen und zu Unserem Organisten bey obbenannter Kirche Divi Blasii angenommen.

Es folgten die üblichen Anweisungen für die Dienstverrichtungen sowie Ermahnungen wegen anständigen Wohlverhaltens und guter Sitten. Kannte man. Brauchten nicht sorgsam gelesen zu werden. Aber bei ihrem Überfliegen gewahrte Bach mit Befriedigung, daß sie um Vieles kürzer und nüchterner, zurückhaltender und einfacher waren als die endlosen, salbungvollen Verhaltensvorschriften seines durch die Geistlichkeit aufgestellten Arnstadter Anstellungvertrages. Doch weiter! Zu den Bezügen, an welchen fast Alles gescheitert wär! Bach las:

> Nach Unterzeichnung dieser Urkunde und Verpflichtung mittelst Handschlages haben Wir hergegen Ihm zu seiner Jährlichen Besoldung darzureichen: 85 Gulden an Gelde.

Aber damit war die Zusage des Mühlhausener Magistrates nicht beendet. Das amtliche Schriftstück fuhr fort:

Und das hergebrachte Deputat nämlich

3 Malter Korn.

2 Claffter Holtz, 1 Buchen und 1 Eichen oder Espen.

6 Schock Reißig, alles vor die Thür geführet.

3 Pfund Karpffen aus den Stadtteichen.

Bach errötete. Man hatte seine Forderung — gleiche Summe Geldes wie in Arnstadt — ohne Abstrich bewilligt. Trotzdem war die von ihm nicht verlangte Naturalienlieferung beibehalten. Wahrlich, das konnte man rechtens nennen: Feurige Kohlen auf das Haupt des Gegners sammeln.

Nachdem die erhoffte Zustimmung erteilt wurde, unterschrieb am 13. Juni 1707 für die Eingepfarreten der Kayserlich Freyen und des Heiligen Reichs Stadt Mühlhausen deren Oberster Bürgermeister Dr. Conrad Meckbach, für sich selber Johann Sebastian Bach das rotgesiegelte Schriftstück. Als es dem Stadt-Secretarius Bellstedt zwecks geziemender Verwahrung überantwortet war, leistete der neue Organist der Kirche Divi Blasii durch Handschlag in die Rechten der beiden Regierenden Bürgermeister, Meckbachs und Stübers, die geforderte eidesstattliche Verpflichtung.

Der lange, gefahrumwitterte Weg bis zum Organistenamt in Mühlhausen war bezwungen.

Am 29. Juni des Jahres 1707 brachte Johann Sebastian Bach sein Entlassunggesuch auf dem Rathaus zu Arnstadt mündlich vor.

Dieses wurde nach geziemender schriftlicher Wiederholung im Juli selbigen Jahres angenommen.

Am 14. September endete das mit überschwänglichen Hoffnungen begonnene Dienstverhältnis Bachs an Sanct Bonifacii, genannt die Neue Kirche.

Einige Tage später hielt vor der Güldenen Krone zu Arnstadt das versprochene Mühlhausener Fuhrwerk. Es war beauftragt, die wenigen Habseligkeiten des neuverpflichteten Organisten kostenlos an seinen künftigen Wohnort zu bringen.

Am 22. Oktober, einem Freitag — denn des Sonntags mußte er seinen Dienst ausführen und des Sonnabends für dessen Wohlgelingen üben — holte Sebastian Bach seine junge, ihm vor

Kurzem zu Dornheim angetraute Frau Maria Barbara zu sich in ihre gemeinsame Behausung.

Dem Glück stand drinnen und draußen, bei seinem persönlichen und beruflichen Leben nichts mehr im Wege. Denn Mühlhausen war nicht nur dem Namen sondern auch dem Geiste nach eine Freie Reichsstadt. Das erlebte, zu Johann Sebastians und Maria Barbaras Herzensfreude, der neue Sanct Blasius-Organist sehr bald auf vielfältige Weise.

In Arnstadt war Bach ein Untertan der Kirche, mit dem man nach eigenem Ermessen umsprang —

in Mühlhausen war er ein Angestellter des Rathes, dessen Mitwirkung zur Wahrung des Öffentlichen Wohles gern gesehen wurde.

In Arnstadt hatte Bach erfolglos um einen Director musices als Helfer kämpfen müssen —

in Mühlhausen stellte man ihm Johann Martin Schubart, einen Müllerssohn aus Geraberg, den ersten seiner zahlreichen Schüler, und den Chorpräfecten Johann Sebastian Koch, geboren 1689, zum musikalischen Beistand an die Seite.

In Arnstadt versuchte man Bach, obwohl nichts Derartiges vereinbart war, zum Cantordienst an der Schule zu zwingen —

in Mühlhausen konnte er, nach Erfüllung seiner musikalischen kirchlichen Pflichten, bei Tag und bei Nacht unbehelligt eigene Dinge treiben.

In Arnstadt war Bach von Geistlichen abhängig, die sich ihrem gräflichen Patronatsherrn gegenüber an Ehrfurcht überboten —

in Mühlhausen trat das Bürgertum vor ihn hin, welches leben wollte und leben ließ.

In Arnstadt durfte Bach eine fertige Orgel gegen ein mäßiges Geschenk und Erstattung der eigenen Unkosten auf ihre Brauchbarkeit prüfen —

in Mühlhausen konnte er bestimmen, wie Seine, den höchsten Ansprüchen nicht mehr genügende Orgel nach Seinen Plänen und Seinen Vorschlägen kunstwürdig von erfahrener Hand hergerichtet werden sollte.

Damit dieses Ziel erreicht werde, übergab Bach im Februar

1708 den Rathsherren der Stadt Mühlhausen den Entwurf einer Denkschrift, betreffend Disposition der neuen reparatur des Orgelwercks ad Divi Blasii.

Da das alte Werk eine schwache Lunge hatte, Johann Sebastian jedoch besonderen Wert auf kraftverströmende Töne legte, so handelten fünf der elf Punkte seines Verbesserungvorschlages vom Wind. Da hieß es: Der Mangel des Windes muß durch drey neue tüchtige Bälge ersetzet werden, so da dem Oberwercke, dem Rückpositive und dem neuen Brustwercke genüge thun. Alsdann: Die 4 alten Bälge müssen mit stärkerem Winde aptiret, will sagen: ausgerüstet, werden. Des Weiteren: Die alten Baß-Windladen müssen alle herausgenommen und von neuem mit einer solchen Windführung versehen werden, daß man eine einzige Stimme alleine und alle Stimmen zugleich ohne Veränderung des Windes könne gebrauchen, welches vormahls noch nie auff diese Arth hat geschehen können und doch höchst nöthig ist. Sodann: der 32 fuß Sub-Baß von Holz, welcher dem ganzen Wercke die beste gravität — ließ: Wucht — giebet, muß eine eigene Windlade haben. Endlich: Der Posaunen-Baß muß mit neuen, größeren corporibus — Körpern — versehen und die Mundstücke viel anders eingerichtet werden, damit solcher eine bessere gravität von sich geben kann.

Erst nach diesen Forderungen, die allesamt auf das Gleiche hinausliefen: Wind! Mehr Wind! Gesundere Lunge für reicheren Wind! erst dann folgten die Einzelvorschläge und zwar

6. Das von den eingepfarreten Rathsherren begehrte (durch Bach erfundene) Glockenspiel im Pedal, bestehend aus 26 Glokken à 4 fuß-thon, hat die Stadt auff ihre Kosten für den Orgelmacher anzuschaffen.

7. Im Obermanual ist anstatt der Trompete (so da herausgenommen wirdt) ein 16 fuß Fagotto einzubringen, dienlich bei neuen inventionibus und sehr delicat klingend.

8. Anstatt des Gemshorns (so gleichfalls herausgenommen wirdt) kommt ein Viola di Gamba, 8 fuß, die mit dem vorhandenen Salicinal 4 fuß admirabel — köstlich — zusammenklingt.

9. Anstatt der offenen Quinta 3 fuß (so da gleichfalls heraus-

genommen wirdt) könnte eine Nassat 3 fuß eingerücket werden. Die übrigen vorhandenen Stimmen im Obermanuale können bleiben; wie auch das ganze Rückpositiv. Hingegen werden für das neue Brustpositiv eine weitere Reihe von Stimmen nötig sein. Nämlich

10. eine 3 fuß Quinta, eine 2 fuß Octava, eine 8 fuß Schalmey, alle von guthem 14 löthigem Zinn. Des Weiteren eine dreifache Mixtur, eine Tertia, eine 4 fuß Liebliche Flöte und letztens ein 8 fuß Stillgedackt, welches von guthem Holze gemacht viel besser klinget als eine metallines Gedackt.

11. Zwischen den Manualen des Brustpositives und des Oberwerckes muß eine Copula, eine Koppelung, hergestellet werden.

Die Denkschrift Johann Sebastian Bachs über den Umbau der Orgel in der Sanct Blasius-Kirche zu Mühlhausen endete mit den Worten: Und schließlich muß beynebst Durchstimmung des ganzen Werckes der Tremulant – die Tonpendel-Vorrichtung – in seine richtig Wehende-Mensur gebracht werden.

So war Bach bei dem Gleichen wieder angelangt, wovon er ausging: bei dem Winde. Jetzt allerdings brachte er keine Forderung vor, welche die Lunge verstärkte, sondern einen Wunsch, dessen Erfüllung ihre Töne durch Tremolieren verfeinern sollte.

Als der conventus parochianorum mittelst Vorlesung des Stadt-Secretarius Bellstedt die umfängliche Eingabe Johann Sebastian Bachs kennen gelernt hatte, herrschte in der Versammlung nur Eine Ansicht: Ablehnen! Aber Bürgermeister Conrad Meckbach setzte gegen den Willen Aller durch, daß vor dem Beschluß über diese Sache der zu Mühlhausen ansässige Orgelmacher Georg Christoph Wender über die Zweckmäßigkeit der Vorschläge und wegen der Kosten befragt werde. Dieser nannte als Forderung für die Bewerkstelligung des ausgezeichnet dargelegten, mit größter Sachkenntnis begründeten Umbaus 230 Thaler. Dafür werde er freilich alle Materialien – als da sind Metall, Holz und dergleichen – unentgeltlich beschaffen. Jetzt hieß es verstärkt: Ablehnen! Mehr als zweihundert Thaler? Ablehnen! Aus welcher von den leeren Kassen soviel herausnehmen? Ablehnen! Die Orgel hätte jahrzehntelang ihren

Zweck, den Gemeindesang zu unterstützen, hinreichend erfüllt. Warum nicht auch weiterhin? Ablehnen!! Um den Sturm der Entrüstung zu beschwichtigen, erklärte Wender sich bereit, die nicht mehr gebrauchsfähige kleine Orgel der Kirche in Zahlung zu nehmen und für das Material, welches sie ihm zubringe, 40 Thaler von dem geforderten Preis nachzulassen. Die Mitglieder des Convents tappten in die geschickt aufgestellte Falle hinein. Weil man von den 85 Gulden der Organistenbesoldung nicht Einen Guten Groschen hatte abhandeln können, so freuten ihre Stadtväterseelen sich, daß es möglich war, die Ausgabe für den Orgeldurchbau um 40 Thaler zu kürzen. Ja, hieß es jetzt, weniger als 200 Thaler – darüber ließe sich reden. Sie wären durchaus für Verbesserung der Kirchenmusik. Das Endergebnis: die kostspieligen, aber von erfreulicher Dienstwilligkeit Bachs zeugenden Vorschläge für den Umbau der Orgel zu Divi Blasii wurden ohne die geringste Abmarktung durch den conventus parochianorum angenommen. Noch in dem gleichen Monat begann unter Bachs ständiger Beratung und fortlaufender Beaufsichtigung Wender mit der fast einem Neubau gleichenden Arbeit an dem alt und gebrechlich, siech und lungenschwach gewordenen Orgelwerk in der Mühlhausener Kirche Divi Blasii.

In Arnstadt hatte man mit allen erdenklichen Mitteln versucht, Bach die Freiheit des Spiels während der Gottesdienste durch sachunkundige Vorschriften zu rauben –

in Mühlhausen gewährte man ihm verständnisvoll die Ausübung seiner Kunst nach eigenem Ermessen.

In Arnstadt nahm man lediglich an Bachs Orgelbedienung billigenden, viel öfter jedoch ablehnenden Anteil –

in Mühlhausen wandte man darüber hinaus Anerkennung und Bewunderung auch seinem Schaffen zu.

So erhielt Johann Sebastian Bach von den Beherrschern der Stadt den Auftrag, zu dem alljährlichen Rathswechseltage eine Kantate zu komponieren, welche das weltliche Geschehen vertiefte und geistliche Wege zu dem Schöpfer aller Dinge weise.

Mühlhausen wurde nämlich von sechs Bürgermeistern und

zweiundvierzig Rathsherren regiert. Ihres Amtes walteten davon jeweils, und zwar für die Dauer des Jahres, nur ein Drittel, also zwei Bürgermeister und 14 Rathsherren. Nach zwölf Monaten mußten diese Sechzehn von der tätigen Regierung abstehen und in die Bereitschaft zurücktreten. Das zweite Drittel der Stadtregenten rückte zu der Ausübung ihres Amtes nach, im nächsten Jahr das dritte Drittel. Erst dann durfte das erste Drittel wieder die Verwaltung aufnehmen. Und so fort mit ständig gleichem Zeitzirkelschlag.

Der Rathswechsel fand in jedem Jahr am Beginn des Monats Februar statt. Es war seit langem Brauch, daß zur Erhöhung dieses Festes der Organist an der Kirche Divi Blasii eine von ihm hergestellte Musik beisteuerte. Für das Jahr 1708 wurde, wie gesagt, der Auftrag, eine bislang ungehörte Rathswechselkantate zu verfertigen, Bach erteilt.

Voll heiligen Eifers ging Johann Sebastian an die Arbeit. Die ersten beiden Worte, welche er auf das Titelblatt der Kantate schrieb, lauteten: Jesu Juva! Das ist: Jesus hilf! Diese Bitte um den Segen des Gottessohnes stand hinfort vor all seinen musikalischen Schöpfungen. Wenn die Zeit nicht reichte, sie auszuschreiben, dann wurden wenigstens die beiden Buchstaben J. J. der neuen Komposition vorangesetzt. Es folgten auf der handschriftlich zu einem Schmuckblatt hergerichteten Titelseite die biblischen Anfangsworte der Kantate: «Gott ist mein König». Das große G war durch zierliche Schreibschwünge hervorgehoben. Nach Angabe der Instrumente, der Singstimmen und der Begleitung lautete die gleichfalls eigenhändige Unterschrift: de l' anno 1708 da Giovanni Bastiano Bach, Organisto Molhusino. Sodann ein ebenso schwungvoller wie kraftstrotzender verschlungener Abschlußschnörkel.

Trotz der italienischen Zeitangabe und Namensumwandlung war die Musik der Kantate, welche Bach für die Mühlhausener Rathswechselfeier schuf, vom ersten bis zum letzten Ton aus dem Grunde deutsch.

Wie aber stand es um den Anruf: Jesu Juva!? Wie um den Beginn des Werkes mit dem Worte Gott!? Es handelte sich um den strengbegrenzten Auftrag einer Städtischen Behörde: für die weltliche Feier des Regierungswechsels eine Kantate zu schaffen. Aber konnte es Johann Sebastian Bach gelingen, den Sinn, den inneren Sinn des Auftrages – mittelst Musik die Herzen der Festteilnehmer zu erheben, ihr Gefühl zu beschwingen, ihre Erkenntnis zu vertiefen – konnte Bach Dies erfüllen, wenn er nicht vorweg Gott um Hilfe anrief? Die Welt lebte in Gott. Und Gott lebte in der Welt. Die Welt war durch Gott. Aber Niemand wüßte um Gott, wenn die Welt nicht wäre. Sie standen sich keineswegs fremd oder gar feindlich gegenüber, Gott und die Welt, die Welt und Gott. Sie wirkten für und in einander. Denn auf den Gipfeln des irdischen Daseins näherte durch die Kunst, insonderheit durch die Musik, der Mensch sich so sehr Gott, während dieser Gnadenstunden ließ Gott sich in solcher Segensfülle zu den Menschen nieder, daß nicht mehr zu unterscheiden war, wo das Göttliche begann und das Menschliche aufhörte; wo das Menschliche anhub und das Göttliche ihm seinen freien Willen ließ. Daher war es unsinnig, was engstirnige Geister und angstvolle Herzen immer von Neuem versuchten: die musica sacra und die musica viva – die geistliche Musik und die weltliche Musik – von einander zu scheiden. Beide waren Eines Sinnes. Beide hatten Eine Aufgabe. Gab es nicht auch viele Buchen mit so großen Unterschieden, daß die Farbe ihrer Blätter vom hellsten Gelbgrün bis zum dunkelsten Blutrot reichte? Und blieben doch alle Buchen! Trugen die Tannengewächse nicht die verschiedensten immergrünen Nadeln? Und blieben doch alle Tannen! So blieb auch die musica sacra, sofern sie sich nicht mit leerem Hall begnügte, und die musica viva, wenn sie sich nicht durch Geplärr profanierte, immer und überall Musik, geschrieben zum Lob und Dank Dessen, der alle Dinge geschaffen und gutgeheißen hat, den Wurm, der sich kaum von der Stelle bewegen kann, nicht minder als den Stern, der durch die Lüfte eilt; den Stein, der niemals seinen Platz verläßt, in gleichem Maße wie den Wind, von welchem der Mensch nicht weiß, woher er kommt und wohin er geht. Geziemte es sich demnach für ihn, für den musikschaffenden Johann Sebastian Bach, an dem Beginn jedes neuen Werkes sichtlich zu bitten: Jesu Juva! so bestand in gleichem Maße die innere Verpflichtung, an dem Beschluß zu geloben, jedes Mal zu geloben: S. D. G.! Soli Deo Gloria! Allein Gott die Ehre!

Am 4. Februar 1708 war der bedeutsame Tag für die Feier des Mühlhausener Rathswechsels gekommen. Des Morgens von 7 bis 8 Uhr wurde die Große Glocke dreimal geläutet. Und zwar die von Beatae Mariae Virginis! Denn dort — nicht zu Divi Blasii — fand, weil ihre Empore für den Chor und die Instrumentalisten geräumiger war, der Regierungsgottesdienst statt. Während des Läutens versammelten sich die Bürgermeister und Rathsherren in dem Rathhause. Mit dem dritten Puls der Kirchenglocke zogen die versammelten Stadtregenten feierlich durch die Rathsgasse bis in die Marien-Kirche. Die Schützen-Companie und die Jugend der Bürgerschaft waren inzwischen aufgezogen. Sie paradierten vom Rathhaus bis zur Marien-Kirche an beiden Seiten der durchzogenen Straßen. Der Abgehende Rath schritt gemessenen Ganges dem Zuge vorauf. Der Ankommende Rath folgte ihm. Die Rathsbedienten machten hinter dem Mittleren Rath den Beschluß. So zog man in die Kirche ein. Dort nahmen die Regierenden in den Stühlen, die bei festlichen Gelegenheiten vor den Gemeindebänken aufgestellt wurden, Platz. Die Rathsbedienten aber verfügten sich in die Stände unter der Orgelempore. Die Herren des Dritten Rathes hingegen, der weder sein Amt antrat noch abtrat, mußten mit Sitzbänken inmitten der Mühlhausener Bürger vorlieb nehmen. Während des Ganges vom Rathhaus zur Marien-Kirche machten zwei Spielleutbanden ununterbrochen Musik: meistens nach einander, häufig mit einander, zuweilen gegen einander. Der Gottesdienst begann mit dem allgemeinen Liede «Sei Lob, Ehr, Preis und Herrlichkeit Gott dem Vater in Ewigkeit». Darauf wurde von der Gemeinde im Wechsel mit den Geistlichen gesungen «Herr Gott, Dich loben wir — Herr Gott, wir danken Dir». Anschließend hielt der Hauptpastor die Regentenpredigt. Und dann erklang das Raths-Stückgen, die Musik, mit welcher dem angehenden Rath vocaliter und instrumentaliter Glück gewünscht wurde. Zum 4. Februar des Jahres 1708 von Johann Sebastian Bach geschaffen! Er selber leitete auf der großräumigen Empore den Chor und die Instrumente. An der Orgel saß mit abgewandtem Gesicht sein Amtsbruder von Sanct Marien.

Bei dem ersten Ton sahen Alle, erschreckend und erschauernd zugleich, in die Höhe. Als ob ein Blitzschlag die düstere Nacht erhellte. «Gott!» rief, jubelte, schwur, jauchzte der volle Chor im strahlenden C-dur. Die Trompeten stiegen, indes die Pauken tief unten wirbelten, schmetternd himmelan. «Gott!» wiederholten, um eine Terz gesteigert, tosend alle Stimmen. Die Oboen taten es, sie im Hochflug übertreffend, den Trompeten nach. Dann erst folgte das glückhafte Bekenntnis: «Gott ist mein König!» Nachdem die Flöten es in gleicher Weise gehalten hatten wie Trompeten und Oboen, setzte ein Orchesterjubel ohnegleichen ein. In sechs Chören, von denen drei den Instrumenten vorbehalten waren, brauste der entscheidende Ruf — Gott ist mein König! — dahin. Coro pleno, der ganze Chor, wechselte mit dem Coro senza ripieni, dem halben Chor, ohne volle Instrumentbegleitung. Immer aufs Neue wurde versichert: «Gott ist mein König von Alters her, der alle Hilfe tut, so auf Erden geschieht». Der Satz endete, wie er begonnen hatte: Dreimaliger, abermal um eine Terz erhöhter Jubel: «Gott — Gott — — Gott — — —», von Trompeten, Oboen, Flöten, Streichern unterstützt, gesteigert, befeuert. Dann das abschließende Bekenntnis: «Gott ist mein König!» Beteuert von den Instrumenten. Bis die von jeglicher Baßbeschwerung befreiten Flöten in der Höhe verklangen.

Erschütterung beherrschte die Kirche Beatae Sanctae Virginis. Man verhielt den Atem, als ob Niemand seiner mehr bedürfe.

Es folgte ein Wechselgesang von Tenor und Sopran. Jener bekannte schmerzlich: «Ich bin nun achtzig Jahr, warum soll Dein Knecht sich mehr beschweeeeren — — —?» Die musikalische Kennzeichnung der Schwere durch den Tenor, und noch eindrucksvoller durch den Sopran, schien kein Ende nehmen zu wollen. So ergab sich als innere Notwendigkeit das Gelöbnis: «Ich will umkehren, daß ich sterbe in meiner Stadt, bei meines

Vaters und meiner Mutter Grab.» Unterdessen bat die Oberstimme mit der Choralmelodie «O Gott, du frommer Gott» um Geduld. Um Bewahrung vor Sünd und Schand. Damit das graue Haar mit Ehren getragen werde. Der kleine Chor wies mittelst einer gesungenen Fuge den Weg zu diesem Ziel: «Dein Alter sei wie deine Jugend, und Gott ist mit dir in Allem in — — Allem, das du tust.» Noch immer wendete der Blick sich von Gott nicht fort. Der Baß bekannte durch ein Arioso mit tiefer Gläubigkeit: «Tag und Nacht ist Dein. Du machest, daß beide, Sonn und Gestirn, ihren gewissen Lauf haben. Du setzest einem jeglichen Lande seine Grenze.» Nunmehr wurde das Geschick der Erde von einer Altstimme besungen:

Durch mächtige Kraft
erhältst Du unsere Grenzen.
Hier muß der Friede glänzen.
Wenn Mord und Kriegessturm
sich allerorts erhebt,
wenn Kron und Zepter bebt,
hast Du das Heil geschafft
durch mächtige Kraft.

Die Trompeten bejubelten, die Pauken behämmerten es: Das Heil für alle Welt wird umschlossen von Einem Wort. Friede — heißt es. Friede — — Friede — — —

So konnte denn, nach einem Zwischenruf des Chores, dem weltlichen Anlaß der Feier uneingeschränkt genug getan werden. Auf den fernen Kaiser Josef, auf die anwesenden Bürgermeister und Rathsherren wurde die Hilfe des Himmels in einem breitfließenden Schlußsatz mit dem Gesang herabgefleht:

Das neue Regiment
auf jeglichen Wegen,
bekröne mit Segen!
Friede, Ruh und Wohlergehen
müsse stets zur Seite stehen
dem neuen Regiment.

Die Herzen der schweigenden, die Marien-Kirche bis zu den dunkelsten Winkeln füllenden Gemeindemitglieder sangen keinen Vers so innig, so dringlich mit wie diesen: «Friede, Ruh und Wohlergehen — —» Als die Stimmen schwiegen, setzten Trompeten, Streicher, Bässe die Bitte darum dringlich fort. Dann — durch nichts unterstützt, durch nichts gehindert, im Raum verschwebend — flehten nacheinander Oboe und Flöte, als ob sie hervorheben wollten, daß es auf jeden Einzelnen ankäme, völlig gesondert, ohne jegliche Unterstützung in freier Höhe schwebend: g — c! g — c! Hilf — Gott! Hilf — Gott!

Nachdem anschließend der Segen durch den Hauptpastor erteilt worden war, sang man — unter mitreißender Begleitung Johann Sebastian Bachs — den Choral: «Herr Gott, du bist von Ewigkeit». Während das Nachspiel, welches so all-erschütternd nur Einer spielen konnte, gen Himmel brauste, wurde die Marien-Kirche verlassen. Jetzt in umgekehrter Reihenfolge, wie man zu Beginn der Feier sie betreten hatte. Vorweg strömte die Gemeinde ins Freie. Ihnen folgten die Rathsbedienten auf dem Fuße. Den Beschluß bildeten die Rathsherren und Bürgermeister. Diese nahmen mit entblößten Häuptern vor dem Portal von Beatae Sanctae Virginis, nach der Rangordnung über die Stufen der Treppe verteilt, Aufstellung. Zuoberst standen die neuen Regenten. Gekrönte Häupter beugten sich über die Brüstung der Giebel-Empore und schauten anteilnehmend zu ihnen hinab. Aber sie waren aus Stein.

Der Stadt-Syndicus las den Amts-Eid vor. Die kommenden Regierungsinhaber bekräftigten ihn durch Erheben der Schwurfinger und Beteuerung des Mundes als vollzogen. Ein Jubel ohne Maßen überbrandete den Platz vor Beatae Mariae Virginis, dem Gotteshaus der Heiligen Jungfrau Maria. Als ob mit dem neuen Regiment der Stadt Mühlhausen eine neue Ordnung der Welt begonnen hätte! Die Musikanten bliesen aus Leibeskräften. Die Bürgerschaft trat wieder in die Parade. Und unter Paukengetöse, unter Trompetengeschmetter kehrte der Zug — zwischen den paradierenden Bürgern entlang, die Rathsgasse hinunter — in das Rathaus zurück: voran der Neue Rath, darauf der Kommende Rath, hinterher der Abgehende Rath, zum Schluß die Rathsbedienten. Damit war die Feier nicht etwa beendet! Sie rauschte durch alle Straßen, tobte in allen Wirtschaften, raste auf allen Tanzböden weiter. Bis zur Mitternacht! Durch ihren Glockenschlag wurde, wenn auch nicht überall ohne Mühe, die Ruhe der Stadt Mühlhausen wiederhergestellt.

Der Eindruck, welchen die Rathswechselkantate Johann Sebastian Bachs «Gott ist mein König» hinterlassen hatte, übertraf die höchsten Hoffnungen der Besteller. Das war freilich andere Musik, als man sie aus dem gleichen Anlaß von den beiden Ahles Jahr für Jahr in der Marien-Kirche vernommen hatte. Gewiß, der Einfluß Buxtehudes, vor Allem durch seine Huldigung-Kantate für den neuen Kaiser Josef, bei deren Aufführung der jetzige Mühlhausener Organist in der Lübecker Marien-Kirche mitgewirkt hatte, er ließ sich nicht verkennen. Aber Bach hatte — seinem von Böhm übernommenen künstlerischen Grundsatz gemäß — Buxtehude nicht nachgeahmt, sondern Buxtehude nachgetrachtet, wobei es ihm allerdings gelungen war, den Meister weit zu überholen.

So außerordentlich waren die Stadtväter von dem Glanz und der Wucht, von der Innigkeit und der Stärke, von der Kirchentauglichkeit und der Weltwürdigkeit Ihrer Kantate beeindruckt, daß sie beschlossen, das bedeutsame Werk auf eigene Kosten in 200 Exemplaren drucken zu lassen und zum Ruhme Mühlhausens an einflußreiche Persönlichkeiten Thüringens zu verteilen. Einige Stücke bekam, zu freier Verwendung, der Schöpfer dieser sowohl dem weltlichen Anlaß wie der geistlichen Bedeutung in gleichem Maße gerecht werdenden Auftragsarbeit.

Also hielt im Februar anno 1708 der nahezu dreiundzwanzigjährige Johann Sebastian Bach seine erste gedruckte Kantate in Händen. Die erste. Und die einzige! Denn von den fast 300 Werken dieser Art, welche er in seinem gesegneten Erdendasein schuf, wurde während seines ganzen Lebens außer der Mühlhausener Raths-Kantate keine zweite — nicht eine Einzige! — gedruckt.

So sah das Titelblatt aus:

Glückwünschende Kirchen Motetto
als
bey solennen Gottesdienste/in der Haupt-Kirchen B.M.V.
der gesegnete Raths-Wechsel/
am 4. Februarii dieses M.D.C.C. VIII. Jahres geschah/
und die Regierung
der Kayserl. Freyen- Reichs-Stadt
MÜHLHAUSEN
der Väterlichen Sorgfalt des Neuen Raths/
nemlich
des HochEdlen/Vesten/Hochgelahrten
und Hochweisen Herrn/
Herrn Adolff
Streckers/
und
des Edlen/Vesten/ und Hochweisen Herrn
Herrn Georg Adam
Steinbachs
beyderseits Hochverdienten
Herrn Bürgermeistern/
wie auch
derer übrigen Hoch- und Wohl-ansehnlichen
Mitgliedern/
freudig überreicht wurde/
schuldigst erstattet
durch
Johann Sebastian Bachen
Org. Div. Blasii.
Mühlhausen

---

druckt Tobias David Brückner/E. HochEdl.Raths Buchdr.

Lange betrachtete Johann Sebastian Bach das Blatt, auf dem mit zollgroßen Zierbuchstaben, nach Verkündigung des Zwekkes, in der Mitte die Namen der beiden Herren Bürgermeister sich breit machten, sein Name aber erst tiefunten mit schmucklosen, kleinen Buchstaben zu finden war. Es machte ihn nicht bitter. Gott, dem zu Lob und Ehren er aus Anlaß des Raths-Wechsels musiziert hatte, benutzt andere Maßstäbe als die Menschen. Wenn Niemand, versicherte das Herz Johann Sebastians, Nie — — mand mehr wußte, wer die HochEdlen, Vesten, Hoch-Gelahrten, HochWeisen Herrn, der Bürgermeister und Advocat Adolf Strecker, der Bürgermeister und Fleischer Georg Adam Steinbach waren, dann würde Sein Name noch genannt werden, Seine Musik noch erklingen.

Einen der Kantatendrucke, die man ihm gnädigst zur Verfügung gestellt hatte, widmete Johann Sebastian Bach durch eigenhändige Unterschrift dem Sohne des Bürgermeisters Conrad Meckbach, nämlich dem musikliebenden Doctor juris Friedemann Meckbach, der ihm menschlich so nahe gekommen war wie kein anderer Mühlhausener.

Als Maria Barbara die Widmung las, sagte sie: «Wenn Gott uns als erstes Kind einen Sohn schenken sollte, dann möchte ich, daß er Friedemann heißt.»

Johann Sebastian Bach nickte zustimmend: Friedemann — — Mann des Friedens — — —

VIII

Und dennoch: Mühlhausen konnte nicht das Vergnügen haben, den hochgeschätzten Organisten der Kirche Divi Blasii lange zu behalten. Beide Ahles hatten dort Jahrzehnt um Jahrzehnt des übertragenen Amtes treulich und redlich gewaltet. Ihr jugendlicher Nachfolger verließ nach neun Monaten seinen mit größten Hoffnungen betretenen dritten Wirkungskreis.

Dieses Mal wurde Johann Sebastian nicht durch gegnerische Kräfte, welche ihm wie zu Arnstadt Unsinniges und Unwürdiges abverlangten, in die Flucht getrieben. Er ging freien Willens.

Es zog sich nämlich quer durch den Glaubensboden, darauf die evangelische Kirche gegründet war, ein tiefer Riß hin. An der einen Seite des Abgrundes standen die Pietisten, welche durch Philipp Speners Lehre zu einem neuen religiösen Dasein erweckt wurden. An der anderen Seite verharrten die strenggläubigen Protestanten, welche das durch Martin Luther gereinigte Evangelium als die unantastbare Grundlage eines gottgefälligen Lebens hartnäckig verteidigten.

Der Wittenberger Reformator hatte gelehrt: Der Mensch würde gerechtfertigt nicht durch die Erfüllung des Gesetzes, sondern allein durch den Glauben. Denn so bedeutsame Gute Werke wir auch vollbrächten – es seien ihrer immer zu wenig. So viele Einzelsünden wir auch tilgten – die Urschuld, die Erbsünde, ließe sich von uns nicht aus der Welt schaffen. Sie könnte nur durch den Opfertod Christi gesühnt, dessen Segnung nur durch den Glauben ergriffen werden. Also bliebe unsere tiefste Entsühnung Gnade. Jedoch wie das Kind der Liebe seines Vaters vertraue und ihrer auch immer wieder teilhaftig werde, obwohl es sie nicht verdiene: in gleicher Weise empfange der Christ das ewige Heil unverdienter Maßen aus den Händen Gottvaters.

Aber so rein und stark, so neu und belebend diese Lehre Martin Luthers auch war – sie wurde im Laufe der Zeit verunreinigt und abgeschwächt, verherkömmlicht und vergröbert.

Die Menge sagte offenherzig: Wenn unsre Guten Werke für die ewige Seeligkeit doch nicht ausreichen, weswegen dann sich ständig darum mühen? Da Christus all unsre Sünden durch seinen Tod ausgelöscht hat, warum dann das Leben durch Buße verdüstern? Wir glauben. Luther hat gelehrt: Es genüge zu glauben. Jawohl, wir glauben! Daß man in Wahrheit vielfach nur zu glauben glaubte, blieb weiten Kreisen verborgen. Sie vermeinten, ihre Tage gottgefällig zu vollbringen. Und waren tatsächlich entgottet.

Nun hatte Martin Luther außer seiner grundleglichen Lehre von der Rechtfertigung allein durch den Glauben auch noch die Freiheit des Christenmenschen verkündigt. Der Gläubige, versicherte der Reformator, benötige für sein Seelenheil weder die Kirche noch die Mitwirkung eines Predigers. Denn die Kirche sei nicht um ihrer willen da, sondern für die Bedürfnisse der Gemeinde. Der Prediger habe nicht der Beherrscher seines Beichtkindes zu sein, sondern dessen Diener. So war es Martin Luther gelungen, die uneingeschränkte Gewalt der alleinigen Kirche einzudämmen, die Zwangsherrschaft des anmaßenden Priestertums zu brechen. Aber an die Stelle der bisherigen Kirche trat die auf festgelegte Glaubenssätze gegründete Religionsgemeinschaft. Das Predigertum wurde durch das Pfaffentum abgelöst. Wehe Dem, welcher einen Lehrsatz der evangelischen Kirche angriff! Fluch über Jene, welche die sonntäglich von der Kanzel herab verkündigte lutherische Lehre bezweifelten! Es durfte keine Abweichung von dem Bekenntnis der Reformation geben. Es brauchte sie nicht zu geben. Denn grundleglich für Alles, was der Christ sagte und tat, lebte und wirkte, war das geoffenbarte Wort Gottes: die Bibel. Natürlich in der Deutung, die Martin Luther und seine Amtsnachfolger, die evangelischen Pastoren, ihr gaben!

Den Teufel der Kirchenallmacht und Priesterherrschaft hatte Martin Luther kraft seiner Beschwörungen ausgetrieben. Belzebub jedoch, die Unduldsamkeit und Anmaßung des Pfaffentums, hatten die Nachfolger des religiösen Erneuerers durch eine Hintertür wieder hereingelassen.

Gegen die Veräußerlichung und Verfestigung, die Verunreinigung und Verfälschung der Reformationslehre trat der 1635 in Rappoltsweiler geborene, in Straßburg und Frankfurt, in Dresden und Berlin wirkende Prediger Philipp Jacob Spener mit einer 1675, zehn Jahre vor Bachs Geburt, erschienenen Schrift auf. Sie hieß: «Pia desideria oder: Herzliches Verlangen nach gottgefälliger Besserung der wahren evangelischen Kirche.» Der Reformator des Reformators ging auf den Ursprung der Glaubenslehre Martin Luthers zurück: auf die Befreiung von Kirche und Priestertum, von Dogma und Vorschrift. Der einzelne Mensch, erklärte Spener, sollte und könnte und müßte sich unmittelbar mit Gott in Beziehung setzen. Aber Das wäre erst dann möglich, wenn über ihn die Erleuchtung des Himmels käme wie über Saulus, der auszog, um die Christen zu verfolgen, und – von Gott angerufen – zu Paulus wurde, der unzählige Heiden zu Christus brachte. Nach der Stunde solcher Erweckung gelte es für den Christen zum Ersten: die Heilige Schrift gründlicher und wahrhaftiger kennenzulernen als bisher; zum Zweiten: alle lebentötenden Glaubensforderungen abzuschaffen; zum Dritten: Ernst zu machen mit den seelsorgerischen Bemühungen der Laien, von denen jeder Einzelne an seiner Stelle – in der Stadt, dem Dorf, der Gemeinde, dem Hause – ein Priester Gottes wäre; zum Vierten: als Christ tätig zu sein, wo und wann und wie es irgend sich ermöglichen ließe. Denn nicht die Meinung bedeute das Entscheidende. Sondern das Beispiel! Nicht auf die Lehre komme es an. Sondern auf die Tat! Und zwar auf die Verwirklichung der göttlichen Gebote innerhalb des irdischen Daseins. Damit die Erde durch Güte und Liebe, durch Stille und Duldsamkeit, durch Bescheidung des Eigenen und Anerkennung des Anderen zu einem Vorhof des Himmels werde. Nur wenn der Mensch dem Menschen zur Vervollkommnung verhelfe mittelst selbstlosen Dienens im Geiste der Allgemeinheit, nur dann wäre an Frommheit erfüllt, was mit Recht gefordert werden könnte.

Diese Lehre Philipp Speners fand binnen kürzester Zeit in Deutschland weite Verbreitung. Ihre Anhänger – nach dem ersten Wort seiner grundleglichen Schrift «Pia desideria» Pietisten genannt — waren überall anzutreffen. Kein Land — kein Gebiet, keine Stadt — kein Dorf, wo sie nicht wirkten und — mehr durch ihr Vorhandensein als durch ihren Bekehrungeifer, erfolgreicher durch ihre Taten als durch ihre Weisungen — Jünger werben.

Führende Männer des Protestantentums sahen durch die Unterwühlung der Kirchenmacht und die Durchlöcherung der Glaubensgesetze ihre Herrschaft hinschwinden. Zwischen den beamteten Verwahrern des Alten und den beauftragten Verwaltern des Neuen brach im ganzen Land ein Kampf auf Leben und Tod aus. Der wurde nicht mehr mit wirklichen Waffen, wohl aber mit nicht minder gefährlichen geistigen Waffen geführt. Und zwar zu dem gleichen Zweck wie der Dreißigjährige Krieg: die Andersgläubigen auszurotten.

Besonders heftig tobte der Kampf um den künftigen Glauben in Mühlhausen. Dort war für religiöse Auseinandersetzungen ein äußerst fruchtbarer, blutgedüngter Boden. Hatte doch Thomas Müntzer sich auf der Flucht vor den fürstlichen Gegnern hinter die Mauern Mühlhausens gerettet und von hier aus die unzufriedenen Städter, die verarmten Bauern, die verelendeten Bergleute zum bewaffneten Widerstand aufgerufen. War er doch von hier aus dem Heer der thüringischen Fürsten bis Frankenhausen entgegengezogen und als Besiegter in der Nähe Mühlhausens enthauptet worden, wo er — der Knecht Gottes wider die Gottlosen — der Gleichheit für Reich und Arm, für Vornehm und Gering sehr nahe kam. Durch die Erinnerung an diesen Kampf um das wahre Evangelium wurde in Mühlhausen die Scheidung der Geister verschärft, das Ringen um die Reinigung der protestantischen Lehre verheftigt.

Vorkämpfer für den Pietismus war der Superintendent Johann Adolph Frohne, der Hauptprediger an der Kirche Divi Blasii. Mithin der unmittelbare Vorgesetzte des Organisten Johann Sebastian Bach! Dieser fast fünfzigjährige Geistliche war ein Mann von außerordentlicher Leibesfülle. Auf einem Bild zeigte der kürbisrunde, durch ein Sammetkäppchen bedeckte

Kopf über den breiten Bäffchen ein ausgeglichenes Gesicht mit Schnurrbart, vorgewölbtem Kinn und Doppelhals. Die Linke lag gelockert auf dem Bibelbuch. Der Zeigefinger war erhoben. Er wollte offenbar nach leisem Herabfallen jenen Spruch bezeichnen, der für den Beweis des Behaupteten heranzuziehen war. Die rechte Hand hing nach unten. Alle fünf Finger waren ausgestreckt. Sie hatten Samen ausgestreut, den Samen des Wortes Gottes, und ihm für sein Gedeihen reichen Segen auf den Weg mitgegeben.

Der Superintendent Johann Adolph Frohne war kein Kämpfer für unduldsame Lehren, kein Krieger im Dienste herrischer Dogmen, wohl aber ein Bekenner des Glaubens, ein Bewahrer der Schrift, ein Verteidiger des Evangeliums. Fiel man über ihn her, so ging er – getreu dem alten Grundsatz, daß die beste Abwehr der Hieb ist – zum Angriff über.

Jedoch man ließ den pietistischen Mühlhausener Superintendenten gewähren. Er durfte die Bibel nach der Auffassung seines Lehrers und Meisters Philipp Spener ungehindert auslegen. Wie es auch die andersgesinnten Prediger nach der Anweisung ihres Lehrers und Meisters Martin Luther uneingeschränkt taten.

Als die Mühlhauser Johann Sebastian Bach an die Kirche Divi Blasii zum Orgelspiel beriefen, wurde der grundlegende Unterschied zwischen ihm und seinem geistlichen Vorgesetzten in einer entscheidenden Frage, der Verwendung instrumentaler Musik während des Gottesdienstes, nach wenigen Wochen offensichtlich. Aber weil man Ihn duldete, so duldete Johann Adolph Frohne seinen Organisten. Denn auch dessen Tun beruhte auf Glauben. Nämlich auf dem Glauben an die Allmacht der Musik! Nun wohl, der junge Querkopf würde sich bald die Hörner abstoßen. Würde dem hobelnden Leben die Ecken seines allzukantigen Wesens opfern. Auch durfte nicht übersehen werden, daß Bach in dem Bürgermeister Conrad Meckbach einen großherzigen Förderer, in dessen musikbesessenem Sohn Friedemann Meckbach einen schrankenlosen Bewunderer besaß. Der Superintendent und Hauptprediger ließ also den himmelstürmenden Organisten Sebastian Bach in der Ausübung seines musikalischen Amtes großmütig tun, was ihm beliebte. Allsonntäglich rief Johann Adolph Frohne von der Kanzel seiner Mühlhausener Kirche mit mächtiger Stimme herunter: Bekehrung! Erweckung! Erleuchtung! Verinnerlichung! Durchsittlichung! Betätigung! Unablässige Betätigung draußen und drinnen, in der Öffentlichkeit und im Verborgenen! Damit das Reich des Heils auf Erden seinen Anfang nimmt und die paradiesischen Zustände nicht erst im jenseitigen Leben beginnen. Das Gottgebotene tun! Ununterbrochen tun! Jeder an seinem Teile tun! Allsonntäglich machte Johann Sebastian Bach, ungehindert von seinem Vorgesetzten, in der Kirche Divi Blasii Musik, wie sein Glaube und sein Herz es geboten, wie seine Einsicht und sein Können es ermöglichten. Zwischen dem bibelgläubigen Prediger und dem musikgläubigen Organisten der Kirche Divi Blasii herrschte Friede.

Dies Alles änderte sich mit Einem Schlage, sobald der fünfunddreißigjährige Theologe Georg Christian Eilmar als Archidiaconus im Jahre 1699 an die Mühlhausener Marienkirche berufen wurde.

Eilmar hatte ein vierkantiges, überanstrengtes bartloses Gesicht. Der Mund zusammengekniffen. Von der Nase bis über die beiden Seiten der Lippen hinab zwei tiefe Unerbittlichkeit-Kerben. Auch sein Bild zeigte eine offene Bibel. Aber die Hand dieses Gottesstreiters wies nicht zur Verständigung auf das Buch der Bücher hin. Sie war beschwörend erhoben. Ihre Finger, insbesondere der starrgespreizte Zeigefinger, bedeuteten eine unverkennbare Drohung: Fluch über Alle, die von dem durch Martin Luther wiederhergestellten Worte Gottes irgendwann, irgendwo, irgendwie abweichen!

So sprang denn der Martin Luther vergötternde neue Prediger von der Kirche Beatae Mariae Virginis seinen Philipp Spener verhimmelnden Gegner auf der Kanzel von Divi Blasii ungesäumt mit der Eröffnungpredigt während des Sonntages Sexagesimae kläffend an. Er nannte den Namen seines Widersachers nicht. Doch jeder Zuhörer in dem dichtgefüllten Kirchenschiff wußte, auf wen die Verurteilung der lästerlichen, sich ständig mehr ausbreitenden Frömmelei gezielt war. Sie müsse, hieß es, mit Stumpf und Stiel ausgerottet werden. Ihre Vertreter gälte es von Amt und Brot zu verjagen. Ehe Diesen gelungen sei, das altehrwürdige Glaubensgebäude des großen Reformators mit Wortwürfen zu beschädigen oder gar mit Thesenkanonaden zu vernichten. Nur Eine unantastbare Lehre gebe es: jene, die in der Bibel aufgezeichnet wäre. Ihr Einziger Verkünder, ihr jedes Irrtums durch den Geist Gottes überhobener Deuter sei Doctor Martin Luther. Nicht irgendein großmannssüchtiges Predigerchen, das sich anmaße, der Christenheit mit seinen geschwollenen Schriften eine neue Lehre zu bringen! Jedermann könne das Wort Gottes und die Auslegungen des Reformators durch aufmerksames Lesen verstehen. Es sei ketzerisch, auf eine besondere Erweckung, auf eine außerordentliche Erleuchtung zu warten. Unsinnig also, das äußere Wort der Schrift von dem inneren Wort der Anrufung zu scheiden. Verbrecherisch, die geschriebene Botschaft des Allmächtigen für tote Buchstaben zu erklären, welche erst in den Herzen der Gläubigen zur persönlichen Auferstehung gebracht werde. Fluch über diese falsche Lehre! Ein Pereat ihrem Verkünder! Kampf mit ihm bis zur Vernichtung! Im Dienste des ewigen Gottes und zu Ehren des dreizehnten Apostels, des Wiederherstellers der Lehre Jesu Christi, Martin Luther!

Der Angriff auf den Pietismus war, nach Jahren der Duldung, durch einen Vertreter des Protestantismus mit voller Wucht eröffnet worden. Superintendent Frohne beschloß, den Fehdehandschuh aufzunehmen. Bevor er sich aber bis zur Tat durchgerungen hatte, ging der bedachtsame Prediger an der Kirche Divi Blasii ernstlich mit sich zu Rate. Schließlich sagte der Geistliche in seinem zerwühlten Herzen: Nachdem ich nun Dieses vernommen und gemerket habe, wie es ein Anfang sein soll zur Zerstörung der guten Erbauung, welche zeithero ohne einen einzigen öffentlichen Widerspruch bei uns durchgeführt worden ist, so habe ich kraft meines Amtes als Superintendent das Recht und die Pflicht, daß ich dieses mit Stillschweigen nicht an mir vorbeigehen lasse. Die gottlosen Leute, welche sich mit dem

Gedanken tragen, sie könnten mich kitzeln und verunehren, alldieweil mir das Maul verboten sei, irren von Grund auf. Ich werde sie nicht unangetastet lassen.

Des nächsten Sonntages, der sich nennt Quinquagesimae, stieg der Superintendent Johann Adolph Frohne mit noch gewichtigeren Schritten als sonst die Kanzeltreppe in Seiner Kirche hinauf. An diesem Morgen wurde dem Geistlichen der Atem, welcher ihm zwar nie beim Predigen, wohl aber während des Emporsteigens manchmal Mühe machte, nicht schwer. Als ob er noch 28, keineswegs 48 Jahre alt wäre, so mühelos gelangte der Kampfbereite nach oben.

Auf Grund des Bibelwortes von dem Blinden, der durch Jesus sehend wurde, wies der Mühlhausener Superintendent eindrücklich nach:

1. Ohne Treibung der wahren Bekehrung, ohne Herbeiführung der spürbaren Erleuchtung soll dem Gottlosen der Trost des Evangeliums nicht dargereicht werden.
2. Den Gottlosen darf solcher Trost erst verkündigt werden, falls sie nachweislich sich bekehret haben.
3. Wenn der Trost ohne vorherige Erweckung gepredigt wird, so öffnet sich dadurch der Weg zur Sicherheit, welche der Anfang ist zum ewigen Verderben.
4. Es ist nicht irrig, Gott um den Heiligen Geist anzurufen, er möge das Wort der Schrift dem Leser öffnen. Denn obgleich der Heilige Geist zwar schon im Worte ist, so muß Dieser doch auch im Herzen sein, wenn er den Menschen durchleuchten und heiligen soll.
5. Es ist also nicht irrig, einen Unterschied zu machen zwischen dem innerlichen und dem äußerlichen Worte Gottes. Wenn die Erleuchtung und Bekehrung geschehen soll, so muß das äußerliche Schrift-Wort ein innerliches Herzens-Wort werden. Gleichwie der Same nicht Same außer der Erde bleiben darf, sondern ein innerlicher Same im Acker werden muß.

Gewaltig hatte er gepredigt, der Herr Superintendent Johann Adolph Frohne, Haupt-Geistlicher an der Kirche Divi Blasii zu

Mühlhausen; mit jener Kraft der inwendigen Überzeugung, welche nicht nötig hat, zu schreien und den Gegner zu verdächtigen. Seine Anhänger sahen bewundernd einander an. Seine Widersacher duckten verdüstert die Köpfe. Wiederum war kein Name genannt worden. Aber in dem Gotteshaus wußte Jeder, gegen Wen die Predigt des Herrn Superintendenten auf der Kanzel Divi Blasii gerichtet war: gegen den Archidiaconus an der Kirche Beatae Mariae Virginis.

Dieser blieb die Antwort nicht schuldig. Als Eilmar des nächsten Sonntags auf seiner Kanzel stand, wetterte er gegen jene Neuerer, welche die Lehre Martin Luthers verdürben und dem eindeutigen Worte Gottes, wie es die Bibel verzeichne, persönliche Auslegungen unterschöben. Der Tobende scheute sich nicht, nunmehr als das Oberhaupt dieser Sectierer öffentlich seinen Amtsbruder an der Kirche Divi Blasii zu nennen.

So verwahrte sich Johann Adolph Frohne am übernächsten Sonntag, ebenfalls unter Namensnennung, wider die falschen, gegen ihn ausgesprengten Beschuldigungen. Er ginge nicht von der evangelischen Bahn ab, sei vielmehr bestrebt, sie in voller Reinheit, welche die Gegner verdunkelten, wiederherzustellen. Neben dem Glauben auch noch Buße und Gute Werke in den Predigten fordern, sei keine Pietisterei. Sondern gottgefälliges Tun!

Da holte Eilmar zu dem vernichtenden Schlag aus. Am übernächsten Sonntag nannte er glaubenswütig seinen geistlichen Widersacher von der Kanzel herab einen Ketzer, welcher mit Grund verdächtig wäre des Majorismus, des Weigelianismus, des Terminismus, des Chiliasmus.

Die Anhänger Eilmars wußten nicht, welcher Vergehen ihr Herr und Meister den Oberpietisten beschuldigte. Aber es mußten, nach den Namen zu urteilen, furchtbare Verbrechen sein. Die Anhänger Frohnes hielten um so fester zu ihrem bewunderungwürdigen Superintendenten, der von seinem Platz nicht wankte und nicht wich. Die Mühlhausener Bürgerschaft spaltete sich in zwei Lager: hier Pietisten — dort Protestantisten, hier Speneristen — dort Lutheristen! Manche kämpften ehrlich an der Seite ihrer geistlichen Führer. Andere waren Mitläufer. Sie wechselten von hüben nach drüben, von drüben nach hüben. Je nachdem, wessen Sache ihnen am aussichtreichsten und vorteilhaftesten erschien. Viele aber genossen die Kanzelkämpfe der beiden Prediger als ein Schauspiel. Wie man lachend zuschaut, wenn zwei Hähne sich anspringen, als ob sie einander umbringen wollten. Während Beide doch nur erreichen, daß der Eine mit gesträubten Federn und blutigem Kamm schimpfend davonschleicht, der Andere lauthals krähend seinen Sieg verkündet, wovon außer einigen unterwürfigen Hennen Niemand Kenntnis nimmt.

Im Mai des Jahres 1700 gebot der Mühlhausener Rath: Sämtliche Geistlichen — gleichviel, welcher persönlichen religiösen Überzeugung sie auch wären — hätten sich mit ihren Predigten aller Streitigkeiten und Verdächtigungen, aller Angriffe und Beschuldigungen zu enthalten. Falls einer von den Predigern bei irgendeinem seiner Amtsbrüder Abweichungen von dem Evangelio oder Irrlehren zu entdecken glaube, so solle er es dem Consistorio schriftlich mitteilen. Damit alsdann die Sache von den zuständigen Amtlichen Stellen untersucht, den Irrungen brüderlich abgeholfen werde, auf daß ärgerliche Weiterungen und schmerzliche Zerrüttungen innerhalb der Stadt unterblieben.

Jahrelang herrschte auf Grund dieser Raths-Bestimmung Friede zwischen den kirchlichen Parteien. Dann war der Kampf, in verstärktem Maße, wieder da. Wer ihn von Neuem eröffnet hatte, ließ sich nicht feststellen. Die Pietisten bezichtigten die Protestantisten, die Lutheristen beschuldigten die Speneristen, daß sie ihn vom Zaun gebrochen hätten. Weil der Rath nur das Predigen gegeneinander verboten hatte, schrieb man gegeneinander.

Insbesondere der Archidiaconus Eilmar machte von der Weisung des Hohen Rathes, Verdächtiges schriftlich zu melden, unablässig Gebrauch. Eingabe auf Eingabe mit Beschuldigungen Frohnes richtete er an das Consistorium. Wohl ein halbes Rieß Papier, rühmte der Eiferer sich am Ende des Jahres 1706, habe er innerhalb zehn Wochen vollgeschrieben. Alle von Grobheiten und Beschimpfungen wimmelnden Berichte hatten Einen Inhalt: Der Superintendent der Kirche Divi Blasii verfälsche das reine Wort Gottes, verdunkle die klare Lehre Martin Luthers, sei nachweisbar ein Ketzer und müsse demzufolge von seinem Amt entfernt werden.

Um nicht mit Schimpf und Schande verjagt zu werden, sah sich der Hauptprediger Johann Adolph Frohne genötigt, eine Schrift erscheinen zu lassen wider den Herrn Doctor Georg Christian Eilmar, Pastor primarius bei der Kirche Beatae Mariae Virginis und Assessor Consistorii zu Mühlhausen. In dieser ebenso gründlichen wie sachlichen religiösen Abhandlung, betitelt: «Das Recht des geistlichen Priesters» hieß es an der entscheidenden Stelle: Die werklosen Christen hielten die Predigten der tätigen Geistlichen, welche neben der unverdienten Rechtfertigung auf die notwendige Heiligung drängten, für verdächtig, als wären sie von papistischer Art. Die Weltgesinnten beschuldigten diejenigen Prediger, welche auf die Buße, so vor dem Glauben herginge, und auf die Buße, so aus dem Glauben flösse, mit Ernst und Nachdruck beständen: Sie seien Abtrünnige von dem Worte Gottes. Solches hätte auch Er an sich erfahren müssen. So strafe er denn diese Ehrabschneider öffentlich und zeige den Unverständigen: Der Gottseeligkeit sich befleißigen, Buße tun und Gute Werke verrichten, ist keine Pietisterei. Sondern eine heilige, von Gott uns aufgelegte Übung!

Eilmar antwortete mit einer wüsten Anklageschrift, betitelt: «Harmonia Frohniano – Pietistica – Chiliastica».

Weil der HochWohlweise Rath der Stadt Mühlhausen sich selbst nicht ausreichende Sachkunde zutraute und mit Recht annahm, daß sein Städtisches Consistorium kein unparteiisches Urteil über die Streitfrage der Rechtgläubigkeit oder Ketzerei des Superintendenten Frohne abgeben werde, so verfügte er: Die Angelegenheit solle drei Theologischen Facultäten evangelischen Geistes zur Begutachtung auf Grund der vorliegenden Schriften unterbreitet werden. Nach Maßgabe des Mehrheiturteils fachkennerischer Männer wolle alsdann die Stadtverwaltung das endgültige Urteil fällen, den Superintendenten in seinem Amt belassen und dem Archidiaconus für immer Schweigen gebieten – oder den Hauptprediger zu Divi Blasii von dannen jagen und dem Pastor primarius zu Sanct Mariae Virginis für seine Wachsamkeit gebührlich danken.

Frohne erklärte bedenkenlos, daß er sich dem zu erwartenden Urteil unterwerfen und, wenn zwei Facultäten ihn als der Ketzerei überführt bezeichneten, das Mühlhausener Amt aufgeben werde. Vorausgesetzt, daß sein Gegner die gleiche Erklärung schriftlich niederlege und, falls das Urteil der Facultäten gegen Ihn gerichtet sei, als falscher Ankläger Mühlhausen verlasse. Eilmar blieb nichts Anderes übrig, als das verlangte Zugeständnis zu machen. Er tat es mit verkniffenen Worten. So war nach sieben Jahren der religiöse Streit zwischen dem Protestantismus und dem Pietismus zum Stillstand gekommen.

Zu diesem Zeitpunkt, da man nicht wußte, wohin die Urteilswaage endgültig ausschlüge, trat Johann Sebastian Bach sein Amt als Organist bei der von dem Superintendenten beherrschten Kirche an.

Es lag offen zutage, daß Bach sich entscheiden mußte; und zwar für den Pietismus oder den Protestantismus, für das werktätige Leben im Dienste Gottes oder den gnadenseeligen Glauben zum Weiterbestand der Kirche, für Philipp Spener oder Martin Luther.

Sebastians Herz gehörte dem Neuen: der irdischen Betätigung im Namen des Jenseitigen, der musikalischen Verkündigung im Auftrag des Himmlischen. Auch schätzte Bach, gerade weil die eigenen Kräfte sich vielfach überschlugen und ihm schon manche Ungelegenheiten zugefügt hatten, das stille, aber beharrliche, dem aufgedrungenen Kampf niemals ausweichende Wesen des Superintendenten an Seiner Kirche höher als das unduldsame, streitwütige Gebaren des Archidiaconus an dem fremden Gotteshause. Trat somit Johann Sebastian entschlossen auf die Seite Frohnes? Setzte er alle Kräfte ein, daß dessen religiöse Lehre unter seiner musikalischen Mitwirkung in Mühlhausen die Oberhand gewänne? Mitnichten. Bekannte demnach

Johann Sebastian sich, trotz aller inneren Widerstände gegen Eilmars pfäffische Glaubenssätze und menschliches Verhalten, rückhaltlos zu Diesem? Keineswegs.

Was hinderte Bach, vorbehaltlos für Johann Adolph Frohne einzustehen? Sein Glaube. Sein besonderer Glaube. Der Glaube an die Grenzenlosigkeit der Musik. Dieser waren von Gott keine Schranken bestimmt, durften daher auch von Menschen keine Grenzungen gesetzt werden. Um solches Urglaubens willen lieferte Johann Sebastian sich trotz Hinneigung zu dessen Lehre dem Vorkämpfer des Spenerischen Glaubens nicht aus. Denn der Pietismus war kunstfeindlich. Für ihn bedeutete jede künstlerische Betätigung eine weltliche Angelegenheit, die Musik also eine verwerfliche Sache.

Sebastian Bach aber hielt sich mit seinem unverrückbaren Glauben an Martin Luther. Der hatte in seinem Erdplan der Musik, nach der voraufgehenden Theologie, den zweiten locum, den zweiten Platz angewiesen. Das war viel für Johann Sebastian. Und doch nicht genug! Auf den ersten locum, den vordersten Platz, gehörte – seiner Überzeugung gemäß – die Musik. Der Theologie, der Wissenschaft von Gott, war mit Zuweisung des zweiten Platzes vollauf Genüge getan. Denn das Singen von Gott hatte nicht der Theologie zu dienen, wohl aber hatte die Theologie der religiösen Musik zu Willen zu sein.

Nun taten es die Pietisten zwar nicht den Bilderstürmern gleich, die alle figürlichen Darstellungen des Göttlichen, gemalte sowohl wie gemeißelte, aus den Kirchen verbannten, ja mit Brandfackeln und Hämmern zerstörten. Die Anhänger Speners forderten keineswegs, daß bei den Gottesdiensten die Musik verschwinde und sich fürderhin dort nicht vernehmen lasse. Aber es war, ihrer Meinung nach, mehr als an der Zeit, daß diese sich des prunkenden Herrinnendaseins entäußerte und zu dem schlichten Magdtum früherer Zeiten zurückkehrte. Also verlangte man, daß die Orgel sich auf selbstlose Begleitung der Choräle beschränke, nicht während des Gemeindegesanges sich anmaßend hervorwage, nicht ein halsbrecherisches Wesen treibe, als müsse sie gleich den Seiltänzern auf dem Markt und den

Gauklern in den Schänken ihre schillernden Künste mit eitlem Gespreize zeigen.

Wiederum hielt Sebastian Bach sich an Martin Luther. Der hatte es nachdrücklich gutgeheißen, daß in den Kirchen und den Wirtshäusern — jawohl, auch dort! — dem Teufel zum Trotz mit vollen Stimmen musiziert würde. Denn die Musik wäre eine der wichtigsten Waffen bei dem unablässigen Kampf gegen das Ungute. Also nahm Bach seine Kunst des Orgelspieles in Mühlhausen nicht zurück. Er bildete und dehnte sie noch weiter aus, als es in Arnstadt bereits geschehen war. Sein Glaube an die Göttlichkeit der Musik, an die Musikalität des Göttlichen konnte sich während des Gesanges der Choräle mit ihrer orgelmäßigen Untermalung, Ausdeutung, Fortentwicklung noch viel weniger als bislang genugtun. Vorspiele, Nachspiele, ja selbst Zwischenspiele formten sich unter Bachs geschickten Händen und Füßen zu geschlossenen Kunstwerken. Für Diese war er nicht irgendwelchen in der Kirche sitzenden Menschen, nicht irdischen Religionswaltern verantwortlich.

Bachs Vorgesetzter, Superintendent Frohne, ließ in Erinnerung an die Zeit, da man seine Glaubenslehre geduldet hatte, den neuen Organisten gewähren. Mochte Bach sich gebärden, als könne er mit seinen pochenden Tönen die Tore des Himmels öffnen. Überschäumende Jugend! Würde sich im Laufe der Zeit klären und sänftigen! Als aber die musikalische Ungezügeltheit Bachs zunahm, bestellte der Herr Hauptpastor seinen Untergebenen zu sich. Er wies ihn an: mit dem Orgelspiel während des Gottesdienstes sich den bisherigen Bräuchen zu fügen. Er befahl ihm: gemäßigter als bisher mit seinem Spiel zu sein. Denn es lenke die Gemeinde von der Frommheit ab, statt diese durch stillklingende Versenkung in das Göttliche zu fördern. Er verbot ihm: weiterhin Weltlichkeiten, die sich immer häufiger und erkennbarer in sein Orgelspiel einschlichen, unter dem Dach von Divi Blasii hören zu lassen. Bach verneigte sich geziemend. Er beschloß, den Versuch zu machen, ob er den Weisungen seines Superintendenten nachkommen könne. Bach vermochte es nicht. Als einige Wochen vergangen waren, spielte er noch ungebundener und freier, noch musikwilliger und rücksichtloser. Gott hatte zu gebieten. Nicht die Menschen! Von dem Herrn des Himmels kam sein Auftrag. Nicht von den Geistlichen! Er stand als ihr bezahlter Organist in dem Dienst der Kirche? Irrtum. Er diente zeitüberhobenen Mächten. Ein Zusammenstoß würde sich, wenn er bei seinem Widerstand beharrte, ergeben, ein Zusammenprall, der ihm sein Amt kostete? Vielleicht. Wahrscheinlich. Sicherlich. Sei es drum! Gott, der ihm befahl, so zu spielen, wie er spielte, würde ihn und seine Eheliebste gegen alle vernichtenden Gefahren schützen.

Es war nur eine Frage der Zeit, bis die inneren Gegensätze zwischen der musikgegnerischen pietistischen Haltung des Superintendenten Frohne und der dienstlichen Unbekümmertheit des musikgläubigen Organisten Bach in offenen Kampf übergingen. Hatte doch einer von den Wortführern des Pietismus vor aller Öffentlichkeit schriftlich behauptet: Die neue Kirchenmusik hat sich auf kürzestem Wege aus der sündigen Oper entwickelt und unterscheidet sich von deren freventlichen Leistungen mit ihren Kantaten und Oratorien, mit ihren Orgelwerken und Passionen stilistisch überhaupt nicht. Denn es ist genau so, als ob bald Einer durch Zerreißung des Textes daher coloraturet oder drüllert, bald ein kleiner Knabe darein winselt oder wie ein Hähnlein krähet, bald der ganze Hauffe wie die Jäger auf der Jagd zusammenschreiet, darunter noch bald gefiedelt, bald geschalmeiet, bald gepauket, bald gedrommetet und auf mancherlei Ahrt gelärmet und gesauset wird, daß man vom textu kein Wort vernimmet! So konnte nicht ausbleiben, daß von maßgeblicher pietistischer Seite aus solcher Auffassung der Kirchenmusik weitgreifende Folgerungen hervorgingen. Es ist, forderte man, durchaus an dem, daß die colorierenden, in die Kirche eingeführten Cammer-musiquen oder vielmehr das italienische Capaunengelächter von der Andacht abführen, Zeitliches und Geistliches untereinanderwerfen und das künstliche Gold gravitätischer Wahrheit adulterieren (lies: verfälschen). Hinweg mit den vermeinten Nachtigallen, die sich selbst gern hören, sich selbst mehr in Ehrgeiz als in den Noten fugieren!

Hinweg mit den lächerlichen welschen Sprüngen und Sirenenliedern! Hinweg mit Allem, was nicht nach der geistlichen Hertzens- sondern nach der üppigen Welt-Freude zielt!

Trotz innerer Zustimmung zu manchen von seinen Lehren, trotz Anerkennung seines persönlichen Gehabens, unterstützte Bach nicht einen Mann, der zwar die Musikfremdheit keineswegs zur Musikfeindlichkeit steigerte, aber im Grunde seines Wesens ebenfalls der Meinung war: Die neue Orgelkunst gehöre — um ihres weltsüchtigen Wesens willen — nicht in die Kirche.

Um sich seine Kunst zu erhalten, stieß Johann Sebastian Bach zu dem Protestantisten Eilmar und stellte sich über das Berufliche hinaus menschlich gut mit ihm. Wäre er dem leidenschaftlichen Verfechter der unantastbaren Lehre Martin Luthers entgegengetreten, so würde der blindwütige Archidiaconus ihn mit Wort und Schrift zerschmettert haben, wie er seinem geistlichen Gegner den Garaus zu machen trachtete. Da Bach sich aber zu Eilmar hielt, gewann er in ihm einen leidenschaftlichen Mitkämpfer, welcher die Sache der neuen Musik wie seine eigene Angelegenheit verteidigte und verhinderte, daß man den Organisten der Kirche Davi Blasii um seines mißliebigen Spieles willen mit Schimpf und Schande davonjage. Johann Sebastian Bach hielt sich menschlich an den theologischen Eiferer, kämpfte jedoch beruflich ebensowenig für ihn wie für dessen Gegner.

Sehr wohl, als er die Entscheidung zu Gunsten des Archidiaconus der Marienkirche getroffen hatte, im Herzensgrunde wohl war Johann Sebastian bei seinem erzwungenen Verhalten nicht. So weitgehendes Verständnis er auch im Hinblick auf sein eigenes ungestümes Wesen, dem Kämpfer Eilmar entgegenbrachte — Bach verkannte nicht dessen Unduldsamkeit und Unflätigkeit.

Früher als erwartet, traf zu Mühlhausen — fünffach gesiegelt — das Urteil der angerufenen drei Theologischen Facultäten in Sachen Eilmars contra Frohnum ein. Während einer Amtlichen Sitzung des Rathes der Stadt wurde es unter Anwesenheit der beiden Gegner feierlich eröffnet. Zwei von den befragten Facultäten erklärten den Superintendenten als nichtschuldig der Ketzerei. Seine Lehre lasse sich in allen Punkten mit der Bibel vereinigen. Die dritte Facultät hob einige Sätze hervor, welche der Schriftauslegung Martin Luthers widersprächen. Aber es geschähe in so geringem Maße und in so gebührlicher Form, daß kein Anlaß vorläge, den Inculpaten wegen Ketzerei seines Amtes verlustig zu erklären. Ein Verweis für das Geschehene und eine Mahnung, sich künftighin jeder, auch der geringsten Verdunkelung lutherischer Lehre zu enthalten, wäre als angemessene Sühne zu erachten. Frohne erhielt den vorgeschlagenen Verweis in sanfter Form. Er nahm ihn widerspruchslos hin. Dem Gegner sprach der WohlWeise Mühlhausener Rath nachdrücklich sein Mißfallen aus. Er verbot ihm, dem Herrn Superintendenten künftighin irgendetwas Weiteres an Beschuldigungen zu imputieren. Der abgekanzelte Archidiaconus Georg Christian Eilmar antwortete durch ein Entlassunggesuch. Jedoch nach einer Unterredung mit Bürgermeister Conrad Meckbach zog er seine Bitte, ihn sämtlicher Dienste zu entbinden, schriftlich zurück. Was während dieser Auseinandersetzung zur Sprache kam, hat Niemand je erfahren.

Bach, der aufgeatmet hatte, als er von dem Rücktrittsgesuch Eilmars hörte, geriet in noch schlimmeren seelischen Zwiespalt denn bisher. Gewiß, der kirchliche Friede wurde wiederhergestellt. Aber es war ein Zwangsfriede. Wer bürgte dafür, daß der glimmende Unfriede nicht doch eines Tages aufflammte, die Asche durchschlug und neben vielem Anderen auch sein gedeihliches Mühlhausener Wirken zerstörte? War etwa nicht zu vermuten, daß der Sieger im Kampf, der Herr Superintendent, sich gegen ihn kehre und das bisher nur Angeratene gebieterisch fordere? Nämlich die Entfernung der eigentlichen Musik aus dem Gottesdienst! In Arnstadt hatten die Fronten sich klar gegenüber gestanden. Drüben die unvernünftigen Geistlichen, welche das grobe Geschütz der Amtsbeschränkung und Befehlsoberhoheit auffuhren — hüben der musikverpflichtete Organist mit der Waffe des inneren Rechtes. Er hatte den Kampf nicht gescheut. Er würde ihn auch zu Mühlhausen aufnehmen, würde mit allen Kräften in den Streit der beiden Gegner eintreten, wenn – – –, ja, wenn er uneingeschränkt auf Einer von den zwei Seiten stehen durfte. Der Mann, dessen rechthaberische, starre Lehre seinen Anschauungen vielfach widersprach, Eilmar, war ihm durch unbedenkliches Eintreten zu Gunsten seiner Musik nahe gekommen. Der Mann aber, dessen auf Betätigung des Glaubens gerichtete Überzeugungen sein Herz teilte, war ihm trotz aller Duldsamkeit menschlich fern geblieben. Denn wer in seiner Kunst nicht mit ihm ging, wer den Weg zur Musik, zu seiner Musik nicht fand, der konnte sein Freund nicht werden. Aber Freund hin – Freund her! Was gingen ihn die Streitigkeiten der Geistlichen an? Nichts. Was bekümmerten ihn die Kämpfe der Kirche? Nichts. Was bedeutete ihm die Lehre der Prediger? Nichts. Um Gottes Wort ging es. Keineswegs um dessen menschliche Ausdeutung. Das Glaubensgebäude galt es zu erhalten. Keineswegs die Einrichtungen der zänkischen Kirchenbeamten. Das Christentum mußte gegen seine Widersacher verteidigt werden. In diesem Streit hatte Jedermann, auch er, seine Kräfte einzusetzen. Nicht bei den Streitereien der Geistlichen. Die Kirchendiener waren um Gottes willen da. Keinesfalls besaßen sie das Recht, Gott vor ihren Amtskarren zu spannen. Mithin stand die Frage für ihn so: Würde es, wie er bei seinem Dienstantritt zuversichtlich gehofft hatte, in Mühlhausen möglich sein, die besonderen, ihm verliehenen Gaben der Musik nach allen Richtungen hin ihrer Urbestimmung gemäß auszuwirken? Mit der bündigen Aufstellung dieser Frage, war auch die Antwort da. Sie lautete: Nein. Weil er in einem Kampfe, der keineswegs um ihn ging, seine Kräfte nicht vergeuden durfte; weil er nur Eines erstrebte, Musik zu machen und Musik zu schaffen, unbekümmert um alle menschlichen Mißverständnisse, ungehindert durch alle amtlichen Einschränkungen: so galt es, sich nach einer anderen, einer gedeihlicheren Wirkungstätte umzusehen.

Das Schicksal war dem zwischen zwei geistliche Fronten geratenen jungen Organisten willfährig. Am 20. Juni des Jahres 1708, nach neunmonatiger Tätigkeit, konnte Johann Sebastian Bach bei der Bürgermeisterlichen Magnificenz Mühlhausens und den Patronen seiner Kirche die schriftliche Bitte um Entlassung aus sämtlichen Diensten an der Kirche Divi Blasii einreichen. Dieses Schriftstück wuchs auf Grund der vorausgegangenen inneren Kämpfe und Entscheidungen weit über das Übliche hinaus. Nach Anbringung der festliegenden endlosen Anredeformel wies Bach darauf hin, daß seiner Wenigkeit die vor einem Jahr erledigte Organistenstelle Divi Blasii Hochgeneigt übertragen worden sei und er mit gehorsamem Dank jederzeit anerkennen müsse, daß man zu seinem besseren Lebensunterhalt Milde habe walten lassen. Dann fuhr die denkwürdige Schrift fort:

> Wenn ich auch stets den Entzweck, nemlich eine regulirte Kirchenmusic zu Gottes Ehren, nach Ihrem Willen gerne hätte aufführen mögen, und sonst nach meinem geringen Vermögen der fast auf allen Dorfschafften anwachsenden Kirchenmusic, und oftt besser, als allhier fasonierten — geformten — Harmonie möglichst aufgeholffen hätte, und darümb weit und breit, nicht sonder Kosten, einen guthen apparat der auserlessensten Kirchen-Stücken mir angeschaffet, wie nichts weniger das project zu den abzuhelffenden nöthigen Fehlern der Orgel pflichtmäßig überreichet habe, und sonst aller Ohrt meiner Bestallung mit Lust nachgekommen währe: so hat sichs doch ohne Widrigkeit nicht fügen wollen, dergestalt auch zur Zeit die wenigste apparance — Hoffnung — ist, daß es sich anders künfftig fügen mögte.

Da stand es an der Spitze eines atemraubenden Satzes, das unverrückbare Glaubensbekenntnis des dreiundzwanzigjährigen Organisten Johann Sebastian Bach. Stand da mit sechs klarkantigen Worten, von denen alle Bosselei nichts wegzunehmen vermochte:

Endzweck	—alleiniger, überragender, zusammenfassender immergültiger Zweck —
regulierte	—geordnete, geregelte, gefestigte gearbeitete, gestaltete —
Kirchen-Musik	—in der Musik verwendbare, für die Kirche nützbare Musik —

zu Ehren Gottes —nicht im Dienste der Menschen, sondern einzig und allein im Dienste Gottes, des Schöpfers aller Dinge.

Mit diesen sechs Worten war nach der Einen Seite hin die notwendige Absage gegeben: Keine der sich unerbittlich bekämpfenden Glaubenslehren, noch sonst irgendwelche kirchliche Richtung konnte und durfte seine, Johann Sebastian Bachs, Musik als die Ihre beanspruchen. Nicht die Pietisten — nicht die Protestanten, nicht die Calvinisten — nicht die Katholiken, noch viel weniger die Prediger auf der Kanzel oder die Lehrer in den Schulen. Die von ihm als Endzweck erstrebte Kunst war dem christlichen Glauben verpflichtet, durfte also in keine Bekenntnis-Zwangsjacke gesteckt werden. Gleichviel, was die Kirchenhäupter und ihre Vertreter forderten, welche gutgemeinten Absichten sie hatten, welche angeblich berechtigten Ansprüche sie stellten, seine Musik hatte damit nichts zu schaffen.

Nach der anderen Seite hin war von ihrem Schöpfer das lebenslang für Johann Sebastian Bach gültige Gelöbnis im Namen der Musik abgelegt worden. Allein zu Ehren Gottes! Gleichviel in welcher Form und für welche Verwendung, mit welchen Mitteln und unter welchen Hilfen — es blieb als oberstes Gesetz, darin alle anderen Gebote hingen, für seine Musik bestehen: Soli Deo Gloria.

Erst nachdem dieses Glaubensbekenntnis abgelegt, die Hinweise auf das Geleistete eingefügt, die Widerstände angedeutet, das Fehlen der Hoffnung auf Besserung bekannt, die beschränkten Lebensumstände ins Feld geführt waren — — erst dann gab Johann Sebastian Bach dem Rath der Stadt Mühlhausen, den äußerlichen Anlaß des von ihm überreichten Schriftstückes bekannt, nämlich: Gott habe es so gefügt, daß ihm eine Änderung seines Lebens unvermutet zu Händen gekommen wäre. Er könne an anderer Stelle eine hinlänglichere Versorgung, eine erfolgreichere Durchführung seines Endzweckes, der wohlzufassenden Kirchen-Musik, ohne Verdrießlichkeit erreichen. Denn Ihro Hochfürstliche Durchlaucht zu Sachsen-Weimar hätten ihn bei dero Hof-Capelle und Cammer-Music gnädigst eingestellt.

Nach der gehorsamsten Vermeldung seines Vorhabens folgte zum Beschluß die unzweideutige Bitte Bachs: mit seinen geringen Kirchendiensten dieses Mal fürlieb zu nehmen und ihn mit einer gütigen Dimission förderlichst zu versehen. Daran schloß sich die Zusage: Wenn er fernerhin zu den Mühlhausener Kirchenangelegenheiten etwas contributieren — beisteuern — könne, so solle es mehr in Taten als in Worten dargestellet werden.

Und der — seiner Versicherung nach — lebenslang verharrende Bittsteller schloß, nach abermaliger Anführung der hochgreifenden Titel, das unterthänige Memorial dienstgehorsamst mit der schöngeschwungenen Namens-Unterschrift: Johann Sebastian Bach.

Auf dem Mühlhausener Rathhaus herrschte, als am nächsten Tag Seine Magnificenz Herr Bürgermeister Doctor Conrad Meckbach während der zu diesem Zweck anberaumten Sitzung von dem Inhalt des Bachischen Schreibens den Rathsherren und Patronen durch eigenes Vorlesen Mitteilung machte, Bestürzung und Unwillen. Bestürzung: denn man erkannte nicht nur allseitig die ungewöhnlichen Leistungen des Sanct Blasius-Organisten an, sondern hatte ihn auf Grund seines Offenen Wesens gern. Unwillen: denn manche Mitglieder des conventus parochianorum sahen in der Absicht des vorzeitigen Fortgehens Fahnenflucht. Einige Rathsherren zeigten nicht übel Lust, Johann Sebastian Bach — in der gleichen Weise, wie es die Stadt Eisenach mit dem Abschiedsgesuch Johann Ambrosius Bach getan hatte, als Dieser unbilligermaßen nach Erfurt ausrücken wollte —, die Übersiedelung nach Weimar categorice, ohne Umschweife, zu versagen. Es war nicht abzusehen, was geschähe, wenn selbiger Vorschlag als Beschluß angenommen wurde. Soviel aber stand vorher fest: Im Gegensatz zu seinem unberühmten, nachgiebigen Vater würde der berühmte, eigenwillige Sohn sich nicht ducken.

Jedoch es gelang dem Übergewicht der massigen Persönlichkeit Meckbachs, die Gemüter zu beruhigen und ihr Einverständnis mit der Absicht Bachs durch seine diplomatischen Künste zu erzielen. Woraufhin es in dem abschließenden Protocoll hieß: Weil der Organist von Divi Blasii nicht aufzuhalten sei, so müsse man wohl in seine sofortige Dimission consentiren, das ist: einwilligen. An diese Erlaubnis wurde lediglich die Bedingung geknüpft: Bach solle den von ihm vorgeschlagenen Umbau der Sanct Blasius-Orgel weiterhin, und zwar bis zur endgültigen Fertigstellung, beaufsichtigen. Dieses sagte Johann Sebastian mit Freuden zu.

Das Bedauern, den jugendlichen Meister fernerhin nicht mehr zu besitzen, war allgemein. Warum war es den HochMögenden, HochEdlen, HochWeisen Stadtvätern nicht gelungen, einen so hervorragenden Musicus durch Bewilligung reicherer Bezüge, durch Einräumung größerer Freiheiten, durch Beschützung gegen zänkische Pfaffen in Mühlhausen festzuhalten? Weswegen einen Meister der Orgel, welcher mit seinem Spiel mehr vermochte, als wenn man das Können von Vater Ahle und Sohn Ahle zusammengebacken hätte, nach Weimar ziehen lassen? Doch nun war es zu spät. Das Mißgeschick der Stadt ließ sich nicht wiedergutmachen.

Wie in Arnstadt sein Vetter Johann Ernst Bach, der Sohn des Arnstadter Oheims Johann Christoph Bach, so wurde in Mühlhausen sein Vetter Johann Friedrich Bach, der Sohn des Eisenacher Oheims Johann Christoph Bach, des profunden Komponisten, Johann Sebastians Nachfolger auf der Orgelbank von Divi Blasii. Die knauserigen Rathsherren unterließen den Versuch nicht, das Organistengehalt auf die Bezüge des letzten der beiden Ahles zurückzuschrauben. Was ihnen bei dem zweiundzwanzigjährigen Johann Sebastian trotz aller Mühe nicht gelang, das schafften sie ohne sonderliche Anstrengung bei dem einunddreißigjährigen Johann Friedrich.

Von Mühlhausen nach Weimar reiste Johann Sebastian Bach mit einem Fuhrwerk, das er auf eigene Kosten gemietet hatte. Zur Linken saß ihm sein erster Schüler Johann Martin Schubart. Zur Rechten begleitete ihn seine Eheliebste Maria Barbara. Die war gesegneten Leibes.

IX

Den Humor hatte Johann Sebastian Bach trotz zermürbender Kämpfe auch in Mühlhausen nicht verloren. Das alte Wort «Cantores amant humores», die Cantoren lieben Humore, war für ihn unter allen Lebensumständen gültig. Gerade dann, wenn die Not ihm den Atem abzuwürgen drohte, befreite er sich von dem Albdruck des Schicksals, der auf seiner Brust lag, durch herzhaftes Gelächter. Mit Recht konnte Johann Sebastian für sich geltend machen, daß er die Thüringische Forderung an sein Geschlecht: «Den Bachen geziemet Lachen!» freudig befolgte. Dies wurde besonders während der Zusammenkunft seiner Namensgenossen im Jahre 1709 offenbar.

Die Angehörigen der weitverbreiteten Bachischen Musikantengilde pflegten Jahr für Jahr einen Familientag abzuhalten. Dann strömten die Bach-Männer des ganzen Landes und der umliegenden Gebiete aus sämtlichen Himmelsrichtungen zu dem festgelegten Termin an dem festgelegten Orte zusammen. Man pflegte und vertiefte alte Bekanntschaften. Man schloß und befestigte neue Freundschaften. Menschliche Geschehnisse wurden mitgeteilt, berufliche Erfahrungen ausgetauscht. Den Besprechungen der wirtschaftlichen Not gehörte ein großer Teil des Familientages. Ein noch größerer Teil wurde für die Fröhlichkeit freigehalten. Denn nach den monatelangen dienstlichen Plackereien, nach den endlosen beruflichen Kämpfen mit Pfaffen und Räthen, nach den beschwerlichen Bemühungen um das Musikverständnis der Gebildeten und Ungebildeten wollte man wenigstens für einige Stunden in dem Kreise gleichfühlender Namensgenossen ungehindert und ungefährdet lachen.

Damit die Länge des Weges bis zu dem Tagungort sich nicht ständig gleich blieb — für die Einen immer lang, für die Andern immer kurz — wechselte man von Mal zu Mal mit dem Ort, an welchem der Bachische Familientag abgehalten wurde. Auf daß dabei alles richtig verliefe, legte eine Abstimmung jeweils die Stadt für die nächste Zusammenkunft fest. Im Jahre 1709, da

Johann Sebastian Bach an der Mühlhausener Kirche Divi Blasii wirkte, war die Wahl des Ortes wiederum auf Arnstadt gefallen. Denn Dieses erfreute sich sowohl als Mittelpunkt des Bachischen Geschlechtes wie auch seiner günstigen Lage wegen besonderer Beliebtheit.

Zu dem anberaumten Zeitpunkt, dem ersten Mittwoch im Monat Mai des gedachten Jahres, brachen also erneut aus Nord und Süd, aus Ost und West nahezu sämtliche männlichen Angehörigen des Geschlechtes zu einem ihrer beliebten Familientage auf. Es kamen Bache aus Coburg und Rudolstadt. Es kamen Bache aus Ohrdruf und Gehren. Es kamen Bache aus Ruhla und Wechmar. Es kamen Bache aus Friedrichroda und Blankenburg. Es kamen Bache aus Saalfeld und Sondershausen. Es kamen Bache aus Kösen und Zella. Es kamen Bache aus Thüringen und Franken. Es kamen Bache aus Schwaben und Bayern. Es kam von Mühlhausen nach Arnstadt, dem Ort seiner heftigsten Kämpfe und schmerzlichsten Demütigungen, auch der vierundzwanzigjährige Johann Sebastian Bach. Arnstadt wurde zu Beginn des Monates Mai von Bachen überschwemmt. War es doch im Thüringer Lande so weit gekommen, daß Musikanten ohne Weiteres mit dem Namen Bach bezeichnet wurden und, wenn irgendwo Irgendwer Musik machte, Kinder riefen: «Die Bache spielen! Laßt uns hinlaufen! Die Bache! Die Bache!»

Die Meisten der Organisten und Cantoren, der Stadt-Pfeifer und Spielleute, der Türmer und Instrumentenmacher Bachischen Namens legten den Weg nach Arnstadt, auch wenn sie einige Tage dafür benötigten, zu Fuß zurück. Denn es gab wohl Bache, die mit künstlerischen Gaben überreich gesegnet wurden. Aber im ganzen Lande wohnten nur sehr wenig Bache, die an irdischen Gütern Überfluß hatten. Die Besoldung war gering. Der Kinder waren viele. Die Not ging überall um. Musikanten aber wurden von ihr besonders häufig heimgesucht. Also konnte nur der Eine oder der Andere jener Bache, die ungewöhnlich weit von Arnstadt entfernt wohnten, ein Wägelchen mieten. Versteht sich: für kurze Strecken! Denn einmal: Sparsamkeit gehörte zu den Bachen wie Flöhe zu den Hunden. Zum

Andern: In die Stadt hochmögend hineinzukutschieren, war um Derer willen nicht rätlich, die wegen ihrer Armut auf ein Gefährt verzichten mußten. Zum Dritten: Wie lernte man sein Heimatland wohl besser kennen als dadurch, daß man es bergauf — bergab durchwanderte? Wenn man mit Pferd und Wagen darüberwegraste, keinesfalls.

Frauen erschienen auf den Bachischen Familientagen nur in beschränkter Anzahl. Nicht daß Ihnen die Teilnahme verwehrt gewesen wäre! Aber der Weg bis zu dem Ort der Zusammenkunft war für die meisten Bachinnen zu beschwerlich. Die Kräfte des Leibes, insbesondere der Beine, hatten viele Geburten geschwächt. Die Arbeit im Hause ließ sich kaum bewältigen. Die kleinen Kinder konnten nicht tagelang allein gelassen werden. So verzichteten die meisten Bach-Frauen auf die Mitwanderung zu jenen Zusammenkünften, welche sich doch Familien-Tag nannten. Vielen Männern war es durchaus recht, daß sie allein daran teilnahmen. Denn von den Frauen gingen gar leicht Beschwernisse aus, welche der erstrebten Fröhlichkeit schlecht anstanden. Und dann gab es — — nun ja, es gab in vorgerückter Stunde allerlei Dinge, die man vor Frauen nicht gern sagte oder tat. Ein Mal im Jahr jedoch wollten die Bachischen Männer für wenige Stunden zwanglos sprechen, freiweg handeln, unbekümmert lachen. Es war demnach durchaus in der Ordnung, wenn die Frauen möglichst vielzählig daheimblieben; falls sie aber doch die Wanderung zu dem Familientag mitmachten, die Folgerung zogen, auf diesem sich zurückzuhalten und den Mund im Beisein Aller nicht aufzumachen. Denn dem alten Gebot: «mulier taceat in ecclesia!» stellte man in solchen Fällen zweckmäßig die Forderung zur Seite: «mulier taceat in taberna!» Also: «Das Weib schweige nicht nur im Gotteshaus sondern auch im Wirtshaus!»

Der Arnstadter Familientag des Jahres 1709 wurde in dem Tanzsaal der Güldenen Krone abgehalten, unter deren Dach Johann Sebastian als Junggeselle gewohnt hatte. Den Vorsitz führte, wie stets, der Älteste des Bachischen Geschlechtes. Das war derzeit Johann Egidius Bach, Organist zu Erfurt, ein Enkel

Hans des Spielmannes zu Wechmar. Er zählte freilich erst 64 Jahre. Aber daß einer von den Bachen wie der Arnstadter Organist Heinrich Bach, ein Sohn Hans des Spielmannes, den Achtzigern nahe kam und achtundzwanzig Enkel seinem Sarge folgen konnten, war innerhalb des Geschlechtes eine Seltenheit. Denn nur sehr wenige Bache erreichten die Siebziger. Weitaus die Meisten mußten in den Sechzigern die Erde verlassen.

Egidius Bach ging mit straffen Schritten zu der kleinen Musikanten-Bühne des Tanzsaales der Güldenen Krone hinauf. Dort nahm er hinter einem riesigen Tische Platz. Einige Schriftstücke wurden rechterhand griffbereit hingelegt. Als es mit gebotener Feierlichkeit, aber ohne zeitraubende Umständlichkeit geschehen war, erhob sich der wohlperückte Vorsitzer.

Unverzüglich standen unten im Saal sämtliche Bache: die Männer und die Jünglinge, die Frauen und die Jungfrauen. Soweit die Zuletztgenannten sich in Arnstadt befanden! Denn man schätzte ihre Anwesenheit noch weniger als das Mitkommen der Gattinnen und Witwen. Manchen Bachinnen wurde es schwer, ebenso wie Männer und Jünglinge sich stracks aufzurichten. Das galt, ihres gesegneten Leibes wegen, insonderheit von der jugendlichen Maria Barbara.

«In nomine Dei!» sagte, als sämtliche Bache und Bachinnen standen, Egidius Bach auf der Bühne des Arnstadter Wirtshauses.

«Amen!» antworteten alle Anwesenden. Nicht etwa mit gesprochenem Wort! Sondern in gesungener Form. Keineswegs einstimmig! Sondern mit vielfach geteilten Stimmen. Diese lagen in ihrem Verhältnis zu der Oberstimme nicht etwa fest! Sondern sie ergaben sich während des Singens.

«Wir erheben vorweg», sagte Egidius Bach, «wie es sich für jeden Menschen, insbesondere aber für uns Bache gebührt, Stimmen und Herzen hinauf zu Dem, der durch seine große Gnade unserer Familie diesen Tag geschenkt hat. Somit singen wir, Ihm zu Ehren und uns zum Segen, von dem Choral ‚Helft mir Gotts Güte preisen' den zweiten und dritten, den sechsten und siebenten Vers.»

Keiner brauchte ein Gesangbuch. Niemand benötigte Noten. Die Stimmigkeit entwuchs den Worten. Unausdenkbar, daß ein Vers die gleiche Harmonie erhielt wie der voraufgehende! Die jeweilige, dem vorgezeichneten Ausdruck gerechtwerdende Harmonie wurde bei dem Singen gefunden, wurde durch das Singen geschaffen. Mit einfachem Satz erklang es in dem Wirtshaussaal, welchen die Macht der Töne unversehens zu einem religiösen Raum verwandelte:

Ernstlich laßt uns betrachten
Des Herren reiche Gnad,
Und so gering nicht achten
Sein unzählig Wohlthat;
Stets führen zu Gemüth,
Wie ER dies Jahr gegeben
All Nothdurft diesem Leben,
Und uns vor Leid behüt.

Dann wandelte sich, obwohl die Melodie gleichblieb, unter Mithilfe der Harmonie das Lied zum sanftklingenden Gebet:

Lehr-Amt, Schul, Kirch erhalten
In gutem Fried und Ruh,
Nahrung für Jung und Alten
Bescheret auch darzu,
Und gar mit milder Hand
Sein Güter ausgespendet,
Verwüstung abgewendet
Von unsrer Stadt und Land.

Nun aber mußten die Stimmen erhoben, die Harmonien erhellt werden. Gott zu Ehren hatte die Melodie samt ihren Unterklängen und ihren Umklängen himmelan den Weg zu suchen. Der Gesang erschallte mächtiger denn bisher. Die Harmonien klangen, als ob Trompeten mit blankem Geschmetter sie begleiteten:

All solch D E I N Güt wir preisen,
Vater ins Himmels Thron,

Die DU uns thust beweisen
Durch Christum, DEINEN Sohn.

Plötzlich dämpfte sich die Oberstimme. Sie wurde leise und innig. Die Begleitstimmen folgten ihrem Beispiel. Sie klangen einfach und gedeckt. Die Choralworte wollten es so, diese flehenden Worte:

Und bitten ferner DICH
Gib uns ein friedlich Jahre,
Vor allem Leid bewahre
Und nähr uns mildiglich!

In gleicher Weise erklang und verklang mit der siebenten Strophe die Lobpreisung des Dreieinigen Gottes, des Vaters, des Sohnes und des Heiligen Geistes. Dann wollte Egidius Bach sich setzen. Aber eine Stimme unten im Saal fühlte sich gedrängt, aus Eigenem das Amen hinzuzufügen. Diese weitersingende Stimme konnte man nicht sich allein überlassen. Man folgte – man half ihr. Man begleitete – man unterstützte sie. Ein «Amen!» klang auf: so rein und vielfältig, so ineinandergeschlungen und durchsichtig, so wahrhaft und gläubig, wie es nur eine Versammlung von Cantoren und deren Angehörigen, ja wahrscheinlich nur die Bache und Bachinnen, zu singen vermochten.

Heimlich war derweil die Tür des Saales geöffnet worden. Auf der Diele hatten sich Inhaber und Bedienstete der Güldenen Krone, Wirtshausgäste und Straßenleute versammelt. Gesichter glänzten. Stirnen glätteten sich. Augen leuchteten. Hände falteten sich. Tränen wurden geweint.

Als das Amen verklungen war, gedachte Egidius Bach die Hand zu erheben, daß man die Tür des Saales schließen und die Versammelten alleinlassen solle. Es erwies sich als unnötig. Denn zugleich mit dem Verhallen des letzten Tones schloß sie sich wie von selber. Die Zuhörer gingen still – manche auf den Zehenspitzen – davon. Befriedigt nahmen Alle ihre Alltagsarbeit wieder auf.

Der Vorsitzer wollte das Blatt, welches als Erstes benötigt wurde, von dem Tisch zu sich heraufholen. Jedoch es war, obwohl er meinte, bei dem Betreten der Bühne alle Schriftstücke sorgsam zurechtgelegt zu haben, nicht zu finden. Hinsetzen erwies sich als unvermeidlich. So nahmen auch im Saal Alle wieder Platz. Sehr bald war das Gesuchte da.

Egidius Bach erhob sich mit einem großen Pergamentblatt in der Hand feierlich und sagte gedämpft: «Wir gedenken zunächst unserer Toten, die seit dem letzten Beisammensein – vor einem Jahr zu Erfurt – nach Gottes Willen heimgegangen sind in das Himmlische Reich.»

Wiederum standen nach kürzester Frist sämtliche Bache und Bachinnen. Maria Barbara mußte mit beiden Händen nach der Lehne des Stuhles greifen, der sich vor ihr befand. Jedoch mittelst seiner Hilfe gelang es, daß sie hinter dem Aufstehen der Übrigen nicht auffällig zurückblieb.

Egidius Bach fuhr fort: «Es sind in den verwichenen zwölf Monaten aus unserem Geschlechte verstorben 4 Männer, 11 Frauen und 23 Kinder, insgesamt 38 Bache. Als Erster wurde am 20. Mai 1708 abberufen Johann Nicolaus Bach, Cantor zu Erfurt, mit 56 Jahren. Item am 29. Mai – – Item – – item – – item – – – Ebenfalls – – ebenfalls – – ebenfalls – – – Und so fort, bis alle 38 Namen genannt, alle Berufe aufgeführt, alle Orte bezeichnet, alle Daten angegeben waren. Nach Fortlegung des Blattes hieß es: «Wir beugen uns in Demut unter den oftmal widersinnig erscheinenden, aber dennoch zu unserem Besten dienenden Willen Dessen, der da ist allmächtig und allweise.»

Ohne daß sie dazu aufgefordert waren, ohne daß der Choral bezeichnet zu werden brauchte, sangen mit gefalteten Händen die anwesenden Bache samt Frauen, Söhnen und Töchtern den Choral: O Mensch bedenke stets Dein End!

Egidius Bach nahm das Wort mit der Feststellung wieder an sich: «Aber Gott der Herr hat unserem Geschlecht nicht nur genommen. Er hat ihm auch gegeben; hat Leben verbunden, Leben gemehrt. Es sind während des verwichenen Jahres in den

Stand der heiligen Ehe getreten 3 Bache und 5 Bachinnen. Dabei ist zu beachten, daß nicht 8 sondern 7 Lebensbündnisse geschlossen wurden. Alldieweil Johann Sebastian Bach, Organist zu Mühlhausen, seine entfernte Base Maria Barbara Bach, wohnhaft bei der Schwester ihrer verstorbenen Mutter in Arnstadt, geehelicht hat. Item — — item — — item — — — Ebenfalls — — ebenfalls — — ebenfalls — — — Wiederum wurden sämtliche beiderseitigen Namen und Aufenthalte genannt. Die Berufsbezeichnung wechselte zwischen Cantor und Organist, zwischen Organist und Cantor. In dem Kreise der Musikmacher verblieb sie in jedem Fall. Darauf wurde verkündet: «Den Bachen sind nach vorliegenden Meldungen seit dem letztjährigen Familientag in Erfurt von Gott geschenkt worden 53 Kinder, davon 29 Knaben und 24 Mädchen waren.» Alter, Namen, Daten — Daten — — «Wir danken dem Allgütigen für diesen Segen, der nicht nur die Lücken, welche der Tod in unseren Reihen gerissen hat, wieder auffüllte, sondern das Leben, welches unseren Namen trägt erneut — auch wenn man die unmittelbar nach der Geburt verstorbenen Säuglinge abzieht — erneut gemehrt hat.»

Alle Anwesenden — Maria Barbara mit gefalteten Händen über ihrem schwangeren Schoß — Alle Bache sangen:

«Das ist fürwahr ein köstlich Ding,
Daß man dem Herren dank und sing
Und SEINES Namens Herrlichkeit
Mit Lob erhebe weit und breit;
Daß man des Lobes mache viel
Mit Psalmen, Harfen, Saitenspiel,
Damit ja unsers Gottes Ehr
Auf alle Arten sich vermehr.»

Die Melodie hatte sich an Jubel kaum genugtun können. Die Harmonie war ihr mit Helle nichts schuldiggeblieben.

Egidius Bach nahm Platz. Sämtliche Anwesenden folgten seinem Beispiel. Die Stirn des Vorsitzers legte sich in tiefe Falten. Er nahm ein Briefblatt zur Hand und sagte: «Mit diesem

Schriftstück wird schwere Anklage vorgebracht gegen einen Träger unseres Namens.» Ein achtunddreißigjähriger Mann stand auf: nicht herausfordernd, aber auch nicht unterwürfig. Egidius Bach stellte fest: «Da der Angeklagte offensichtlich des Willens ist, sich dem Gericht unseres Familientages freiwillig zu stellen und dessen Spruch als gültig anzunehmen, so brauche ich seinen Namen nicht zu nennen. Ja, jenem Bach, der jetzt als Einziger dort unten steht, wird vorgeworfen: Er habe einer ehrbaren Jungfrau seines Heimatortes die Ehe versprochen, aber ihr vor einiger Zeit den Ring zurückgeschickt und dadurch sein feierlich gegebenes Gelübde gebrochen. Das wiegt um so schwerer, da er sich unterstanden hat, besagte Jungfrau vor der Trauung zu schwängern!»

Tiefste Empörung im Saal. Köpfe wurden unwillig herumgerissen, Arme drohend hochgeworfen, Fäuste zornig geballt. Egidius Bach beschwichtigte den Aufruhr mit erhobener Rechten. Erst als der Sturm sich langsam legte, fuhr er nachdrücklich fort: «Was ist zu der Beschuldigung dieses Briefes zu sagen?»

Der Angeklagte erwiderte frank und frei: «Daß ein entscheidendes Wort in dem vorgebrachten Satz nicht stimmt.»

Egidius Bach verlangte zu wissen: «Welches Wort?»

Die Entgegnung lautete: «Als ich der Gedachten die Ehe versprach und dieses Versprechen nach üblicher Weise mit den Ringen bekräftigte, war sie eine ehrbare Jungfrau. Selbiges stimmt. Es stimmt auch: Seit einiger Zeit ist meine ehemalige Anverlobte Beides nicht mehr, ist weder Jungfrau noch ehrbar. Ihr steht der Myrtenkranz am Altar nicht zu. Aber der Vater des werdenden Kindes bin nicht Ich! Dieses Wort der Anklage ist falsch! Denn ich habe die Besagte, wie es sich für Männer unseres Namens schickt, niemals angerührt. Der Vater des künftigen Kindes ist ein Anderer. Niemand, der Bach heißt, darf und wird verlangen, daß ich — wie mir zugemutet wurde — einen Bankert als von mir gezeugt ausgebe und den durch eine Dirne beabsichtigten Betrug mit meinem Namen, mit unserem Namen, mit dem Namen Bach decke.»

Erneuter Sturm im Saal der Güldenen Krone. Nun nicht vor Entrüstung und Abscheu. Sondern vor Befriedigung und Freude. Man winkte. Man sprang auf. Man rief durcheinander. Man forderte: «Zustimmen!» Man stellte fest: «Unmöglich, den Betrug anzuerkennen!» Man urteilte: «Schuldlos!» Und alle wirbelnden Worte vereinten sich schließlich zu dem Unisono: «Frei — sprechen! Frei — sprechen!!»

Egidius Bach beschwichtigte, wie vorhin die Entrüstung, jetzt den Jubel der Bache. Allerdings genügte dieses Mal sein Handerheben nicht. Er mußte ruhegebietende Worte zur Hilfe nehmen. Als es im Saal endlich stillgeworden war, fragte der Älteste von den Anwesenden des Bachischen Geschlechtes: «Ist der Angeklagte bereit, die soeben ausgesprochene Behauptung, daß er von seiner Verlobten mit einem anderen Manne hintergangen wurde, durch einen heiligen Eid zu bekräftigen?»

«Ich bins!» lautete die Antwort.

Egidius Bach forderte von dem Beschuldigten: Er solle die drei Schwurfinger gen Himmel heben und Silbe um Silbe nachsprechen, was er ihm vorsprechen werde.

Der Angeklagte streckte weisunggemäß die rechte Hand empor.

Egidius Bach erhob sich und sagte sehr langsam, sehr deutlich: «So wahr es ist — daß ich nach diesem Leben — für mich die ewige Seeligkeit erhoffe — so wahr ist auch — was ich gegen die wider mich in diesem Saal vorgebrachte Anklage — gesagt habe. Sprach ich jedoch — gegen besseres Wissen — damit die Unwahrheit — dann soll der allwissende und allmächtige Herr des Himmels — mich für immer — in die Verdammnis — hinabstoßen — und mich ewig — ewig! — in ihr — schmachten lassen. Das walte Gottvater, Gottsohn, Gottgeist! Amen».

Abschnittsweise wurde Wort für Wort der verlangte Schwur nachgesprochen. Egidius Bach erklärte: «Kraft meines Amtes als Vorsitzer des diesjährigen Bachischen Familientages, das mir auf Grund meines Alters zugefallen ist, spreche ich den Angeklagten von der ihm fälschlich mit diesem Brief nachgesagten Schuld frei. Ich erkläre ihn für ein makelloses, nach wie vor gleichberechtigtes Mitglied der im ganzen Lande Thüringen und darüber hinaus ansässigen Bachischen Familie.»

Der Freigesprochene wollte sich setzen. Aber seine Umgebung verhinderte es. Männerhände streckten sich ihm glückwünschend entgegen. Frauenhände streichelten ihn begütigend. Fernsitzende winkten freudig, winkten — winkten — —

Als nach geraumer Zeit die Ruhe wiederhergestellt wurde und Niemand imstande gewesen wäre, dem Beklagten anzumerken, was mit ihm und in ihm vorging, sagte Egidius Bach: «Mir ist nichts Weiteres zu Händen gekommen, das in dieser Versammlung besprochen werden müßte. Wer aber derlei noch auf dem Herzen zu haben glaubt, der bringe es anjetzo ungeschminkt vor. Und zwar in gebotener Kürze!»

Die Wogen der Worte überschlugen sich. Es war für den Vorsitzer außerordentlich schwer, eine geregelte Reihenfolge unter den Redewilligen herzustellen. Immer aufs Neue galt es, zu verhindern, daß Zwei oder Drei, wohl gar Vier oder Fünf gleichzeitig sprachen. Zur Hauptsache waren es die selben Dinge, welche betrachtet werden wollten. Aber jeden von den Bachen drückte der eigene Berufsschuh heftiger als der Schuh eines seiner Namensgenossen. Es wurde Klage geführt über zu geringe Besoldung und unduldsame Vorgesetzte, über baufällige Orgeln und schadhafte Instrumente, über widerspenstige Singschüler und unverständige Chormitglieder, über schwerfällige Gemeindeangehörige und unbrauchbare Kirchendiener, sowie über manche sonstigen Organistennöte und Kantorensorgen. Weil aber mit dem Ausgesprochenwerden im vertrauten Kreise und mit der Erkenntnis, daß es vielen anderen Bachen offensichtlich durchaus nicht besser ginge als Einem selbst, ein großer Teil der kundgetanen Belastungen bereits abgewälzt war, so entschied Egidius Bach: Zunächst müsse jeder Einzelne in seiner besonderen Stelle auch weiterhin Mannes genug sein, die angeführten Widerstände aus eigener Kraft zu überwinden. Erst wenn Gefahr bestehe, daß die Musik unter den geklagten Umständen dauernd geschädigt werde oder Weib und Kind lebenbedrohende Not erlitten, erst dann solle man es ihm schriftlich vermelden. Auf daß er in dem Namen des Bachischen Geschlechtes als Beauftragter des Familientages dagegen Einspruch erhebe und Abhilfe beschaffe. Wenn es möglich sei! Denn Unverstand und Unvernunft der Welt wären groß. Die Not, die innere und leider vielfach auch die äußere, lasse sich ganz niemals beseitigen. Sie müsse mithin geduldig getragen werden. Bis Gott das schwere oder gar unwürdige Los zum Besseren wende, von dem insbesondere die Musikanten häufig betroffen würden, die noch immer für manche Behörden Freiwild seien. Damit könne denn wohl die nachmittägliche Beratung des diesjährigen Familientages nach Bestimmung des Ortes der nächsten Zusammenkunft abgeschlossen werden.

Niemand erhob Widerspruch. Viele nickten zustimmend.

Nachdem Gotha für den nächstjährigen Familientag vorgeschlagen und einmütig angenommen worden war, erhob sich Egidius Bach.

Alle Bache und Bachinnen taten das Gleiche.

Egidius Bach sagte: «In nomine Dei!» Somit endete die förmliche Besprechung des 1709 zu Arnstadt abgehaltenen Bachischen Familientages mit dem selben Zeichen, unter dem sie begonnen hatte.

Als das Abschlußlied von dem Vorsitzer genannt worden war, sangen es sämtliche anwesenden Organisten, Cantoren, Spielleute, Instrumentenmacher, Türmer Bachischen Namens samt ihren Frauen, den erwachsenen Söhnen, den herangereiften Töchtern mit größter Hingabe. Wiederum beschloß den Choral ein durch zwei Silben zusammengefaßtes Glaubensbekenntnis. Es gab sich noch mächtiger und umfassender als das erste Mal. Was kein gesprochenes Wort vermocht hätte – die Gefühle des Herzens auszudrücken, die Vernunft gefangen zu nehmen unter dem Gehorsam des Glaubens –, das schafften kraft Unermeßlichkeit und Formwilligkeit der Musik die beiden Silben: «A a a – men.»

Dann verließen Alle den Saal der Güldenen Krone. Die Bache und Bachinnen lustwandelten durch die Straßen Arnstadts. Man machte Besuche. Nahm Einkäufe vor. Betrachtete

Sehenswürdigkeiten. Vor Allem in den Kirchen. Nach den überaus anstrengenden Monaten der Arbeit gehörten zwei Stunden uneingeschränkt der Erholung.

Anschließend versammelten Bache und Bachinnen sich wieder in dem Wirtshaus. Dort waren unterdessen die Tische überreichlich mit Speisen gedeckt. Neben den Tellern standen blaugraue, dunkelbeblümte Bierkrüge. Tonpfeifen und Aschenbecher fehlten nicht. Nachdem vielstimmig das Tischgebet gesungen war, begann ein wackeres Schmausen. Denn genauso wie das Musizieren betrieben die Bache auch das Essen äußerst gründlich. Es gab Thüringer Klöße und Topfbraten. Nicht nur die Männer hieben tüchtig ein. Auch die Frauen ließen es sich ausgiebig munden. Selbst mit den Bierkrügen tat manche von ihnen den Männern kräftig und gründlich Bescheid. Sehr bald herrschte ein überaus lustiges Reden und Treiben in dem Saal der Güldenen Krone. Es galt vor Allem, die Mitteilungen und Vorgänge während der Eröffnungsitzung des jüngsten Familientages sorgsam durchzuhecheln. Rufe flogen hin und her. Bald genügten sie der zunehmenden Fröhlichkeit nicht. Man stand auf. Ging zueinander. Schüttelte sich die Hände. Für die Jugend reichte das Gehen nicht. Sie rannte von Tisch zu Tisch. Die Gespräche wurden ständig lauter. Sie arteten aber keinen Augenblick lang in Gelärm aus. Denn das Lachen schwebte beglückt und beglückend darüberhin wie weißbeschwingte Vögel über das windbewegte Meer. Nur wenn ein Lied das Essen würzen, ein Kanon das Trinken ablösen sollte, dann herrschte mit dem ersten Ton völlige Ruhe. Denn so gut auch schmeckte, was man zu sich nahm, so wohl es auch tat, wenn man den heißen Gaumen kühlte, hinter der Inbrunst des Singens blieben für die Bache alle anderen Genüsse zurück.

Als nach einer Stunde ungehemmten Frohsinns die Türmer Arnstadts riefen: «Neun Uhr! – Neun Uhr! – Neun Uhr!» wurde das Dankgebet gesungen. Die Frauen verließen den Saal. Um sich beizeiten schlafen zu legen. Um sich von den Anstrengungen der Reise zu erholen. Um die Eindrücke des Familientages zu verarbeiten. Niemand hatte sie zum Gehen aufgefordert. Niemand würde widersprochen haben, wenn sie geblieben wären. Aber die Bachinnen wußten, weswegen sie das Weitere ihren Männern uneingeschränkt überließen.

Die Bache traten, damit möglichst schnell die kärglichen Reste des Abendessens sowie Schüsseln und Teller, Gabeln und Messer abgeräumt werden konnten, zu Zweien oder Dreien, zu Fünfen oder Sechsen an den Saalseiten zusammen. Soweit es nicht schon während des Tafelns geschehen war, wurden die Vorkommnisse und Mitteilungen des Nachmittages von Mund zu Mund freimütig besprochen. Seinen blaugrauen Bierkrug hatte Jeder mit sich genommen. Zum Ersten, daß während des Abräumens keine unliebsamen Verwechslungen unterliefen. Zum Zweiten, weil sie ihren wohlschmeckenden Inhalt nicht ungebührlich lange entbehren wollten. Es wurde denn auch innerhalb der einzelnen Gruppen manches «Prosit!» von Einem zum Andern hinübergerufen und mit herzhaftem Schlucken bekräftigt.

Unterdessen trugen der Wirt und seine Helferinnen die Nachbleibsel des Familientagsessens hinaus. Man setzte die Tische zusammen. Man legte anstelle der weißen Mahlzeitdecken buntgewürfelte Trinktücher darüber. Die Aschenbecher wurden vermehrt. Weitere Tonpfeifen fanden sich ein. Als nach kurzer Frist die Umräumung abgeschlossen war, nahmen die Männer wiederum Platz. So, wie es sich aus dem Beieinanderstehen ergab.

Es begann der Männerabend des Bachischen Familientages, von dessen Scherzen und Schnurren, von dessen Lachen und Schmunzeln, von dessen Übermut und Heiterkeit man ein ganzes Jahr lang zehren, ein ganzes Jahr lang in der Bedrängnis des Alltags sich Kraft zu weiterem Durchhalten holen mußte.

Zunächst begnügten die zum größten Teile wohlbeleibten Bache sich damit, in erhöhtem Maße zu zechen. Die leeren Steingutkrüge mußten häufig nachgefüllt werden. Die Küfer samt den Zapfjungen hatten ihre liebe Not, den Wünschen der Trinklustigen gerecht zu werden und, sofern es ihre Beine noch zuließen, von den Tischen zum Bierfaß, vom Bierfaß zu den

Tischen Trab zu laufen. Auch das Rauchen wurde stärker. Hatte man schon am Schluß des gemeinsamen Essens sich mit dem Benutzen der Pfeifen keinen Zwang mehr angetan, so gaben die Bach-Männer jetzt wahre Dampfwolken von sich. Dahinter verschwanden die Entferntsitzenden. Man konnte sie nur noch hören. Erst in dem Verlaufe des weiteren Abends ließ langsam das Paffen nach. Aber nicht das Trinken! Denn ebenso wie auf der Orgelbank standen die Bache auf der Bierbank ihren Mann.

Das Wort nahm als Erster Johann Ernst an sich; der ursprüngliche Vertreter und spätere Nachfolger Johann Sebastians bei dem Organistendienst in der Arnstadter Neuen Kirche. Er meinte: Nachdem Gott gegeben wäre, was Gott gebühre, sei es an der Zeit, jener Stadt, in welcher sie sich befänden, für Gastfreundschaft und Bewirtung, für Wohlgeneigtheit und Unterstützung zu danken. Ihm seien kürzlich zwei poemata zu Händen gekommen, die beide dem soeben bezeichneten Zwecke dienen könnten. Sie stammten vom selben Autor, dem Rector am Gymnasio Johann Friedrich Treiber, einem hochgelahrten, kenntnisreichen Mann. Das erste poema beginne:

Werthes Arnstadt! Deine Felder
krönet Gott mit Fruchtbarkeit.
Deine fetten Biere prangen,
so daß sie in weiter Welt
den verdienten Ruhm erlangen,
der zugleich auf Dich entfällt.

Allgemeine Zustimmung im Saal, die sich zu dem Ruf verdichtete: «Vivat, Arnstadt! Vivat!! Vivat!!!»

Johann Ernst Bach fuhr fort: Bei dem zweiten poema handle es sich um ein umfangreiches opus, nämlich um den Text zu einer weltlichen opera. Sie sei betitelt: «Die Klugheit der Obrigkeit in Anordnung des Bierbrauens.» Ein vortreffliches Werk, das es wohl verdiene, in Musik gesetzt zu werden. Denn nicht nur die Kunst des Musikmachens sondern auch die Kunst des Bierbrauens erfordere, daß sie – der allgemeinen Bekömmlichkeit wegen – sorgsam geregelt werde. Keine Sorge! Er beabsichtige nicht, die Herrn Oheime und Vettern durch ausgedehnte recitationes zu langweilen. Immerhin gedenke er, einige wenige Verse zum allgemeinen gaudio vorzulesen. Die opera in vier Akten schließe mit Worten, welche Arnstadt zugerufen, nein!, welche Arnstadt zugesungen würden:

Deine Brauer-Ordnung zeiget
Deiner klugen Obern Last,
die dem Unheyl vorgebeuget,
das der Brauer Wohlstand haßt.
So kannst Du in stiller Ruh
Dich mit fetten Träncken pflegen,
und lobsingen Gott dazu.

«Nachdem», endete Johann Ernst seine Rede, «von ihnen, den Bachen, Gott hinreichend —»

«Hinreichend?» wandte Jemand ein —

«Jawohl,» fuhr der Arnstadter Organist unbeirrt fort, «hinreichend Genüge getan wurde —»

«Mehr als hinreichend!» wagten Einige diese Feststellung zu übertrumpfen —

«ist es nun,» schloß Johann Ernst tatsächlich seine Einführung ab, «ist es doch wohl an der Zeit, daß wir uns, gemäß den Worten des Rectors Treiber, kräftiglich mit fetten Arnstadter Tränchen pflegen.»

Schallendes Gelächter. Lärmende Ausgelassenheit. Die Bierdeckel klapperten. Die Bierkrüge rollten. Die Zurufe torkelten. Die Vivats purzelten. Erst als man mit großen Schlucken die irdenen Gemäße bis zu dem Grund geleert hatte, kehrte langsam Ruhe in den Saal der Güldenen Krone ein.

Sobald die Bierkrüge wieder gefüllt, die Pfeifen erneut gestopft waren, wurde allseitig das Verlangen laut, einer von den Bachen möchte zur Erhöhung der Fröhlichkeit einen musikalischen Scherz beisteuern. Natürlich solchen, den noch Niemand im Saale kenne! Ohne daß eine Vereinbarung getroffen wäre, ohne daß Irgendwer zu sagen vermocht hätte, weswegen man auf ihn verfiele, hieß es plötzlich: «Johann Sebastian!» Weil das

Wort trotz vielfacher Abwandlung seinen Dienst nicht tat, sprang der Gothaer Bach auf und stimmte an: «Joha—a—ann!» Der Erfurter Bach begriff als Erster, sprang gleichfalls auf und wiederholte — während der Gothaer Bach singend eine Terz höher fortfuhr: «Se—bas—tian»! — wiederholte in der Tonica: «Joha—a—ann!» Jetzt waren Alle im Bilde: Ein zweistimmiger Kanon auf den Namen des Mühlhausener Organisten sollte gesungen werden. Ein Zweistimmiger? Nicht doch! Ein Dreistimmiger! Denn der Gothaer Bach läutete zwischen Quint und Prim: «Bach — Bach! Bach — Bach!» Schnell war man in drei Gruppen geteilt. Und stehend sangen Alle wieder, immer wieder hintereinander, übereinander: «Joha—a—ann Se—ba—stian Bach — Bach!» Außer Einem! Dieser Eine — der Angesungene — wußte, daß man mit dem Canon seines Namens nicht eher aufhören werde, bis er versprochen hatte, den Familienabend durch einen noch unbekannten musikalischen Scherz auszuschmücken.

Also sprang der junge Mühlhausener Organist auf einen Stuhl und verhielt sich so, als ob Er den rundum erklingenden Johann-Sebastian-Bach-Kanon komponiert hätte: dirigierte ihn mit übertriebenen Gebärden, bezeichnete die Einsätze der drei Gruppen, rückte absichtlich gemachte Fehler zurecht, holte absinkende Stimmen heran, dämpfte andere, ordnete, regulierte und gab plötzlich das Zeichen zum Schluß. Es klappte. Keine Gruppe überrannte das Ziel. Mit atemraubender Fermate hallte es dreiklangmäßig durch den Saal: «ann—an—ach!» Ein hastiger Abschlag des Dirigenten — der improvisierte Canon war beendet.

Man fiel auf die Bierbänke zurück. Man prustete und pustete. Man pustete und prustete. Lachen dröhnte. Rufe gellten. Hände klatschten auf die Schenkel. Kehlen wollten angefeuchtet sein. Trockene Kehlen wurden, weit mehr als nötig, gelabt. Mit vielfachem Wiederaufglucksen des Gelächters kehrte die Ruhe in den Arnstadter Saal zurück.

Johann Sebastian Bach, der vom Stuhl auf die Erde gesprungen war, erklärte: Der Ruf, zu dem diesmaligen Arnstadter Familientag eine fröhlichkeitmehrende Composition beizusteuern, treffe ihn nicht unvorbereitet. Er habe ein solches Werk von Mühlhausen nach Arnstadt mitgebracht.

Händeklatschen.

Aber, fuhr Johann Sebastian fort, zweierlei hindere ihn, das lustige opusculum den Oheimen und Vettern bekannt zu geben. Erstens: Es sei zu früh am Abend. Die Augen sähen seine Noten noch zu scharf. Die Ohren hörten seine Klänge noch zu genau.

Beschwichtigunggebärden.

Freilich, gestand Johann Sebastian zu, über die erste Behinderung könne man hinwegkommen. Ja, es sei sogar eine der Hauptaufgaben seines Werkes, daß man darüber hinwegkomme. Aber ein zweiter schwererer Grund stehe der jetzigen Bekanntgabe seiner jüngsten compositorischen Arbeit entgegen: Es wäre bis zur Stunde noch nicht ganz fertig!

Abwinken.

Weil jedoch Alle, willigte der Vierundzwanzigjährige ein, selbst die würdigsten und ältesten Mitglieder des Familientages, von ihm, einem der jüngsten Organisten gebieterisch einen fröhlichen musikalischen Beitrag zu dem Abend gefordert hätten, so erkläre er sich bereit, die einmütige Bitte sämtlicher anwesenden Bache zu erfüllen.

Beifallsrufe.

Ehe er jedoch, versicherte der von allen Seiten her Bedrängte, die Notenblätter in offene Hände hineinlegen und seine Musik bekannt geben könne, seien einige erklärende Worte nötig.

Man widersprach mit bierverstärkter Heftigkeit: Neben den vertonten Worten noch Gerede? Unfug! Gute Musik brauche keine Erklärungen als Vorreiter, keine Deutungen als Nachhüter. Sie sei kräftig und mutig genug, sich die Bahn zu bereiten. Sie habe keine hinterherigen, keine hinterrückigen Angriffe zu befürchten. Ernsthaft gefährden könne nur sie selber sich. Wodurch? Einzig und allein dadurch, daß sie nichts tauge!

Johann Sebastian ließ sich auf keine Weise beirren. Er habe, kam es unbefangen aus seinem Munde, eine Hochzeitkantate begonnen und fast beendet.

Hochzeitkantate? Hoch – zeit – –? Ei! Ei!!

Ein Quodlibet.

A a a h !

Nein, widersprach Johann Sebastian, nicht ein Quodlibet, wie es zu dem Beschluß ihrer Familientage von ihnen aufgeführt zu werden pflege, wenn Jeder berechtigt sei, zu singen, was er wolle. Neinnein! Nicht ein Zufallsprodukt! Sondern ein notenmäßig festgelegtes, ein säuberlich geordnetes, ein reguliertes Quodlibet.

Ob man Freude festlegen, Lachen ordnen, ein Quodlibet regulieren dürfe? Quodlibet heiße doch: Was beliebt! Was jedem Einzelnen beliebt!

Jawohl, rief Johann Sebastian leidenschaftlich, die zu einem Werk zusammengefaßte, über den Augenblick hinaus festgehaltene Freude dürfe man nicht nur regulieren. Man müsse sie notenmäßig regeln. Müsse sie taktmäßig bestimmen. Lediglich so werde die Gefahr gebannt, daß die gesungene Fröhlichkeit in Sudelei ausarte, die musikgewordene Freude im Wirrwarr zu Grunde gehe. Ob man bereit sei, die notwendigen einführenden Worte anzuhören? Sonst verzichte er auf die zugesagte Bekanntgabe seines Werkes.

Ergebenheitachselzucken.

Und Johann Sebastian führte aus: Sein reguliertes Quodlibet wäre für die Hochzeit von Johann Friedrich Fuchs und Salome Römer bestimmt. Zu Grunde liege ihr folgende Begebenheit: Eines Abends sei dem Bräutigam der Weg um das Wasser herum, welches ihn bis dato noch von seiner Liebsten trenne, zu weit gewesen. Er habe also einen kleinen Kahn benutzt, der mehr einem Backtrog als einem Boot glich. Ein entsprechendes Ergebnis wäre nicht ausgeblieben. Das allzuverliebte Füchslein sei im Mondschein, zum lauten Gelächter der ganzen Stadt, mit seinem Backtrog umgekippt und ins Wasser geplumpt. Ohne Schaden an seinem Leibe zu nehmen! Ohne die Seele zu verkühlen! Denn Friedrich der Fuchs gedenke nach wie vor, Salome die Römerin zu freien. Da wären – Bach öffnete das mitgebrachte, nur lose verschnürte Päckchen – wären also die Singstimmen des für die Hochzeitfeier gedachten Quodlibets. Zu wenig Abschriften? Er wisse es wohl. Habe jedoch in der verfügbaren Zeit nicht mehr beschaffen können. Denn man vermöge zwar eine Nacht, notfalls auch zwei Nächte mit Notenschreiben zu verbringen. Nicht aber alle Nächte auch nur Einer Woche. Es gelte also, zusammenzurücken und gemeinsam gleiche Blätter zu benutzen. Er gehe jetzt mit der Partitur nach oben. Und der verlangte musikalische Scherz könne beginnen.

Befriedigungnicken.

Bald darauf saß Johann Sebastian Bach auf der Musikantenbühne des Arnstadter Wirtshauses zur Güldenen Krone vor dem Cembalo. Nickte zum Zeichen des Beginns. Schlug die Continuostimme an. Und der Sopran, gesungen von dem fünfzehnjährigen Johann Samuel aus Sondershausen, fragte:

Was sind das für große Schlösser,
die dort schwimmen auf der See?

Der Tenor, dessen sich einer von den tenorbesitzenden Bachen bemächtigte, verdeutlichte die Frage:

und erscheinen immer größer,
weil sie näher kommen her.
Ist es Freund oder Feind,
oder wie ist es gemeint?

Nachdem der im Kahn näherrückende Bräutigam weidlich verspottet worden war, folgte die lateinisch wiedergegebene Warnung vor den eitlen, hinfälligen, irdischen Dingen, die man nicht ansteuern solle, sondern so dringend wie möglich fliehen.

Der Tenor begann zu psalmodiren:

Ergo tanto instantius
debemus fugere terrena —

Das Vergnügen, den eintönigen Pfaffengesang nachzuäffen, wollte man dem hochstimmigen Vetter allein nicht gönnen. Weitere Tenorbesitzer fielen ein, überboten das Liturgiemäßige, verzerrten es — taktlang auf dem gleichen Ton beharrend und nur am Vers-Ende eine Terz absinkend — zum pastoralen Geplärr, in dem sie nachdrücklich die Notwendigkeit der Weltflucht beteuerten:

quanto velocius auffugiunt
caduca et vana.

Aber alle gutgemeinten Mahnungen glitten von dem Verliebten ab. Er kam in seinem Backtrog ständig näher. Der Sopran erteilte dem schlechtausgerüsteten Kahnfahrer weise Lehren:

Wer in Indien schiffen will,
find't bei mir der Schiffe viel.
Ich bin aber kein Schiffersflegel,
brauche weder Mast noch Segel,
wie man in dem Texel tut.
Denn ein Backtrog ist ebenso gut.

Offener Spott, von vielen Bach-Stimmen gesungen, brach aus:

Notabende, Knisterbart,
was macht der Meister Schneider?
Mir pletzt er meine Hosen,
und flickt mir meine Kleider.

Das Unglück geschah. Plötzlich kippte das wacklige Gefährt um. Der hitzige Bräutigam fiel ins kalte Wasser. Die Summe aus dem Geschehnis wurde von den singenden Bachen gezogen; die für den verliebten Schiffer höchst betrübliche, aber für die Zuschauer am Ufer und die Besucher des Familientages äußerst belustigende Summe:

Braucht man den Backtrog für den Kahn,
ei, so kommt man übel an.
Denn man plumpt in den Teich so frisch,
und schwimmt darin wie ein Stockfisch.
Probatum est!

Nun erst kam der arme Schächer, der ins Wasser geplumpte Freier zu Wort und Ton. Im tieftragischen Kantaten-Adagio, im herzerweichenden Solisten-Arioso — der Erfurter Bach mit seiner schönen Tenorstimme sang es hervorragend — klagte der Umgekippte:

O ihr Gedanken,
warum quält ihr meinen Geist?

Die Klage konnte das Herz eines Steines erweichen. Aber der Komponist blieb ungerührt. Er verharrte auf Seiten der Spötter. Denn gemäß seiner Anweisung rief, als Antwort auf die schmerzliche Frage nach dem Warum, der Sopran «Backtrog!»

Der künftige Ehemann zuckte, als ob ihn eine Bremse gestochen hätte. Aber tapfer sang er im Ariosen-Tone weiter:

Warum wollet ihr wanken?

«Backtrog!» erklang es oben. «Backtrog!» erklang es unten. «Backtrog!» erklang es mittwegs. Das tieftraurige Adagio schritt — mit Mühe, aber unentwegt — in seinem vorbestimmten Taktschritt dem Ende zu. «Backtrog! Backtrog!» spottete es aller Ecken und aller Enden. Es kam den ausgelassenen Bachen auf einige Backtröge mehr, als die Noten ihnen zugestanden, nicht an. Sie verschenkten sie singender Weise nach rechts — nach links, nach vorn — nach hinten. Johann Sebastian mußte sehr Acht geben, daß sein Musik-Begleitschiff von den außer Kurs geratenen Backtrögen nicht gerammt und zum Kentern gebracht wurde. Jedoch es gelang der Kunst seines Improvisierens, das drohende Unheil zu verhindern und in sorgsam abgestecktes Fahrwasser einzubiegen.

Aber auch dort war an ein bedachtsames Weiterschiffen innerhalb des Tongewässers nicht zu denken. Die würdigen Cantores schüttelten sich, sofern sie nicht sangen, vor Lachen. Die aber, welche weiter wollten, unverzüglich weiter, schnell weiter, rissen sich Worte und Töne vom Mund.

Der Ruhlaer Bach sang:

Ei, wie frißt das Hausgesind so gar viel Käs und Butter!
Darum, weil der Pferdeknecht sie kitzelt mit der Gabel.

Der Sondershausener Bach sang:

Ei, wie frißt das Hausgesindel so gar viel Käs und Butter!
Wären sie Kälber so wie DU, so fräßen sie das Futter.

Der Geraer Bach sang:

Wenn man mit dem Spinnrad sitzt auf einem großen Schimmel,
reißen ihre Goschen auf fast alle Bauerlümmel.
Wenn man mit dem Spinnrad sitzt auf einem großen Fuchsen,
kriegen vor Gelächter die Leute fast den Schluchsen.
Wenn man mit dem Spinnrad sitzt auf einem großen Rappen,
ei, da will der Trauermantel garnicht dazu klappen.

Der Eisenacher Bach sang:

Wenn man statt des Orlogschiffs den Backtrog will gebrauchen,
ach, da wird man alsobald in das Wasser tauchen,
wie der Plumphecht tauchen.

Was? Wie? Das Folgende sollte ein Sopran als Solo singen? Das hatte Johann Sebastian nicht richtig gemacht. Er kam mit dem Componieren besser zurecht als die Meisten des Bachischen Namens. Vielleicht – ausgenommen den profunden, vor sechs Jahren verstorbenen Johann Christoph in Eisenach – vielleicht sogar besser als sie Alle. Aber er kannte sich mit der Wirkung noch nicht richtig aus, der erst seit sieben Monaten verheiratete, wenig mehr als zwanzigjährige Jüngling. Was nun folgte, das mußte dröhnen. Die Wände mußten zittern. Die Decke mußte beben. Wie sollte ein Sopran, ein solosingender Sopran, Das zu wege bringen? Man sprang dem fünfzehnjährigen Sondershausener Johann Samuel bei. Sang die vorgezeichneten Noten eine Oktave tiefer. Brachte sie zwei Oktaven tiefer. Es dröhnte, daß die Wände zitterten, die Fenster klirrten, die Decke bebte, als die Bache volltönig und vollstimmig verkündeten:

Große Hochzeit, große Freude,
große Degen, große Scheide;
große Richter, große Büttel,
große Hunde, große Knüttel;

große Väter, große Söhne,
große Goschen, große Zähne

und unaufhaltsam weiter, mehr als dreißig Mal: Große — große — — große — — — bis zum Schluß:

Große Jungfern, große Kränze,
große Esel, große Schwänze,
große Lachen, groß Gepatsche,
große Frauen, groß Geklatsche;
große Klöppel, große Trummel,
große Wespen, große Hummel;
große Leinwand, große Bleiche,
große Backtrög, große Teiche.

Das allgemeine Lachen der Bache war nicht mehr zu unterdrücken. Nur mit größter Mühe vermochte der ins Wasser gefallene Bräutigam dagegen zu klagen:

Ach, wie hat mich so betro o o o o o o o gen —

Acht Takte überdauerte das O der Betrogenheit, anfangs vier Takte lang in melodiöser Form, dann weitere vier Takte lang durch wütiges Festhalten eines einzigen Tones. Wer hatte den ins Wasser Geplumpsten betrogen? Nun, wer wohl? Nicht etwa der Backtrog. Sondern der schlaue Gott der Liebe. Das Folgende drohte in Gelächter unterzugehen. Dann horchte man auf. Was wagte der Hochzeiter von seiner Liebsten vor der Hochzeit zu erbitten? Wie nannte er sie, der doch ein sehr schöner Name — Salome! — gebührte:

Urschel, brenne mir ein Licht an,
daß ich dabei sehen kann.
Willst Du mir kein Licht anzünden,
will ich Dich wohl im Finstern finden.

Wozu erfrechte der Alt, gesungen von dem vierzehnjährigen Tobias aus Udestedt, sich? Hierzu:

Das muß ein dummer Esel sein,
der lieber Koffent säuft als Wein
und in der kalten Stube schwitzt,
und statt des Schiffs im Backtrog sitzt.

So ging es nicht weiter! Es mußte ernsthaft eingeschritten werden! Das Quodlibet verkündete denn auch auf Lateinisch: Herr Johannes ist zu dem Rector um die zweite Nachmittagsstunde befohlen wegen des Mädchens in der Güldenen Krone! Wer war gemeint? Herr Johannes Friedrich Fuchs? Der hatte niemals an dem bezeichneten Ort gewohnt! Wohl aber hauste in der Güldenen Krone zu Arnstadt monatelang Herr Johannes – Seba – – Köpfe verdeutlichten durch Beiseitedrehen, Hände durch Nachobenwinken, an Wen man dachte. Wollte der Komponist sich selbst verspotten? Wollte er andeuten, daß eine gewisse Jungfer ihn auf dem Weg zur Kirche gelegentlich aus seiner Wohnung abholte? Fertig kriegte er es. Doch nicht Das war entscheidend, Wer verspottet wurde. Sondern, wie es zustande kam. Nunwohl, es geschah auf die lustigste Art. Der Tenor, welcher die schlimme Botschaft verkündete, psalmodierte in plärrender Pfaffenweis mit ständig gleichem, zum Prusten einförmigem, nur an den beiden Abschlüssen sich terzweis senkendem Ton:

Dominus Johannes citatus ad Rectorem Magnificum
hora pomeridiana secunda propter ancillam in corona aurea.

Abermal nahmen sich die Cantores Worte und Weisen aus dem Munde, sangen hinüber, sangen herüber, sangen um die Wette:

Studenten sind sehr fröhlich, wie ihr alle wißt,
so lang ein blutiger Heller im Beutel übrig ist.

Und:

Wär der Galgen Magnet und der Schneider Eisen,
wie mancher würde noch heute an den Galgen reisen!

Und:

Ich sehe eine Jungfer, die hat sehr stolz getan,
und hat doch bei Sanct Urian kein ganzes Hemde an!

Bis zum:

In diesem Jahre haben wir zwei Sonnenfinsternisse,
und zu Breslau auf dem Keller schänkt man guten Scheps,
und in meinem Beutel regiert der fressende Krebs.

Sowie zum:

Hört ihr Herren allzugleich, was da geschehen in Österreich,
hört ihr Herren allerhand, was da geschehen in Brabant:
Da hat geboren eine alte Frau eine junge Sau!
Seid fröhlich eingeladen zum Topfbraten!

Die Musik machte mit der Harmonisierung durch verbotene Quinten und Oktaven einen jener Fehler nach dem anderen, welche man in der Komponistensprache «Sau» nannte.

Anschließend die Selbstverspottung:

Ei, was ist das für eine schöne Fuge!

Aus. Untergegangen im Gelächter? Ja. Jedoch der Hauptgrund für das plötzliche Abbrechen des Gesanges und der Begleitung: Johann Sebastian Bach war mit dem Komponieren seines Hochzeit-Quodlibets noch nicht weitergekommen.

Brausender Beifall für den jungen Schöpfer des lustigen Werkes. Der stand auf und ging in den Saal hinunter. Man lief ihm entgegen. Man schritt auf ihn zu. Man wartete mit dem Händeschütteln nicht, bis er sich einen Weg zu seinem Platz am Tisch gebahnt hatte. Vivat Johann Sebastian! Der würde mehr schaffen denn sie Alle. Oder wessen Musik reichte auf dem Gebiete des Gesanges gleich weit nach beiden Seiten? Von dem erschütternden Actus tragicus an dem Grabe des Oheims Tobias Lämmerhirt über die trompetenbeglänzte Feierlichkeit der Mühlhausener Rathswechselkantate bis zu der Ausgelassenheit des Hochzeits-Quodlibets? Vivat, Meister Sebastian! Vivat!!

Es wurden von anderer Seite her an dem Abend des Arnstadter

Familientages anno 1709 noch manche fröhlichen Musikstücke geboten. Es wurden noch zahlreiche Pfeifen ausgeraucht. Es wurden noch viele Bierkrüge geleert. Des Redens und Rufens, des Lachens und Hochlebenlassens wollte schier kein Ende werden.

Aber den Höhepunkt der Lustigkeit erreichte man erst, als zum Schluß das übliche, aus der Augenblicksstimmung geborene, das improvisierte Familientags-Quodlibet erklang. Das war nun freilich keine regulierte Musik, kein notenmäßig geregelter Gesang wie das Hochzeit-Quodlibet Johann Sebastians. Es stellte ein Quodlibet in des Wortes ursprünglichem Sinne dar. Jeder durfte singen, was ihm beliebte. Jeder durfte aufhören, wann und wo er wollte. Man sang nicht nacheinander, sondern nebeneinander, durcheinander. Dabei ergaben sich Reibungen? Selbstverständlich. Aber alldieweil das Leben nicht ohne Reibungen abging, weswegen sollte man seinen Wiederklang, die Musik, davor bewahren? Disharmonien ließen sich bei solch entfesseltem Singen nicht vermeiden? Freilich. Indessen um so schöner erklangen die Harmonieen, welche aus ihnen hervorgingen. Das Tongebäude wollte umkippen? Allerdings. Aber wozu hießen sämtliche Anwesenden Bach, wenn sie es nicht durch Akkordstützen wieder lotrecht zurechtzurücken vermochten? Beginnen also mit dem Familientags-Quodlibet, bei dem Jeder jederzeit singen durfte, wie ihm beliebte, und doch gehalten war, das Ganze nicht zum Einsturz zu bringen!

Man erhob sich mit feierlichster Miene, als gelte es, einen altehrwürdigen Glaubensgesang anzustimmen. Und wollte doch einen Scherz bis zum Äußersten vortreiben! Weswegen etwa nicht? Auch das beabsichtigte Quodlibet beruhte auf Glauben. Auf diesem Glauben: Gott hat Humor. Er sieht nicht scheel, wenn wir lachen. Er lacht mit. Denn wie hätte Gott dem Menschen wohl Humor verleihen können, wenn er ihn nicht selber besäße? Also: Quodlibet! Was beliebt! Singen, was jedem Einzelnen in jedem Augenblick beliebt! Und es doch zu einem Ganzen werden lassen! Daß Gott nicht über den Wirrwarr böse wird. Denn ER ist die Ordnung in persona. Die Unordnung hat der Teufel dem Menschen eingeflößt. Daß Gott sich über die trotz aller Gefährdungen durch den Menschen wiedergewonnenen Harmonien von Herzen mitfreut: Singen! Allesamt singen!

Der Erste sang:

Im Himmel ist nur Freud allein
und in der Höll nur bittre Pein.
Beim Menschen wechselt beiderlei,
damit die Erde irdisch sei.

Der Zweite sang gleichzeitig:

Wer will haben viel zu schaffen,
der nehme sich ein junges Weib,
der stoße einen fetten Pfaffen
vor seinen tonnendicken Leib.

Der Dritte versicherte unterdessen:

Fahr ich heute hüben hinaus,
fahr ich morgen drüben hinaus,
glaub mirs, jajaja glaub mirs Du:
Stets fahr ich auf das Wirtshaus zu.

Der Vierte wehklagte:

Was ist der Mensch? Eine arme Mad,
die Kummer Not und Sorgen hat.
Was ist der Mensch? Ein Erdenkloß
voll Jammer, wär er noch so groß.

Der Fünfte spottete:

Schnickschnack, Schnickschnack!
Hab Dukaten Du im Sack.
Gickgack, Gickgack!
Mir genügt mein Schnupftabak.

Der Sechste rief:

Ich bin so lang nicht bei Dir gewest.
Ruckher-ruckhin! Ruckhin-ruckher!

Mit einem tumpfen Flederwisch
Drüberher – drüberhin! Drüberhin – drüberher!

Der Siebente stimmte zu:

Die Häslein, die soll man schießen,
so laufen in den grünen Wald.
Die Jungfern soll man küssen, küssen,
eh denn sie werden saur und alt.

Der Achte versuchte von dem gefahrvollen Thema abzulenken:

Kraut und Rüben
haben mich vertrieben.
Hätt mei Meistrin Fleisch gekocht,
wär ich länger blieben.

Der Neunte kehrte unbelehrbar zu der Liebe zurück:

Mit Dir und mir ins Federbett,
mit Dir und mir ins Stroh,
da sticht uns keine Feder net;
da beißt uns auch kein Floh.

Der Zehnte wurde noch deutlicher:

Mein Weibele hat mit den Flöhen
stundein – stundaus nen schlimmen Krieg.
Tu ich ihr nicht des Nachts beistehen
erringt sie nimmer einen Sieg.

Selten sang eine Stimme allein. Meistens ergaben sich Duette oder Terzette. Hin und wieder erklang das Singen sechsstimmig, achtstimmig. Warum nicht? Vermochte man achtstimmig, ja zwölfstimmig zu motettieren, warum sollte man nicht sechsstimmig, achtstimmig quodlibettieren? Was Gott im Himmel recht war, durfte man dem Menschen auf der Erde nicht verwehren. Es ließ sich freilich nicht leugnen, daß im weiteren Verlaufe des Familientag-Quodlibets die gesungenen vierversigen Strophen der Bache mit ihren Texten immer leichter, immer lockerer wurden; ja, schließlich der Grenze des Unziemlichen und Schlüpfrigen, des Zweideutigen und Eindeutigen bedenklich nahe kamen. Damit sie nicht überschritten wurde, setzte sich der Älteste von Allen, Johann Egidius Bach. Dies war für sämtliche singenden Bache das unwidersprechbare, strengen Gehorsam fordernde Zeichen, den Schluß des Quodlibets herbeizuführen. Aber auf welche Weise die unbändige Fröhlichkeit musikalisch einfangen?

Plötzlich schmetterte der Geraer Bach mit seinem hellen Tenor in gebieterischen Halben quer durch den Saal: «Ex — est — ex!» Über dem von ihm festgelegten Thema ersang man, sich gruppenweise einem Führer anvertrauend, eine vielstimmige, keiner konnte im Voraus sagen: eine wievielstimmige Fuge. Jedenfalls: eine umfängliche, vom Sturmesbrausen bis zum Windessäuseln reichende Fuge, die mit einem strahlenden C-dur-Akkord endete. Vielmehr: einstweilen noch nicht endete. Denn wie man das Quodlibet mit einem Scherz begann, so beschloß man es mit einem Scherz. Es galt festzustellen, wer das letzte E — — — — x am längsten aushalten und, ohne nachzufüllen, mit Atem versorgen konnte. Die Alten schieden bald wegen Luftmangels aus. Immer weitere Bache mußten den Wettkampf aufgeben. Zuletzt sangen nur noch Zwei: Johann Sebastian Bach und Johann Samuel Bach, der fünfzehnjährige Sopranist des Abends. Wer würde siegen? Es ließ sich nicht voraussehen. Plötzlich mußte, so sparsam er zuletzt auch mit seinem Atem umgegangen war, Johann Sebastian mit dem Singen innehalten. Johann Samuel sang — leise, doch deutlich vernehmbar — weiter: «E — — — — x». Dann losch auch seine Stimme aus. Wie ein Licht, welchem das Öl mangelt, flammte es noch einmal auf: «Ex!» Unmittelbar darauf versank es, als kaum noch hörbarer Hauch, in das Nichts: «Ex — —»

Der Bachische Familientag des Jahres 1709, abgehalten in der Güldenen Krone zu Arnstadt, war beendet. Man schüttelte sich die Hände. Man fiel sich in die Arme. Man beklopfte sich den Rücken. Man küßte sich auf die Backen.

Denn: Diejenigen, welche einen langen Weg hatten, marschierten vor Tau und Tag davon. Des Weiteren: Wer wußte, ob man sich übers Jahr auf dem Gothaer Familientag wiedersähe? Vielleicht mußte Johann Egidius den Einen oder Anderen, den Einen und Anderen von den Anwesenden bei dem Beginn des nächstjährigen Bachischen Familientages als verstorben melden? Vielleicht mußte ein Jüngerer Johann Egidius als heimgegangen bezeichnen? War es zu verwundern, daß dieses Abschiednehmen der Bache lange dauerte und, unter Mitwirkung der noch in Allen nachhallenden Fröhlichkeit, laut vonstatten ging?

Schließlich hatten sämtliche Augen, die einander suchten, sich gefunden; hatten sämtliche Hände, die einander begehrten, sich begegnet.

Die Bache gingen in ihre Quartiere. Nicht eben festen Schrittes. Manche schwankten bedenklich. Daran trug keineswegs bei Allen das Alter die Schuld.

Cantores amant humores.
Den Bachen geziemet Lachen.

X

Neun Monate, nur neun Monate blieb Sebastian Bach in Mühlhausen.

Neun Jahre, volle neun Jahre wirkte Sebastian Bach in Weimar.

Die Lehrzeit in Ohrdruf, welche dem Cembalospiel diente, und in Lüneburg, wo der Sopranist, der Organist, der Komponist sich vervollkommnete, die vielfältige Lehrzeit lag weit zurück.

Auch die Wanderungen der Gesellenzeit hatten ihr Ende genommen. Selbst scheinbar Sinnwidriges erwies sich als sinnvoll. Der erste Weimarer Aufenthalt durfte, da Sebastian als Violinist seine höchste Form erreichte, nicht länger als wenige Monate dauern. Hätten die Kämpfe mit den Kirchenherren und den Schülern ihm nicht Arnstadt verleidet, vielleicht würde er sich dort verlegen und seine Tage gleich den Vorfahren als Nur-Organist beschlossen haben. Jedoch der Angefeindete wurde nach Lübeck getrieben und gewann dort tiefere Einsichten, stärkere Antriebe für die Bewährung seiner künstlerischen Kraft, als sie durch Weiterführung seines Organistenamtes an der Arnstadter Bonifacius-Kirche zu erlangen waren. Ja, selbst der längere Aufenthalt in Mühlhausen hätte nur eine Fortführung des Bisherigen bringen können. Erst die zweite, die neunjährige Tätigkeit in Weimar, bot Johann Sebastian Bach Gelegenheit, sein Können nach allen Richtungen, in allen Formen, mit allen Mitteln zu entfalten und sowohl als ausübender wie als schaffender Musiker die Meisterschaft zu erreichen. Eine Reihe von Umständen wirkten zusammen, daß der Dreiundzwanzigjährige sie erlangen und erfolgreich auswirken konnte.

In Mühlhausen bezog Johann Sebastian Bach, neben einigen Naturallieferungen, ein Gehalt von 85 Gulden. In Weimar begann er mit 150 Gulden. Die baren Einkünfte steigerten sich während des Verlaufes einer vieljährigen Tätigkeit über 202 auf 250 Gulden. Sie betrugen also schließlich, ohne persönliches Zutun, das Dreifache von dem, was in Mühlhausen mühsam erkämpft wurde. In Arnstadt unterstand Johann Sebastian Bach einem verknöcherten geistlichen Collegium, in Mühlhausen einer vielköpfigen weltlichen Behörde. In Weimar besaß er lediglich Einen Herrn: den Fürsten des Landes; einen ebenso sonderlichen wie sonderbaren Mann.

Herzog Wilhelm Ernst, welcher bei dem Dienstantritt Bachs sechsundvierzig Jahre zählte, hatte sich von Jugend an einer hochgesteigerten Frömmigkeit ergeben. Im Alter von acht Jahren verließ er am Aschermittwoch das Fürstliche Gestühl der Schloßkirche, genannt: Der Weg zur Himmelsburg. Er stieg zu der Kanzel hinauf und hielt eine Predigt über das Wort aus der Apostelgeschichte «Glaube an den Herrn Jesum Christum, so wirst Du und Dein Haus seelig.» Die Höflinge übersahen geflissentlich, daß der Hofprediger dem jugendlichen Prinzen bei der Abfassung seiner geistlichen Rede behilflich gewesen war. Als diese unter dem Titel «Der Durchlauchtigste Prediger» im Druck erschien, pries man über alle Maßen die Tiefe der Erkenntnis und die Größe der Rednergabe des künftigen Herzoglichen Herrn. Allerdings ließ sich auch von aufrichtigen Hörern nicht verkennen, daß der Achtjährige seine selbstgewählte Aufgabe mit ebenso großem Freimut wie bemerkenswertem Anstand gelöst hatte.

Ein schweres persönliches Schicksal vertiefte den Ernst und die Sittenstrenge, die Zucht und den Glauben des Herzogs: Seine Ehe mit einer Sachsen-Jenaischen Prinzessin erwies sich als so unglücklich, daß sie geschieden werden mußte. Da Kinder ausgeblieben waren und Wilhelm Ernst eine neue Ehe nicht schloß, hauste er vereinsamt auf der Wilhelmsburg, dem riesigen Herzoglichen Schlosse. Trost brachte dem alleinstehenden Fürsten die gewissenhafteste Ausübung der Religion. Er hielt regelmäßige Andachten in der Schloßkapelle ab und nötigte die Hofbeamten, daran teilzunehmen. Er ging sehr häufig, zeitweise Sonntag für Sonntag, zum Abendmahl und arbeitete eigenhändig eine Liste aus, die vorschrieb, wann, wie oft die Angestellten des Hofes das Gleiche zu tun hätten. Er forderte von den Geistlichen eifrige Ausübung ihres Amtes, untersagte ihnen aber alle Religionsstreitigkeiten auf der Kanzel. Denn ihm selber lag sowohl die pietistische Frömmelei wie auch die lutherische Rechthaberei fern. Wahrlich, dieser Fürst verdiente den Ehrennamen Probus, das ist: der Lautere.

Trotz des Ernstes seiner Natur war der Weimarische Herzog alles Andere als ein Duckmäuser. Freilich, die Lichter im Schloß mußten des Sommers um neun Uhr, des Winters um acht Uhr abends gelöscht werden. Jedermann war gehalten, sich alsdann zur Ruhe zu begeben oder sorgsam zu verbergen, daß er es nicht tat. Jedoch Wilhelm Ernst blieb während seines ganzen Lebens ein Freund der Jagd und ließ sich die mit ihr verbundenen Freuden durch Niemanden rauben. Eine Zeitlang unterhielt der Fürst eine Theatertruppe. Als sie bald nach der Ankunft Johann Sebastian Bachs aufgelöst worden war, wandte er seine Gunst in erhöhtem Maße der Musik zu. Sein Gehör belustigten sechzehn gleichgekleidete Musiker. Einer von diesen Musikanten im Hayduken-Habit war neun Jahre lang Johann Sebastian Bach. So kehrte der Sohn des Stadt-Pfeifers Johann Ambrosius Bach musizierend an jene Stätte zurück, wo sein Ahn Christoph Bach Musik gemacht hatte: in die Herzogliche Capelle des Weimarer Schlosses. Gleich Diesem mußte er während des Spielens Uniform tragen. Allerdings: Der Großvater hatte in Bedientenlivree bei Tisch aufgewartet. Der Enkel trug die Hayduken-Uniform: einen reichbetreßten Rock, darüber den Dolman – eine farbige Jacke – oder den Pelzüberhang der Ungarischen Husaren. Sie wirkten so schmuck, daß ein schlankgewachsener dreiundzwanzigjähriger Musicus sehr wohl Gefallen an dieser reichhaltigen Kleidung finden und sie mit Stolz den Blicken der Herzoglichen Hofdamen preisgeben konnte. Der Ahn stand als Lakei Tag und Nacht seinem Herrn zur Verfügung. Der Enkel durfte, wenn der Dienst in der Capelle geleistet war, seiner Wege gehen. So wurde, unter der Schirmherrschaft des Herzogs, Johann Sebastian Musiker, nichts als Musiker.

Bach war zugleich Hof-Organist und Cammer-Musicus; hatte demgemäß sowohl geistliche wie weltliche Musik auszuführen und zu schaffen. Neben die musica sacra trat als gleichberechtigt die musica viva. Beide Formen, welche noch mit seinem Vater, dem Stadt-Pfeifer Johann Ambrosius, und seinem Oheim, dem Stadt-Organisten Johann Christoph, innerhalb der selben Gemeinde auf zwei Musikanten verteilt waren, vereinigten sich nunmehr in Einer Person: in Johann Sebastian. Sie konnten wohl von ihrem Ursprung her nach verschiedenen Richtungen streben, aber — wahrhaft betrieben — nicht mehr auseinanderfallen und — richtig verstanden — nicht mehr sich bekämpfen. Denn sie hatten die gleiche Aufgabe: Das Erlebnis der Welt zu vertiefen in dem Dienste Dessen, der sie mit all ihrem Reichtum erschuf, mit all ihren Gegensätzlichkeiten erhielt.

Trotz dieser günstigen Umstände hätte aber die Kunst Johann Sebastian Bachs während der neun Weimarer Jahre keinesfalls ihre unvergleichliche Höhe erreicht, wenn nicht zu Beginn des achtzehnten Jahrhunderts mit der Musik selber eine entscheidende Wandlung vor sich gegangen wäre. Bisher blieb sie an kirchliche Verwendung so fest gebunden, daß eine Erstarrung unvermeidbar schien. Auch standen ihr als Verwirklichungmittel lediglich herkömmliche, zur Hauptsache für den Tanz berechnete Klein-Formen zur Verfügung. Vor Allem aber: Geistliche und weltliche Musik benahmen sich gegeneinander wie feindliche Schwestern. Mit dem Beginn der Aufklärung jedoch ward immer weiteren Kreisen bewußt, daß die Feindseligkeit eine durch Zeitgründe hervorgerufene, also auch durch überzeitliche Mittel zu beseitigende Fehlentwicklung sei. Denn nicht die Gegensätzlichkeit war das Entscheidende sondern die Schwesternhaftigkeit. Für deren gedeihliche Betätigung galt es den Weg freizumachen durch ständige Herausarbeitung der Tatsache: Geistliche und weltliche Musik waren der gleichen Abstammung. Beide hatten den selben Vater: Gott. Beide hatten die selbe Mutter: die Erde.

Als Erster verkündete ein Dichter — der Weimarer Hof-Advocat und Hof-Poet Johann Christoph Lorber — die Anschauung von der allumfassenden Musik. So hieß es in seinem großen, 1696 erschienenen Gedicht «Lob der edlen Musica»:

Du aber edle Kunst,
bleibst himmlisch, wie Du bist. Der Mensch zwar mag dich [zwingen
durch die Erfindungs-Kunst zu einer Möglichkeit,
die sie zum Wunder macht, doch der Vollkommenheit
noch weit entfernet ist. Zu Gottes Lob und Preise
gehört ein himmlisch Lied, der Engel heilge Weise.

Das war die alte, die von der herrschsüchtigen Religiosität des scheidenden Jahrhunderts gebieterisch bestimmte, die falsche Auffassung der Musik? Die alte Auffassung? Gewiß. Die falsche Auffassung? Mitnichten. Denn es wäre ein verhängnisvoller Irrtum gewesen, zu glauben: mit der sich anbahnenden Wandlung hätte das jahrhundertlang Bewährte beiseitegeschoben oder gar für immer abgetan werden sollen. «Bleibst himmlisch, wie Du bist», lautete – mitten in der Brandung preisender Worte wie ein Fels stehend – das verpflichtende Bekenntnis.

Nunmehr aber galt es, dieses Bekenntnis zu dem Alten durch die Erkenntnis von dem Neuen zu erweitern. Hinzukommen mußte die erlebte Gewißheit der Zweischichtigkeit des Musikalischen, der Verschwisterung ihrer jenseitigen und diesseitigen Eigenschaften, ihrer Überirdischkeit innerhalb des Irdischen, ihrer Irdischkeit bei der Verwirklichung des Überirdischen. So fuhr Johann Christoph Lorber, der Weimarer Hof-Dichter, in dem Sinne Johann Sebastian Bachs, des Weimarer Hof-Organisten, zu dem Lobe der Musik fort:

Die ganze Wesenheit des Weltgebäudes steht
mit Dir in Kompagnie. Wo sich Saturnus dreht,
wo Phoebus' Schwester uns ihr blasses Silber zeiget,
da regt sich Deine Kraft. Dies Alles ist erbaut
nach Deiner Harmonie. Wer Deinen Lehrern traut,
wer ihrer Schüler sich bedient, wer nicht gewöhnet,
daß er ein jedes Ding verachtet und verhöhnet,
was ihn in Kopf nicht will: Der stimmet itzt mir bei
und zeiget, daß der Mensch ganz musikalisch sei.

Das war in unmißdeutbarer Klarheit festgestellt: Die Musik steht mit der vollen Wesenheit der Welt in Kompagnie — im Bund —; die Musik hat in ihrer Ganzheit zu wirken. Und die Warnung schloß sich an: als Künstler irgendwelche irdischen Regungen zu verachten oder gar zu verhöhnen, wenn sie nicht ohne Weiteres in den Kopf hineinwollten. Triumphierend klang dieses Bekenntnis aus in die Verkündigung: Der ganze Mensch ist musikalisch. Alles in und an ihm, seine gesamte Natur, die Auswirkungen seiner Seele und die Empfindungen seines Leibes, können, müssen der Musik zugänglich gemacht werden. Nicht um dieser etwas von ihrer himmlischen Wunderhaftigkeit zu nehmen. Wohl aber, um sie freizumachen für die Erfüllung ihrer höchsten Aufgabe: den ganzen Erdenbewohner dienend zu umfassen, umfassend zu dienen und dadurch jene Harmonie herzustellen, in der Gott, Welt und Mensch Eines werden. Wie der musikalische Dreiklang zu einer Einheit wird, obwohl jeder Ton für sich durch sich weiterklingt.

Johann Sebastian Bachs Mühlhauser Glaubensbekenntnis — Endzweck aller Musik sei eine regulierte Kirchen-Musik zu Gottes Ehren — blieb bestehen. Aber Ein Wort fiel als zu eng, als zeitgebunden weg, das Wort: Kirche. Geltung hatte nach wie vor: zu Ehren Gottes, des Schöpfers Aller Dinge; auch derer, die man zu Unrecht als unheilig bezeichnet. Geltung hatte weiterhin: eine regulierte, geordnete, maßgerechte, gesetzhafte, gearbeitete Musik. Wobei es allerdings nicht dem Mißverständnis zu verfallen galt, als sei mit Maß und Zahl, mit Mühe und Arbeit — so notwendig sie waren — bereits das Letzte getan. Es stand darum vielmehr so, wie der große Philosoph Gottfried Wilhelm Leibniz, der Enkel eines sächsischen Organisten, es ausgesprochen hatte, als man ihn fragte, worauf die unvergleichliche Freude an der Musik beruhe: Musica est exercitium arithmeticae occultum, nescientis se numerare animi; zu Deutsch: Die Musik ist eine geheimnisvolle Ausübung der Arithmetik, bei welcher die Seele ihres Zählens sich nicht bewußt wird.

Ein glückseeliger Musicus war seit seiner Übersiedlung nach Weimar der zur Meisterschaft gelangte dreiundzwanzigjährige

Johann Sebastian Bach. Er hatte als Hof-Organist die Orgel ausübend und schaffend zur freien, durch keine theologischen Forderungen beschränkten Verfügung. Er konnte als Cammer-Musicus durch Mitwirkung innerhalb einer gutgeschulten Capelle in so reichem Maße fremde Musik aufnehmen, daß sein kammermusikalisches Schaffen unermeßliche Förderung empfing. Er hatte bei den sonntäglichen Gottesdiensten in der Himmelsburg — der Schloßkirche — das Kirchenvolk als getreues Gefolge hinter sich. Er drang durch sein Spiel innerhalb der Hof-Capelle eines kunstverständigen Fürsten, durch den Unterricht ständig zahlreicherer Schüler in immer weitere höfische und bürgerliche Kreise. Ohne seine Bindungen an die Religion und ihre Kultstätte — die Kirche — zu lösen, strebte Bach ständig mehr danach, das Weltmäßige und das Zeitliche in sein Schaffen einzubeziehen. Dadurch konnten sich sehr wohl gelegentliche Reibungen ergeben. Aber keine bleibenden Mißklänge! Denn wie der Makrokosmus — die von Gott geschaffene Große Welt — bei all ihrer Vielfalt und Gegensätzlichkeit durchdrungen ist von der beseeligenden Harmonie der Schönheit, so mußte auch der Mikrokosmus — die trotz ihrer geringen Maße als Welt zu achtende Musik — die Gegensätzlichkeiten des Irdischen ausgleichen und auflösen, einen und verklären mittelst allumfangender Töne.

Am Weitesten sichtbar wurde die Höhe, welche der Eisenacher Stadtpfeiferssohn während der vierzehn Jahre seit dem Tode des Vaters erklommen hatte, durch seine Orgelkunst. Die Kunde von der unvergleichlichen Kennerschaft und der unüberbietbaren Könnerschaft des Organisten Johann Sebastian Bach erscholl über die Grenzen Thüringens hinaus in alle Deutschen Lande. Wo immer eine neue Orgel erstanden war, eine alte Orgel umgebaut wurde, dahin rief man den jugendlichen Weimarer Hof-Organisten, daß er dieses Werk überprüfe und nach Maßgabe seines Urteils der Erbauer gebührend belohnt oder zur ordnunggemäßeren Ausführung seines Auftrages angehalten werde. Und Bach kam. Er prüfte das neue Werk. Prüfte die umgebaute Orgel. Prüfte sehr sorgsam. Gab gewissenhaft sein unbestechliches Urteil schriftlich ab. Dabei scheute Bach nicht vor harten Worten zurück; unbekümmert darum, ob sie ihm Gegnerschaft oder gar Feindschaft einbrachten. Denn nur unabdingbare Wahrheit in allen menschlichen Dingen konnte letzte Klarheit des künstlerischen Schaffens zuwege bringen. War der Auftrag erledigt, die Arbeit getan, die Mühe bezahlt, dann pflegte Johann Sebastian für das Wenige, was er empfangen hatte, verschwenderisch zu schenken. Fast immer schloß sich an die Orgelprüfung ein Orgelkonzert an. Dabei zog Bach sowohl als Spieler wie als Schöpfer im wahren und im übertragenen Sinne alle Register.

Im Jahre 1714 wurde der neunundzwanzigjährige Organist an der Weimarer Schloßcapelle von dem Kasseler Hof zur entlastenden Überprüfung einer umgebauten Orgel eingeladen. Bach folgte diesem Ruf um so lieber, als ihm bekannt war, daß die Musik dort – gefördert durch fürstliche Gunst – einen ungewöhnlich hohen Stand besaß. Er hatte sich darin nicht getäuscht. Man verwöhnte ihn als berühmten Musiker in jeder Weise. 26 Thaler wurden für Reisegeld, 50 Thaler als Honorar gezahlt. Für einen Sänftenträger und für einen Bedienten warf man noch einen Thaler aus.

Die Orgelabnahme verlief zu voller Zufriedenheit sowohl des berühmten Spielers wie des großherzigen Auftraggebers und damit auch des vor dem gestrengen Urteile Johann Sebastians bangenden Orgelbauers. Anschließend gab Bach für Angehörige des Herzoglichen Hauses und Hofes ein Konzert. Um seine Kunst in ganzer Größe zu zeigen, wählte er ein Musikstück für das Pedal, welches die Benutzung der Hände ausschloß. Als ob sie Flügel hätten, eilten seine Füße über die Holztasten her und hin. Blitzartig bohrten dröhnende Stimmen sich in die Ohren der Hörer. Donnergleich brausten mächtige Klänge durch die Kirche. Mit seinen zwei Füßen führte Bach auf dem Pedal kunstvolle Melodieen und überraschende Harmonieen aus, welche in gleicher Weise zu erreichen manchem keineswegs ungeschickten Claviristen mit seinen zehn Fingern sehr sauer geworden wäre.

Als der Spieler geendet hatte, war der Erbprinz Friedrich von Hessen so hingerissen, daß er einen perlenbesetzten Ring von seinem Finger zog und ihn ehrfurchtvoll Sebastian Bach überreichte. Wenn schon dessen Fußfertigkeit ein solches Geschenk verdiente, was hätte — fragte der anwesende Rektor Bellermann — ja, was hätte wohl der Prinz geben sollen, falls der große Meister bei dem Kirchenkonzert seine Hände zu Hilfe nahm?

Über solche und ähnliche Gipfelleistungen des Orgelspielers gingen die Leistungen des Orgelschöpfers Johann Sebastian Bach noch hinaus; sowohl durch ihre Fülle wie durch ihre Größe. Unfaßbar, wie Einem Menschengeist und Einer Menschenseele ein derartig gewaltiger Strom an Musik entspringen, wie Eine Menschenhand ihn einfangen konnte. Denn während der neun Weimarer Jahre entstand das Wesentlichste des gesamten, unausschöpfbaren Orgelwerkes des Meisters der Meister auf der Königin aller Musikinstrumente: Das Präludium und die Fuge in G-dur, das Präludium und die Fuge in A-dur, das Präludium und die Fuge in g-moll; die Fantasie in g-moll, in C-dur; die Präludien in a-moll, in C-dur; die Toccata und Fuge in d-moll, die Toccata und Fuge in C-dur; die Fantasie in b-moll, die Fantasie in a-moll; die Canzone in d-moll; die Passacaglia in c-moll; die acht kleinen Präludien und Fugen; zahlreiche Orgelchoräle und Orgelvorspiele; das Orgelbüchlein und vieles, vieles Andere mehr.

Noch unermeßlicher als die nichtübersehbare Fülle der Weimarer Orgelschöpfungen Bachs war ihre nicht vergleichbare Größe. Nun erfüllte sich in Tat und Wahrheit, was Adam Reinken bei dem Besuch des Lüneburger Particularschülers vorausgesagt hatte: Mit diesen Werken des jugendlichen, von Kraft überschäumenden, von Lebensfrische strotzenden musikalischen Meisters gingen die norddeutsche und die süddeutsche Orgelkunst eine liebende Verbindung ein, aus der jene Kunst entsprang, welche durch Vereinigung der Vorzüge ihrer Abstammung ein Drittes ergab, das nicht lediglich als ihre Summe angesprochen werden konnte. Sondern etwas Neues, Größeres,

Nievorhandenes bedeutete: das allesüberragende Orgelwerk Johann Sebastian Bachs. Denn darin war die maßgerechte Klarheit und die mystische Tiefe des größten aller norddeutschen Meister, Buxtehudes, ebenso zu finden wie die gefühlvolle Innigkeit und mitreißende Beweglichkeit des bedeutsamsten süddeutschen Meisters, Pachelbels. Daneben traf man noch etwas Anderes an: die gewaltige Kraft und die unerschütterliche Gläubigkeit einer Musikerseele, welche dem Göttlichen durch Hergabe letzter Menschlichkeiten diente, das Menschliche durch höchsten Reinheitwillen in das Göttliche hinaufhob. So daß Eines von dem Anderen nicht mehr geschieden werden konnte.

Die Mitwelt vermochte sich der Wirkung des Orgelspiels und der Orgelschöpfungen des Weimarer Musicus nicht zu entziehen. Auf der Schwelle zu den dreißiger Jahren seines Lebens wurde Johann Sebastian von dem sich tief verneigenden Ruhm erwartet. Wie außerordentlich der Gleiche, dem die Organistenstelle zu Sangerhausen seiner Jugend wegen versagt wurde, der auf das Organistenamt in Arnstadt viele Jahre warten mußte, den die Möglichkeit nicht nach Mühlhausen berufen zu werden, erzittern ließ — — wie ungemein binnen eines halben Jahrzehntes Bachs Geltung bei seinen Zeitgenossen gewachsen war, erwies sich bald.

In Halle, der Geburtsstadt von Bachs Mitstreiter und Gegenspieler Georg Friedrich Händel, war seit dem Tode von dessen Lehrer Friedrich Wilhelm Zachow die Organistenstelle an der Liebfrauen-Kirche verwaist. Man wollte, ehe die Berufung eines neuen Mannes vorgenommen wurde, eine Orgel erbauen lassen, die an Größe und Vielfalt, an Kraft und Vollkommenheit alle Werke ihrer Art übertraf. Nicht weniger als 63 klingende Stimmen sollte sie besitzen. Somit konnte die neue Orgel zum würdigen Spieler einen Kirchenmusiker fordern, der als Organist nicht seinesgleichen hatte. Die Arbeit an diesem geplanten Wunderwerk wurde dem Orgelbauer Christoph Cuntius aus Halberstadt übertragen. Man legte dem bewährten Manne die Verpflichtung auf, sich so zu halten, daß die Einweihung des allesüberragenden Instrumentes am Ostersonntag anno 1714 erfolgen könne. Meister Cuntius sagte Solches zu. Unverzüglich machte er sich mit seinen Gesellen an die Arbeit.

Im November 1713 kam Johann Sebastian Bach auf der Durchreise nach Halle. Er besichtigte die im Entstehen begriffene Orgel. Er ließ sich die schriftliche Aufstellung ihrer Disposition geben. Er befragte und beriet, bezweifelte und bestätigte den Orgelbauer. Es wurde je länger desto mehr offenkundig, daß der Weimarer Hof-Organist nicht nur an dem bereits Vollendeten in hohem Maße Gefallen fand, sondern auch von dem noch zu Schaffenden Schönstes erhoffte. So legte der Pastor primarius an der Hallenser Liebfrauen-Kirche, Dr. Heineccius, ihm nahe: Doch die seit Zachows Tod verwaiste Organistenstelle zu übernehmen! Bach reizte der Gedanke, endlich ein Orgelwerk unter die Finger und Füße zu bekommen, welches seinen anspruchsvollen Schöpfungen gerecht wurde. Denn das Instrument in der Weimarer Schloßkirche besaß nur bescheidene Möglichkeiten für die Verwirklichung dieser Klangträume. Obendrein litt es unter mechanischen Mängeln. Johann Sebastian willigte also nach einigem Zaudern ein, sich des herkömmlichen Probespiels vor einer vielköpfigen Commission zu unterziehen. Er begnügte sich aber nicht damit. Bach führte vielmehr ein eigenes Werk, die Kantate «Ich hatte viel Bekümmernis», nach eiliger Einstudierung auf. Hatte es schon vor der im Grunde genommen überflüssigen Prüfung für den Primarpastor der Liebfrauen-Kirche festgestanden: ‚Bach! Keinen anderen Organisten als Bach!' so stimmten nun auch die Stadtväter und Musikkenner einmütig zu: ‚Bach! Niemand sonst als Johann Sebastian Bach!' Man versprach dem Weimarer Hof-Organisten die Nachfolge Zachows. Der Hallenser Rath, hieß es, werde ihm die Vocation, die schriftliche Berufung, nachschicken. Von ihm sei dann nichts Weiteres zu tun, als eines der beiden gesiegelten Vertrags-Exemplare unterschrieben zurückzusenden.

Unverzüglich gingen die Stadtväter daran, mit dem Beistand eines Rechtskundigen, des Vorstehers der Kirchencommission August Becker, die versprochene Vocation Punkt für Punkt aufzusetzen. Aber es war so Vieles zu bedenken, daß die Sache nur langsam voranschritt. Erst am 14. Dezember traf die Urkunde in Weimar ein. Das Schriftstück war erschreckend umfänglich und verwirrend umständlich. Gründlichkeit und Genauigkeit gingen damit schwerschrittig Hand in Hand. So hub die Berufung an:

> Wir Endesunterschriebenen Kirch-Väter und Achtmanne zu Unserer Lieben Frauen allhier, vor uns und unsern Nachkommen im Kirchen-Collegio uhrkunden hierdurch und bekennen, daß wir den EhrenVesten und WohlGelahrten Herrn Johann Sebastian Bachen zum Organisten bey der Kirche zu Unserer Lieben Frauen krafft dieses Schreibens bestellet und angenommen haben.

In diesem atemraubenden Einleitungsatz war die entscheidenden vier Worte – bestellet und angenommen haben – falsch. Denn Bach hatte sich um das freie Hallenser Organistenamt nicht beworben. Bach hatte seine Zusage, die ihm angetragene Organistenstelle zu übernehmen, nicht gegeben.

An die voreilige Bekundung der Anstellung des Weimarer Hof-Organisten als Hallenser Stadt-Organist schloß sich die Bekanntgabe seiner Amts-Verrichtungen.

Bach sollte erstens: an allen hohen und anderen anfallenden Feier- oder Fest-Tagen und deren abendlichen Vigilien, auch an allen Sonntagen und Sonnabendnachmittagen, ingleichen bei den ordentlichen Katechismus-Predigten, des Weiteren bei öffentlichen Copulationen die große Orgel zur Beförderung des Gottesdienstes nach seinem besten Fleiß und Vermögen schlagen, außerdem zuweilen auch die kleine Orgel und das Regal, ein tragbares Tasten-Instrument bei der Choral- und Figural-Musique spielen.

Bach sollte zweitens: bei hohen und anderen Festen, ingleichen an jedem dritten Sonntag gemeinsam mit dem Cantor, den Chor-Schülern, dem Stadt-Musicus und anderen Instrumentalisten eine bewegliche, wohlklingend gesetzte Musique aufführen, auch zuweilen nebst dem Cantor und Schülern mit einigen Violinen und anderen Instrumenten kurze Figural-Stücke musizieren, alles dergestalt dirigieren, daß dadurch die eingepfarrete Gemeinde zum andächtigen, liebevollen Gehör des göttlichen Wortes angefrischet werde.

Bach sollte drittens: die zur Musique erwähnten textus und cantiones — Texte und Gesänge — dem Herrn Oberpastori Unserer Kirche, Herrn Oberconsistorial-Rath Doctor Heineccio, zu dessen approbierender Genehmigung vorlegen.

Bach solle viertens: sowohl die ordentlichen als auch die von den Herrn ministerialibus vorgeschriebenen Choral-Gesänge vor und nach den Sonn- und Festtages-Predigten, auch zu der Communion desgleichen zur Vesper und zur Nachtvigilien-Zeit langsam, ohne sonderliches Coloriren mit vier oder fünf Stimmen andächtig anschlagen, mit dem Versicul die Stimmen jedesmal wechseln, auch Quint oder Schnarrwerke und Gedackte, Synkopen und Bindungen dergestalt verwenden, daß die Gemeinde auf solche Weise die Orgel als Fundament einer guten Harmonie und gleichgestimmten Tones nehme, um andächtig zu singen und dem Allerhöchsten zu danken und zu loben.

Bach sollte fünftens: auf das große und das kleine Orgelwerk nebst dem Kirchen-Regal und andere zur Kirche gehörigen, durch ein Inventarium festzulegenden Instrumente fleißig Obacht haben, Bälge, Stimmen, Register und alle sonstigen Zubehörungen in gutem Stande, reingestimmet, ohne Dissonanz erhalten und zur Abstellung etwa auftretender Mängel Anzeige bei dem Kirchen-Collegio erstatten, das auf Kirchenkosten angeschaffte Regal und die übrigen musikalischen Instrumente allein zum Gottesdienst gebrauchen, keineswegs aber in andere Kirchen, noch viel weniger zu Gastereien verleihen. Wenn es jedoch mit Einwilligung des Kirchen-Vorstandes ausnahmsweise geschähe und dabei etwas verloren gehe oder durch Verwahrlosung zerbrochen werde, so müsse der Schade von Ihm, dem Organisten der Liebfrauen-Kirche, bezahlet werden.

Schließlich kam das von Vorschriften strotzende Schriftstück dann doch zu dem, was die Hallenser Kirchengemeinde für solche Dienste zu leisten gedachte. Bach sollte jährlich erhalten: 140 Thaler Besoldung, insgleichen 24 Thaler zur Wohnung,

7 Thaler für Holz, jedesmal 1 Thaler für die Composition zur Catechismus-Musique und 1 Thaler für jegliche Brautmesse; also — auch wenn man Alles zusammenrechnete und die Hallenser sich als hochzeitfreudig erwiesen — weit weniger, als ihm der Weimarer Herzog ohne irgendwelche Aufspaltung zahlte. Trotz dieser mäßigen Vergütung mußte der künftige Hallenser Organist versprechen, während vorliegender Bestallung keine Neben-Bestallungen anzunehmen, sondern seine Dienste allein der Liebfrauen-Kirche zur Verfügung zu stellen.

Unterschrieben war die feierlich gesiegelte Vocation von nicht weniger als acht, dem Kirchenvorstand angehörigen, sicherlich kreuzbraven, aber wahrscheinlich engstirnigen Männern.

Bach sah nicht nur mit Einem Blick die beträchtliche Herabsetzung seiner Einkünfte. Er nahm nach mehrfacher Durchsicht auch den kunstfremden Geist seiner neuen Wirkungstätte wahr. In Weimar stand er als Hof-Organist und Cammer-Musicus einem einzigen Manne gegenüber — in Halle mußte er sich mit dem vielköpfigen Kirchen-Collegium auseinandersetzen. Der Eine Mann, Herzog Wilhelm Ernst, war ein musikgeneigter, hochgeistiger Herr — die zahlreichen Collegiumsangehörigen waren unmusische Krämerseelen. So lange er unter der Gunst seines Herzoglichen Herrn wirkte, war ihm nach Erfüllung seiner geringen amtlichen Pflichten in Weimar völlige Freiheit bei der Ausübung und Weiterentwicklung seiner Kunst sicher. In Halle aber standen ihm Kämpfe jener Art bevor, wie er sie in Arnstadt führen mußte, in Mühlhausen vermeiden konnte. Nun traute Bach sich zwar zu, als Mensch und als Künstler die habgierigen Bürger seinem Willen botmäßig zu machen. Aber durfte er eine empfindliche Herabminderung seiner Einkünfte hinnehmen? Nein. Weder im Hinblick auf seinen künstlerischen Ruf noch in Anbetracht des Wohlergehens seiner Familie, die fast jedes zweite Jahr um ein weiteres Mitglied wuchs, war dieses Zugeständnis verantwortbar. Aber die neue, die größere, die reichere Orgel! Sie lockte sehr. Endlich ein Werk zur Verfügung haben, das klanglich wiedergab, was er in sich hörte! Ein Werk, von dem seine Orgelkunst neue Antriebe erhalten konnte! Ein Werk, das ihm unübersehbare Möglichkeiten erschloß!

Bach zauderte mit der Antwort nach Halle. Er ließ Weihnachten hingehen, ohne den dringend notwendigen Brief an den Vorsteher des dortigen Kirchen-Collegiums zu schreiben. Auch Neujahr wurde er nicht verfaßt. Erst Mitte Januar 1714, nach einem Monat schweigender Überlegung, eröffnete Johann Sebastian dem Kirchenältesten: Er könne in der vorliegenden Form das gesandte Schriftstück nicht unterschreiben. Er schätze sich glücklich, daß von dem gesamten HochEdlen Collegium der Liebfrauen-Kirche seine Wenigkeit gnädigst dorthin vocieret — lies: berufen — werden solle. Und er werde auch bedacht sein, dem aus solcher vocation hervorblickenden göttlichen Wink zu folgen. Jedoch man wolle es nicht ungut aufnehmen, wenn er mitteile, seine endgültige resolution voritzo nicht notificieren zu können. Und zwar aus folgenden Ursachen: Erstlich hätte er seine Dimission noch nicht erhalten. Zweitlich möchte er in dem Einen und Anderen gerne Änderungen an dem Vertrag haben; und zwar sowohl wegen des zu niedrigen salarii als auch wegen der zu umfänglichen Dienste. Inzwischen remittiere er das eine Exemplar der Vocation. Denn sein Hochgeehrtester Herr werde es übel aufnehmen, wenn er sich durch Namensunterzeichnung anderwärts engagire, bevor er wirklich außer Dienst sei. Sobald die Dimission erteilet wäre und man sich wegen der beanstandeten Punkte geeinigt hätte, wolle er persönlich nach Halle kommen und durch Unterschreibung der abgeänderten Bestallungurkunde sich verbindlich zu Dero Diensten verpflichten. Er hoffe, daß Hoch-Löbliche Kirchen-Collegium werde geneigt sein, die vorhandenen und etwa sich noch zeigenden Difficulitäten — Schwierigkeiten — gütigst aus dem Wege zu räumen. Bach schickte also das eine Exemplar der Anstellungurkunde ohne Unterschrift nach Halle zurück und behielt das andere. Dieses sollte, wenn seine Vorschläge angenommen wurden, abgeändert und unterschrieben werden.

Die Hallenser Kirchenherren, welche glaubten, daß sie den seltenen Vogel schon in ihrem Netz gefangen hätten, die Hallenser tobten: Zehn für Einen Organisten könnten sie bekommen! Jeder werde eine Ehre darin sehen, die schriftliche Vocation unabgeändert zu unterschreiben! Dem Weimarer Organisten wäre offenbar der vorzeitige Ruhm in den noch nicht dreißigjährigen Kopf gestiegen! Es gäbe der guten Orgelschläger mehr als ihn! Es gäbe auch eine Reihe von Bachen, die es als Auszeichnung ansähen, wenn man ihnen zu den festgelegten Bedingungen die Organistenstelle an der ehrwürdigen Liebfrauen-Kirche in Halle anböte! Aber man hätte von den Bachen genug. Der, welcher Johann Sebastian heiße, möchte bleiben, wo er wäre, und es sich zu Weimar in der Sonne der Fürstengunst wohl sein lassen. So lange ihm Solches noch möglich sei! Denn gleich der Sonne am Himmel werde sie zu ihrer Stunde untergehen und er die Finsternis zu spüren bekommen. In seiner Empörung ließ der Hallenser Kirchenvorstand sich zu der Behauptung hinreißen: Bach habe es mit seiner Bewerbung um die Organistenstelle ihrer Stadt von Anbeginn gar nicht ernst gemeint. Sondern nur den Anschein erweckt, daß er sich verändern wolle. Um auf diese Weise von dem Sachsen-Weimarischen Herzog ein höheres Gehalt zu erpressen!

Da reckte Johann Sebastian Bach sich mit unantastbarem Stolz zu seiner ganzen Manneswürde auf. Und es wurde einer von jenen schicksalentscheidenden Briefen geschrieben, mit denen er sich völlig im Recht befand, die aber durch ihre Form ihm schweren Schaden zufügten. Gerichtet war dieses geharnischte Schreiben «A Monsieur Monsieur A. Becker – Licentié en Droit Mon très honoré Ami/à'Halle.» Also: An den Rechtslicenciaten Herrn Herrn Augustus Becker, seinen geehrten Freund in Halle. Es lautete:

Daß das HochLöbliche Kirchen-Collegium meine Abschlagung der (wie Sie meinen!) ambirten – der begehrten – Organisten-Stelle befremdet, befremdet mich gar nicht; indem ich ersehe, wie es so wenig die Sache überleget. Sie meinen, ich habe um die erwehnte Organisten-Stelle angehalten, da mir doch von nichts weniger als davon etwas bewußt ist. Soviel weiß ich aber wohl, daß ich mich gemeldet, und das HochLöbliche Collegium bey mir angehalten hat. Denn ich war ja, nachdem ich mich praesentiret, gleich Willens, wiederum fort zu reisen, wenn des Herrn Dr. Heineccii Befehl und höfliches Anhalten mich nicht genöthiget hätte, das bewuste Stück zu componiren und aufzuführen. Zudem ist nicht zu praesumiren — zu erwarten — daß man an einen Ort gehen sollte, wo man sich verschlimmert. Dieses aber habe ich in 14 Tagen bis 3 Wochen so accurat nicht erfahren können, weil ich der gäntzlichen Meinung bin, man könne seine gage an einem Ohrte, da man die accidentia zur Besoldung nehmen muß, nicht in etlichen Jahren, geschweige denn in 14 Tagen erfahren; und dieses ist einiger Maßen die Ursach, warum ich die Bestallung angenommen und auf Begehren wiederum von mir gegeben habe. Doch ist aus allen diesem noch lange nicht zu schließen, als ob ich solche tour dem HochLöblichen Collegio gespielet hätte, um dadurch meinen Gnädigsten Herrn zu einer Zulage zu meiner Besoldung zu vermögen, da Derselbe ohnedem schon soviel Gnade vor meine Dienste und Kunst hat, daß meine Besoldung zu vergrößern ich nicht erstlich nach Halle reisen darff. Bedaure also, daß des HochLöblichen Collegii so gewisse persuasion — Beredung — ziemlich ungewiß abgelaufen und setze noch dieses hinzu: Wenn ich auch in Halle ebenso starke Besoldung bekommen hätte als hier in Weimar, wäre ich dann nicht gehalten, die früheren Dienste den späteren vorzuziehen? Sie können als Rechts-Verständiger am besten darüber judiciren. Ich verharre davor

Euer HochEdlen
gehorsamer
Joh. Seb. Bach
Conzertmeister und Hofforganist

Weimar, d. 19. Mertz
1714

Es muß zur Ehre des Monsieur Monsieur Becker, des Hallenser Rechtslicentiaten gesagt werden, daß er dieses empörte Schreiben des Weimarer Hof-Organisten mit überlegener Ruhe aufnahm. So gelang es ihm denn auch, den Mitgliedern des Kirchen-Collegiums hinreichendes Verständnis für die Leichtentzündlichkeit einer Künstlerseele beizubringen. Ein abermaliges Angriffsschreiben an Johann Sebastian, das Öl ins Feuer gegossen hätte, wurde verhindert. Die Hallenser suchten weiter nach einem Organisten für ihre Liebfrauen-Kirche. Der Erste, dem sie herablassend die Stelle anboten, Melchior Hoffmann zu Leipzig, lehnte ebenfalls ab. Und zwar aus dem selben Grunde wie Bach: wegen geringer Bezahlung. Der Dritte, gleich Sebastian im Jahre 1685 geboren, der Quedlinburger Organist Georg Kirchhoff, ein Schüler Pachelbels, nahm an. Allerdings mußte er bei seinem Kommen sich mit der Kleinen Orgel und dem tragbaren Regal begnügen.

Denn die große Orgel wurde erst nach zwei weiteren Jahren, im April 1716, von dem Halberstadter Christoph Cuntius endgültig fertiggestellt. Nun zeigte das Hallenser Bürgertum seine beste Seite. Man hatte vor, den Abschluß der Prüfung zu einem Fest auszugestalten. Die berufensten Orgelmeister sollten dazu eingeladen werden. Wenn Alles, wie erhofft werden durfte, zur besten Zufriedenheit verlief, wollte man hinterher die drei Auserwählten durch eine Gasterei ehren. Die erste Einladung erging an den Stadt-Organisten Christian Friedrich Rolle nach Quedlinburg. Die zweite Einladung empfing der Leipziger Thomascantor Johann Kuhnau. Die dritte Einladung wurde – jawohl! – wurde an den Hof-Organisten Johann Sebastian Bach gen Weimar gesandt. Nicht ohne gewisse Bedenken. Denn obschon man selber gewillt war, alles Geschehene zu vergessen und über die Heftigkeit seines Briefes einen Strich zu machen, wußte Niemand sicher, wie der erzürnte Künstler die Einladung aufnähme.

Bach war beschämt. Am 20. April wurde das wohlmeinende Schreiben des Hallenser Kirchen-Collegiums abgesandt. Bereits am 22. April antwortete der Eingeladene. Dieses Schreiben stand freilich in einer anderen Tonart als die grimmige Absage vor zwei Jahren. Es zeigte den ob seiner Halsstarrigkeit und Rechthaberei vielgeschmähten Mann von einer so gewinnenden Seite, daß angezweifelt werden konnte, ob beide Briefe von dem gleichen Schreiber stammten. Denn der neue Brief hatte folgenden Wortlaut:

> Vor die gantz sonderbahre Hochgeneigteste confidence – Vertraulichkeit – Euerer HochEdlen wie auch sämmtlicher HochEdlen Collegii, bin höchstens verbunden. Und wie ich mir das gröste plaisir mache, Eurer HochEdlen jederzeit mit gefälligen Diensten aufzuwarten, desto mehr werde vor jetzo bemühet leben, Eurer HochEdlen zu bestimmter Zeit meine Aufwartung zu machen und dann nach Möglichkeit in dem verlangten examine satisfaction zu geben.

Da stand es eindeutig: Satisfaktion für das Geschehene wollte Bach den Hallensern geben, Genugtuung ihnen verschaffen, Ausgleichung herbeiführen. Und zwar wegen der mit seinem heftigen ersten Brief begangenen Schuld.

Am 28. April traf Johann Sebastian Bach zu der anberaumten Orgelprüfung ein. Die Stadt Halle hatte für den Empfang der drei berühmten Musikergäste alles auf das Umsichtigste hergerichtet. Bequeme, wohlausgestattete Quartiere standen zur Verfügung. Während einer Woche konnten die Herren Organisten über Kutschen und Kutscher, über Wirtsleute und Diener nach Herzenslust verfügen.

Die Prüfung der neuen Orgel wurde von Rolle, Kuhnau und Bach sowohl gemeinsam als auch getrennt vorgenommen. Bälge und Schleifladen, Register und Koppeln, Pfeifen und Tasten mußten sich eine äußerst genaue Untersuchung gefallen lassen. Immer häufiger nickte der Eine und der Andere. Immer ungezwungener bekundeten die Drei ihre Zustimmung. Das Gesicht des Orgelbauers Christoph Cuntius erhellte sich. Mittwoch und Donnerstag, der 28. und der 29. April, gingen darüber hin. Zum Abschluß der Prüfung mußte die Orgel sich an dem klingenden Spiel der Prüfenden bewähren. Zunächst setzte sich der Älteste, der Quedlinburger Johann Heinrich Rolle, auf die Orgelbank. Nicht das Geringste war gegen sein Können einzuwenden. Aber es ließ sich auch nichts Ungewöhnliches dafür sagen. Mit der Orgel war er vollauf zufrieden. Die Leistungen des Mitteljährigen, des Leipziger Johann Kuhnau, gingen über das Spiel Rolles hinaus. Dieser – des Glaubens, daß es nicht überboten werden könne – schüttelte dem Amtsbruder, dessen Urteil «In Ordnung!» gelautet hatte, bewundernd beide Hände. Aber als dann der Jüngste von den Dreien, der Weimarer Johann Sebastian Bach, zu spielen begann und der außerordentlichen Orgel die letzten klingenden Möglichkeiten entlockte: da übertraf dieses Spiel um mindestens das Gleiche die Leistung Kuhnaus, wie Dessen Spiel die Leistung Rolles hinter sich gelassen hatte. Der Leipziger Thomas-Cantor nickte in stummer Ergebung ein Mal um das Andere. Der Quedlinburger Organist verneigte sich vor dem Meister Johann Sebastian wie vor einer Himmelserscheinung – einem Kometen –, den man zwar wahrzunehmen, aber nicht zu begreifen vermag.

Am Freitag und am Sonnabend der Woche, dem 1. und dem 2. Mai, wurde von den drei Organisten der umfängliche Bericht über das Ergebnis der Orgelprüfung niedergeschrieben und zum Beschluß dem Raths-Collegium übergeben. Sowohl die Stadt Halle wie der Halberstädter Cuntius konnten mit dem Schriftstück zufrieden sein. Die Stadt, weil sie Männer von ungewöhnlicher Fachkenntnis zu Prüfern erwählte. Cuntius, weil der Bericht mit Anerkennung nicht kargte und einstimmig vorschlug, ihm seines Auftrages, für Halle die größte und schönste Orgel Deutschlands zu erbauen, ledig zu sprechen. Bach äußerte einzig gegen die Bälge eine fragende Einwendung. Seine Befürchtung, daß die Lunge des Werkes bei voller Beanspruchung nicht ausreiche, hätte sich als irrig erwiesen. Ob aber die Belederung von solcher Güte sei, daß sie jahrelang ein pleno organo ohne Schaden aushalte? Bei seinem Spiel bestimmt nicht. Jedoch vielleicht reiche sie aus für die zahme Benutzung durch den mildmütigeren jetzigen Inhaber.

Am kommenden Tage, dem 3. Mai, wurde während des

Sonntagsgottesdienstes das neuerbaute Werk der Hallenser Liebfrauen-Kirche öffentlich eingeweiht. Es war ursprünglich vorgesehen, daß die drei Instrumentprüfer sich dabei mit ihrem Spiel ablösen sollten. Doch Christian Friedrich Rolle, der Sechzigjährige, und Johann Kuhnau, der Fünfzigjährige, hatten zu Gunsten Johann Sebastian Bachs, des Dreißigjährigen, neidlos verzichtet. So vernahmen die Hallenser mit staunender Ehrfurcht ein Orgelspiel von solcher Größe, von solchem Reichtum, wie es ihnen bisher nicht zu Ohren gekommen war.

Des Abends veranstaltete das Kirchen-Collegium der Stadt Halle zu Ehren der Musikergäste ein Essen. Das bemühte sich, den Festklängen der morgens eingeweihten Orgel des Meister Cuntius an Vielfältigkeit und Dauer, an Gewichtigkeit und Glanz in keiner Weise nachzustehen. Es gab — aus Anlaß der Investitur der neuen Orgel zur Speisung des HochLöblichen Collegii der Kirchen und der Orgel-Examinatoren — es gab Folgendes:

1 Stück Bäffallemote (Bœuf à la mode), Rindfleisch nach der Mode.

Hechte mit einer Sartelle beu; lies: mit Buttersauce.

1 gereuchert Schinken.

1 Aschette mit Erbsissen; lies: eine Schüssel mit Erbsen.

1 Aschette mit Erteffen, lies: eine Schüssel mit Erdäpfeln.

2 Aschetten mit Spenadt und Zerzigen; zwei Schüssel mit Spinat und Werweißwas.

1 gebraten Schöpseviertel; lies: ein gebratenes Hammelviertel.

Gesodtner Kerbisse; lies: gesottner Kürbis.

Sprützkuchen.

Eingemachte Zitronenschalle.

Eingemachte Kirschen.

Warmer Spargel-Saladt.

Kopf-Saladt.

Rettisgen.

Frische Butter.

Kellberbraten.

Während Rolle, in Rücksicht auf sein Alter, sich mit dem Essen und dem Trinken Einschränkungen auferlegte, Kuhnau mit Beidem die gerechtfertigten Grenzen achtete, aß und trank Johann Sebastian Bach unbekümmert, was ihm mundete. So war der Herr Hof-Organist nach dem üppigen Mahle zwar seiner Beine durchaus mächtig. Aber als von ihm gefordert wurde, durch Unterschrift zu bestätigen, daß er die ihm für Mitbeteiligung der Orgelprüfung zustehenden 6 Thaler richtig empfangen hätte: da erwies sich seine Rechte als widerborstig. Es gelang Johann Sebastian, sie zum Gehorsam zu zwingen. Doch die Hand rächte sich. Um ihre Selbständigkeit zu bekunden, brachte sie tückisch die Finger zum Erzittern. Die Feder floß über. Und ein großer Klecks bedeckte einen beträchtlichen Teil des Namens «Bach».

XI

Der Ruhm war da. Der zeitliche, nicht etwa der ewige Ruhm! Denn unsterblich kann nur werden, was gestorben ist. Unvergänglich vermag nur zu sein, was aus dem Grabe aufersteht. Der Gegenwartruhm, so sehr er zu Johann Sebastian Bachs menschlicher Unterstützung beitrug, so viel er für seine berufsmäßige Erleichterung bedeutete, der Gegenwartruhm wog gering gegenüber dem Zukunftruhm. Diesen konnten freilich erst spätere Generationen gewähren oder versagen. Jedoch der in gleicher Weise beglückende wie trügerische Zeitruhm war da.

In den «Nachrichten bey dem Fürstlichen Hofmarschallamt Weimar zur Wilhelmsburg» stand eines Tages gedruckt zu lesen:

> Am 2. März 1714 haben des regierenden Herrn Herzogs Durchlaucht dem bisherigen Hof-Organisten Bachen auf sein unterthänigstes Ansuchen das Predicat eines Conzert-Meisters mit angezeigtem Range nach dem Vice-Capellmeister Dresen gnädigst conferiret, dagegen er monatlich neue Stücke aufzuführen schuldig sein soll.

Und ein Jahr später hieß es an der gleichen Stelle:

> 20. Marcio 1715. Den beyden Kapellmeistern Drese, Vater und Sohn, ist auf Serenissimi regentis Befehl die Anzeige geschehen, daß künftighin dem Conzert-Meister Bachen bey zu distribuirenden Accidentien und Verehrungen – also: bei allen Nebeneinkünften und Geschenken – Capellmeistersportion gewähret werden soll.

Bach war weiter aufwärts gestiegen und zum anerkannten Vertreter der beiden Hof-Capellmeister Drese geworden, von denen der Vater Unterstützung wegen hohen Alters und Krankheit, der Sohn Hilfe wegen Unfähigkeit und Gleichgültigkeit dringend benötigte. Das Schicksalhafte dieser beiden Herzoglichen Berufungen war für Johann Sebastian nicht die erfreuliche Vermehrung seiner Einkünfte noch gar die Erhöhung seines Ranges, so daß er bei allen feierlichen Umzügen unter den Musikern hinfort den dritten von sieben Plätzen einnehmen durfte, am Allerwenigsten der sehnlich begehrte und gnädigst gewährte Titel. Wohl aber wirkte sich die vertragliche Schuldigkeit, monatlich neue Stücke aufzuführen, in günstiger Weise für Bachs schöpferisches Lebenswerk aus. Denn er war nunmehr dienstlich verpflichtet, regelmäßig Kirchenstücke zu komponieren. Da die äußere Forderung seinem inneren Bedürfnis entgegenkam, so gab Johann Sebastian sich den Schöpfungmöglichkeiten mit letzter Inbrunst hin. Und es entstand in Weimar neben dem unermeßlichen Orgelwerk ein zwar zahlenmäßig nicht beträchtlicher, jedoch wesenhaft bedeutsamer Teil seiner viele Hunderte umfassenden Kantaten.

Die zu Weimar geschaffenen Orgelkompositionen Sebastian Bachs führten in der von seinem Vorgänger Buxtehude eingeschlagenen Richtung weiter. Die Weimarer Kantaten aber bedeuteten etwas so völlig Neues, daß sie eine musikalische Umwälzung, eine künstlerische Revolution darstellten.

Bisher waren die Kantaten an die Kirche gebunden. Sie gingen über die liturgische Musik räumlich, aber nicht wesensmäßig hinaus. Jetzt machten sie sich von der Kirche frei. Keineswegs von der Pflicht, Gott zu dienen! Er war und blieb ihr oberster Gebieter. Freilich als Schöpfer der ganzen, der jenseitigen und der irdischen Welt! Wohl aber streiften die Kantaten Johann Sebastian Bachs in Weimar jene Fesseln, welche ihnen von den Religionsverwaltern angelegt waren, je länger desto unbekümmerter ab. Bach huldigte mit ihnen dem mehr und mehr sich ausbreitenden Geschmack, welchem weltliche Klänge nicht weniger als geistliche Gesänge galten, da beide Einen Ursprung — die ewige Harmonie — und Ein Ziel — ihre menschliche Verwirklichung — hatten.

Mit dieser inneren Wandlung mußte sich die Form der Kantate grundleglich ändern. War sie bisher von gravitätischem Gesamtklang und epischer Einzelhaltung gewesen, so ergab es sich jetzt zwangsmäßig, daß sie beweglicher und behender, eindringlicher und dramatischer wurde. Choräle und choralartige Sätze genügten allein dem gelockerten Gefühl nicht mehr. Selbst ein gelegentliches Arioso vermochte nur unvollkommen dem entfesselten Empfinden genugzutun. Das musikalische Schöpfertum verlangte nach willigeren Kunstformen. Als wesentlichstes kam das Rezitativ hinzu: der handlungvermittelnde auf eine bestimmte Tonhöhe festgelegte, rhythmisch freie Sprechgesang. Das Arioso wurde zur dreiteiligen Arie weiterentwickelt, die mit Vordersatz, Mittelsatz und Dacapo — notengetreuer Wiederholung des Eingangsteiles — unermeßliche Schaffensmöglichkeiten bot.

Diese belebenden musikalischen Elemente bezog die neue Kantate von der in Italien zu höchster Blüte gelangten Oper, also vom Theater, das bis aufs Äußerste der Kirche wesensfremd war. So konnte es nicht ausbleiben, daß man in weiten geistlichen Kreisen eine völlige Verweltlichung der religiösen Musik befürchtete und Abwehrdämme errichtete. Heftigste Feinde der Ausweitung religiöser Musik waren nach wie vor die Pietisten. Des Weiteren fühlten Cantoren und Organisten sich sowohl bei der Ausübung wie in dem Fortbestand ihrer Amtstätigkeit bedroht. Sie schlugen mit haßerfüllten Worten um sich. Schulmeister und Pfarrer kamen ihnen polternd zuhilfe. Der Pastor Christian Gerber geißelte in seinem Buche «Unerkannte Sünden der Welt» die Verunreinigung der kirchlichen Musik durch theatralische Beimischungen als ein abscheuerregendes Vergehen an Gott. Der Rechtslehrer Joachim Meyer schleuderte mit seiner Schrift «Unvorgreifliche Gedanken über die neulich (lies: neuerlich) eingerissene theatralische Kirchenmusik und die darin üblich gewordenen Cantaten» den Bannstrahl gegen die verwerflichen musikalischen Aufwiegler. Den neuen stylum luxuriantem, den luxuriösen Stil, nannte er eine fleischliche, üppige, krause Musik, welche die Verständigen ärgere und die Einfältigen betrübe, weder Gott gefalle noch die Gemeinde erbaue. Eifernde Theologen und erstarrte Professoren, ängstliche Musiker und besorgte Laien traten ihnen mit schmähenden Worten und schimpfenden Flugblättern an die Seite. Gott sollte gelobt werden. Und zwar so, daß es von der einfältigen Gemeinde verstanden werden konnte.

Erfolgreichster Vorkämpfer für das Neue wurde Erdmann Neumeister. In Üchteritz bei Weißenfels 1671 als Sohn eines armen Schulmeisters zur Welt gekommen, wollte er um jeden Preis Bauer werden. Jedoch als der naturbesessene Knabe es bis zu 14 Jahren gebracht hatte, gewannen die Bücher unwiderstehliche Gewalt über den hochbegabten Lehrersjungen. Im Verlaufe von vier Jahren verschaffte er sich zu Schulpforta solch ungewöhnliches Wissen, daß er als Achtzehnjähriger die Universität Leipzig beziehen konnte. Für kurze Zeit gewann über den jungen Studenten der Theologie der Pietismus Macht. Dann ließ er ihn hinter sich. Aus seinem Abfall von der Erweckunglehre wurde Gegnerschaft. Aus seiner Gegnerschaft ergab sich Feindschaft. Empört rief er eines Tages den Frömmlern zu:

So laßt uns SEINEM Worte gläuben,
im Glauben heilig leben
und in der Heiligkeit voll guter Früchte stehen
als rechte, fromme Christen
und nicht als Pietisten!

Schon auf der Universität war Neumeister durch das theologische Studium nicht ausgefüllt. Er mußte der überschüssigen Geisteskraft durch Dichten Raum verschaffen. Seine Dissertation galt den Dichtern und Dichterinnen des 17. Jahrhunderts. Und der vierundzwanzigjährige Magister hielt Vorlesungen über Poetik.

Also wurde aus Erdmann Neumeister ein Pfarrer und Poet dazu. Nicht etwa ein versemachender Verfasser geistlicher Reimereien, wie Salomo Franck, Christian Friedrich Henrici, genannt Picander, und sonstige Kantatentext-Zuschneider! Sondern ein wahrhafter Dichter; wie seine Choräle «Jesus nimmt die Sünder an», «Werde munter mein Gemüte» und andere Gesänge unanfechtbar bewiesen. Der Weg des Theologen ging über die Hilfspredigerstelle in Bibra, das Pastorat in Eckhardsberge, das Diaconat in Weißenfels und das Hofpredigeramt in

Sorau bis zum Hauptpastorat an der Sanct Johannis-Kirche in Hamburg. Der Weg des Dichters führte zum Vorkämpfertum für den neuen Geist der Kirchenmusik und zum Schöpfertum für die textliche Grundform der Kantaten Johann Sebastian Bachs. Denn Beide waren des gleichen Willens: den Gegensatz zwischen Kirchen-Andacht und Kunst-Andacht unter dem Zeichen schöpferischer Gläubigkeit aufzuheben.

Erdmann Neumeister gab in dem Kampf um das Künftige mit dem Titel seines grundleglichen Buches: «Geistliche Cantaten statt einer Kirchen-Music» die siegreiche Losung aus. Weithin vernehmbar wurde gefordert: Die kirchlichen Einengungen aufheben! Dem religiösen Empfinden Raum geben! Eindeutig hieß es: Wenn die ordentliche Amts-Arbeit des Sonntags verrichtet war, versuchte ich das Vornehmste dessen, was während der Predigt abgehandelt worden, für meine Privat-Andacht in gebundene Rede zu setzen und mit solcher angenehmen Sinnen-Bemühung den durch Predigen ermüdeten Leib wieder zu erquicken. Woraus denn bald Oden, bald poetische Oratorien und mit ihnen Cantaten geraten sind. Soll ichs kürzlich aussprechen, so siehet eine Cantata nicht anders aus als ein Stück aus einer Opera.

Auf Grund dieser Anschauung kämpfte der dichtende Prediger Erdmann Neumeister um die Verjüngung der kirchlichen Tonkunst. Einmal durch bekenntnismutige Schriften, zum Anderen durch dienstwillige Verse. Sieben vollständige Jahrgänge von Kantatentexten zu allen Sonn- und Feiertagen, also mehr als dreihundertfünfzig poetische Gebilde dieser Art, legte der Hamburger Hauptpastor im Laufe seines langen Lebens der Öffentlichkeit vor. So konnte ihr Herausgeber Gottfried Tilgner feststellen: Neumeister sei der Mann, dem der Ruhm gebührete, daß er der Erste unter den Deutschen gewesen wäre, welcher die Kirchen-Musik durch Einführung der geistlichen Cantaten in Flor versetzet hätte.

Erdmann Neumeister selbst dachte bescheidener von sich. Er schrieb in der Einführung zu dem ersten Jahrgang seiner Kantaten: Ich habe gesagt, eine Cantata sähe aus wie ein Stück einer Opera. So dürfte man fast muthmaßen, daß sich mancher ärgern möchte und denken: Wie eine Kirchen-Musik und Opera zusammenstimmen? Vielleicht wie Christus und Belial? Wie Licht und Finsterniß? Und demnach hätte man lieber, werden sie sprechen, eine andere Art erwählen sollen. Wiewohl ich darüber mich will rechtfertigen, wenn man mir erst beantwortet hat, warum man nicht andre geistliche Lieder abschaffet, welche mit weltlichen und manchmal schändlichen Liedern einerlei genus versuum – gemeinsamen Ursprung – haben? Warum man nicht die instrumenta musica zerschläget, welche heute sich in der Kirche hören lassen und doch wohl gestern bei einer üppigen Weltlust aufwarten mußten? Sodann, ob diese Art Gedichte, wenn sie gleich ihr Modell von theatralischen Versen erborget haben, nicht dadurch geheiliget ist, daß sie zur Ehre Gottes gewidmet wird? Und ob nicht diesfalls die apostolischen Sprüche mir zur genugsamen Verantwortung dienen können, von Denen Einer lautet: Alle Creatur Gottes ist gut, und nichts verwerflich, das mit Danksagung empfangen wird.

Durch den Hinweis auf die Freude an Allem – an dem Geistlichen und Weltlichen, dem Jenseitigen und Diesseitigen – wurde das Entscheidende für die Weiterentwicklung der beengten Kirchenmusik zur unbehinderten Kantate gesagt. Der Weg war frei!

Die Behauptung Tilgners, daß Erdmann Neumeister die geistlichen Kantaten in besseren Stand gesetzt und ihre Blüte herbeigeführet habe, stimmte. Sie stimmte aber auch nicht! Wohl war der geistige Sieg den Neuerern zugefallen und zum größten Teil Neumeisters unermüdlicher Kampfkraft zu danken. Aber das Erfochtene wäre wertlos gewesen, wenn nicht Johann Sebastian die weitgreifenden Texte mit seiner himmelstürmenden Musik erfüllt hätte. Bach diskutierte nicht. Bach komponierte. Bach erörterte nicht. Bach schuf. Mit den Wunderwerken «Ich hatte viel Bekümmernis in meinem Herzen» und «Himmelskönig, sei willkommen», «Der Himmel lacht, die Erde jubilieret» und «Komm, du süße Todesstunde», «Wachet, betet, seid bereit» und «Ich weiß, daß mein Erlöser lebet», mit diesen und manch anderen Kantaten der Weimarer Zeit erreichte Johann Sebastian Bach bei dem Beginn eines unübersehbaren Schöpfungabschnittes seiner Kunst sogleich eine Gipfelhöhe, daß er sie späterhin — nach Abstiegen in dunkle Täler und Ausbiegungen in andere Musikgefilde — wohl wieder erlangte, aber kaum noch übertraf.

Denn aus den Tiefen seiner Gottgläubigkeit und den Innigkeiten seines Weltgefühles gingen Melodien von solchem Reiz, Klänge von solcher Fülle, Harmonien von solchem Zauber, Ineinanderfügungen von solchem Reichtum hervor, daß bei dem Vielfältigsten die Einheit bestehen blieb, daß Klarheit aus mystischen Gründen aufstieg, Mystik niemals die Klarheit verdunkelte. Es wurde gottesdienstliche Gebrauchsmusik geschaffen, welche auf ihren Höhepunkten die italienische Sanglichkeit mit der deutschen Gefühlsweite vereinte. Hier herrschte Frömmigkeit ohne Frömmelei. Die Himmelsfreude artete nicht in Weltflucht aus. Die Todessehnsucht verleitete nicht zu irdischer Untätigkeit. Die Kirche empfing, was ihr gebührte: Glaubenswilligkeit. Aber nicht mehr! Der Geistlichkeit wurde gegeben, was ihr zukam: Herzenshinwendung. Aber nicht mehr! Der Mensch wurde durch Wort und Ton als eine Gestalt geehrt, die mit ihrer Körperhaftigkeit ein Bestandteil dieser Welt blieb: der Erde, aus welcher seine Erscheinung hervorging und in die er, nach deren Zerstörung, zurückkehrte. So kam durch Wahl der Instrumente für die neuen Kantaten die Sinnenfreude voll zu ihrem Recht, wie durch den Klang der deutenden Stimmen der Geist hinreichend Genüge fand. Denn in Einem war Alles, und Alles verwob sich zu Einem, um so den Endzweck dieser Musik zu erfüllen: Gott zu ehren, Gott zu loben, Gott zu danken für die Fülle und Schönheit, für die Größe und Unerschöpflichkeit des gesamten irdischen Lebens. Denn nicht darum ging es, auszusagen, was der Einzelne leidet oder freut, sondern Musik zu gestalten, welche den Schöpfer und Erhalter aller Dinge preist.

Es machte Bach wenig aus, daß der Chor, mit welchem er diese gewaltigen Werke in der Weimarer Schloßkirche aufführte, nur

12 Mitglieder hatte, sechs Knaben und sechs Männer. Denn einmal waren diese Sänger bis zum Letzten durchgebildet und jeder an seiner Stelle ein Solist. Zum Anderen leistete des Öfteren ein musicus vocalis als musicus instrumentalis notwendigen Beistand und umgekehrt. Zum Dritten: Bach hörte, obwohl er unnachsichtig in der Ausmerzung vermeidbarer Fehler, unermüdlich in der Steigerung menschlicher Leistungen war, hörte nicht nur was tatsächlich erklang, sondern auch was vorstellunggemäß erklingen sollte.

Jedoch mit der Vollendung der Orgelkunst und Umwandlung der Kantatenform war dem zu seiner ersten Blüte gelangten schöpferischen Vermögen Johann Sebastian Bachs noch nicht genug getan. Neben dieser musica sacra, der heiligen Musik, erfuhr die musica viva, die lebenzeugende Musik, in Weimar bedeutsame Bereicherung. Nicht lediglich die Zahl der für sie bestimmten Kompositionen vermehrte sich ungemein. Ihr Wesen wandelte sich.

Bach, welcher in Celle die französische Konzertmusik kennen und lieben lernte, in Lübeck durch tätige Mitwirkung die nordische Orgelkunst aufnahm und sie daheim fortentwickelte, der dreißigjährige Cammermusicus Johann Sebastian Bach erweiterte seine Kenntnis der italienischen Musik in entscheidender Weise. Was er bei seinem viermonatigen ersten Weimarer Aufenthalt bedeutsam begonnen hatte, wurde während seiner neunjährigen zweiten Tätigkeit an der gleichen Stelle folgerichtig fortgesetzt. Albinoni und Scarlatti, Torelli und Marcello, Corelli und vor allen Anderen Vivaldi gewannen auf die Kunst Johann Sebastians außerordentlichen Einfluß. Er eignete sich ihre Werke innerlich an. Er schrieb sie zum Gebrauch für sich und die Schüler ab. Er bearbeitete sie nach seiner Weise. Dabei mußte es sich die Cammermusik, insbesondere die ebenso leidenschaftliche wie wohllautende Kunst der Streichinstrumente, gefallen lassen, daß Bach sie nach Bedarf für die Verwendbarkeit auf Tasteninstrumenten, der Orgel und dem Cembalo, unbedenklich herrichtete. Allein von Vivaldi wurden 16 Violinwerke auf das Clavier und 3 auf die Orgel übertragen. Freilich, der Feuergeist Johann Sebastian Bachs schmolz das italienische Tonmaterial um. Er versetzte es aus dem Südländischen ins Deutsche. Er füllte es mit seinem Geiste. Blieben die Fuge in c-moll über ein Legrenzi-Thema, in A-dur über ein Albinoni-Thema, die Variationen alla maniera italiana auch noch dermaßen ihrer Herkunft verpflichtet, daß sie diese selbst dann hätten eingestehen müssen, wenn es nicht mit ihren Titeln verkündet worden wäre: so machte Johann Sebastian sich doch mehr und mehr von ihrem Einfluß frei. Er überwand, überstiegerte, übertraf sie. Diese für das Cembalo geschaffenen Werke waren, trotz ihrer Herkunft, im vollsten Sinne Bachischen Geistes. Als da sind: die zwischen Gebundenheit und Freiheit unaufhaltsam dahinrasenden Toccaten in G-dur, in d-moll, in g-moll, in c-moll; die aufwühlenden Präludien in h-moll, in e-moll, in a-moll; die gebändigten Fugen in A-dur, in a-moll; die Suite in F-Dur; die Fantasien in g-moll und A-Dur. Ein Reichtum über alle Maßen! Um so erstaunlicher, als daneben der gültige Abschluß des unerschöpflichen Orgelwerkes und der richtungweisende Neubeginn der unermeßlichen Kantatenschöpfung herging.

Wie weit Johann Sebastian Bach in Weimar die französische Form der Musik hinter sich ließ, zeigte der Wettstreit mit dem berühmtesten Pariser Musiker seiner Tage. Er hieß Jean Louis Marchand und war nicht nur ein achtbarer Komponist sondern auch ein überragender Virtuos auf den Tasteninstrumenten. Von dem französischen Hof vergöttert, von den französischen Männern bewundert, von den französischen Frauen verhimmelt, verlor der Musikheld alle Maße. Er war zunächst wohlbesoldeter Hof-Organist Ludwigs des Vierzehnten. Nach und nach übertrug man ihm sechs weitere Organistenstellen. Marchand strich unbedenklich die Besoldungen von einem halbdutzend Kirchen ein, obwohl er seine Musik nur brosamenhaft auf alle sechs verteilen konnte. Eine einzige Klavierstunde bei dem Hochberühmten kostete einen funkelnden Louisdor. Trotzdem wußte er sich vor Schülern und insbesondere vor Schülerinnen nicht zu retten. Denn wer etwas auf sich hielt, mußte mindestens einige Monate Cembalo-Unterricht bei Jean Louis aufweisen. So nannte man, unter Weglassung seines Vaternamens, den hochgefeierten Künstler. Verwechslungen waren ausgeschlossen. Es gab in ganz Paris, gab auf der ganzen Erde nur Einen göttlichen Jean Louis. Ebensowenig wie seinen Amtspflichten konnte Marchand den Anforderungen der Liebe nachkommen. Um ihnen besser als bisher gewachsen zu sein, verließ er Frau und Kinder. Dabei vergaß der Leichtfertige, hinreichend für ihren Lebensunterhalt zu sorgen. Als dem König von Neidern des verhätschelten Musicus hinterbracht wurde, daß die Gattin seines verschwenderischen Hof-Organisten ihre Tage in bitterstem Elend verbringe, sperrte Ludwig dem gewissenlosen Künstler die Hälfte seines Gehaltes. Die zurückbehaltene Summe ließ er an dessen darbende Frau auszahlen. Wenige Tage darauf hatte Jean Louis Marchand den Orgeldienst in der Schloßkirche des Königshofes zu versehen. Er tat es mit vollendeter Meisterschaft. Bewunderung schlug zu ihm empor. Die Messe gelangte, von der Orgel dienstwillig unterstützt, zu den Worten: «Christe, Du Lamm Gottes, der Du trägst — —» Die Orgel brach ab. Marchand stand auf. Ohne ein Wort der Erklärung verließ er die Kirche. Man war tief bestürzt. Dem großen Künstler mußte ein plötzliches Unwohlsein gepackt haben. Hoffentlich verfiel er in keine ernsthafte Krankheit. Ein Bote wurde, während der Gottesdienst orgellos weiterging, abgeschickt. Er sollte schnellstens feststellen, wie es Jean Louis erginge, und, wenn es bedauerlicher Weise notwendig wäre, für sofortige ärztliche Hilfe sorgen. Der Fortgesandte kam nach einiger Zeit keuchend zurück. Mit fliegendem Atem flüsterte er dem König zu: In seiner Wohnung nicht zu finden — — — Auch sonst nirgendwo zu erblicken — — — Höchst seltsam — — — Äußerst bedenklich — — — Da Ludwig der Vierzehnte sich nicht erhob, blieben auch die verwirrten Höflinge sitzen. Sie sahen infolge des Verhaltens ihres Höchsten Gebieters keine Möglichkeit, dem offenbar schwererkrankten Künstler zu helfen. Sobald die Messe beendet war, schwirrten angstvolle Fragen und schmerzliche Klagen durcheinander wie aufgescheuchte Hornisse. Jeder befürchtete für den davongeeilten Künstler das Schlimmste. Jedoch als der König den von ihm bewohnten Flügel des Schlosses betrat, stolzierte Jean Louis Marchand mit gekreuzten Armen und hochgeworfenem Kopf in einem der Vorzimmer, welche Ludwig der Vierzehnte bei seiner Heimkehr aus der Kirche durchschreiten mußte. Er verneigte sich pflichtschuldigst vor der Majestät. Auf die verwunderte Frage des Königs an den Organisten, wie dessen Verhalten zu deuten wäre, erfolgte die Antwort: «Sire, da meine Frau neuerdings die Hälfte meines Gehaltes bekommt, dürfte es recht und billig sein, daß sie künftighin jedesmal die zweite Hälfte der Messe spielt.» Dies war selbst dem späßeliebenden König von Frankreich zu viel. Jean Louis fiel bei Louis quatorze in Ungnade. Er verlor seine Hof-Organistenstelle. Verlor die übrigen sechs Organistenämter. Verlor seine Freunde. Verlor seine Freundinnen. Verlor seine Schüler. Die Männer empfanden für den unvergleichlichen Künstler keine Bewunderung mehr. Die Frauen brachten für den göttlichen Meister keine Liebe mehr auf.

Wenn er nicht verelenden wollte, dann mußte Jean Louis Marchand Paris verlassen. Er wandte sich nach Dresden; also zu jenem Fürstenhof, der unter dem verschwenderischen König August dem Zweiten durch Glanz und Üppigkeit, durch Pflege des Theaters und der Musik, durch Geselligkeit und Gastereien seinem großen Vorbild, dem Hof von Versailles, nahe kam. Die Rechnung des nach Deutschland übergesiedelten Künstlers stimmte. Für den französierten Dresdener Hof begann Marchand schnell als ein neuer Stern erster Größe an dem sächsischen Kunsthimmel zu erstrahlen. Der König beeilte sich, den Vielverwöhnten durch Gunstbezeugungen auszuzeichnen. Begeistert von dem Spiel des berühmten Gastes, über dessen Versailler Mißgeschick keine Kunde von der Seine bis an die Elbe gedrungen war, überreichte er ihm zwei Medaillen im Wert von 100 Gulden. Nunmehr flossen die sächsischen Höflinge über vor Bewunderung. Sie rissen sich darum, den unvergleichlichen Künstler als Gast empfangen zu dürfen. Erst dann, wenn Dieser den Abend durch sein nicht überbietbares Spiel auszeichnete, war der Höhepunkt da. Die Dresdener Hofdamen wußten ihrer Verhimmelung Jean Louis Marchands kein Ende. Tagtäglich trafen bei dem erneut verwöhnten Musiker duftende Briefe von Frauen der höfischen Gesellschaft ein. Sie baten, ihnen doch wenigstens einige Unterrichtsstunden, und wennmöglich Weiteres, zu gewähren. Das Letztere blieb unausgesprochen. Aber Jean Louis verstand zwischen den Zeilen zu lesen. Er geizte also weder mit Vergebung der Unterrichtsstunden noch mit Gewährung des Weiteren. Der König ließ durchblicken, daß es ihm nicht unwillkommen sei, wenn der gefeierte Künstler eine dauernde Stellung als Organist oder Cembalist am Sächsischen Hof übernehme. Jedoch Marchand zauderte mit seiner Zusage.

Dem Pariser entging nämlich nicht, daß wohl bei Hof Viele für ihn waren, aber auch eine große Anzahl von Deutschen, insbesondere deutsche Musiker, gegen ihn und seine Kunst Einwendungen machten. Kampf der Meinungen wogte hin und her. Er verstärkte sich mit der Zeit. Schließlich galt das geistige Ringen nicht mehr der Person Marchands. Sondern der durch ihn vertretenen Sache. «Hier französische Kunst — hier deutsche Kunst!» lauteten die Schlachtrufe. Aber wie sollte der überpersönliche Streit ausgetragen werden? Nur dadurch, daß ein deutscher Künstler von Ruf dem berühmten französischen Künstler entgegentrat. Nicht mit kämpferischen Worten! Derer waren genug, waren vielzuviele gewechselt. Die dringend notwendige Entscheidung konnte lediglich dadurch herbeigeführt werden, daß die beiden größten Musiker als Vertreter ihrer Nationen sich spielend entgegentraten und ein erwähltes Collegium urteilsberechtigter Männer feststellte, welchem der musizierenden Künstler, welcher gegenwärtigen Musik die Siegespalme zuzuerkennen sei, der deutschen oder der französischen.

Zum Sprecher der heimischen Künstler machte sich der Conzertmeister Baptiste Volumier. Der war von Geburt Franzose, kam jedoch über eine Anstellung am Berliner Hofe nach Dresden. Volumier hatte eine ausgesprochene, durch die fremde Nationalität schmerzlich betonte Vorliebe für die deutsche Tonkunst. Der Meister aller Meister war ihm Johann Sebastian

Bach. Also wandte er sich an Diesen, den Einzigen, der als Gegner des anmaßenden Franzosen in Frage kam. Der sächsische Hof-Conzertmeister legte Bach nahe, Marchand zu einem musikalischen Wettstreit aufzufordern und für dessen Austragung nach Dresden zu kommen. Nur wenn Er — woran im Voraus kein Zweifel bestehen könne — den hochmütigen Pariser durch sein unvergleichliches Spiel besiege, einzig so sei in Dresden die deutsche Kunst davor zu bewahren, daß sie von der französischen Kunst überwuchert und erstickt werde. Der Gebetene ließ sich bereit finden, den Plan des Conzertmeisters Baptiste Volumier aufzunehmen. Bei der ersten sich bietenden Gelegenheit sollte er verwirklicht werden.

Um diese herbeizuführen, schrieb Johann Sebastian Bach an Jean Louis Marchand, den sechzehn Jahre älteren ehemaligen Pariser Hof-Organisten: Er gebe hiermit dem Drängen seiner Dresdener Freunde nach und schlage ein musikalisches Wettspiel zwischen ihnen Beiden vor. Zu dessen Durchführung sei er bereit, jede musikalische Aufgabe, welche ihm von seinem Gegner gestellt werde, zu lösen: Vomblattspielen eines unbekannten Musikstückes, Fugieren eines erst während des Wettkampfes vorgelegten Themas, Improvisieren nach eigenem Gusto. Einzige, aber unumgängliche Voraussetzung für diese Bereitwilligkeit: Marchand habe sich vor einer geladenen Gesellschaft der Lösung jeder musikalischen Aufgabe zu unterziehen, die er, Bach, ihm stelle. Das Urteil über ihr Spiel solle von auserwählten musikkundigen Männern gefällt werden.

Der Herausgeforderte nahm das vorgeschlagene Wettspiel zu den kundgegebenen Bedingungen an.

Bach fuhr getrosten Mutes nach Dresden. Um jedoch dem Franzosen gegenüber mit Ehren zu bestehen, übte er dort lange und hingebungvoll; in der Kirche auf der Orgel, bei Volumier auf dem Cembalo. Marchand erklärte, als er von diesen Vorbereitungen des Gegners hörte: Bach müsse seiner Sache wenig sicher sein. Für ihn selber komme Üben nicht in Frage. Der Sieg werde ihm in die Hand fallen wie eine überreife Frucht, die man nur aufzufangen brauche. Um seine Siegesgewißheit zu bekunden, rührte Marchand tatsächlich seit Bachs Ankunft in Dresden keine Taste an.

Tag, Stunde und Ort des Dresdener Wettspiels wurden bestimmt. Ein Preisrichtercollegium ließ sich ohne sonderliche Mühe zusammenwählen. Ehe man es dachte, war der festgesetzte Zeitpunkt da. Richter und Hörer versammelten sich in dem Konzertsaal des Ministerpräsidenten Graf Flemming. Der war ein großer Liebhaber der Musik und ließ sich ihre Pflege viel kosten. Schon vor dem festgelegten Glockenschlag kam in dem prunkvollen Raum eine glanzvolle Gesellschaft zusammen. Sie hätte durch ihre äußere Herrichtung und ihr geziertes Gehaben dem Versailler Königshof keine Unehre gemacht. Nur die beiden Künstler fehlten noch. Aber zwei weißgoldene Cembali standen mit aufgeklappten Deckeln spielbereit da. Die Erwartung der Gäste erhitzte sich. Schnell stieg sie bis auf den Siedepunkt.

Bach erschien mit dem Glockenschlag.

Marchand ließ sich nicht blicken.

Man erwartete geduldig sein Kommen. Großen Künstlern mußte das Recht auf eigene Zeitbestimmung zugestanden werden.

Bach nahm vor einem der beiden Cembali Platz. Noten legte er nicht auf das Pult. Dies stand, wenn zu ihm als dem Zweiten das Spiel kam, seinem Gegner zu.

Marchand erschien noch immer nicht.

Man wurde unruhig. Warf sich befremdliche Blicke zu. Deutete durch Kopfnicken auf die Tür. Tauschte flüsternd seine Meinungen über das befremdliche Geschehnis aus.

Bach blieb, mit ineinandergelegten Händen, unbeweglich – und scheinbar auch unbewegt – vor dem Cembalo sitzen.

Marchand verzog weiterhin, auf der Kampfstätte zu erscheinen.

Man wurde besorgt. Wie seinerzeit in Paris, als der beleidigte Künstler mitten in der Messe die Orgelbank verließ, beherrschte sehr bald Alle Eine Meinung: Dem hochverehrten Jean Louis müsse ein körperliches Mißgeschick zugestoßen sein, das ihn gegen seinen Willen am Kommen behindere; eine Übelkeit, ein Unwohlsein, eine anrückende, hoffentlich nicht schwere Krankheit.

Bach saß mit betonter Gelassenheit vor dem Kielflügel.

Marchand blieb unsichtbar.

Hofgesellschaft und Preisrichtercollegium warteten weiter. Mit ständig gesteigerter Aufregung, die sich von dem Hintergrund der Ruhe des anwesenden Komponisten doppelt deutlich abhob.

Schließlich erklärte der Minister Graf Flemming: Wahrscheinlich habe le grand maître den Zeitpunkt der Veranstaltung, infolge eines inneren musikalischen Anrufes, vergessen. Man müsse einem Künstler von seiner Bedeutung bei solchen Dingen im Voraus pardon gewähren. Er werde sogleich einen Boten senden, welcher den Vergeßlichen sanft an das getroffene arrangement erinnere.

Bach rührte sich nicht.

Man sah, als der Abgeordnete des Grafen den Musiksaal verlassen hatte, zu dem untätig vor dem Cembalo sitzenden deutschen Musiker hinüber. Blicke fragten: ‚Warum spielt er nicht?' Blicke stellten fest: ‚Wenn etwas die unerträgliche Spannung mildern kann, so ist es einzig die Musik.' Blicke forderten: ‚Spielen! Gleichviel, was. Nur spielen! Endlich spielen!!'

Bach, dem Wünsche und Forderungen der verwirrten Gesellschaft nicht entgingen, geriet in Versuchung, die qualvolle Wartezeit auf die geforderte Weise erträglich zu machen. Weil es aber als Bestechung des Richtercollegiums gedeutet werden konnte, blieb er auch weiterhin unbeweglich vor dem Cembalo sitzen.

Endlich öffnete sich die Flügeltür des Saales. Ein bewunderndes «Ah!» durchlief den kerzenerleuchteten Raum, der mit einer seidenglänzenden, perlenbeblitzten Gesellschaft gefüllt war. Aber statt des sehnlich erwarteten Musikers trat der fassunglose Bote ein. Er meldete: Monsieur Jean Louis Marchand habe in der Früh die Hotelwohnung mit der Schnellpost verlassen. Ohne einen Grund für seine Abfahrt anzugeben! Ohne das Ziel seiner Reise zu nennen! Ehe noch ein Wort der Überraschung oder des Unmutes, der Entrüstung oder der Enttäuschung fallen, ehe Jemand empört den Musiksaal verlassen konnte, griff Johann Sebastian Bach in die Tasten des vor ihm stehenden Cembalos. Er spielte ohne Unterbrechung zwei Stunden. Spielte Geformtes und Improvisiertes. Spielte Präludien und Fugen. Spielte Fantasien und Toccaten. Spielte Allemanden, Couranten, Sarabanden, Gavotten, Giguen. Spielte mit solcher Überlegenheit und Vollkommenheit, mit solcher Reichhaltigkeit und Meisterschaft, daß — als er vielzufrüh nach dem Urteil der Hörenden endete — ein Beifall ohnegleichen ausbrach. Der Name Marchand war vergangen. Bald würde er vergessen sein. Nur noch Ein Name durcheilte in beglückender Bewunderung den festlichen Raum; der Name Dessen, der mit voller Lebenskraft bescheiden und selbstbewußt sich am Cembalo verneigte, der Name des Meisters aller Meister der gegenwärtigen Musik: Bach! Bach!! Bach!!! Es bedurfte keines Urteils vonseiten des Preisrichtercollegiums. Bach hatte gesiegt. Es war nicht nötig, das Spiel zweier Männer einander gegenüberzustellen. Bach hatte seinen Gegner aus dem Feld geschlagen. Es konnte davon abgesehen werden, die deutsche Kunst an der französischen Kunst zu messen. Bach hatte ihren überragenden Wert durch sein Spiel und seine Schöpfungen dargetan. Allgemein wurde betont: Nicht zwei Musiker stritten miteinander. Zwei Nationen kämpften in dem Reich der Tonkunst um den Sieg. Das Höchste, was erwartet wurde, war gewesen, daß die deutsche Musik sich der französischen Musik als ebenbürtig erweise. Durch Johann Sebastian Bach aber hatte sie Diese überwunden. Es ließ sich nicht absehen, wann, ja nicht einmal, ob sie jemals wieder die Herrschaft im abendländischen Raum an sich brächte, welche ihr dort eine Zeitlang mit vollem Recht gebührte. Denn man konnte — vielleicht — die Kunst Bachs erreichen. Über sie hinaus gelangen? Sie überwinden? Niemals.

Jean Louis Marchand hatte am Vorabend des Kampftages das vorbereitende Spiel seines Gegners belauscht und wurde davon so überwältigt, daß er fluchtartig in die französische Hauptstadt zurückkehrte. Dort verzieh man ihm derweil sein überhebliches

Gebahren. Der junge Herrscher Ludwig der Fünfzehnte wandte ihm seine Gunst zu. In der erneut für ihn aufgegangenen Königlichen Gnadensonne konnte Marchand nicht nur unangefochten und unbehelligt, sondern verhätschelt und verehrt weiterleben.

Johann Sebastian Bach, den man mit Lobesworten bedeckte, mit Einladungen überschüttete, mit Gastereien auszeichnete, kehrte voll innerer Befriedigung der deutschen Kunst einen unvergänglichen Dienst getan zu haben, aus Dresden nach Weimar zurück.

Marchand nahm die goldenen Medaillen und die wertvollen Geschenke der Sächsischen Hofgesellschaft mit sich nach Paris.

Der König hatte Bach ein Geschenk von 500 Thalern bestimmt. Jedoch durch die Untreue eines Bedienten, der dieses Geld glaubte besser brauchen zu können, wurde er darum gebracht und mußte die erworbene Ehre als einzige Belohnung mit sich nach Hause nehmen.

Von Ruhm heller überglänzt denn je: dies war das Ergebnis der begegnunglosen Begegnung des französischen Hof-Organisten Jean Louis Marchand und des deutschen Hof-Organisten Johann Sebastian Bach.

Der Ruhm wuchs an. Als Herzog Christian von Sachsen-Weißenfels seinen dreiundfünfzigsten Geburtstag feierte, fuhr Bachs Gnädigster Herr, der vierundfünfzigjährige Herzog Wilhelm Ernst von Sachsen-Weimar, zu dem fälligen Fest in die benachbarte Residenz. Er nahm seine Hof-Capelle mit. Dazu gehörte Johann Sebastian immer noch als Violinist. Aber wenn der Gefeierte auch bei dieser Gelegenheit wiedereinmal Hayduken-uniform gleich den übrigen Mitgliedern des Orchesters tragen mußte, so war er doch längst über sie hinausgewachsen. Bach musizierte nicht nur an ihrer Spitze. Bach dirigierte sie auch von seinem Platz aus; teils mit dem Kopfe, teils mit dem Bogen in der Rechten, ja an besonders schwierigen Taktstellen unter gleichzeitiger Zuhilfenahme der Geige in der Linken. Aber mit dieser doppelten Überlegenheit war es noch nicht genug. Der Herr Conzertmeister und Dirigent komponierte für Seine Capelle manche brauchbaren, wenn auch äußerst kniffliche Stücke.

Zu der Geburtstagsfeier Herzog Christians in Weißenfels hatte Herzog Wilhelm Ernst in Weimar eine feine Tafelmusik bei seinem Hof-Capellmeister Johann Sebastian Bach bestellt. Da der Weißenfelser Herzog zur lustvollen Belebung des Feiertages ein großes Kampf-Jagen angesetzt hatte, bei dem viele Tiere elendiglich zu Tode gehetzt wurden, blieben die Musiker lange sich selbst überlassen. Sie konnten somit noch in den letzten Stunden fleißig üben.

Des Abends, bei dem fröhlichen Jagdschmaus erklang in dem Saale des Jägerhofes zum Erstaunen und zum Ergötzen einer geladenen Hofgesellschaft Johann Sebastian Bachs erste weltliche Kantate «Was mir behagt, ist nur die muntre Jagd». Den Text hatte der Gesammt-Sekretär des Fürstlich Sächsischen Oberconsistoriums Salomo Franck geschrieben.

War in den neuen geistlichen Kantaten Bachs die Dramatisierung durch Zuweisung theatermäßiger Formen — des Recitativs und der Da capo-Arie — an die bisherigen vier Stimmen vorgenommen, so wurde sie in der weltlichen Kantate durch einen kühnen Schritt zu Ende geführt. Die vier Singstimmen traten leibhaft auf. In der Jagdkantate waren es: Diana, die lebensfrohe Göttin der Jagd und Pales, die getreue Göttin der Herden; Endymion, der mondsanfte göttliche Himmelsjüngling, und Pan, der kraftstrotzende Gott der Wälder.

Diana begann mit dem hellen Jubelruf:

Was mir behagt,
ist nur die muntre Jagd!
Eh noch Aurora pranget,
eh sie sich an den Himmel wagt,
hat dieser Pfeil schon angenehme Beut erlanget.

Daran schloß sich, von zwei hallenden Waldhörnern begleitet, ein weitausladendes Preislied auf die Jagd.

Endymion erinnerte die Geliebte an das frühere sanfte Leben, in dem sie ihm so manchen Zucker-Kuß gegeben, und fragte vorwurfsvoll: Ob sie sich von den bisherigen Liebesbanden freigemacht und ganz der Jägerei überlassen hätte? Auch ihm genügte der recitativische Anruf nicht. Er flehte mit einer langgesponnenen Arie um Antwort, weswegen sie sich nicht mehr wolle ergetzen an den Netzen, die Amor ihr gelegt.

Diana antwortete kühlen Herzens:

Ich liebe Dich zwar noch!
Jedoch
ist heut ein hohes Licht erschienen,
das ich vor allem muß
mit meinem Liebeskuß
empfangen und bedienen.

Es sei der theure Christian, der Herzog, der Pan gleichende Waldmann, der in erwünschtem Wohlergehen sein Ursprungs-Fest itzt könne sehen.

Endymion bat, sich der Geliebten vereinen und dem Fürsten mit ihr gemeinsam ein Flammen-Opfer anzünden zu dürfen. «Ja, ja! — ja, ja!» begann darauf der Wechselgesang, und ein Wunsch-Duett prasselte mit auflodernden Tönen gen Himmel.

Pan, der baßgewaltige Gott der Wälder, trat auf. Er legte seinen Stab vor dem Regierungszepter des Herzogs Christian nieder und huldigte ihm ebenso übertrieben wie endlos.

Pales, die Liebliche, nahm die Übersteigerung des Kraftstrotzenden zurück. Sie führte durch ihr anschließendes Lied aus der Enge in die Weite, aus dem Persönlichen in das Allgemeine. Mit ihrer pastoralen, von einer berückenden Melodie getragenen Arie war das Unvergängliche da. Die Geräusche der Tafel, welche die Musik begleitet und manches Mal gestört hatten, auch — ohne sie ernsthaft zu gefährden — begleiten und stören durften, sie verstummten. Andächtig lauschte man den hintergründigen Worten und der bezaubernden Sopranstimme, deren Schmelz zwei dunkeltönige Flöten voll erglänzen ließen, während der lustvollen Verkündigung:

Schafe können sicher weiden,
wo ein guter Hirte wacht.
  Wo Regenten wohl regieren,

kann man Ruh und Friede spüren,
und was Länder glücklich macht.

Ruh — — das C wollte kein Ende nehmen. Friede — — das B beabsichtigte noch viel weniger aufzuhören. Ruh — — die Stimme stieg auf zum Es. Friede — — die Stimme schwang sich darüber hinaus bis zum F. Ruuuh — — Friiiede — — — Friiiiiede — — — —

So konnte Diana alle Singenden auffordern, miteinzustimmen in die Lust des Tages. Und es stürmte der gewaltige fugierte Chorgesang himmelan:

Lebe, Sonne Dieser Erden,
weil Diana bei der Nacht
an der Burg des Himmels wacht.
Weil die Wälder grünen werden,
lebe, Sonne dieser Erden,
lebe, Sonne, lebe, lebe Sonne!

Die erdichteten Göttergestalten waren verschwunden. Die tafelnden Fürstlichkeiten ließen sich nicht mehr vernehmen. Die Decke hob sich. Die Wände wichen, Natur drang herein. Sie fand das Menschenherz. Menschenherzen flüchteten nach draußen. Sie vereinten sich mit der Natur. Sonne regierte die Welt. Klanggewordene Sonne!

Dann aber war das Gegenwärtige doch wieder da. Der Saal eines prunkhaften Jagdschlosses, in der Hochmögende Fürstlichkeiten sich an der überladenen Tafel von der Mühe des Tier-zu-Tode-Hetzens erholten.

Diana und Endymion trugen der vorhandenen Wirklichkeit durch einen untertänigen Wechselgesang pflichtschuldigst Rechnung.

Pales glich aus, was auszugleichen war, als sie nach Festlegung des obstinaten Basses ihre Arie von den wollenreichen Herden, welche durch das weitgepriesene Feld lustig ausgetrieben werden, zu singen begann.

Pan, der Gott dieser Felder, sprang Pales, der Göttin der Herden, bei. Er mahnte im hinreißenden Dreiachteltakt mit dröhnender Stimme:

Ihr Felder und Auen,
laßt grünend euch schauen,
ruft Vivat itzt zu!

Nach einem kurzen Zwischenspiel und einer spannungreichen Pause rief Pan, nur von zwei Akkorden unterstützt: «Es lebe der Herzog!» Aber wie er diesen Ruf in die Weite schmetterte, mit welcher Kraft er ihn bei den Wiederholungen der Sonne zuschleuderte, es bewirkte, daß sein Vivat bald nicht mehr einem Fürsten, nicht einem Jagdherrn galt, sondern einem Menschen, der gleich anderen Menschen den Tag seiner Geburt mit Dank an Himmel und Erde beging. So konnte Pan fortfahren: «Es lebe der Herzog in Segen und Ruh.» Wiederum war der Musik das gewichtigste Wort: «Ruh.» Das erste Mal wurde es noch durch einen Triller gefährdet. Das zweite Mal hatte es sich durchgesetzt. Das dritte und vierte Mal überdauerte es unangefochten zwei Takte. Das fünfte Mal genügten selbst sie ihm nicht. Erst im dritten Takt ergab es sich, vom hohen A einen halben Ton abwärts gleitend, dem streichelnden Gis. Um alsdann beim sechsten Mal, mit dem tiefen A völliger Selbstverständlichkeit den Abschluß zu finden: Ruh.

Ein Chor, dem Hörner und Oboen in der Orchesterbegleitung die unnachahmliche Bachische Helle gaben, beschloß die auftragsgemäß hergestellte Musik.

Das fürstliche Geburtstagskind, Herzog Christian von Sachsen-Weißenfels, gab als Erster das Zeichen zum Beifall. Der Besteller der feinen Tafelmusik, Herzog Wilhelm Ernst von Sachsen-Weimar, folgte als Zweiter beifallklatschend dem Beispiel des gekrönten Vetters. Denn er war mit Seinem Hof-Compositeur äußerst zufrieden. Die Hofgesellschaft überbot beide Fürsten durch prasselndes Zustimmunggelärm.

Wie hoch Johann Sebastian Bach seine erste weltliche Kantate einschätzte, ging unzweideutig daraus hervor, daß er sie zu Festzwecken mehrfach aufführte. Der Name des Gefeierten, welcher bei der ersten Darbietung in die Partitur eingetragen wurde, paßte bei der Wiederholung nicht? Wurde er durch einen neuen, darübergeschriebenen Namen ersetzt. Dieser hatte eine abweichende Betonung? Kleinigkeit, solche Behinderung aus der Welt zu schaffen. Betonte man ihn eben gegen den Wortsinn; sang wie das erste Mal unverändert C — c c, betonte aber statt sinnvoll *Christian*, das zweite Mal sinnwidrig *Ernst* — August. Die Musik hatte zu gebieten. Nicht das Wort! Die Töne waren allmächtig. Nicht die Sprache!

Noch eindeutiger bewies die hohe Schätzung der Jagdkantate durch ihren Schöpfer der Umstand, daß Johann Sebastian einige Stücke in geistliche Kantaten übernahm. Der Schlußchor «Ihr lieblichsten Blicke — ihr freudigen Stunden» wandelte sich zu dem Anfangschor der Kantate für das Michaelisfest: «Man singet mit Freuden — vom Sieg in den Hütten.» In der Pfingstkantate: «Also hat Gott die Welt geliebt» erschien die Jagdkantate «Was mir behagt ist nur die muntre Jagd»; unbekümmert mit zwei Arien. Das Loblied des Waldgottes auf den Herzog Christian «Ein Fürst ist seines Landes Pan» kehrte wieder in der Baßarie «Du bist geboren mir zu gute». Und die Arie der Pales «Weil die wollenreichen Herden» ertönte aufs Neue in der ersten Sopran-Arie der geistlichen Festkantate. Dabei übernahm Bach freilich nur den obstinaten Baß. Die Melodie zu dem pfingstlichen Text:

«Mein gläubiges Herze,
Frohlocke, sing, scherze,
Dein Jesus ist da» —

die jubelnde Melodie zu diesen schwebenden Worten erfand Johann Sebastian neu. Jedoch er verband ihren himmlischen Schwung mit der irdischen Beharrlichkeit des Basses zu einer unlöslichen Einheit. Geistliche und weltliche Musik waren für Bach keine Gegensätze. Beide sprachen auf verschiedene Weise das Gleiche aus. Wie das Wort Liebe für jedes Volk anders lautet und dennoch das Selbe aussagt: jenes Urgefühl, das zu allen Zeiten und in allen Zonen sich gleich bleibt.

XII

Der Fülle des Schaffens, zu welcher Sebastian Bach in den neun Weimarer Jahren gelangte, entsprach die Vielfalt des irdischen Daseins. Ging aus der über alle Maßen reichen Kunst das unermeßlich reiche Leben hervor? Wirkte das Unmaß des Lebens sich in den Endlosigkeiten der Kunst aus? Wahrscheinlich vermochte Eines für sich allein nicht zu bestehen. Sondern Kunst und Leben bildeten eine unauflösliche Einheit. Gemäß Johann Sebastian Bachs eigenen Worten: «Wem die Kunst das Leben ist, dess Leben ist eine Kunst.»

Sehr bald füllte eine Schar von Kindern die enge Wohnung des jugendlichen Weimarer Hof-Organisten und Cammer-Musicus.

Maria Barbara Bach, welche gesegneten Leibes die Wagenfahrt nach Weimar überstehen mußte und auch glücklich überstanden hatte, gebar noch in dem gleichen Jahre ihr erstes Kind. Es wurde am 29. Dezember 1708 getauft auf den Namen

Catharina Dorothea.

Als Paten nahmen an der Tauffeierlichkeit teil der Pastor primarius bei der Kirche Beatae Mariae Virginis zu Mühlhausen Dr. Christian Eilmar, der hitzige Gegner des Pietismus; Maria Catharina Lämmerhirt, die Witwe des Erfurter Kürschners Tobias Lämmerhirt, des Bruders von Johann Sebastians Mutter; und Johanna Dorothea Bach, geborene vom Hoff, die Gattin von Johann Christoph Bach in Ohrdruf, dem ältesten Bruder des Taufvaters.

Diese älteste Tochter Johann Sebastian Bachs — weder geistig noch musikalisch ungewöhnlich begabt — wurde von Jahr zu Jahr immer mehr in das Hausmütterliche abgedrängt.

Zwei Jahre darauf, am 22. November 1710, gebar Maria Barbara ihren ersten Sohn. Er empfing auf Wunsch der Mutter in der Heiligen Taufe den Namen

Wilhelm Friedemann.

Paten waren der Kammerjunker Wilhelm Ferdinand Baron von Lyncker, was als eine Verbeugung vor dem Herzoglichen

Hof zu deuten war; Anna Dorothea Hagedornin, die verehelichte Tochter des Hauptpastors Eilmar; und der Doctor beider Rechte Friedemann Meckbach, welcher als erklärter Liebhaber der Musik Johann Sebastians seinen Vater, den Mühlhausener Bürgermeister Dr. Conrad Meckbach, immer wieder zu dessen Gunsten beeinflußte.

Dieser erstgeborene Knabe — mit Kosenamen «Friede» genannt — war der Begabteste von allen Söhnen Johann Sebastian Bachs und um seiner ans Wunderbare grenzenden musikalischen Veranlagung willen dessen erklärter Liebling. Aber gerade das Übermaß der Fürsorge des Vaters behinderte ihn vielfach. So daß schon in der Jugend die Keime für sein zwiespältiges Wesen sichtbar wurden.

Zweieinviertel Jahr darauf, am 23. Februar 1713, gebar Maria Barbara Zwillinge. Sie wurden genannt

Johann Christoph und Maria Sophie.

Der Knabe verstarb unmittelbar nach der Geburt. Zwar konnte die Hebamme ihm vor seinem letzten Atemzug noch die Nottaufe erteilen. Aber Paten waren für dieses Kind Johann Sebastians in der Eile nicht zu beschaffen. Da die Lebensdauer seiner Schwester immerhin einige Stunden betrug, so war es möglich, einen Pastor für die ebenfalls gebotene Nottaufe heranzuziehen. Zu einer Pastorentaufe aber gehörten Paten. Als Solche wurden dem Geistlichen eilfertig einige brauchbare Namen bekanntgegeben.

Ein Jahr darauf, am 8. März 1714, gebar Maria Barbara erneut einen Sohn; ein kräftiges, gesundes Kind. Man taufte es zwei Tage später und legte ihm die stolzen Namen bei

Carolus Philippus Emanuel.

Dieses Mal wählte man die Paten sorgfältiger denn je. Gebeten wurden der Fürstlich Sächsische Pagenhofmeister, Cammer-Musicus und Secretarius am Hofe zu Weißenfels Adam Emanuel Weldig, ein höfischer Bekannter der Familie Bach; Georg Philipp Telemann, der vor Kurzem von Eisenach her nach Frankfurt am Main berufene große Musiker; und Katharina Dorothea Altmann, die Frau eines Kämmerers und Zehntners, welche als Enkelin Heinrich Bachs noch just zur Familie zählen konnte.

An musikalischer Begabung stand Philipp Emanuel seinem Bruder Wilhelm Friedemann wenig nach. Jedoch er hatte nicht wie Dieser das ungestüme Wesen des Vaters sondern die friedfertige Natur seiner Mutter geerbt. So gab Philipp Emanuel nach einigen zwecklosen Versuchen den Trotz gegen das allgewaltige Oberhaupt der Familie auf und fügte sich sowohl im Leben wie im Musizieren. Demnach stand zu hoffen, daß er ohne sonderliche Behinderungen seinen Weg finden werde.

Ein Jahr darauf, am 11. März 1715, gebar Maria Barbara ihrem Mann das sechste Kind, abermal einen Knaben. Ihn taufte man schon am folgenden Tag auf den Namen

Johann Gottfried Bernhard.

Es war nachgerade nicht mehr leicht, Gevatter mit verwandtschaftlichen Beziehungen aufzutreiben. Aber man schaffte es. Als Paten wurden bestimmt Johann Bernhard Bach, Cammer-Musicus, Hof- und Stadt-Organist in Eisenach, ein Vetter Johann Sebastians; Sophia Dorothea Emmerling, die Frau des Schwarzenburgischen Mundkochs gleichen Namens, ebenfalls, über die verstorbene Schwiegermutter Bachs hinweg, eine Verwandte; und Johann Andreas Schonert, Hof-Registrator in Arnstadt, verheiratet mit einer vom Hoff, der Schwester von Johann Christoph Bachs Frau in Ohrdruf.

An musikalischer Begabung übertraf Gottfried Bernhard wahrscheinlich seinen Bruder Philipp Emanuel, ja er reichte vielleicht an das Können Wilhelm Friedemanns hinan. Wahrscheinlich — — Vielleicht — — Mehr ließ sich nicht sagen. Denn Bernhard war schon als Knabe nicht zu zähmen. Während Friedemann, damit er sich nicht verzehre, oft gebieterisch von dem Musizieren fortgerufen werden mußte, Emanuel zu den anberaumten Zeiten auf den zuständigen Instrumenten das Vorgeschriebene übte, spielte der jüngste Bruder, wann und wo und wie es ihm gefiel. Der Vater schalt, drohte, packte zu, war überhart. Der Vater verstand, entschuldigte, verzieh, war überweich.

Dreieinhalb Jahre darauf, am 15. November 1718, gebar

Maria Barbara ihr siebentes und letztes Kind. Es war abermal ein Knabe. Man nannte ihn

Leopold Augustus.

Seine Paten waren der regierende Fürst Leopold von Anhalt-Köthen; dessen Bruder und Schwester, die Herzogin Eleonore Wilhelmine von Sachsen-Weimar; Geheimrat Just von Zanthir; und Juliana Magdalena von Nostitz, die Gemahlin des Fürstlichen Hofmeisters.

Aber alle Macht der Fürstlichkeiten, die zu seinem Schutz bestimmt waren, vermochte nicht, den zarten Knaben mit den Namen gekrönter Häupter gegen die Macht des Todes zu schützen. Schon bevor sein erster Geburtstag wiederkehrte, wurde dieses Söhnlein Johann Sebastian Bachs beerdigt.

So emsig die Mutter bemüht war, störenden Lärm von ihrem Manne fernzuhalten, es konnte ihr infolge der engen Wohnung und der großen Zahl der Kinder nur unvollkommen gelingen. Aber Johann Sebastian Bach war weder empfindsam noch sauertöpfisch. Hatte ihn die Musik innerlich fortgeführt aus seiner kleinen Behausung, dann befand er sich in einer anderen Welt. Bis zu Der vermochten hinderliche Geräusche entweder überhaupt nicht oder nur kaumvernehmbar vorzudringen. Blieb er jedoch während des Tages inmitten der Seinen auf Erden zurück, so erwiesen sich als beste Helfer zur Beibehaltung der Gemütsruhe — statt Verbieten und Schelten — Sichfügen und Mitspielen. Denn es war selbstverständlich in dem Organistenhause, daß die Gemeinsamkeit des Vaters und der Kinder auf die Musik hingelenkt wurde. Sobald sein Ältester zur Schule ging, begann Johann Sebastian mit dem planmäßigen Cembalounterricht seines Sohnes Wilhelm Friedemann. Dem sollte nicht, wie es ihm selber in Eisenach durch den Vater und in Ohrdruf durch den Bruder geschehen war, versagt werden, wonach sein Herz sehnlich verlangte: Musikmachen! Spielen! Viele Instrumente spielen! Der sollte nicht — wie er selber in Lüneburg und Celle, in Hamburg und Lübeck es hatte hinnehmen müssen — auf zufällige Begegnungen mit den Werken der Meister angewiesen sein. Friedes musikalische Ausbildung mußte einen geordneten, vorausberechneten, streng einzuhaltenden Verlauf nehmen! Studium auf der Universität hatte bei sämtlichen Knaben hinzuzufügen, was ihrem Vater infolge Armut und Not seiner Jugend verwehrt wurde: eine umfassende geistige Bildung. Damit die Bachischen Namenserben, allen voran Friedemann, sein schöpferisches Werk durch musikalische Leistungen nicht nur erreichen, sondern so weit über ihn hinausgelangten, wie er – dank unermüdlichen Fleißes – über seinen Vater hinausgekommen war. Tatsächlich überraschte Wilhelm Friedemann, schon bevor er lesen und schreiben konnte, Johann Sebastian immer von Neuem durch Beweise eines dermaßen ungewöhnlichen musikalischen Talentes, daß mit vollem Recht von seiner Zukunft als Spieler und Schöpfer das Höchste erhofft werden durfte. So wurde der Vater – obwohl mit Berufspflichten überlastet, durch eigenes Schaffen bedrängt, von Alltagssorgen behindert – es nicht müde, seinem Lieblingssohn und späterhin auch den nachdrängenden Brüdern aus dem unerschöpflichen Quell seiner musikalischen Erfahrung an Können und Wissen zuzuleiten, was irgend sie in sich aufzunehmen vermochten. Insonderheit von Wilhelm Friedemann behauptete der Vater wiederholt: Dieser werde ihn spätereinmal so völlig in den Schatten stellen, daß er vor dessen Spiel nur als Stümper bestehen könne. Aber auch von Friedes Schaffen sei mit höchster Wahrscheinlichkeit vorauszusagen, daß es seine eigenen Werke weit übertreffen würde.

Neben der großen Schar von Kindern, welche die Wohnung Johann Sebastian Bachs bevölkerten, ging dort eine beträchtliche Anzahl von Schülern tagtäglich ein und aus. In Weimar waren es:

Johann Christoph Baumgarten: zwei Jahre nach Johann Sebastian Bach in Ohrdruf geboren; anfangs von dessen ältesten Bruder Johann Christoph unterrichtet, seit 1708 in Weimar zu dem Schülerkreis des jüngsten der Ambrosius-Söhne gehörig.

Johann Caspar Vogler: Sohn eines Mehlmüllers aus der Nähe Arnstadts; dort schon 1706 als Zehnjähriger durch Bach, später in Weimar erneut von ihm unterrichtet.

Johann Tobias Krebs: als Sohn des Hanns Toffel Krebs 1690 zur Welt gekommen; bereits mit zwanzig Jahren Cantor und Organist in seinem Heimatorte Buttelstädt, bei Weimar; gab jedoch diese Stellung auf, nahm fünf Jahre lang Lection bei Sebastian Bach und wurde der Stammvater des reichbegabten Musikergeschlechtes der Krebse, die im Musik-Bach schwammen.

Johann Lorenz Bach: der erste von den vielen Anverwandtten seines Namens, den Johann Sebastian als Schüler und Hausgenossen bei sich vier Jahre hindurch aufnahm.

Johann Bernhard Bach: eines von den Kindern seines Bruders Johann Christoph, an dem Johann Sebastian zu vergelten suchte, was ihm von dessen Vater Gutes getan wurde, ebenfalls nicht nur unterrichtet, sondern in Haus und Familie aufgenommen.

Johann Christoph Schmid aus Harzgerode, wo sein Vater ein biederer Ackersmann war; ein ordentlicher, aber nicht ungewöhnlich begabter Musicus.

Johann Schmidt; der Sohn eines Bäckermeisters, 1674 in der Nähe von Gotha geboren, also elf Jahre älter als sein Lehrer.

Johann Georg Voigt; 1689, mithin nur vier Jahre nach Johann Sebastian in Zella-Mehlis auf Erden angekommen; zugleich Oboist der Herzoglichen Hof-Capelle und Schüler Bachs.

Johann Gottfried Ziegler; aus Lausnitz bei Dresden; nach erfolgreichem Unterricht durch Johann Sebastian Director musices und Organist an der Ulrichs-Kirche in Halle.

Samuel Gmelin; aus Plauen im Vogtlande, dessen Vater ein armer Leineweber war und blieb; wohingegen sein um Gotteslohn von Johann Sebastian unterrichteter Sohn sich späterhin mit Stolz nannte: Zögling des Herrn Director Bach am Fürstenhofe in Weimar.

Cornelius Heinrich Drexel; der auf Grund seiner Begabung und der fruchtbaren Unterweisung Sebastian Bachs bis zum Aegidien-Organisten in Nürnberg emporstieg.

Zu Cornelius, Samuel und dem Dreivierteldutzend Johannessen kam hinzu noch der getreue Martin Schubart, welcher in Mühlhausen Bachs erster Schüler wurde, mit ihm nach Weimar zog und zehn Jahre lang als angenommenes Kind und unermüdlicher Amanuensis, als Helfer, vor Allem bei dem niemals endenden Notenschreiben, in dem Hause seines nur um fünf Jahre älteren Lehrers, Meisters und geistigen Vaters lebte.

Auch die beiden Söhne von Bachs früheren Weimarer Herrn, der mit neunzehn Jahren verstorbene hochbegabte Erbherzog Johann Ernst und der ebenfalls nicht unbegabte, aber widerstandsfähigere spätere alleinige Herzog von Sachsen-Weimar Ernst August, konnten, wenn auch nicht im Vollsinne des Wortes, als Schüler Johann Sebastian Bachs gelten.

All diese Schüler wollten von Johann Sebastian Bach — neben seiner Tätigkeit als Organist, als Conzertmeister, als Schöpfer von Orgelwerken, Kantaten, Cembalostücken — in dem Spiel der Instrumente unterrichtet und in die Geheimnisse des Komponierens eingeweiht werden. Denn das Eine konnte, nach Ansicht Johann Sebastians, nicht ohne das Andere bestehen, das Andere nicht ohne das Eine zur höchsten Blüte gelangen. Aber da es nicht nur um äußerer, sondern in höherem Maße um innerer Gründe willen sein mußte, das ständige Unterrichten, so schaffte Bach neben allem Anderen mit vollem Einsatz seiner künstlerischen und menschlichen Persönlichkeit auch dies.

Der dreißigjährige berühmte Weimarer Hof-Organist und Cammer-Musicus war ein gestrenger, jedoch keineswegs kleinlicher Lehrer. Er forderte äußerste Genauigkeit, ohne dadurch den Geist der Musik auszutreiben. Er schritt unbeirrt auf das festgelegte Ziel zu, ließ sich aber bei allem Eifer nicht daran hindern, lohnende Seitenwege zu gehen.

Bach war seinen Schülern ein leuchtendes Vorbild. Denn seiner Überzeugung gemäß sollte und durfte der Lehrer nichts fordern, was er nicht vollendet zu zeigen imstande war.

Viele Monate lang mußten die Schüler Lehrstücke spielen. Dabei handelte es sich aber nicht um gehaltlose Aufundab-Raserei. Sondern um wirkliche Musik! Weil Werke dieser Art kaum vorhanden waren, schrieb Bach sie für seine Unterrichtsstunden selber und schuf mit den «Inventionen», den «Fugen und Präludien für Anfänger», obwohl es sich dabei um Zweckgebilde handelte, echte Kunstwerke, die nur dem Umfange nach klein genannt werden durften. Denn allüberall kam es Johann Sebastian bei der Musik auf das starke reine Empfinden, auf das untrügliche reiche Gefühl an. Sein Schüler Gottfried Ziegler berichtete noch als reifer Mann mit unverkennbarem Stolze: Was das Choralspielen anbetreffe, wäre er von seinem annoch lebenden Lehrer, dem Herrn Capellmeister Bach, so unterrichtet worden, daß er die Lieder nicht nur obenhin spiele, sondern nach dem Affect der Worte erklingen lasse; also mit ihrem gefühlbetonten Geistgehalt.

Erst wenn die Finger des Schülers hinreichend beweglich gemacht waren, ging Johann Sebastian Bach mit seinem Unterricht zu den Manieren, den Verzierungen, über. Jetzt galt es, schwierigere Stücke — seine Französischen und Englischen Suiten, seine Kleinen Fugen und Präludien — kunstgerecht, also in gleichem Maße technisch wie musikalisch, zu bewältigen. Genügte das Spiel des Schülers trotz aller Hinweise und Ermahnungen, trotz aller Belehrungen und Zurechtweisungen ihm nicht, dann setzte Bach sich an sein Clavichord oder sein Cembalo, spielte das beanstandete Stück vor und sagte oft noch mitten im Spiel, mit rückwärtsgewendetem Kopf über die Schulter hin: «So muß es klingen!» Dabei geschah es zuweilen, daß er den Anlaß seines Beginnens vergaß, tiefer, immer tiefer in das Musizieren geriet und die Unterrichtsstunde aus den Augen verlor. Es kam auch vor, daß Johann Sebastian keine Lust zur Information hatte, sich sogleich an das Instrument setzte und spielte — spielte — — spielte — — — So führte er, statt ihm Unterricht zu geben, seinem Schüler Heinrich Nicolaus Gerber sämtliche vierundzwanzig Präludien und sämtliche vierundzwanzig Fugen von dem ersten Teil des Wohltemperierten Klavieres dreimal durch eigenes Spiel vor. Es geschah in so großartiger, so überwältigender Weise, daß seinem jugendlichen Zuhörer die Stunden, welche er dafür benötigte, wie Minuten vergingen.

Noch strenger als bei den Unterweisungen für geschicktes und richtiges Spiel auf den Tasteninstrumenten war Johann Sebastian Bach als Kompositionslehrer. Es wurde nicht lange über den reinen Satz und den ergiebigsten Contrapunkt theoretisch geredet, sondern sogleich mit der Arbeit praktisch begonnen.

Auf Grund eines bezifferten Basses, welchen der Lehrer ihm vorlegte, mußte der Schüler durch Einfügen von Alt und Tenor einen tadelfreien vierstimmigen Satz herstellen. Dabei verlangte Bach, daß die besonderen Stimmen auf ein besonderes System geschrieben wurden. Denn es war das A und O, war der Anfang und das Ende seiner Kompositionslehre: Jede einzelne der zu harmonisierenden Stimmen, also nicht nur die Oberstimme, müsse eine eigene, genau zu verfolgende, singbare Führung besitzen. Mithin habe sie trotz ihres Dienstes an dem musikalischen Ganzen ein abgerundetes Wesen zu werden und zu bleiben. Die bloß klangmäßige Füllung durch mittlere Stimmen, zu Unrecht Nebenstimmen genannt, waren in Bachs Augen und Ohren ein ebenso großer, wenn nicht ein größerer Fehler als leere Weiterführung der Quinten oder offene Parallelen der Oktaven. Demnach trat an die Stelle der bisherigen Contra-Punktik die Bachische Contra-Melodik.

War das Aussetzen des Generalbasses auf der Grundlage eines bezifferten Basses befriedigend erlernt, so wurde der Schüler von Bach für hinreichend unterrichtet und genügend befähigt gehalten, einem von dem Lehrer ausgewählten Choral selbständig durch freie Ergänzung der fehlenden drei Stimmen ein persönliches Gepräge zu geben. Wenn der gestrenge Lehrer auch damit zufrieden war, dann — erst dann! — durften die Schüler eigene Kompositionen zur Prüfung vorlegen. Und wiederum stand am Anfang des weiteren Weges eine unerbittliche Forderung Johann Sebastian Bachs. Nur dann, hieß sie, mit der Notenniederschrift beginnen, wenn das Ganze im Kopf ausgearbeitet ist, so daß rechtens gesagt werden kann: Mein neues Werk ist fertig; ich brauch es bloß noch aufzuschreiben. Unermüdlich verspottete Bach die Clavier-Ritter, welche über vermeintliche und wirkliche Hindernisse hinweg die Tasten entlangrasten in der Meinung, daß ihnen unterwegs der gesuchte Einfall schon irgendwo begegnen werde.

Über einen mäßigen oder falschen, einen dürftigen oder unsauberen Satz konnte der Komponist Bach in Zorn geraten wie der Durchschnittsmensch über eine minderwertige oder verdorbene Speise. So war mancher Schüler froh, wenn sein verpfuschtes Notenblatt nur zerrissen und ihm nicht um die Ohren geschlagen wurde. Vor allem Anderen wurde Johann Sebastian nicht müde, immer und immer wieder zu betonen, immer und immer wieder zu verlangen, daß jede Stimme des vierstimmigen Satzes ein Individuum sei, ein Einzelwesen, welches sich mit den drei Gefährten, die gleichen Weges gingen, auf klingende Weise unterhalte, also musik-grammatikalisch richtig und musikstilistisch einwandfrei zu sprechen habe. Mithin dann, wenn sie nicht in der Lage sei, etwas Besonderes vorzubringen, verpflichtet wäre, den Mund zu halten. Bis wieder Atem und Verstand genug vorhanden, zu dem Wandergespräch der anderen drei Gesellen Wesentliches beizutragen. Denn die Forderung: Klarheit und Wahrheit in Allem! war das oberste Gesetz für die musikalische Arbeit. Nichts haßte Johann Sebastian Bach mehr, als den unklaren, den schwindelhaften, wie er zu sagen pflegte: den gemanschten Satz.

Waren die grundleglichen Lehren von der Harmonie hinreichend aufgenommen worden, so erfolgte zum Abschluß die Unterweisung im Contrapunkt. Auch für ihn gab es ein Grundgesetz. Es galt, eine cantable Polyphonie zu erzielen, eine sangbare Vielstimmigkeit, welche bei aller Eigenwilligkeit der Einzelgestaltung niemals das Melodienmäßige aus den Augen verlor. Jetzt wurden dem fortgeschrittenen Schüler bedeutsamere Freiheiten als bislang zugestanden. Grenzen blieben für seine Arbeit allerdings auch weiterhin bestehen. Denn es ging um Musik. Die aber war an Melodie und Rhythmus, an Stimmführung und Harmonie mit unverrückbaren Forderungen gebunden. Nur durch Ineinanderwirken von Freiheit und Gesetz, von Persönlichem und Allgemeingültigem konnte tonhaft bezwungen werden, was der ganze Mensch durch Gefühl und Verstand, durch Empfindung und Sein auszudrücken, auszusprechen sich gedrungen fühlte. Auf Grund seines eigenen Erlebens und unter Hinweis auf seine schöpferische Leistung legte Johann Sebastian Bach in der «Generalbaßlehre» sein musikalisches Werkgeheimnis offen dar mit den Worten:

> Der General-Baß ist das vollkommenste Fundament der Music, welches mit beyden Händen gespielet wird; dergestalt, daß die lincke Hand die vorgeschriebenen Noten spielet, die rechte aber Con- und Dissonantion darzu greift, damit dieses eine wohlklingende Harmonie gebe zur Ehre Gottes und zulässiger Ergötzung des Gemüths; und soll, wie alle Music, also auch des General-Baßes Finis und End-Ursache anders nicht, als nur zu Gottes Ehre und Recreation — lies: Wieder-Erschaffung, Wieder-Genesung — des Gemüths seyn. Wo dieses nicht in Acht genommen wird, da ists keine eigentliche Music sondern ein Teuflisches Geplerr und Geleyer.

Geblieben war also der Mühlhausener Endzweck der Bachischen Musik: die Ehre Gottes. Zur Vermeidung jedes Mißverständnisses wurde er zweimal mit den gleichen Worten betont. Aber hinzugekommen war inzwischen — ebenfalls zweimal ausgesprochen — hinzugekommen war als gleichberechtigt: die Ergötzung, die Recreation des Gemütes. So hatten nunmehr in dem abschließenden Glaubensbekenntnis Johann Sebastian Bachs das Ewige und das Zeitliche, das Göttliche und das Menschliche, das Überirdische und das Irdische einen unlöslichen Bund geschlossen zur Verwirklichung wahrer Musik.

Aber trotz der günstigen äußeren Möglichkeiten, der gemehrten Erkenntnis und der unübersehbaren Schaffensfülle konnte Bach auf die Dauer auch in Weimar nicht verbleiben. Wiederum geriet er zwischen einander widerstrebende Mächte. Zwei Fürsten, von denen der Eine sein Brotgeber war, stritten sich um Bach.

Dieser — Herzog Wilhelm Ernst von Sachsen-Weimar — hatte in seinem Bruder Johann Ernst einen verfassungmäßigen Mitregenten. Es konnte nicht ausbleiben, daß zwischen Beiden sachliche Meinungverschiedenheiten auftraten. Sie griffen sehr bald in das Persönliche über und trübten das brüderliche Verhältnis. Aus den anfänglich guten Freunden wurden erbitterte

Feinde. Wilhelm Ernst kümmerte sich um Johann Ernst in keiner Weise mehr. Auch als Dieser heftig erkrankte, ließ er den weicheren Bruder in Stich. Er besuchte ihn nicht. Er vermied es beharrlich, nach dem Befinden des Schwerleidenden sich zu erkundigen. Dessen Gattin Dorothea Sophia schrieb über die Krankheit des Gatten an ihren Sohn: Euer Liebden Papa ist in 4 Dagen nicht aus dem Bette kommen. Der appetit ist auch gar schlecht, welches alles der starcke Sect und Tobac verursachen. Und ein anderes Mal hieß es brieflich: Seine Durchlaucht, mein Herr, haben sich auch wieder incommodirt befunden, weil er etwas mehres getrunken, wie es wohl wäre nötig gewest. Als Herzog Johann Ernst sich vor der Zeit durch seine Ausschweifungen zu Tod gelebt hatte, kehrte an dem Weimarer Hof Ruhe ein. Da der älteste Sohn seines Bruders, der hochmusikalische Erbprinz Johann Ernst, mit neunzehn Jahren verstorben und der zweite Sohn noch nicht mündig war, so konnte Herzog Wilhelm Ernst unbehindert regieren. Die Verhältnisse änderten sich aber völlig, als bei Erlangung der Volljährigkeit Herzog Ernst August auf Grund der Verfassung die Mitregentschaft antrat. Jetzt brach der Streit zwischen den beiden Herrschern offen aus und nahm ebenso heftige wie häßliche Formen an. Die verfeindeten Regenten übertrugen anderen Fürsten das Schiedsgericht. Jeder von ihnen bat den Kaiser um seinen Richterspruch. Man schimpfte aufeinander. Man schrieb gegeneinander. Man schmähte einander. Man tobte. Ja, jene Beobachter, die in Schlössern, auch wenn sie nichts miterlebt haben, alles wissen, behaupteten flüsternd: Die beiden Herzöge wären mit geballten Fäusten sich auf tätliche Weise nähergetreten.

Wie alle übrigen höfischen Einrichtungen mußte auch die Ausübung der Musik von dem Streit der beiden Fürsten benachteiligt werden. Herzog Wilhelm Ernst verbot der Hof-Capelle, an irgend einer anderen Stelle als in Seinem Schloß, der Wilhelmsburg, zu spielen. Wer trotz dieses Verbotes Solches tue, der werde mit 10 Thalern für jeden Fall der Übertretung bestraft. Herzog Ernst August, gegen den diese Anordnung sich richtete, war aus härterem Holz als sein musiktüchtiger trunkliebender Vater und sein musikschöpferischer nervenschwacher Bruder. Er nahm den hingeworfenen Fehdehandschuh auf und übersandte der Hof-Capelle die Erklärung: Wenn sie, welche eine staatliche, keine persönliche Einrichtung sei, künftighin den jeweiligen Befehlen, in Seinem Roten Schloß zu spielen, nicht mehr wie bislang unverzüglich und ungemindert nachkomme, dann werde er die Kapelle von dem ersten Tage der Widersetzlichkeit an nicht mehr als Diener des von ihm mitregierten Staates betrachten und demgemäß aufhören, zu ihrer Besoldung auch nur einen einzigen Silbergroschen beizutragen.

Wie sollte in diesem verzwickten Falle Johann Sebastian handeln, für welchen der beiden streitenden Herzöge sich entscheiden? Er war von Herzog Wilhelm Ernst nach Weimar berufen, von ihm angestellt, von ihm ständig höher bezahlt, von ihm vielfach durch Gunstbezeugungen geehrt worden. Die Vernunft gebot also, sich für Wilhelm Ernst, seinen ursprünglichen Herrn, zu entscheiden. Aber Johann Sebastians Herz befand sich auf der anderen Seite. Herzog Johann Ernst, der Verstorbene, hatte ihn aus der Lüneburger Schulhaft erlöst und als Geiger in seine Haus-Capelle aufgenommen. Er und dessen gleichfalls verstorbener Sohn Johann Ernst waren Bachs Schüler gewesen. Der nunmehr mitregierende Herzog Ernst August war es noch. Seine schönsten und reichsten Erinnerungen an Weimarer Musikabende verbanden sich nicht mit der düsteren Wilhelmsburg des Herzogs Wilhelm Ernst, sondern mit dem heiteren Roten Schloß von dessen Bruder und dessen Nachkommen. Wie sollte Johann Sebastian sich entscheiden? Er tat das Gleiche wie in Mühlhausen: Bach entschied sich nicht für den Einen und dadurch gegen den Anderen. Er versuchte, mit seinen weitgreifenden Kräften Beiden gerecht zu werden. Er trachtete danach, in seiner großen Seele die Gegensätze durch erhöhte Hingabe auszugleichen. Bach erfüllte also weiterhin unbeirrt in der Herzoglichen Capelle als Spieler und Dirigent seine Schuldigkeit bei Wilhelm Ernst, dem Allergnädigsten Herrn. Bach entzog aber deswegen sich den Bitten des befreundeten Herzog Ernst August nicht. Er vermerkte es dankbar, daß Dieser einstweilen nur ihn um Musik anging und so den übrigen Mitgliedern der Capelle ersparte, sich der Gefahr einer Bestrafung oder einer Gehaltsminderung auszusetzen.

Herzog Wilhelm Ernst vermied es, von dem weitberühmten Mitglied der Weimarischen Hof-Capelle, trotz Übertretung seines Verbotes, die angedrohte Entrichtung von 10 Thalern für jedes Musizieren auf dem Roten Schloß zu fordern. Aber in seinem Herzen setzte sich bitterer Groll gegen den ungehorsamen Hof-Musicus Bach fest. Dieser verdankte zwar die große Stellung seines Lebens und die fruchtbare Entfaltung seiner Kunst hauptsächlich dem eigenen, ungemeinen Können. Aber zu einem nicht geringen Teil ging Beides aus der großherzigen Förderung durch seinen Herzoglichen Herrn hervor. War also durch ihn, den zuoberst regierenden Fürsten von Sachsen-Weimar, mitbewirkt worden. Der Empörte warf, ohne darüber viel Worte zu machen, Bach vor: Dieser habe sich durch die Intrigennetze seines Neffen Ernst August einfangen und gegen Ihn einnehmen lassen, obwohl er allzeit gnädig zu ihm gewesen wäre. Solche Untreue verdiente Strafe. Untreue – jawohl! Denn wer sich nicht eindeutig für den Herrn entschied, wie Sein Hof-Organist es beliebte, der hatte sich unverkennbar wider ihn gestellt. Der Groll, welchen Wilhelm Ernst gegen seinen undankbaren Compositeur empfand, nahm ständig zu. Er wurde aber einstweilen gewaltsam niedergehalten.

Zum offenen Ausbruch kam die Enttäuschung des Herzoglichen Herrn über Bach im Jahre 1717. Da verstarb als Einundsiebzigjähriger der Hof-Capellmeister Johann Samuel Drese. Bach hatte den seit Längerem Kränkelnden schon geraume Zeit bei der Leitung der Weimarischen Capelle vertreten. Denn dessen Sohn Johann Wilhelm Drese besaß nach allseitigem Urteil dafür nicht ausreichende Fähigkeiten. Was lag daher näher, als daß Johann Sebastian jenes Amt, welches er tatsächlich bereits jahrelang verwaltet hatte, nunmehr auch förmlich übertragen wurde, seine Besoldung sich erhöhte, seine Stellung sich festigte, seine Wirkung sich vermehrte! Es wurde denn auch allgemein erwartet, daß Bach die Ernennung zum Leiter der Weimarischen Hof-Capelle durch ein gnädiges Handschreiben seines obersten Fürstlichen Herrn, des Herzogs Wilhelm Ernst, erhielte. Dessen Mitregent Ernst August stimmte dieser Erwartung zu. Gebieterisch forderte er von seinem Oheim: «Bach!» Wer sonst könnte Dreses Nachfolger werden, wenn nicht ihr gemeinsamer hochberühmter Hof-Musicus Johann Sebastian Bach! Aber das Ungestüm, mit welchem der verhaßte feindliche Bruderssohn die Öffentliche Meinung unterstützte, war für Herzog Wilhelm Ernst ein hinreichender Grund, die durch Johann Samuel Dreses Tod erledigte Hof-Capellmeister-Stelle Bach nicht zu übertragen. Nachdem der in Frankfurt wirkende höchstberühmte Komponist Georg Philipp Telemann zu kommen abgelehnt hatte, berief der Herzog den Sohn des Verstorbenen Johann Wilhelm Drese, trotz dessen offenkundiger Unfähigkeit, auf den Posten, welcher Bach gebührte.

So schwer Johann Sebastian auch diese persönliche Kränkung durch seinen Herrn überwand, sie gab für seinen schicksalbestimmenden Entschluß, Weimar zu verlassen, nicht den Ausschlag. Aber zu der beruflichen Enttäuschung kam eine künstlerische Hintansetzung schwerster Art. Im Oktober 1717 sollte die zweihundertjährige Wiederkehr des Tages, da Martin Luther seine fünfundneunzig Thesen an die Schloßkirche zu Wittenberg geschlagen hatte, auch in Weimar feierlich begangen werden. Drei Tage waren für das Jubiläumsfest der Lutherischen Reformation vorgesehen: der 31. Oktober, der 1. und der 2. November. Am 30. Oktober, aus Anlaß seines fünfundfünfzigjährigen Geburtstages, stiftete Herzog Wilhelm Ernst ein beträchtliches Kapital, dessen Zinsen bestimmunggemäß Lehrern und Schülern des Gymnasiums, sowie Mitgliedern der Hof-Capelle zugute kommen sollten. Der Weimarer Fürst, für den es selbstverständlich war, daß bei der Reformationsfeier viel neue, noch niemals aufgeführte Musik in der Kirche erklingen müsse, bestellte bei Salomo Franck eine Reihe von Kantatentexten, welche Dieser pflichtgemäß in kürzester Frist herstellte. Herzog Wilhelm Ernst ließ diese Texte zur Vertonung einer Reihe namhafter und unbekannter Komponisten aushändigen. Bach befand sich darunter nicht.

So gab Johann Sebastian sich selber den Auftrag, die Martin Luthers würdige Reformationskantate zu schreiben. Er entnahm deren Text dem seit zwei Jahren vorliegenden «Evangelischen Andachtsbüchlein» Salomo Francks und änderte ihn zweckentsprechend ab. Vor Allem dadurch, daß die Choralsätze «Ein feste Burg ist unser Gott» sowie «Und wenn die Welt voll Teufel wär» eingefügt wurden. Es sollte, es mußte, es würde Die Reformationskantate werden: ähnlich den Thesen Martin Luthers im Tiefsten bestimmt vom glaubenstarken evangelischen Geiste. Also mußte — so vermeinte Bach — Folgendes geschehen: Der Fürst schickte, wenn er das musikalische Gemächte der Beauftragten sah, einen Boten und ließ ausrichten, daß sein Hof-Organist die Musik schüfe, welche die Weimarer Feier der zweihundertjährigen Wiederkehr von Luthers Reformation über alle, aus gleichem Anlaß begangenen Thüringer Feiern, ja ganz Deutschland hinaushöbe. Als Johann Sebastian Bach an unmeßbaren Zeichen zur bitteren Gewißheit wurde, daß sein Fürst gewillt sei, der schweren Kränkung bei der Neubesetzung des Hof-Capellmeisterpostens einen noch heftigeren Schlag, nämlich die Ausschließung seines Schaffens bei der einmaligen Reformationsfeier, hinzuzufügen: da stellte der tiefgetroffene Komponist die Arbeit an der Kantate «Ein feste Burg ist unser Gott» ein, um sie erst viele Jahre später in Leipzig zu vollenden und damit dann tatsächlich ein musikalisches Werk zu schaffen, das an Kraft und Klarheit, an Bekennermut und Gläubigkeit wie kein Anderes Martin Luthers würdig war.

Das dreitägige Weimarer Reformationsfest nahm den vorgeschriebenen Verlauf. Bach durfte unter einem unfähigen Hof-Capellmeister als Geiger musizieren. Bach durfte bei unzureichenden Kantaten mittelmäßiger Musiker als Einer unter Anderen mitspielen. Komponieren durfte Johann Sebastian Bach, zur Ehrung Martin Luthers, des ihm wesensverwandten Schöpfers der deutschen Reformation, keine einzige Note. Sein ungnädiger Herr ließ es nicht zu. Der von ihm bezahlte Organist hatte sich, wie im Falle Dresen, so auch bei der Reformationsfeier dem Willen des Gebieters über den Weimarischen Hof bedingunglos zu fügen. Und Bach fügte sich. Für den Geburtstag des Herzogs Christian von Sachsen-Weißenfels hatte er die weltliche Kantate «Was mir behagt, ist nur die muntre Jagd» im Auftrage seines höchsten Herrn zu komponieren. Für den Geburtstag der Lutherischen Reformation eine Kantate beizusteuern, blieb Bach infolge der Ungnädigkeit des gleichen Herrn versagt. Lediglich die gedruckten Texte, welche von Anderen mit Tönen versehen wurden, übergab man ihm auf Weisung des zürnenden Herzogs. Zähneknirschend las Bach deren Gesamttitel: «Geistliche Lob- und Dank-Opfer bey der den 31. Oktobris und folgenden erst und andern Novembris 1717 angeordneten Höchstfeyerlichen Celebrirung des andern Evangelischen Jubelfestes wie auch des Hochfürstlich Wilhelm Ernestischen Geburths-Tages». Zornbebend überflog Johann Sebastian Bach die Texte: «Auf den Hochfürstlichen Geburthstag», begann mit dem Chor «Sey, Zion, erfreut», an den sich vier Arien und ein Gesang schlossen; «Auf den ersten Jubelfesttag», wiederum ein Chor, drei Arien und Schlußgesang; «Auf den andern Jubeltag», abermal Chor, drei Arien und Abschlußlied; «Auf die Christ-Fürstliche Wilhelminisch-Ernestische milde Stiftung». Das Textbuch flog in die Ecke.

Es konnte keinem Zweifel mehr unterliegen: Bach mußte auch Weimar nach neun Jahren verlassen. Aber wohin sollte er sich wenden? Nirgend war in der Nähe oder der Ferne eine Arbeitstätte erblickbar, an der sich Gelegenheit bot, seine musikalische Tätigkeit fortzusetzen, zu erweitern, zu überbieten. Aber auch dieses Mal geschah das Notwendige ohne Johann Sebastians Zutun.

Im Jahre 1716 heiratete der mitregierende Herzog Ernst August von Sachsen-Weimar die verwitwete Herzogin Eleonore von Sachsen-Meiningen. Sie war eine Schwester des Fürsten Leopold von Anhalt-Köthen. Dieser lernte während der Hochzeit sowohl die Musik Bachs wie auch den Komponisten persönlich kennen. Das aber hieß zugleich: ungemein schätzen. Da

Leopold von Köthen bald darauf seinen bisherigen Hof-Capellmeister verlor und durch seinen Weimarer Schwager Ernst August von den schweren Unstimmigkeiten zwischen Herzog Wilhelm Ernst und Bach erfuhr, bot er Diesem die leitende Musikerstelle seines Hofes an. Das war die Rettung! War ein Reicherwerden in jedem Sinne! War ein Aufstieg von nicht zu ermessender Höhe!

Jetzt galt es nur noch, die Einwilligung des regierenden Herzogs für den Fortgang aus Weimar zu erlangen. Doch das mußte leicht sein. Denn die vielen unzweideutigen Beweise der Ungnade des Hohen Herrn ließen mit größter Wahrscheinlichkeit darauf hoffen, daß Dieser froh sein würde, wenn er seinen Hof-Organisten nicht mehr vor Augen hätte.

Bach reichte also in geziemender Form sein Abschiedsgesuch ein.

Herzog Wilhelm Ernst lehnte ab.

Bach wiederholte dringlicher die Bitte, seine Tätigkeit als Weimarer Hof-Organist sowie als Mitglied der Hof-Capelle beenden und nach Köthen übersiedeln zu dürfen zwecks Annahme der dortigen Hof-Capellmeister-Stelle zu äußerst günstigen Bedingungen.

Herzog Wilhelm Ernst lehnte ab.

Denn der Fürst sah in der ganzen Sache nichts Anderes als einen niederträchtigen Schachzug seines vorzeitig nach alleiniger Regierung trachtenden Neffen Ernst August. Der legte es offenbar darauf an, ihm seinen besten Musicus – nachdem er Diesen ihm bereits innerlich abspenstig gemacht hatte – auch äußerlich zu entreißen.

Bach forderte mit dringlicheren Worten, in denen deutlich vernehmbar Untertöne der Drohung mitklangen, seine sofortige bedingunglose Entlassung.

Herzog Wilhelm Ernst packte zu.

In dem Amtlichen Weimarischen Mitteilungsblatt war wenige Tage später zu lesen: 6. November ist der bisherige Conzertmeister und Organist Bach wegen seiner halsstarrigen Bezeigung von zu erzwingender Dimission auf der Landrichterstube arretiert worden.

So saß Johann Sebastian Bach, der gehofft hatte, ein freies Amt antreten zu können, das ihm als ausübenden und schaffenden Musiker unübersehbare Möglichkeiten bot, während des ganzen restlichen Novembers – Woche um Woche – im Gefängnis.

Der Herr Hof-Capellmeister und Cammer-Musicus war nicht bei Wasser und Brot eingesperrt. Auch wies seine Arreststelle kein vergittertes Fenster auf. Tisch und Stuhl und Bett gestand man ihm zu. Aber des Abends um sieben Uhr nahm der Wärter jegliche Beleuchtung fort. Erst des Morgens um sieben Uhr brachte er die brennende Kerze zurück. Besuch der Frau mit einem der vier Knaben – das Mädchen blieb von der Vergünstigung ausgeschlossen – war nur Ein Mal in der Woche für Eine Stunde erlaubt. Aber Johann Sebastian wurde des kostbarsten aller Mannesgüter beraubt: der Freiheit. Auch wenn er tagüber hunderte von Malen die Kreuz und die Quer den Gefängnisraum bis zu den äußersten Möglichkeiten durchwanderte, ja mit dem Fuß dagegen stieß: Die vier Wände, welche ihn von der Welt und dem Leben trennten, wichen nicht.

Bach ließ deswegen weder verzweifelt den Kopf hängen noch gar ermattete er durch Empörung seine Kräfte. Johann Sebastian tat, was ihn aus allen bedrohlichen Lagen seines Lebens rettete: Er begann ein neues schöpferisches Werk.

So lautete der eigenhändig niedergeschriebene Titel der äußerlich bescheidenen, innerlich nicht überschätzbaren Schöpfung.

Orgel-Büchlein

Worinne einem anfahenden Organisten
Anleitung gegeben wird, auff allerhand
Arth einen Choral durchzuführen, an
bey auch im Pedalstudio zu habili-
tiren, indem in solchen darinne
befindlichen Choralen das Pedal
gantz obligat tractiret wird.
Dem Höchsten Gott allein zu Ehren,
dem Nechsten draus sich zu belehren.

Der erste anfangende Organist, dem dieses Büchlein zugedacht wurde, war Friedemann Bach. Denn der siebenjährige Sohn Johann Sebastians setzte durch seine ungewöhnliche musikalische Begabung und seinen unersättlichen Lerneifer den Vater ständig mehr in Erstaunen. Bach tat auch hier seine Sache ganz. Obwohl die Choralspiele des Orgelbüchleins zu Lehrzwecken gedacht waren, schuf er mit ihnen vollendete Kunstwerke. Das Pädagogische hinderte die Musik in keiner Weise. Die Musik war so dienstwillig, daß trotz ihrer Geschlossenheit das Lehrhafte zu seinem vollen Rechte kam.

Das Werk sollte mit seiner musikalischen Ausdeutung der Choräle das ganze Kirchenjahr begleiten. Denn damals hatte noch jeder Sonntag als Hauptlied seinen feststehenden Gesangstext, an welchen der Organist sich halten mußte und auch hielt. Nur während der Feiertage waren gewisse Freiheiten möglich, von denen Johann Sebastian Bach dadurch Gebrauch machte, daß er mittelst Umstellen geschlossene Gebilde erzielte: ein kleines vorläufiges Weihnachtsoratorium, eine kurze später auszuführende Passionsmusik und dergleichen.

Bevor Bach die Komposition begann, schrieb er auf jede Seite des Büchleins, zu welchem der Herzogliche Hof auch ins Gefängnis hinein das Notenpapier lieferte, den Anfang des jeweiligen Chorals, der musikalisch durchgestaltet werden sollte. Das war in doppelter Hinsicht voreilig. Denn einmal zeigte sich, daß für manche der Orgelchoräle trotz des gebieterischen Willens, sie möglichst kurz zu gestalten, Eine Seite doch nicht ausreichte. Der Komponist half sich dadurch, daß er entweder unten ein Stück Notenpapier anklebte oder den Schluß durch kürzende Zeichen nur noch andeutete. Zum Anderen: Wer verbürgte ihm, daß es gelang, die umfängliche Gesamtkomposition während der Gefängniszeit zu vollenden?

Einhundertundvierundsechzig Choräle waren nämlich, gemäß des Ganges durch das ganze Kirchenjahr, von Johann Sebastian Bach vorgesehen. Ausgeführt aber wurden nur sechsundvierzig, also weniger als ein Drittel. Die Seiten des übrigen Zweidrittels, welche etwa durch die Überschrift verkündeten: «Ein feste

Burg ist unser Gott» oder: «Was Gott tut, das ist wohlgetan» zeigten darunter, Blatt für Blatt, leere Notenlinien. So daß man in Versuchung geriet, zu wünschen, Herzog Ernst von Sachsen-Weimar hätte seinen Organisten nicht eher aus dem Gefängnis entlassen, bis dieses Wunderwerk der Orgelkunst vollendet gewesen.

Denn ein Wunder war auch in seiner unvollendeten Form das Orgelbüchlein. Mit dem Verstand ließ sich nicht begreifen, welche Fülle an tonlicher Klangkraft und gewichtigem Geist diese räumlich kleinen Gebilde in sich bargen.

Von wenigen Ausnahmen abgesehen, brachten alle Choralbearbeitungen den cantus firmus – den feststehenden, unverändert bleibenden Gesang – klar und eindringlich im Sopran als Oberstimme. Bei den bewegten Begleitstimmen, welche den eigentlichen Choral umgaben – umspielten, durchdrangen – durchleuchteten, überwogten – untermalten, herrschte eine umsogrößere Vielfalt. Sie blieben zuweilen an Ein Manual gebunden – wurden des Öfteren auf zwei Manuale verteilt, begnügten sich manchmal mit leichten Verzierungen – beanspruchten vielfach eine beträchtliche Selbständigkeit. Die Motive wurden nur vereinzelt der Choralmelodie entnommen. Da es sich um musikalische Erhellungen, um kompositorische Wesensdeutungen handelte, so gewannen sie ihr Gepräge hauptsächlich aus dem Text, fügten also dem Klanglichen das Geistige hinzu. Es war ihr höchster Sinn: den religiösen Gehalt des Chorals musikalisch zu erschließen. Und zwar durch Vereinigung der schöpferischen Harmonie und der übernommenen Melodie zu einem klanglichen Ganzen.

Auch mit den Choralspielen des Orgel-Büchleins hatte Johann Sebastian Bach, wie mit seinen Weimarer Orgelwerken und seinen neuen Kantaten, sich als Musik-Schöpfer ganz gefunden. Nirgendwo genügte ihm die Form als solche. Noch gar gab er sich mit dem Formelhaften zufrieden. Der zum überragenden Meister gewordene Musicus strebte danach und erreichte es viele Male: das Gedankliche und das Gefühlhafte mittelst der Töne sinnfaßlich auszudrücken. So daß sich das Geistige im

Tonhaften kraftvoll verkörperte, das Tonmäßige durch das Geistige zur zwingenden Klarheit erhob. Das Wirkliche diente dem Unwirklichen. Das Unwirkliche ergab sich dem Wirklichen. Denn Unsterbliches vermochte nur die Vereinigung Beider zu schaffen.

Es war nicht nötig, daß Bach sich um eine besondere Tonsprache mit dem Orgel-Büchlein und den anderen Weimarer Werken bemühte. Sie war durch seine Person gegeben. Wie Jemand auch dann, wenn er einen befreundeten Menschen nicht sieht, ja selbst wenn er ihn weit in der Ferne vermutet, nach wenigen Worten an dem Klang der Stimme feststellt, Wer naht und beglückt dem noch Unsichtbaren entgegenruft: «Der Freund! — Der Freund!» so konnte man nunmehr, auch wenn von ihm ein unbekanntes Musikwerk erklang, nach wenigen Takten freudig erkennen: «Bach!» Das mußte so sein. Martin Luther hatte, als man seine sonderliche Schreibart beanstandete, freimütig verkündet: «Denn ich hab es so gemacht, daß ich habe wollen gemerket sein. Und wer es liest und jemals meine Feder und Gedanken gesehen, der soll sagen: Ei, das ist doch der Luther!» Johann Sebastian hatte es auch so gemacht, daß man ihn bald bemerkte und wer seine Töne hörte, sagen mußte und — sofern er jemals ein Stück von ihm inwendig vernommen hatte — auch sagen würde: «Ei, das ist doch der Bach!»

Noch als Bach sich im Gefängnis befand, verfügte Herzog Wilhelm Ernst über dessen Stellung. Sie wurde, da es gleich dem Eingesperrten Einer nicht schaffte, aufgeteilt. Das Organistenamt übernahm Johann Sebastians erster, ihm treu ergebener Schüler Martin Schubart, der bereits länger als zehn Jahre in dem Bachischen Hause gelebt hatte. Zum Conzertmeister wurde ein völlig Unbekannter berufen, welcher schlecht und recht ausführte, was der unfähige Leiter der Hof-Capelle, der Sohn des verstorbenen Drese, ihm auftrug. Als Bach diese Tatsachen im Gefängnis erfuhr, war ihm gewiß, daß er die bisher hartnäckig verweigerte Entlassung aus den Herzoglichen Diensten bekommen werde. Es handelte sich nur noch um die Frage, wann und wie es geschähe. Aber Tag und Nacht ging hin, ohne daß die

Tür seines Gewahrsams sich öffnete. Bach, um nicht ungeduldig zu werden, um nicht zu verzweifeln, komponierte ein Choralspiel nach dem anderen für Friedes Orgel-Büchlein.

Während der Zeit, da man Bach nicht durch die Straßen Weimars schreiten sah, sein Spiel in den Konzertsälen der Schlösser und in den Andachträumen der Kirche nicht hörte, begannen seltsame Gerüchte den Verschwundenen zu umspinnen. Weil man nicht glauben konnte, daß der Herzog — was Manche zu wissen vorgaben — einen so bedeutenden Mann wie seinen Hof-Organisten für immer ins Gefängnis geworfen hätte, wurde flüsternd erzählt: Bach sei heimlich freigelassen. Er reise im Thüringer Land umher, die Organisten zu prüfen. Wer seinen hohen Ansprüchen nicht genüge, werde unbarmherzig von der Orgelbank verjagt. Bach lege zu seiner Bestätigung nicht ein Herzogliches Schreiben vor, sondern erweise sich als Abgesandter des Fürsten durch sein Spiel, darin es ihm kein Mensch auf der Erde gleichtue. Aber man müsse sehr auf der Hut sein! Denn in einigen Dörfern sei der Teufel vor Bach dagewesen, habe den Organisten mit Aufgaben gequält, die nur er selbst — oder Johann Sebastian Bach — ausführen könne, und die Hilflosen wegen Unfähigkeit schimpflich aus Amt und Brot gejagt. Bis ein paar Tage später tatsächlich Bach kam, lösbare Aufgaben stellte, dem betrübten Organisten sein Amt, der Frau und den Kindern ihr Brot zurückgab.

Als vier Wochen seit der Verhaftung Johann Sebastians vergangen waren, konnte man in dem Amtlichen Mitteilungsblatt die Nachricht lesen, daß der bisherige Conzertmeister und Organist Bach den 2. Dezember unter angezeigter ungnädiger Dimission des Arrestes befreyet worden sey.

Mit dem Fortgang aus Weimar endete für den zweiunddreißigjährigen Johann Sebastian ein bedeutsamer Teil seines Lebens.

Er übernahm bis zu seinem Tode nie mehr ein Amt, das ihn berufsmäßig an die Orgel, an jenes Instrument band, auf dessen Bedienung und Beherrschung während seines bisherigen Lebens Alles zustrebte.

Mitte Dezember reiste, um Weihnachten in Frieden mit den Seinen verbringen zu können, der bisherige Weimarer Hof-Organist und Cammer-Musicus, Conzertmeister und Dirigentvertreter Johann Sebastian Bach nach Köthen, daß er dort die neue Stellung, welche ihm der Fürst verliehen hatte, übernähme. In seiner Begleitung befanden sich, außer der Gattin Maria Barbara, von den sechs Kindern, welche diese ihm nach dem Fortgang aus Mühlhausen geboren hatte, die vier am Leben Gebliebenen: Katharina Dorothea, Wilhelm Friedemann, Philipp Emanuel und Gottfried Bernhard. Von ihnen zählte die Älteste neun, der Jüngste zwei Jahre.

XIII

Der Organist Johann Sebastian Bach gehörte der Vergangenheit an.

Statt seiner gab es während sechs friedvoller Jahre — der glücklichsten Zeit seines leidbeladenen Lebens — den Capellmeister Bach; genauer gesagt: den Hochfürstlich Anhalt-Cöthenischen Capellmeister und Director derer Cammermusiquen Johann Sebastian Bach.

Der Hof zu Köthen war calvinistisch. Also fiel dort bei den Gottesdiensten die Musik fast völlig weg. Man begnügte sich mit dem Absingen weniger Choräle, die von der Orgel nur auf möglichst einfache Weise begleitet werden durften. Jeder Schmuck, auch prunkendes Getön, widersprach dem Sinn der durch Calvin festgelegten strengen Glaubensform.

So bestand in Köthen für Johann Sebastian Bach keine Notwendigkeit, weiterhin geistliche Musik zu schaffen. Außerdem war die Möglichkeit dafür sehr beschränkt. Denn Bach, welcher als Jüngling oft davon träumte, sein ganzes Leben und Schaffen auf das Instrument der Instrumente auszurichten, hatte keine Orgel mehr zur Verfügung. Köthen nannte zwar zwei Orgeln sein eigen: das veraltete Werk der Sanct Jacobs-Kirche und das fragwürdige Tongehäuse zu Sanct Agnus. Jedoch beide Instrumente befanden sich in festen Händen. Das Eine spielte schlecht und recht Christian Ernst Rolle, der Sohn des Hallenser Orgelprüfers. Das Andere versorgte geschickter Johann Jacob Müller. Bach hätte also, wenn er auch künftig die Orgel benützen wollte, um Erlaubnis zum Spiel bitten und dort — auf einer Orgel! — als geduldeter Gast sich betätigen müssen, wo er bisher unbeschränkter Herrscher war. Nun gab es freilich in der Nähe von Köthen noch eine dritte Orgel: die des Herzoglichen Schlosses, das mit stolzer Abgeschiedenheit, umgeben von weitgedehnten Lustgärten, sein ungestörtes Dasein führte. Dieses Werk besaß im Gegensatz zu den beiden Anderen keinen beamteten Sachwalter, wurde vielmehr von Müller, dem Organisten der reformierten Kirche, mitversorgt.

Es hätte also lediglich Eines Wortes von Bach an seinen wohlgeneigten Fürsten bedurft, daß ihm die Schloßorgel unbeschränkt zur Verfügung gestellt worden wäre. Aber sie war ein jammervolles Werk. Ihre beiden Manuale verfügten nur über zehn, ihr Pedal nur über drei klapperige Register. Das genügte zur Begleitung des schmucklosen Gesanges in einem reformierten Kirchlein. Wie aber sollte Sebastian Bach auf ihr seine gewaltigen Fugen, seine himmelstürmenden Toccaten erproben? Wie Selbige so aufführen, daß er befriedigt, seine Zuhörer mitgerissen wurden?

Somit verzichtete Sebastian Bach ganz auf das Orgelspiel und fast ganz auf das Orgelschaffen. Was in Weimar den höchsten Inhalt seines irdischen Daseins bedeutet hatte — geistliche Musik zu machen —, das trat in Köthen weit zurück. Es entstanden kaum noch Orgelwerke. Auch die Zahl der kirchlichen Kantaten war sehr gering. Wo sollten sie aufgeführt werden? Etwa in der kleinen lutherischen Sanct Agnus-Kirche, darin — gnädig geduldet — die Protestanten den Gottesdienst nach ihrer Weise abhalten durften? Wer sollte die kantatenhaften und oratorienhaften Schöpfungen singen? Ein kirchlicher Chor war nicht vorhanden. Bach stellte also die Weiterführung der musica sacra ein. Nur noch gelegentlich griff er nach ihr. Um dann allerdings sich und der Welt zu erweisen, daß sie zwar schlummerte, aber des Tages wartete, da sie — durch Ruhen gestärkt — zur reinsten Bewährung auferstände. Johann Sebastian Bach wandte also seine ganze gestaltende Kraft der musica viva zu. Es war nicht etwa so, daß er aus der Not eine Tugend machte und um der äußeren Unabänderlichkeit willen sich einem Zwang unterwarf. Mit Freuden ergriff der Dreiunddreißigjährige die auf ihn zukommende Gelegenheit am Schopfe, damit jene Teile seines Wesens Musik würden, die bisher überhaupt nicht oder nur unvollkommen klingende Werke ergaben. Was während der sechs, in einer weltfremden Residenz verbrachten Jahre an neuen Werken auf den Gebieten der Kammermusik und des Orchesters, der Klavierkunst und der Musikunterweisung entstand, war denn auch von solcher Vielfalt und Umfänglichkeit, solcher Kraft und Fülle, solcher Außerordentlichkeit, ja Einmaligkeit, daß dadurch die Weimarer Schöpfungen geistlicher Art aufgewogen, ja in mancher Hinsicht überboten wurden.

Offenbarte sich also ein neuer Bach? Mitnichten. Es war die gleiche Kraft des gleichen Menschen, des gleichen Künstlers, die sich – wie früher in Mühlhausen und Weimar – in Köthen gestalterisch auswirkte. Aber diese Kraft hatte zwei Pole: einen geistlichen, mit Göttlichkeit-Spannungen geladenen und einen weltlichen Pol, in welchem die Menschlichkeiten sich sammelten, um immerwieder künstlerische Entladungen herbeizuführen. Das Göttliche in Bach war nicht ohne das Menschliche, das Menschliche nicht ohne das Göttliche zu denken. Das Göttliche wurde durch das Menschliche, das Menschliche durch das Göttliche erzeugt. Erst mit und in dieser Doppelpoligkeit wirkte sich das ganze Wesen Johann Sebastian Bachs aus. Denn durch die Entladungen hüben wuchsen die Spannungen drüben so sehr, daß ihr Aufleuchten, wenn die vorbestimmte Stunde gekommen war, desto glanzvoller und gewaltiger wurde.

Daß Solches ungefährdet geschehen konnte, bedeutete ein Verdienst des Fürsten Leopold von Anhalt-Köthen.

Dies war nun freilich ein anderer Mann als Bachs überfrommer, unduldsamer Herzoglicher Herr in Weimar, der seinen Kapellmeister, als ob er noch ein Lakai wäre wie der geigende Großvater, kurzerhand ins Gefängnis werfen ließ. Leopold wurde im November 1694 geboren, zählte also etwa zehn Jahre weniger als der von ihm nach Köthen berufene Hof-Musicus Johann Sebastian Bach. Der Vater, Fürst Emanuel Lebrecht, hatte sich die Frau seiner Liebe, Gisela Agnes von Rath, als Unebenbürtige zur Linken Hand antrauen lassen. Von der Mutter ererbte Leopold sowohl seine geistige Beweglichkeit wie seine künstlerische Befähigung.

Aber nicht nur den Unterschied der Geburt hatten die Eltern überbrücken müssen sondern auch die Gegensätze ihres Glaubens. Denn Fürst Emanuel Leberecht war Calvinist. Seine Lebensgefährtin jedoch war und blieb strenggläubige Protestantin. Durch Geschick und Beharrlichkeit, durch Liebesbezeigungen und Liebesverweigerungen wußte Gisela Agnes, welche der Kaiser aus dem niederen Adelsstand Derer von Rath zur Gräfin Nienburg erhob, es zu erreichen, daß der regierende Fürst ihren Glaubensgenossen eine evangelische Schule und die evangelische Sanct-Agnus-Kirche erbauen ließ. In jene schickte zur Erhaltung des ihm von den Eltern überkommenen lutherischen Bekenntnisses, Johann Sebastian Bach, ohne Anstoß zu erregen, seine Kinder. In dieser besuchte er den Gottesdienst und nahm alldort nach der Weise seiner Väter das Heilige Abendmahl.

Als Leopold das zehnte Jahr erreicht hatte, starb Fürst Emanuel Lebrecht von Anhalt-Köthen. Gisela Agnes – einstmalige von Rath, jetzige Gräfin von Nienburg – übernahm für den minderjährigen Sohn die Regentschaft. Nicht von dem riesigen Schlosse her! Sie zog in ein bescheidenes Stadthaus, das nahe bei der lutherischen Sanct Agnus-Kirche lag, verwaltete von dort aus das Land, trat für Recht und Gerechtigkeit ein, unterstützte die Armen, errichtete ein Stift zugunsten in Not geratener adliger Frauen. Jetzt erst, da sie bei ihren fürsorglichen Maßnahmen unbehindert war, wurde ganz offenbar, über wieviel Klugheit und Einsicht, Mitgefühl und Hilfsbereitschaft diese Frau verfügte.

Die Hauptfürsorge wandte Gisela Agnes der Erziehung ihres ältesten Sohnes zu. Leopold sollte die hohe Stellung, für welche das Geschick ihn ausersehen hatte, nicht auf Grund der ohnehin halbgültigen Geburt bekleiden, sondern sich den vorbestimmten Platz durch sein Können und seine Leistungen verdienen. So ließ die verwitwete Mutter ihrem Erstgeborenen eine sehr sorgsame Erziehung angedeihen. Sie berief ausgezeichnete Lehrer. Sie überwachte die Schulstunden. Sie machte Vorschläge für die Gestaltung des Unterrichtes. Als Leopold das 16. Lebensjahr erreicht hatte, schickte Gisela Agnes, daß der Blick des künftigen Fürsten sich weite, ihn auf die große europäische Bildungsreise. Über England, Holland, Frankreich, Italien, Österreich, Berlin ging – mit angemessener Begleitung

– die Fahrt. Wohl fand auch Leopold wie andere Standesgenossen Gefallen an Bildern, Skulpturen und Bauwerken. Sein Herz aber gehörte der Musik. In Venedig betrachtete er pflichtgemäß die berühmten Sehenswürdigkeiten, welche man dem Prinzen der Reihe nach vorführte. Sehr viel wesentlicher jedoch waren ihm die Schönheiten der Opernwelt, welche er Abend für Abend aufnahm. In Rom konnte der Jüngling sich den erzieherischen Führungen zu unzähligen ehrwürdigen Kunststätten nicht entziehen. Bleibenden Wert aber bekam der Tag für Leopold erst dann, wenn es ihm möglich war, der Musik zu dienen. Er nahm Unterricht in der Theorie bei Johann David Heinichen, einem früheren Angehörigen der Leipziger Thomasschule. Er setzte sein Spiel auf der Violine, der Viola di Gamba, dem Cembalo emsig fort. Er ließ seine schöne Baßstimme durch italienische Lehrer schulen, daß sie wenigstens einen Abglanz jenes Schmelzes bekäme, welchen die Südländer von Natur her besitzen.

Mit Perücke war Leopold, der künftige Fürst von Anhalt-Köthen, fortgefahren. Ohne Perücke kam er von seiner mehrjährigen Fahrt zurück. Offen wallte das üppige blonde Haar bis auf die Schultern herab. Ein nur scheinbar äußerliches, in Wahrheit bedeutsames Zeichen! Viele Höflings-Perücken wurden in Köthen, vor Entrüstung geschüttelt. Die Mutter nahm das Geschehen ohne Widerstand hin. Auch in diesem Fall bewies Gisela Agnes den höchsten und schönsten Grad der Mütterlichkeit: Sie ließ ihren Sohn gewähren.

Als Leopold von Anhalt-Köthen seinen 21. Geburtstag gefeiert hatte, im Dezember 1715, wurde er für großjährig und damit für befähigt erklärt, die Herrschaft über das Land selber auszuüben. Seine Mutter verließ ihr Häuschen neben der Sanct Agnus-Kirche. Trotz dringlicher Bitte des Sohnes zog sie nicht zu ihm auf das riesige Schloß seiner Väter, übersiedelte vielmehr auf ihr an der Saale gelegenes Schlößchen Nienburg und war, was sie bislang nur dem Namen nach hatte sein können, hinfort tatsächlich: Gräfin von Nienburg. Fürst Leopold bestätigte, im Aufblick zu der Mutter, durch seine erste Regierungsverfügung dem Lande die völlige Religionsfreiheit. Denn es sei, ließ er feierlich verkünden, eine der größten Glückseligkeiten für die Untertanen, wenn Diese bei ihrer Gewissensfreiheit geschützt würden. Von der Seite des Glaubens her drohte demnach Sebastian Bach keinerlei Gefahr. Er konnte sich inmitten von Calvinisten unbehindert zu der Lehre Martin Luthers bekennen.

Da Leopold es ablehnte, aus politischen Gründen zu heiraten, so hauste er allein in dem hundertzimmerigen Köthener Schloß, ersehnte einen freundesnahen Menschen, ersehnte belebende Musik, ersehnte einen Gefährten, welcher die allbelebende Musik durch sein Schaffen verkörperte. So war auch in dieser Hinsicht der Weg des jungen Fürsten vorgezeichnet.

Als Emanuel Lebrecht, sein knauseriger Vater, regierte, da hatte es in Köthen — wie doch an fast allen deutschen Höfen ringsum — keine eigene Musik-Capelle gegeben. Immerwieder wies der alternde Fürst darauf hin: Wovon man bei einem Staatseinkommen, das insgesamt 7600 Thaler betrage, dudelnde und plärrende Künschtler bezahlen solle? Gisela Agnes, die Unermeßliches über den liebehörigen Mann vermochte, konnte in dieser Sache nicht das Geringste erreichen. Als aber der Gatte gestorben war, ließ seine regierende Witwe sich durch dringliche Bitten ihres musikbeflissenen dreizehnjährigen Sohnes Leopold bestimmen, wenigstens eine aus drei Musikern bestehende Haus-Capelle zu gründen und auf Staatskosten zu erhalten. Nachdem Leopold von der Europareise heimgekehrt war, wurde infolge seines ständigen Drängens die Zahl ihrer Mitglieder vermehrt. Sobald dann er selber die Regierung übernommen hatte, brachte der einundzwanzigjährige Fürst die winzige Anhalt-Köthenische Hof-Capelle auf jenen Stand, der ihm von Anbeginn vorgeschwebt hatte; auf achtzehn Musiker. Manche davon waren überdurchschnittlichen Ranges; etwa der Gambist Christian Ferdinand Abel. Andere besaßen auf ihren Instrumenten solch virtuoses Können, daß man immer von Neuem schwankend wurde, ob man sie noch als Handwerker bezeichnen dürfe oder schon als Künstler ansprechen müsse; wie den Premier-Cammer-Musicus Josephus Spieß, den Trompeter Schreiter, die Sopranistin Katharina Stricker. Deren Gatte Augustinus Reinhard Stricker, den Leopold in Berlin kennen gelernt hatte, als er dort mit vierzehn Jahren zu seiner militärischen Ausbildung die Ritter-Akademie besuchte, Stricker war Leiter der neugegründeten Hochfürstlichen Capelle. Geprobt wurde, trotz der Unzahl kaum je benutzter Zimmer, nicht auf dem weiträumigen Schloß. Das hätte den Fürsten bei seinen Regierungsgeschäften stören können. Die Proben fanden vielmehr in Köthen bei dem Kaufmann Lautsch statt, der für die stundenweise Überlassung seines Hauses jährlich einige Taler bekam.

Im Jahre 1717 gab Capellmeister Stricker seine Stellung auf. Infolge des Drängens seiner Frau, welche bei der Köthenischen Hof-Capelle mit ihrer Laute, vor Allem aber mit ihrer Stimme nicht hinreichend zu den beanspruchten Rechten kam. So berief Fürst Leopold den Weimarer Hof-Organisten Cammer-Musicus und Conzert-Meister Johann Sebastian Bach an die Spitze seines führerlos gewordenen Hof-Orchesters. Denn seit er ihn auf dem Witwensitz seiner Mutter, Schloß Nienburg, kennen und schätzen gelernt hatte, nährte er insgeheim die Hoffnung, den großen Mann für Seinen Hof dauernd gewinnen zu können. Fürst Leopold billigte dem Hofmusicus Bach ein Gehalt von 400 Talern zu, die zweithöchste Summe, welche seine Kassen an einem Hochfürstlichen Angestellten auszahlten, ebensoviel, wie der Hofmarschall von Nostitz empfing, jedoch 120 Taler mehr, als Kapellmeister Stricker und seine lauteschlagende, sopransingende Frau gemeinsam erhalten hatten. Hinzukam, daß Bach für außerdienstliche Betätigungen mancherlei Nebeneinkünfte einstreichen konnte. So vermerkten die Amtlichen Rechnungen: 12. September 1722. Dem Capellmeister Bachen vor Reparatur des Fürstlichen Cembalo, ohne die Saiten, 1 Thaler — 30. Dezember 1722. Demselben vor eine Befederung des großen Clavecins, einschließlich der Saiten, 1 Thaler 8 Gute Groschen — 20. März 1723. Dem Kapellmeister Bachen, der dieses Clavier zu befedern hatte, 1 Thaler — Und als auf seinen Wunsch die Musikproben aus dem Hause des Kaufmanns Lautsch in die eigene Wohnung verlegt waren, da wurden dem Capellmeister Bachen als Entschädigung ausgezahlt alljährlich 12 Thaler.

Am 5. August des Jahres 1717 empfing Johann Sebastian Bach eine Bestallung, welche ihm sehr weitgehende Freiheiten zugestand. Die zugebilligten Bezüge ließ Fürst Leopold rückwirkend vom 1. August auszahlen. Aber Bach konnte sein vielverheißendes Amt nicht antreten! Während des Augustes und des Septembers und des Oktobers mußte er um seine Entlassung aus den Weimarischen Hofdiensten kämpfen. Während des Novembers sollte er im Gefängnis darüber nachdenken, wie sich ein Untertan dem Erlauchten Herzog gegenüber zu benehmen hätte. Erst als Anfang Dezember der grollende Herrscher ihm seine Demission in Ungnaden hatte erteilen lassen, konnte Johann Sebastian Bach die Übersiedelung nach Köthen vollziehen: nach fünf Monaten der Unruhe und Ungewißheit.

Dann aber begann zu Zweit und zu Dritt, im kleinen Kreis und im großen Umfang an der neuen Wirkungstätte ein Musizieren so vielfältiger Art, so großer Bedeutung, so beispielloser Ungetrübtheit, daß sehr bald der Wunsch keimte und von Jahr zu Jahr höher emporwuchs: in Köthen bis an das Lebensende bleiben! In Köthen ungehemmt Musik machen, reine Musik, lebendige Musik, nichts als Musik! Wurde durch das Musizieren, welches jetzt anhub und sich ständig reicher entfaltete, wurde durch das Coethenische Musizieren Bachs der Mühlhausener Endzweck seines Lebens, die regulierte Kirchenmusik zu Ehren Gottes, verfehlt? Oder gar verraten? Aber nein! Die Saat, welche der Vater in sein Knabenherz gestreut hatte, als er ihm verkündete, daß es für die wahre Spielkunst eine musica profana nicht gäbe, diese Saat war in dem Herzen des Mannes aufgegangen. Da es Johann Sebastians tiefstes Wesen war, Alles was er tat jeweils ganz zu tun und den Wandel zu weiterem, vielleicht entgegengesetztem Tun dem Schöpfer der Menschenseele zu überlassen: so diente er in Köthen mit ganzem Gemüt, mit vollem Herzen, mit allen Kräften der musica viva, jener Musik, die unmittelbar aus dem Leben hervorging und, um es zu mehren, unmittelbar in das Leben zurückkehrte. Gott sah dazu nicht scheel. Gott, aus dessen Schöpferhand alles Leben kam, jubelte und klagte, lachte und weinte mit. Gott hatte Anteil an jenem klingenden Leben, das ohne ihn nicht wäre, das außer ihm nicht zu sein vermöchte. Die Kirchen sollten sehen, auf welche Weise sie mit diesem Teil seiner Kunst fertig würden! Sie war weder an ein bestimmtes Glaubensbekenntnis noch an eine besondere Lebensform gebunden. In Köthen wurde ihm die Aufgabe gestellt: musica viva, lebensnahe Musik, wie man mißdeutbar zu sagen pflegte: weltliche Musik, zu komponieren. Da dieser Auftrag von Gott kam, wie sollte er nicht seine ganze Kraft daran setzen, in solcher Vollkommenheit und Reichhaltigkeit Musik zu schaffen, welche die Stunde und der Tag, die Woche und der Monat und das Jahr forderten? Dem Leben etwas schuldig bleiben, was von dem Leben, dem drängenden, pulsenden, strömenden Leben ihm abverlangt wurde? Mit nichten. Aber der Endzweck seiner Kunst? Aber die regulierte Kirchen-Music zu Ehren Gottes? War seine Musik von praller Fülle wie das Leben; war sie gebändigt, bezwungen, geregelt, gearbeitet, gemeistert nach den ihr innewohnenden Gesetzen; war sie klar wie der sonnige Himmel; war sie kraftvoll wie die unerschöpflich Mensch und Tier und Pflanzen nährende Erde, die musica viva, die weltliche Musik: dann war auch sie ein Lobgesang auf Gott, den Urquell alles Lebens. Dann erklang auch sie zu Ehren Gottes, des Erhalters aller Dinge. Wie ein Tänzer am Persönlichsten und also am Vollkommensten Gott nicht dadurch dient, daß er untätig den Allmächtigen anbetet, vielmehr dadurch, daß er seine Beine und seine Arme, daß er seinen ganzen Körper zu Dem gebraucht, wozu er geschaffen wurde, nämlich zum Tanzen: also diente er, Johann Sebastian Bach, Gott am Reinsten auf die Weise, daß er nicht voraus und zurück, nicht zur Rechten und zur Linken, nicht nach oben und nach unten sah, sondern geradeaus seines Weges ging, unaufhörlich musizierte, vorbehaltlos musizierte, freudig musizierte, unbekümmert musizierte. Denn er war von Gott auf die Welt gesandt, um zu musizieren. Also musizierte er. Wann und wie er sollte. Wo und wie er konnte. Das letzte Urteil über seine Kunst stand keinem Menschen zu. Sondern Dem, der ihn hatte werden lassen, was er geworden war, nämlich: Bach; und zwar nicht irgendeiner von den vielen Bachen, sondern Johann Sebastian Bach. Dem Endzweck seiner Kunst konnte nicht besser gedient werden als dadurch: auch das Winzigste seiner Musik so vollendet zuwege zu bringen, daß auf der ganzen Welt in dieser Weise Niemand sie erreichen konnte.

Johann Sebastian Bach erkannte sehr bald, daß er in dem Fürsten Leopold einen Förderer und, wie zu hoffen stand, einen Freund gewonnen hatte, der nicht nur die Musik liebte, sondern auch sie verstand und mit beachtlichem Erfolg ausübte. Desgleichen aber wurde ihm bewußt, daß die Musik, welche den allgemeinen und persönlichen Köthener Zwecken entsprach, zur Hauptsache erst geschaffen werden mußte.

Bach schrieb also dem Fürsten Leopold und sich sechs Sonaten für Violine und Cembalo, dem Gambisten gleichen Namens und sich drei Sonaten für Viola di Gamba und fügte, weil er gut im Zuge war, noch sechs Sonaten, dem Flötisten der Hof-Capelle zuliebe, für Flöte und Cembalo hinzu. Bach schrieb desweiteren, daß der Premier-Cammer-Musicus Spieß zu seinem Recht käme, drei Sonaten und drei Partiten, also wiederum insgesamt sechs Stücke, für Solo-Violine. Die neuen Werke gingen nicht nur über das Können des Fürsten hinaus. Auch der Primgeiger des Orchesters konnte manchen Satz nicht bewältigen. Insbesondere die Chaconne der d-moll-Partita, welche mit ihren 257 Takten die 304 Takte der voraufgehenden vier Sätze an Länge fast erreichte, bezeichnete dieser erfahrene Musicus als unspielbar. Der vielpfeifigen Orgel möchten solche Klänge zuzumuten sein. Von der vierseitigen Geige dürften sie nicht verlangt werden. Aber Jener, der sie schuf, wußte, daß der Tag käme, da man sie zwar nicht ohne Mühe, wohl aber mit vollem Gelingen spielen werde. Bach schrieb, daß der zweite

Cammer-Musicus des Fürstlichen Orchesters sein Recht erhielte, ein Trio für zwei Violinen, ein Trio für Flöte und Violine. Das Cello wurde übergangen? Dem ließ sich auf einfache Weise abhelfen. Bach schrieb sechs Suiten für Solo-Cello. Davon war die Sechste ursprünglich für Viola pomposa bestimmt, die Johann Sebastian durch Hinzufügung einer fünften, auf C gestimmten Saite erfunden und mit so rundem Klang versehen hatte, wie weder die Viola noch die Gambe, zwischen denen sie eingeschoben war, ihn besaßen. Christian Ferdinand Abel, der größte Könner unter den 18 Hof-Musikern, ließ es sich, obgleich er Cello und Gambe vollendet meisterte, nicht nehmen, die Sechste von Seinen Sonaten auf der Viola pomposa wiederzugeben und sie sowohl dem Gönner Fürst Leopold wie ihrem Schöpfer Johann Sebastian in einem der Musikzimmer des Schlosses erstmalig vorzuspielen. Noch wurden nicht alle Instrumentalisten, die es verdienten, mit besonderen Musikstücken bedacht? Allerdings. Aber waren nicht etwa reichere Möglichkeiten des Musizierens zu erzielen, falls die Solisten und das Orchester zu gemeinsamem Spiel zusammen geführt wurden? Freilich. Bach schrieb also drei Conzerte für Violine mit Orchesterbegleitung in a-moll, in E-dur, in d-moll. Das Orchester wollte für sich allein zur Geltung kommen? Gern. Bach schrieb vier, Ouvertüren genannte Orchester-Suiten: in C-dur, in h-moll, in D-dur und noch einmal in D-dur.

Das Alles war Musik, die aus einem besonderen Anlaß entstand, für einen bestimmten Zweck erdacht wurde. Und blieb es doch nicht! Ging vielmehr so beträchtlich darüber hinaus, daß von ihr die Regionen der Unvergänglichkeit erreicht wurden. Es war seiner Art nach weltliche Musik. Und war es doch auch nicht! Oder konnte man das Air der dritten Orchestersuite mit seiner himmelhellen Melodie über den erdendunklen Bässen etwa nicht rechtens ein Gebet nennen? Ein Gebet zu Wem? Zu Gott? Zu der Schönheit? Zu der Ewigkeit? Zu der Zeitlichkeit? Gleichviel! Gleichviel! Wenn nur die Seele zum Mitklingen milde, demütig, hingebungvoll, fromm wurde. Und welche Seele, sofern sie durch die Alltäglichkeit unabgestumpft war, sollte sich nicht von solcher Melodie und solchen Harmonien über sich selbst hinaufheben und zu Höhen emportragen lassen, wo Niedriges keine Macht mehr hat? In Höhen, wo die Kräfte der Menschen nicht mehr gegen einander im Kampfe stehen, sondern allesamt das Eine Verlangen haben: mitzuklingen und mitzusingen, was im All klingt und singt, für das Gott und Welt, Himmel und Erde, Schöpfer und Geschöpf nur unzulängliche Namen sind.

Insonderheit diese Orchesterwerke erforderten langwierige Proben. Bach spielte nach Bedarf Violine oder Bratsche oder Cembalo, verlor jedoch neben dem Dienst im Einzelnen niemals die Förderung des Ganzen aus dem Ohr. Er ließ sein Instrument eine Melodie singen, achtete aber zugleich auf die Weise des Anderen. Er verständigte durch Kopfwinken während seines Spieles einen zögernden Musiker von dem Notwendigen und kam zur selben Zeit einem Dritten durch Treten des Taktes zur Hilfe. Er drohte einem Vierten, der patzte, mit dem Finger und gab einem Fünften, der unrein spielte, den richtigen Ton an. Er bemerkte selbst im lautesten Getön die kleinste Unregelmäßigkeit und rückte sie zurecht. Er beugte Entgleisungen vor und richtete das Schwankenke auf. Er hatte den Rhythmus in allen musikerfüllten Gliedern und die Harmonie in seinem überscharfen Ohr. Zwar konnte niemals jenes Zusammenklingen erzwungen werden, das er bei dem Niederschreiben der Noten in sich vernommen hatte. Aber es mußte zu erreichen sein und wurde auch erreicht, dem schöpferischen Urklang durch unermüdliches, allzeit williges Bemühen der Instrumente während langer anstrengender Proben wenigstens nahezukommen.

Hatte Bach sich innerlich zufrieden gegeben, so erklangen – eine nach der anderen – die neu einstudierten Orchestersuiten in dem Musiksaal des Fürstlichen Schlosses vor dem jugendlichen, in gleicher Weise nach Menschen wie nach Musik hungernden Herrscher. Setzte breit, volltönig, schwer, gewichtig die eigentliche, in französischer Manier gehaltene Ouvertüre zu der Folge verschiedenartigster und dennoch durch die Tanzform zusammengehaltener Orchesterstücke ein, dann schien es so: Eine festlich geschmückte Gesellschaft schritt, paarweis sich bei den erhobenen Händen haltend, eine säulengesäumte Treppe, Stufe um Stufe, langsam herunter. Seide rauschte. Orden blinkten. Gold leuchtete. Diamanten blitzten. Perlen funkelten. Unten im Saal löste der Zug für kurze Zeit sich auf. Man schwirrte — das belebte Fugato bewirkte es — durcheinander. Man lachte. Man scherzte. Man flirtete. Man schwätzte.

Ein Aufmerksamkeit heischender Orchesterschlag: Der prunkende Musik-Anfang kehrte zurück. Die vorbestimmten Paare fanden sich erneut. Die Hände lagen, wie bei dem Herabschreiten von der Treppe, ineinander. Aber nicht mehr hocherhoben, förmlich. Sondern locker, liebreich. Man begab sich, wenn auch beschwingteren, so doch immer noch gemessenen Schrittes zu den angewiesenen Plätzen. Alles durch Musik veranschaulicht, in Musik aufgegangen. Und es setzte eine kaum endenwollende Folge von Tänzen ein: die gleichmäßige Allemande und die bewegte Courante, die schwermütige Sarabande und die zierliche Gavotte, die flinke Bourrée und das kunstvolle Menuett bis zur wirbelnden Gigue. Dazwischen je nach Laune zur Belebung und zur Überraschung eingestreut: Forlane und Passepied, Rondeau und Polonaise, Badinerie und Réjouissance, Torneo und Capriccio. Jedes Stückchen verschieden von den Anderen. Dennoch alle gleichen Geistes durch lebensprühende Beweglichkeit. Musikgewordene Tänze. So sehr Musik geworden, daß es die Gliedmaßen der Hörenden tanzwillig durchzuckte, aber Niemand wagte, den Körper herumzuwirbeln. Denn dessen Schwere vermochte nicht, den tanzenden Tönen gerecht zu sein. Hätte sie vielmehr verunglimpft und verunreinigt. In diesen Köthener Orchestersuiten Johann Sebastians war der Tanz Musik, war die Musik Tanz geworden. Mit einer Reinheit, daß man sie bewundernd mitschwingen konnte, aber den Versuch als widersinnig aufzugeben hatte und auch aufgab, die Einheit zweier Künste durch unzulängliches tänzerisches Bemühen in ihre Urbestandteile aufzulösen. Denn es wurde nicht zum Tanz, sondern es wurde Tanz musiziert.

Sehr bald war Leopold von Anhalt-Köthen der Freund seines neuen Hof-Capellmeisters Johann Sebastian Bach geworden. Soweit ein von gläserner Helle umleuchteter, aber auch umschlossener Fürst wahrhafter Freund eines nichtfürstlichen Menschen zu werden vermochte! Jedenfalls überhäufte er seinen Mitspieler und Begleiter, seinen Musikmacher und Musikschöpfer durch eine Gunstbezeugung nach der anderen. Musik war jetzt Tag für Tag um ihn. Und zwar in einer Fülle, die weit über alles hinausging, was er sich erträumt hatte; in einer Größe, bis zu der seine sehnsuchtvollen Bemühungen um die klingende Kunst niemals hinaufzureichen vermochten. Hatte er auch einen Menschen gefunden, der ganz sein eigen werde? Ganz?? Bachs innerstes Herz gehörte der Musik. Weitere Herzensschichten waren seiner Frau und seinen Kindern vorbehalten. Erst der Rest wurde ihm vergönnt. Rest? Er, der Fürst, wollte nicht, was übrig blieb! Doch es ließ sich nicht leugnen: Selbst in den vertrautesten musikgelösten Augenblicken war zwischen ihnen eine Scheidewand. Wer hielt sie aufrecht? Er? Bach? Beide? Müßig, danach zu fragen! Ausschlaggebend blieb: Sie war da, diese Scheidewand. Sie blieb da. Glücklicher Meister Sebastian, der eine Frau, der vier Kinder besaß! Und die Musik, welche Er, Fürst Leopold, wohl verehren und bewundern, wohl ersehnen und umwerben konnte. Aber niemals, wie Johann Sebastian Bach, besitzen würde.

Am 9. Mai 1718 reiste Leopold von Anhalt-Köthen zu jenem vornehmsten Treffpunkt der europäischen Fürstlichkeiten, an denen Diese ihre durch Regierunggeschäfte und Vergnügungen beschädigte Gesundheit unter ärztlicher Aufsicht in Ordnung brachten. Dazu dienten neben Trinkkuren und anderen doktorlichen Maßnahmen vor Allem weitere Vergnügungen, die durch Abwechslung belebende Reize brachten. So daß man beim Abschied von Karlsbad für die vielen künftigen Standesmühen daheim bestens gerüstet war und im nächsten Winter frisch drauflossündigen konnte.

Sechs Angehörige der Köthener Hof-Capelle wurden beordert, auf Kosten ihres Allergnädigsten Herrn an der Badereise teilzunehmen. Unter ihnen befand sich selbstverständlich Johann Sebastian Bach. Außer den wertvollen Streichinstrumenten, die fast alle aus der Werkstatt Jacob Stainers, des in Italien ausgebildeten Tiroler Geigenbaumeisters, stammten, wurde auch das Fürstliche Cembalo nach Karlsbad mitgenommen. Dessen Wartung hatten während der gefahrvollen Reise drei Diener wahrzunehmen. Der Einfachheit halber behielt Leopold Diese, damit sie auf der Rückfahrt des gleichen Amtes walteten, in dem Badeort bei sich.

Fürst Leopold musizierte in Karlsbad mit Johann Sebastian Bach noch häufiger und ausgiebiger als in Köthen. Sie spielten zu Zweien. Sie spielten, unter Heranziehung der mitgenommenen Musiker, zu Dreien und Vieren, zu Fünfen und Sechsen. Hauptsächlich erklangen Werke, die Johann Sebastian Bach zu cammermusikalischen Zwecken in Köthen geschaffen hatte, beziehungweise während der Muße des Sommeraufenthaltes in Karlsbad schuf. Meistens fanden die Musikabende des Anhaltischen Fürsten innerhalb Dessen Gemächer unter Ausschluß von Zuhörern statt. Gelegentlich jedoch lud er musikkundige Gäste zu sich. Dann gab es außer den schmeckbaren noch tönende Leckerbissen. Wenn nach der künstlerischen Beköstigung Johann Sebastian Bach den Hauptanteil des Lobes einheimste, so nahm sein Herr es ohne verletzte Eitelkeit hin. Denn er kannte, oder ahnte doch, die überragende Spielkunst und Schaffenskraft seines Hof-Capellmeisters. Aber falls hinterher dem Fürsten Anerkennung gezollt wurde, was man ganz fast niemals vergaß, dann vermerkte Leopold es keineswegs übel. Obwohl er immer wieder auf Johann Sebastian Bach als den eigentlichen Schönheitspender hinwies.

Während eines der halböffentlichen Karlsbader Konzerte des Fürsten Leopold von Anhalt-Köthen befand sich der Markgraf Christian Ludwig von Brandenburg, ein Sohn des Großen Kurfürsten, unter den Zuhörern. Dieser hatte an dem Spiel und den Schöpfungen, an dem Wesen und dem Gehaben Johann

Sebastian Bachs so sehr Gefallen, daß er bei ihm einige Konzerte für seine Haus-Capelle bestellte. Es verstehe sich zwar von selber, solle jedoch gebührend betont werden: gegen angemessenen klingenden Lohn. Wobei allerdings vorausgesetzt sei, daß die gelieferten Arbeiten ihm gefielen — was er auf Grund der gehörten Karlsbader Proben keinen Augenblick bezweifle — und daß sie für seine Capelle — was der compositeur gebührend zu beachten hätte — spielbar seien.

Bald nach der Heimkehr aus Karlsbad machte Bach sich an die Arbeit, den hochwillkommenen Auftrag des Markgrafen auszuführen. Es stand von vornherein fest, daß es genau so wie sechs Solosonaten für Violine und für Cello, sechs begleitete Violinsonaten sowie insgesamt sechs Sonaten der gleichen Art für Gambe und Flöte jetzt sechs Werke für Cammerorchester werden müßten. Aber im Gegensatz zu der sonstigen Schaffensweise Bachs zog sich die Arbeit an den Brandenburgischen Konzerten lange hin. Fast über drei Jahre. Das lag nicht etwa in einer hemmenden Überbeschäftigung begründet. Aber Johann Sebastian wollte mit diesen Konzerten etwas Ungewöhnliches, etwas Noch-nicht-Vorhandenes schaffen: Einheitlich als Ganzes — und dennoch jedes von den Sechsen besonderen Geistes; den französischen, den italienischen Cammerkonzerten zu Dank verpflichtet — und dennoch aus dem Urgrund herauf deutsch; die Form des Concerto grosso nutzend — und dennoch so sehr mit Eigenem erfüllt, daß Werke völlig neuer, nämlich durchaus Bachischer Art entstanden. Dafür aber brauchte Johann Sebastian Zeit. Da es nötig war, so nahm er sie sich in ausreichendem Maße.

Im Jahre 1719 wurde die Arbeit an den Brandenburgischen Konzerten durch eine Reise nach Halle unterbrochen. Johann Sebastian wollte endlich eine Begegnung mit Georg Friedrich Händel herbeiführen. Denn Er war der einzige deutsche Komponist, den man vielfach als ihm ebenbürtig bezeichnete. Ob sie sich gleichwertig waren oder nicht, ob Einer den Anderen übertraf oder nicht, wenn es der Fall war, Wem von ihnen Beiden die Siegespalme gebührte, solche und ähnliche Fragen mochten die

Menschen beantworten. Für ihn, Johann Sebastian Bach, stand fest: Die Kunst Georg Friedrich Händels hatte in mehrfacher Hinsicht seine Kunst befruchtet. Schrieb er doch manches seiner Werke sich ab; vor Allem die Passion nach dem Text des Hamburgers Barthold Heinrich Brockes, welche ihn tief beeindruckte und bedeutsame Wege wies. Händels Musik würde, wenn man sich begegnete und Erfahrungen austauschte, seiner Musik noch mehr als bisher zugute kommen. Wie hoffentlich alsdann auch das Gegenteilige einträte: die Befruchtung der Händelschen Werke durch Bachische Schöpfungen. Also auf zu Händel!

Der Sohn des Hallenser Hof-Chirurgen hatte den entgegengesetzten Weg eingeschlagen wie der Sohn des Eisenacher Stadt-Pfeifers. Bach ging in die Enge eines kleinen Fürstenhofes – Händel ging in die Große Welt. Bach verließ niemals die Grenzen Deutschlands – Händel durchquerte studierend, musizierend, komponierend Italien, Frankreich und wurde in London ansässig. Bach hatte sich scheinbar für immer der Kammermusik verschrieben – Händels Herz gehörte dem Theater dermaßen, daß nicht nur in seinen Opern das Theatralische vorherrschte. Bach ergab sich der Stille und Einsamkeit, wurde daher nach der hauptsächlich seinem Virtuosentum geltenden Jugendberühmtheit mehr und mehr vergessen – Händels Ruhm ging von London aus über alle musiktreibenden Länder auf Erden; er wurde gefeiert, gepriesen, verwöhnt, verhätschelt, mußte freilich, um diese hochgezüchtete Berühmtheit zu erhalten, ein Werk nach dem anderen herausschleudern, eine Wirkung auf die andere türmen. Bach betrieb und komponierte in steigendem Maße Hausmusik; bevorzugte immer häufiger die kleine, die stille Form, liebte mehr und mehr das Innige – für Händel konnte kein Saal groß genug, kein Chor zu riesig, kein Orchester zu mächtig sein, Bachs Wesen und Wirken diente der herzhaften Hingabe – Händel erstrebte und bewirkte die rauschhafte Lust. Es war unmöglich, war ungerecht, das Eine über das Andere zu setzen. Aber es blieb unvermeidbar, daß sich die Geister an ihnen und ihrer Kunst mit der Losung: «Hier Bach – hier Händel!» schieden. Leider nicht immer, ohne auf der einen Seite ungerecht zu werden, statt dankbar dafür zu sein, daß der Deutschen Musik zwei tonschöpferische Meister geschenkt wurden. Als ob sichtbar und hörbar bewiesen werden sollte, welch unermeßliche Möglichkeiten sie besaß.

Im Jahre 1719 befand Händel sich auf einer Berufsreise durch die Hauptstädte Deutschlands. Er hatte den Auftrag übernommen, für die Londoner Königliche Akademie hervorragende musikalische Kräfte zu verpflichten. Da sie vor Allem der Oper und dem Oratorium dienen mußten, so konnte es sich nur um Italiener handeln. Denn in welchem Lande hatte die Sangeskunst der Menschen und das Spiel der Instrumente eine solche cantabile Höhe erreicht wie auf der Apenninischen Halbinsel? Kein Wunder übrigens. Denn dort waren die Straßenjungen und die Schänkenmädchen Künstler von Rang! Wohingegen man für Deutschland getrost das altbekannte «Frisia non cantat» umwandeln konnte in «Germania non cantat». Händel verpflichtete also in Düsseldorf für die Londoner Akademie den ausgezeichneten Bassisten Benedetto Baldasari. Vom Rhein aus begab er sich an die Elbe. Dort wurde die Musik des Königshofes beherrscht durch Antonio Lotti und die ihm unterstellten Künstler. Auch von Diesen vermochte der in Deutschland geborene englische Sendbote einige für seine Londoner Bestrebungen zu gewinnen.

Trotz der Rastlosigkeit, welche ihn von Ort zu Ort trieb, verweilte Händel in Dresden einige, für seine Ungeduld zu lange, für die kunstbegeisterten Menschen viel zu kurze Zeit. Der Königliche Hof ließ es sich angelegen sein, den berühmten Gast mit allen erdenklichen Mitteln zu verwöhnen. Georg Friedrich Händel durfte vor dem König spielen. Er durfte? Umgekehrt lag es: Der König durfte das von aller Welt gepriesene Spiel Georg Friedrich Händels anhören! Wäre der Herrscher des Landes nicht gekommen, so hätte der Herrscher des Musikreiches nicht gespielt! Der Londoner Gast erhielt für einen Musikabend am Dresdener Hofe hundert Dukaten; genau soviel wie seinerzeit der berühmte Pariser Gast Jean Louis Marchand.

Was lag also näher, als ein gleichzeitiges Spiel der beiden bedeutsamsten Musiker, Händels und Bachs, zu erstreben! Jetzt nicht, um abermal einen musikalischen Wettstreit zu veranstalten. Gehörten doch beide Künstler Einer Nation an. Auch würde Händel bei der Unterstellung, daß sein Spiel und seine Kunst geringer sein könnten als das Spiel und die Kunst Bachs, in die öffentliche Veranstaltung keinesfalls einwilligen. Nein, nicht an ein Wettspiel wurde gedacht! Wohl aber mußte es von beträchtlichem Reiz und außerordentlicher Bedeutung sein, falls die beiden großen Künstler nacheinander, jawohl gar auf zwei Instrumenten miteinander spielten. Erst wenn man Händel neben Bach, Bach neben Händel hielt, erst wenn man ihre Kunst hörend vereinte, erst dann konnte ganz ermessen werden, welche Höhe die deutsche Musik mit ihrer Zweigipfeligkeit erreicht hatte.

Den großen Plan des gemeinsamen Dresdener Musizierens von Bach und Händel zu verwirklichen, war vor allen Anderen der Sächsische Minister Graf Flemming bemüht, in dessen Palast vor Jahren das Wettspiel zwischen Marchand und seinem deutschen musikalischen Gegner stattfinden sollte. Flemming überschüttete Händel mit ausgesuchten Höflichkeiten — vergeblich. Flemming bot ein höheres Honorar, als der König gezahlt hätte — vergeblich. Flemming ließ in seinen Bemühungen um das Zustandekommen des Bach-Händel-Spieles nicht locker. Kam jedoch der Minister, um sein Bestreben endlich durchzusetzen, persönlich, dann war Händel — tatsächlich oder angeblich — ausgefahren, war er — wirklich oder scheinbar — überbeschäftigt, war er — leider oder gottlob — krank. Schrieb der Minister, so empfing er eine zwar höfliche, aber ausweichende Antwort. Infolgedessen sah Graf Flemming sich, nicht nur zu seinem eigenen Bedauern, schließlich genötigt, die Verwirklichung des bedeutsamen Planes aufzugeben. Sein Urteil über Händel faßte er in die Worte zusammen: «Il est un peu fou à ce qu'il me semble» zu deutsch: Er ist ein wenig närrisch, wie mir scheint. Womit nicht etwa Händels Verstand angezweifelt wurde.

Um Bach hatte der Minister Graf Flemming sich währenddessen nicht bemüht. Den brauchte man keinesfalls zu bitten. Selbst ihn vorher zu benachrichtigen, war unnötig. Es genügte, zwei, drei Tage, ehe die geplante Begegnung stattfinden sollte, eine Hof-Kutsche zu seinem Köthener Hause zu schicken. Bach würde widerspruchslos einsteigen. Denn für ihn bedeutete es eine Ehre, an dem Dresdener Königshofe neben und mit dem hochberühmten Londoner Meister spielen zu dürfen. Aus diesem Grunde war es auch unnötig, eine vorherige Abmachung über das Honorar mit dem deutschen Musiker zu treffen. Der war für die bescheidenste Summe dankbar. Aber da Händel sich dem Dresdener Zusammentreffen entzog, kam das gemeinsame Spiel der beiden größten nationalen Musiker ebensowenig zustande, wie seinerzeit das geplante Wettspiel zwischen Jean Louis Marchand und Johann Sebastian Bach.

Bald darauf hörte der Hof-Capellmeister des Fürsten Leopold, daß Händel, um seine alte kranke Mutter zu besuchen, nach Halle gereist sei. Unverzüglich erbat er von seinem Herrn für wenige Tage eine Kutsche. Sie wurde ihm, nach Angabe des Grundes, freudig bewilligt. Am nächsten Morgen fuhr Johann Sebastian Bach mit einem fürstlichen Wagen von Köthen nach Halle. Als die vier Meilen, während derer wiederholt der Insasse des Gefährtes den Mann auf dem Bock zur Eile angetrieben hatte, zurückgelegt waren, mußte Johann Sebastian Bach zu seinem größten Leidwesen erfahren, daß Händel am Tag zuvor nach London abgereist sei.

Zehn Jahre gingen ins Land, bis sich wiederum eine Begegnung der beiden großen Komponisten ermöglichen ließ. Die Entfernung war dieses Mal noch geringer als bei der vergeblichen Fahrt von Köthen nach Halle. Denn Bach befand sich in Leipzig. Jedoch er war krank. So schickte Johann Sebastian seinen ältesten Sohn mit der Bitte zu Händel, daß Dieser herüberkomme und ihn besuche. Händel entsprach der dringlichen Bitte nicht. Es blieb bestehen: Die beiden größten deutschen Komponisten des achtzehnten Jahrhunderts haben sich nie gesehen, nie gesprochen, nie die Hand gegeben, nie ihre Kunst gezeigt.

Die Köthener Arbeit an den Brandenburgischen Konzerten nahm weiterhin ihren Verlauf. Mit Unterbrechungen. Jedoch unablenkbar auf Ein Ziel gerichtet: sechs lebenssprühende Werke von strahlendem Glanz zu schaffen, derer keins im dunkelsten Moll stehen durfte, sondern Jedes von wenigen, möglichst benachbarten, möglichst vorzeichenlosen Dur-Tonarten beherrscht werden mußte. Und dann war schließlich doch der große Tag da, an welchem das Erste Brandenburgische Konzert zum ersten Male vor menschlichen Hörern erklang.

In dem weiten Musiksaal des zum Köthener Schloß gehörigen Ludwigbaues brannten Hunderte von Kerzen. Sie warfen goldenen Schimmer auf hingebungvolle Menschengesichter, auf blanke Gegenstände: polierte Stühle und Tische, kristallene Spiegel und Blinker, bronzene Kronen und Leuchter; auf edle Stoffe und kostbares Material, Seide und Sammet, Silber und Glas, Marmor und Holz. Sehr bald umhüllten sie Alles mit einem bauschigen Schleier, dessen Dichte ständig zunahm und das Wirkliche immer mehr in das Unwirkliche entrückte.

Der Fürst hatte zu dem besonderen Ereignis eine beträchtliche Zahl Hoher Gäste eingeladen. Nach und nach versammelten sie sich in dem festlich hergerichteten Saal. Er selbst erschien pünktlich mit den silbrigen Schlägen mehrerer, über den riesigen Raum verteilter goldbronzener Standuhren. Weil Leopold während der ausgedehnten Proben an dem Spiel der Gamben fast regelmäßig teilnahm und dabei wacker seinen Mann stand, setzte Johann Sebastian als selbstverständlich voraus, daß der Hohe Herr sich an den für ihn freigelassenen Platz innerhalb des Orchesters begäbe und zu dem Gelingen der Aufführung beitrüge. Der Gambenstimme konnte infolge des sicheren Spieles Meister Abels zwar nichts Gefährdendes widerfahren. Jedoch eine Verstärkung durch das fürstliche Instrument würde ihr durchaus guttun. Die Erwartung Johann Sebastians erfüllte sich nicht. Leopold schritt geradenwegs zu den Hörern. Dort nahm er auf einem gesonderten Sitz, vor ihnen Allen, Platz. Die Scheidewand! mußte Johann Sebastian Bach denken. Und zum ersten Mal überfiel ihn die bittere Ahnung, daß für die Dauer, nun gar für das ganze Leben, auch in Köthen seines Bleibens weder sein könne noch sein dürfe. Um einige Minuten verzögerte sich der Beginn des abendlichen Schloß-Konzertes. Alle – mit Einschluß des Fürsten Leopold von Anhalt-Köthen – warteten geduldig auf die Töne des verheißenen Stückes. Schon gab der Schöpfer des Ersten Brandenburgischen Konzertes durch Kopfnicken das Zeichen zum Anfangen.

Und es rauschte eine Musik dahin wie ein freudiger Fluß: mitreißend, keine Widerstände beachtend, Wirbel und Schnellen hurtig überwindend, mehr und mehr zum Strom sich verbreiternd, dennoch von quellenhafter Klarheit, in ihrer Frische ein wahres Labsal für die menschlichen Sinne.

Allem lag ein winziges Motiv zu Grunde: drei Töne, rhythmisch ein Anapäst, F—e—f; noch nicht mit jener letzten Klarheit und Überlegenheit, noch nicht mit jener jubelnden Herrscherkraft und Ausschließlichkeit wie später, sondern durch eine Zwischennote gebunden: F—e—f und F—e—f. Die drei Oboen verkündeten es dreiklanghaft mit höchster Freudigkeit: F—e—f! C—b—c! A—g—a!

Unter diesem winzigen Motiv erklang eine eintaktige Melodie, im klaren Dreiklangschritt von Oktave zu Oktave aufsteigend: F—a—c—f, dann absteigend und anschließend hineingerissen in die wirbelnden Fluten der unerschöpflichen Sechzehntel; zunächst unisono von der Violino piccolo, der ersten, der zweiten Violino und der Viola verkündet, die späterhin sich wohl im Einzelnen, aber niemals im Ganzen trennten.

Über dem Allen, mit der gleichen Melodie – durch den großen Wirbel zu Triolen genötigt, jedoch mit Strenge und Erfolg den Rhythmus wahrend – die beiden Corni di caccia, schwer zu beschaffende Waldhörner, jetzt strahlend – dann verhalten, nun glanzvollen – zwischendurch gedämpften Tones.

Erst nach geraumer Weile löste sich das Gesamtorchester zum kammermusikalischen Einzelspiel auf. Die drei Oboen beanspruchten ihre Rechte. Violoncello und Violino grosso ließen sich die Selbstbehauptung nicht nehmen. Die Hörner schmetterten. Die Violinen jauchzten. Wiederum das ganze Orchester.

Wiederum die einzelnen Stimmen. Im bunten Wechsel. Im Miteinander. Im Gegeneinander. Bis der ständig breiter werdende Musikstrom alle Instrumenttöne mitriß zu einem Wogen, welches ein Ganzes war und blieb, ohne daß Einzelnes darin unterging. Noch im letzten Takt vor dem abschließenden F-dur-Akkord behauptete Jeder sich selbst. Die Hörner blieben bei ihren rhythmisch hämmernden Triolen. Die Streicher behielten ihre mitreißenden Anapäste F—e—f und F—e—f, C—b—c und C—b—c, A—g—a und A—g—a. Das Fagott war mit seinen gleichmäßig pochenden F—f—f Sechzehnteln nicht aus der Ruhe zu bringen. Die drei Violinen stiegen festen Schrittes zum letzten Mal die Dreiklang-Himmelsleiter empor: F—a—c—f! Viola und Violoncell, Continuo und Violino grosso taten unbeirrbar das Ihre. Und dann vereinigte sich das gesamte Orchester nach einer Verlangsamung, welche durch die Selbstbetonung der Stimmen geboten war, zu dem Dreiklang, zu dem Urklang der Tonart, aus welcher die strömende, bis auf den Grund klare Musik des ersten Satzes des Ersten Brandenburgischen Konzertes bei der Uraufführung im Köthener Schloß hervorgegangen war.

Mit dieser Musik wurde etwas Einmaliges geschaffen, etwas Noch-nicht-Dagewesenes geleistet. Die Dreifaltigkeit von Melodie, Harmonie und Rhythmus war zur Dreieinigkeit geworden. Eine menschliche Leistung und ebenfalls ein Wunder, ein Wunder und trotzdem eine menschliche Leistung. Allbeherrschend der Rhythmus. Wie das Spiel der Cythara des Urvaters Veit Bach sich dem Taktgebot der ratternden Mühle widerspruchslos fügte, so ergab sich das ganze Orchester des Nachfahren Johann Sebastian Bach freudig dem inneren Gesetz des Taktschlages seines Herzens.

Die vornehmen Zuhörer in dem Musiksaale des Köthener Schlosses sahen einander an. Mit wiegenden Häuptern und nikkenden Köpfen bestätigten sie sich gegenseitig: Ein ungewöhnlich tüchtiger Mann, der Hof-Musicus des Fürsten! Sowohl als Violonist, wie als Komponist, wie auch als Dirigent! Leopolds Augen leuchteten. Er hatte nicht zuviel von seinem Freunde Johann Sebastian als Musikschöpfer erwartet. Erst jetzt, da er sich nicht mehr um das Spiel seiner Gambe zu bemühen brauchte, sondern das Ganze unbehindert aufnehmen konnte, nun erst ermaß der Fürst völlig, welchen gewaltigen Schritt in das Zukünftige Bach mit seinem Ersten Brandenburgischen Konzert getan hatte. Einmal blickte, von seinem einsamen Sitz her, Leopold strahlenden Angesichtes nach rückwärts. Obwohl er keine Frage getan hatte, wurde ihm von mehreren Seiten bestätigt: ‚Über alles Erwarten schön!'

Und es setzte, da inzwischen die Saiteninstrumente nachgestimmt waren, das Adagio ein. Über getupften Akkorden der zweiten und dritten Oboe sowie des Fagottes und fast gleichbleibenden gestrichenen Akkorden der drei Violinen sowie der Viola, über ihnen Allen sang die erste Oboe leise, sehr leise ihre wundersame Melodie. Die Violino piccolo löste sie mit dringlichen, die Stärke nicht scheuenden, aber das Laute vermeidenden Tönen ab. Nun hatte die Begleitung gewechselt: Die Akkordfolgen lagen oben – die Akkordtupfen waren unten vernehmbar. Das Fagott versuchte, die Melodie des leidvollen Herzens in die auswegslose Tiefe hinabzuführen. Die erste Oboe und die Violino piccolo – die durchdringende Quart-Violine – wetteiferten nacheinander, miteinander, sie nicht im Abgründigen versinken zu lassen. Wie würde er ausgehen, der Kampf des Abgrundes mit der Höhe, der Streit des Dunklen mit der Helle? Fragende Töne im majestätischen Urrhythmus des Konzertes: D–c–d? Das Fagott setzte seine Bemühungen um die Herrschaft der Tiefe fort. Bis zum düsteren Cis glitt es unaufhaltbar hinab. Darüber baute sich ein äußerst schmerzhafter Akkord auf. Der würde das Herz zerschnitten haben, wenn nicht in höchster Höhe, durch Welten von dem tiefsten Ton getrennt, sieghaft das B der ersten Oboe geschwebt hätte und, während das ganze Orchester schwieg, durch einen perlenden zweiunddreißigstel Lauf der Verkündigung mächtig gewesen wäre: Gesiegt! Alle Instrumente stimmten mit Trillerbestätigung ein: Gesiegt! Bloßer Jubel aber wäre nach den erduldeten Beängstigungen und den erlittenen Kampfbedrohungen zu billig gewesen. So erklangen jene unsäglichen drei Takte, in denen durch leise, gleich den Schalen einer Waage schwankende Viertel-Akkorde Leid und Glück gegeneinander gewertet wurden. Bis dann der befriedigende, der befreiende Schluß sich ergab! Nicht der durch die große Terz ins Durhafte umgewandelte Dreiklang der d-moll-Tonica. Sondern der Halbschluß der Dominante, welcher zugleich ein Ende und ein Anfang war.

Die Hörer verhielten den Atem. Männer ballten die Hände. Frauen griffen nach dem Herzen. Fürst Leopold saß aufrecht inmitten der Gefühlsbrandung. Er vertraute Seinem Bach. Er glaubte an den Freund Johann Sebastian. Er als Einziger unten im Saal wußte, wie die Musik nach dem aufrüttelnden zweiten Satz weiterging. Wußte er es tatsächlich? Nein. Denn nicht während der Proben, sondern jetzt, bei der Aufführung hatte sein Herz ganz ermessen, welcher Glanz irdischer und himmlischer Art über dem ersten Satz des Ersten der Konzerte lag, die der Fürstliche Vetter aus dem Hause Brandenburg bei Seinem Hof-Capellmeister in Karlsbad bestellt hatte. Jetzt war Leopold die Schmerzschwere und die Trostseeligkeit des langsamen Satzes völlig aufgegangen.

Es ertönte nicht jene herzzerreißende Klage, jene alleserschütternde Trauer, die Johann Sebastian in manchem Adagio-Satz seiner bisherigen Köthener Kammermusikwerke angestimmt hatte. Es war sanfte Wehmut, innige Betrübnis, stilles Leid. Aber durch die Verhaltenheit drang es vielleicht noch tiefer, als rückhaltlose Aufschreie, düstere Anklagen, nackte Verzweiflungen zuwege gebracht hätten.

Der dritte Satz begann mit dem frohen anapästischen, nunmehr gelöst aufwärtsstrebenden Thema des ersten Satzes unter Beistand des ganzen Orchesters: F—g—f und A—g—f, G—a—g und B—a—g, A—b—a und C—b—a, B—a—b—c! Dazwischen hämmerten eintönige Rhythmen, welche nach unermeßlichem Gewoge die Oberhand behielten: C—ccc—C. Nun erst konnte das Fagott sich durchsetzen. Und siehe: Es hatte den Weltschmerz verloren! Es torkelte. Es trillerte. Es tanzte. Unermeßlich die Flut des Orchesters. Dann Einzelstimmen mit Akkordbestätigungen. In buntem Wechsel untereinander. In Ablösung von und in Gemeinsamkeit mit dem Ganzen. Gewoge ohne Maßen. Jubel ohne Ende. Freude ohne Grenzen. Ohne Maßen? Ohne Grenzen? Nicht doch! Des Menschen Bestimmung ist Maß. Des Menschen Weg hat ein Ende. Des Menschen Teil bleibt Begrenzung. So brach plötzlich die Tollheit, welche Alles zu sprengen drohte, ab. Ein sehnsuchtsvoller Akkord mit langer Fermate wollte den Schluß erzwingen. Es gelang ihm nicht. Ein zweites Adagio von unaussprechlicher Verhaltenheit folgte. War es eine Absage an die Freude? Nein. War es eine Mahnung? Ja. Wozu? Lediglich zu dem Einen: Auch während der wildesten Lust menschlich zu bleiben. So ging der Jubel weiter. In Nichts gedämpft. Durch Nichts gehemmt. Vielleicht noch ausgelassener, noch heller als bisher. Aber gefaßter, klarer, sicherer. Nicht mehr von Unbändigkeit bedroht. Nicht mehr durch Zügellosigkeit gefährdet. Die bösen Geister waren verjagt. Die guten Geister behielten das Feld: Glück und Genügen, Freude und Friede. Demgemäß konnte der Satz, unter zustimmender Behämmerung gleichbleibender Sechzehntel, schließen: F—g—f, G—a—g, F—g—f, F—f!

Es war noch immer die übernommene Form: das im Welschland ausgebildete, von Händel auf den Gipfel geführte Concerto grosso. Und war es doch auch nicht! Denn keineswegs wechselten unaufhörlich ein großes und ein kleines Orchester in vielfach vorauszuhörender, manchesmal äußerlicher Weise. Nichteinmal Einzelinstrumente und Gesamtorchester wetteiferten, jeweils regelmäßig zurücktretend und vortretend, miteinander. Sondern es war vom Geistig-Musikalischen her eine künstlerische Folge geschaffen, bei der sowohl die Verwebung wie auch die Ablösung inneren musikalischen Gesetzen gehorchten. Die zugleich Deutschen und Bachischen Geistes war. Die sich bei ihrem Beginn vollendet erfüllte.

Die Zuhörer jubelten. Nur innerlich! Denn Fürst Leopold rührte keine Hand. Unbeweglich erwartete er das Weitere. Wei — te — res — —? Das Orchesterkonzert mußte zu Ende sein. Alle italienischen und französischen Konzerte dieser Art endeten mit dem dritten Stück. Ein schneller Satz — ein besinnlicher Satz — ein noch schnellerer Satz: so gebot es die überkommene Regel. So verlangte es die vielbewährte Form. Was konnte nun noch kommen? Eine Überraschung? Wahrscheinlich. Denn der Fürst blieb sitzen. Weil Er nicht aufstand, mußte man auch sitzen bleiben. Weil Er keine Hand rührte, mußte man auch die Zeichen der Zustimmung unterdrücken. Selbst für den Fall, daß kein weiterer Ton erklang. Aber es schien entgegen aller Form noch ein vierter Satz folgen zu sollen. Denn Durchlaucht machten nicht die geringste Miene, aufzustehen und unter hoheitvollem Nicken des unperückten Hauptes den Saal verlassen zu wollen. Fürst Leopold lächelte. Er wußte, von den Proben her, daß nun der herzgewinnendste und abwechslungvollste Satz des ganzen Orchesterkonzertes folgen werde. Die Instrumente wurden gestimmt. Man räusperte sich. Leopold von Anhalt-Köthen lächelte.

Und beide Oboen, alle drei Violinen sangen — von den Hörnern pochend bejaht, von den übrigen Instrumenten harmonisch und melodisch unterstützt — sangen die seelige, sich wohlig wiegende, behutsam schmiegende Melodie des Menuetts. Nach Wiederholung, eine Quint höher, der gleiche seelige Gesang.

Im Trio schwieg das Orchester. Nur die beiden Oboen und das Fagott führten einen Tontanz vor: Die Oboen — im Sextabstand — zierlich, beweglich, zärtlich, beglückt; verliebt einander zugetan. Das Fagott ernsthaft, gleichförmig, würdevoll, ein wenig steif; leise knurrend über die Mühe und Plage des Mitmachen-Müssens.

Und wiederum die seelige, sich wiegende, sich schmiegende Melodie des Menuetts.

Eine Polonaise folgte. Die Violino piccolo mußte, um nicht durch Schrille zu stören, schweigen. Die ersten Violinen — tutti, ma piano: alle, aber leise! — die zweiten Violinen — tutti, ma piano! — die Violen — tutti, ma piano! — stimmten oberhalb einer Continuo-Begleitung von taktbetonter Einförmigkeit ihre Weisen an: führend die ersten Violinen, welche — immer aufs Neue synkopierend — das Polonaisenhafte, das Leichtblütige jenes Volkes betonten, von dem dieser Tanz seinen Namen hatte. Die zweiten Violinen nebenherschreitend, in ständigem Gleichmaß kaum je zu einem Trippelschritt verführt. Das Ganze leise, hauchhaft, con sordino, gedämpft. Erst gegen den Schluß des zweiten Teiles ließen die ersten Violinen sich zu einem taumelnden Forte hinreißen. Aber schnell war Alles wieder zum piano herabgedämpft; wenn auch in sämtlichen Stimmen die bewegten Sechzehntel vorherrschend blieben. Bis der Beschluß mit dem allbeherrschenden anapästischen Rhythmus herbeigeführt wurde: G—e—f, eine Sexte tiefer B—g—a.

Und wiederum die seelige, sich wiegende, sich schmiegende Melodie des Menuetts.

Genug? Nein, genug war nicht genug! Genug ist stets zu wenig. Viel zu wenig. Beenden? Nein, jedes Enden ist Gewalt! Nicht enden! Weiter! Ohne Ende weiter! Die Hörner mußten, begleitet von sämtlichen Oboen, im beschwingten Schritt zu ihrem Tanze kommen. Er war nicht sonderlich melodiös. Er war nicht bemerkenswert beweglich. Er gab sich, ohne Fremdartiges vorzutäuschen, so wie Hörner nun einmal sind: steifschrittig, mit gleichmäßigen Vierteln und ebenso gleichmäßigen Achteln, mit erzwungenen, vereinzelten Sechzehnteln. Die wurden nur mit Mühe bewältigt. Aber sie mußten sich dem Hörnerton fügen. Des vielvernommenen Rhythmusses der Streicher und Holzbläser war man auch mächtig. Beweisen? Herhören! Während die Oboen dazu lachend trillerten, legte man ihn großmütig hin: A—g—a und: C—f—g. Zum Beschluß ein gewichtiges F; am Ende des ersten sowie des zweiten Teiles die einzige halbe Note des ganzen Trios.

Und wiederum und nocheinmal — gesungen von den beiden Oboen, von den drei Violinen bejaht, von den pochenden Hörnern harmonisch unterstützt, von den übrigen Instrumenten aufgenommen, während des ersten Teiles in der ursprünglichen Lage, während des zweiten Teiles eine Quint höher — und nunmehr also zum letzten Mal die seelige, sich wohlig wiegende, behutsam schmiegende Melodie des Menuetts.

Beifall der Hörer durchbrauste den Musiksaal des Köthenischen Schlosses, als dort zum ersten Mal der letzte Ton des Ersten Brandenburgischen Konzertes von Johann Sebastian Bach verklungen war.

Leopold stand auf. Er schritt dem Schöpfer des unsterblichen Werkes mit ausgebreiteten Armen entgegen. Johann Sebastian warf sich hinein: beschämt und beglückt zugleich. Beschämt — wie hatte er an eine Scheidewand glauben können! Es gab zwischen ihm und diesem Fürsten keine Trennung. Mensch hatte zu Mensch den Weg gefunden. Mensch würde zu Mensch immer aufs Neue den Weg finden. Wenn auch nicht in den Tälern des Alltages, dann doch auf den Gipfeln des unalltäglichen Lebens. Beschämt — allerdings. Aber auch beseeligt. Denn es gab kein größeres Glück für Bach als die Anerkennung seines Fürsten; jenes verständnisvollen Mannes, der ihm die Möglichkeit freien künstlerischen Schaffens gnadenvoll schenkte. Wodurch die Voraussetzung herbeigeführt worden war, daß jetzt der geistlichen Musik, der musica sacra aus Arnstadter, Mühlhausener und Weimarer Tagen, die gleich bedeutsame weltliche Musik, die musica viva, unbehindert hinzugefügt werden konnte. So würde er, Johann Sebastian Bach, bis an sein Lebensende bleiben, wo er sich jetzt befand. Denn es gab für ihn — der Abend hatte es unanzweifelbar bewiesen — kein glückhafteres Dasein auf der Erde, als in der Gnadensonne eines musikliebenden und musikkundigen Fürsten, der sein Freund geworden war, nach Herzenslust zu schaffen, was er wollte, wie er wollte.

Weil Bach im Überschwung des Glückes sich nicht zu gegebener Zeit aus der fürstlichen Umarmung herausnahm, löste Leopold sich von ihm ab: Behutsam. Ohne daß der überseelige Komponist es befremdlich bemerkte. Aber doch mit unmißkennbarer Bedeutung: Genug!

Als der Fürst sich von Seinem Hof-Capellmeister durch dankenden Händedruck getrennt hatte und langsamen Schrittes auf die Tür Seines Musiksaales Seines Schlosses zuschritt, brauste erneut der Beifall auf. In dem Augenblick, da von Dienern die Flügel des Ausganges vor ihm aufgerissen wurden, wandte

Leopold das blondgelockte Haupt zurück. Durch leichtes Neigen des Kopfes über die Schulter hinweg dankte er für jenen Teil der Anerkennung, welcher ihm für die Ermöglichung und das Gelingen des Musikabends allerdings rechtens gebührte.

Auch Johann Sebastian Bach ging fort. Quer durch die geputzten Damen und Herren der Köthenischen Hofgesellschaft. Die zollte noch immer — wenn auch nunmehr stehend und in gemäßigter Form — ihm Beifall. Ihm allein. Er begab sich zu der hintersten Bankreihe. Dort saß im einfarbig dunklen Kleid eine Frau. Sie rührte die Hände nicht. Sie gab keinen Laut des Jubels von sich. Ihre Lippen blieben aufeinandergepreßt. Ihre Augen aber leuchteten. Es war Maria Barbara, die Lebensgefährtin Johann Sebastian Bachs während zwölf kämpferischer Jahre, die Mutter seiner Kinder.

Bach nahm die geliebte Frau bei der Hand. Verließ den kerzenüberschimmerten fürstlichen Musiksaal. Durchschritt schweigend die nächtlich aufrauschenden Bäume der Lustgärten Derer von Anhalt-Köthen. Querte schweigend die Straßen der Stadt. Bis sein Haus erreicht war. Erst als sie beglückt an den Betten ihrer schlafenden Kinder gestanden hatten, fanden beide Ehegatten die ersten Worte über den unermeßlich schönen Abend.

Maria Barbara — übermüdet — legte sich schlafen.

Johann Sebastian Bach schrieb — beflügelt durch den Erfolg seines Ersten Brandenburgischen Konzertes — noch lange, sehr lange an dem Zweiten.

XIV

Am 27. Mai des Jahres 1720 reiste Fürst Leopold von Anhalt-Köthen wiederum zur Erholung nach Karlsbad. Auch dieses Mal mußten ihn sechs Mitglieder seiner Hof-Capelle, darunter Johann Sebastian Bach, begleiten. Sie bekamen ihr Gehalt für zwei Monate vorausbezahlt. Das Cembalo hatte ebenfalls, unter der wachsamen Obhut dreier Diener, die Badereise erneut mitzumachen.

Bach ließ seine Frau und die vier Kinder wohlbehalten in Köthen zurück. Da keinerlei beunruhigende Nachrichten von dorther eintrafen, gab er sich den Freuden des Kurlebens ungehemmt hin. Diese bestanden neben Geselligkeit, Verkehr mit bedeutenden Menschen, üppigem Essen und herzhaftem Trinken vor Allem in ausreichendem Musizieren. Das beschränkte sich nicht auf vielfältiges Spiel mit seinem fürstlichen Freund und den anwesenden Capell-Musikern. Es wurde außerdem ebenso fleißig wie freudig komponiert. Die von dem Brandenburgischen Markgrafen bestellten sechs Orchester-Conzerte erfuhren eine bedeutsame Förderung. Sehr gern hätte Sebastian Bach ihrem Auftraggeber den einen oder anderen fertigen Satz vorgeführt. Soweit es die geringe Zahl der mitgenommenen Musiker zuließ. Jedoch Christian Ludwig von Brandenburg befand sich im Jahre 1720 nicht unter den Karlsbader Kurgästen.

Gestärkt durch die Badekur, erfrischt von menschlichen Begegnungen, bereichert durch häufiges Musizieren, reiste Leopold von Anhalt-Köthen mit seinem Director der Cammer-musique, seinen Capelle-Mitgliedern, seinem Cembalo und seinen Bedienten Mitte Juli heim. Man war bester Laune. Weitschweifende Pläne entstanden für die Verschönerung des düsteren nordischen Winters. Vor Allem durch neue Musik des Hof-Capellmeisters!

Als Johann Sebastian Bach sein Köthener Haus betrat, kam ihm auf dessen Schwelle das älteste seiner Kinder, Katharina Dorothea, weinend entgegen. Auch die drei Buben, welche an ihren Röcken hingen, weinten jämmerlich. Von der zwölfjährigen Tochter und einer heraneilenden Frau, welche sich gutherzig der Vier während Abwesenheit des Vaters angenommen hatte, erfuhr der Heimgekehrte: Seine Gattin wäre zu Anfang des Monats plötzlich verstorben. Bereits am 7. Juli hätte man sie gebührend beigesetzt. Neben ihrem in Köthen geborenen, zärtlich geliebten jüngsten Sohn Leopold Augustus. Weil man Bach täglich erwartete, sei von einer Benachrichtigung abgesehen worden. Keines Lautes mächtig, deckte Johann Sebastian Bach die Hände über das tränenlose Gesicht.

Nur sechsunddreißig Jahre hatte Maria Barbara – die Mitkämpferin seiner Jugend, die Sängerin seiner Lieder, die Gefährtin seines Lebens, die Mutter seiner Kinder, die Begleiterin seines Aufstieges – erreicht. Nur dreizehn, unermeßlich schnell verflogene Jahre hindurch war sie Bach zu eigen gewesen.

Wie der Vater Johann Ambrosius zu dem Grabe seiner vorzeitig verstorbenen Frau, der geborenen Lämmerhirtin, in Eisenach pilgerte, so ging Johann Sebastian in Köthen zu dem Grabe Maria Barbaras, der geborenen Bachin, mit den Kindern hinaus. An der Rechten führte er seinen Liebling Wilhelm Friedemann. Die Linke hatte Philipp Emanuel bekommen. Katharina Dorothea, die trotz ihrer zwölf Jahre an den Brüdern schon seit Längerem mütterliche Dienste verrichten mußte, folgte mit dem ungebärdigen jüngsten Kinde Gottfried Bernhard.

Johann Sebastian Bach konnte nicht, wie sein Vater Johann Ambrosius ihn und die Geschwister vor 26 Jahren hatte tun lassen, die eigenen Kinder anhalten, auf den Sarg der Mutter drei Hände voll Erde hinabzuwerfen. Denn das Grab war schon seit einer Woche geschlossen. Nur die mitgebrachten Blumen vermochten sie, unter Anleitung der Schwester, auf den kahlen Hügel zu legen. Dann standen die fünf Bache mit gefalteten Händen und stummen Gebeten davor. Endlich gab Bach das Zeichen zum Fortgehen. Nicht völlig in der selben Ordnung, wie man zum Friedhof sich aufgemacht hatte, kehrten Alle nach Hause zurück. Denn der umsichtige Vater hatte den sanften Philipp Emanuel an Katharina Dorothea abgetreten. Er nahm den jederzeit zu Streichen aufgelegten Gottfried Bernhard fest bei der Hand.

Nachdem die Kinder von der ältesten Tochter zu Bett gebracht waren und als Nachtgebet ein zweistimmiges Abendlied gesungen hatten, überfiel die qualvolle Leerheit der Wohnung Johann Sebastian mit ihrer ganzen Schwere. Er setzte sich, um eine vertraute Stimme zu hören, an das Clavichord. Es kam durch nachgiebige Bebung des Tones dem Trostverlangen weiter entgegen als das Cembalo mit der Starre seines klirrenden Klanges. Johann Sebastian spielte die Choralweise, welche er den Worten Paul Gerhardts gegeben hatte:

Gib dich zufrieden und sei stille
In dem Gotte deines Lebens.
In ihm ruht aller Freuden Fülle,
Ohn ihn mühst du dich vergebens.
Er ist dein Quell und deine Sonne,
Scheint täglich hell zu deiner Wonne.
Gib dich zufrieden, zufrieden.

Aber die ersehnte Ruhe, die gläubige Gewißheit, das demutvolle Gutheißen des göttlichen Willens, der ihm die geliebte Frau vor der Zeit genommen hatte, wollten trotz mehrfachen Spielens nicht kommen. Bach verwandelte den allzugefügigen Choral in ein dringlicheres Lied. Bach steigerte das Lied über seine erste Form hinaus. Vergeblich. Die Seele verlangte nach einem weitergreifenden Ausdruck des Schmerzes, begehrte die ungehemmte Klage, scheute vor leidenschaftlicher Anklage nicht zurück.

So spielte Johann Sebastian Bach aus seiner im Entstehen begriffenen Folge von Klavierstücken, die durch alle Tonarten und Halb-Tonarten hinführen sollte, das Präludium in b-moll.

Ein unbegleiteter auftaktiger Anruf erklang. Drei schwere akkordische Schicksalsschläge waren die Antwort. Diese Fügung von fünf Tönen wiederholte sich ein Mal um das Andere. Jedoch im weiteren Verlauf gesellte sich dem einstimmigen Ruf ein

Begleiter hinzu. Die akkordischen Schicksalsschläge wurden heftiger. In der Höhe begann ein Füreinander und Widereinander der Stimmen, ein Ringen um die Gleichgültigkeit und Sinngemäßheit des Geschehenen. In dem Baß ging die Fünftonfolge unerbittlich weiter; nicht mehr akkordisch unterstützt und daher nicht mehr von der bisherigen Mächtigkeit, aber noch immer unabweisbar. Würde sie dennoch untergehen? Würde sie ihre Kraft verlieren? Nein. Die anfänglich bedrohlichen Schläge waren in unverminderter Wucht wieder da. So mußte verstärktes Ringen gegen sie einsetzen. Dann schien endlich die Macht gebrochen. Eine Stimme aus der Höhe brachte Trost, sang Trost. Eine Stimme in der Mitte machte sich den Trost zu eigen. Seeliger Wechselgesang von bezaubernder Zartheit, von herzgewinnender Innigkeit. Die Tonart hatte sich, fast unbemerkbar, von b-moll nach Des-dur gewandt. Aber es erwies sich als Täuschung, daß der bleibende Friede gefunden wäre. Das Schicksal pochte wiederum an die Innentür. Noch vermochten seine Schläge sie nicht zu öffnen. So nahm das Gehämmer zu: unabwendbar, unbarmherzig. Es wurde immerfort mißklingender. Es wurde ständig gewaltsamer. Ein letzter neuntöniger Schlag, den eine Fermate ins kaum noch Erträgliche verlängerte. Es war wie auf Golgatha. Nach dem grauenvollen «Mein Gott, mein Gott, warum hast Du mich verlassen?» kam der entsetzliche Augenblick, von dem es in der Bibel heißt: «Und es ward eine Finsterniß über das ganze Land, und die Sonne verlor ihren Schein, und der Vorhang des Tempels zerriß mitten entzwei. Und Jesus rief laut und sprach: ‚Vater, ich befehle meinen Geist in Deine Hände.'» So auch hier. Die Tür des Herzens war mit dem letzten gewaltigen Akkordschlag aufgebrochen. Aber siehe: Darinnen herrschte nun nicht mehr der Unfriede. Sondern der Friede! Nicht mehr der Unglaube. Sondern der Glaube! Nicht mehr die Verzweiflung. Sondern die Hoffnung! Der Tiefgetroffene hatte durch das Spiel sein Geschick Dessen Händen anbefohlen, der um die Notwendigkeit alles irdischen Geschehens wußte wie außer Ihm niemand im Himmel und auf Erden. So war mit wenigen Schritten in der

Oberstimme das abschließende trostvolle B erreicht. In den drei Mittelstimmen brodelte das Unheilvolle, das Unruhvolle noch eine Zeitlang – wenn auch gemildert und langsam verebbend – weiter. Der Baß jedoch stand durch sein unermüdliches, viermal wiederholtes B—b dem B der Oberstimme bei, welches anderthalb Takte lang unverbrüchlich festgehalten wurde. Bis das düstere, kampfvolle b-moll des ganzen Präludiums mit einem friedvollen, beliebig lang auszuhaltenden B-dur-Akkord endete.

So war Johann Sebastian Bach nun doch dort angelangt, wo er vergeblich zu beginnen versucht hatte: bei der Ergebenheit in Gottes Willen, bei der Gefaßtheit seines Herzens. Um diese Tatsache sich selber zu bestätigen, spielte er noch einmal seinen, seit dieser Stunde ihm liebsten Choral:

Gib dich zufrieden und sei stille — —

Dann legte der ins mutterlos gewordene Haus zurückgekehrte Hochfürstlich Anhalt-Coethenische Hof-Capellmeister sich schlafen. Denn es galt, Kraft zu gewinnen für den neuen Beginn seines Lebens und die Weiterführung seiner Arbeit.

Durch den Verlust Maria Barbaras war der Aufenthalt in Köthen Johann Sebastian Bach verleidet. Während er noch vor der zweiten Reise nach Karlsbad unbedenklich geschworen hätte, niemals werde das Verlangen über ihn Macht gewinnen, den Platz an der Seite seines ebenso musikfreudigen wie musikfördernden Fürstlichen Freundes freiwillig zu verlassen, begann jetzt der Gedanke immer größeren Raum in ihm zu gewinnen, daß er nach einer neuen Stellung ausschauen müsse. Die Leere seines Hauses quälte Bach unablässig. Auch beunruhigte ihn das künftige Schicksal seiner drei Buben. Diesen konnte durch die einklassige, nur geduldete Lutherische Schule zu Köthen keinesfalls jenes Maß an Bildung vermittelt werden, auf welches sie gültigen Anspruch hatten.

Gegen Ende des September 1720, zwei Monate nach dem Tode Maria Barbaras, erfuhr Johann Sebastian Bach, daß zu Hamburg der Organist an der Sanct Jacobi-Kirche gestorben wäre und die freigewordene Stelle mit einem bedeutenden Organisten wieder besetzt werden sollte. Hamburg mit seinen vielen vorbildlichen Schulen: Das war für die drei Jungen der richtige, reichste Aussichten bietende Aufenthalt. Sanct Jacobi: Das bedeutete für ihn selber eine Weiterentwicklung voll ungeahnter Möglichkeiten, insbesondere auf seinem Urgebiet. Galt doch die dortige Orgel von Arp Schnitger mit ihren 60 klingenden Registern als ein einmaliges Meisterwerk.

Also begab Bach sich im Oktober des gedachten Jahres nach Hamburg, an Ort und Stelle die Aussichten für seine Bewerbung um das freigewordene Amt zu erkunden und geeignete Schritte zu tun, daß ihm das Organistenamt der Jacobi-Kirche übertragen werde. Das zuständige Collegium eröffnete dem Anhalt-Coethenischen Hof-Capellmeister: Man würde im Hinblick auf seine erfolgreiche Tätigkeit zu Arnstadt, Mühlhausen und Weimar die verwaiste außerordentliche Orgel gern ihm dauernd anvertrauen. Jedoch der Gerechtigkeit halber müßte ein Öffentliches Probespiel stattfinden, bei dem auch die anderen Bewerber um das bedeutungvolle Amt ihre Kunst zeigen könnten. Bach war es zufrieden. Denn er wußte, daß sein Spiel alle musikalischen Mitkämpfer aus dem Feld schlüge. Allerdings hatte Johann Sebastian während der verflossenen drei Köthener Jahre selten auf der Orgelbank gesessen. Wenn es aber ausnahmsweise geschehen war, dann ermöglichte ihm weder die Sanct Jacobs-Orgel noch die Sanct Agnus-Orgel — von dem armsäligen Werk in der Schloß-Kirche ohnehin zu schweigen —, sein Können und seine Kunst hinreichend zu entfalten. Aber es genügten zweifellos wenige Tage des Übens auf der künftigen Orgel, daß er den Vollbesitz der früheren Organistenkräfte wiedererlangte.

Nun hatten aber, wie seinerzeit bei der Bewerbung um die Nachfolgerschaft Buxtehudes zu Lübeck, bei der Bewerbung um die Nachfolgerschaft Heinrich Frieses zu Hamburg die Bedingungen auch einen Widerhaken, von dem nicht vorauszusagen war, ob er ohne Zerrungen und Schmerzen entfernt werden könnte: Wer den Gestorbenen zu ersetzen beabsichtigte, der mußte aus eigener Tasche einen nahmhaften Betrag an die Kirchenkasse von Sanct Jacobi zahlen. Gewiß, das Hamburger Kirchen-Collegium ließ öffentlich erklären: Es seien viele Ursachen befunden worden, den Verkauf des Organistenamtes auch hinfüro nicht gutzuheißen. Denn dessen Waltung gehöre zu dem Heiligen Gottesdienste. Daher solle weiterhin die diesbezügliche Wahl unbeeinflußt bleiben und die künstlerische Capacität, also die orgelmäßige Qualität des Spieles, mehr als das Geld consideriret, lies: beachtet, werden. Jedoch die maßgeblichen Herrn nahmen keinen Anstand, in dem gleichen Atem zu betonen: Wenn aber nach geschehener Wahl der Erkorene aus freiem Willen seine Erkenntlichkeit erzeigen wolle, so könnte solche zum Besten der Kirche angenommen werden. Bach verstand diesen Wink mit dem Scheunentor und ließ durch einen Mittelsmann dem Kirchen-Collegium erklären: Er sei als Vater von vier Kindern nicht fähig, als bekannter Orgelspieler nicht gewillt, im Falle seiner Wahl zum Sanct Jacobi-Organisten eine Summe von irgendwelchem Belang an die geistliche Kasse zu zahlen. Hatte Johann Sebastian Bach eine Weile geschwankt, ob er die Lübecker Bedingung für die Nachfolgeschaft Buxtehudes – Anna Margareta zu heiraten – erfüllen könne, so stand jetzt von vornherein fest: Die Bedingung für die Nachfolgerschaft Frieses wurde durch ihn keinesfalls angenommen. Seine Leistung hatte zu entscheiden. Nichts als seine Leistung. Geld, für die Übernahme eines kirchlichen Amtes bezahlen? Keinen einzigen Schlechten Groschen!

Hingegen war Bach weiterhin bereit, sich dem orgelmäßigen Wettstreit mit den übrigen Bewerbern, unter noch klarzulegenden musikalischen Bedingungen, zu stellen. Er bat allerdings dringlich um baldige Festsetzung des Termines. Einmal sei der längere Aufenthalt in Hamburg zu kostspielig. Zum Anderen gebe es ein Datum, über das hinaus er unter keinen Umständen bleiben könne: den Geburtstag seines Fürstlichen Freundes Leopold am Ende des Monates November. Man sagte dem Köthenischen Capellmeister die nahe Anberaumung des Probespieles zu. Ende November? Solange werde es damit unter keinen Umständen anstehen. Aber das Kirchen-Collegium hielt sein Versprechen nicht. Bach drängte. Jetzt hieß es: Geduld! Man müsse die Erklärung der weiteren zum Probespiel aufgeforderten Organisten abwarten. Bach bat um die Zahl der Mitspieler. «Sieben!» wurde ihm geantwortet. «Sieben — —?» staunte Bach. Jawohl, eröffnete man ihm, Sieben. Das Fundament, auf welchem das Gebäude der Organistenwahl zu errichten sei, könne gar nicht breit genug gelegt sein. Bach fragte: Ob er die Namen der übrigen Bewerber wissen könne? «Selbstverständlich!» hieß die weitere Antwort. Bach konnte, da ihm die sieben Ausersehenen bekanntgegeben wurden, noch schwerer ein Lächeln unterdrücken als bei der Erklärung über die geldmäßige Erkenntlichkeit. Denn unter den genannten Männern war nur Ein Künstler von Rang: Matthias Christoph Wiedeburg, der frühere Hof-Capellmeister in Gera. Ein Zweiter hatte einen berühmten Namen: Vincent Lübeck. Jedoch dieser Anwärter war lediglich der untüchtige Sohn eines großen Vaters. Alle Übrigen — Organisten aus Itzehoe, Ratzeburg, Heide, Flensburg — waren mittleren Ranges. Den Namen des Siebenten gar Johann Joachim Heitmann, hatte Johann Sebastian Bach noch niemals gehört. Jedoch weil dieser Bewerber aus Hamburg stammte, so mußte es leicht sein, Näheres über ihn zu erfahren. Selbige Annahme erwies sich als irrig. Kompositionen Heitmanns waren Niemandem bekannt. Von seiner Orgelkunst hieß es: Er solle während des Gottesdienstes in irgendeinem Außenkirchlein sehr ordentlich spielen. Gehört hatte ihn Keiner. Wohl aber wurde immer wieder augenzwinkernd betont: Sein Vater, ein Hamburger Handwerksmeister, sei unmäßig reich!

Bach drängte erneut auf die Ansetzung des ausbedungenen Probespiels. «Bald!» wurde er vertröstet. Dann hieß es: Einige Zusagen der Geladenen seien schon eingegangen. Freilich nicht alle. «Geduld!» Demnächst könnten Spiel und Wahl vorgenommen werden. Wie mit Wahrscheinlichkeit zu erwarten, Seine Wahl. Falls Bach sämtliche Bedingungen innehalte! Nicht ungeduldig werden!

Woche nach Woche ging hin, ohne daß es zu der Bekanntgabe des versprochenen Termines für das beabsichtigte Probespiel kam. Da beschloß Johann Sebastian, den höchsten Trumpf, welchen er in Händen hielt, auszuspielen. Bach beraumte von sich aus einen Orgelabend für geladene Gäste an. Der konnte selbstverständlich nicht in der Sanct Jacobi-Kirche auf der Arp-Schnitger-Orgel stattfinden. Das hätte als unlautere Maßnahme gegenüber den sonstigen Wettbewerbern gedeutet werden können. Der persönliche Orgelabend mußte in die Kirche von Sanct Katharinen verlegt werden. Aber auch Diese besaß ein so großes Werk wie Sebastian Bach es noch niemals sein eigen nannte: Vier Manuale mit 68 Stimmen! Das Pedal war in bester Verfassung. Der Wind ließ an Lungenkraft nichts zu wünschen übrig. Bach hatte diese Orgel bereits gespielt. In jenen weit zurückliegenden Jahren, da er als Mettenschüler von Lüneburg aus zu Georg Böhms Lehrer und Meister gewandert war: zu Adam Reinken.

Der gab, als Bach ihn darum bat, die Einwilligung zu dem geplanten Orgel-Abend des aussichtreichsten Bewerbers um die Organistenstelle an der Kirche Sanct Jacobi. Es geschah ein wenig sauersüß. Die Gründe dafür ließen sich einstweilen nicht erkennen. Jedenfalls sorgte Reinken für eine möglichst zahlreiche und einflußstarke Zuhörerschaft. Er zählte jetzt siebenundneunzig Jahre. Gegen seinen Wandel war von den Herren Geistlichen im Lauf der Zeit das Eine und das Andere einzuwenden gewesen. Insbesondere warf man ihm vor, daß er eine beständige starke Inklination für die Frauenzimmer und den Rats-Weinkeller hätte. Beides hatte jedoch seiner Gesundheit keinen Abbruch getan. Der Siebenundneunzigjährige stieg noch immer zu seiner Orgel empor. War es wiedereinmal mit einigen Atempausen geschehen, dann trat der Alte im wahrsten Sinne des Wortes den Beweis dafür an, daß er mit der Bedienung des Pedals ohne ernsthafte Behinderung zurechtkäme. Keiner sah denn auch mit größerer Spannung und unbezweifelbarerer Kennerschaft dem angekündigten Orgelabend des Anhaltischen Hof-Capellmeisters entgegen als Adam Reinken.

Johann Sebastian Bach durchschritt, sobald die entscheidende Stunde gekommen war, voller Siegesbewußtsein das Kirchenschiff. In dessen gebuckelten Messingblinkern spiegelten sich unzählige Kerzen mit ihrem Lichterglanz. Der Fürstliche Capellmeister hatte während der letzten Tage viele Stunden lang auf der Katharinen-Orgel geübt und festgestellt: Sein Spiel gewann durch die Köthener Pause. Die eingebüßte Fertigkeit ließ sich binnen kurzer Zeit zurückholen. Das musikalische Können aber war mit der kompositorischen Reifung bedeutsamer geworden. Bach befand sich an diesem Abend als Orgelvirtuose tatsächlich in höherer Form als je. Der Sieg über die schwerfälligen Hamburger Kirchenherren war gewiß. Ebenso die Folge. Man würde unter Wegfall des Öffentlichen Probespiels, am Schluß seines Orgelabends Ihn zum Organisten an Sanct Jacobi berufen.

Zwei Stunden lang spielte Johann Sebastian Bach für eine auserlesene Hörerschaft. Kenner der Kunst befanden sich darunter, Mitglieder des Kirchen-Collegiums, Angehörige des Rathes, Bürgermeister und der fast hundertjährige Adam Reinken, welcher nicht nötig hatte, seine Ohrmuscheln durch dahintergehaltene Hände zu vergrößern. Zwei Stunden lang spielte Johann Sebastian Bach Werke der von ihm verehrten Orgelmeister: Frescobaldis und Bruhnsens, Pachelbels und Buxtehudes, Böhms und Sweelincks, Scheidts und Anderer. Aber höchst seltsamer Weise erklang nicht ein einziger Ton von Adam Reinken, der ihm durch seine Erlaubnis den Orgelabend vermittelt, durch seinen überragenden Einfluß die ungewöhnlich große, bedeutsame Zuhörerschaft gesichert hatte. Da der Spielende von der Orgel-Empore herab durch eine Knabenstimme verkünden ließ, daß als Letztes ein Werk von ihm selbst erklingen werde, mußte angenommen werden, daß er den greisen Orgelmeister in kränkender Weise übergehen wollte.

Johann Sebastian Bach spielte zum Abschluß seine jüngste, im Hinblick auf die Hamburger Bewerbung zu Köthen niedergeschriebene Fantasie und Fuge in g-moll. Als das volle Werk mit dem durch einen Mordent betonten Grundakkord begonnen hatte, die Zweiunddreißigstel schneidendscharf mit Sturmeseile dahinrasten, weitere Orgelschläge sie nicht aufzuhalten vermochten, von allen Akkorden zuletzt lediglich das tiefe orgelpunktmäßige G im Pedal übrig geblieben war, über den sie — wie über einen Abgrund — ungehindert auf allen vier Manualen bacchantisch hin und her jagten: da war die Schlacht auf dem Musikfelde endgültig gewonnen. Trotzdem bemerkte man mit Wohlgefallen, daß Ton und Tempo des brausenden Spieles zugunsten eines beherrschten Fugatos zurückgenommen wurden. Jedoch bald rasten von Neuem Zweiunddreißigstel heran, schrieen die Anfangsakkorde siegheischend dazwischen. Je näher der Schluß kam, desto mehr wich das Fugato vor dem Ansturm zurück. Zweiunddreißigstel-Läufe und Akkord-Viertel gewannen die Herrschaft über das volle Werk und damit über die gesamte Musik zurück. Plötzlich setzten die Hände mit dem Spiel aus. Im Pedal war nur noch ein chromatischer Aufwärtslauf zu hören. Vom tiefen Cis bis zum hohen G! Wie war es möglich, so schnell mit den Füßen die richtigen Tasten zu finden? Ein Sprung abwärts: D — d. Auf dem letzten Achtel-d ein markerschütternder Akkord: die Dominant-Form mit eingefügter, zur Dur-Terz des Schlusses drängender Septime. Schon war der verlangte Schluß-Akkord — fünffach mit der Rechten, fünffach mit der Linken gegriffen, vom Pedal-Grund-G getragen — da: leuchtender als der Glanz sämtlicher Kerzen, strahlender als der Wiederglanz sämtlicher Blinker rundum an den vielen Säulen der Hamburger Katharinen-Kirche.

Man sah sich einander befremdet und bewundernd an. Die Befremdung galt der unbestreitbaren Tatsache, daß nach den Regeln der Musikkunst ein einstimmendes Präludium, ein Vor-Spiel der angekündigten Fuge hätte vorangehen müssen. Jedoch was man gehört hatte, war ein Werk, das für sich bestehen konnte; war eine ungebundene Fantasie, eine freizügige Toccata. Aber kein dienendes Präludium! Hatte Bach das Recht, eine vielfach bewährte, manchem Meister vollauf genügende Form rücksichtlos zu zerbrechen, herrisch zu zerstören? Die Einen sagten in Ihrem Herzen Nein. Die Anderen bejahten das Gehörte. Irgendwer — stellten sie fest — hätte zum Zerbrechen der Form kein Recht. Aber Jemand, der — wie Johann Sebastian Bach — das Neue durch pralles Leben bis zum Letzten zu füllen, zu erfüllen vermochte, Der hatte ein Recht, das Alte hinter sich zu lassen und etwas Anderes, das ganz Seines Geistes war, an dessen Stelle zu setzen. Nur ein Teil der Hörer, welche in der Hamburger Katharinen-Kirche saßen, bewunderte das Werk Bachs. Alle ohne Ausnahme aber waren einig in dem Lob seiner Kunstfertigkeit. So wie an diesem Tage war die ehrwürdige Orgel zu Sanct Katharinen noch niemals gespielt worden. Nicht von Adam Reinken, selbst nicht — wenn er zum Besuch seines Hamburger Freundes von Lübeck herüber gekommen war — selbst nicht von Dietrich Buxtehude.

Daß Bach hinter dem ersten Satz seines jüngsten Orgelwerkes eine überdehnte Pause einlegte, geschah nicht in Rücksicht auf seine Kräfte. Die hatte das bisherige Spiel gemehrt. Aber seine Hörer bedurften nach dem Sturm der Fantasie des Atemholens.

Dann aber erklang das Thema der g-moll Fuge. Adam Reinken traute seinen Ohren nicht. Träumte er? War er doch, wie es in der letzten Zeit hin und wieder ohne sein Wissen geschah, eingenickt? Von der Orgel herunter ertönte als Fugenthema ein Volkslied? Nein, er träumte nicht. Bach spielte eine nur wenig veränderte niederländische Volksweise. Darin also bestand die bis zum Schluß aufgehobene Huldigung für ihn, daß der Spielende seiner Fuge ein Lied jenes Landes zugrunde legte, wo er, Adam Reinken, einen Teil seiner Jugend verbracht hatte. So lag es allerdings: Zum Hinweis auf die Tatsache, daß Reinken — um sich von Jan Pieterson Sweelinck zum Organisten ausbilden zu lassen — längere Zeit in Holland lebte, war von Johann Sebastian Bach ein holländisches Volkslied seiner g-moll-Fuge als Thema zu Grunde gelegt worden. In fast Reinkenscher Breite, und doch keinen Augenblick ermüdend, rauschte das vierstimmige Meisterwerk unter Ausnutzung der vier Manuale und überlegener Meisterung des Pedals hinreißend gespielt zum ersten Mal atemraubend dahin.

Als Johann Sebastian Bach noch damit beschäftigt war, die hölzernen Register zurückzuschieben, von denen zum Schluß keines, das zu klingen vermochte, unbenutzt geblieben war, da kam zu ihm aus dem Kirchenschiff herauf ein uniformierter Bote. Dieser richtete aus: Der anwesende Älteste Bürgermeister lasse den Herrn Hochfürstlichen Hof-Capellmeister bitten, doch sein meisterhaftes Spiel und seine gewaltige Kunst mit einer freien Improvisation über ein von ihm selber zu bestimmendes Thema zu krönen. Daß man auf diese Weise einige Minuten lang an seinem Schaffen unmittelbaren Anteil hätte! Der von höchster Stelle gebetene Komponist nickte Gewähr, setzte sich noch einmal auf die Orgelbank, stellte die für den Anfang notwendige Registrierung her und begann von Neuem zu spielen.

Johann Sebastian Bach wählte für die gewünschte Schaustellung seines schöpferischen Vermögens den Choral «An Wasserflüssen Babylons». Das war ein Wagnis. Denn Adam Reinken hatte vor vielen Jahrzehnten, als bezweifelt wurde, daß er befähigt sei, die freie Organistenstelle an Sanct Katharinen zu übernehmen, mit sehr selbstbewußten Worten seine Fantasie über den Choral «An Wasserflüssen Babylons» nach Hamburg geschickt; woraufhin die Zweifler verstummt waren. Trotzdem zu einer auf den Augenblick angewiesenen Improvisation den gleichen Choral wählen, welcher dem mit Bedacht durchgeformten Jugendwerk Adam Reinkens zu Grunde lag? Es war ein großes Wagnis.

Eine halbe Stunde lang figurierte, variierte Johann Sebastian Bach aus dem Stegreif in allen möglichen Formen, in mancherlei Zeitmaßen, in Dur und moll, kanonmäßig und fugenhaft die mehr als zwanzigtaktige Weise des Chorals:

An Wasserflüssen Babylons
Da saßen wir mit Schmerzen.

Immer wieder verhielten die Zuschauer den Atem über die schöpferischen Fähigkeiten und die künstlerischen Fertigkeiten des Spielenden. Selbst Adam Reinken verfiel völlig dessen Bann.

Als Johann Sebastian Bach geendet, die Orgel zu Bett gebracht hatte und nach unten gekommen war, wo sehr viele Hörer mit tiefem Schweigen seiner warteten: da ging der siebenundneunzigjährige Vater Reinken auf ihn zu und umarmte den unerschöpft gebliebenen Spieler. Freimütig gestand der Alte: Er sei einige Jahre lang an Johann Sebastian irre geworden und habe gefürchtet, seinerzeit ein falscher Prophet gewesen zu sein. Wie für Viele, so hätte auch für ihn der Schein die Wirklichkeit bedeutet; dies nämlich: Bach habe sich durch den Fortgang von Weimar nach Köthen für immer von seiner eigentlichen Aufgabe, der Orgelkunst, abgewandt. Nun aber wisse er unerschütterlich: Johann Sebastian komme, so weit und so lange er sich auch in andere Gebiete vorwage, von ihrem gemeinsamen Instrument niemals los. So könne er, Johann Adam Reinken, jenes Wort, welches dem Lüneburger Schüler vorahnend gesagt worden wäre, dem Meister gegenüber als unumstößliche Gewißheit wiederholen: «Ich dachte, diese Kunst werde mit mir sterben. Nun ich aber sehe, daß sie in Dir weiterlebt, will ich mit Freuden dahingehen.» Zwei Jahre darauf starb Adam Reinken als Neunundneunzigjähriger im Vollbesitz aller Sinne mit dem unerschütterlichen Glauben, daß Johann Sebastian Bach sämtliche bisher wirksamen Kräfte der deutschen Orgelkunst durch sein Schaffen zusammenführen werde.

Es konnte nach dem überaus erfolgreichen Abendkonzert in Sanct Katharinen kein Zweifel bestehen, daß Johann Sebastian Bach auf die freie Organistenstelle an Sanct Jacobi zu berufen sei. Außer Reinken trat besonders zu seinen Gunsten ein der Hauptpastor Erdmann Neumeister, Prediger an der Jacobi-Kirche. Denn er — der Vorkämpfer für die dramatisierte Kantatenform, der Dichter vielfältiger Kantatentexte, von denen Bach zu Weimar bereits manche vertont hatte — Neumeister versprach sich von der Berufung des größten aller lebenden Orgelmeister und Orgelschöpfer an Seine Kirche eine außerordentliche Belebung des Gottesdienstes. Der Kantatendichter und der Kantatenkomponist an der gleichen Wirkungsstätte Hand in Hand arbeitend, sich gegenseitig beratend, einander ständig befeuernd: konnte es eine glücklichere Voraussetzung für das Gelingen überragender geistlicher Kunstwerke geben?

Aber trotz der Fürsprache Adam Reinkens und der Werbung Erdmann Neumeisters zog die Erledigung der Hamburger Organistenwahl sich weiter hin. So erklärte Johann Sebastian Bach bündig: Alldieweil der Geburtstag seines Fürsten nahe gerückt und er zu dessen musikalischer Ausgestaltung nach Köthen zurückgerufen sei, wäre nunmehr sein weiteres Bleiben in Hamburg unmöglich. Jedoch dieser Druck verfehlte seine Wirkung. Man ließ Bach ziehen. Mit Bedauern. Aber man ließ ihn zu der angeblich unaufschiebbaren Durchführung seiner Amtspflichten nach Köthen heimkehren. Bei der Verabschiedung wurde dem Hochfürstlichen Capellmeister behördlicherseits mit gebührender Form eröffnet: Unter Hinblick auf sein wohlgelungenes Orgelkonzert in der Katharinen-Kirche verzichte man bei ihm auf ein förmliches Probespiel. Dahingegen müsse die Überprüfung des Könnens der übrigen sieben Bewerber an einem noch zu bestimmenden Zeitpunkte selbstverständlich stattfinden. Bach möge nach seiner Rückkehr schriftlich erklären, ob er, wenn die Wahl auf ihn falle, bereit sei, die freie Organistenstelle zu übernehmen. Verstehe sich: zu den üblichen, ihm bekannten Bedingungen. Zu sämtlichen Bedingungen! Johann Sebastian schrieb bald darauf von Köthen her, daß er im Falle der Wahl durchaus geneigt wäre, die Nachfolgerschaft des verstorbenen Organisten Heinrich Friese an Sanct Jacobi anzutreten. Von den Bedingungen, vielmehr von der Einen Bedingung, auf welche es entscheidend ankam, enthielt der Brief kein Wort. Das kam für die maßgeblichen Herrn einer Ablehnung gleich.

So fand am 21. November, zwei Monate nach dem Tode ihres Organisten, in der Sanct Jacobi-Kirche eine beratende Versammlung über die Wiederbesetzung der ledigen Organistenstelle statt. Teil nahmen an ihr der Hauptpastor Erdmann Neumeister, zwei Herren des Kirchspiels und drei Herren der Beede, der Kassenverwaltung, die mit ihren Einkünften zu einem beträchtlichen Teil upp Beeden — auf Bitten — durch

Klingelbeutel und Opferbecken angewiesen war. Neumeister drang mit seinem Vorschlag, kein Probespiel von weiteren Bewerbern vorzunehmen, sondern frischweg Johann Sebastian zu berufen, dem sicherlich keiner von den übrigen Organisten mit seinem Spiel das Wasser reichen werde, nicht durch. Man setzte als Tag des öffentlichen Wettbewerbes den 28. November fest und bestand darauf, daß es in der seit Langem vorgesehenen Weise durchgeführt werde. Das war nun freilich doch nicht möglich. Denn der Bedeutendste von den sieben Kandidaten, hielt eine Antwort auf die Einladung, an dem gedachten Tage zum Probespiel nach Hamburg zu kommen, nicht für nötig. Vincent Lübeck, der unbedeutende Sohn eines großen Vaters, schrieb in letzter Stunde, am 27. November, ab. Ein Anderer hatte das Gleiche geziemend schon früher getan.

Immerhin: Vier Männer – der Organist aus Ratzeburg, der Organist aus Itzehoe, der Organist aus Flensburg und der Hamburger Johann Joachim Heitmann – erschienen am 28. November, zu der festgesetzten Zeit in der Jacobi-Kirche. Unter den fünf Richtern befanden sich Adam Reinken und zwei weitere Hamburger Organisten. Die auf der Orgel versammelten Prüflinge zogen das Los, damit festgelegt werde, in welcher Reihenfolge sie zu spielen hätten. Der Hamburger durfte beginnen. Der Ratzeburger folgte. Der Itzehoer schloß sich an. Der Flensburger machte den Beschluß. Alle hatten die gleichen Aufgaben durchzuführen. Zunächst galt es, den Choral «O Lux beata Trinitas» – O Licht glückseelige Dreifaltigkeit – zu figurieren. Dann war der weitere Choral «Helft mir Gott's Güte preisen» im selbstgeformten strengen vierstimmigen Satz vorzuspielen. Schließlich mußte über ein festgelegtes Thema, und zwar von allen Vieren über die gleiche Tonfolge, eine Fuge aus dem Stegreif spielend gestaltet werden. Als sämtliche Orgelamtsbewerber die ihnen gestellten Aufgaben der Losreihe nach durchgeführt hatten, schickte man sie mit dem Bedeuten fort, daß in Kürze Dem, der gewählt sei, Nachricht zugehen werde. Die fünf Richter legten, unabhängig voneinander, ihre Urteile über das Können der abwesenden Kandidaten schriftlich nieder, empfingen den gleichen klingenden Dank und entfernten sich ebenfalls.

Zurück blieben in der Sacristei neben dem Hauptpastor Neumeister die beiden Herren des Kirchen-Collegiums und die drei Herren der Beede. Als man die hinterlassenen fünf Urteile geöffnet und durch Vorlesen miteinander verglichen hatte, zeigte sich, daß bei aller Abweichung im Unwesentlichen in dem entscheidenden Punkte sämtliche Kenner völlig der gleichen Meinung waren: Keiner von den vier Bewerbern hätte durch sein technisches Spiel und sein schöpferisches Können den Anforderungen genügt, welche man billigerweise an einen Organisten der Hamburger Sanct Jacobi-Kirche mit der großartigen Arp Schnitger-Orgel stellen müsse. Sowohl die Collegiumsherren wie auch die Beedeherren waren ratlos. Man tat nach Übereinstimmung Neumeisters, welcher wiederum den richtigen Weg — Bach! — gewiesen hatte, was ratlose Beamtenseelen in solchen Fällen stets tun: Die Sache wurde um zwei Wochen, vom 28. November bis zum 12. Dezember, vertagt.

Als man erneut an dem gedachten Tage in der Sanct Jacobi-Sacristei zusammen gekommen war, stellte Erdmann Neumeister erneut seinen alten Antrag, nur noch ungestümer als bisher: Bach! Johann Sebastian Bach! Er hätte schriftlich versprochen zu kommen. Also den Köthener Hof-Capellmeister ohne Umschweife nach Hamburg an die Jacobi-Kirche berufen! Es gebe keinen besseren Organisten und keinen größeren kirchlichen Komponisten auf der ganzen Welt als Bach. «Und die Bedingung?» fragte einer von den Herren der Beede. Allerdings: Bedingung! sagte er. Nicht etwa: Bedingungen! Jeder wußte, was gemeint war. Auch Neumeister. Der zuckte verächtlich die Achseln. Hätte sich der Herr Hauptpastor — statt allzuoffen seine Verachtung der unwürdigen Geldbedingung zu zeigen — in Zucht genommen, vielleicht wäre er mit seinem Vorschlag durchgedrungen. Jetzt aber geschah das Gegenteil. Die Herrn von der Beede blieben fest. Einer von den beiden Herrn des Kirchen-Collegiums fiel um. Mit vier gegen zwei Stimmen wurde beschlossen: Nicht Bach.

Die Hamburger standen ratlos an der alten Stelle. Damit die Sache vorangetrieben werde, machte der umgefallene Kirchenherr den Vorschlag: Man wolle die vier Organisten noch einmal probespielen lassen. Und zwar etwas, das Diese zu bewältigen vermöchten. Wenn sie auch, wie erwiesen sei, sämtlich an das Spiel Bachs nicht hinanreichten, so könne auf solche Weise doch ausgemacht werden, welcher der Beste von ihnen sei. Den wolle man daraufhin anstelle des halsstarrigen Herrn Hof-Capellmeisters als Organisten an Sanct Jacobi berufen.

Dieser Antrag des Kirchenherrn wurde ebenso wie der Antrag des Herrn Hauptpredigers abgelehnt. Und zwar als gantz inconvenabel, als völlig unpassend, der Stadt Hamburg nicht würdig.

Um aus der verfahrenen Sache herauszukommen, schlug einer von den drei Beede-Herren, namens Johann Luttes, vor: Man solle Irgendwem den Auftrag erteilen, sich mit dem Hochfürstlich Köthen-Anhaltischen Hof-Capellmeister persönlich in Verbindung zu setzen zwecks Erkundigung, ob Dieser bereit wäre, in einem bestimmten Punkte sein Entgegenkommen zu bezeigen. Sei dieses auch so geringfügig, wie er wolle. Wenn Bach die Erfüllung der bekannten Bedingung bisher verweigert hätte, so liege es vielleicht an irgendwelchem Ungeschick, mit dem sie Diesem eröffnet sei. Durch persönliche Rücksprache und die Betonung, daß es sich nur um eine Formsache handle — was durch äußerste Herabsetzung des Dankopfers erwiesen werden müsse — lasse sich höchstwahrscheinlich das allseitig Erstrebte noch herbeiführen: die Gewinnung des großen Orgelspielers Johann Sebastian Bach für die Hamburger Jacobi-Kirche.

Es geschah, was in solchen Fällen stets zu geschehen pflegt: Der Kompromißantrag wurde einstimmig angenommen. Mit seiner Durchführung betraute man, wie es ebenfalls in solchen Fällen zu geschehen pflegt, den Antragsteller. Dessen Sendung wurde durch keine Bedingung eingeschränkt. Auf welche Weise er das Ziel erreiche, solle ganz ihm überlassen bleiben. Nur in zeitlicher Hinsicht stellte man eine Forderung: Diese lautete: Nach einer Woche, am 19. Dezember, erwarte man von ihm, an der gleichen Stelle, wo man jetzt versammelt sei, über die schwebende Sache Bescheid. Wie inständig gehofft werde, Bachs Zustimmung. Die Mission, welche man ihrem hochgeschätzten Beede-Mitglied übertragen hätte, sei zwar schwierig, aber bei seinem Verhandlungsgeschick nicht hoffnunglos. Also in einer Woche! Gute Fahrt! Und: Viel Glück!

Johann Luttes fuhr zwei Tage darauf von Hamburg nach Köthen. In einer Rathskutsche. Guten Mutes. Denn er hatte schon viele ausgerutschte Angelegenheiten in das richtige Geleise zurückbefördert.

Johann Sebastian Bach — ungeduldig über die lange Wartezeit, verärgert wegen des unnötigen Hin und Her, zornig über die unwürdige Bedingung — Bach lehnte die Annahme der ihm zugesicherten Hamburger Organistenstelle ab. Für ihn, erklärte er, gebe es in dieser Sache nur Eines: Wahl oder Nicht-Wahl. Irgendwelche Bedingungen, gleichviel welcher Art, könne er keinesfalls anerkennen. Die Leistung habe zu entscheiden. Sonst nichts. Durchaus nichts.

Luttes wies darauf hin: Der Herr Hof-Capellmeister brauche nur Ja zu sagen. Dann sei Alles in bester Ordnung. Sämtliche Vor-Bedingungen für seine Berufung als Sanct Jacobi-Organist wären damit erfüllt.

Bach stellte fest: Aber es bestehe eine ihnen Beiden bekannte Nach-Bedingung.

Luttes ließ alle Verhandlungkünste, die bewundernswert von ihm beherrscht wurden, spielen. Er benannte die Zahlung mit schmeichlerischen Namen. Er setzte sie bis zum Äußersten herab. Er ließ durchblicken, daß in einem denkbaren Falle seine persönliche Hilfe unbegrenzt zur Verfügung stehe. Er betonte, daß über den Zeitpunkt der Rückzahlung sich reden lasse, so daß unter Umständen — — — Der Hochfürstliche Herr Hof-Capellmeister verstehe schon.

Bach schnitt die Erörterung über diesen Punkt mit der Weisung ab: Kein weiteres Wort!

Luttes zuckte die Achseln.

Bach blieb entgegen der schriftlichen Zusage, nach Hamburg kommen zu wollen, mündlich bei seinem Nein.

Johann Luttes sah sich also gezwungen, während der nächsten Zusammenkunft in der Sacristei von Sanct Jacobi mitzuteilen: Sein Auftrag, Bach umzustimmen, sei fehlgeschlagen. So schritt man zu der Wahl. Wie ausdrücklich vor Beginn festgestellt wurde, in Gottes Namen. Der Prediger Erdmann Neumeister verließ — entrüstet über solche Lächerlichkeit — das Gotteshaus. Die meisten Stimmen vereinigte auf sich der Hamburger Handwerkerssohn Johann Joachim Heitmann. Dieser hatte wiederholt betont, daß er im Gegensatz zu einem gewissen Jemand sich, für den Fall seiner Wahl, auf die übliche Weise äußerst dankbar bezeigen werde. Am 22. Dezember 1720 erfuhr Heitmann: Er dürfe sich als Organist an der Jacobi-Kirche betrachten. Am 16. Januar 1721 zahlte er, zum Zeichen seiner unterthänigsten Erkenntlichkeit, 4000 Mark in Courant an die Kirchenkasse.

Die Geschichte dieser Organistenwahl erzählte der Hamburger Öffentlichkeit Johann Mattheson in seinem Buche «Der musicalische Patriot». Er nannte den Namen Bachs nicht. Aber Jedermann in Hamburg und darüber hinaus wußte, Wer gemeint war, wenn es hieß: Ich erinnere mich, und es wird sichs wohl noch eine ganze zahlreiche Gemeinde erinnern, daß vor einigen Jahren ein gewisser großer Virtuose in einer nicht kleinen Stadt sich zum Organisten angab, auf den meisten und schönsten dortigen Orgeln tapfer hören ließ und eines Jeden Bewunderung seiner Fertigkeit halber an sich zog. Es meldete sich aber zugleich nebst anderen untüchtigen Gesellen eines wohlhabenden Handwerksmannes Sohn, der besser mit Thalern als mit Fingern praeludieren konnte; und demselben fiel denn auch der Dienst zu. Es war eben um die Weihnachtzeit, und der beredte Haupt-Prediger legte das Evangelium von der Engelmusik bei der Geburt Christi auf das Herrlichste aus. Wobei ihm denn natürlicherweise der jüngste Vorfall wegen des abgewiesenen Künstlers eine Gelegenheit an die Hand gab, seine Gedanken zu entdecken und den Vortrag mit diesem Ausruf zu schließen: Er glaube gantz gewiß, wenn auch einer von den bethlehemitischen Engeln vom Himmel käme, der göttlich spielte und wollte Organist zu Sanct Jacobi werden, hätte aber kein Geld, so möchte er nur wieder davon fliegen.

Indessen weder der Spott Matthesons, noch der Zorn des Predigers Neumeister änderte etwas an der Tatsache: Die vielbegehrte Hamburger Organistenstelle hatte nicht Johann Sebastian Bach erhalten. Sondern Johann Joachim Heitmann.

Um die Einsamkeit seines häuslichen Lebens zu bestehen, die Enttäuschung seiner Hamburger Niederlage zu überwinden, rief Bach die beste, tausendfach bewährte Helferin seines irdischen Daseins herbei: Arbeit; naturgemäß Arbeit im Dienste der Musik. Sie galt jetzt fast ausschließlich den Konzerten, welche der jüngste Sohn des Großen Kurfürsten ihm vor mehr als zwei Jahren zu Karlsbad aufgetragen: den Brandenburgischen. Ihre Zahl hatte immer noch nicht die vorgesehene, für ihn verpflichtend gewordene Sechs erreicht. Nunmehr aber gelang es Johann Sebastian sehr viel schneller, als er es bei der Heimkehr aus Hamburg für möglich gehalten hatte, das gesteckte Ziel zu erreichen. Anfang 1721, nach zweieinhalb Jahren, konnte Bach aufatmend feststellen: Fertig! Ausgedehnte Proben zur Grundlage für das eigene Urteil und gelegentliche Aufführungen zur Feststellung des Eindruckes auf andere Hörer, insbesondere auf Fürst Leopold, bestätigten trotz mancherlei Unzulänglichkeiten der Wiedergabe die außerordentliche Wirkung der neuen Konzerte. Die unverkennbare Zustimmung des fürstlichen Freundes wog dabei schwerer als sämtliche Beifallskundgebungen der übrigen Hörer. Wenn sich auch die ungehemmte Bezeugung seiner inneren Anteilnahme, wie Bach sie nach der Aufführung des ersten Konzertes geschenkt erhielt, nicht wiederholte, an dem vorbehaltlosen Ja Leopolds zu diesen Wunderwerken der kammermusikalischen Kunst konnte kein Zweifel sein.

Am 31. März 1721 war Johann Sebastian Bach in der Lage, die säuberliche Reinschrift der sechs Brandenburgischen Konzerte von Köthen aus an ihren Auftraggeber nach Berlin zu übersenden. Sie stellte eine Meisterleistung der Notenschreibkunst dar. Ihre Klarheit ließ sich kaum überbieten. Nur selten –

vor Allem, wenn in dem verfügbaren, vorher durch linealgezogene Taktstriche festgelegten Raum die Zweiunddreißigstel nicht hinreichend Platz fanden — sehr selten litt durch Gedrängtheit die Übersicht oder wurde vereinzelt der Grenzgraben überschritten. Schwungvoll gerundet die Balkenbrücken. Zweckstrebig die Pfeiler. Weithin sichtbar die krönenden Köpfe der Viertel und Achtel. Manchmal steigerten sich im Schreiben die Gefühle zum Sturm. Dann wurde der ruhige Fluß der Sechzehntel zu einem Wirbel der Zweiunddreißigstel. Bis wiederum der Energiestrom dienstwilliger Zeichen für Unermeßliches geruhig dahinzog. Gewiß, trotz aller Sorgfalt Johann Sebastian Bachs war auch die Reinschrift der Brandenburgischen Konzerte nicht fehlerfrei. Welches Menschenwerk vermöchte sich dessen zu rühmen? Jedoch solche Unvollkommenheiten konnten das Urteil über die nach Berlin gesandte Reinschrift der sechs Brandenburgischen Konzerte in keiner Weise beeinträchtigen. Es blieb unverrückbar: Ein Meisterwerk der Notenschreibkunst.

Das schwungvoll von Johann Sebastian Bach mit großen, zum Teil verzierten Buchstaben ausgefüllte Titelblatt verkündete in seinem oberen Zweidrittel mit Stolz, in seinem untersten Drittel mit Unterwürfigkeit, die durch Abstand und kleinere Buchstaben auch äußerlich gekennzeichnet war, Dieses:

Six Concerts
Avec plusieurs Instruments.
Dedieés
A Son Altesse Royalle
Monseigneur
CRETIEN LOUIS.
Marggraf de Brandenbourg etc. etc. etc.
par
Son tres — humble et tres obeisant serviteur
Jean Sebastian Bach
Maitre de Chapelle de S. A. S. le
Prince regnant d'Anhalt-Coethen.

Auch der Begleitbrief an den Markgrafen von Brandenburg war in französischer Sprache abgefaßt. Bach hatte ihn zwar eigenhändig in einer ebenso klaren wie schwungvollen Handschrift niedergeschrieben. Der Text aber stammte, weil sein eigenes Französisch dafür keinesfalls ausreichte, nicht von ihm. Die Frau des Hofmarschall von Nostitz, welche bei dem jüngsten Sohne Bachs huldvollst Patinnenstelle übernommen hatte, war für den allerunterthänigsten Serenissinus-Stil verantwortlich. Nachdem die Widmungworte des Titelblattes als Anrede wiederholt worden waren, führte der Brief aus:

Bach hätte vor einigen Jahren das Glück gehabt, sich vor Seiner Königlichen Hoheit auf Deren Befehl hin als Musiker hören zu lassen. Dabei wäre zu bemerken gewesen, «daß Dieser einige Freude an dem kleinen Talent fand, welches der Himmel ihm für die Musik gab.» Und als Bach Abschied nahm von der Königlichen Hoheit, hätte Selbige ihm die Ehre erwiesen, zu befehlen, Ihr einige Stücke von seinen Kompositionen zu übersenden. Bach habe sich, gemäß Dieses gütigen Befehls, die Freiheit genommen, Ihrer Königlichen Hoheit die anliegenden Konzerte zu schicken, welche er den verschiedensten Instrumenten zuschrieb. Er bitte sehr bescheiden, nicht ihre Unvollkommenheiten zu richten nach der Kraft des guten und edlen Geschmackes, von dem Jedermann wisse, daß Königliche Hoheit solchen für Musikstücke besitze, sondern vielmehr die tiefe Ehrerbietung zu berücksichtigen und den demütigen Gehorsam, welche er dadurch zu beweisen suche. Zum Schluß bitte Bach Ihre Königliche Hoheit sehr bescheiden, die Güte zu haben, ihm Ihre Geneigtheit zu erhalten und überzeugt zu sein, daß ihm nichts mehr am Herzen liege, als bei würdigeren Gelegenheiten in Ihren Diensten verwendet zu werden. Er sei mit einem Diensteifer ohnegleichen: Euer Königlichen Hoheit sehr bescheidener und sehr gehorsamer Johann Sebastian Bach.

Ob der Markgraf Christian Ludwig von Brandenburg seine Zusage, Bach die Arbeit an den bestellten Konzerten, welche mit dem Namen des Komponisten auch den Seinen unsterblich machten, hinreichend zu vergüten, eingelöst hat? Es ist nicht bekannt geworden. Ob die Konzerte vor ihm jemals erklungen sind? Es ist zweifelhaft. Ob die Aufführung am Markgräflichen Hofe in Berlin — wenn sie stattfand — sich mit denen am Fürstlichen Hofe in Köthen hätte messen können? Es ist nicht zu entscheiden. Offenbar fand das bestellte Werk keineswegs den erhofften Beifall Christian Ludwigs. Als Dieser 1737 mit sechzig Jahren starb, wurden in dem Nachlaßverzeichnis des Markgrafen viele Nichtigkeiten des fürstlichen Besitzers der Ehre für würdig befunden, darin einzeln aufgeführt zu werden. Den Brandenburgischen Konzerten Johann Sebastian Bachs erwies man diese Ehre nicht. Sie befanden sich in einem größeren Bündel von Noten und erbrachten Stück für Stück 4, insgesamt also 24 Groschen.

Zufall? Es gibt in künstlerischen Dingen keinen Zufall. Es gibt für sie nur Schicksal. Allerdings Schicksale, in denen soviele Kräfte nicht nur zusammen sondern auch gegeneinander wirken, daß sie sich weder vorher zwingend errechnen noch hinterher beweismäßig bloßlegen lassen.

XV

Schon zu der Zeit, da Maria Barbara noch lebte, begann Johann Sebastian Bach sehr ernsthaft mit den Bemühungen, daß seinen Kindern ein gründlicher und zweckvoller Musikunterricht erteilt werde. Natürlich von ihm selbst! Denn Wer hätte es dabei an Kenntnis und Überlegenheit mit Ihm aufnehmen können? Katharina Dorothea wurde, obwohl sie durchaus musikalisch war und gleich ihrer Mutter eine schöne Sopranstimme besaß, auch in dieser Hinsicht stiefväterlich behandelt. Das Hauptinteresse des Vaters galt den Söhnen, von ihnen in erhöhtem Maße seinem Liebling Wilhelm Friedemann.

Johann Sebastian erkannte sehr bald, daß er für die Musikstunden mit seinen Kindern die nötigen Unterrichtswerke erst schaffen müsse. Denn was an Derartigem vorlag, begnügte sich entweder mit geistlosen Übungen zur Erzielung äußerlicher Fertigkeiten; oder es vermeinte, mit läppischen Stücklein auszukommen, die auf verharmloste Kindergemüter zugeschnitten wurden. Bach jedoch war der Überzeugung: Technisches und Geistiges müßten auf der gleichen Höhe stehen, die notwendigen Fertigkeiten durch gute Musik erzielt werden. Wertvollste Spielstücke durften sich also nicht für zuschade halten, der Technik zu dienen. Wie Alles in seinem Leben tat Sebastian Bach auch diese Sache ganz. So schuf er eine Folge von lehrgerechten Stücken für Anfänger und Fortgeschrittene.

Nach dem zu Weimar während der Gefängniszeit abgebrochenen Beginn wurde zu Köthen eine dritte Form der Musik mitentscheidend für das Schaffen Bachs. Auf die musica sacra, die geistliche Musik, und die musica viva, die lebensnahe Musik, folgte die musica applicata, die gebrauchsfähige Musik. Diese erreichte nicht trotzdem sie genutzt werden konnte und sollte an Schönheit eine sehr hohe Stufe. Sondern weil sie sich freudig dem vorbestimmten Dienst fügte, war der Weg zu bedeutsamer Musik frei. Denn nicht der Nutzen an sich verhinderte die Entwicklung des Schönen, wohl aber die unzulängliche Zweckmäßigkeit.

Eines Tages schrieb Johann Sebastian Bach in überklarer, dem kindlichen Lesevermögen angepaßter Schrift auf das erste Blatt eines Notenbündels:

Clavier-Büchlein
vor
Wilhelm Friedemann Bach
angefangen in
Cöthen den
22. Januar
Anno 1720.

Vor Beginn der eigentlichen Unterweisung wurden dem neunjährigen Friedemann in Seinem Notenbüchlein die Claves signatae, die Klavierschlüssel, von dem väterlichen Lehrer beigebracht. Das geschah auf die sinnvollste Weise. Da hieß es von den notwendigen Zeichen: Derer sind dreyerley. Die erste arth sieht also aus, wie folget. Es schlossen sich vom eingestrichenen g bis zum dreigestrichenen c die auswendig zu lernenden Noten an. Unter ihnen standen mit Buchstaben die Namen, dazwischen zur Verdeutlichung ihrer örtlichen Benennung ein oder drei Striche. Alsdann ging der Text weiter. Die andere arth sieht folgendermaßen aus, und hat einen vierfachen Sitz. Nunmehr wurden dem Schüler vorgeführt: die Schlüssel für Soprano, Mezzo-Soprano, Alto, Tenore; wiederum Einer wie der Andere durch Noten und Buchstaben verdeutlicht. Der Text erklärte anschließend: Die dritte arth sieht also aus — jetzt folgten zur Veranschaulichung zwei Baßschlüssel — und hat einen 3fachen Sitz. Zum Beschluß standen, damit der Baßschlüssel, der ordinaire, sich fest einprägte, Noten; vom f bis zum c in der Höhe und zwei Oktaven abwärts bis zum c in der Tiefe.

Konnte nach dieser gründlichen Belehrung über die verschiedenen Schlüssel das Klavierspiel Friedemanns beginnen? Aber nicht doch! Bach erinnerte sich schmerzlich daran, wieviel Mühe ihm selber in Celle die Manieren, die aus Frankreich kommenden Verzierungen, gemacht hatten. Seinem Sohn sollte es erspart bleiben, sich durch Nachfragen und Aufschreiben diesem

Teil der Klavierkunst mühsam anzueignen. So schob Sebastian Bach in das Klavierbüchlein für seinen Ältesten eine Belehrung über die Verzierungen ein. Sie begann mit den Worten: Explication unterschiedlicher Zeichen, so gewiße manieren, artig zu spielen, andeuten. Worauf diese in dreifacher Gestalt wiedergegeben wurden: oben als Zeichen, unten in notenmäßiger Ausführung, dazwischen buchstabenmäßig mit ihren Namen; als da sind: Trillo, mordant, trillo und mordant, cadence, doppelt-cadence, doppelt cadence und mordant, accent steigend, accent fallend, accent und mordant, accent und trillo.

Dann endlich konnte mit dem Spiel des Schülers begonnen werden. Aber nicht, ohne daß der Beistand Gottes angerufen war! Es standen also den Noten voran drei große, durch Sterne getrennte Buchstaben:

I * N * J

aufgelöst:

In * Nomine * Jesu

zu deutsch:

Im * Namen * Jesu

Aber auch jetzt hub noch nicht die eigentliche Musik an. Denn es folgte als erstes Stück, mit der Überschrift: «Applicatio», eine Gebrauchsanweisung; und zwar eine Anleitung für den zweckmäßigsten, alleinrichtigen Gebrauch der Finger. Darum hatte man sich bisher wenig gekümmert. Michael Prätorius behauptete ungescheut: Auf welche Weise die Töne zustande kämen, sei gleichgültig. Wenn die Finger es nicht schafften, solle man getrost die Nasenspitze zuhilfe nehmen. Hauptsache, daß die vorgeschriebenen Noten rechtzeitig erklängen. Hinzu kam noch: Man spielte, bis Johann Sebastian Bach auftrat, mit gestreckten Fingern. Der Daumen reichte also nicht bis zu den Tasten des Instrumentes nach vorn. Wenn der kleine Finger es mit Mühe schaffte, dann war er ohne Kraft. Beide schieden demgemäß bei dem bisherigen Klavierspiel fast völlig aus. Die Tonleiter kam dadurch zustande, daß man mit dem Mittelfinger über den Ringfinger setzte; zahlenmäßig ausgedrückt:

2 — 3 — 4, 3 — 4, 3 — 4, 3; notenmäßig c — d — e, f — g, a — h, c. Dadurch konnten schnelle Läufe und inniges Legatospiel nicht zustande kommen. Bach, der im Pedal eine bisher für unmöglich gehaltene Geschwindigkeit zustande brachte, lag daran, auch auf den Manualen der claviristischen Instrumente äußerste Schnelligkeit zu erzielen. So spielte Er als einer der Ersten, mit gebogener Hand und bezog dadurch den bisher müßigen Kleinen Finger sowie den vernachlässigten Daumen in das Spiel ein. Dem Daumen wurde das Untersetzen bis zur Quint hin beigebracht, was in gleichem Maße der Schnelligkeit wie dem Legato — soweit die damaligen Instrumente es möglich machten! — zugute kam.

Diese Form des eigenen Spieles verlangte Johann Sebastian Bach von sämtlichen Schülern, mit gesteigerter Strenge von seinem neunjährigen Sohn Wilhelm Friedemann. Denn Den hoffte er im Laufe der Jahre zu einem Virtuosen zu entwickeln, der eines Tages selbst ihn durch Schnelligkeit und Güte des Spieles in den Schatten stellte.

Die «Applicatio», welche das Klavierbüchlein für seinen Ältesten eröffnete, hatte den eindeutigen Zweck, dem jugendlichen Schüler die neue Spielweise zu veranschaulichen. Zwar zunächst hieß es bei der Tonleiter fingersatzmäßig noch: 2 — 3 — 4, 3 — 4, 3 — 4. Aber die absteigende Quint mußte der Daumen, die obere Quint der Kleine Finger anschlagen. Und in der linken Hand stand bei dem gleichen Aufwärtsgang: 3 — 2 — 1, 2 — 1, 2 — 1 — 2. Der Daumen kam also während des Anschlages von 8 Tönen bereits 3 Mal zu seinem Recht. Dieser Fortschritt war beim Abwärts noch sichtlicher. Die rechte Hand konnte durch die früher undenkbare Ausnutzung aller Finger ruhig liegen bleiben. Erst im letzten Augenblick wurde ein einmaliges Übersetzen zuhilfe genommen. Auf solche Weise war Wilhelm Friedemann durch seinen Vater Johann Sebastian Bach ebenso sinnfällig wie eindringlich appliciert — beigebracht — worden, wie er zu spielen hatte: mit gebogener Hand, unter Ausnutzung sämtlicher zehn Finger, zur Erzielung größtmöglicher Geschwindigkeit und Gebundenheit. So öffnete Johann Sebastian

Bach mit dem Unterrichtsbuch für seinen Jungen die Tür zur Ermöglichung höchster Virtuosität auf den Tasteninstrumenten.

Der bedeutsamen Applicatio folgten Lehrstücke, die wahrhafte Kunst waren. Es schloß sich mit ihnen jene herzgewinnende Musik an, die sich nicht zugut dünkte, der Lehre und dem Lernen zu dienen. Vertreten waren: Praeambeln und Praeludien — teils in vorläufiger, teils in endgültiger Form —; Choräle und Tanzstücke — Allemanden, Menuette, Couranten, Giguen —; fünfzehn zweistimmige und vierzehn dreistimmige Inventionen, Fantasien und eine dreistimmige Fuge. Mit Ausnahme einer Pièce pour le Clavecin composée par I. C. Richter, einer Suite von Georg Philipp Telemann und einer von Signore Stelzeln stammten alle Stücke, nahezu sechzig an der Zahl, von Johann Sebastian Bach. Bewunderungwürdig nicht nur die Fülle bedeutsamer Musik, sondern auch die Zweckmäßigkeit des «Clavier-Büchlein vor Wilhelm Friedemann Bach». Die Stücke waren nach der Schwierigkeit geordnet. Immer von Neuem wurden zwischen die ernsten, schweren Dinge fröhliche, leichte Kompositionen eingeschoben, so daß ein vorbildliches Unterrichtswerk entstand. Freilich nicht eines für Durchschnittsschüler, sondern für ungewöhnlich musikalische Naturen. In ständig höherem Maße wurde der Musikunterricht seiner drei Söhne für den verwitweten Koethenischen Hof-Capellmeister zum Trost über den Verlust der geliebten Frau.

Johann Ambrosius Bach hatte sieben Monate nach dem Tode seiner Gattin Elisabeth, der geborenen Lämmerhirtin, seinen Kindern mit Barbara Margaretha, der geborenen Keulin, eine neue Mutter gegeben. Johann Sebastian Bach blieb, so herzlich er Maria Barbara geliebt hatte, so glücklich die Ehe mit ihr unter dem Zeichen der Musik und vieler Kinder gewesen war, blieb nichts Anderes übrig, als den gleichen Weg zu gehen. Die zwölfjährige Katharina Dorothea konnte zwar notdürftig die drei Brüder von zehn, sechs und fünf Jahren versorgen. Aber sie vermochte nicht, dem vielbeschäftigten, für das tägliche Leben schwer einspannbaren Vater hinreichend zur Hand zu gehen. Um ein erträgliches häusliches Leben wiederzugewinnen und seinen vier Kindern die notwendige neue Mutter zu schenken, beschloß Johann Sebastian Bach, eine zweite Ehe zu gründen. Allerdings tat Er diesen Schritt erst nach anderthalb Jahren.

Die Wahl des verwitweten sechsunddreißigjährigen Hochfürstlichen Koethenischen Hof-Capellmeisters fiel auf Anna Magdalena Wülken. Diese zählte kaum zwanzig Jahre, war also nur sieben Jahre älter als ihre künftige Stieftochter. Die zweite Frau Johann Sebastian Bachs wurde im September 1701 zu Zeitz geboren; und zwar als Tochter des Feld- und Hof-Trompeters Johann Caspar Wülken. Der war ein unübertrefflicher Meister seines Instrumentes. Denn er besaß noch die außergewöhnliche, mehr und mehr verloren gegangene Fähigkeit, auf der klappenlosen Trompete die verschiedenen Töne durch Stellung der Lippen und Veränderung der Luftzufuhr hervorzubringen. Keineswegs nur die wenigen Grundtöne, welche für soldatische Signale ausreichend waren, sondern in konzertmäßig verwendbarer Weise die ganzen Tonleitern. Da Anna Magdalena über eine sehr schöne, in ihrer Klangfarbe reizvolle Sopranstimme verfügte, ließ der Vater sie sorgsam ausbilden. So konnte die Trompeterstochter nach Abschluß der Unterrichtszeit sich jenen Konzertsängerinnen zugesellen, welche anstelle der Knaben und Kastraten in Deutschland als Erste öffentlich auftraten. Da im Jahre 1718 die Herzoglich Sachsen-Zeitzische Hof-Capelle aufgelöst wurde, nahm ihr Vater eine Stelle bei der Herzoglich Sachsen-Weißenfelsischen Hof-Capelle an. Anna Magdalena Wülken wurde dort gleichzeitig, also mit 17 Jahren, wohlbezahlte berufsmäßige Sängerin. Ihr Singen beschränkte sich allerdings nicht auf die Konzerte dieses Fürstentümchens. Man holte sie an fast alle Thüringischen Höfe. Im Herbst des Jahres 1720, wenige Monate nach dem Tod Maria Barbara Bachs, siedelte Anna Magdalena Wülken als Sängerin nach Köthen über. Dort gewann sie durch ihre bedeutsame Kunst die Schätzung des Fürsten Leopold, durch ihr frohes Wesen die Liebe Johann Sebastian Bachs. Der trug ihr den Bund für das Leben an und erhielt von der um sechzehn Jahre jüngeren Sängerin das Jawort.

Bald darauf konnte das Kirchenbuch der Schloß-Capelle zu Köthen vermelden: Den 3. Dezember 1721 ist Herr Johann Sebastian Bach, Hochfürstlicher Capellmeister allhier, Wittwer, und mit ihm Jungfrau Anna Magdalena, Herrn Johann Caspar Wülkens Hochfürstlich Sächsisch-Weißenfelsischen Musicalischen Hof- und Feld-Trompeters eheliche jüngste Tochter – auf Fürstlichen Befehl im Hause – copuliret worden.

Obwohl nicht anzunehmen war, daß Anna Magdalena Bach in gleich ausgedehnter Weise wie Anna Magdalena Wülken ihre Sangeskunst zu Gunsten des Hofes ausüben konnte, beließ Fürst Leopold ihr doch, zum Zeichen der Schätzung ihres Gesanges und als Beisteuer zu den Haushaltkosten seines mit ihm befreundeten Hof-Capellmeisters, das bisher bezogene Gehalt. Die Rechnungen der Anhalt-Koethenischen Hof-Capelle verzeichneten denn auch in dem ersten Ehejahr: Für Bach wieder 400 Reichsthaler. Außerdem: Dessen Ehefrau soll monatlich haben 26 Reichsthaler 16 Gute Groschen. Dies war, auf das Jahr umgerechnet, mehr als die Hälfte der Summe, welche Bach für seine gesamte Hof-Capellmeister-Tätigkeit erhielt.

Die Wahl Johann Sebastian Bachs erwies sich als äußerst günstig. Seine Ehe mit Anna Magdalena wurde nicht minder glücklich als seine dreizehnjährige eheliche Verbindung mit Maria Barbara. Denn Anna Magdalena bezeigte sich Johann Sebastian gegenüber als eine jener Frauen, deren Liebe unerschöpflich ist. Sie versorgte ihren Mann hausfraulich auf das Beste. Sie gebar ihm – nach den Sieben Maria Barbaras – dreizehn weitere Kinder. Sie wurde diesen durch ihre Mütterlichkeit in jedem Sinne gerecht. Sie nahm sich des Mädchens und der drei Knaben aus erster Ehe vorbildlich an. Trotzdem blieben genug Kräfte übrig für die Erfassung und die Unterstützung der Kunst Johann Sebastians. Während Maria Barbara eine Liebhaberin der Musik gewesen war, deren Teilnahme an der Kunst des Gatten sich auf nimmermüde Bewunderung und gelegentliches Mitmusizieren beschränkte, stand nun eine berufsmäßige Sängerin ihm zur Seite. So steigerte sich unter freudiger Mitwirkung Anna Magdalenens und ständig ausgiebigerer Beteiligung der Kinder die Hausmusik der Bachischen Familie von Jahr zu Jahr und erhob sich zuletzt bis zu förmlichen Hauskonzerten. Darüber hinaus wurde die zweite Frau Bachs auf dem gesamten musikalischen Gebiet seine unermüdliche Gehilfin. Sie ging ihm bereitwillig in Allem, was die Kompositionstätigkeit Johann Sebastians an Diensten, oft an kleinen zermürbenden Handlangerdiensten forderte, Tag und Nacht zur Hand. Anna Magdalena verwahrte sorgsam die Noten ihres in äußeren Dingen vielfach achtlosen Lebensgefährten. Anna Magdalena legte bei den Konzerten die richtigen Hefte auf die entsprechenden Pulte. Anna Magdalena sammelte nach dem Gebrauch die wertvollen Blätter wieder ein. Anna Magdalena nahm Johann Sebastian die Last des Notenschreibens, das im Lauf der Jahre mehr und mehr eine Sisyphusarbeit wurde, zu einem beträchtlichen Teil ab. Anna Magdalena schrieb unaufhörlich Werke, die Bach selber komponiert hatte, nieder. Anna Magdalena übertrug unverdrossen Schöpfungen anderer Komponisten, die Bach benötigte, auf fünfstrichige Blätter. Anna Magdalena stellte Abschriften für das Musizieren der Kinder her. Die Notenschrift Anna Magdalenens wurde von Jahr zu Jahr der Notenschrift Johann Sebastians ähnlicher. Ob die Behauptung zutrifft, daß sich im Lauf der Jahrzehnte die Gesichter der Ehegatten ständig mehr ähneln, mag unentschieden bleiben. Hier jedenfalls trat durch unablässige Hingabe an das Gleiche der ebenso wunderliche wie wundersame Fall ein: Die Noten Anna Magdalenens ließen sich von den Noten Johann Sebastians nur äußerst schwer, ja an manchen Stellen überhaupt nicht unterscheiden.

Und wiederum bezeichnete die Zweieinigkeit der beiden Gatten ein unvergängliches musikalisches Kunstwerk. Auf dessen Titelblatt stand von der Hand der Lebensgefährtin Bachs in steifer, mühsam verzierter Schrift:

Clavier-Büchlein
vor
Anna Magdalena Bachin
Anno 1722.

Darunter hatte Johann Sebastian Bach mit seiner schwungvollen Handschrift vermerkt

Ante Calvinismus und
Christen Schule item } von Dr. Pfeifern
Anti Melancholicus

Es waren die Titel dreier Bücher, die Bach sehr häufig beigestanden hatten in seinen Kämpfen gegen die Nüchternheiten der calvinistischen Glaubenslehre und der daraus garzuleicht hervorgehenden Melancholie. So wollte durch diese Eintragung an sichtbarster Stelle Johann Sebastian Bach darauf hinweisen, daß in der gleichen Weise wie ihm die Bücher des allverehrten Predigers und Professors während dunkler Stunden Stärkung gebracht hätten, das Klavierbüchlein Anna Magdalena Trost bringen sollte und könnte.

Aber die Form des Notenbüchleins aus glücklichsten Köthener Tagen genügte den Ehegatten weder äußerlich noch innerlich. So gaben sie drei Jahre darauf ihm eine neue Gestalt. Johann Sebastian ließ es nach der gemeinsamen Fertigstellung als Geschenkband auf das Liebevollste in weiches grünes Leder binden. Mittwegs war auf dem Deckel mit mattgoldenen Buchstaben zu lesen:

A. M. B.
1725

Der funkelnde obere Goldschnitt und das braunseidene Kopfband des Rückens betonten die festliche Einmaligkeit der Gabe des Ehemannes. Der Inhalt des Klavierbüchleins hatte sich seit seiner ersten Zusammenstellung von 11 Kompositionen auf 42 Musikstücke erweitert. Geschrieben wurde es von Johann Sebastian Bach, von Anna Magdalena Bach, von Schülern des Meisters, an Einer Stelle mit ungelenker Hand von Wilhelm Friedemann Bach.

Das Klavierbüchlein Johann Sebastians für seine zweite Frau war wie das Klavierbüchlein für Friedemann ein Unterrichtswerk. Denn Anna Magdalena, die bisher nur als Sängerin ausgebildet wurde, sollte und wollte an dem Spiel auf den Tasteninstrumenten tätigen Anteil haben. So hatte die Unermüdliche, den geliebten Mann beherzt um seine Unterweisung in der ihr bisher fremden Kunst gebeten und betont, daß sie selbst vor der schwierigen Generalbaßlehre nicht zurückschräke. Bach willfahrte diesen Bitten nur zu gern. Aber es handelte sich jetzt nicht um künstlerische Ausbildung bis zur höchsten Vollendung. Es ging um die Ermöglichung gelegentlichen häuslichen Mitspielens, wenn das Clavichord oder das Cembalo — weil sämtliche vorhandenen Spieler anderweitig beschäftigt waren — eine zusätzliche Kraft forderte. Von Folgerichtigkeit, wie bei dem Klavierbüchlein für Wilhelm Friedemann, konnte bei dem Klavierbüchlein für Anna Magdalena keine Rede sein. Wie hätte Diese wohl die fünf französischen Suiten des Büchleins von 1722 oder die beiden in ihrer Urform gegebenen Partiten in c-moll und e-moll des Büchleins von 1725 spielen sollen? Es gab darin Sätze, welche — wie die Toccata am Beginn der zweiten Partita — zu ihrer Wiedergabe höchste Meisterschaft erforderten. Aber Anna Magdalena war beglückt, daß sie diese und andere Stücke nicht selbst zu spielen vermochte. Denn so fand sie immer von Neuem die freudig begrüßte Gelegenheit, ihren Mann zu bitten, daß Er diese ihr beispielgebend vorspiele. Mit der umfangreichen Folge von Menuetten und weiteren, zum Teil kinderleichten Stücken begann ihr eigentliches, durch persönliches Spiel zugängliches Reich.

Über dieses spannte sich ein heiterer Himmel. Denn Anna Magdalena war der Sorglosigkeit zugeneigt. Sie liebte die Beschwingtheit. Es machte ihr nichts aus, wenn unter die Stücke von Johann Sebastian Bach sich Werklein von anderen Komponisten mischten, welche es mit diesem an Wert in keiner Weise aufnehmen konnten. Gefiel ihr aus irgendwelchem Grund ein fremdes Stück, erschien es ihr als angenehm spielbar, dann trug sie es mit klarer, schwungvoller Notenschrift, ohne lange zu fackeln, in das «Klavierbüchlein» unbedenklich ein. Solches widerfuhr einem Rondeau in B-dur von François Couperin, einem «Menuett fait – gemacht – par Monsieur Böhm», zwei Märchen und zwei Polonaisen von ihrem frühreifen Stiefsohn Philipp Emanuel und Anderem.

Aber in das Innerste des Musikreiches konnten Klavierwerke die zweite Gattin Johann Sebastian Bachs nicht führen. Sie war eine Sängerin. Dem mußte der Gatte Rechnung tragen. Und er tat es freudigen Herzens. Gegenüber den zwei Chorälen in dem Klavierbüchlein Wilhelm Friedemanns enthielt das Klavierbüchlein Anna Magdalenens sechs Choräle: «Wer nur den lieben Gott läßt walten» und in dreifacher Form «Gib dich zufrieden», «Schaff in mir Gott ein reines Herz» und «Dir, Dir Jehovah will ich singen», «Wie wohl ist mir, o Freund der Seelen» und «O Ewigkeit, du Donnerwort». Aber wie sollte sie wohl ihre Sangeskunst bei der Wiedergabe von einfachen Chorälen voll entfalten? Das aber mußte sein; und zwar um so häufiger zuhause je seltener Anna Magdalena mit Zunahme des Alters und Vermehrung der Kinder öffentlich sang. Johann Sebastian fügte also den Chorälen eine Reihe von Arien hinzu. Diese erklangen daheim, unter seiner hingebungvollen Begleitung, durch den sauberen Sopran Anna Magdalenens wieder und wieder zu beiderseitiger Beglückung.

Da war zunächst die tiefbewegende, von einer unsäglich schönen Melodie getragene trostvolle Vorschau auf den Tod:

Bist Du bei mir,
geh ich mit Freuden
zum Sterben und zu meiner Ruh.
Ach, wie vergnügt wär so mein Ende,
es drückten Deine schönen Hände
mir die getreuen Augen zu.
Bist du bei mir,
geh ich mit Freuden
zum Sterben und zu meiner Ruh.

Konnte Liebe inniger sein, als daß sie noch im Sterben Sinnenfreude an der Schönheit und dem Wesen der geliebten Frau empfand?

Da war des Weiteren die herzstärkende choralartige Arie

Warum betrübst Du Dich und beugest dich zur Erden,
mein sehr geplagter Geist, mein abgematter Sinn?
Du sorgst, wie will es doch noch endlich mit Dir werden,
und fährest über Welt und Himmel hin.
Wirst Du Dich nicht recht fest in Gottes Willen gründen,
kannst Du in Ewigkeit
nicht wahre Ruhe finden.

Da war vor allem Anderen, im Anschluß an das Recitativo

Ich habe genug! Mein Trost ist nur allein,
daß Jesus mein und ich sein eigen möchte sein.

die große, unermeßliche Ruhe schenkende Da capo-Aria

Schlummert ein ihr matten Augen,
fallet sanft und seelig zu.

Erst sie bot mit dem Zauber ihrer wiegenden Melodie, mit den langauszuhaltenden, höchste Atemtechnik erfordernden dunklen Schlummertönen, mit dem ruckweise Zufallen der Augen melodisch und rhythmisch durch Vorhalte malenden Tonreihen Anna Magdalena die willkommene Möglichkeit, ihre Kunst, des Singens voll zu entfalten.

Da war die eindringliche Aria

Gedenke doch, mein Geist zurücke
ans Grab und an den Glockenschlag,
da man mich wird zur Ruh begleiten,
auf daß ich klüglich sterben mag.
Schreib dieses Wort in Herz und Brust:
Gedenke, daß Du sterben mußt.

Unaufhörlich, unaufhaltsam, gleichförmig, gleichmütig — und dadurch doppelt eindringlich — hämmerte, während Anna Magdalena die weitschwingende Melodie ruhevoll sang, Johann Sebastian mit seiner Begleitung das Sterbe-Glockenmotiv des Basses: Es–b, b–b; F–b, b–b; G–b, b–b; As–b, b–b. Dann absteigend sich wieder hochreißend und erneut mahnend Es–b, b–b; F–b, b–b; und so fort: Ge–den, ke–doch! Ge–den, ke–doch! Bis nach dem Verklingen der Singstimme der endgültige Abstieg in die Tiefe folgte und von Allem, vom Gesang und vom Spiel, nichts verblieb als der Urton des Stückes, ein lange nachhallendes jeder menschlichen Deutung entrücktes Es.

So fand sich selbst inmitten der Fröhlichkeiten des Klavierbüchleins Anna Magdalenens immer wieder der Hinweis auf den Tod, die Mahnung an den Tod, der Schmerz über den Tod. War es zu verwundern bei Jemandem, der beide Eltern als Kind verlor, seine geliebte erste Frau vorzeitig hinzugeben hatte, elf Kinder ins Grab legen mußte? So daß sein Lebensweg nicht nur von schöpferischen Werken sondern auch von klagenden Kreuzen bezeichnet wurde. Nicht von anklagenden! Die Todesverbundenheit Johann Sebastian Bachs steigerte sich in den Werken der verschiedensten Gattungen bis zur Todessehnsucht, ja bis zur Todesfreude. Aber sie fand stets den Ausweg zum Leben, der sich nach zwei Seiten gabelte: zum kraftvollen Kampfwillen trotz Tod und Teufel – zur friedvollen Ergebenheit trotz Schrecken und Schicksal.

So kam in dem Notenbüchlein Anna Magdalena Bachs auch der Humor zu seinem Recht.

Da war der Sang, welcher die «Erbaulichen Gedanken eines Tobackrauchers» kundgab. Er hub an:

> So oft ich meine Tobacks-Pfeife,
> mit gutem Knaster angefüllt,
> zur Lust und Zeitvertreib ergreife,
> so gibt sie mir ein Trauerbild
> und fügte diese Lehre bei,
> daß ich derselben ähnlich sei.

Humor? Wie konnte an ein Lächeln bei diesem Lied auch nur gedacht werden? Gemach! So ging es weiter:

Die Pfeife stammt von Ton und Erden,
auch ich bin gleichfalls draus gemacht.
Auch ich muß einst zur Erde werden –
sie fällt und bricht, eh ihrs gedacht,
mir oftmals in der Hand entzwei.
Mein Schicksal ist auch einerlei.

Humor? Humor?? Dieses Lied war doch weit düsterer als die Arie vom Grab und vom Glockenschlag mit der erschütternden Mahnung des Gesanges und dem herzverwirrenden Glocken-Gepoch des Begleitinstrumentes. Gemach! Gemach!!

In der dritten Strophe wurde darauf hingewiesen, daß man die Pfeife weiß zu lassen pflege; und daraus der Schluß gezogen: Auch der Mensch müsse dermaleinst dem Leibe nach erblassen und im Grabe der Körper so schwarz werden wie eine vielgeschmauchte Pfeife. Das war übersteigerter Ernst? Freilich. Jedoch diese Übersteigerung hatte den unverkennbaren Sinn: die lähmende Trübsal in Freude, den bitteren Gram in überlegenes Lachen umschlagen zu lassen. Bei der nächsten Strophe mochte man noch schwanken. Denn es wurde geschildert, daß des Menschen Ruhm so verzehrt, des Menschen Leib so verkehrt würde, wie augenblicklich der Rauch einer angezündeten Pfeife in freier Luft verschwände und nichts als Asche zurückbliebe. Dann aber hieß es:

Wie oft geschiehts nicht bei dem Rauchen,
daß, wenn der Stopfer nicht zur Hand,
man pflegt den Finger zu gebrauchen.
Dann denk ich, wenn ich mich verbrannt:
O, macht die Kohle solche Pein,
wie heiß mag erst die Hölle sein?

Das Schmunzeln war da. Naturgemäß bestand weder ein Anlaß noch eine Möglichkeit, die Leiden und Unbeständigkeiten des menschlichen Daseins zu leugnen. Aber man hatte sie zu überwinden! Dafür hieß die wirksamste Waffe: Humor. So schloß das Lied des Tobackrauchers in dem Klavierbüchlein der zweiten Bachin mit den Worten:

Ich kann bei so gestalten Sachen
mir bei dem Toback jederzeit
erbauliche Gedanken machen.
Drum schmauch ich voll Zufriedenheit
zu Land, zu Wasser und zu Haus
mein Pfeifchen stets in Andacht aus.

Erbauliche Zufriedenheit, schmunzelndes Behagen — das war die Schlußsumme der Betrachtung des Irdischen, welche ausgelöst wurde durch die sinnende Inaugenscheinnahme des weißen gebrechlichen Tobackspfeifchens.

Wer aber durch die Worte noch nicht ganz überzeugt war von dem eigentlichen Sinn dieses der Nachfolgerin Maria Barbaras unterschobenen Liedes, dem ließen die Noten keinen Ausweg zum bitterbösen Ernst offen. Eine frohe Weise im Dreiviertel-Tanztakt hatte Bach dazu ersonnen und der Klavierbegleitung des Basses jene Achtel-Beweglichkeit gegeben, wie manchem Menuett, das auf den Seiten des gleichen Büchleins davor und dahinter stand. Zwei Mal war es eingetragen, das erbauliche Lied des schmunzelnden Tobackrauchers. Zunächst mit dem Baßschlüssel in d-moll, daß Johann Sebastian und andere Männer sich singend daran ergötzten. Dann — eine Quint höher — in g-moll mit dem Sopranschlüssel, daß Anna Magdalena zur Begleitung ihres derweil schmauchenden Mannes es Vers für Vers fröhlich vorzutragen vermöchte.

Aber mit diesem zwielichtigen Tobacksgedicht war es durchaus des wortmäßigen Humors, der neben dem tonmäßigen Humor der Musetten und Menuetten, der Gavotten und Giguen herging, noch nicht genug. Am Schluß des Buches für seine Eheliebste Anna Magdalena trug der frischgebackene Gatte die übermütigen, nicht komponierten Verse ein:

Ihr Diener, werthe Jungfer Braut,
viel Glücks zur heutgen Freude.
Wer sie in ihrem Cräntzgen schaut
und schönen Hochzeit-Kleide,

dem lacht das Hertz vor lauter Lust
bey ihrem Wohlergehen.
Was Wunder wenn mir Mund und Brust
vor Freuden übergehen?

Cupido, der vertraute Schalk,
läßt keinen ungeschoren.
Zum Bauen braucht man Stein und Kalk.
Die Löcher muß man bohren
und baut man nur ein Hennin-Haus,
gebraucht man Holß und Nägel.
Der Bauer drischt den Weizen aus
mit groß und kleinem Flegel.

Das Haus für seine Hennin Anna Magdalena hatte Johann Sebastian gebaut. Stein und Kalk, Holz und Nägel waren hinreichend vorhanden gewesen. Ein großer Teil der Lebensernte wurde bereits in die Scheuer gefahren. Jetzt galt es zu dreschen. Mit kleinem beweglichem Flegel. Notfalls mit großem groben Schlagzeug.

Acht Tage nach der Hochzeit seines Hof-Capellmeisters Johann Sebastian Bach mit Anna Magdalena Wülken heiratete Fürst Leopold von Anhalt-Köthen. Die Wahl des Siebenundzwanzigjährigen war auf Friederica Henrietta, die neunzehnjährige Tochter des Fürsten Carl Friedrich von Anhalt-Bernburg, gefallen. Wochenlang durchhallte die unzähligen Räume des Schlosses Festtrubel mancherlei Art. Dabei durfte die Musik nicht fehlen. Es wäre Bachs Aufgabe gewesen, diese unter vollem Einsatz seiner unerschöpflichen Meisterschaft zu komponieren. Jedoch er begnügte sich mit der Vertonung einer kahlen Gratulations-Ode.

Sehr bald hatte sich nämlich für Johann Sebastian die schmerzliche Gewißheit ergeben, daß die Gemahlin seines fürstlichen Freundes ihm große Enttäuschungen bereiten werde. Denn Friederica Henrietta war der ernsten Musik völlig abgeneigt. Spielerische Stücke ließ ihr überscharfer Verstand allenfalls gelten. Aber auch Musik solcher Art schätzte die Fürstin nicht um ihrer selbst willen. Das unvermeidliche Getön wurde von ihr als zweckvolles Mittel zur Herbeiführung angestrebter Fröhlichkeit ausgenutzt. Nicht etwa ihrer eigenen! Kaum irgendwann sah sie Jemand lachen. Wohl aber sollten und mußten die Angehörigen des Hofes zur Erhaltung der immer mehr schwindenden Dienstfertigkeit amüsiert werden. So war für Friederica Henrietta Bachs Musik vom ersten Köthener Tage an unleidlich. Ja, jede Kunst widerstrebte ihrem säuerlichen Wesen, welches auf Würde und Hoheit, auf Abstand und Feierlichkeit, auf Standesbewußtsein und Förmlichkeit gerichtet war.

Mit tiefer Betrübnis stellte Johann Sebastian Bach fest, daß die neue Landesherrin, die Gefährtin seines freundnahen Gönners, dem er vier Jahre ungestörten Schaffens zu danken hatte und sein Lebenlang als schöpferischen Hof-Capellmeister hoffte dienen zu können, eine amusa, eine unmusische Natur war. Keiner Täuschung hingeben! Die Sachlage mit aller Klarheit sehen! Wie stand es um seine Köthenische Existenz? So: Für ihn, der mit allem Tun und Sein dem Musischen in Potenz, der Musik, verpflichtet war, konnte nur Schlimmes erwartet werden.

Bach hatte nicht zu schwarz gesehen. Friederica Henrietta blieb mit betonter Auffälligkeit seinen Konzerten fern. Sie versuchte ihre Häufigkeit einzuschränken. Sie bemühte sich, die Mitgliederzahl der Hof-Capelle zu verringern. Die offenkundige Abneigung der Fürstin gegen Bachs Musik wirkte erkältend auf die Beziehungen der Höflinge zu dem hochmütig gewordenen Hof-Capellmeister. Die Gleichen, welche bisher ihn mit Beifall überschüttet hatten, rührten jetzt am Schluß eines Musikabends kaum noch die Hände. Feindschaft wagte man dem anmaßenden Musicus noch nicht zu zeigen. Denn es bestand Unklarheit über die weitere Haltung des Fürsten zu seinem sogenannten Freunde. Einige hielten sie für unwandelbar. Andere jedoch glaubten, deutliche Zeichen einer Änderung wahrzunehmen. Die Fürstin, profezeiten sie, werde Leopold ganz auf ihre Seite ziehen. Dann sei es aus mit der Gnadenherrlichkeit für den steifbeinigen, langweiligen Directeur der Cammer-musiquen. In Ungnade falle er. So daß ihm nichts übrig bleibe, als dahin zurückzukehren, wohin er mit seiner schwerblütigen, dickflüssigen Musik rechtens gehöre: in die Kirche! Wetten, daß es so komme? Wieviel?

Friederica Henrietta von Anhalt-Köthen war mit Einschränkungen und Abdämpfungen auf dem Gebiete der Musik nicht zufrieden. So griff sie nach dem Künstlertum das Menschentum Johann Sebastian Bachs in Gesprächen mit Leopold an. Der Fürstin hatte das vertraute Verhältnis des Fürsten zu seinem Kapellmeister von der ersten Stunde an mißfallen. Freundschaft mit einem Untergebenen? Unmöglich. Gemeinschaft mit einem Untertan? Unstatthaft. Durch regelmäßige Bezahlung der vereinbarten, übrigens viel zu hohen Vergütung, durch das Geld wären alle fürstlichen Verpflichtungen erfüllt. Menschliche Verbindlichkeiten hätten nicht zu bestehen und, wenn sie widersinniger Weise vorhanden wären, sobald wie möglich ein Ende zu nehmen. Der Diener, auch der Musikmacher, habe seine Aufgabe zu erfüllen; angemessenen — nicht wie Bach unsinnig hohen! — Lohn zu empfangen; aus den Kreisen, in welche er weder durch seine Geburt noch durch sein Benehmen gehöre, unter gebotenen Verbeugungen zu verschwinden; und abzuwarten, bis er zur weiteren Ausübung seines Dienstes gerufen würde. Das gelte auch für monsieur Jean, den stolzstrotzenden ersten Fiedler der Hof-Capelle, welche soviele Kosten verursache, daß es nicht länger zu verantworten wäre und man schleunigst darauf sinnen müsse, die Dudelei rundum erheblich einzuschränken.

In der kunstfeindlichen Natur und der standesmäßigen Überheblichkeit der Fürstin Friederica Henrietta kam ein Drittes hinzu, das Diese zur unversöhnlichen Gegnerin Johann Sebastian Bachs machte: Sie war auf den musikalischen Freund ihres Gatten eifersüchtig. Jede Gunst, die Fürst Leopold Bach bezeigte, tat ihr weh. Jedes Lob, das er ihm spendete, kränkte ihr Herz. Jedes Geschenk, das er in seine Hand legte, empfand sie als Beleidigung. Alles Gute, das Bach empfing, glaubte sie gegen sich gerichtet. Aber kalte Klugheit bewahrte die eifernde Fürstin vor einer Überwertung ihrer Kräfte. Geflissentlich vermied die Zürnende, es zu einem Bruch der verhaßten Freundschaft zu treiben und sich im Falle des Mißlingens der Gefahr auszusetzen, daß sie von ihrem Gatten zu Gunsten Bachs beiseite geschoben wurde.

Ihr Ziel, eine Änderung des innigen Verhältnisses von Fürst und Capellmeister herbeizuführen, verlor Friederica Henrietta nicht aus den Augen. Mit weiblicher Schläue wandte sie zu seiner Erlangung beharrlich unscheinbare, unmerkliche Mittel an. Gelegentliche Worte, verdeckte Hinweise, vorsichtige Urteile, geschickte Zurückhaltungen, leiser Spott sowie andere schämige Kampfmittel standen ihr in unübersehbarer Fülle zur Verfügung und wurden Tag für Tag zweckentsprechend verwendet.

Fürst Leopold von Anhalt-Köthen versuchte, seinem Freund Johann Sebastian die Treue zu halten. Es gelang ihm nicht immer. Und vor Allem: Nicht auf die Dauer! Schneller, als selbst die Fürstin es für möglich gehalten hatte, trat eine Entfremdung des Herrschers von seiner Hof-Capelle ein. Damit war unvermeidbar eine Abkühlung seines vertrauten Verhältnisses zu deren Leiter verbunden.

Bach wurde nur noch selten von Leopold zu gemeinsamem Musizieren auf das Schloß befohlen. Wenn es doch geschah, dann beherrschte durch die Gegenwart der Fürstin eisige Gefühlskälte den Raum. Infolgedessen wurde nicht lediglich der Fürst an dem früheren warmherzigen Spiel gehindert. Auch Johann Sebastian kam nicht zu der vollen Entfaltung seiner musikalischen Kräfte. Immer seltener nahm Leopold als mitfühlender Hörer oder gar als geistiger Helfer an den Proben des Orchesters durch das Spiel der Gambe oder der Violine oder des Cembalo teil. So bat Bach eines Abends: Durchlaucht möge doch an einem von Ihr zu bestimmenden Tage, in einer von Ihr bezeichneten Stunde wiederum die Violinen, welches es — da er selbst am Cembalo sitzen müsse — in der gegenwärtigen Besetzung nicht schafften, mit Ihrem volltönigen Instrument unterstützen. Die Antwort auf Johann Sebastians untertänig vorgetragene Bitte war ein Nein in schroffer Form. Leopold machte hinterher durch ein üppiges Geschenk seine Härte wieder gut. Aber zu den Proben der von Ihm unterhaltenen Hochfürstlichen Capelle erschien er nicht mehr. Auch den Aufführungen blieb der Fürst anfangs hin und wieder, schließlich ganz fern.

So mußte Johann Sebastian Bach einige Zeit nach der Verheiratung des Anhalt-Köthenischen Fürsten mit einer Anhalt-Bernburgischen Prinzessin folgende schmerzliche Summe ziehen: Die Anteilnahme seines Freundes an den Musikern, und damit auch an ihm, an der Musik, und damit auch an seinem Schaffen, begann zu schwinden. Seine musikalische Inclination, seine Einstellung zur Musik, war laulicht geworden. Der Zeitpunkt, da sie gefror, ließ sich voraussehen. Gewiß, Leopold würde die eingegangenen Verpflichtungen gegenüber den Musikern – also auch gegen ihn innehalten. Er würde das ausbedungene Gehalt – also auch das Seine – weiterzahlen. So stand wenigstens zu hoffen. Aber selbst wohlgegründete Hoffnung war keine Gewißheit. Wer bürgte dafür, daß Leopold von Anhalt-Köthen seine Hof-Capelle – und damit auch ihn – nicht kurzerhand, wie es andere Fürsten bereits getan hatten, in die Wüste schickte? Zumal die Fürstin Friederica Henrietta ständig darauf drang!

Den ungeschmälerten Rest seines irdischen Daseins hatte Johann Sebastian Bach im glückhaften Köthen musikmachend und musikschaffend verbringen wollen. Die Gnadensonne des Fürsten, die Zuneigung des Freundes, welche seine Kunst hundertfältig befruchtet hatte, sollte und würde eine Fülle von Werken heranreifen lassen, die in ganz Deutschland nicht ihresgleichen besaßen. Jetzt aber? Was war geschehen? Eine Frau kam. Eine – man konnte es nicht treffender sagen – ein amusa. Ein durch und durch unkünstlerisches Wesen. Ein kaltes Gemüt. Ein neidvolles Herz. Ein herrschsüchtiger Geist. Und mit dem Kommen dieser Frau hatte plötzlich Alles ein anderes Gesicht. Anteilnahme und Förderung, Hilfe und Mitwirkung, Gunst und Freundschaft des Fürsten schwanden. Wie viele hunderte, reichsten Ertrag verheißende Blüten eines Obstbaumes in den wenigen Stunden Einer Frostnacht umkommen, so daß keine ihre

Bestimmung erfüllen kann: Frucht zu werden. War es seiner würdig, war es verantwortbar, das eigene Schicksal und das Schicksal von vier, in absehbarer Zeit von mehr Kindern den Wechselfällen der Gefühle Eines menschlichen Herzens zu überantworten? Nein.

Es gab für Bach und die Seinen eine geheime Hoffnung. Die junge Fürstin war gesegneten Leibes. Wenn sie einen gesunden Thronerben gebar, würde Friederica Henrietta Diesem ihre ganze innere Aufmerksamkeit zuwenden, den Gatten für die Weiterführung der Musik freigeben und das alte Vertrauensverhältnis des Fürsten mit seinem Hof-Capellmeister sich ohne äußeres Zutun wiederherstellen. Vielleicht schmolz die Sonne der Mütterlichkeit das Eis der Gefühllosigkeit, welche das Herz dieser Frau überkrustete?

Am 21. September 1722 kam die Fürstin Friederica Henrietta von Anhalt-Köthen mit einer Tochter nieder. Da die Geburt außerordentlich schwer war und die Mutter sich nicht zu der üblichen Zeit von ihrem Schmerzenslager zu erheben vermochte, wurde die Feier des bedeutsamen, wenn auch nicht voll geglückten Ereignisses um zwei Monate verschoben und mit der Feier des fürstlichen Geburtstages, am 29. November, vereinigt. Bach wußte, worin unter dem Zeichen dieses Tages seine Aufgabe bestand: Er hatte die Festmusik zu schaffen und einzustudieren. Pünktlich am 28. November lieferte der Hochfürstlich Anhalt-Koethenische Capellmeister und Direktor der Cammermusiquen seine musikalische Arbeit, eine weltliche Kantate, ab. Weil die Fürstin noch immer nicht ihre vollen Kräfte wiedererlangt hatte, vielleicht auch weil sie der Musik des verachteten früheren Freundes ihres Gatten entgehen wollte, wurde die Geburtskantate auf Wunsch Friederica Henriettas nicht gespielt. Den Lohn enthielt man deshalb ihrem Schöpfer nicht vor. Das Rechnungbuch der Hof-Capelle vermerkte unter dem Datum des Ablieferungtages: Zur Kantate wegen des Hochfürstlichen-Geburthstages wurde ausgezahlet dem Herrn Johann Sebastian Bach zwei Thaler.

Die Hoffnung Johann Sebastian Bachs, daß mit der Geburt

eines Fürstlichen Kindes die aus dem Gelenk geratenen Köthener Musikverhältnisse sich wieder einrenken und sein Verbleiben an dem Hofe Leopolds möglich machen würden, erfüllten sich nicht.

Am 4. April 1723 — sechzehn Monate nach ihrer Verheiratung, sechs Monate nach der Geburt ihrer Tochter — starb die musenfeindliche Fürstin Friederica Henrietta von Anhalt-Köthen. Auf ihren ausdrücklichen Wunsch wurde sie ohne die Mitwirkung irgendwelcher Musik begraben. Auch eine musikalische Trauerfeier zu ihrem Gedächtnis durfte, gemäß hinterlassener Bestimmung der amusa, nicht abgehalten werden.

Nach Ablauf der Trauerzeit und Festigung seines Herzens hätte Friederica Henriettas Gatte, Fürst Leopold, zu der geliebten Musik, zu seiner viele Jahre lang geförderten Hof-Capelle, zu seinem Freunde Johann Sebastian Bach zurückkehren können. Jedoch der Beherrscher des Anhalt-Coethenischen Landes war infolge der Heirat einen zu weiten Weg in anderer Richtung gegangen, sein Gemüt hatte sich durch Verlust der Frau zu sehr verdüstert, als daß er vermocht hätte, das unbehinderte und unbedenkliche Leben seiner musikdurchhallten Junggesellenjahre wiederaufzunehmen. Aus dem vielverheißenden Jüngling, dem kunstfreudigen Manne war ein Fürst geworden wie andere Fürsten auch.

Wohl erfüllte Leopold von Köthen weiterhin die Verpflichtungen, welche er gegen die ihm unterstehende Künstlerschar auf sich genommen hatte. Aber die erfrischende Wirkung seiner persönlichen Anteilnahme fehlte. Um des Lebensunterhaltes willen tat man fortan verdrossen, was man bisher freudig vollbracht hatte. Wohl wandte Fürst Leopold sich von seinem Hof-Capellmeister Johann Sebastian Bach nicht ab. Jedoch das durch Musik hervorgerufene, durch Musik befruchtete freundschaftliche Verhältnis mit Bach stellte er nicht wieder her. Die dünne, niemals ganz geschwundene Scheidewand zwischen Fürst und Mensch war zu einer Mauer geworden, die weder durchbrochen noch überstiegen werden konnte.

Infolgedessen wurde Bach noch mehr, als es infolge des Todes seiner ersten Frau bereits geschehen war, zum häuslichen Musizieren gedrängt; nicht nur zu der Wiedergabe eigener und fremder Kompositionen sondern auch zu vermehrtem, zu vertieftem Schaffen. So vollendete er in sehr viel kürzerer Zeit, als es bei dessen Beginn für möglich gehalten werden konnte, das dritte, das allesüberragende Werk seiner musica applicata, seiner angewandten, für Lehrzwecke gedachten Kunst. Nach den beiden Büchlein für Wilhelm Friedemann und Anna Magdalena – neben denen noch die Inventionen, zweistimmige sowohl wie dreistimmige, hergingen – wurde der erste Teil des «Wohltemperierten Klaviers» abgeschlossen. Allerdings: Auch dieses war seinem Ursprung nach ein musikalisches Unterrichtsbuch. Denn sein Titel lautete:

Das Wohltemperirte Clavier
oder
Praeludia und
Fugen durch alle Tone und Semitonia,
sowohl tertiam majorem oder Ut Re Mi anlan-
gend, als auch tertiam minorem oder Re
Mi Fa betreffend. Zum
Nutzen und Gebrauch der Lehrbegierigen
Musicalischen Jugend, als auch derer in diesem Stu-
dio schon habil seyenden besonderen
Zeit Vertreib auffgesetzet
und verfertiget von
Johann Sebastian Bach
p. t. Hochf. Anhalt-
Coethenischen Capell-
Meistern und Di-
rectore derer
Cammer-Mu-
siquen.
Anno 1722

Unter dem ebenso umsichtigen wie umständlichen Nachweis von dem Inhalt und dem Zweck des gewaltigen Werkes befand sich ein Beglückungschnörkel von großartigem Schwung.

Da war es nachdrücklich ausgesprochen, daß der p. t., der pro tempore, der zur Zeit Hochfürstlich Anhalt-Coethenische Capell-Meister und Director der Cammer-Musik, Johann Sebastian Bach, seine durch alle Töne und Semitonia, alle Tonarten und Halbtonarten, in Dur sowohl wie in Moll hinweg geführten Präludien und Fugen verfertiget hatte einmal: zum Nutzen und Gebrauch der lernbegierigen musikalischen Jugend, zum Andern: für Jene, die im Musikstudium schon habil, schon geschickt geworden waren. Wie Sebastian Bach die Schwierigkeiten des Wohltemperierten Klavieres einschätzte, ging daraus hervor, daß von ihm zwar keine Fuge in das Klavierbüchlein des zwölfjährigen Wilhelm Friedemann eingetragen wurde, wohl aber elf Präludien. Was der Vater seinem jugendlichen Meisterschüler zumutete und infolge dessen genialer Begabung auch zumuten durfte, das ersparte der Mann seiner mit dem Spiel auf Tasteninstrumenten liebäugelnden Frau. In dem Büchlein für Anna Magdalena befand sich als Kostprobe nur ein einziges Präludium aus dem «Wohltemperierten Klavier»: das erste, unermeßlich auf und ab wogende in C-dur, jenes bei aller Einfachheit großartige Stück, von welchem in erhöhtem Maße der Ausruf gilt: «Nicht Bach sollte er heißen sondern Meer!» Somit bezog sich der Hinweis in dem Titel – der lernbegierigen musikalischen Jugend – doch mehr auf die Geübteren als auf die Anfänger. Bestehen blieb, daß es sich auch hier – wie bei den beiden Klavierbüchlein und den beiden Inventionsreihen – um ein musikalisches Unterrichtswerk handelte.

Das Wohltemperierte Klavier war, wie sich ebenfalls aus seinem Titel ablesen ließ, zum Anderen ein Beweis-Werk. Es wollte mittelst musikalischer Schöpfungen zwingend nachweisen, daß man unter Benutzung der neuen, der temperierten Stimmung sehr wohl in Dur und Moll durch alle Tonarten des ganzen Quintenzirkels, von C bis C, also mit zweimalzwölf, mit vierundzwanzig Möglichkeiten unbehindert hinwegschreiten könne. Wie stand es darum? Bisher hatte man die Tasteninstrumente rein gestimmt. Die völlig reine Stimmung aber ließ sich nur bei Einer Tonart erzielen. Ging man von dem uneingeschränkt reingestimmten C-dur aus und fuhr in der gleichen Weise fort, so ergaben sich — weil die Verhältnisse der Intervalle untereinander größtenteils nicht absolut gleichmäßig waren — mit dem Fortschreiten durch die Tonarten auf den Instrumenten beträchtliche, sich ständig vermehrende Unreinheiten. Intervalle, die in C-dur rein klangen, erwiesen sich als beträchtliche Dissonanzen. Die weiter entlegeneren Tonarten wurden gänzlich unrein. So konnte man auf dem Cembalo und der Orgel — bei Verwendung der physikalisch reinen Stimmung — die Tonarten mit vier und mehr Erhöhungzeichen, beziehungsweise Erniedrigungzeichen, ihrer tatsächlichen Unreinheit wegen, nicht mehr benutzen. Schon E-dur und As-dur erwiesen sich als unspielbar; von H-dur und Fis-dur, von Des-dur und Ges-dur völlig zu schweigen. Die Komponisten sahen sich also gezwungen, auf sie zu verzichten. Auch die Transponierung, die Versetzung eines Stückes von einer in die andere Tonart, um der besseren Singmöglichkeit willen oder aus anderen Gründen, ließ sich wegen unvermeidlicher Unreinheiten entweder überhaupt nicht oder nur sehr beschränkt durchführen.

Um diesem doppelten Übelstand abzuhelfen und die Möglichkeiten zu schaffen, zum Ersten die Tonarten mit fünf und sechs Kreuzen, mit fünf oder sechs Been in den musikalischen Schaffensprozeß einzubeziehen, zum Anderen jedes Stück in jede Tonart jeder Zeit unbehindert versetzen zu können, schlug Andreas Werckmeister eine neue Stimmung der Tasteninstrumente vor. In seinem 1691, sechs Jahre nach Bachs Geburt erschienenen Buche: «Temperatur und wahrer mathematischer Unterricht, wie man die Orgelwerke wohltemperiert stimmen könne», forderte er statt der reinen Stimmung eine gleichschwebende Temperatur. Die zwölf Töne der C-dur Oktave sollten in zwölf völlig gleiche Intervalle geteilt und von ihnen aus oktavenmäßig sowie quintenmäßig alle anderen Tonarten gestimmet werden. Damit trat an die Stelle der sich aus der akustisch reinen Stimmung ergebenden unerträglichen Unreinheit die von der temperierten, der unreinen Stimmung herbeigeführte auf sämtliche Intervalle verteilte und somit im Einzelnen erträgliche Unreinheit. Der Nachteil war so geringfügig, daß er sich hinnehmen ließ und durch Gewöhnung des Ohres kaum noch bemerkt wurde, selbst da nicht, wo die temperierte Stimmung der Tasteninstrumente von der reinen Stimmung der Streichinstrumente abwich. Man hörte zum Beispiel bei dem Leitton zur Tonica nicht, was die Orgel oder das Cembalo tatsächlich brachte, sondern jenen höheren, drängenden Ton, welchen etwa die Geige spielte, das Klavier auch hätte spielen müssen, aber infolge der temperierten Stimmung nicht zu spielen vermochte. Jedoch die winzigen Nachteile der neuen Stimmung ließen sich wegen der großen Vorteile gegenüber der alten Stimmung bedenkenlos in Kauf nehmen. Denn sobald man nach den Vorschlägen Andreas Werckmeisters verfuhr, konnte man nicht nur die entferntesten Tonarten, mochten diese soviele Vorzeichen haben wie sie wollten, ohne irgendwelche Behinderungen benutzen. Sondern es war auch möglich, jedes Stück unbehindert in jede beliebige Tonart zu versetzen.

Zwischen dem Neuen und dem Alten entspann sich ein harter Kampf. Er wurde zur Hauptsache auf dem theoretischen Schlachtfeld geführt, blieb jedoch dort unentschieden. Auch einige Versuche, durch musikalische Gestaltungen den Beweis für die Richtigkeit und Unerschöpflichkeit der Lehre Andreas Werckmeisters zu erbringen, mißlangen. Da griff Johann Sebastian Bach ein. Nicht mit dem Wort. Sondern mit einem Werk! Mit den vierundzwanzig, durch alle Dur-Tonarten, alle Moll-Tonarten geführten Präludien und Fugen des Wohltemperierten Klavieres. Was bisher nicht erreicht war, gelang seiner überragenden Schaffenskraft: das Zukünftige durchzusetzen und eine völlige Umwälzung der abendländischen Musik herbeizuführen. Denn diese ruht seit mehr als zweihundert Jahren — trotz aller Angriffe — unerschüttert auf dem von ihm gelegten harmonisch-enharmonischen Fundament.

Ein Unterrichts-Werk und Beweis-Werk war das in Köthen geschaffene Wohltemperierte Klavier seinem Ausgang nach.

Ein Wunder-Werk wurde Johann Sebastian Bachs Wohltemperiertes Klavier als künstlerisches Ergebnis.

Denn Wer wollte sich vermessen, ihm mit deutenden Worten gerecht zu werden?

Von welchem festen Ufer aus dieser Versuch auch immer gemacht wird – vom Gehalt oder von der Form her, durch Beobachtung der Rhythmen oder Auflösung der Harmonien, mittelst Auswertung der Themen oder Nachweisung der Motiva, als Schilderung des Baues oder Zergliederung der Stimmführungen – es bleibt ein eitles Unterfangen; vergeblich wie das Bemühen eines Kindes, mit der Muschel das Meer auszuschöpfen und die ewige Flut in sein Sandkanälchen zu leiten.

Eines aber ist gewiß: Würde ein musikalischer Mensch für den Rest seines Lebens auf eine einsame Insel verbannt und ihm als Letzter Wunsch zugestanden, daß er Ein Werk, ein Einziges Musik-Werk nennen dürfe, welches mitzunehmen man ihm alsdann verstatten werde – die ohne Bedenken gegebene, keines Komponistennamens bedürfende Antwort könnte nur lauten:

«Das wohltemperierte Klavier»

XVI

Am 2. Juni 1722 starb nach achtundzwanzigjähriger, trotz vieler Widerstände unermüdlich durchgeführter Amtstätigkeit der Leipziger Thomascantor Johann Kuhnau. Er war ein tüchtiger Musiker. Insbesondere seine Klavierkompositionen wurden sehr geliebt. Die zweibändige «Neue Klavierübung», und die Sammlung «Frische Klavier-Früchte» erwiesen durch wiederholte Auflagen seine allgemeine Schätzung. Johann Kuhnau fehlte zur Erlangung der Unsterblichkeit nur Eines, das Sebastian Bach in hohem Maße besaß: Genie. Aber Kuhnau nannte sein eigen, was Bach lebenslang fehlte: Umgänglichkeit und Geschicklichkeit bei dem Verkehr mit Menschen, insbesondere den Behörden. Diesen entwand der Gefügige oft auf sanfte Weise, was sein starrköpfiger Amtsbruder ihnen mit Wortschrauben nicht abzuzwacken vermochte.

Als der zweiundsechzigjährige Musicus gebührlich bestattet worden war, liefen unverzüglich bei dem Rath der Stadt Leipzig eine Reihe von Bewerbungen um das ledige Thomascantorat ein. Wenn Dieses infolge der schlimmen Zeitläufte auch nicht mehr das frühere Ansehen genoß, als Männer wie Rhau und Calvisius, Schein und Rosenmüller die Augen des ganzen musikalischen Deutschland dorthinlenkten, so hatte es doch immer noch einen guten Ruf, bot vielfältige Möglichkeiten bedeutsamen Schaffens und versprach im Falle der Bewährung bleibenden Ruhm. Unter dem halben Dutzend Bewerbern, die sich binnen weniger Wochen nach dem Tode Kuhnaus mit unterwürfigen Briefen an den Leipziger Rath gewandt hatten, befanden sich tüchtige Männer wie der Zerbster Hof-Capellmeister Johann Friedrich Fasch, ein Schüler des verstorbenen Thomascantors, und der Magdeburger Organist Christian Friedrich Rolle. Bach bewarb sich um das verwaiste Thomascantorat nicht.

Obwohl die genannten Organisten und einige Andere durchaus verdient hätten, daß man ihre Bewerbungen eingehend betrachtete, ihre Fähigkeiten sorgsam prüfte, schob man sie beiseite. Denn der HochWohlweise Rath war einstimmig der Meinung, daß für den bedeutsamen Posten des Thomascantorates nur der Beste aller deutschen Organisten in Frage komme. Das schuldete man Seinem Leipzig. Bis zu dreißigtausend Einwohnern hatte die Stadt es bereits gebracht. Und sie wuchs unaufhaltsam! Auch ihr Wohlstand nahm alljährlich zu. Handel und Wandel blühten. Die Leipziger Messe war in der ganzen Welt berühmt. Man konnte es unmöglich zulassen, daß Kaufleute aus fernen Ländern – Norweger oder Italiener, Schweizer oder Briten – bei ihrem Besuch der Thomas-Kirche unzulängliche Musik hörten. Wie man ihnen beste Speisen und Weine vorsetzte, für erstrangige Unterhaltungen jener Art sorgte, welche nuneinmal Männer fern von der Heimat gerne haben: so galt es auch, erstrangige Musik zur Messezeit zu bieten. Also her mit dem besten aller deutschen Kirchenmusikanten! Her mit dem besten Organisten Deutschlands!

Demgemäß wandte sich der HochWeise Rath an Georg Philipp Telemann. Dieser war ohne allen Zweifel der berühmteste von sämtlichen musikmachenden Männern Deutschlands. Wer es aber fertig gebracht hatte, unter den vielen Mitstrebenden seiner Zeit der Berühmteste zu werden, der mußte auch der Tüchtigste sein. Denn der Ruhm stellte auf dem Gebiete der Kunst nichts Anderes dar als auf den Gebieten der Wirtschaft die Quittung für gelieferte Ware. Wechsel auf Unsterblichkeit – die unsolideste Sache, welche sich erdenken ließ. Summa: Telemann war der berühmteste und damit auch der beste deutsche Komponist. Ergo: Telemann mußte Thomascantor werden und diesem Amte seinen alten Glanz zurückgewinnen. Denn Kuhnau – – Doch nichts mehr gegen den Verstorbenen! Jetzt war ein Meister von überragender Größe da: Telemann. Jetzt wirkte in Deutschland ein Komponist von solchem Range, wie es seit Menschengedenken keinen mehr gab: Telemann. Summa summarum: Thomascantor wird Telemann.

Die regierenden Ratsherren durften mit einigem Recht sich

der Hoffnung hingeben, daß die Berufung dieses überragendsten deutschen Musikers ohne nennenswerte Schwierigkeiten vonstatten gehen werde. Verbanden doch Leipzig mit Telemann und Telemann mit Leipzig die erfreulichsten Erinnerungen. Dieser wollte von Kindesbeinen an Musiker werden. Aber die Mutter – seinen Vater, einen Magdeburger Geistlichen hatte er mit 4 Jahren verloren – suchte es zu verhindern. Denn Musik-Feinde kamen in Scharen und stellten ihr vor: Ihr Sohn würde ein Gaukler, Seiltänzer, Spielmann, Murmeltierführer, wenn man ihm die Musik nicht entzöge. Die Mutter nahm ihrem Knaben also Noten, Instrumente und mit ihnen das halbe Leben weg. So willigte der Heranwachsende schließlich ein, Jura zu studieren und bezog die Universität Leipzig. Als der Frühverwaiste nach bedrückender Jugend bei Pflegeeltern und Verwandten mit achtzehn Jahren an die Pleiße kam, da sollte und wollte er, unter Verzicht auf die Erfüllung seiner Knabenträume, das seiner verstorbenen Mutter gegebene Versprechen halten: Jura zu studieren. Aber die Sehnsucht des Herzens war stärker als das Gelöbnis des Verstandes. Sehr bald warf der studiosus juris sich der Musik mit ungestümer Leidenschaft in die Arme. Telemann begnügte sich durchaus nicht mit dem eigenen Musizieren. Er gründete und leitete ein collegium musicum. Diesem liefen die Studenten zu. Denn von ihm wurde neutönige Musik gebracht, gegen die sich Thomascantor Kuhnau mit allen Kräften gewehrt hatte. Telemann aber schrieb leichtflüssige Musik jeder Art: für Streichinstrumente und Tasteninstrumente, für Solisten und Konzertisten, zum Gebrauch in Kirche und Haus, in Kaffeestuben und Lustgärten. Telemann komponierte Opern. Es gab nichts, was Telemann nicht in Töne umsetzte. Machte der Unbekümmerte doch allen Ernstes sich anheischig: Wenn man ihm den Auftrag erteile – und gut bezahle! – den abendlichen Fremdenzettel der Torwache zu komponieren, so würde er es schaffen. Telemann verfaßte die Texte zu seinen Opern. Telemann trat in diesen Opern auf. So übertrug man dem einundzwanzigjährigen Hans-Musicus-in-allen-Gassen das Amt des Organisten an der Neuen Kirche. Nun komponierte Telemann neben weltlicher und opernhafter Musik Kantaten zur Benutzung in Seiner Kirche und, wenn Vater Kuhnau mit unaufgeführter Musik nicht mehr rechtzeitig zurande kam, zum Gebrauch in der Thomaskirche. Für manche Hohen Feste schrieb Telemann fünf Kantaten hintereinander. Der Unermüdliche war denn auch der musikalische Abgott von Leipzigs Jugend und der verhätschelte Günstling des HochGelahrten Rathes der Stadt. Dieser bestätigte ihm: Er sei ein guter Komponist und solle nicht nur die Orgel schlagen, sondern auch die völlige Musica Leipzigs dirigieren. Nur schüchtern wurde hinzugefügt: Des Theaters aber müsse er sich doch wohl enthalten und das Agieren künftig lassen. Jedoch weder die Begeisterung der Jungen noch die Vorsicht der Alten vermochten, Telemann dauernd in Leipzig zu halten. Er ging über Sorau und Eisenach als Kirchencapellmeister und Musikdirektor nach Frankfurt am Main. Von dort aus ließ er sich als Kirchenmusikdirektor für sämtliche fünf Hauptgotteshäuser nach Hamburg berufen.

Den Jüngling Telemann hatte man nicht zu halten vermocht. So wollte man nach Kuhnaus Tod den allverehrten Mann für immer an Leipzig fesseln. Es mußte gelingen. Denn es war unbedingt notwendig: auf einen berühmten Künstler als Thomascantor bedacht zu sein, damit die Herrn studiosi wieder zur Kirchenmusic animiert werden möchten. Waren doch Diese dem alten Kuhnau mehr und mehr fortgelaufen, um sich durch Anhören und Mitwirken in rauchigen Schänken, in windigen Gärten an Musik zu erlustieren, die zum Teil sehr ungöttlichen, ja sündigen Wesens war. Man schrieb also im gedachten Sinne an den weltberühmten Compositeur, Herrn Hof-Capellmeister und Städtischen Director musices Georg Philipp Telemann HochWohlgebohren, wohnhaft zu Hamburg.

Die Rechnung schien ohne Rest aufzugehen. Als Telemann den Brief des Hoch- und Wohlweisen Rathes der Stadt Leipzig erhielt, sich dort zwecks Übernahme der Nachfolgerschaft des verstorbenen Thomascantors baldigst einzufinden, und, des guten Brauches halber, dem an sich unnötigen Probespiel zu unterziehen: da beschloß er ohne Bedenken, der Einladung zu folgen und übermittelte diese Nachricht unverzüglich von der Elbe an die Pleiße. Jedoch um seine Bedeutung gebührend zu betonen, fuhr der Hochberühmte erst einen Monat später von Norden gen Süden. Ehe ein Wort gewechselt, ein Ton erklungen war, ließ Telemann sich seine Reisekosten vergüten. Diese bezifferte der verwöhnte Musicus auf 22 Gulden und 18 Gute Groschen. Am 9. August fand zum Schein die übliche Prüfung statt. Sie bestand aus längerem Orgelspiel und Aufführung einer selbstkomponierten Kantate. Deren Text hatte der Rath eilfertig in 600 Exemplaren drucken, zudem bestens binden lassen. Man war sowohl von dem Spiel wie von der Komposition Telemanns auf das Höchste entzückt und hielt damit die bedeutungvolle Angelegenheit für befriedigend erledigt.

Aber es zeigte sich, daß die sorglich hergerichtete Rechnung einen unbeglichenen Rest aufwies. Der Thomascantor mußte seit je an der Thomasschule neben dem Musikunterricht in der Tertia Lateinunterricht geben. Telemann jedoch lehnte diesen Teil seiner künftigen Cantorenarbeit rundweg ab. Man wies — wann hätten die Rathsmitglieder in solchen Fällen anders gehandelt? — auf die jahrhundertlang bewährte Gewohnheit hin. Telemann betonte: Er sei Musiker — nicht Schulmeister, sei Künstler — nicht Pauker. Man versicherte: Es gebe keine andere Möglichkeit, als daß er wie alle bisherigen Thomascantoren in einer Klasse der Thomasschule den Buben Latein beibringe. Telemann zuckte bedauernd die Achseln. Man gab — wann hätten Rathsmitglieder dort, wo sie auf entschlossenen Widerstand trafen, nicht das Gleiche getan? — gab nach und erklärte: Weil er auf der kundgetanen Weigerung bestehe, der Stadt aber Alles daran liege, seine unschätzbare Kraft zum musikalischen Wohl Leipzigs zu gewinnen, so werde sich schon ein Weg finden lassen, ihn von weiterem Schulunterricht als dem in der Musik zu entbinden. Telemann forderte, neben der

Leitung der Musik beider Haupt-Kirchen, die oberste Leitung bei jeglicher Gottesdienstmusik in der Universitäts-Kirche. Man rief einmütiglich: Ausgeschlossen! Es gehe nicht, bestehende Rechte anzutasten. Telemann versicherte: Durch die Dirigententätigkeit und die Kantatenlieferung für zwei Kirchen würden seine Kräfte nicht hinreichend beansprucht. In Hamburg unterstände ihm die Musik sämtlicher fünf Kirchen, von denen die Kleinste bedeutsamer wäre als die Größte in Leipzig. Somit bleibe seine Forderung bestehen: Zu der Thomas-Kirche und der Nicolai-Kirche auch noch die Universitäts-Kirche. Drei Kirchen! Oder er käme nicht. Man biß – wann hätten Rathsherren, falls ein Mann von Bedeutung unnachgiebig in seinen Forderungen blieb, es nicht getan? – biß in den sauren Apfel und sagte: Also zu den beiden Haupt-Kirchen auch noch die Universitäts-Kirche!

Drei Tage nach Abschluß dieser Vorverhandlungen, am 13. August 1722, stand der Hamburger Director musices Georg Philipp Telemann vor dem HochWohlweisen, HochGelahrten Rath der Stadt Leipzig. Man eröffnete ihm: Alldieweil er wegen seiner Music in der gantzen Welt auf das Rühmlichste bekannt sey, so habe man ihn als Nachfolger des in Gott seeligen Johann Kuhnau zum Thomascantor und zum Städtischen Director musices, welchem die gesamte geistliche und weltliche Music der Stadt fürderhin unterstehe, einstimmig erwählet. Superintendent Deyling sei, als Vertreter des Consistoriums, von der stattgehabten Wahl verständigt worden. Allerdings unterstehe Telemann Diesem nicht. Sein Oberster Vorgesetzer sey und bleybe der Städtische Rath. Aber da sich seiner kirchlichen Tätigkeit wegen persönliche und berufliche Beziehungen mit dem Consistorium nicht gantz würden vermeiden lassen, so hätte man selbige Benachrichtigung für nöthig befunden. Verständigt sey von der abgeschlossenen Wahl des Weiteren der HochEhrwürdige Rector der Thomasschule Johann Heinrich Ernesti. Telemann möge dem Herrn Superintendenten einen Höflichkeitbesuch abstatten, aber bemüht bleiben, währenddessen nicht das Geringste sich zu vergeben. Auf daß die

Kirche keinen Anlaß finde, in Städtische Angelegenheiten hineinzureden! Außerdem möge er den Herrn Rector aufsuchen, sich Selbigem als den neuen Thomascantor vorstellen und von ihm gehörig anweisen lassen, worin seine Obliegenheiten an der Schule beständen. Jetzt sey, zur glücklichen Beendigung seiner, der Stadt nicht ganz leicht gemachten Wahl nur noch eine Kleinigkeit nachzuholen. Doch lasse sich dieses in wenigen Minuten erledigen. Alldieweil es sich dabei um die Vollziehung einer winzigen, freilich unerläßlichen Formalität handele, welche mit der Unterschrift von acht Buchstaben, der Buchstaben seines Namens, erlediget sey. Denn er brauche nur «Telemann» zu schreiben. Bei ihm erübrige sich die Einbeziehung seiner beyden Vornamen, wie selbige bei allen anderen Bewerbern notwendig gewesen wäre, falls man einen von Diesen berufen hätte. Also unterschreiben! Den überreichten Revers unterschreiben! Wie gesagt: Acht Buchstaben genügten. Nein, es müßten doch sechzehn sein. Denn beide gleichlautenden Reverse hätten zum Zeichen der Gültigkeit seine Namensunterschrift zu tragen.

Georg Philipp Telemann machte dem Superintendenten Deyling keinen Besuch. Georg Philipp Telemann ging nicht zu dem Rector Ernesti. Was war der Grund für seine plötzliche Sinnesänderung? Jene Kleinigkeit, welche nach der einstimmigen Wahl noch zu vollziehen war: die Unterschreibung des ihm vorgelegten Reverses, die zweimal acht Buchstaben zur schriftlichen Annahme der Bedingungen, welche das Amtliche Schreibblatt enthielt. Nicht weniger als 14 Punkte umfaßte der Revers des Cantoris bey der Thomas-Schule, den Ein Ehrbarer Hoch-Weiser Rath der Stadt Leipzigk anzunehmen und durch vollzogene Namensunterschrift als rechtsverbindlich anzuerkennen begehrte. Diese Punkte lauteten: Der Endesunterzeichnete sichere zu

1. Er werde den Knaben in einem erbarn eingezogenen Leben und Wandel mit gutem Exempel voranleuchten, der Schulen fleißig warten und die Knaben treulich informieren.

2. Er werde die Music in beyden Haupt-Kirchen und in der Universitäts-Kirche nach seinem besten Vermögen in gutes Aufnehmen bringen.
3. Er werde Einem Ehrbaren HochWeisen Rathe allerschuldigen respect und Gehorsam erweisen, deßen Ehre und reputation aller Orten bestermaßen beobachten und befördern, auch so ein Herr des Raths die Knaben zu einer Music begehre, ihm dieselben ohnweigerlich zukommen laßen.
4. Er werde den Herrn Inspectoren und Vorstehern der Schule in Allem und Jedem, was dieselbigen im Nahmen Eines Ehrbaren HochWeisen Raths anordneten, gebührende Folge leisten.
5. Er werde keine Knaben, welche nicht bereits in der Music ein Fundament geleget hätten oder sich doch darzu schickten, daß sie darinnen informiert werden könnten, auf die Schule nehmen.
6. Er werde die Knaben nicht allein in der Vocal- sondern auch in der Instrumental-Musik fleißig unterweisen.
7. Er werde in den Kirchen die Music dergestalt einrichten, daß sie nicht zu lang währe und nicht opernhaftig herauskomme.
8. Er werde auch die jüngste, die Neue Kirche mit gutsingenden Schülern versehen.
9. Er werde die Knaben freundlich und mit Behutsamkeit tractiren. Daferne sie aber nicht folgen wollten, solche moderat, wolle sagen: mäßiglich, züchtigen.
10. Er werde die Information in der Schule, und was ihm sonst zu thun gebühre, treulich besorgen.
11. Er werde, wenn er selbst solche Information zu verrichten nicht vermöchte, veranstalten, daß es durch ein anderes tüchtiges Subjectum geschehe, ohne daß Ein Ehrbarer HochWeiser Rath einen Beytrag zu den Kosten liefern müsse.
12. Er werde sich ohne Erlaubnüß des Regierenden Herrn Bürgermeisters nicht aus der Stadt begeben.

13. Er werde bey Leichenbegängnüßen, wie gebräuchlich, neben den Knaben bis zum Friedhof hergehen.
14. Er werde bei der Universität kein Officium, keine Verpflichtung, ohne Eines Ehrbaren Rathes Erlaubnüß annehmen.

Der Schluß der vierzehn Punkte lautete:

Also verreversire und verpflichte ich mich inkrafft dieses Schriftstückes, daß ich Allem, wie obsteht, treulich nachkommen und bey Verlust meines Dienstes darwider nicht handeln werde.

Georg Philipp Telemann wußte nach dem Lesen weniger Punkte, daß er diesen Revers nicht unterschreiben werde. Als der Hamburger Director musices, ohne die sichtliche Bekundung seiner abweisenden Gefühle, bei dem 14. Punkt angelangt war, stand für ihn unerschütterlich fest: Nein. Unterschreiben? Niemals. Seine Geistesknebelung anerkennen? Unter keinen Umständen. Da man ein gewisses Zaudern des neugewählten Thomascantors zu bemerken glaubte, so fragte in dem Namen der anwesenden Rathsmitglieder der Regierende Bürgermeister Dr. Lange: Er werde doch nicht etwa Anstand nehmen, den vorgelegten Revers zu unterzeichnen? Seit Jahrhunderten hätten es seine sämtlichen Vorgänger im Thomascantorat getan. Telemann war ein weltkundiger Herr. Er brach keine Brücke ab, ehe sein Fuß an dem jenseitigen Ufer auf festen Boden stand. Somit erklärte der Hamburger Kirchenmusiker verbindlich: Er hoffe zuversichtlich, den ihm überreichten Revers unterzeichnen zu können, wenn — —. allerdings: wenn einige Punkte — einige unwichtige Punkte — — immerhin: einige nicht mehr zeitgemäße Punkte — geändert wären. Jawohl, was Thomascantor Rhau am Beginn des 16. Jahrhunderts recht gewesen wäre, das sei für Thomascantor Telemann beim Beginn des 18. Jahrhunderts durchaus nicht billig. Bürgermeister Lange bat: Die betreffenden Punkte zu nennen. Telemann entgegnete: Übers Knie könne die Sache nicht gebrochen werden. Von gewisser Bedeutung seien die abzuändernden Punkte freilich. Also müßten sie gründlich überschlafen und eingehend durchdacht werden. Bürgermeister Lange stellte fest: Demnach dürfe man den neugewählten Leipziger Thomascantor morgen zur gleichen Stunde an der gleichen Stelle erwarten, daß die gewünschten kleinen Abänderungen vorgenommen und der Revers unterzeichnet werde? Telemann erwiderte: Morgen? Leider unmöglich. Er habe seine Urlaubszeit bereits überschritten. Müsse daher schnellstens mittelst der Extrapost, für die er einen erhöhten Reisezuschuß erbitte, nach Hamburg fahren. Er sichere hiermit zu, daß man seiner baldigen Rückkehr nach Leipzig entgegensehen könne. Die Rathsherren sahen einander mit vieldeutigen Gesichtern an. In Einigen leuchtete die erste Ahnung auf, welches Spiel im Gange war. Andere vertrauten dem berühmten Manne blindlings. Also auf baldiges Wiedersehen zum endgültigen Abschluß!

Am nächsten Tag reiste Telemann gen Norden. Er vergaß trotz aller Eile nicht, neben den nun schon üblich gewordenen 22 Gulden 18 Groschen Reisekosten sich weitere 10 Gulden für die Extrapost auszahlen zu lassen. In Hamburg eröffnete der Heimgekehrte seinem aus geistlichen und weltlichen Männern zusammengesetzten Vorstehercollegium: Er sei auf Grund eines überaus erfolgreichen Probespieles von der Stadt Leipzig zum Verwalter des berühmten Thomas-Cantorates, zum Universitäts-Organisten und zum Director musices einstimmig erwählt worden. Niemand könne ihm verdenken, daß sein Entschluß feststehe, die dreigestufte Stellung anzunehmen. Nur eine Kleinigkeit, nämlich eine bedeutunglose Namens-Unterschrift, sei von seiner Seite aus noch zu leisten. Er habe jedoch die Unterzeichnung des völlig geklärten Vertrages hinausgeschoben. Denn ihm sei sehr daran gelegen, sich mit seinen bisherigen Vorgesetzten freundschaftlich über die Angelegenheit zu verständigen. Und nun tat Telemann, was die Hallenser seinerzeit Bach fälschlich vorgeworfen hatten: Er benutzte das Leipziger Angebot, um von den Hamburgern ein höheres Gehalt herauszuschlagen. Seine Andeutung, daß es Eine Möglichkeit gäbe, ihn zu halten, tat die beabsichtigte Wirkung. Der Rath schnappte nach dem ausgeworfenen Köder. Gefragt wurde nicht: Welche Möglichkeit? Sondern: Wieviel? Als Telemann daraufhin die von ihm gewünschte hohe Summe nannte, wollte man von der Angel loskommen. Aber die Entfernung des Widerhakens ließ sich nicht durchführen. Man bewilligte also, wenn auch stöhnend, dem großen Musiker die geforderte Erhöhung des Gehaltes.

Inzwischen vergingen sechs Wochen. Jedoch am 25. September kehrte Telemann nach Leipzig zurück, ließ sich abermals 22 Gulden 18 Groschen Reisegeld auszahlen und erklärte: Der HochVerehrte Hamburger Rath hätte, um ihn zu halten, freiwillig sein Gehalt beträchtlich erhöht, so daß er Diesem unmöglich die Kränkung bereiten könne, die bisherige Wirkungstätte zu verlassen. Aber auch wenn er dessen Vorwurf auf sich genommen hätte, wäre zwischen ihm und Leipzig eine Einigung nicht möglich gewesen. Denn er würde in keinem Fall den am 13. August vorgelegten Revers unterzeichnet haben. Die gepflogenen Unterhandlungen müßten demnach als gescheitert angesehen werden. Innigsten Dank für das bewiesene Vertrauen! Gute Wünsche zu dem Gelingen der Thomascantor-Wahl! Am nächsten Tag fuhr Georg Philipp Telemann nach Hamburg heim. Sämtliche Kosten für die Rückreise bezahlte er aus der eigenen Tasche. Das war schmerzlich. Denn Telemann hatte seinen Lebensgrundsatz mit den Versen ausgesprochen:

> Die große Kunst ist: Geld zu machen.
> Aufs Geld kommt endlich alles an.
> Wer dieses Handwerk nicht versteht
> und mit der Wahrheit betteln geht,
> der ist wahrhaftig schlimm daran.

Wiederum gingen zwei Monate ins Land, ohne daß eine Entscheidung über die Nachfolge Kuhnaus fiel. Inzwischen hatten sich weitere Bewerber um die vielbegehrte Stellung gemeldet. Sie mußten gesichtet werden. Als eine Rathsversammlung zu diesem Zweck einberufen war, erklärte Dominus Consul

Dr. Platz, der Nichtregierende Bürgermeister: Es sey sehr zu bedauern, daß Telemann zurückgetreten wäre. Aber wichtiger müsse genannt werden, ein subjectum als Cantor zu finden, das nicht allein die Music verstehe, sondern auch in der Lage wäre zu informiren, wolle sagen: die Thomasschüler in Latein zu unterrichten. Dieweil aber Telemann sich geweigert hätte, diesen Teil der ordentlichen Pflicht eines Thomascantors zu erfüllen, sey nichts Anderes verblieben, als auf seine endgültige Wahl zu verzichten. Somit habe man jetzt freye Bahn, einen Cantor zu berufen, der sich in allen Puncten gefügiger bezeige als der hochmütige Hamburger Stadtmusicus. Er schlage als die Aussichtreichsten unter der großen Zahl der Anwärter vor: Fasch aus Zerbat, Tufen aus Braunschweig, Rolle aus Magdeburg.

Dominus Consul Dr. Steger stimmte den allgemeinen Ausführungen seines Vorredners zu. Er hatte auch keine Einwendungen gegen die genannten Namen. Verlangte aber: Die drei seyen nicht nur im Musiziren sondern auch im Informiren zu prüfen; hätten also neben dem Spiel der Orgel in der Thomas-Kirche eine Probelection mit den Knaben in der Thomas-Schule zu halten. Als gesamte Reisekosten möge man Jedem die Summe von 20 Thalern aussetzen.

Rathsherr Dr. Bork erhob gegen das bisher Gesagte keinen Widerspruch. Er verlangte jedoch, daß man die Liste der Probespieler und Probelehrer um zwei Namen erweitere; nämlich um Kaufmann aus Merseburg und Schott, den gegenwärtigen Organisten der Neuen Kirche in Leipzig. Bei dem Letzteren ergebe sich der Vorzug, daß man ihm keine Reisekosten zu zahlen brauche, also 20 Thaler spare.

Da alle anderen Rathsherren keine Einwendungen machten, so wurde ein Beschluß in dem Sinne des letzten Redners gefaßt. Fünf Anwärter bekamen die Aufforderung, an einem bestimmten Tag in Leipzig zu erscheinen. Dort sollten sie durch Spiel auf der Orgel, durch Aufführung einer eigenen Komposition und Unterricht in Latein ihre Befähigung für die Verwaltung des freigewordenen Postens nachweisen.

Von Sebastian Bach wurde mit keiner Silbe gesprochen.

Einen Monat später mußten die betrübten rathsherrlichen Lohgerber feststellen, daß ihnen die wertvollsten Bewerbungfelle fortgeschwommen waren. Fasch, der neben seiner Organistentätigkeit in den alten Sprachen unterrichtet und für diesen Zweck die deutsche Ausgabe einer berühmten Grammatica Graeca verfaßt hatte, also die Schwierigkeiten des Lateinunterrichtes hinreichend kannte, Fasch lehnte ab. Er wolle, hieß es in seinem Schreiben, künftighin nur noch Musicus, nicht auch noch Paedagogicus sein. Kaufmann erklärte sich mangels eigenen Wissens außerstande, den Schülern Latein beyzubringen und ließ, als man von Entgegenkommen in dieser Sache sprach, keinen Zweifel darüber bestehen, daß Er den vierzehnpunktigen Revers nicht unterschriebe. Tufen schied infolge unzureichenden künstlerischen Könnens aus. So hätten die Rathsmitglieder zwischen Schott und Rolle wählen müssen, wenn ihnen nicht ein Glücksumstand zuhilfe gekommen wäre. Es hatten sich nämlich inzwischen zwei weitere Bewerber gemeldet. Der Eine hieß Christoph Graupner, der Andere Sebastian Bach. Weil man nach wie vor bestrebt war, den besten aller verfügbaren deutschen Kirchenmusiker zu gewinnen, so stand ohne Weiteres fest, daß nach dem Ausscheiden Telemanns als Nachfolger Kuhnaus nur Einer in Frage käme: Graupner. Es wurde also demgemäß von den Leipziger Rathsherren ein förmlicher Beschluß gefaßt. Lediglich Georg Wegner, seines Zeichens Baumeister, schlug vor, neben Graupnern doch auch Bach anzuhören. Aber man ging über diesen abwegigen Vorschlag zur Tagesordnung über. Bach? Wer war Selbiger? Der Capellmeister eines kleinen Fürstenhofes. In Leipzig werde mehr verlangt als Belustigungmusik für Tanzereien. Kein Wort mehr von dem zweitrangigen Bach!

Christoph Graupner jedoch war den Rathsmitgliedern auf das Beste bekannt. Er hatte neun Jahre lang die Thomasschule besucht, so daß genaue Kenntnis der Leipziger Verhältnisse, insbesondere der musikalischen Notwendigkeiten für ihre Kirchen, bei ihm vorausgesetzt werden konnte. Außerdem war

Graupner ein überragender Komponist, der an Fruchtbarkeit und Bedeutung Telemann kaum nachstand. Neun Opern hatte er komponiert, zahllose Werke für Orchester – Konzerte und Ouvertüren und Sinfonien – geschaffen, die Kammermusik unaufhörlich bereichert – mit Sonaten und Suiten und Partiten –, vor Allem aber den Gottesdienst durch viele Kantaten bereichert. Man sprach von dreihundert (in seinem Leben wurden es eintausendvierhundert). Das war der rechte Mann.

Der HochWeise Rath schrieb also nach Darmstadt, wo Graupner seit zehn Jahren als Hof-Capellmeister bei dem Landgrafen Ernst Ludwig von Hessen überaus erfolgreich wirkte. Man lud ihn ein, gegen Erstattung seiner Kosten nach Leipzig zu kommen, daß festgestellt werde, ob und unter welchen Bedingungen Er das ihm bestens bekannte Thomascantorat übernehmen wolle. Von seinem über jeden Zweifel erhabenen Können brauchte mit keinem Wort geredet zu werden. Dennoch müsse er sich, dem bewährten Brauch zuliebe, einem Probespiel auf der Orgel unterziehen, auch eine eigene kirchliche Komposition vorführen.

Graupner sagte mit Freuden zu. Sehr bald reiste der Darmstädter Hof-Capellmeister nach Leipzig. Er leitete bereits am ersten Weihnachtstage die Musik des Festgottesdienstes in der Thomas-Kirche und stellte sich mit seinem lateinischen Magnificat als Komponisten vor.

Auch dem öffentlichen Probespiel unterzog er sich ohne Widerspruch. Da man von Allem hochentzückt war, stand der Wahl Graupners zum Thomascantor nichts im Wege. Sie würde bestimmt einstimmig ausgefallen sein – selbst Baumeister Wegner hätte nicht gewagt, den Namen Bach auch nur zu nennen – wenn – – ja, wenn die Wahl schon jetzt erfolgt wäre. Aber man war durch das Verhalten Telemanns mißtrauisch geworden. Der Regierende Bürgermeister Dr. Lange forderte: Bevor man die endgültige Entscheidung treffe, müsse der Kandidat die schriftliche Bestätigung seiner Darmstädter Dimission vorlegen. Sie sei für alles Weitere unerläßlich. Graupner erklärte: Kinderleicht werde es sein, die Entlassung von seinem ihm wohlgewogenen Gnädigen Fürsten zu erlangen. Ob man die Wahl nicht doch schon jetzt – –? Der Regierende Bürgermeister blieb dabei: Dimission schriftlich nachweisen! Vorher könne man keinen weiteren Schritt in der bisher erfreulich verlaufenen Angelegenheit unternehmen.

Graupner ließ sich die festgesetzten 20 Thaler Reisegeld auszahlen und reiste nach Darmstadt zurück. Mit dem festen Entschluß, dort den Weg in die Thomas-Kirche für sich freizulegen. Daß dieses Ziel unter allen Umständen erreicht werde, hatte er einen Brief an seinen Fürsten mitgenommen. Darin führte der HochWohlweise Rath unterthänigst aus: Leipzig sei sehr viel daran gelegen, für die freigewordene Stelle des Thomascantorates einen Musicus zu gewinnen, welcher die dortigen Verhältnisse von Grund auf kenne. Selbstverständlich dürfe die Berufung nur nach vorhergehender Entlassung aus den gegenwärtigen Diensten erfolgen. So bitte man denn geziemend, daß Seine Hoheit den bisherigen Hof-Capellmeister Graupner, welcher in der Thomasschule musicalisch ausgebildet sei, für das seit Monaten ledige Thomascantorat gütigst freistellen möge. Drei Wochen später meldete der Heimgekehrte aus Darmstadt, daß er nach Abpassung einer guten Stunde den mitgenommenen Brief Seinem Herrn eigenhändig übergeben habe und bester Hoffnung sei.

Unsicher geworden durch das lange Ausbleiben der Fürstlichen Antwort auf die Bitte um Entlassung Graupners aus Landgräflichen Diensten, ließ man, zumal es keine Kosten verursachte, Schott, den Cantor der einheimischen Neuen Kirche, probespielen. Aber der HochWohlweise Rath konnte sich, infolge der lebhaften Erinnerung an die überragenden Leistungen des Hamburger Telemann und des Darmstädters Graupner, zur Wahl des Leipziger Organisten nicht entschließen. Man verzichtete aus dem gleichen Grunde darauf, Rolle aus Magdeburg um ein Probespiel zu bitten. Aber was tun? Was nur tun?? Einer der Rathsherren erklärte: Da man keinen von den Besten bekommen könne, so bleibe nichts Anderes übrig, als sich an einen Mittleren zu wenden und den Versuch zu machen, ob Bach aus Köthen für Leipzig zu gewinnen sei. Nun hatte sich zwar Johann Sebastian Bach im Dezember des Jahres 1722 um die Nachfolge Kuhnaus schriftlich beworben, jedoch immer wieder geschwankt, ob es nicht besser wäre, seine Bewerbung zurückzuziehen. Je länger die Leipziger Entscheidung sich hinauszögerte, desto größer wurde die Herzenshoffnung Johann Sebastians, daß der bittere Kelch, nach Leipzig ziehen zu müssen, gnädig an ihm vorübergehe. Als dann aber die Einladung zum Probespiel in der Thomas-Kirche kam, wog Bach noch einmal Vorteile und Nachteile der beiden Stellungen sorgsam gegeneinander ab. Für Köthen sprachen die völlige Unabhängigkeit seines Schaffens und das Verständnis eines kunstsinnigen Fürsten, der ihm nach wie vor wohlgewogen war. Gegen Köthen mußte vorgebracht werden: die Unmöglichkeit, seinen Kindern eine ausreichende Schulbildung zu verschaffen. Für Leipzig ließ sich ins Feld führen, daß er dort einen wichtigen Teil seiner schöpferischen Tätigkeit, der in Köthen zu verkümmern drohte – die geistliche Musik – ungeahnt weiterführen und seine drei, auch geistig hochbegabten Söhne auf die Universität schicken konnte, damit sie sich durch ein abgeschlossenes Studium jene umfängliche Bildung erwürben, welche ihm selber infolge Härte seiner elternlosen Jugend versagt geblieben war. Gegen Leipzig mußte gesagt werden, daß er neben seiner musikalischen Tätigkeit in Latein zu unterrichten hatte und von mehreren einander befehdenden Körperschaften abhängig war. Die Rücksicht auf seine Kinder gab den Ausschlag. Die Gefühle des Vaters siegten über die Bedenken des Künstlers. Johann Sebastian Bach entschloß sich nach monatelangem Schwanken, seine Bewerbung um das Leipziger Thomascantorat aufrechtzuhalten.

Als eine Woche seit dem unbefriedigenden Probespiel des Organisten Schott vergangen war, am 7. Februar, legte Bach die notwendige kirchenmusikalische Prüfung für seine Cantorenbefähigung ab. Er dirigierte und bespielte seine Kantate «Jesus nahm sich die Zwölfe».

Man war sowohl mit dem Bach-Spiel wie mit der Bach-Komposition höchlich zufrieden. Aber die Wahl, so eröffnete dem Bewerber auftragsgemäß eines der Rathsmitglieder, könne noch nicht stattfinden. Denn es lasse sich zur Stunde nicht sagen, ob Graupner, den man nach Telemann ins Auge gefaßt hätte, die Entlassung aus Hessischen Diensten erlangen werde. Wenn der Landgraf sie verweigere, dann stehe seiner, Bachens, endgültiger Wahl nichts mehr entgegen. Vorausgesetzt, daß er gewillt sein werde, zwei schriftlich festgelegte Bedingungen zu erfüllen. Einstweilen möge er also nach Köthen zurückkehren und weiteren Bescheid abwarten. Als Kosten vor Reise und Zehrung könne er sich 10 Thaler von der Stadtkasse auszahlen lassen. Es seyen allerdings 20 Thaler zu dem gedachten Zweck bewilligt worden. Aber dieweil er noch ein weiteres Mal kommen müsse, so habe man als richtig befunden, ihm einstweilen nur die Hälfte anzuweisen und den Rest für seine Wiederkehr verfügbar zu halten. Johann Sebastian stimmte zu und fuhr heim nach Köthen.

Mitte März raffte der Regierende Bürgermeister Lange sich auf und forderte in einem Brief von Graupner den schriftlichen Nachweis der bewerkstelligten Dimission. Der bedrängte Komponist wurde, um die Freigabe für Leipzig zu erlangen, persönlich bei seinem Fürsten vorstellig. Landgraf Ernst Ludwig von Hessen ließ daraufhin den HochWohlweisen Rath durch ein Kanzlisten-Schreiben wissen: Er sei chagrin! Zu deutsch: empört! Wie könne man sich herausnehmen, Ihm Seinen musikalisch überaus tüchtigen und menschlich äußerst angenehmen Hof-Capellmeister zu entwenden? Es bestehe in ihm nicht der geringste Gedanke, Diesen freizugeben.

So konnte Graupner Ende März dem Leipziger Rath nur eröffnen: Die Annahme, seine Entlassung aus dem Darmstadter Dienste sei leicht zu erlangen, wäre falsch gewesen. Sie lasse sich überhaupt nicht bewerkstelligen. Wieviel Seinem Allergnädigsten Herrn daran liege, ihn unter allen Umständen zu behalten, gehe aus folgenden Tatsachen eindeutig hervor: Der Landgraf habe ihm das bisherige Gehalt beträchtlich erhöht; und zwar – was in diesem Falle tatsächlich stimmte – ohne irgendwelches Zutun von seiner Seite. Der Landgraf habe ihm zum Anderen ein Geschenk von 3100 Gulden gemacht. Der Landgraf habe zum Dritten verbrieft: Nach seinem — Graupners — Tode für seine — Graupners — Witwe bis zu deren Hinscheiden und für ihre Kinder bis zur Mündigkeit hinreichend sorgen zu wollen. So bleibe ihm, was man zweifelsohne verstehen und billigen werde, nur noch übrig, auf die vorgesehene hohe Auszeichnung mit aufrichtigem Dank zu verzichten und nachdrücklich zu empfehlen, an seiner Stelle Johann Sebastian Bach zum Thomascantor zu wählen. Denn Dieser sei als Musicus ebenso stark auf der Orgel wie erfahren in Kirchen-Sachen und Kapellen-Stücken.

Also weilte im März des Jahres 1723 Bach erneut in Leipzig. Nicht etwa, um seine Wahl zum Thomascantor zu betreiben. Deren Verlauf hatte er Gott anheimgestellt. Wohl aber gedachte Johann Sebastian eines seiner großen Werke aufzuführen. Als er sich im November 1722 um die Stelle an der Thomas-Kirche bewarb, bestellte der Leipziger Rath, damit die Hohen Feste infolge Kuhnaus Ableben nicht ohne neue Musik vorübergingen, bei Graupner für Weihnachten ein Magnificat, bei Bach für Ostern eine Passion. Gleich Jenem ergriff Dieser die sich bietende Gelegenheit, ein umfängliches kirchenmusikalisches Werk zu schaffen, mit Freuden. Und so erklang am Charfreitag, dem 26. März des Jahres 1723, zum ersten Mal in der Leipziger Thomaskirche die zu Köthen niedergeschriebene Johannispassion Sebastian Bachs. Text und Musik waren wegen der Eile, mit welcher sie beschafft werden mußten, an manchen Stellen ungleichmäßig, ja unzulänglich. Auch machten sich Unkenntnisse auf dem Gebiete der Passionen und das Fehlen einer Orgel zum Nachprüfen während des Komponierens an einigen Stellen hemmend bemerkbar, so daß Sebastian Bach später, aus reicherer Erfahrung und größerer Ruhe heraus, diese erste seiner Passionen gründlich überarbeitete. Aber der Atem seiner überwältigenden Schöpferkraft belebte das großangelegte Werk. Immerwieder durchschauerte es die Hörer bis in die innersten Tiefen, als ob sie Jesus auf seinem Leidenswege vom Garten Gethsemane bis zum Berge Golgatha persönlich begleiteten.

Da inzwischen die Absage Graupners aus Darmstadt eingegangen war, eröffnete der Regierende Bürgermeister Lange dem Komponisten der wohlgeratenen Passionsmusik: Man sei nunmehr durchaus geneigt, seine Wahl zum Kantor der Thomas-Kirche vorzunehmen. Wenn er bereit wäre, zwei unerläßliche, namentlich zu unterzeichnende Schriftstücke bei dem Rath der Stadt Leipzig zu hinterlegen!

Bach bat um deren Bekanntgabe.

Bürgermeister Lange erklärte: Zum Ersten habe er die urkundliche Bescheinigung seiner Entlassung aus den Fürstlich Köthenischen Diensten beizubringen.

Bach behauptete: Es sei für ihn kinderleicht, das gewünschte Schriftstück zu beschaffen. Denn er dürfe mit Fug und Recht den Fürsten Leopold seinen Freund nennen.

Bürgermeister Lange betonte: Auch Graupner habe sich anheischig gemacht, seine Dimission aus den Landgräflich Hessischen Diensten leichterhand beschaffen zu können. Er sei jedoch, wie es in diesen Tagen sich unzweifelhaft erwiesen hätte, dazu nicht in der Lage gewesen.

Bach erbat, um das Lächeln seiner inneren Überlegenheit geziemend zu verbergen, hastig die Bekanntgabe jenes Schriftstückes, dessen Unterzeichnung für seine Cantorenwahl die weitere Vorbedingung sei.

Bürgermeister Lange bedeutete ihm: Er werde nach der vollzogenen Wahl, zur Bestätigung ihrer Gültigkeit, einen Revers von 14 Punkten wie alle bisherigen Thomascantoren zu unterschreiben haben. Alldieweil man aber bei Telemann schlechte Erfahrungen gemacht hätte, so wäre man dahingehend übereingekommen, daß Er außerdem einen Vor-Revers unterschreiben solle, damit das Verhandlungsschiff nicht noch einmal auflaufe oder gar an einer Klippe zerschelle.

Bach bat, den Vor-Revers kennen lernen zu dürfen.

Bürgermeister Lange händigte ihm das bereitgehaltene Schriftstück aus.

Bach nahm es hin und überflog seinen Inhalt.

Der Vor-Revers zur Sicherung des End-Reverses forderte, daß nach höchstens vier Wochen von Johann Sebastian Bach dem Wohlgedachten Rathe der Dimissions-Schein eingehändigt werde. Sodann solle er sich verpflichten, die Knaben nicht alleine in den dazugehörigen ordentlichen Stunden sondern auch im Singen ohne Entgelt zu informiren. Des Weiteren sei zu versichern, soferne mit Vorbewußtsein und Bewilligung Eines Erbaren HochWeisen Rathes zu seiner Unterstützung beym Informieren in der Lateinischen Sprache Jemand erforderlich werden sollte, denselben aus seinen eigenen Mitteln vergüten zu wollen. Urkundlich habe er darüber den Vor-Revers des Reverses unter seine Hand und sein Petschaft gestellet. Geschehen Leipzigk, den 19ten April 1723.

Ohne dem Geforderten sonderliche Bedeutung beizumessen, überreichte Bach dem Regierenden Herrn das unterzeichnete Schriftstück. Der gab es an ihn zurück. Ehe noch Johann Sebastian «Warum?» fragen konnte, wies Bürgermeister Lange darauf hin: Es fehle der Abdruck des Petschaftes. Eine Urkunde aber dürfe nichts behaupten, was nicht wortwörtlich erfüllet werde. Bach begann seine Petschaft hervorzukramen. Da er es nicht sogleich fand, ließ der Bürgermeister eigenhändig — denn die Unterredung hatte unter vier Augen stattgefunden — flüssig gemachtes braunrotes Wachs auf das Papier träufeln. Und dann drückte Johann Sebastian Bach sein Petschaft hinein, dessen Siegelfläche in richtiger und gespiegelter Schrift die bedornten und bekronten Anfangbuchstaben seines Namens J. S. B. schönverschlungen zeigten.

Bürgermeister Lange lächelte befriedigt.

Johann Sebastian Bach verabschiedete sich geziemend.

Der Heimgekehrte berichtete seinem Fürsten wahrheitgemäß über die Leipziger Geschehnisse und bat um ein Schriftstück, welches ihm bezeuge, daß für den Fall der Wahl zum Thomas-Cantor seinem Abgang in Köthen nichts entgegenstehe. Leopold willfahrte ohne jede Einwendung unverzüglich dem Ansuchen seines Capellmeisters.

So endete eine Verbindung, die mit gemeinsamem Musizieren auf das Verheißungvollste begann, sich zu menschlicher Freundschaft entwickelte, von einer kunstfeindlichen Frau gefährdet wurde, mit bitterer Herkömmlichkeit.

Als Johann Sebastian Bach den gnädiglich ausgestellten Dimissions-Schein persönlich in Leipzig vorlegte, gestand man ihm zu: Damit seien alle Vor-Bedingungen erfüllt. Nunmehr könne also seine Wahl zum Thomascantor vorgenommen werden. Das solle in einigen Tagen geschehen. Grund-Bedingung sei jetzt noch, daß er — gleich sämtlichen Vorgängern im Amte — die 14 Punkte des endgültigen Reverses mit seinem Namen versehe. Was Telemann zu umgehen gewußt, Kauffmann abgelehnt hatte, das nahm Johann Sebastian Bach ohne Bedenken auf sich: Er unterschrieb das fußangelige Schriftstück. Nachdem es geschehen war, barg man es in einer schmiedeeisernen Kasette und riet dem künftigen Thomascantor: Er solle getrosten Mutes, nach Empfang der restlichen 10 Thaler Reisekosten, heimfahren und in Köthen den ausschlaggebenden Beschluß abwarten. Bach folgte dieser Anweisung.

Am Donnerstag, den 22. April des Jahres 1723, fand im Leipziger Rathaus die denkwürdige Sitzung statt, welche für die deutsche Musik eine Wende herbeiführte.

Als Erster erhob sich der Dominus Consul Regens Dr. Gottfried Lange und trug den Versammelten aller drey Räthe vor: Es wäre bekannt, daß man wegen der Cantor-Stelle zu Sanct Thomae seine Gedanken auf Herrn Telemann gerichtet gehabt hätte. Der habe auch versprochen, alles zu thun, um nach Leipzig kommen zu können. Jedoch habe er sein Versprechen nicht gehalten. Man hätte hernach auf Herrn Graupner, Capellmeister zu Darmstadt, sein Absehen gehabt. Dieser aber habe berichtet, daß der Landgraf von Hessen ihn nicht freygeben wolle. Hernach hätten sich Bach, Kauffmann und Schott gemeldet. Von ihnen habe man Bach vorgezogen. Selbiger wäre Capellmeister zu Coethen und excelliere im Clavierspiel. Neben der Musik müsse allerdings der Cantor die Information der Tertia übernehmen und die Schüler sowohl in der Lateinischen

Grammatik wie in der lateinischen Redekunst unterrichten. Bach habe sich reversieret, wolle sagen: durch namentliche Unterschreibung eines ihm vorgelegten Reverses ausdrücklich verpflichtet, die Schüler auch in Latein nicht nur publice — öffentlich — sondern ebenfalls privatim — häuslich — nach Bedarf zu unterrichten. Wenn Bach, was er vorschlage, erwählet würde, so könne man Telemann wegen seiner unfairen conduite — seiner unredlichen Aufführung — vergessen.

Nachdem der Regierende Bürgermeister wiederum Platz genommen hatte, erhob sich der Nicht-Regierende Bürgermeister Dominus Consul Dr. Platz und führte aus: Weil die Vacanz solange gewesen wäre, hätte man alle Ursach, unverzüglich zu der Wahl des neuen Thomascantors zu schreiten. Es wäre dringend zu wünschen, daß man es mit dem Dritten endlich träfe. Zur Information der Jugend müsse Dieser sich neben seinem musicalischen Ambte allerdings accomodiren, das ist: bequemen. Weil er es thun wolle, so laute sein Votum für Bach. Und er gebe Selbigem hiermit seine Stimme.

Darauf erhob sich Dominus Consul Dr. Steger. Er dankte dem Regierenden Herrn Bürgermeister Gottfried Lange für die Sorgfalt, mit welcher Dieser in der Thomascantoren-Sache gehandelt habe. Es sey nach dem Vorgebrachten durchaus verständlich, warum die Erledigung sich unmäßig lange verzogen hätte und zum Beschluß nichts Anderes verblieben wäre, als Herrn Bach zu nehmen. Bachs Person sey wahrscheinlich genau so gut als Graupners. Wichtiger müsse jedoch genannt werden, daß Bach sich bereit erclähret hätte, nicht allein als Cantor sondern auch als College bei der Thomas-Schule seine Treue zu bezeigen und sich mit den anderen praeceptoribus ins Wohlvernehmen zu setzen. Also gebe er gleichfalls Bachen seine Stimme. Freilich müsse er, auf Grund des Eindruckes, welchen dessen Spiel bei ihm hinterlassen hätte, die Bedingung stellen: Bach hätte solche compositiones zu machen, die nicht theatralisch wären!

Da weitere Wortmeldungen nicht erfolgten, schritt man zu der entscheidenden Handlung. Zehn Monate nach dem Tode

Johann Kuhnaus wurde Johann Sebastian Bach zum Cantor an der Thomas-Kirche und zum Director musices der Stadt Leipzig einstimmig erwählt.

Man teilte dem Gewählten unverzüglich das Ergebnis mit.

So stand Johann Sebastian Bach bald darauf seinem obersten weltlichen Gebieter, dem Regierenden Bürgermeister, gegenüber. Zu dieser Zwiesprache wurde nur ein Schreiber zugezogen. Dessen Protokoll vermeldete:

Den 5. May 1723 erschien Herr Johann Sebastian Bach, bisheriger Capellmeister an dem Hochfürstlich Anhalt-Coethenischen Hofe, in der Rathstube und nachdem Er sich hinter die Stühle gestellet, eröffnete ihm der Dominus Consul Regens Dr. Lange: Es hätten sich zum Cantoren-Dienste bey der Schule zu Sanct Thomae zwar verschiedene Personen gemeldet. Er aber sey von Diesen dazu als der capableste – wolle sagen: als der Tauglichste – erachtet worden. So hätte man Ihn einhellig erwählet.

Bach dankte gehorsamst, daß man auf ihn Reflexion machen wolle. Er verspreche alle Treue und allen Fleiß.

Dr. Lange: Auf Eines Erbaren HochWeisen Raths Verordnung hin wäre dem Herrn Superintendenten Deyling von ihm vermeldet, daß der bisherige Hochfürstlich Anhaltische Capellmeister zu Coethen, Herr Johann Sebastian Bach, zum Cantorn bey der Thomas-Schule einhellig erwehlet worden sey, welches Ihm zu notificiren man als unumgänglich erachte, damit er wegen der Praesentation und Sonstigem alles Notwendige zu veranstalten belieben möchte.

Bach dankte für die geschehene Notifaction und versicherte: Er würde seine persönliche Vorstellung und alles weiterhin Nötige zu besorgen nicht ermangeln.

Dr. Lange: Ich that dem Herrn Pastori bey der Thomas-Kirche, Licentiat Weißen, gleichfalls Notification von der geschehenen Wahl. Dieser bedanckete sich darvor schuldigst und wünschte darzu allen Segen.

Bach verneigte sich geziemend.

Daraufhin wurde die Audienz des neuen Thomascantors bei

dem Regierenden Bürgermeister der Stadt Leipzig mit einer gnädigen Handreichung der Höchsten Herrn beendet.

Von der Stadt war also die Wahl Bachs zum Thomascantor rechtsmäßig vollzogen. Die Kirche aber gab sich damit keineswegs zufrieden. Sie bestand auf einer Forderung, ohne deren Erfüllung sie außerstande wäre, die vorgenommene Entscheidung als gültig anzuerkennen. Johann Sebastian Bach müßte sich einem Glaubensexamen unterziehen. Dieses hielt im Auftrage seines obersten Geistlichen Gebieters, des Superintendenten D. Deyling, der Consistorialassistent Dr. Johannes Schmidius ab. Zum Beschluß wurde Sebastian Bach von dem Genannten confirmiert. Allerdings: Der Schöpfer unsterblicher Werke — gewaltiger Orgelfugen, grenzenloser Kantaten, des einmaligen Wohltemperierten Klavieres und der gewaltigen Johannespassion — wurde zwecks Tauglichkeit zur Übernahme des Thomas-Cantorates von einem untergeordneten Geistlichen, nach Beendigung des Glaubensexamen, confirmiert. Das Confirmationszeugnis lautete:

Dominus Johannes Sebastianus Bach ad questiones a me propotitas ita respondit ut eundem ad officium Cantoratus in schola Thomana admitti posse censeam.

Dr. Jo. Schmidius
Consentit D. Salomon Deyling.

Zu Deutsch: Herr Johann Sebastian Bach hat auf alle Fragen, die ich ihm vorlegte, so geantwortet, daß ich meine, derselbe könne zu dem Amt des Cantors in der Thomas-Schule zugelassen werden.

Doctor Johannes Schmid
Bestätigt Doctor Salomon Deyling.

Als sämtliche vorauszusehenden und unerwarteten Schwierigkeiten überwunden waren, kehrte der wohlbestallte Thomascantor nach Köthen zurück, um seine Übersiedelung an die neue Wirkungstätte vorzubereiten. Auch wenn sie von ihm nicht mit höchstem Eifer betrieben worden wäre, würde das

Notwendige bald geschafft gewesen sein. Denn Bachs Besitztum war, außer den Kindern, noch immer gering.

In der zweiten Hälfte des Mai anni 1723 übersiedelte Johann Sebastian Bach von Köthen nach Leipzig. Begleitet war er von fünf Kindern: den noch lebenden Vieren von jenen Sieben, welche seine erste Frau Maria Barbara geboren hatte, und einem Mädchen, dem Erstling von jenen Dreizehn, welche ihm seine zweite Frau Anna Magdalena schenkte. Dieses lag noch in den Windeln und wurde nicht viel anders an den künftigen Wohnort befördert wie manche sonstigen Bündel.

So konnte bald hernach die «Acta Lipsiensium Academica» mit Befriedigung vermelden:

> Den 30. Maji, als am ersten Sonntage nach Trinitatis, führte der neue Cantor und Director Collegii Musici Herr Johann Sebastian Bach, so vom Fürstlichen Hofe zu Köthen hierher gekommen ist, mit gutem applausu seine erste Musik auf.

Dargeboten wurde während des Gottesdienstes Johann Sebastian Bachs gewaltiges Werk «Die Elenden sollen essen», womit der neue Thomascantor die schier unübersehbare Reihe seiner Leipziger Kantaten eröffnete.

Am Dienstag, dem 1. Juni des Jahres 1723, fand die feierliche Einführung des achtunddreißigjährigen Johann Sebastian Bach in sein neues Amt statt. Von dem Leipziger Rath wurden dazu nach der Thomasschule als Abordnung entsandt: der Schulvorsteher Baumeister Gottfried Conrad Lehmann und der Ober-Stadtschreiber Carl Friedrich Menser. Sie erschienen zu der festgesetzten Zeit, früh um Halbneun, an dem Pförtchen, durch welches der Weg auf den Thomaskirchhof und über ihn hin zur Thomasschule führte. Dort wartete der zuständige Pastor, Licentiat Christian Weiß. Denn weil der Regierende Bürgermeister und die Rathsherren es nicht für angebracht hielten, persönlich zu kommen, sah das Consistorium ebenfalls davon ab, an der Feier durch seinen Vorsitzenden, Superintendent Deyling, vertreten zu sein.

Auch Lehrer und Schüler standen zum Empfang Bachs an der Haustür der Thomasschule bereit. Als Dieser das Pförtchen zu dem eingeebneten Kirchhofsplatz öffnete, sangen die feierlich mit ihren bauschigen Schalaunen angetretenen Schüler des Thomanerchores Bach zum Willkomm barhäuptig ein geistliches Lied.

Der neue Thomascantor stellte fest: ‚Gut gemeint. Aber mäßig gelungen! Muß besser werden. Viel besser!'

Man begab sich in die Aula der Schule. Dort nahmen die Erwachsenen auf bereitgestellten Stühlen Platz: rechter Hand der Ober-Stadtschreiber, der Schulvorsteher und der Thomaspastor – linker Hand die Schulcollegen des neuen Cantors. Rector Ernesti war nicht anwesend. Er hatte sich mit Gebrechlichkeit infolge hohen Alters entschuldigen und durch den Conrector vertreten lassen. Sebastian Bach saß vor den Schülern, die stehen mußten, allein in der Mitte.

Ober-Stadtschreiber Menser bestieg das Katheder und trug im Auftrage der Leipziger Regierung vor: Nachdem es dem Allmächtigen gefallen hätte, den zu der Thomasschule verordnet gewesenen Cantor, Herrn Johann Kuhnau, von dieser Welt abzufordern, wäre an dessen Stelle von Einem Ehrbaren HochWeisen Rathe Herr Johann Sebastian Bach, gewesener Capellmeister an dem Hochfürstlich Anhaltischen Hofe zu Köthen, als Thomascantor erwählet worden. Es bleibe daher jetzt nur noch übrig, Denselben in solches Amt ordentlich einzuführen und pflichtlich anzuweisen. Das geschehe hiermit im Namen der Heiligen Dreifaltigkeit von dem Wohlgewählten Rath als den Patronis der Thomasschule. Der neue Cantor sei verpflichtet, sein Amt treu und fleißig zu verwalten, den Oberen und Vorgesetzten unter gehörigem Respekt willig zu begegnen, mit seinen Herren Collegen gutes Einvernehmen zu pflegen, die Jugend zur Gottesfurcht anzuhalten, in den nützlichen Wissenschaften treulich zu unterrichten. Die Alumnen – die Internatszöglinge – und die Anderen, welche die Schule von außen her besuchten, seyen dem Neuen Herrn Cantor gegenüber zur Leistung des Gehorsams und Erweisung der Unterthänigkeit verpflichtet. Somit schließe er mit einem guten Wunsche für das Wohlergehen der Schule.

Bach erhob sich und erklärte in einer kurzen, von seinem Platz aus gehaltenen Ansprache: Er danke dem HochEhrbaren Rathe verbundenst, daß Derselbe bei Vergebung des Dienstes an der Thomas-Schule und der Thomas-Kirche auf ihn Hochgeneigt reflectirt hätte. Er verspreche, denselbigen mit aller Treue und allem Fleiß zu verrichten, seinen Vorgesetzten mit schuldigem Respect zu begegnen und sich allenthalben so zu erweisen, daß man seine devoteste Bezeigung jederzeit spüren solle.

Noch ehe der neue Thomascantor wieder saß, erhob sich der Thomaspastor Christian Weiß und begann, unvermittelt an Johann Sebastian Bach eine Ansprache zu halten. Der Ober-Stadtschreiber, welcher sich schon angeschickt hatte, seinen erhöhten Platz zu verlassen, kehrte auf das Rednerpult zurück. Denn es galt, das Unvermutbare genau zu beobachten, damit es pflichtgemäß Einem Ehrbaren HochWohlweisen Rathe berichtet werden konnte. Sehr bald sandte Menser zu dem zweiten Abgesandten, Schulvorsteher Lehmann, fragende Zeichen durch Achselzucken, Kopfschütteln und Handerheben. Denn die Rede des Herrn Licentiaten ging mit ihren Anweisungen betreffend Bachs Verhalten gegenüber der Kirche sehr viel weiter, als freundliche Begrüßungworte es erforderten. Der Herr Schulvorsteher benickte einmal um das Andere die Grundfrage des Herrn Ober-Stadtschreibers mit der Feststellung: Ungehörig – Ungehörig – –

So erklärte Menser – nachdem Pastor Weiß sich gesetzt hatte und erkenntlich geworden war, daß Bach ihm nicht antworten werde – mit erregter Stimme: Es wäre soeben etwas Ungehöriges geschehen; etwas, das allem Herkommen widerspreche. Der Herr Licentiat habe sich unterfangen, dem neuen Herrn Thomascantor Verhaltungmaßregeln zu erteilen. Dies sei aber durchaus nicht seines Amtes. Er hätte der Einweisung lediglich beizuwohnen und seine Worte auf Glückwünsche zu beschränken. Gewählet sei Bach zum Thomascantor von der Stadt. Nicht von der Kirche! So wäre denn auch als Beauftragter der Stadt ein HochWohlweiser Rath, nicht aber als

Beauftragter der Kirche das Consistorium Bachs höchster Vorgesetzter. Er, Menser, werde nicht verfehlen, seiner übergeordneten Behörde von dem Vorgefallenen auf das Genaueste Bericht zu erstatten. Woraufhin der Hohe Rath sicherlich das Zweckvollste tue, um seine Rechte gegen Übergriffe zu schützen!

Licentiat Weiß erwiderte, ohne sich vom Platz zu erheben: Er hätte lediglich den Auftrag seines Vorgesetzten, des Herrn Superintendenten Deyling, durchgeführt. Ob die ihm erteilten Befugnisse überschritten wären, müsse Dieser nach Anhörung des Berichtes entscheiden. Immerhin sei festzustellen, daß der Thomas-Cantor zur Hauptsache Dienst an der Thomas-Kirche zu leisten hätte und nur nebenher sich an der Thomas-Schule als Lehrer betätigen müsse. Die Frage nach der Überordnung, Unterordnung, Nebenordnung von Kirche und Schule sei so weitgreifend, daß sie in der Kürze überhaupt nicht und in der gebotenen Länge ebensowenig behandelt werden könne. Denn Letzterem widersprächen Zeitdauer und Anlaß der gegenwärtigen Zusammenkunft.

Um die Peinlichkeit zu beenden und eine plumpe Antwort Mensers auf die geschickte Erwiderung Weißens zu verhindern, gab der Conrector das Zeichen zum Beginn des Schlußliedes. Und die Schüler sangen a capella:

Sing, bet und geh auf Gottes Wegen,
Verricht das Deine nur getreu.
Vertrau des Himmels reichem Segen,
So wird er bei Dir werden neu.
Denn welcher seine Zuversicht
Auf Gott setzt, den verläßt er nicht.

‚Flauer vierstimmiger Satz!' stellte Sebastian Bach fest. ‚Nichteinmal frei von Fehlern!'

Als der Chor verklungen war, gingen die Schulcollegen und Stadtvertreter zu Johann Sebastian, um Diesem für die Übernahme seines bedeutungvollen Amtes ihren Glückwunsch auszusprechen. Die Schüler schlichen, weil sie das Ganze — außer dem Singenmüssen — nichts anzugehen hatte, hinter ihrem

Rücken vorbei. Dem neuen Lateinpauker und Gesangslehrer die Hand zu geben, geschweige denn ihn mit einigen Grußworten anzureden, wagte Niemand. Scheu sahen sie zu dem mächtigen Manne, der ihnen das runde, rote, von einer weißwallenden Perücke umrahmte Gesicht zukehrte, mit der stummen Frage hinauf: Was sie von ihm wohl zu erwarten hätten? Bach nahm sich soviel Zeit, ein paar Mal den Fortgehenden zuzunicken. Der Thomaspfarrer Licentiat Weiß beglückwünschte den neuen Thomascantor außer mit den Worten seiner Ansprache nicht. Nach einer stummen Verbeugung vor dem Gefeierten verließ der Abgesandte der Kirche das Auditorium der Schule.

Über den strittigen Punkt der Amtsverfehlung Weißes führten Rath und Consistorium einen langwierigen Schriftwechsel. Beide nahmen ihre Vertreter – Jener den Ober-Stadtschreiber, Dieser den Licentiaten – in Schutz. Beide ließen, als man wiederholt seine herkömmlichen Rechte auf das Nachdrücklichste betont hatte, die Sache auf sich beruhen.

Elf Monate nach dem Tode Johann Kuhnaus war Sebastian Bach geworden, was er bis an das Ende seines Lebens, siebenundzwanzig Jahre lang, blieb: Thomascantor.

XVII

Bisher ging das Leben und Wirken Johann Sebastian Bachs trotz aller Mächte, welche die wanderwilligen Füße oft am Weiterschreiten zu hindern versuchten, ständig bergauf. Dem Nachkommen des Spielmannes Hans Bach und des Stadt-Pfeifers Ambrosius Bach wiesen eigenes Verlangen, das Vorbild seines großen Eisenacher Oheims Johann Christoph Bach und der Unterricht seines begrenzten Ohrdrufer Bruders den Weg in die Weiten der musikalischen Kunst. So konnte er während der Lüneburger Schülerjahre zum Concertisten und Präfecten, zum Solosänger und Dirigenten, aufrücken. Die Übernahme der Concertmeisterstelle am ersten Violinpult des Herzoglich Weimarischen Orchesters schien ein Umweg zu sein. Sie erwies sich aber als eine jener Kehren, die Bach zwar langsamer, aber desto sicherer emporführten. Also ergab sich — seit Lüneburg planvoll erstrebt — die Organistentätigkeit in Arnstadt und Mühlhausen. Bis zur Meisterschafthöhe der Orgelvirtuosität und des Orgelschaffens während des zweiten langjährigen Weimarer Aufenthaltes war es von dort aus nur eine kurze Strecke. Wenn auch Johann Sebastian nunmehr verweilen und ausschöpfen konnte, was sich an musikalischen Möglichkeiten auf den Wanderwegen der Jugend in ihm gesammelt hatte, für die Dauer war seines Bleibens auf dieser ersten Höhe nicht. Denn einem bedeutenden Teil seines Wesens war dort die künstlerische Auswirkung versagt. Zwar hatte sich diese mit der Ernennung zum Hof-Capellmeister angebahnt. Aber herrenhaftes Unverständnis nahm mit der zweiten Hand wieder fort, was mit der ersten Hand gegeben wurde. In Köthen schenkte ein Fürst das Erforderliche: Freiheit und Anteilnahme, Ungebundenheit und Freundschaft. Die zweite schöpferische Höhe wurde erstiegen. Nach der geistlichen Musik kam die weltliche Musik sowohl werkmäßig wie wirkungmäßig zu voller Geltung. Das Herz wünschte also nur noch Eines: Erhaltung des unerschöpflichen Glückes bis an das Lebensende. Jedoch auf die Dauer war des Bleibens auch in Köthen nicht.

Die Übernahme des Cantorates der Leipziger Thomas-Kirche brachte in dem Leben Johann Sebastian Bachs den ersten Abstieg. Aus dem Hochfürstlichen Capellmeister wurde ein Cantor. Mit unverblümten Worten gesagt: Ein Schulmeister. Nicht etwa nur ein Gesangslehrer, der durch Unterricht die Kunst fördern konnte. Sondern zugleich ein Lateinpauker.

Bach selber erschien die Übersiedelung nach Leipzig als ein Opfer. Das ging unverkennbar aus einem Brief hervor, den er an seinen einstigen Lüneburger Schulkameraden Georg Erdmann schrieb. Dieser war den Lebensweg in entgegengesetzte Richtung gegangen wie Johann Sebastian. Unter Aufopferung der Musik hatte Erdmann sich den Diensten der Welt zur Verfügung gestellt. Sie lohnte es dem Wirklichkeitwilligen reichlich: überhäufte ihn mit Ämtern und Ehren, beschenkte ihn mit Titeln und Würden. Während Bach, um sein Leben zu fristen und den vielen Kindern eine umfassende Bildung zu verschaffen, mit einem Schulmeisterposten fürlieb nahm, war Erdmann Kaiserlich Russischer Hofrat geworden und wirkte in Danzig als Resident, als Gesandter, des großmächtigen Zaren. So redete Johann Sebastian seinen langjährigen, ihm durch Landsmannschaft und Freundschaft verbundenen ehemaligen Klassenkameraden nicht mit dem Vornamen Georg an, brauchte nicht das jahrelang angewandte vertraute Du. Sondern das Schreiben begann: Euer HochWohlgebohren werden einem alten treuen Diener bestens excusiren — verzeihen — daß er sich die Freiheit nimmet, Ihnen mit diesem Brief zu incommodiren — zu belästigen —. Nachdem sich an solche Bitte um Verzeihung die lebhafte Schilderung der glücklichen Lebensumstände und der günstigen Schaffensvoraussetzungen in Köthen angeschlossen hatte, folgte das schmerzliche Geständnis: Gott fügte es so, daß ich zu hiesigem Directore musices und Cantore an der Thomas-Schule vociret — berufen — wurde. Obwohl es mir anfänglich gar nicht anständig seyn — nicht anstehen — wollte, aus einem Capellmeister ein Cantor zu werden.

Die naheliegende Frage des einstigen Lüneburger Freundes, warum Bach, wenn er die Verwandlung des Hochfürstlichen

Capellmeisters in einen Städtischen Cantor als seiner nicht würdig erachtete, die Schulmeisterstelle annahm — —, diesen unvermeidlichen Einwand beantwortete das Schreiben Sebastian Bachs an Georg Erdmann mit den Worten: Jedoch mir wurde diese Station dermaßen favorable — dermaßen günstig — beschrieben, daß ich es endlich (zumahl da meine Söhne nach der studiis zu incliniren schienen) in des Höchsten Nahmen wagete und mich nach Leipzig begab, meine Probe ablegete, und sodann die mutation — die Veränderung — vornahm.

Weil das Leipziger Thomascantorat zum entscheidenden Teile wegen der Bildungmöglichkeit der Kinder — versteht sich: der Knaben! — übernommen wurde, so war der 22. Dezember 1723, als er etwa ein halbes Jahr lang in Leipzig gewirkt hatte, für Johann Sebastian Bach ein Glückstag. Denn an ihm ging der Thomascantor erhobenen Hauptes zu der Universität und ließ dort den Namen Wilhelm Friedemann Bach als Studenten beiderlei Rechte eintragen. Zwar zählte sein Ältester erst dreizehn Jahre, konnte also das Studium frühestens fünf Jahre später beginnen. Jedoch vorzeitige Immatriculationen begabter Söhne durch die Väter hoffnungvoller Schützlinge durch die Paten waren damals keine Seltenheit. Es kam vor, daß begüterte Familienoberhäupter, daß reiche Anverwandte den Kindern die Immatriculationsscheine, samt der Quittung über sämtliche geleistete Kosten, in die Wiege legten. So sollte Wilhelm Friedemann dieses schicksalhafte Schriftstück auf dem weihnachtlichen Gabentisch vorfinden. Dazu veranlaßte Bach nicht nur väterlicher Stolz über die außerordentlichen geistigen Gaben seines geliebten Ältesten. Es war ihm eine innere Notwendigkeit, dem zweifelnden Herzen urkundlich zu beweisen, daß er mit dem Fortgang aus Köthen richtig entschieden hatte und gar nicht anders handeln durfte, als in Leipzig Thomascantor zu werden.

Wie also stand es um die als favorabel, als ungemein günstig beschriebenen äußeren Lebensverhältnisse?

Das Gehalt des Thomascantors betrug 700 Thaler jährlich statt der 600 Thaler, die Bach in Köthen als Hof-Capellmeister bekommen hatte. Einhundert Thaler mehr — das konnte, im Hinblick auf die ständig an Zahl zunehmenden Kinder, nur freudig willkommen geheißen werden. Aber auch hier trog der Schein. Denn der Rath zahlte als festes Gehalt dem Thomascantor nur 87 Thaler und 12 Groschen, sowie für Holz und Licht 13 Thaler und 3 Groschen. Also wenig mehr als ein Siebentel der ausbedungenen Summe! Weitere Einnahmen flossen Bach aus geringen zinslichen Beträgen von Legaten zu. Sodann empfing er pro anno 16 Scheffel Korn und 2 Klafter Scheitholz, sowie zu Ostern, Pfingsten und Weihnachten je zwei Kannen Wein im Werte von 10 Groschen. Damit aber — mit einem Sechstel von den verheißenen 700 Thalern — waren die festen Bezüge des Thomascantors erschöpft. Die fehlenden Fünfsechstel mußten anderweitig beschafft werden.

Wie kam diese Beschaffung zustande? Zunächst durch Bettelei. Dreimal in jeder Woche machten sich acht Thomasschüler, zwei für jeden der vier Stadtteile, mit Blechbüchsen auf und heischten von wohlhabenden Leipziger Bürgern das Currende-Geld, milde Gaben für die Erhaltung ihrer Schule, welche eine Pflegestätte des Gesanges sein sollte, aber eine schola pauperum, eine mit staatlichen Unterstützungen äußerst karg gehaltene Armenschule war. Von den erbettelten Geldern wurden für jeden Schüler wöchentlich sechs Groschen einbehalten, die zur Abdeckung des nichtgezahlten Schulgeldes und zum Ankauf fehlender Noten dienten. Den verbleibenden Rest bekamen — nach einem vorgeschriebenen Schlüssel sorgsam von dem Schulleiter verteilt — die vier oberen Lehrer: der Rector, der Conrector, der Cantor und der Tertius, der Klassenlehrer für die Tertia. Während Johann Sebastian Bach das ihm und seiner Frau von Fürst Leopold zugebilligte Gehalt in Köthen auf der Landeskasse nur abzuholen brauchte, verzehrte er in Leipzig zu einem nicht unbeträchtlichen Teil Bettelbrot, das seine Schüler besorgen mußten. Zu den Erträgen des offenen, mit Blechbüchsen vorgenommenen Gebettels dienten für weitere Auffüllung des Cantorengehaltes die Ergebnisse verschämter Bettelei, welche das viermalige Umsingen in der Stadt — zu Michaelis und am Martinstag, zu Neujahr und am Gregoriustag — vorurteilslos betrachtet, darstellte. Denn aus der ehrwürdigen Currende, bei der Martin Luther und Sebastian Bach als Knaben in Eisenach mitgewirkt hatten, aus dem frommen, um seiner selbst willen vorgenommenen Singen wurde im aufgeklärten Leipzig geschäftiges Geschrei. Der Vortrag von vielfach sehr fragwürdigen Liedern war ein Mittel zu dem Zweck, dadurch weitere Gelder für die Fortführung der Thomasschule zu beschaffen.

Johann Sebastian Bachs Leipziger Cantorengehalt ergab sich also — neben der offenen Bettelei — zu einem nicht unbeträchtlichen Teil aus verschämter, Umsingen genannter Schnorrerei. Diese Einnahmen waren unvermeidlichem Wechsel unterworfen, schrumpften mit Zunahme der Aufklärung des achtzehnten Jahrhunderts ständig und reichten bei Weitem nicht aus, um das Gehalt des fest besoldeten Köthener Hof-Capellmeisters auf jene Höhe zu bringen, die man ihm vor seinem Amtsantritt als mühelos erreichbar verheißen hatte.

So flossen denn, wie bei allen Thomascantoren, auch bei Johann Sebastian Bach die Hauptmittel für seine Leipziger Bestallung aus den Accidentien, den Zahlungen privater Leute für besondere, von ihm dirigierte oder veranlaßte, bespielte oder bekomponierte außerplanmäßige Gesangsleistungen seiner Schüler: den Brautmessen und den Totenfeiern. Man unterschied:

eine solenne Leiche, bei der die ganze singfähige Schule unter Teilnahme des Cantors mitwirkte,

eine große halbe Leiche, an der nur die Hälfte, aber die großen Schüler unter Führung des Cantors sangen,

eine kleine halbe Leiche, die sich mit der Hälfte der kleinen Schüler und einem Präfecten begnügen mußte,

eine viertel Leiche, bei der die Schülerzahl und die Gesangszeit entsprechend verringert wurde, der Präfect zuhause blieb, also die Knirpse leitunglos einstimmige Choräle plärrten.

Die Einnahmen aus dem Leichensingen der Thomasschüler bekam, auch wenn er sich durch einen Präfecten — einen dirigierfähigen älteren Schüler — vertreten ließ, bekam ungekürzt der Thomascantor, mithin 27 Jahre lang Johann Sebastian Bach. Und zwar kostete

eine solenne Leiche	1 Thaler 15 Groschen
eine große halbe Leiche	1 Thaler
eine kleine halbe Leiche	4 Groschen
eine viertel Leiche	6 Pfennige

Für jede Brautmesse, die während der kirchlichen Feier durch Orgelspiel und Gesang beliefert wurde, hatte man 2 Thaler zu bezahlen, späterhin nur noch 1 Thaler. Denn viele Verlobte empfanden den geforderten Lohn für den Cantor zu hoch. Infolgedessen gingen Manche dazu über, eine Stille Hochzeit zu feiern, also auf die gottesdienstliche Musik zu verzichten, oder sich in einer Dorfkirche nahe bei Leipzig trauen zu lassen, wo der Cantor es mit der Orgelei und der Singerei billiger machte als der hochmögende Städtische Cantor an Sanct Thomae. Trotzdem verblieb Johann Sebastian Bach an Accidentien eine beträchtliche Summe. Jedoch wenn er zu dem vorgesehenen Betrag an Leichengeldern kommen und die verheißenen 700 Thaler seines Gehaltes wirklich erreichen wollte, dann mußten die Leipziger fleißig sterben. Weigerten sie sich dessen, so erreichte der Thomascantor in Leipzig nichteinmal das Köthener Capellmeistergehalt, geschweige denn gelangte er darüber hinaus. Tatsächlich erlitt Bach in manchem Jahr durch Wegfall von Brautmessen und Leichenfeiern beträchtliche Einbußen seiner auf dem Papier stehenden Cantorenbezüge. Er mußte es dann bei den Kindern, bei der Frau, bei sich selbst noch knapper mit notwendigen Versorgungmitteln halten, als es ohnehin der Fall war.

Auch auf diese betrüblichen Dinge wies Johann Sebastian Bach in seinem nach Danzig gerichteten Klage- und Anklage-Brief hin. Er schrieb dem Jugendfreund Georg Erdmann, der sicherlich sehr unbekümmert und üppig lebte: Meine itzige Station – mein jetziges Einkommen – belaufet sich etwa auf 700 Thaler. Und wenn es etwas mehr als ordinairement – als üblich – Leichen gibt, so steigen auch nach proportion – im Verhältnis – die accidentia. Ist aber eine gesunde Lufft, so fallen hingegen solche Einnahmen fort. Wie ich denn voriges Jahr (es war jenes, da die Matthäus-Passion entstand) an ordinairen – ordentlichen – Leichen-Accidentien eine Einbuße von mehr als 100 Thalern gehabt habe. In Thüringen kann ich aber mit 400 Thalern weiterkommen als hiesiges Orthes mit noch einmahl so vielen Hunderten. Und zwar wegen der excessiven kostbaren Lebensarth.

Es konnte demnach für Sebastian Bach bei sorgsamer Abschätzung aller Verhältnisse kein Zweifel bestehen, daß er sich in wirtschaftlicher Hinsicht durch den Fortgang von Köthen verschlechtert hatte. Bach gestand es nicht nur dem eigenen Herzen tapfer ein. Er betonte es auch der Öffentlichkeit gegenüber nachdrücklich.

Nahezu niemals unterschrieb Johann Sebastian Bach seine Briefe mit der schulmeisterlichen Amtsbezeichnung «Cantor». Er legte Wert darauf, auch brieflich nicht so angeredet zu werden. Seine vollständige Unterschrift seit der Übernahme des Leipziger Amtes lautete: «Hochfürstlich Anhalt-Coethenischer würklicher Capellmeister von Haus aus und Director Choris Musici Lipsiensis», in verkürzter Form: «Capellmeister und Director musices». Beileibe nicht Cantor! Den Titel «Capellmeister von Haus aus» hatte ihm der befreundete Anhaltische Fürst Leopold bei dem Scheiden aus Köthen verliehen. Er besagte, daß Bach sich auch zuhaus als Hochfürstlicher Capellmeister bezeichnen durfte. Seine Gegenleistung bestand lediglich darin, auf Verlangen des ehemaligen Herrn bei besonderen Anlässen brauchbare Musik gegen Entgelt zu liefern. Dem bisherigen Titel die Amtsbezeichnung «Director musices» hinzufügen? Ja. Aber «Cantor»? Nein. Es wäre, nach seinen eigenen Worten, nicht anständig, nicht angemessen, nicht würdig gewesen, sich so zu unterschreiben, sich brieflich so anreden zu lassen. Deshalb war es durchaus zu begreifen, daß Bach sehr bald nach einem Mann suchte, der ihm wenigstens die Last des Lateinunterrichtes abnahm und, als er diesen in dem Klassenlehrer der Tertia Magister Petzold gefunden hatte, ihm lieber 50 Thaler jährlich aus der eigenen Tasche zahlte, als den Buben lateinische Exercitien zu diktieren, lateinische Grammatik zu infiltrieren, lateinische Dingwörter zu imputieren. Zum hundertsten Male den Knaben klarzumachen, daß ut den Conjunctiv regiere, daß auf die vier deutschen Fälle noch zwei weitere numeri, Vocativ und Ablativ, folgen? Solche Arbeit war Dessen unwürdig, der in Köthen den ersten Teil des Wohltemperierten Klaviers geschaffen hatte und in Leipzig an der Arbeit war, ihm einen zweiten Teil folgen zu lassen!

Entschädigten für die geldlichen Ausfälle und den lästigen Unterricht die Befriedigung durch künstlerische Arbeit, die Freude an ihrer unbehinderten Wirkung, das Glück verständnisvollen Widerhalls Johann Sebastian Bach? Auf diese Frage gab der Thomascantor ebenfalls in seinem Erdmannbriefe die eindeutige Antwort. Sie lautete: Ich finde, daß dieser Dienst bey weitem nicht so erklecklich ist, als man ihn mir beschrieben hat.

Den Hauptgrund für die Bitterkeit Bachs bildeten die überaus schlimmen Zustände an der Thomasschule. Da diese 1212 als Stiftsschule des Augustinerordens zu dem Zweck gegründet wurde, daß die unentgeltlich zu unterrichtenden und zu versorgenden Alumnen, die Internatszöglinge, vor Allem in der Musik unterwiesen werden sollten, auf daß sie alle Stadtkirchen mit Gesang versorgen könnten: so genoß die geistliche Erziehunganstalt sehr bald hohes Ansehen. Kein Wunder, wenn die Eltern um Aufnahme ihrer Kinder bettelten und manche, weil der Raum nicht reichte, zurückgewiesen werden mußten. Auch nachdem, infolge der Reformation, aus der klösterlichen eine weltliche Schule geworden und deren Verwaltung von der Kirche an die Stadt übergegangen war, blieb den Thomanern der hohe Ruf erhalten. Der Leipziger Rath ließ es sich daher angelegen sein, die vielgerühmte Anstalt zu vergrößern. Statt vier Klassen mit vier Lehrern besaß sie schließlich sieben Klassen mit sieben Lehrern und einem Cantor. Die Zahl der Alumnen konnte freilich nur nach Maßgabe der hierfür ausgeworfenen Legate sich vermehren. Denn die Armenschüler trugen, außer durch Betteln und Singen, zu ihrem Unterhalt in keiner

Weise bei. Aber die reichen Leipziger Bürger samt Ehegattinnen, welche bemüht waren, sich das Wohlwollen der Geistlichkeit und die Gnade des Himmlischen Vaters durch Stiftungen zu erkaufen, stellten fleißig die erforderlichen Gelder für weitere Freiplätze zur Verfügung. So stieg die Zahl der Alumnen von 32 auf 55, ohne daß dadurch dem Andrang Genüge getan war. Weil aber die beiden anderen Öffentlichen Lehranstalten, die Nicolaischule und die Waisenhausschule — mehr städtische Unterrichtsstätten besaß Leipzig nicht — außerstande waren, die um erhöhtes Wissen bemühten Schüler aufzunehmen, so erlaubte der HochWohlweise Rath, daß außer den Alumnen auch zuhaus wohnende Kinder bei Sanct Thomae unterrichtet werden dürften. Zu ihnen gesellten sich Studenten der Universität, welche teils aus Freude am Singen — teils um der Singgelder willen freiwillig an dem Musikunterricht und den Musikaufführungen der Thomaner teilnahmen.

Die innere Entwicklung der Schule verlief in entgegengesetzter Richtung wie der äußere Aufstieg. Unaufhaltsam führte sie dem Abgrund zu. Weil man noch immer, nach Jahrhunderten, auf das 1553 erbaute Schulhaus angewiesen war, reichten die verfügbaren Räume in keiner Weise. Daraus ergaben sich für die zahlreicher gewordenen Schüler schwerste gesundheitliche und sittliche Gefährdungen. Zudem konnte die allgemeine Verluderung, welche der grauenvolle dreißigjährige Krieg mit sich brachte, nicht durch das Kirchhofspförtlein zurückgehalten werden.

Äußerlich hielt man sich streng an die 1634, also während der Wirren des Krieges, «Erneuerte Schulordnung» mit ihren zum großen Teil längst widersinnig gewordenen Forderungen. So hieß es Caput X, also Kapitel 10, welches die Überschrift trug «Wie die Schüler sonderlich in ihren auf der Schule befindlichen Cammern sich zu verhalten haben»:

> Sobald im Sommer früh um fünf, in Winter um sechs Uhr die Glocke läutet, muß jeder Schüler aufstehen, sich waschen, sich kämmen und binnen einer Viertelstunde fertig sein, zum

Gebet herunterzugehen. Er hat die Bibel mitzubringen. Es ist untersagt, des Nachts in den Schlafkammern Licht zu brennen. Die Nacht-Geschürre dürfen nicht zerbrochen oder umgestoßen oder gar zu den Fenstern ausgeschüttet werden. Vor dem Schlafengehen muß der Lehrstoff des Tages wiederholt und dem Höchsten für das Gelernte gedankt werden. Es ist verboten, die Wände mit Kohle zu bemalen oder zu beschmieren. Wer an den Schlössern, Schlüsseln oder Fenstern etwas zerbrochen hat, muß für den Schaden aufkommen. Niemand darf ohne ausdrückliche Erlaubnis eine Nacht außerhalb der Schule zubringen. Wer zwei oder drei Tage fortbleibt, soll bei seiner Wiederkehr 8 Tage des Tisches ermangeln. Abwesenheit während einer ganzen Woche zieht den dauernden Verlust des freyen Tisches nach sich. Wer sich einen Monat oder länger absentiert, wird von der Schule ausgestoßen.

Der Unterricht begann sogleich nach der Morgenandacht. Bach war in dieser Hinsicht mit dem Rector und dem Conrector gleichgestellt. Er brauchte nicht mehr als drei Stunden täglich zu unterrichten. Weil der Cantor aber am Donnerstag die Schüler zum Abendmahl führen mußte und infolgedessen vom Unterricht befreit war, weil er am Freitag nur eine Stunde zu geben hatte, weil der Sonnabendnachmittag von der Probe für die sonntägliche Cantate beansprucht wurde: so blieb die schulmeisterliche Arbeitleistung Johann Sebastians auf zehn Wochenstunden für Unterricht im Gesang und drei Stunden für Lateinpaukerei beschränkt. Diese lagen ausnahmslos am Vormittag, die Gesangsstunde zu einem beträchtlichen Teil am Nachmittag und zwar unmittelbar hinter dem Essen. Das mußte sich infolge der unabwendbaren, von den vollen Bäuchen herbeigeführten Mittagsmüdigkeit ungünstig auf die Leistungen auswirken. Den Schülern blieb nichts übrig, als sich durch Gähnen zu behelfen, das wegen des Singens nur schwer bemerkt und gerügt werden konnte. Der Lehrer rettete sich durch Heftigkeiten ins Wachsein hinüber. Bach zog es — um zu seinem gewohnten Tagesnickerchen zu kommen – des Öfteren vor, sich bei diesem beschwerlichsten Teil des Gesangunterrichtes durch einen von den ihm unterstellten Präfecten vertreten zu lassen.

Das Mittagessen wurde bereits um zehn Uhr in dem großen coenaculum, dem Speisesaal, aufgetragen. Abgesehen von den Kranken, hatten alle Schüler daran teilzunehmen; gleichviel ob sie essen mochten oder nicht, ob ihnen die Speise schmeckte oder nicht. Wie Waschen und Kämmen, Singen und Beten, Lernen und Arbeiten war auch das Essen Pflicht. Über die gemeinsame Mahlzeit bestimmte Caput XI der Schulordnung, welches die Überschrift trug «Wie die Alumnen sich bey Tische zu bezeigen haben» das Folgende:

> Vor und nach der Mittags- und Abendmahlzeit sagt der Knabe, welcher an der Reihe ist, das Tischgebet, und die Anderen sprechen es ihm nach. Während des Essens wird ein Psalm oder ein Kapitel aus der Bibel oder einem anderen erbaulichen oder historischen Buch vorgelesen. Teller und Löffel dürfen nicht vom Tisch in die Kammern mitgenommen werden. Die Senioren erhalten nicht mehr zu essen als die übrigen Schüler, dieweil ihre Bevorzugung Unzufriedenheit erregt.

Damit diese und viele andere Vorschriften der vierzehnkapiteligen «Erneuerten Schul-Ordnung» nicht nur auf dem Papier standen, wurden einige der Lehrer als Inspectoren bestellt. Es waren ihrer vier: der Rector, der Conrector, der Cantor und der Tertius. Zu diesen Inspectoren gehörte also seit 1723 Johann Sebastian Bach. Die Forderungen für sie waren nicht minder streng, die Strafandrohungen nicht weniger kleinlich als jene Verfügungen, unter denen die Schüler ständig wie unter dem an einem Haar aufgehängten Damoclesschwert zu leben und zu leiden hatten.

Johann Sebastian Bach, der Schöpfer unsterblicher Kantaten und unvergänglicher Passionen, mußte während jeden Monats eine Woche lang den Büttel inmitten der Schüler spielen. Er mußte sie früh um Fünf, um Sechs aus dem Bett befördern. Mußte die Säuberung der Schlaftrunkenen bei erbärmlicher Beleuchtung überwachen. Mußte die Torkelnden zum Gebet zusammentreiben. Mußte sie rechtzeitig in der Schulklasse abliefern. Mußte zwecks Beaufsichtigung des Essens und des Vorlesens an den Mahlzeiten teilnehmen. Mußte — auch wenn des Sommers die Sonne noch nicht untergegangen war — die Übermütigen zum Schlafengehen zwingen. Mußte ihre Dankgebete für die göttlichen Gaben des Tages abhören. Mußte dutzende von Malen «Ruhe!» gebieten. Mußte, um Stille zu erreichen, eigenatmig die letzten Lichter auslöschen. Versäumte er eine dieser Pflichten, schlief er nicht jeden Monat éine Woche lang in der Schule, so hatte Johann Sebastian Bach die Zahlung eines Geldbetrages zu gewärtigen, den nichteinmal eine halbe Leiche, geschweige denn eine viertel Leiche wiedereinbrachte. Trotz dieser Androhung nahm der neue Thomascantor es mit solchen Aufsichtpflichten noch weniger genau als die übrigen Inspectoren. Sein erster Rector — ein müder, alter Mann — ließ auch dies gehen, wie es gehen wollte. Es verbarg sich aber in dem Gestrüpp der Anordnungen die Gefahr, daß ein neuer, Bach abgünstiger Schulleiter solche Versäumnisse des Cantors benutzte, um Diesem daraus einen Strick zu drehen.

Man glaubte für das weitere Gedeihen der Schule bestens gesorgt zu haben. Jedoch weder die verbesserten Vorschriften der «Schulordnung» noch die strenggeregelte Beaufsichtigung durch vier Inspectoren vermochten die Schüler in Zucht zu halten. Sie verwilderten von Jahrzehnt zu Jahrzehnt immer mehr.

So griff man zu Strafbestimmungen und verfügte

1. Wer die Schlüssel verliert oder stecken läßt, zahlt 4 Groschen
2. Wer die Tür offen läßt, wenn er als Letzter aus dem Zimmer geht, zahlt 2 Groschen
3. Wer sich überessen hat, demzufolge vomirt, das ist: kotzet, zahlt 2 Groschen
4. Wer flucht oder laut und ungehörig spricht, zahlt 6 Pfennige

5. Wer lästerliche Reden führt, lateinisch oder deutsch, zahlt 6 Pfennige
6. Wer zu spät aufsteht und das Gebet versäumt, zahlt 3 Pfennige
7. Wer seine Schlafgelegenheit im Sommer bis um 10,00 Uhr und im Winter bis um 12,00 Uhr noch nicht aufgeräumet hat, zahlt 6 Pfennige

Aber ebensowenig wie geschriebene Gesetze und erzwungene Aufsicht, fruchteten bellende Strafandrohungen. Zu Beginn des 18. Jahrhunderts befand sich die einstmal hochangesehene Thomasschule in einem Zustande heilloser Verwilderung. Sie glich, als Bach sein Cantorenamt antrat, einem Angiastall, der auf den Herkules wartete, welcher sie entmistete.

Einer von den Hauptgründen des grauenerregenden Verfalles waren die völlig unzureichenden Räume. Die Alumnen wurden darin schlimmer als Tiere eingepfercht. Ihre dunklen Dachzimmer, welche sie selbst säubern mußten, stanken vor Schmutz. Die einfachsten gesundheitfördernden Vorrichtungen fehlten. So waren Seuchen unter den Schülern an der Tagesordnung. Insbesondere die Krätze ließ sich nicht vertreiben. Noch ehe der Eine ganz frei von ihr wurde, hatte der Andere sie schon übernommen. Und diese schlechternährten, unsauberen, krätzigen Knaben waren völlig überlastet. Sie mußten allsonntäglich in der Kirche stundenlang singen, zuweilen zwei, an den Hohen Festen drei Mal. Sie mußten bei den Leichen singen; nicht nur vor und in dem Hause des Verstorbenen, sondern auch bei Wind und Wetter, bei Regen und Schnee auf dem weiten Weg zum Kirchhof. Sie mußten an drei Tagen der Woche Geld für die Schule erbetteln. Sie mußten vier Mal im Jahr wochenlang die Häuser der Stadt von der Straße her besingen. Der Chorus primus, die Begabtesten und daher Bevorzugtesten von ihnen, sangen bei den Vornehmen, den Herren Rathsmitgliedern und Inspectoren. Der Schülerrest wurden in sechs Chöre aufgeteilt, welche singend die Straßen zu durchziehen hatten. Dabei ergaben sich unter den verschiedenen Gruppen Beschimpfungen,

Zusammenstöße, ja Prügeleien. Denn die Jungen wußten genau, welche Straßen die zahlungfähigsten und zahlungwilligsten waren. So suchte man sie einander wegzuschnappen.

Das Geld, welches man bei dem Umsingen erbeutete, sollte auf Heller und Pfennig dem Präfecten ausgehändigt werden, damit Dieser es ungekürzt dem Rector zur Verteilung an die vier oberen Lehrer übergab. Die Schüler befolgten die Weisung, welche ihnen stets von Neuem eingeschärft wurde, nur höchst unwillkommen. Sie behielten mehr oder minder beträchtliche Summen zurück. Dafür kaufte man Näschereien und alkoholische Getränke. Namentlich das Letztere war den Knaben nicht zu verdenken. Denn sie froren bei dem Umsingen, das zur Hauptsache im Herbst und Winter stattfand, vielfach über die Maßen. War doch ihre Bekleidung äußerst dürftig und obendrein — weil sie selber die Schäden heilen sollten, es aber meistens nicht taten — zerfetzt. Ihre Schalaunen — die tiefherunterhängenden Umhängemäntel — mußten Schmutz und Löcher, bei Manchen sogar die Blößen, bedecken. Dessen waren sie fähig. Nicht aber konnte von ihnen verheimlicht werden, daß einige der Currendeknaben selbst des Winters barfuß gingen. Das mochte während des Umsingens in den Straßen statthaft sein. Aber keinesfalls durfte man dulden, daß auf dem Wege zum Friedhof ein Teil der Singer unbeschuht seines Amtes waltete. So erließ der Rector unter Androhung schwerer Strafen durch Anschlag am Schwarzen Brett die Verfügung: Bei Totenmessen und Totenbestattungen hätten sämtliche Schüler zum Mindesten Schuhe, wenn irgend möglich aber auch Strümpfe zu tragen. Jedoch woher diese nehmen, wenn sie nicht vorhanden waren und weder die Schule noch das Elternhaus vermochten, sie zu beschaffen? Wie bei Kräften bleiben, wenn man in einem einzigen Jahre 384 Tote, also mehr als Einen täglich zu Grabe singen mußte?

Die Thomasschüler hatten gegen Schmutz und Müdigkeit, gegen Seuche und Krätze, gegen Überlastung und Kälte, gegen sämtliche Unbehaglichkeiten und Unzulänglichkeiten ihres Daseins ein Allheilmittel: den Alkohol. Von den Bettelgängen und dem Umsingen kam, begünstigt durch die winterliche Dunkelheit, stets ein Teil betrunken in die Schule zurück. Selbst nach den Leichenbegängnissen waren nicht immer Alle nüchtern. Denn man führte die Medizin, welche wenigstens für kurze Zeit Besserung der körperlichen und seelischen Nöte bewirkte, in verheißungvollen Fläschchen, an unsichtbaren und unvermutbaren Stellen stets bei sich. Nicht nur die Sechzehnjährigen und Fünfzehnjährigen waren dem alkoholischen Gift ergeben. Auch die Zwölfjährigen, die Zehnjährigen wurden — wie von der Krätze — durch die Trunksucht angesteckt. So wetterte der Schulleiter immer von Neuem mit Drohungen und Strafbestimmungen. Indessen seine Verfügungen blieben, weil das Übel nicht mit der Wurzel beseitigt wurde, papierene Anschläge.

Neben den Unzulänglichkeiten der Räume und der Überalterung vieler Einrichtungen trug an den Verwahrlosungen der Thomasschüler um die Wende vom 17. zum 18. Jahrhundert der regierende Rector die Hauptschuld. Er hieß Heinrich Ernesti. Gegen seine Gelehrsamkeit ließ sich nicht das Geringste einwenden. Es war also nur an der Ordnung, daß er zum Professor der Universität Leipzig ernannt wurde. Des damit verbundenen Lehrauftrages entledigte Ernesti sich ebenso geschickt wie umsichtig. Wohl aber ließ seine Leitung der Thomasschule schlechthin Alles zu wünschen übrig. Denn dieser Rector besaß nicht die geringste organisatorische Befähigung. Seine Überlegenheit den Lehrern und Schülern gegenüber war gleich Null, Kraft seinen Willen durchzusetzen, nicht vorhanden. Solche angeborene Nichtbefähigung wurde durch die ständig zunehmende Vergreisung mehr und mehr zur schlimmsten Gefahr für die ihm unterstellte Schule. Heinrich Ernesti hatte das von Anbeginn seine Fähigkeiten übersteigende Amt bereits 1684, ein Jahr vor der Geburt Johann Sebastian Bachs übernommen. Er führte es somit bei dem Kommen des neuen Cantors neununddreißig Jahre lang. Was Wunder, daß nicht nur die Schüler unverzeihlich verwahrlosten, sondern auch die Lehrer nicht auf der einstigen Höhe verblieben! Sie lagen in ständigem

Streit miteinander. Sie verlangten nach den bequemsten Arbeitmöglichkeiten. Sie drückten sich vor dem Unterricht, wie und wo und wann sie konnten. Sie vernachlässigten gröblichst ihre Aufsichtpflichten. Rector Ernesti sah dem unaufhörlich fortschreitenden Verfall der Thomasschule tatenlos zu. Wohl klagte der Greis dem Rathe der Stadt: Sonsten kann ich bei dieser Gelegenheit nicht umhin, zu vermelden, daß bey den classibus inferioribus — den niederen Klassen — der Schule ein gar betrüblicher Zustand sich hervorgethan hat. Sie sind beynahe durch Schülerschwund dahin. So kann ich auch des Weiteren nicht umhin als zu schreiben, daß bey Beschaffenheit dieser Zeiten unter den superioribus — den oberen Schülern — sonderlich bei dem Choro musico mehr Schlimmes zu besorgen als Gutes zu erhoffen ist. Der siebzigjährige gutmütige, aber willensschwache Rector klagte die Zeiten an — nicht sich. Er gab den Umständen Schuld — nicht sich.

Es blieb unter solchen mißlichen Umständen nicht aus, daß die gleichen Eltern, von denen früher um die Aufnahme ihrer Kinder gebettelt wurde, diese mehr und mehr aus der Schule bei Sanct Thomae zurückzogen. Niemand konnte ihnen verdenken, wenn sie ihren Nachwuchs nicht der Gefahr aussetzen wollten, durch Verwahrlosung unheilbar angesteckt oder gar von den dort umgehenden Seuchen dem Tod ausgeliefert zu werden. War in den beiden anderen Hauptschulen der Stadt, in der Nicolaischule oder in der Waisenhausschule, für die Heranwachsenden kein Platz frei, dann schickten sie ihre Nachkommen lieber in eine Winkelschule — in teure private Lehranstalten — als in das verunreinigte und verkommende Gebäude auf dem eingeebneten Platz des ehemaligen Thomaskirchen-Friedhofes. Die Zahl der freien Schüler schmolz ständig zusammen und drohte, wenn kein ersprießlicher Wandel eintrat, völlig zu versickern. So erwog man allen Ernstes, die unteren Klassen zusammenzulegen und einige freiwerdende Lehrer zu entlassen.

Aber nicht nur die Zahl der singenden Schüler des Thomaschores ging bedenklich zurück. Die Güte seiner Leistungen litt beträchtlich. Denn neben den minderjährigen Helfern wanderten auch die Studenten ab. Diese hatten sich früher danach gedrängt, in den berühmten Thomaskirchenmusiken mitsingen und mitspielen zu dürfen. Nun kehrten sie ihnen mehr und mehr den Rücken. Daran trug zu einem beträchtlichen Teil die Knauserigkeit des HochWohlweisen Leipziger Rathes die Schuld. Er kürzte die Gelder für den Musikbeistand der Studierenden und strich sie schließlich ganz. Umsonst singen und spielen konnten Diese aber auch in den beiden, von Telemann und Fasch gegründeten collegiis musicis. Und zwar lebenslustige, auf italienische Weise beschwingte Stücke, welche ihnen weit mehr gefielen als das langatmige und langweilige Geplärr in den Kirchen. Wenn sie jedoch Geld verdienen wollten, bot sich ihnen dafür eine verlockende Möglichkeit. Man brauchte nur an die Hintertür der Leipziger oder Dresdener Oper zu klopfen. Dort wurden ständig musikfreudige und musikbegabte Helfer gesucht; besonders solche, die über eine gute, ausbildungfähige Stimme verfügten. Auch von den Alumnen der Thomasschule wechselten also manche der reiferen Knaben zu der aufblühenden Oper hinüber. Nicht wie die Studenten als Musikhelfer. Sondern als märchenhaft bezahlte Operisten. Dafür wurden naturgemäß die Jünglinge mit den schönsten Stimmen und den größten musikalischen Fähigkeiten begehrt. Wenn es einstweilen auch noch gelang, die durch Abwanderung ledig gewordenen Stellen mit vorgemerkten Alumnen von unten herauf zu ergänzen, so erlitt dennoch unter dem Fortbleiben der freien Schüler, unter dem Wegwenden der Studenten, unter dem Abwandern der Internatszöglinge in den ersten Jahrzehnten des 18. Saeculums auch die Güte der Leistungen des Thomanerchores bedenkliche Schäden.

Bach verübelte den Studenten und Schülern ihre Selbsthilfe nicht. Wie jeder ehrliche Arbeiter seines Lohnes wert war, so konnte auch der Musiker, welcher unermüdlich arbeiten mußte, nur zu niedrig, aber niemals zu hoch bezahlt werden. Weil er jedoch als Cantor die schlimmen Zustände der Schule nicht zu bessern, die Flucht der Schüler nicht zu hindern vermochte;

weil er die Weigerung der Studenten, ohne Bezahlung zu musizieren, billigte; weil er den befähigten Schülern ihren Aufstieg in die freie Welt des Theaters von Herzen gönnte: so versuchte Johann Sebastian Bach dem schlimmsten Übel dadurch zu begegnen, daß er die Leitung des von Telemann begründeten weltlichen Collegium musicums übernahm und es nicht für unter seiner Würde hielt, Musik jener Art zu machen, zu begleiten, zu dirigieren, wie das fröhliche Volk sie zur Erhöhung seiner Lebenslust, der Stärkung seiner Lebenskraft begehrte. Diese Konzerte fanden während des ganzen Jahres an jedem Freitag von acht bis neun Uhr statt; und zwar des Winters in der Kaffeestube Gottfried Zimmermanns an der Katharinenstraße, des Sommers in dem Zimmermannschen Biergarten vor dem Tore der Stadt. Die Rechnung Johann Sebastians stimmte. Der bei aller Würde lebensfrohe Thomascantor verpflichtete sich auf diese Weise manche der abgewanderten Studenten innerlich dermaßen, daß sie ihm bei größeren Aufführungen freiwillig zu Hilfe kamen und seine musikalischen Schöpfungen mit ihren Instrumenten und mit ihren Stimmen unentgeltlich unterstützten. Verzögern konnte Bach den drohenden Verfall der Leipziger Kirchenmusik. Beseitigen konnte Er ihn nicht. Das war nur zu erhoffen, wenn an die Stelle des vergreisten Rectors Heinrich Ernesti ein kraftvoller, kunstverständiger Mann trat.

Diese Gelegenheit bot sich, als der tatenlose bisherige Schulherrscher im Alter von 77 Jahren verstarb. Es kam nunmehr Alles darauf an, daß für seine Nachfolgerschaft der richtige Schulleiter gefunden wurde. Wiederum brauchte der Hoch-Wohlweise Rath, wie bei der Wahl Bachs zum Thomascantor, lange Zeit, bis seine Mitglieder sich auf Einen Namen geeinigt hatten. Während dieser rectorlosen Monate nahm die Zuchtlosigkeit der Schüler noch schlimmer zu als bisher. Sämtliche Alumnen und sämtliche Lehrer wurden deshalb auf das Rathhaus beschieden. Zunächst erhielten die Schüler wegen ihres ungebührlichen Lebenswandels und ihrer unstatthaften Aufsässigkeiten von den Vorsitzenden des Hohen Rathes ernsthafte Vermahnungen. Als sie fortgeschickt waren, mußten die Lehrer heftige Vorwürfe über unentschuldbare Pflichtvergessenheit und häßliche Zanksucht, über mangelhafte Wahrnehmung ihres Amtes und ständige Uneinigkeit hinnehmen. Die Schule sei, so hieß es, in bedrohlichem Verfall. Und zwar zur Hauptsache durch unzureichendes Verhalten der Lehrer! Wenn sie dieses nicht gründlich änderten, müsse mit dem völligen Zusammenbruch der altehrwürdigen Unterrichtsanstalt gerechnet werden. Schließlich wurde wie vor Jahren bei der Wahl Bachs zum Thomascantor, auch bei der Verpflichtung des neuen Schulleiters der rechte Mann gefunden.

Er hieß Johann Matthias Gesner, war 1691 nahe bei Nürnberg geboren, somit sechs Jahre jünger als Bach, hatte klassische Philologie studiert und als Conrector in Weimar, als Rector in Ansbach gewirkt. Bei Übernahme des Rectorates der Thomasschule mußte er sich schriftlich verpflichten, im Gegensatz zu seinem Vorgänger Ernesti, keine Professur an der Universität Leipzig zu übernehmen.

Gesner war in gleichem Maße milden wie ernsten, nachgiebigen wie festen Sinnes. Als er schwer erkrankte und längere Zeit zur Wiederherstellung benötigte, ließ der körperlich Geschwächte sich Wochen hindurch jeden Tag in einer Sänfte zur Schule tragen. Und zwar auf Kosten des Rathes, welche dieser schließlich bewilligte! Denn der neue Rector wahrte zwar seinen Vorgesetzten gegenüber — im Gegensatz zu dem jähzornigen Bach — verbindliche Formen, ließ sich aber in seinen Entschlüssen durch Nichts beirren.

Der ebenso biegsame wie charaktervolle Mann genoß sehr bald das Vertrauen seiner Vorsteher, die Achtung seiner Untergebenen und die Liebe seiner Schüler. Einer von ihnen berichtete noch in sehr viel späteren Jahren, als er bereits Pfarrer geworden war, einem Amtsbruder mit strahlender Miene: Gesner habe sich bei der Disziplin sehr genau nach den «Erneuerten Schulgesetzen» gerichtet, aber mit größter Vorsicht gestraft; und zwar, um nicht im Übereifer des ersten Zornes zu strenge zu verfahren, stets einige Tage nach der begangenen

Untat. Eines Abends, wenn das Gebet gesprochen, die Motette gesungen war, sei er im Zirkel der Schüler erschienen, habe den Verbrecher vortreten lassen, mit Ernst und Nachdruck das Unerlaubte der begangenen Tat geschildert und erst dann die beschlossene Strafe vollzogen. Selbst die Singstunden, in welche sich vor ihm kein Rector verirrte, habe Gesner besucht und die aufgeführten Kirchen-Stücke mit Vergnügen unter reichlichen Lobsprüchen für die Sänger und den Cantor Bach angehört. Wenn Gesner Jemanden in seiner Zelle bei einer schriftlichen Verrichtung betroffen hätte, die nicht zu dem Schulplan gehörte, dann habe Er — statt zu schelten — freundlich gesagt, der Ertappte solle emsig das Begonnene fertigstellen. Der Staat bedürfe vieler Subjecte von mancherlei Talenten und verschiedenen Fähigkeiten.

Es war für Johann Sebastian Bach ein nahezu unfaßbares Glück, daß er nach einem Rector, der ihn zwar nicht ernstlich behinderte, aber auch in keiner Weise spürbar förderte, einen Vorgesetzten bekam, welcher seine Kunst seit den gemeinsamen Weimarer Tagen höchlich bewunderte. In welchem Maße es der Fall war, ging aus dessen an einen Freund übersandten Schrift hervor: Alle frühere Musik würdest Du gering achten, wenn Du Bach sehen könntest, wie er mit beiden Händen und allen Fingern das Clavier spielt, welches die Töne vieler Cithern in sich faßt, oder das Instrument der Instrumente, dessen unzählige Pfeifen durch Bälge beseelt werden, wie er von hier aus mit beiden Händen und von dort her mit hurtigen Füßen über die Tasten eilt und allein eine Mehrheit von ganz verschiedenen, aber doch zu einander passenden Tonreihen hervorbringt; wenn Du Diesen, sage ich, sähest, wie er auf Alle zugleich achtet, und von dreißig oder gar vierzig Musikern den Einen durch einen Wink, den Anderen durch Treten des Taktes, den Dritten mit drohendem Finger in Ordnung hält, Jenem in hoher, Diesem in tiefer, dem Dritten in mittlerer Lage seinen Ton angibt, und daß er ganz allein, im lautesten Getön der Zusammenwirkenden, obgleich er von Allen die schwierigste Aufgabe hat, doch sofort bemerkt, wann und wo etwas nicht stimmt, und Alle zusammenhält und überall vorbeugt und, wenn es irgendwo schwankt, die Sicherheit wiederherstellt, wie der Rhythmus ihm in allen Gliedern sitzt, wie er alle Harmonien mit scharfem Ohr erfaßt und alle Stimmen mit dem geringen Umfang der eigenen Stimme hervorbringt — — wenn Du dies Alles sähest und hörtest: ich glaube Du würdest mir beistimmen, daß mein Freund Bach viele Männer wie Orpheus und zwanzig Singer wie Arion in sich schließt.

Demnach durfte Johann Sebastian Bach mit vollem Recht erhoffen, daß durch jenen Mann, der ihm als Rector übergeordnet wurde, aber als Bewunderer untergeordnet blieb, der nicht nur öffentlich als seinen Freund sich bezeichnete, sondern sein Freund tatsächlich war, daß durch Matthias Gesner seine musikalischen Leipziger Bestrebungen entscheidende Förderung genössen. Nach den sehr schweren sechs Wartejahren mußte jetzt endlich jene Zeit anbrechen, da in die Tat umgesetzt werden konnte, was er sich bei dem Verlassen Köthens als Krönung des Lebens erhofft hatte: die Auswirkung seiner Kunst nicht nur — wie bisher — nach den beiden entgegengesetzten Polen, sondern nach allen Seiten hin. Damit sich so die völlige Umfassung sämtlicher Möglichkeiten ergab, die bisher ihm noch nicht gelungen war.

Denn Johann Sebastian Bach rang nach wie vor um seine Weiterentwicklung. Zwar lagen die Lehrjahre undenklich weit hinter ihm. Zu der Gesellenzeit führte ein Weg lediglich durch den Vorspann der Erinnerung. Und wenn ihm auch die Anfänge seiner Meisterschaft mittelst geistiger Rückgriffe dienstbar blieben, es waren eben doch nur erste Schritte auf dem unermeßlich weiten Weg zu den höchsten Höhen. Jetzt erst beherrschte Bach sein Handwerk in vollem Umfange. Jetzt erst war er sämtlicher Möglichkeiten bis in das Letzte mächtig. Es kam für seine Bewährung Alles darauf an, daß er die Beherrschung der musikalischen Mittel, ohne sie um ihrer selbst willen sichtlich werden zu lassen, in den Dienst der Botschaft stellte, die zu verkündigen ihm aufgetragen war; jener Botschaft, die da lautete: Erde und Himmel sind in der gleichen Weise durchtönt von dem ewigen Gesang der Sphären, welchen es nur einzufangen und festzuhalten gilt, damit eine Musik zustande kommt, die menschlich und göttlich, irdisch und überirdisch, zweckvoll und schön, brauchbar und unvergänglich zu gleicher Zeit ist.

Mit der Berufung seines Bewunderers Matthias Gesner waren die Schwierigkeiten, welche bisher seine Tätigkeit als Thomascantor vielfach behindert hatten, für Johann Sebastian Bach nicht sofort beseitigt. Aber es stand zu hoffen, daß sie unter Mithilfe jenes Mannes, der seit den Weimarer Tagen sein Freund hieß und es auch als Vorgesetzter blieb, binnen kurzer Zeit fortgeräumt würden. Der Weg war frei. Der Weg zur Vollendung!

Rector Gesner erkannte sehr bald, daß mit verbesserten Schulgesetzen, mit gründlicherem Unterricht, mit persönlichen Maßnahmen die Thomasschule nicht wieder auf die alte rühmliche Höhe zu bringen sei. Das Übel mußte mit der Wurzel ausgerodet werden. Diese Wurzel aller Auswüchse – des mangelhaften Unterrichtes und des Gezänkes der Lehrer, der sittlichen Gefährdung und der zunehmenden Verwilderung der Schüler – waren die unzureichenden Räumlichkeiten. Matthias Gesner wurde daher nicht müde, in gebührender Form, aber mit unabweisbarem Nachdruck dem Rath der Stadt schriftlich und mündlich klarzumachen: Das Grundübel sämtlicher vielbeklagter Mängel der Thomasschule seien die völlig unzulänglichen Räume. Die Zahl der freien Schüler nehme erfreulich wieder zu. Es könnten weitere Zugänge von auswärts Wohnenden erwartet werden. Aber wo und wie diese angemessen unterrichten? Schon jetzt müsse man das coenaculum – den Speisesaal – des Öfteren dafür in Anspruch nehmen. Einen Eßraum mit zweireihig gesetzten Tischen, die wohl dem auf und ab wandernden Inspector, aber nicht dem an seinen Platz gebundenen Lehrer die Übersicht verschafften, als Unterrichtszimmer benutzen? Unmöglich. Sowohl die Speisung als auch die Lehrung leide darunter. An einigen Tagen müßten in dem nicht zum Unterricht bestimmten coenaculum Secundaner und Tertianer gleichzeitig von zwei, an anderen Tagen sogar Quartaner, Sextaner und Septimaner von drei Lehrern nebeneinander unterrichtet werden. Zur gleichen Stunde drei Klassen in Einem Raum? Unsinnig. Woher kämen die vielen Seuchen der Schüler? Von zu engen Räumen! Denn da die Alumnen des Nachts dichter zusammengepreßt würden als die Schafe im Pferch, steckten sie sich gegenseitig mit Krankheiten an. Weswegen ließe sich die Krätze auf der Thomasschule nicht ausrotten? Wegen der zu engen Räume! Diese seien der Kleinheit und der Dunkelheit wegen nicht sauber zu halten. Wo hatten die Verwahrlosungen der Schüler ihren letzten Grund? In zu engen Räumen! Einmal trage das Zusammenschlafen von zwei und mehr Knaben in Einem Bett den Anreiz zu mancherlei geheimen Sünden. Zum Anderen würden die pueri durch Lichtlosigkeit und Freudlosigkeit ihrer Zimmerchen auf die Straße getrieben, allwo sie dem Getobe und Gelärme, der Naschlust und der Trunksucht verfielen.

Wie Cato jede seiner Reden im Römischen Senat, sie mochte handeln, wovon sie wollte, mit den Worten: «Ceterum censeo, Carthaginem esse delendam» – Im Übrigen meine ich, Carthago muß zerstört werden! – hartnäckig beendete, so schloß Matthias Gesner jede Aussprache mit dem Leipziger Rath durch die Worte: Ceterum censeo, Thomasae scholam denuo construendam esse – Im übrigen meine ich, eine neue Thomasschule muß gebaut werden. Gemäß seiner behutsamen Art verlangte Gesner nicht, daß man das alte Gebäude abreiße. Dieses könne durchaus erhalten bleiben und zu besseren Wohnungen für den Rector, den Conrector, den Cantor dienen, die allesamt unwürdig untergebracht seien. Die Neue Schule, welche gänzlich den Schülern – für besseren Unterricht und zeitgemäßere Unterbringung – vorbehalten sein müsse, könne sehr wohl auf dem Thomaskirchhof errichtet werden. Wie die Alte Schule im rechten Winkel zu der Thomaskirche stehe, so solle man die Neue Schule rechtwinklig zu der Alten Schule erbauen. Dadurch ergebe sich ein schöner, auf drei Seiten geschlossener Platz.

Der Leipziger Rath lehnte den Vorschlag des Neubaus der

Thomasschule wegen unerschwinglicher Kosten ab. Gesner jedoch blieb, wenn auch in aller Freundlichkeit, bei seiner Forderung und beendete Mal für Mal die Erörterungen über diesen Fall mit seinem Ceterum censeo: Eine neue Thomasschule muß gebaut werden. Jawohl, wenn die Thomaner ihr altes Ansehen wieder gewinnen sollten, führe dahin nur ein einziger Weg: Die neue Schule. Und wie Cato sein Ziel — die Zerstörung Carthagos — durch Beharrlichkeit der immergleichen Mahnung schließlich erreichte, so setzte auch der zum Rector der Thomasschule berufene klassische Philologe Gesner durch, was er anstrebte. Freilich nicht in unabdingbarer Weise wie der eifernde römische Senator. Sondern gemäß seiner milderen Art in abgewandelter Form. Nach längerem Hin und Her erklärten sich die Leipziger Rathsherrn einverstanden, die räumlich unzulängliche bisherige Thomasschule um zwei Stockwerke und ein steiles Mansardendach zu erhöhen. Gesner gab sich damit zufrieden.

Ostern 1731, nach Abschluß des Schuljahres, wurde das alte Gebäude geräumt. Den Rector und den Conrector und die Schüler brachte man innerhalb der Stadt unter. Bach bezog außerhalb ihrer eine Wohnung bei Dr. Dondorff, dem Besitzer der Thomasmühle, wofür der Rath eine Jahresmiete von 60 Thalern zahlen mußte. Unverzüglich trug man das Dach der bisherigen Thomasschule ab, um auf das Erdgeschoß und die beiden vorhandenen Stockwerke ein drittes Stockwerk sowie ein Halbgeschoß zu setzen. Das neue Dach gab an Steilheit und Ausbaufähigkeit dem alten Dach nichts nach, übertraf es jedoch an Helle und Luftigkeit. Den Hauptgewinn hatten von dem Umbau, wie es rechtens war, die Schüler und die Schule. Denn diese ging nunmehr im Mittelbau durch alle fünf Geschosse, von der Erde bis zum Dach. Sie beanspruchte außerdem von dem Flügel, welchen der Rector und der Cantor bewohnten, einen nicht unerheblichen Teil. Trotzdem gewannen Beide durch den Umbau des überalterten Gebäudes beträchtlichen Raum.

Nach einemundeinemviertel Jahre war es geschafft. Am 5. Juni 1732 konnte die neue Thomasschule dem öffentlichen

Gebrauch übergeben werden. Die Einweihungfeier, an der 560 Personen teilnahmen, fand in der neuen, nunmehr im dritten Stock gelegenen Aula statt. Es wurden die üblichen Reden zwecks Abstattung von pflichtgemäßem Dank und Anbringung überschwänglicher Wünsche gehalten. Aber mitteninne stand eine Ansprache, die zu tieferem Nachdenken anregte. Und eine Kantate ertönte, welche die Herzen erhob. Die Ansprache entsprang dem Geiste Matthias Gesners. Die Töne formte, wie das von Bernhard Christoph Breitkopf gedruckte Programm verkündete, Sebastian Bach. Dafür hatte ihm der Quartus der Schule, Heinrich Winckler, Verse geliefert. So versuchte eine Arie mit lahmem Rhythmusflügelschlag zu jauchzen:

Froher Tag, verlangte Stunden,
nun hat unsre Lust gefunden,
was sie fest und ruhig macht.
Hier steht unser Schul-Gebäude,
hier erblicket Aug nur Freude,
Kunst und Ordnung, Zier und Pracht.

Daran schloß sich der Mittelsatz:

Wir stellen uns jetzt vor,
was unser Musen-Chor
vordem vor einen Aufenthalt gehabt.
Zwar war er wohl zufrieden,
ihm war ein Haus beschieden,
in welchem seine Brust
der freyen Künste Lust
in Fried und Ruh genießen konnte.
Allein von der Bequemlichkeit,
die selbigen anjetzt erfreut,
war wenig zu erblicken.
Nun hat ein einzig Jahr,
was alt und schlecht und wankend war,
verwandelt und verkehrt,
und das davor gewährt,

wonach es längst gestrebet
und was ihm Sinn und Geist ermuntert und belebet.

Alsdann da capo:

Froher Tag, verlangte Stunden — —

Was der Quartus Winckler mit seinen Worten vergeblich anstrebte, das vollbrachte der Cantor Bach mit seinen Tönen: Sie jauchzten unter Beistand der Trompeten so hinreißend, daß die Herzen aller Hörenden himmelwärts emporgerissen wurden. Und am Schluß der vielsätzigen Kantate, deren erster Teil vor den Reden gespielt wurde, deren zweiter Teil nach ihnen erklang, erzielte ein Tutti, trotz abgegriffenen, zum Lachen reizenden Sprachwendungen des Quartus weihevolle Stimmung.

Denn wie schon manches Mal die Verse von Dilettanten, so adelte auch jetzt die Musik Johann Sebastian Bachs die elende Stümperei seines Kollegen, ließ ihre Unzulänglichkeiten vergessen durch die Kraft seiner mächtigen Rhythmen und den Glanz seiner gewaltigen Harmonie.

Nicht nur Bach selber hatte unter Dumpfheit und Dunkelheit, unter Winkligkeit und Luftlosigkeit der alten Wohnung schwer gelitten. Gleich den zusammengepferchten Thomasschülern nahm durch die Unzulänglichkeiten der ursprünglichen Leipziger Behausung seine Familie Schaden an Leib und Leben. Von den acht Kindern, die Anna Magdalena bis zu dem Umbau der Schule gebar, starben sechs in jugendlichem Alter: Christiane Sophie mit drei Jahren, Christian Gottlieb mit drei Jahren, Ernestus Andreas nach zwei Tagen, Regine Johanna mit fünf Jahren, Christiane Benedicta nach fünf Tagen, Christiane Dorothea mit anderthalb Jahren. In einem einzigen Dreivierteljahr standen drei Kindersärge in der Wohnung des Thomascantors. Aber von den fünf Kindern, die Anna Magdalena ihrem Mann in der neuen Wohnung schenkte, erreichten — mit Ausnahme von Johann August Abraham, der nach neun Tagen aus der Welt schied — vier ein gutes, ja ein hohes Alter; und unter ihnen befanden sich mit Johann Friedrich, dem späteren

Bückeburger Bach, sowie Johann Christian, dem vielgefeierten Londoner Bach, zwei Knaben von so großer musikalischer Begabung, daß sie Wilhelm Friedemann und Philipp Emanuel, den Söhnen aus erster Ehe, darin nur wenig nachgaben. Dieses günstigere Verhältnis von Tod und Leben konnte kein Zufall sein. Die Kinder besaßen eben nach dem Umbau der Schule in einem der oberen Geschosse geräumige, wohlbeleuchtete Schlafkammern.

Durch Entfernung der Ältesten aus den elterlichen Räumen gewann die im ersten Stockwerk des neuen Gebäudes gelegene Wohnung des Thomascantors Johann Sebastian Bach beträchtlich an Entfaltungmöglichkeiten. Sie umfaßte nun ein schmales einfenstriges Schlafzimmer mit dem Blick zum Thomaskirchhof, ein großes rechteckiges Schlafzimmer, durch dessen zwei Fenster man ebenfalls auf den Thomaskirchhof hinabsah und ein winziges Mädchenzimmer. Daran schloß sich ein kleines Speisezimmer und der größte von allen Räumen, welcher herkömmlicher Weise die Gute Stube genannt wurde, in Wahrheit aber das gemeinsame Musikzimmer war. Denn darin standen und hingen: mehrere Clavecins, zwei Lauten-Wercke, eine ausgezeichnete Stainersche, eine schlechtere Violine, eine Violine piccolo, drei Bratschen, ein Bassethorn, zwei Violoncellos, eine Viola di Gamba, eine Laute und ein Spinettgen. Neben Speisezimmer und Musikzimmer her lief lang und schmal die Componierstube Johann Sebastian Bachs. Wenn er darin sinnend auf und ab schritt oder suchend an dem einen vorhandenen Fenster stand, dann konnte sein Blick über die Promenade und die jenseit der Mauer an der Pleiße gelegene Thomasmühle hinweg den Apelschen Garten erblicken und von dort aus bis zu den fernen, im Blauen verschwimmenden Weiten schweifen. Die Componierstube des Cantors war nur durch eine dünne Wand von dem Klassenraum der Sexta getrennt. Es ließ sich nicht vermeiden, daß dorther mancherlei Geräusche bis zu dem arbeitenden Componisten drangen. Aber wie alles Unabwendbare störte Bach das Getreibe und Getobe der Sextaner in keiner Weise. Niemals geriet Johann Sebastian in Versuchung, an die Wand zu klopfen und den Schülern mit zornrotem Gesicht befehlend zuzurufen: «Ruhe!!!» Wohl aber konnten ihn vermeidbare Geräusche, selbst solche von geringer Lautstärke, zur Raserei treiben, so daß er eine der beiden Türen zur Wohnung aufriß und mit dröhnender Stimme Stille gebot. Ging Sebastian Bach in seine Componierstube, dann mochten zur Rechten die Sextaner nach Herzenslust toben. Zur Linken aber, in der eigenen Wohnung, mußte es mäuschenstill sein. Es konnte jedoch nicht ausbleiben, daß namentlich die jüngeren seiner Nachkommen trotz des Allen bekannten Schweigegebotes sich vergaßen und hörbar zu spielen begannen. Dann blieb Anna Magdalena nichts übrig, als ihre Finger auf den Mund zu legen und dringend zu bitten: «Schtscht, Kinder! Still! Still doch! Der Vater componiert!»

So schien der Weg Johann Sebastian Bachs geebnet vor seinen Augen zu liegen und nichts Anderes für ihn zu tun nötig, als die vorgezeichnete Bahn mit sicheren Schritten bis an das Ende zu gehen. Aber wiederum wurde der zum Thomascantor gewordene Componist hinausgerissen in den Unfrieden und die Unruhe, hinausgestoßen in die Unbeständigkeit und Ungewißheit. Auf daß sich an ihm das Wort des Meister Eckhard erfüllte: «Das schnellste Tier, welches uns zur Vollendung trägt, heißt Leiden.»

Sehr bald nach der Beendigung des Umbaues der Thomasschule, da er kaum vier Jahre lang überaus segensreich in Leipzig gewirkt hatte, wurde Johann Matthias Gesner zum ordentlichen Professor an die Universität Göttingen berufen. Weil der wackere Mann in sehr viel höherem Maße Gelehrter war als Schulmeister, so nahm er den ehrenvollen Ruf an und schied von einer Arbeit, welche ihm unermeßliche Mühe, aber nur begrenzten Erfolg gebracht hatte. Bach, der als Cantor sein Untergebener war, als Componist auf einer Höhe über ihm stand, die nur durch Bewunderung erreicht werden konnte, Johann Sebastian Bach wünschte er für sein Lehramt weitere erträgliche Jahre, für seinen künstlerischen Beruf höchste Erfüllung.

Der Nachfolger des Scheidenden hieß wie sein Vorgänger Ernesti. Allerdings nicht Heinrich sondern, zum Unterschied von seinem verstorbenen Vater, August Ernesti. Durch ihn kam Johann Sebastian nach den wenigen besonnten Jahren, welche er Gesner verdankte, von dem Regen in die Traufe.

So beschloß Bach, Leipzig zu verlassen. In seinem Brief an den ehemaligen Lüneburger Schulkameraden, nunmehrigen großmächtigen Gesandten für russische Dienste Georg Erdmann hieß es: Da ich aber nun 1.) finde, daß mein Dienst bey weitem nicht so erklecklich ist, als man mir ihn beschrieben, 2.) viele Accidentia mir entgangen sind, 3.) Leipzig ein sehr theurer Orth und 4.) allhier eine wunderliche und der Music wenig ergebene Obrigkeit vorhanden ist, ich mithin fast in stetem Verdruß, Neid und Verfolgung leben muß, also werde ich genöthiget seyn, mit des Höchsten Beystand meine Fortune anderweitig zu suchen. Sollten Euer Hochwohlgebohren vor einem alten treuen Diener dortigen Orthes eine convenable station — eine annehmbare Stellung — wissen oder finden, so ersuche ich gantz gehorsamst, vor mich eine Hochgeneigte Recommendation — ein gütige Empfehlung — einzulegen. An mir soll es nicht manquiren, lies: nicht mangeln, daß ich dem Hochgeneigten Vorspruch und intercession einige satisfaction — der Fürsprache und Vermittlung die nötige Genugtuung — zu geben, bestens beflissen seyn werde.

Eine Antwort auf diese überdemütige Bitte, gerichtet an den in schwindlichte Höhen emporgetragenen ehemaligen Lüneburger Mitsinger, Klassengenossen und Duzbruder Erdmann erfolgte nicht.

So blieb, wenn er sich persönlich erhalten, sich künstlerisch entfalten wollte, Johann Sebastian Bach nur Eines: Kampf.

XVIII

In Köthen war Johann Sebastian Bach von der Gnade eines Fürsten abhängig. Sie bedeutete die Sonne, unter deren belebenden Strahlen seine Kunst sich üppig entfaltete, sein Leben glückhaft gedieh. Jedoch wie er durch Nichts erzwingen konnte, daß die fürstliche Gunst über ihm aufging, so konnte Johann Sebastian durch nichts verhindern, daß sie unterging. In Leipzig hatten der HochWohlweise Rath der Stadt und das HochWürdige Consistorium der Thomas-Kirche, der Ehrenwerte Rector und die Löbliche Collegenschaft der Thomas-Schule ihm gegenüber rechtliche Verpflichtungen. Jedoch auf Grund ihrer durften sie auch rechtliche Forderungen an ihn stellen. Mit den gegnerischen Mächten mehrten sich die menschlichen Beeinträchtigungen und die künstlerischen Behinderungen. So wurde Johann Sebastian Bachs Leipziger Dasein zwangsnotwendig ein Kampf ohne Ende; ein Kampf nach Rechts und Links, ein Kampf nach Oben und Unten, ein Kampf auf Leben und Tod. Dabei ging es in Allem um die Reinheit und Größe, die Bewahrung und Entfaltung seiner Kunst. Die aber war mit seinem Menschentum unlöslich verbunden. Denn Bachs Leben erfüllte sich durch sein Schaffen. Bachs Schaffen entwuchs seinem Leben.

Zunächst brach der Kampf mit der Collegenschaft aus. Sebastian Bachs Gegner hieß Gottlieb Görner. Als Organist an der Nicolai-Kirche und späterhin auch an der Thomas-Kirche konnte der 1697 geborene, also zwölf Jahre jüngere Kirchenmusiker sich für einen Amtsbruder des aus Köthen gekommenen Hof-Capellmeisters halten. Er war aber zugleich, da Bach als Director musices für die gesamte Leipziger Musik die Verantwortung trug, dessen Untergebener. Schon aus dieser Zwiespältigkeit entwuchsen manche Reibereien. Sie wurden vermehrt durch Görners Persönlichkeit. Denn er war ein ebenso rühriger wie anmaßender, ein ebenso selbstischer wie unfähiger Mann. Jemand, der in seiner Nähe die Orgelkunst studiert und als Schriftsteller von Rang ein Recht zum öffentlichen Urteil besaß, schrieb über ihn: Gottlieb Görner hat die Musik seit vielen Jahren getrieben. Man sollte daher meinen, die Erfahrung habe ihn schließlich auf den rechten Weg gebracht. Allein, es ist nichts Unordentlicheres als seine Musik. Das innere Wesen der verschiedenen Schreibarten ist ihm ganz und gar unbekannt. Die Regeln sind solche Sachen, die er täglich entbehren kann, weil er sie nicht weiß. Er setzet keine richtige Zeile. Die gröbsten Schnitzer sind die Zierrathen aller Takte. Er weiß die Unordnung in der Musik am allerbesten herzustellen. Der Hochmut und die Grobheit haben ihn dabei so eingenommen, daß er sich vor Jenem selbst nicht kennt, durch Diese aber unter einer großen Menge Seinesgleichen den Vorzug erhält.

Mit solch heimtückischem, hochmütigem, unfähigem Mann hatte sich Johann Sebastian Bach allsonntäglich während der Musik des Gottesdienstes in zwei Kirchen und wochüber bei den Proben abzuplagen. Er war jedoch auf Görner persönlich angewiesen. Denn da Bach das Amt des Thomascantors – keineswegs des Thomasorganisten! – ausübte, so stand ihm zu unmittelbarer Benutzung eine Leipziger Orgel nicht zur Verfügung. Wenn er den Freunden und Schülern sein neuestes Werk für dieses Instrument vorspielen wollte, mußte Sebastian Bach Gottlieb Görner bitten, auf dessen Orgel und zwar – weil das Werk der Thomas-Kirche wenig taugte – in der Nicolai-Kirche spielen zu dürfen.

Trotz aller beruflichen Zwiespältigkeiten und menschlichen Unzulänglichkeiten Görners versuchte Bach, mit seinem Collegen zu einer gemeinsamen musikalischen Betätigung im Dienste der Stadt zu kommen. Da es ihm bei zahlreichen Schülern gelang, sie auf eine höhere Stufe des Könnens zu heben, so mußte dies auch bei einem ausgebildeten Organisten möglich sein. Johann Sebastian ließ es weder an Belehrungen noch an Hinweisen, weder an Bitten noch an Mahnungen fehlen. In Augenblicken der Erregung und Empörung freilich sparte Bach mit Drohungen nicht, um hinterher durch allzuwilliges Beispielgeben das begangene Unrecht wiedergutzumachen. Doch an der Überheblichkeit und Unfähigkeit des Thomasorganisten scheiterten die Bemühungen des Thomascantors, aus Görner einen Musiker zu machen, der gewillt und geeignet war, in Seinem Sinne Kirchenmusik zur Ehre Gottes sowie zur Erbauung der Gemeinde unter Seiner Leitung auszuführen. Während einer Probe in der Thomaskirche patzte Gottlieb Görner noch mehr, als es bei ihm üblich war. Da riß Bach seine Perücke vom Kopf herunter, warf – unbekümmert um die halbwüchsigen Knaben und erwachsenen Musiker – warf diese dem Organisten an den Schädel. Der hob sie vom Boden auf und überreichte, als ob es sich um ein Mißgeschick des Thomascantors gehandelt hätte, mit einer tiefen Verbeugung das stäubende Haargewusel seinem Eigentümer. Da schrie – um keine falsche Deutung bestehen zu lassen – Johann Sebastian Bach: «Schuhflicker hätt Er werden sollen, nicht Musiker!» Dann stülpte der Wütende sich die Perücke über und polterte treppab davon. Gottlieb Görner sagte lächelnd: «Wir fahren an der Stelle, wo der Herr Thomascantor sie unterbrochen hat, mit der Probe unter meiner Leitung fort!»

Zwischen zwei aufeinander angewiesenen Männern von so verschiedenem Wesen und so ungleichem Können mußte ein hartnäckiger Kampf ausbrechen. Dieser entzündete sich nicht an dem Bedeutungvollsten ihres Lebens, der Kunst, sondern an Unwichtigerem, wenn auch nicht Bedeutunglosem: am Geld.

Die Leipziger Universität hatte in der ihr unterstehenden Pauliner-Kirche viele Jahrzehntelang nur an den drei Hohen Festen, an dem Reformationstag und zum Beginn akademischer Feiern einen Gottesdienst abgehalten. Die Versorgung mit Musik während dieser Ausnahmetage lag dem Thomascantor ob. Er bekam dafür eine Vergütung von jährlich 12 Gulden. Dann aber führte die Universität allsonntägliche Andachtstunden ein. Fortan stand dem Alten Gottesdienst also der Neue Gottesdienst gegenüber. Der Thomascantor Kuhnau erbot sich, die erweiterte musikalische Versorgung der Pauliner-Kirche ohne besondere Vergütung zu übernehmen. Daraufhin vertraute man ihm neben dem Alten Gottesdienst auch den Neuen Gottesdienst an. Zehn Jahre lang führte Kuhnau das erweiterte Amt zu allseitiger Zufriedenheit durch. Nach seinem Tode forderte Telemann, als er über dessen Nachfolge im Thomas-Kantorat mit der Stadt verhandelte, auch das Musik-Amt an der Universität für sich. Denn er wußte auf Grund seiner persönlichen Kenntnis der Verhältnisse, daß in Leipzig ersprießliche Musik nur mit Hilfe der Studenten zu machen sei. Obwohl die freiheitlich gesinnte Universität sich nicht vertraglich an den Thomascantor binden wollte, hatte Telemann die geforderte Zusicherung von dem Rath erhalten. Als aber der Hamburger Musikdirector auf die Berufung nach Leipzig verzichtete, die Verhandlungen mit Graupner und anderen Organisten, unter denen sich ein gewisser Bach befand, viele Monate lang nicht zum Abschluß kamen: da übernahm Gottlieb Görner ohne Bezahlung sowohl die musikalische Leitung des Alten wie auch des Neuen Gottesdienstes. Aushilfsweise! Weil ein Notstand vorliege! In dem Augenblick jedoch, als feststand, daß Bach Thomascantor würde, griff der Hinterhältige zu: Er verlangte die vertragliche Zusicherung, daß ihm die Weiterführung des bisher freiwilligen Organisten-Dienstes der Universitätsmusik amtlich zustehe. Selbstredend gegen das übliche Jahresgehalt von 12 Gulden! Da man von Musik nicht genug verstand und infolgedessen meinte, daß der Organist von Sanct Nicolai seine Sache sehr ordentlich gemacht hätte — da man den Aushilfscantor als einen umgänglichen Mann kennengelernt hatte und ihm zu Dank für die bisher unentgeltlich geleisteten Dienste verpflichtet war — da man einen Kampf mit dem als rechthaberisch bekannten Köthener Hof-Capellmeister scheute und Diesen vor die vollendete Tatsache stellen wollte: so übertrug die Universität das Amt ihres Musikdirectors vertragsmäßig Gottlieb Görner. Gegen jährliche Auszahlung von 12 Gulden.

Johann Sebastian Bach erkannte sehr bald, daß zur gedeihlichen Durchführung seines Cantorenamtes und zur würdigen Wiedergabe seiner Werke der Einfluß auf die Studenten nicht entbehrt werden könne. Weil er außerdem der festen Überzeugung war, daß ihm mit dem Görnervertrag Unrecht geschehen sei — Recht aber mußte Recht bleiben, wann und wo und wie auch immer Menschen in Gemeinschaft leben! — so schrieb Johann Sebastian Bach an die Universität und forderte mit Nachdruck das Amt des Universitätsmusikdirektors, welches ihm als Thomascantor zustehe.

Das Consilium der Universität wies den neuen Cantor mit dem Bedeuten zurück: Es stimme zwar, daß sein Amtsvorgänger beide Gottesdienste der Pauliner-Kirche mit Musik versorgt hätte; aber aus einem jus usuali — dem Gewohnheit-Recht — lasse sich kein jus prohibendi — das Recht des Verbotes — herleiten. Abgelehnt.

Bach schrieb an den Rath der Stadt und forderte, unter Hinweis darauf, daß Dieser schriftlich Telemann die gesamte kirchliche Universitätsmusik zugesagt hätte, selbige für sich.

Der Rath antwortete: Es treffe zu, daß Telemann auf dessen Drängen beide Universitätsgottesdienste zugesagt worden wären. Aber mit ausdrücklicher Betonung, es geschähe nur um seiner großen Berühmtheit willen. Abgelehnt.

Ausgesprochen war es nicht, wohl aber zwischen den Zeilen zu lesen: Was Telemann seines Ruhmes wegen hätte zugebilligt werden müssen, das könne man einem Musicus, der solchen Ruhm nicht besitze, keinesfalls zugestehen.

Bach schrieb an die oberste Geistliche Behörde: Da es sich bei den Universitätsgottesdiensten um eine geistliche Angelegenheit handle, möge man seine Ansprüche unterstützen.

Das Consistorium erklärte sich für unzuständig. Denn die Entscheidung liege bei der Theologischen Facultät. Abgelehnt.

Bach schrieb an die Facultät. Er verlangte, da ein Gewohnheit-Recht, wie der Name besage, ein Recht sei, die Übertragung des Gottesdienstes in der Pauliner-Kirche samt dem bisher gezahlten Gehalt von 12 Gulden.

Die Facultät gestand ihm die Versorgung des Alten Gottesdienstes zu; jedoch ohne die 12 Gulden, welche Görner vertraglich für den Neuen Gottesdienst ausgezahlt werden müßten.

Bach verlangte nach wie vor: 12 Gulden!

Die Universität bot die Hälfte.

Bach blieb dabei: 12 Gulden!

Die Universität schwieg.

Mehr als zwei Jahre waren über dem Hin und Her vergangen. Da holte Bach zu einem entscheidenden Schlag aus. Er schrieb seinem Landesherren August dem Starken. Nach wahrheitsgemäßer Schilderung der Sachlage; nach dem Hinweis, daß er schon über zwey Jahre lang sein Amt habe umsonst verrichten müssen, schloß der Brief:

> Also ergeht mein allerunterthänigstes Suchen und Bitten dahin, es wollen Dieselben an die Löbliche Universität zu Leipzig allergnädigsten Befehl ertheilen, daß sie es bey der vormahligen Einrichtung bewenden und nebst dem Directorio des Alten Gottesdienstes mir auch das Directorium des Neuen, insonderheit die völlige Besoldung des Alten Gottesdienstes und beyderseits anfallende Accidentien fernerweit angedeihen lassen möge.

In Leipzig hatte man noch immer nicht begriffen, welch überragender Musiker mit dem Thomascantor gewonnen wurde: ein Schöpfer von solcher Kraftfülle, daß Telemann und Graupner nicht wert waren, ihm die Schuhriemen aufzulösen. In Dresden aber stand Bach, seit er den Franzosen Marchand durch sein bloßes Erscheinen aus dem Felde schlug, bei dem Königlichen Hof in hoher Gunst. Daher wurde bereits nach drei Tagen der Universität befohlen, zu der Beschwerde des Thomascantors Stellung zu nehmen. Bach vermutete, daß diese Stellungnahme den Tatsachen nicht entsprechen werde. So schrieb er im November 1725 abermal an den Allerdurchlauchtigsten Großmächtigen König und Kurfürsten, Seinen Allergnädigsten Herrn und bat allerunterthänigst-gehorsamst um eine Abschrift des Berichtes der Universität, sowie des Weiteren, bis zum baldmöglichst beschleunigten Eingang seiner Erwiderung das Urteil auszusetzen. Beiden Bitten wurde vonseiten des Königlichen Hofes entsprochen. Es war, wie Bach befürchtet hatte. Der Universitätsbericht strotzte von Unrichtigkeiten. Selbst vor Verdächtigungen und Verleumdungen scheute er nicht zurück.

So setzte Bach sich, nachdem die drei Weihnachtstage mit anstrengendster Musik überstanden waren, zornbebend hin und verfaßte ein drittes Gesuch für König August. Das war nun freilich kein Brief mehr. Sondern ein Memorial, eine Denkschrift, eine Anklage.

Sieben bezifferte Punkte führte Johann Sebastian auf, welche in dem Bericht der Universität nicht stimmten. Punkt für Punkt widerlegte er durch bezifferte Absätze. Das geschah mit einer fast advocatischen Geschicklichkeit. So erschütterte Bach die Versicherung der Universität, daß dem Thomascantor keine 12 Gulden für den Alten Gottesdienst zuständen, durch den Hinweis: Die Herren hätten ihm die Hälfte davon bewilligt, würden dieses aber keinesfalls getan haben, wenn sie nicht selbst überzeugt wären, daß seine ganze Sache auf gutem Grund beruhe.

Im höchsten Maße war Johann Sebastian Bach darüber empört, daß die Universität seine Behauptung, er habe für die Verwaltung des Alten Gottesdienstes nicht Einen Pfennig bekommen, abstritt und versicherte, es sei doch der Fall gewesen, ihn also der Lüge zieh. Demgegenüber machte der Angeschuldigte geltend: die Universität verschiebe den entscheidenden Punkt. Sie vertausche sein Salarium, das Gehalt, mit seinem Honorario, der Vergütung für außerdienstliche Leistungen. Die Behauptung, daß er seit Jahren nicht das Geringste an Gehalt bekommen hätte, bestehe nach wie vor zu Recht. Für nicht zum Gottesdienst gehörige Musik bei besonderen Festen und bei den vierteljährlichen Promotionen habe er selbstverständlich ein Honorarium erhalten. Das sei nie von ihm geleugnet worden. Aber dort liege nicht der strittige Punkt! Und dann machte Bach mit grimmiger Genauigkeit seine Rechnung auf:

> Da nun die Universität nach ihrem eigenen Geständniß bey den Quartal-Orationibus mir jährlich 3 Thaler 10 Groschen, bey den drey Hohen Festen jährlich ein besonderes Honorarium von 10 Thalern, also zusammen jährlich 10 Gulden, krafft eingeführter Observanz, zu reichen hatte und ich, seit

meiner bey der Universität anno 1723 zum Pfingstfest angetretenen Function bis zum Ausgang des 1725ten Jahres, welches zweyunddreiviertel Jahr ausmachet, zusammen 36 Thaler 18 Groschen 6 Pfennige empfangen sollte, aber nur für 11 Fest-Musiquen soviel Thaler und für 11 Quartals-Orationes 7 Thaler 13 Groschen 6 Pfennige, zusammen 18 Thaler 13 Groschen 6 Pfennige, empfangen und also noch 18 Thaler 5 Groschen zu fordern habe; und da außerdem mein ordentliches Salarium von 12 Gulden mir auch 2³/₄ Jahre lang nicht gezahlet worden ist, demnach mit 33 Gulden restiret: so gelanget an Eure Königliche Majestät und Churfürstliche Durchlaucht mein allerunterthänigstes Bitten dahin — — nämlich: der Universität anzubefehlen, daß sie es bei der vormahligen Einrichtung bewenden lasse und die aus 12 Gulden bestehende Besoldung des Alten Gottesdienstes zahle, die mit ihr verknüpft gewesenen Sondervergütungen für Fest-Musiquen und Doctorpromotions-Singen und anderere Feierhandlungen hinzufüge, auch das rückständige Honorarium 18 Thaler 5 Groschen, sowie das einbehaltene Salarium 33 Gulden ihm noch entrichte, außerdem die entstandenen Unkosten erstatte.

Am 31. Dezember 1725 hatte Johann Sebastian Bach seine Bittschrift beendet. Zu Anfang des Neuen Jahres wurde sie nach Dresden abgesandt. Unerwartet schnell, bereits Ende Januar, traf die Antwort des Königs ein. Sie verfügte: Da das Directorium musices bey dem Alten Gottesdienst aus einem früheren Recht herrühre und mit dem Neuen Gottesdienst keinen Zusammenhang habe, so sey der Alte Gottesdienst Bach zu überlassen, samt Gehalt und Accidentien, welche nachzuzahlen und weiterhin regelmäßig ihm darzureichen wären. Mit dem, was darüber hinausgehe, möge man besagten Cantorem abweisen. Betreffs des Neuen Gottesdienstes könne man es nach eigenem Ermessen halten.

Bach hatte den Sieg errungen. Keinen entscheidenden, aber einen bedeutsamen Sieg. Er war hinfort vollbesoldeter musikalischer Leiter des Alten Gottesdienstes der Universität. Den Neuen Gottesdienst allerdings mußte er an Görner abtreten.

Der Friede zwischen dem Thomascantor und dem Thomasorganisten wurde durch die Königliche Verfügung nicht hergestellt.

Am 6. September 1737 starb die Gemahlin August des Starken Christiane Eberhardine. Sie hatte sich, als der Sächsische Kurfürst zwecks Erlangung der polnischen Königskrone zum katholischen Glauben übertrat, von ihrem Gatten getrennt. Um weiterhin Gott ungestört nach lutherischer Weise dienen zu können, lebte die Königin vereinsamt, aber hochgeehrt auf dem Schlosse Pretz bei Wittenberg. Weil nach Todesfällen der Sächsische Hof stets beträchtliche Zeit bis zur Veranstaltung einer Trauerfeier hingehen ließ, es ihm aber in diesem Falle wegen der Ehetrennung noch weniger damit eilte als sonst: so beschloß ein wohlhabender Student, namens Hans Carl von Kirchbach, die Angelegenheit durchzuführen. Er wandte sich an die Universität mit der Bitte, in deren Pauliner-Kirche eine Gedenkfeier für die Heimgegangene auf eigene Kosten veranstalten und dabei die Festrede halten zu dürfen. Die Decane vertrösteten ihn. Da trug Kirchbach die gleiche Bitte dem König vor. Dieser war heilfroh, aus der verzwickten Sache herauszukommen und keine Lobeshymnen auf eine Geschiedene anstimmen zu müssen. Also erteilte er dem Studenten die erbetene Erlaubnis.

Der ruhmsüchtige Hans Carl von Kirchbach ließ sich die Feier, welche sein Vater bezahlen mußte, viel kosten. Er bestellte den Text der Trauerkantate bei Gottsched, dem berühmtesten Dichter des Landes. So war es für ihn selbstverständlich, daß die Musik von dem berühmtesten Leipziger Komponisten, von Bach, geschaffen werden müsse. Dieser ging mit Freuden darauf ein. Denn das angebotene Honorar war erklecklich. Zwölf Gulden! Ebensoviel wie für sämtliche Gottesdienste in der Universitäts-Kirche während eines ganzen Jahres!

Alles schien bestens geordnet. Doch da trat Gottlieb Görner auf den Plan. Er behauptete: Es handle sich nicht um eine persönliche Sache des Studenten Kirchbach. Sondern um eine Universitätsangelegenheit! Also stehe die Komponierung der Trauerode Gottscheds Ihm zu. Bach sei zwar der Alte Gottesdienst vom König Allergnädigst zugewiesen. Mit sämtlichen anderen Forderungen jedoch, insbesondere mit dem Anrecht auf Musik in außergewöhnlichen Fällen, habe der König den ehrsüchtigen Thomascantor abgewiesen. Es gebe also nur ein Entweder-Oder. Entweder Er, Gottlieb Görner, komponiere die Trauermusik – oder man zahle Ihm das Honorar aus. Wenn er 12 Gulden erhalte, könne Bach tun, was Diesem zu tun beliebe. Kirchbach wandte sich an die Universität. Deren Professoren – noch verärgert über die Niederlage, welche ihnen der Thomascantor bereitet hatte – gaben Gottlieb Görner recht. Der adelige Student erhielt die akademische Anweisung: Wenn er sich weigere, die Musik dem allein zuständigen Thomasorganisten Görner zu überlassen und weiterhin auf den Thomascantor Bach bestehe, würde man Selbigem jegliche Mitwirkung bei der Trauerfeier untersagen. Hans Carl von Kirchbach versicherte: Bach habe sein Honorar bereits empfangen. Bach sei länger als eine Woche mit der Komposition, die großartig zu werden verspreche, beschäftigt. In der noch zur Verfügung stehenden knappen Zeit könne unmöglich von jemand Anderem eine würdige Trauermusik verfaßt werden. Der letzte Grund schlug durch. Die Professoren fällten das salomonische Urteil: Bach solle die Trauermusik componieren – Görner solle sie dirigieren. Kirchbach wurde beauftragt, Bach in diesem Sinne zu verständigen. Jedoch der adelige Student wagte nicht, dem unbeirrt weiterschaffenden Komponisten damit unter die Augen zu treten. So erschien am 11. Oktober 1727, 6 Tage vor der Feier, Gottlieb Görner bei dem Consilium der Universität und wies mit gutgespielter Unterwürfigkeit darauf hin, daß die Frage der Trauermusik für die verstorbene Königin noch immer nicht geregelt sei. Er müsse aber, um mit seiner Komposition beginnen zu können, endgültig wissen, wie nunmehr die Sache stehe. Ein Pedell bekam den Auftrag, Kirchbach mitzuteilen: Wenn Görner die Musik Bachs nicht leiten dürfe, dann werde diese nicht aufgeführt. Der Student ließ durch den Pedellen antworten: Wenn Bach die eigene Musik nicht dirigieren dürfe, dann halte er seine Rede nicht. Da machte sich Gottlieb Görner persönlich zu Hans Carl von Kirchbach auf. Dieser blieb unerbittlich: Musik von Bach, Leitung von Bach. Gottlieb Görner erwiderte mit verschmitztem Lächeln: Beides könne durchaus sein, wenn — — ja, wenn Ihm das Honorar von 12 Gulden ausgezahlt würde. Kirchbach willigte ein und zahlte außer den 12 Gulden, die Sebastian Bach für seine Arbeit erhielt, 12 Gulden an Gottlieb Görner für dessen Nicht-Arbeit.

Der Friede wäre hergestellt gewesen, wenn nicht der Thomasorganist im Gefühl seines Sieges einen waghalsigen Schritt getan hätte: Görner verlangte, gegen Übergriffe Bachs für alle Zeit geschützt zu sein. Also müsse der Thomascantor einen diesbezüglichen Revers unterschreiben. Er habe ihn mitgebracht. Kirchbach möge das Schriftstück lesen und es Bach zur Unterzeichnung vorlegen. Der Student verwies den mit Geld abgefundenen Organisten an die Universität. Sie billigte die Forderung Görners.

So machte sich am 12. Oktober 1727 der Universitätsschreiber befehlsgemäß zu der Wohnung des Thomascantors auf, daß Dieser den mitgeführten Revers unterzeichne. Bach saß, da der Bote kam, beim Mittagessen. Als der Abgesandte ihm das Schriftstück überreichen wollte, bat Johann Sebastian um Vorlesung. Er sei, wie zu sehen, just anderweitig beschäftigt. Der Universitätsschreiber las — anfangs mit fester Stimme, dann zaghaft, schließlich zitternd — dem Weiteressenden vor, was Gottlieb Görner von Sebastian Bach zu fordern sich erdreistete. Denn nach der langen Vorrede lief dieser Revers darauf hinaus: Der Thomascantor solle durch Unterschrift anerkennen erstens, daß die Erlaubnis zu der Trauerode eine bloße Begünstigung sei; zweitens, daß er keinerlei Consequenzen daraus ziehen dürfe; drittens, daß er ohne Erlaubnis der Wohl-Löblichen Universität mit Niemandem wieder Abmachungen über eine außerordentliche Musik in der Pauliner-Kirche treffen werde; viertens, daß er sich in Allem gemäß des Allergnädigsten Königlichen Befehles vom 11. Januar 1726 zu verhalten gedenke, welcher ihm zwar den Alten Gottesdienst zubillige, aber weitere musikalische Betätigung untersage.

Als der Universitätsschreiber den Revers Görners ausgelesen hatte, erhob Bach die nicht auf den Teller beschäftigte Linke und zeigte zur Tür. «Apage!» zu deutsch: «Packe Dich!» hinzuzufügen, daran hinderte ihn der Thüringer Kloß, welcher in seinem Mund steckte. Aber der Görner-Bote verstand ihn ohne Worte.

So schlich bald darauf der Abgesandte der Universität mit gesenktem Kopf und herabhängenden Händen, deren Eine sich mühte, ein Schriftstück nicht auf die Erde fallen zu lassen, über den Thomaskirchhof. Als Bach den bedauernswerten Boten in dieser Haltung das Thomaspförtchen zum Gang in die Stadt öffnen sah, lachte er aus vollem Halse. Denn sein Mund war inzwischen leer geworden.

Der Universitätsschreiber berichtete dem Universitätssyndicus von dem Mißerfolg seiner Sendung. Der Universitätssyndicus schickte den Universitätspedellen mit dem Schriftstück zu Kirchbach, daß Der persönlich sein Heil bei Bach versuche. Am 13. Oktober, vier Tage vor der anberaumten Feier, überreichte es der Universitätspedell dem Diener des adeligen Studenten. Dieser dachte jedoch jetzt noch viel weniger daran, den unverschämten Revers dem Thomascantor vorzulegen, als da Görner ihn deswegen bedrängte.

Am 15. Oktober beendete Johann Sebastian Bach seine Komposition der Trauerode Gottscheds. Zwei Tage später fand die Aufführung in der Universitätskirche statt. Nicht nur Leipziger und Dresdener, auch Bewohner vieler anderer Sächsischer Städte waren zu dem Gedächtnisgottesdienst für die verstorbene Landesmutter gekommen. Denn die von ihrem Gatten getrennt lebende, dem evangelischen Glauben treu gebliebene Kurfürstin war allbeliebt. Vor dem Altar stand ein schwarzverhangener Katafalk. Der wies als einzigen Schmuck die Hoheitszeichen der Fürstin auf. Umhüllt von dunkelfarbigen Amtsroben, begannen die akademischen und die städtischen

Behörden in das Gotteshaus einzuziehen. Sämtliche Kirchen Leipzigs setzten mit dem Trauergeläut ein. Gottlieb Görner präambulierte, so gut er es vermochte. Währenddessen verteilten die Pedelle an sämtliche Anwesende die Programme mit dem Texte Gottscheds. Sie verkündigten in bescheidener Schriftgröße, daß dießmahl der Herr Capellmeister Johann Sebastian Bach die Musik nach italiänischer Art componiert hätte.

Als die Pedelle im Seitendunkel verschwunden waren und die Schriftvorlesungen durch einen Geistlichen stattgefunden hatten, begann die vielumstrittene Trauerode Bachs zu erklingen. Er selbst leitete die Aufführung vom Clavicymbalo aus. Mitten unter den Aufführenden auf der für den Chor bestimmten Empore. So war Bach Einer von ihnen und überragte doch Alle. Nach schmerzvollem Aufklang des Orchesters rief der Chor die tote Fürstin an. Sie wurde gebeten, aus den Sterngewölben einen Strahl ihres Hertzens hernieder zu senden, daß Dieser die Thränen Derer sähe, welche ihr Ehrenmal umringten. Es lag in der Natur des Anlasses der Feier, daß die Worte Gottscheds, im Wechsel von Recitativen und Chören, mit überschwänglichen Worten zum Preise der Fürstin nicht sparten.

Bachs Musik aber drang weit über das Besondere ins Allgemeine, über das Gegenwärtige ins Überzeitliche vor. Als der erste Teil mit einer Huldigung der Heimgegangenen verklungen war, hielt der Student Hans Carl von Kirchbach seine wohlgeformte Rede. Und dann hatte wiederum nicht Gottsched das Wort. Sondern Bach. Der spielte mit gewohnter Meisterschaft auch das Postludium. Denn Görner überließ seinem Kollegen, um vorzeitig entwischen zu können und keinen spöttischen Blicken ausgesetzt zu sein, ohne Widerspruch den Platz auf der Orgel. Immerhin durfte er als Erster aus der Universitäts-Kirche mit dem stolzen Bewußtsein davongehen, daß zur Bekundung der Rechtmäßigkeit seines Anspruches ihm ebensoviel Honorar — 12 Gulden — gezahlt wurden wie dem geltungsüchtigen Komponisten der Trauerode.

Gesiegt über Gottlieb Görner hatte Sebastian Bach. Endgültig. Nach einem erbitterten, vier Jahre seines Lebens beanspruchenden Kampf.

Der nächste Streit ließ nicht lange auf sich warten. Die Gemeinde hatte, des hohen Preises wegen, noch keine Gesangbücher in Händen. Nur Pastoren und Cantoren und Chorknaben besaßen sie für ihre Arbeit. Und zwar benutzte man befremdlicher Weise noch immer das 1707 erschienene «Neuauffgelegte Dresdenische Gesangbuch», welches 440 Lieder und 374 Melodien enthielt. Bach nannte daneben die achtbändige Choral-Sammlung von Paul Wagner sein eigen, welcher 5000 Lieder zusammengebracht hatte. Die Gemeinde mußte also die gesungenen Texte aus dem Kopf wissen. Das war nicht so schwierig, wie es auf den ersten Blick erschien. Einmal ging man sehr regelmäßig zum Gottesdienst. Sodann lagen eine Reihe von Liedern für bestimmte Sonntage fest, kehrten infolgedessen ständig wieder. Zum Dritten war man lernwillig und lernfähig.

Die weiteren Choräle, insbesondere jene, die während des Abendmahles und des Nachmittagsgottesdienstes gesungen wurden, bestimmte der Cantor. Er sollte sich deswegen mit dem Pastor besprechen. Aber weil auch die sonntäglichen Bibeltexte festlagen und man gemeinsam gut eingearbeitet war, geschah es nicht immer. Bach versäumte die Verständigung mit dem Geistlichen weit häufiger als sein Vorgänger. Warum Genehmigung für seine Liederauswahl erbitten, da Er das Verfügbare weit besser kannte als die Pastoren? Falls man sich nach ihren Wünschen richtete, würden sehr bald nur noch ein Dutzend Choräle in den Leipziger Kirchen gesungen. Ihre Zahl mußte aber vermehrt werden. Bach ließ es sich also mit großer Beharrlichkeit angelegen sein, neue Lieder einzuführen. Wenn zunächst auch nur die Chorknaben sie sangen, so machte das wenig aus. Die Gemeinde lernte allmählich die Weisen und Worte. Man durfte nur nicht müde werden, sie von der Empore immer wieder hinabzusingen.

Anno 1728, nachdem Johann Sebastian Bach fünf Jahre lang die freien Gesänge der Thomas-Kirche und der Nicolai-Kirche ungehindert bestimmt hatte, empörte sich der neue Subdiaconus, der Nachmittagsprediger Gottlieb Gaudlitz, gegen das Verhalten des Cantors. Er beanspruchte, feststellen zu können, ob das ausgesuchte Lied für seine Predigt passe. Als daher Gaudlitz Änderung erbat, zuckte Bach die Achseln. Als sie gefordert wurde, lachte er das Hilfspredigerlein aus. Jedoch der Thomascantor hatte dessen Zähigkeit unterschätzt. Gottlieb Gaudlitz wählte für seine Predigt die ihm genehmen Gesänge aus und sorgte dafür, daß sie von den Säulen Seiner Kirche herab der Gemeinde verkündigt wurden. Bach ließ es eine Weile geschehen. Dann griff er auf sein Recht zurück. Weil Warnungen vergeblich waren, konnte nur die Tat helfen. Da eines Sonntagsnachmittags die Nummern des Geistlichen ringsum an den Säulen prangten, ließ er von den Chorknaben die Tafeln herausziehen und durch solche, die Seine Zahlen zeigten, ersetzen. Klappernd wählten die Buben, von Säule zu Säule laufend, die richtigen Holztäfelchen aus. Einige brauchten, weil sie auf der Rückseite die gesuchten Nummern zeigten, nur umgedreht zu werden. Kichernd wurden die richtigen Tafeln in die Schlitze der Gesangsbretter geschoben. Als Gaudlitz den Altar betrat, sang man Bachs, nicht sein Eingangslied, als er zur Kanzel hinaufstieg, den Schlußvers von Bachs, nicht von seinem Hauptlied. So blieb es bis zum Ende des Gottesdienstes. Mit Recht nach der Auffassung Bachs, welche besagte: Die Predigt bestimmt der Prediger — die Cantusse der Cantor.

Also richtete Gottlieb Gaudlitz an das Churfürstlich Sächsische Consistorium zu Leipzig einen Beschwerdebrief. Er ersparte sich die vorschriftmäßige langatmige Anrede durch die beiden Buchstaben P. P., aufgelöst: Praemissis Praemittendis, nachdem voraufgeschickt wurde, was voraufzuschicken ist. Ohne Umschweife berichtete der Hilfsprediger an Sanct Nicolai den strittigen, von ihm selber nicht zu bereinigenden Fall. Er nehme also zu den HochEdlen Herrn seine Zuflucht und bitte, ihm bei seinem allein zur Ehre Gottes abzielenden Bestreben die helfende Hand zu bieten. Das Schriftstück schloß: Ich versehe mich hochgeneigter Willfahrung. Gott aber, dessen Ruhm ich suche, wird es vergelten. Im Übrigen verharre ich mit aller Devotion und allem Respekt als

Euerer Magnificorum und HochEdlen
Herren
gebeth- und dienstschuldigster
Magister Gottlieb Gaudlitz.

Die Magnificenci und HochEdlen Herrn reichten dem Hilfspredigerlein an der Nicolai-Kirche die erbetene Hand. Das Consistorium erließ bereits einen Tag später die Verfügung an den Superintendenten Deyling: Er habe dem Thomascantor zu eröffnen, daß Dieser sich an die von dem Herrn Subdiaconus vorgeschlagenen Choräle während des Vespergottesdienstes in Sanct Nicolai widerspruchslos zu halten hätte. Bach kümmerte sich um diesen Bescheid nicht. Er war von dem Rath der Stadt als Director musices berufen worden. Also war der Rath sein oberster Vorgesetzter, nicht das Consistorium. Aber weswegen die Hohen Herren mit Winzigkeiten wie Choräle-Auswahl belästigen? Am ersten Sonntagnachmittag wurde ein Zusammenstoß vermieden. Gaudlitz hatte vorausgesetzt, der Thomascantor werde die Weisung der übergeordneten Behörde, des Consistoriums, befolgen. Jedoch seine Annahme, daß die von ihm ausgewählten Liedernummern in den Säulentafeln stecken und also auch gesungen würden, erwies sich als irrig. An dem nächsten Sonntagnachmittagsgottesdienst ließ Gaudlitz die Nummern des Thomascantors rechtzeitig entfernen und dafür Seine Nummern anbringen. So blieb dem stellvertretenden Präfecten nichts Anderes übrig, als zu der Zeit, in welcher Bach ein Schläfchen hielt, die Choräle des Hilfspredigers singen zu lassen.

Da Johann Sebastian dieser Vorfall berichtet wurde, raste er vor Zorn. Mit geschärfter Feder verfaßte er einen Brief an den einzig in dieser Streitsache zuständigen Rath der Stadt. Dieses Schreiben stand freilich in einer anderen Tonart als der salbungvolle Brief des predigenden Magisters. Con fuoco, mit Leidenschaft, kamen Bachs Worte daher. Sie wiesen nach, was sich nicht leugnen ließ. Sie forderten auch dort, wo sie äußerlich die Form der Bitte wahrten. Sebastian Bach führte aus: Der Hohe Rath habe bey seiner Berufung zum Thomascantor es ihm zur Pflicht gemacht, die bisherigen Gebräuche des Öffentlichen Gottesdienstes beyzubehalten, keine Neuerungen einzuführen und ihm dafür seinen Schutz versprochen. Zu solchen Gebräuchen gehöre es, die Bestimmung der Gesänge vor und hinter der Predigt nach Maßgabe des Evangeliums durch den Cantor vornehmen zu lassen. So sey es bey allen seinen Vorgängern gehalten worden, ohne daß sich Unzuträglichkeiten ergeben hätten. Nunmehro habe jedoch der Subdiaconus an der Kirche Sanct Nicolai, Herr Magister Gaudlitz, eine Neuerung eingeführt, selber Lieder angeordnet, seine — Bachs — Gesänge verworfen, da Solches von ihm nicht geduldet worden wäre, sich bey dem Consistorium beschweret und eine Verordnung ausgewürcket, daß er zukünftig jene Lieder, welche ihm von den Predigern angesagt würden, absingen lassen solle. Das könne aber keinesfalls ohne Vorbewußtsein der HochEdelgebohrenen Herren des Rathes, als den Patronis sämtlicher Leipziger Kirchen, befohlen werden. Somit bitte er Diese gehorsamst, ihn bei der Ausübung des bisherigen Brauches, die Lieder im Gottesdienst selbst auswählen zu dürfen, hochgeneigt zu schützen.

Zwischen dem Rath der Stadt und dem Consistorium der Kirche wurden monatelange Unterhandlungen geführt. Sie gelangten sehr bald bei den üblichen Befugniskämpfen an. Jedoch im Februar 1730, also anderthalb Jahre nach Ausbruch des Choralstreites, erhielt Superintendent Deyling ein Amtliches Schreiben, in welchem das Consistorium seine Mißbilligung ausdrückte, daß er die unübliche Erwählung der geistlichen Lieder bei den Gottesdiensten durch den Prediger nicht verhindert hätte, und ihn anwies, Sorge dafür zu tragen, daß solche Vorkommnisse sich nicht wiederholten. Der Superintendent gab den erhaltenen Fußtritt verstärkt nach unten weiter. Ergebnis: Niemand redete dem Thomascantor in diese Ausübung der überkommenen Berufspflichten — der selbständigen Choralbestimmung – mehr hinein. Und das, nach der Meinung des Thomaskantors von Rechtes wegen.

Bei den Kämpfen Bachs mit Gottlieb Görner, dem Angestellten der Universität, und Gottlieb Gaudlitz, dem Untergebenen des Consistoriums, hatte es sich um die unbehinderte Ausübung seines Berufes gehandelt. Dann jedoch geriet Johann Sebastian in gefährlichere Auseinandersetzungen. Er mußte dem Rath der Stadt gegenüber sein Amt, seine Kunst und sein Leben verteidigen, die für ihn eine Dreieinigkeit darstellten.

In der stillen Woche des Jahres 1729 schickte Johann Sebastian Bach gedruckte Zettel durch die Stadt. Sie kündigten an, daß am Charfreitag zu Sanct Nicolai eine von ihm komponierte Passionsmusik stattfinde. Außerdem überbrachten sie den Kirchenbesuchern die vom Chor gesungenen Texte zum Mitlesen, die Choräle zum Mitsingen.

Der HochWohlweise Rath – verärgert über die unnötige Mühe, welche ihm die Schlichtung des Choralstreites gemacht hatte – der Rath sandte einen Rathsdiener zu dem Thomascantor und ließ mitteilen: Die von ihm eigenmächtig angesetzte Passionsmusik habe solange zu unterbleiben, bis er um Erlaubnis dazu eingekommen und sie von dem Rath der Stadt erteilt worden wäre.

Bach erwiderte: Er sey dieses Mal nicht anders zu Wercke gegangen als sonst. Was den Text betreffe, so habe er nichts Verfängliches an sich und bedürfe keiner Genehmigung, weil das ganze Werck mit Genehmigung des Rathes schon aufgeführet worden sey. Im Übrigen liege ihm selbst garnichts daran, daß die Aufführung seiner Passionsmusik stattfinde. Denn Er habe davon nur Mühe und Kosten.

Der HochLöbliche Rath erteilte, da die erste Anordnung auf der falschen Voraussetzung beruht habe, es handle sich um einen neuen Text, die nichterbetene Erlaubnis zu der Aufführung. Und die von dem Thomascantor geplante Wiederholung seiner Passionsmusik fand am Charfreitag mit tiefer Wirkung statt.

Auf beiden Seiten war jedoch ein tiefer Groll zurückgeblieben. Bei dem Rath der Stadt, daß er von seinem Thomascantor überrumpelt wurde — bei Bach, daß man Unbilliges verlangt hatte. So ließ sich voraussehen: Der Kampf würde an einer anderen Stelle mit umso größerer Heftigkeit wiederausbrechen.

Ostern verließen zehn Alumnen die Thomasschule. Für die sehr begehrten Freistellen hatten sich dreiundzwanzig Knaben gemeldet. Bach prüfte ihre musikalische Begabung äußerst streng. Das Ergebnis wurde dem Rath zugesandt. Denn Der hatte über die Zulassung der Anwärter die letzte Entscheidung. Doch er hielt sich bislang stets an die Vorschläge des Thomascantors. Bach berichtete unter genauer Nennung der Namen und der Herkunft in seiner Liste: Fünf Knaben besäßen eine gute, starke Stimme und feine perfectus, das heißt: Eignung, zum Thomasschüler. Sieben hätten eine passable, schwache Stimme, sodaß ihre Eignung als mittelmäßig bezeichnet werden müsse. Elf Jungen — ebenfalls namentlich aufgeführt — seyen zur Musik durchaus untauglich.

Um seine Oberhoheit zu beweisen, befolgte der HochWohlweise Rath dieses Mal die Vorschläge des Cantors nicht. Er nahm nur fünf von den Anwärtern, welche Bach empfohlen hatte, in die Thomasschule auf, vergab vier Freistellen an Bewerber, welche auf der eingereichten Liste als untauglich bezeichnet waren, und übertrug die zehnte Stelle einem Jungen, der es verschmäht hatte, sich von dem Thomascantor prüfen zu lassen.

Bach tobte. Der Rath wies ihn heftig in seine Untergebenheitschranken zurück. Bach schlug zu. Der Rath beraumte eine Sitzung an, um dem aufsässigen Thomascantor mores, lies: Sitten, beizubringen. So wurde am 2. August 1730 über Johann Sebastian Bach wiederum ein Scherbengericht abgehalten. Jetzt nicht — wie zu Arnstadt — in seiner Gegenwart, sondern in seiner Abwesenheit; und nicht — wie zu Arnstadt — von einem rechtsunkundigen Geistlichen und unselbständigen Beisitzern, sondern von Juristen und Stadtbeamten.

Vorweg wies man darauf hin, daß Bach mit Zustimmung des Rathes sich im Lateinunterricht durch Magister Petzold hätte vertreten lassen. Doch habe Der seine Sache schlecht gemacht.

Folglich müsse man selbige Unterweisung einem Anderen übertragen. Magister Kriegel solle ein guter Mensch seyn. Bach, der zum Lateinunterricht wenig Lust bezeige, sey an eine der unteren Klassen zu versetzen. Dort könne er den Fibelschützen Lesen und Schreiben beybringen. Was er ja wohl schaffen werde!

Da die Schleusen der Anschuldigungen geöffnet waren, rauschte es weiter: Bach habe sich nicht so, wie es seyn solle, aufgeführt! Beispielsweise hätte er ohne Vorwissen des Regierenden Herrn Bürgermeisters einen Chor-Schüler zum Singen aufs Land geschickt. Bach sey ohne genommenen Urlaub vielfach zum Orgelprüfen und zum Orgelspielen verreiset. Solches müsse ihm admoniret – verwiesen – werden.

Herr Hoff-Rath Bürgermeister Lange faßte zusammen: Es sey leider alles wahr, was wider den Cantoren erinnert worden wäre. So laute sein Vorschlag, daß man Bach einen Verweis erteile, ihn zu der untersten Klasse versetze und Magister Kriegeln den Unterricht in Latein anvertraue.

Herr Hoff-Rath Bürgermeister Steger polterte: Der Cantor thue nicht nur nichts, sondern wolle sich auch nicht erclähren, wann er es zu ändern gedencke. Bach halte die Singstunden nicht ab. Es komme noch hinzu, daß er die Schüler nicht in raison zu bringen vermöge. Eine Änderung sey unbedingt nöthig!

Herr StifftsRath Born stimmte diesen Urteilen und Vorschlägen bei.

Herr Doctor Hölzel etiam, lies: ebenfalls. Er verschärfte seine Zustimmung durch den Antrag, dem Cantor die Besoldung zu verkümmern.

Herr Baumeister Doctor Falckner etiam.

Herr Baumeister Kregel etiam.

Herr Syndicus Job, weil der Cantor incorrigibel – unverbesserlich – sey, etiam.

Herr Baumeister Sieber etiam.

Herr Baumeister Winckler etiam.

Herr Baumeister Hohmann etiam.

Der Herr Rathsprotocollführer etiam.

Ebenfalls — ebenfalls — — ebenfalls — — —

So wurde Dr. Born der Auftrag erteilt, dem Thomascantor die Anschuldigungen, sowie alle ins Auge gefaßten Strafmaßnahmen der Rathssitzung zu eröffnen und durch mündliche Aussprache festzustellen, ob Herr Bach gewillt sei, sich zu bessern. Drei Wochen später berichtete der Vice-Canzler und Bürgermeister Dr. Born in einer Stadtrathsitzung über den Erfolg, vielmehr über den Mißerfolg seiner Unterredung mit dem Cantor Bachen. Dieser habe schlechte Lust zur Arbeit bezeiget. So frage er sich ernsthaft, ob man Magister Kriegeln den Lateinunterricht in der Tertia übergeben und mit dem widerspenstigen Cantori wie besprochen verfahren solle.

Conclusum, rechtsgültiger Beschluß: Soll also eingerichtet werden.

In den verwichenen sieben Jahren seines Leipziger Cantorates hatte Johann Sebastian Bach sich ständig bemüht, die Leipziger Kirchen-Musik zu verbessern. Hatte achtzig eigene Kantaten geschrieben, einstudiert und aufgeführt. Hatte zwei unsterbliche Passionen, die Matthäuspassion und die endgültige Johannespassion, sowie das gewaltige Magnificat geschaffen. Hatte für geistliche und weltliche Feiern die Festmusik, teils ernsten — teils frohen Geistes komponiert. Hatte die Orgel und das Klavier mit überragenden Werken bedacht. Hatte das Orchester nicht aus den Augen verloren. Hatte an drei Kirchen als Cantor seines Amtes gewaltet, manches Sonntags zwei Mal, während der Hohen Festtage drei Mal hintereinander. Hatte allwöchentlich sieben Stunden in der Thomasschule Musikunterricht erteilt. Hatte allmonatlich eine Woche lang die Inspection der Schüler durchgeführt. Hatte manche neuerbauten und umgebauten Orgeln in ganz Sachsen durch sein Spiel geprüft. Hatte als Orgelvirtuose Kirchenkonzerte gegeben. Hatte eine große Anzahl von Organisten herangebildet und in der Kunst des Komponierens unterwiesen. Hatte seine Söhne zu tüchtigen Musikern gemacht. Hatte Tag und Nacht bis zur Erschöpfung der Augen Noten geschrieben. Hatte seine eigenen und die öffentlichen Instrumente gestimmt, bekielt und ausgebessert. Hatte – hatte – – hatte – – – Und ein bürgermeisterlicher Herr Hofrat konnte es unwidersprochen, durfte es ungetadelt wagen, zu behaupten: Der Thomascantor tue nichts.

So setzte unmittelbar nach der Aussprache mit Dr. Born Johann Sebastian Bach sich hin und begann eine schriftliche Eingabe an den Rath der Stadt Leipzig zu verfassen. Diese war betitelt: «Kurtzer, jedoch höchstnöthiger Entwurff einer wohlbestallten Kirchen-Music; nebst einigen unvorgreiflichen Bedencken von dem Verfall derselben.» Kurz sollte die Eingabe werden – und wuchs sich zu einer umfänglichen Abhandlung aus. Eine Verteidigungsschrift wurde beabsichtigt – und es ergab sich eine Anklageschrift. Kläger war Johann Sebastian Bach – Angeklagte waren die Mitglieder des Leipziger Rathes, weil sie eine wunderliche, der Musik wenig zugeneigte Obrigkeit seien, welche die Kirchenkunst verfallen lasse und dem von ihr berufenen Cantor Verdruß, Ärger, Zurücksetzung ohne Maßen bereite. Johann Sebastian Bach führte aus:

Zu einer wohlbestallten Kirchen-Music gehörten Vocalisten und Instrumentalisten.

Die Vocalisten würden in Leipzig von den Thomas-Schülern formiret und zwar von vier Sorten: den Discantisten, Altisten, Tenoristen und Bassisten.

Bey den Chören müßten die Vocalisten wiederum in zweyerley Sorten eingetheilet werden: in Concertisten – Halbchorsänger – und Ripienisten – Vollchorsänger –; wenigstens achte nämlich zu jeder Stimme zwey.

Die Anzahl der Alumnorum auf der Schule betrage 55. Diese 55 würden eingetheilet in 4 Chöre. Nach den 4 Kirchen, worinne sie theils musiciren, theils motettiren, theils choraliren müßten. In den 3 Hauptkirchen – Sanct Thomae, Sanct Nicolai und der Neuen Kirche – hätten alle Schüler grundmusikalisch zu seyn. In die Petri-Kirche käme der Ausschuß, der nur nothdürfftig einen Choral singen könnte. Zu jedwedem Chor gehörten wenigstens 3 Sopranisten, 3 Altisten, 3 Tenoristen und eben so viel Bassisten. Damit, so etwa Einer unpaß werde, wenigstens eine zweichörige Motette gesungen werden könne.

Erforderlich seyen demnach an Zahl, so Music verstehen müßten, 36 Persohnen. Es befänden sich aber unter den 54 Schülern nur 17 zu gebrauchende, 20 noch nicht zu gebrauchende und 17 untüchtige Sänger.

Mit der gleichen Gründlichkeit wurde festgestellt, daß von den nothwendigen, einzeln aufgezählten Instrumentalisten nur 8 Persohnen vorhanden wären: 3 Kunst-Geiger, 4 Stadt-Pfeiffer und 1 Geselle. Von deren Qualitäten und musicalischen Wißenschafften etwas nach der Wahrheit zu erwähnen, verbiete die Bescheidenheit. Es fehlten somit Elf: 4 Violinisten, 2 Violaspieler, 2 Violoncellisten, 1 Violonist und 2 Flötisten.

Diese Mängel hätten bisher zum Theil Studiosi, zum Theil Thomasschüler ersetzet. Und zwar in der Hoffnung, einige Ergötzlichkeiten zu bekommen und mit einem stipendio oder honorario bedacht zu werden. Weil aber Solches neuerdings nicht mehr geschehe, so habe sich die Willfährigkeit der Studenten verlohren. Denn wer würde wohl gern umsonst arbeiten? Durch die Beschäftigung vieler untüchtiger und zur Musik sich garnicht schickender Knaben hätte diese sich verringern und ins Abnehmen gerathen müssen. Denn es sey wohl zu begreiffen, daß ein Knabe, so garnichts von der Music wisse, ja nicht einmahl eine secundam im Halse formiren könne, niemahln zur Music zu gebrauchen wäre.

Da nun aber der jetzige status musices gantz anders wie ehedem beschaffen, die Kunst üm sehr viel gestiegen sey, der gusto sich verwunderns-würdig geändert habe, dahero auch die ehemalige Arth von Music unseren Ohren nicht mehr klingen wolle: so benöthige man üm so mehr einer erklecklichen Beyhülffe. Die wenigen beneficia — die Vergünstigungen — hätten deswegen eher vermehret als verringert werden müssen. Der Schluß sey demnach leicht zu finden: Ihm wären die Kräfte genommen worden, die Music in einen besseren Stand zu setzen. Er müsse es also der reiferen Überlegung anheimstellen, ob bey so bewandten Uemständen die Music könne fernerhin bestehen bleiben.

Leipzig, d. 23. Aug. 1730 Joh. Seb. Bach. Director musices.

Obwohl diese Denkschrift sogleich nach dem Gespräch mit Bürgermeister Dr. Born begonnen war, wurde sie erst wenige Tage vor der zweiten entscheidenden Sitzung des Rathes fertig, lag infolgedessen dabei noch nicht vor. So konnte man unbehindert daran gehen, den gefaßten Beschluß wenigstens zum Teil durchzuführen.

Einstweilen wurde von der Versetzung Bachs an eine Unterklasse der Thomasschule abgesehen. Stattdessen ging man dazu über, ihn dort zu treffen, wo er am Empfindlichsten war und infolge seiner großen Familie am Wachsamsten sein mußte: beim Gelde. Weil keine gröblichen Vergehen vorlagen, konnte man sein Gehalt nicht kürzen. Auch seine Nebeneinnahmen durften nicht verringert werden. Aber es gab andere Möglichkeiten, Bachs Einkünfte zu verkümmern. Da war beispielsweise das Philippische Legat, dessen Zinsen — 20 Thaler — alljährlich verteilt wurden. Im Dezember des Jahres 1728 erhielten davon 12 arme Schüler je 1 Thaler, der Rector, Conrector, Tertius, der erste Baccalaurus und die beiden Collaboratoren je 16 Groschen. Somit blieben unverteilt 16 Groschen. Der Rector fragte an: Ob sie dem Cantor, der stets etwas von den Zinsen bekommen hätte, ausgehändigt werden könnten? Der Rath antwortete: Nicht dem Thomascantor! Sondern dem zweiten Baccelaureus. Seit dem Tode Ernestis waren bis zum Amtsantritt Gesners die rectorlichen Accidentien gesammelt worden. Sie sollten nach Weisung des Rathes an die Witwe des verstorbenen Rectors, den Conrector und den Tertius, welche den Heimgegangenen vertreten hatten, in gleicher Höhe verteilt werden. Schulvorsteher Dr. Stiglitz wies durch eine Eingabe daraufhin: Der Conrector habe sehr viel mehr auf sich genommen als der Tertius. Denn er hätte Ernesti nicht nur in der Schule sondern auch bei den Schülerinspektionen vertreten und statt vierwöchentlich dreiwöchentlich diese ausgeübt. Es erscheine daher angemessen, daß der Conrector mehr bekomme als der Tertius und daß auch der Cantor bedacht werde. Was bei der hohen Summe, die zur Verfügung stehe — 271 Thaler, 7 Groschen, 3 Pfennige — ein Leichtes sei. Der HochLöbliche

Rath stieß seinen ersten Beschluß um und bestimmte: Die Witwe Ernesti bekommt 41 Thaler. Womit die zur Verfügung stehende Summe erschöpft ist. Bach bekam nichts. Keinen einzigen Pfennig. Denn inzwischen war Bachs Denkschrift bei dem Rath eingegangen. Der Notschrei des Thomascantors hatte die regierenden Herren nicht zu seinen Gunsten und zum Nutzen der von ihm vertretenen Musik umgestimmt, sondern ihren Zorn gegen den Thomascantor vermehrt. Wahrlich, Johann Sebastian Bach besaß das Recht, wenn er seinem Lüneburger Mitschüler Georg Erdmann klagte: Er müsse zu Leipzig in stetem Verdruß und ständiger Verfolgung leben.

Schon während des behördlichen Krieges begann ein neuer Kampf. Dieses Mal stand dem Thomascantor ein persönlicher Feind gegenüber. Der wohnte mit ihm unter Einem Dach. Denn es handelte sich um den auf Gesner folgenden neuen Rector. Ernesti junior war ein noch größerer Gelehrter als Ernesti senior und – im Gegensatz zu dem alten, müden Mann – voller Jugendungestüm. Schon mit 24 Jahren wurde er Conrector, mit 27 Jahren Rector der Thomasschule und also der Vorgesetzte des um 22 Jahre älteren Thomascantors.

Der ehemalige Rector – viel zu alt, als daß er sich noch entscheiden konnte – war weder zum Freund noch zum Gegner des unablässig um Besserung der Musikverhältnisse ringenden Thomascantors geworden. Der neue Rector entwickelte sich zu Bachs erbittertem Feind.

Während Heinrich Ernesti, der Vater, jegliche Musik gleichgültig hinnahm, haßte August Ernesti, der Sohn, die in seinen Augen brotlose Kunst. Traf der neue Rector, welcher ein völliger amusus war, einen Schüler, der fleißig außerhalb der Unterrichtsstunden auf einem Instrument übte, fuhr er ihn an: «Willst Du auch Bierfiedler werden?» Es wurde nicht gesagt, gegen Wen dieses «Auch» gerichtet war. Aber da der Thomascantor seine Würde soweit vergessen hatte, daß er in einem Biergarten und einem Kaffeehaus musizierte, war leicht zu erraten, wohin es zielte. Anfangs stellte August Ernesti sich freundlich zu Sebastian Bach. Dieser ließ keine Gelegenheit vorübergehen, seinem fast ein Menschenalter jüngeren Vorgesetzten über die berufliche Ehrerbietung hinaus menschliche Anständigkeit zu bezeigen. Dann aber war eines Tages doch der Kampf da. Wiederum ging es um ein Recht, welches dem Cantor genommen werden sollte: um die Bestimmung des ersten Präfecten, seines maßgeblichen Dirigentenvertreters, während der Kirchenmusiken.

Erster Präfect war bei dem Amtsantritt des Rectors der Primaner Theodor Krause. Der Thomascantor hatte den ungemein tüchtigen bescheidenen Cantorensohn dazu ernannt. Dieses Recht stand ihm, gemäß der Schulordnung Kapitel XIV § 4, zu. Krause erfüllte die auf ihn gesetzten Hoffnungen in musikalischer und menschlicher Hinsicht durchaus. Jedoch er vermochte, ebensowenig wie sein Herr und Meister, Disziplin unter den Schülern zu halten. Nun hatte sich zwar das Betragen der Thomaner während der Zeit, da Gesner Rector war, unverkennbar gebessert. Aber Unziemlichkeiten und Rüpelhaftigkeiten, Auflehnungen und Ausschreitungen kamen immer noch vor. Insbesonders ältere Schüler bemühten sich, den angenehmeren Zustand der Zuchtlosigkeit wiederherzustellen.

So erteilte Bach seinem zweiundzwanzigjährigen Ersten Präfecten den dienstlichen Befehl: Er solle die Kleinen, wenn sie sich beim Singen schlecht benähmen oder beim Nachhausegehen aufsässig würden, durch eine anständige körperliche Strafe zu der Erfüllung ihres Amtes, gute Musik zu machen, veranlassen. Ihm selber bleibe bisweilen auch nichts Anderes übrig, als den Schülern unter Zuhilfenahme des Stockes die Ausübung ihrer Pflicht aufzunöthigen. Krause versuchte sein Heil weiterhin mit Ermahnungen. Sie nutzten nichts. Die ungebührliche Aufführung der Schüler bei den Gottesdiensten und den Geistlichen Handlungen nahm zu. Krause drohte: Er werde, gemäß des ihm durch den Herrn Cantor gegebenen Befehls, von seinem Rechte der Züchtigung Gebrauch machen. Man lachte den Präfecten, der kaum älter war als die ältesten Schüler, höhnisch aus. Die unbekümmerten Hänseleien und rücksichtlosen Scherze auf den Gesangsemporen der Kirchen nahmen dermaßen überhand, daß mehrfach der ruhige Verlauf des Nachmittagsgottesdienstes dadurch gefährdet wurde.

Beherzte Männer mußten mit der Faust nach oben drohen. Trotzdem sah Theodor Krause immer noch davon ab, sich durch Züchtigung der Missetäter Geltung zu verschaffen.

Eines Abends war der Chorleiter mit seinen Sängern nach einer kirchlichen Brautmesse in das Hochzeithaus geladen. Dort sollten sie anstelle der geistlichen Gesänge, gegen Speisung und Zahlung, weltliche Lieder zum Besten geben. Ältere Schüler hatten es verstanden, von den für die Hochzeitgäste bestimmten Flaschen einige auf die Seite zu bringen und jüngeren Schülern ungebührlich viel Wein lachend einzuflößen. Einer von den Halbbetrunkenen wurde auf dem Heimweg frech gegen den Präfecten. Dieser versetzte ihm eine Ohrfeige. Die meisten Thomaner scharten sich um den Heulenden. Sie machten Miene, dem stellvertretenden Chorleiter, der ein Schüler war gleich ihnen, die ausgeteilte Ohrfeige mit Zinsen zurückzuzahlen. Andere stellten sich zur Verteidigung vor den Präfecten. Eine Prügelei schien unvermeidlich. Da ergriff Krause den Rohrstock, welchen er seit einiger Zeit als Zeichen seiner Oberhoheit mit sich führte, und schlug drein. In der Hitze seiner Jugend härter, als beabsichtigt war. Aber es gelang dem Präfecten, die Schlägerei zu verhindern und seine Sänger mit leidlicher Ordnung auf der Thomasschule abzuliefern.

Die Sache würde eine Schülerangelegenheit geblieben sein, wenn nicht der am härtesten gezüchtigte Junge zu dem Rector gegangen wäre. Er meldete Diesem den Vorfall und behauptete kläglich: Der Primaner Krause habe ihn mit dem Rohrstock so heftig geschlagen, daß sein Rücken aufgerissen und blutig geworden sei. Ernesti der Jüngere tobte. Er schickte den Ankläger zu dem Schulbalbier. Jedoch weder der Meister noch sein Gehilfe konnten auf dem entblößten Rücken des Tertianers eine Wunde entdecken. Diese Feststellung beruhigte Ernesti in keiner Weise. Empört verfügte er: Primaner Theodor Krause soll, zur Strafe für seine Dienstüberschreitung als Präfect, vor den vollständig versammelten Schülern mittelst des von ihm benutzten Rohrstockes durch zehn wohlgezielte Hiebe auf den vom Allmächtigen dazu bestimmten Körperteil gezüchtiget werden. Für Jedermann, der um die Sachlage wußte stand fest: Ernesti wollte nicht den gutherzigen Schüler Theodor Krause treffen, sondern dessen Lehrer, den hochmütigen Thomascantor Sebastian Bach.

Der Primaner wies in einem unterwürfigen Briefe den Rector darauf hin, daß die angedrohte Strafe keine angemessene Vergeltung seiner eingestandenen Verfehlung sei. Sondern eine öffentliche Prostitution! Er bitte inständigst, die Ahndung seines Vergehens zu mildern.

Ernesti blieb dabei: Prügel. Öffentliche Prügel. Vor versammelter Schule Prügel.

Krause bat nunmehr: Da es in wenigen Monaten, nach Abschluß der Prima ohnehin geschehen würde, die Schule verlassen zu dürfen und ihm zum Zeichen des Einverständnisses mit der Dimission ein Abgangszeugnis auszustellen. Auf daß er sein Universitätsstudium aufnehmen könne.

Ernesti blieb dabei: Öffentliche Prügel. Dimissions-Bescheinigung ausgeschlossen. Zeugnis abgelehnt.

Krause verließ, um der schimpflichen Strafe zu entgehen, heimlich die Schule. In einem Schlußschreiben an den Rector betonte er: Nicht nur der Herr Cantor Bach, welcher ihm die körperliche Züchtigung widersetzlicher Zöglinge befohlen hätte, sondern auch sämtliche Lehrer könnten bezeugen, daß sein bisheriges Betragen sowohl als Schüler wie als Sänger tadelfrei wäre. So bitte er Seine Magnificenz, den HochLöblichen Herrn Rector, daß einem von ihm gesandten Boten gnädigst gestattet werde, seinen in der Schule verbliebenen Hausrat mitzunehmen und ihm die noch nicht ausgezahlten, im Chorknabenbuch verzeichneten Singegelder zu überbringen.

Ernesti verfügte: Hausrat des schimpflich der Schule entlaufenen Primaners Krause bleibt hier. Im Thomanerdienst für Krause angesammelte Gelder — sich belaufend auf dreißig Thaler — verfallen den Thomanern.

Nunmehr trat Johann Sebastian Bach auf den Plan. Er wandte sich, unter Übergehung des jungen Rectors, mit einem Schreiben an den Hohen Rath. Der Thomascantor stellte fest: Krause hätte in seinem Auftrag gehandelt. Denn er habe ihm die Züchtigung, ohne welche man bei den Buben nicht auskomme, zugestanden. Wenn Jemanden eine Schuld treffen sollte, dann träfe sie nicht den Schüler Krause. Sondern den Cantor Bach! Aber es läge kein Vergehen vor. Schulbalbier und Geselle hätten einmütig bezeugt, daß die zulässige Grenze der gebotenen Züchtigung nicht überschritten wäre. Somit unterstützte er die Bitte des Schülers Krause, daß Diesem sein Hausrat und sein Geld ausgehändigt würden.

Der Rath forderte den Rector zum Bericht auf.

Ernesti antwortete nicht. Er hielt wenig vom Angriff, wohl aber Alles von der Verteidigung. Ging man ungeschützt vor, waren Blößen, welche zu einer schweren Verwundung führen konnten, unvermeidlich.

Der Rath, welcher die Abneigung Rector Ernestis des Jüngeren gegen schriftliche Erklärungen kannte, verzichtete auf dessen persönliche Vorladung und befahl:

Theodor Krause, gewesenem Ersten Präfecten der Thomasschule, sind die bißhero gesammelten Singgelder und seine gestellten Sachen wegen der dabei vorwaltenden Umstände zu übergeben.

Der Rector mußte dem Boten Theodor Krauses die ersungenen 30 Thaler auszahlen und die eingebrachten Sachen des vertriebenen Primaners aushändigen.

Ernesti hatte durch das Eingreifen Bachs eine Präfectenniederlage erlitten. Der Präfectenkrieg war nicht verloren. Bei einer persönlichen Begegnung mit den oberen Rathsmitgliedern empfahl der Rector, den dritten Präfecten in die Stelle des Ersten Präfecten aufrücken zu lassen. Er heiße ebenfalls Krause. Aber Krause Nummer Zwei war in Allem das Gegenteil von Krause Nummer Eins. Während die ärgsten Feinde Krause Nummer Eins zubilligen mußten, daß er ehrbar und fleißig sei, galt Krause Nummer Zwei allgemein als ein böser

Bube. Der Rath, welcher sich an das anderslautende Urteil Ernestis hielt, zeigte sich nicht abgeneigt, Gottlieb Krause mit der Stelle Theodor Krauses zu betrauen. Er verwies jedoch den Rector an den Cantor, der in musicis besser beschlagen sei als Rathsmitglieder und Ernesti insgesamt. Dieser teilte seinem Untergebenen den Verlauf der Unterredung in einer Form mit, daß der Thomascantor annehmen mußte, die Ersetzung von Krause Nummer Eins durch Krause Nummer Zwei wäre beschlossene Sache.

Unter dem 12. August 1736 schrieb also Johann Sebastian Bach an den Rath der Stadt Leipzig: Die Besetzung des ledigen Präfectenpostens an der Thomasschule komme nach der Schulordnung dem Thomascantor zu. So sey denn auch bisher verfahren worden. Der jetzige Herr Rector Ernesti jedoch habe sich angemaßt, die Ersetzung des Präfecten im Ersten Chor ohne sein Vorwissen und ohne seine Einwilligung durch Ernennung des anderen Krause zu bewerkstelligen. So müsse er darauf hinweisen: 1.) daß Solches der Schulordnung und der hergebrachten Gewohnheit widerspreche; 2.) daß es zum Schaden der Chor-Music sich auswirken werde; 3.) daß es zur Disharmonie in der Schule führen müsse. Er bitte also, daß die HochEdelgebohrenen Herrlichkeiten die zwischen dem Rector und ihm vorgefallene Irrung Hochgeneigt beseitigten und Ernesti bedeuteten: lediglich Ihm, als dem Cantor zu Sanct Thomae, stehe die Ersetzung des Präfecten jetzt und fernerhin zu.

Unter dem 13. August, also einen Tag später, richtete Bach ein zweites Schreiben an den Rath der Stadt. Darin meldete er mit höchster Empörung: Ernesti habe sich inzwischen angemaßt, sämtlichen Schülern bei Strafe der relegation — der Entlassung — und der castigation — der Züchtigung — zu verbieten, unter irgendeinem anderen Präfecten als Krause Nummer Zwei — den Er, Bach, als untüchtig ablehnen müsse — zu singen. So habe es am gestrigen Nachmittag während der Predigt zu Sanct Nicolai, wo Gottlieb Krause, der zweite Krause, nicht anwesend war, kein einziger Schüler aus Furcht vor Strafe gewagt, die Motette zu dirigieren. Die Kirchenmusik hätte ausfallen müssen, wenn nicht der frühere, dem Rector nicht mehr unterstehende Thomasschüler Krebs, sein jetziger tüchtiger Musikstudiosus, zum guten Glück in der Kirche anwesend und geneigt gewesen wäre, zu dirigieren. An diesen Bericht schloß sich die erneute Bitte des Thomascantors, nicht zuzulassen, daß die Kirchen-musiquen durch untüchtige Leute in Verfall komme. Sondern den Herrn Rector anzuweisen, daß er den Cantor forthin nicht in seinem Amte turbire – störe –, nicht die Schüler an Gehorsam gegen ihn durch ungerechte Anordnungen und unvernünftige Androhungen hindere.

Unter dem 15. August, also zwei Tage später, richtete Bach einen dritten Brief an den Rath der Stadt. Darin stellte er fest: Gemeldeter Gottlieb Krause sey schon vor einem Jahr in solch schlechtem Ruf wegen unordentlichen Lebenswandels und daraus entstandener Schulden – nach eigener Angabe 20 Thaler! – gewesen, daß seinerhalben ein Convent habe stattfinden müssen. Dabey wäre Diesem bedeutet worden: Obwohl er es nicht verdiene, wolle man ihn doch in Ansehung seines dürfftigen Zustandes nicht sofort von der Schule jagen, vielmehr nach Angelobung, sich zu beßern, noch ein Vierthel Jahr mit ihm Gedult haben. Alsdann werde man, je nach Befindung über seine Lebensarth, ihm Nachricht ertheilen, ob er bleiben könne oder gehen müsse. Offtbesagter, übellbeleumdeter Krause eigne sich zum Ersten Präfecten in keiner Weise. Er mache bei dem Tactschlagen dauernd Fehler. Könne die beyden Hauptarten des Tactes, nämlich den gleichen oder Viervierteltact und den ungleichen oder Dreivierteltact, nicht unterscheiden. Man dürfe demnach Gottlieb Krausen unmöglich die Präfectur des ersten Chores anvertrauen, die Theodor Krause bestens verwaltet hätte.

Der Herr Rector lag derweil wartend hinter dem Wall seiner Überzeugung. Diese ließ sich in zwei Sätze zusammenfassen. Erstens: Er befinde sich als Schulleiter dem anmaßenden Cantor gegenüber im Recht. Zweitens: Er leiste den Thomasschülern einen guten Dienst, wenn er Bach in seine Schranken zurückweise und notfalls für dessen Entfernung aus dem Amte sorge. Mit äußerster Anspannung lauerte Ernesti darauf, daß sein ebenso heftiger wie unvorsichtiger Gegner sich eine Blöße gebe und er endlich zustoßen könne. Der herbeigesehnte Tag kam früher, als vermutet werden konnte.

Rector und Cantor waren gemeinsam zu einer Hochzeit geladen. Bei dem nachfolgenden Schmaus hatte Ernesti nur wenig getrunken, Bach wacker gegessen und tapfer gezecht. Rector und Cantor fuhren, im gleichen Wagen nebeneinander sitzend, gen Leipzig heim. Bach war nach Wochen der Überanstrengung und Niedergeschlagenheit bester Laune. Wie es um die Stimmung Ernestis stand, ließ sich von seinem maskenstarren Gesicht nicht ablesen. Unter dem Schutz der wachsenden Dämmerung wagte der Rector sich schließlich vor. Er bedrängte den Cantor, seinem Vorschlage zuzustimmen, daß anstelle des entwichenen Theodor Krause nunmehr Gottlieb Krause die Stelle des Ersten Präfecten im Schülerchor der Thomas-Kirche übernähme. Bei ständigem Räderrollen, welches den Älteren nicht alles Gesagte vernehmen ließ, während dem Jüngeren keine Silbe seines Widersachers entging, entwickelte sich zwischen den beiden Feinden nachfolgendes Gespräch.

Ernesti: Wie es also nunmehr um die Präfectur von Krause Nummer Zwei stehe?

Bach: «Er ist ein liederlicher Hund.»

Ernesti: Gewiß, gegen das Benehmen von Gottlieb Krause sei Dieses oder Jenes einzuwenden. Jedoch er habe Besserung gelobt. Reuigen Sündern aber müsse man helfend die Hand geben, also Krause Gelegenheit verschaffen, seine Schulden bezahlen zu können. Auf daß die Schule vor Blamage bewahrt bleibe! Ob Krause — —?

Bach: «Er kann nichts.»

Ernesti: Darüber stehe ihm kein Urteil zu. Indessen, ob überhaupt Jemand dem Cantor musikalisch genüge?

Bach: «Wenige.»

Ernesti: Wenn es für den ersten Posten nicht reiche, dann genüge Krause doch wohl für den zweiten?

Bach: «Nein.»

Ernesti: Der Director musices möge seinem Rector zuliebe Ja sagen! Er werde es dem Herrn Cantor mit Gutem vergelten. Wie es nunmehr um Krause stehe? Zum zweiten Präfecten zugelassen?

Bach: «Meinerwegen.»

Während der Fahrt wurde Johann Sebastian die Folgenschwere dieses Wortes nicht bewußt. Die Rederei des Rectors quälte ihn. Das gute Essen, der schwere Wein und das eintönige Wagenzuckeln hatten ihn dem Schlaf nahegebracht. Am anderen Morgen übersah der Thomascantor in voller Klarheit die gefährliche Sachlage. Indessen er hatte sein Wort gegeben. Also mußte es dabei bleiben.

Ein Zufall unterstützte den Rector. Der Vertreter des Ersten Präfecten, Nagel aus Nürnberg, dem Bach diese Stelle endgültig zugedacht hatte, erkrankte. So rückte Gottlieb Krause, gegen den Willen des Thomascantors, bis zum Ersten Präfecten auf.

Bach überzeugte sich sehr bald, daß der neue Präfect dem überkommenen Amte tatsächlich nicht gewachsen war. Also setzte er ihn ab und übertrug die Stelle des Ersten Chorleiters Samuel Küttler, dem einundzwanzigjährigen Sohn eines Schneiders. Der Beförderte mußte zum Rector gehen und Diesem mitteilen, daß Krause Nummer Zwei von Herrn Thomascantor wegen Untüchtigkeit entfernt wäre und er, Küttler, jetzt Erster Präfect sei. Ernesti sagte keine Silbe. Seine Rechnung stimmte. Denn Krause verlangte von dem Cantor zu wissen, weswegen er ihn abgesetzt hätte. Bach antwortete: Er brauche keine Gründe anzugeben. Alldieweil ihm das alleinige Recht der Besetzung und damit auch der Absetzung zustehe. Ihm! Nicht dem anmaßenden Rector! Krause hinterbrachte die Äußerung dem Beschimpften. Ernesti sagte wiederum keine Silbe. Lächelnd ließ er den Cantor für den kommenden Tag zu einer Besprechung der verfahrenen Angelegenheit einladen. Bach ließ antworten: Er müsse dringend zwei Wochen verreisen! Aber nach der Rückkehr erschien Bach ebenfalls nicht bei seinem Schulleiter. Da setzte Ernesti Gottlieb Krause als Ersten Präfecten wieder ein. Der Thomascantor ging hilfeheischend zum Superintendenten. Deyling zuckte die Achseln.

Zornbebend erschien Bach in der Thomas-Kirche. Dort wollte Krause just mit dem Dirigieren beginnen. Bach polterte die Treppe empor. Mit unbekümmerten Schimpfworten riß er Krause von seinem Platz herunter und veranlaßte, daß Küttler, Sein Präfect, den Chor leitete. Durch den Lärm zu ihren Häupten wurde nicht nur die Gemeinde sondern vor Allem Ernesti auf diese Vorgänge aufmerksam. Der Rector verließ die Kirche, eilte zum Superintendenten und fragte: Ob Er Bach zu der Absetzung des durch ihn wiedereingesetzten Präfecten ermächtigt hätte? Deyling verneinte dies. Ernesti kehrte hastig in die Thomas-Kirche zurück. Dort näherte sich der Gottesdienst dem Ende. Als die Gemeindemitglieder das Haus verlassen hatten, stellte der Rector den Cantor wegen seiner Eigenmächtigkeit zur Rede und befahl ihm, die vorgesetzterliche Anordnung zu befolgen. Bach entgegnete: Er werde sich durchaus nicht daran kehren. Es möchte kosten, was es wolle! Sprachs. Drehte sich um. Ging.

Ernesti nützte die Stunde, welche zwischen dem Ende des Vormittagsgottesdienstes und dem Anfang des Nachmittagsgottesdienstes lag, zu seinem Vorteil. Er wies Krause und Küttler an, daß Beide jenen Posten zu verwalten hätten, welche der Rector ihnen bestimmte: Krause also während des Vesperdienstes in der Nicolai-Kirche mit dem Ersten Chor, Küttler in der Thomas-Kirche mit dem Zweiten Chor musizieren solle. Den Thomasschülern wurde bei Androhung schwerer Strafen befohlen, daß sie unter keinen anderen Dirigenten zu singen hätten als unter Denen, die von ihrem Rector dazu eingesetzt wären. Bach aß geruhsam zu Mittag. Als er nichtsahnend in der Nicolai-Kirche erschien, stand wiederum Krause vor dem singbereiten Ersten Chor. Da stapfte Bach auf den von ihm abgesetzten Dirigenten zu. Mit großem Schreyen und Lermen jagte er ihn aus der Kirche. Aber wer sollte jetzt dirigieren? Die Schüler wagten nicht, unter einem von den Ihren zu singen.

Ein zufällig anwesender Student mußte aushelfen. Derweil dirigierte Küttler in der Thomas-Kirche – dem Befehl des Rectors gemäß – den zweiten Chor. Für diesen falschen Gehorsam strafte ihn Bach dadurch, daß er den morgens aus der Nicolai-Kirche zur Hilfe geholten Präfecten, als Der zum Abendessen den Speisesaal der Thomasschule betrat, vom Tisch verwies.

So blieb dem Rector nichts übrig, als sich endlich doch schriftlich an den Rath zu wenden. Er verfaßte einen Brief, der an Länge die drei Briefe Bachs weit übertraf. Als der Cantor darauf knapp antwortete, ließ der Rector einen weiteren endlosen Brief folgen. Aber nicht nur durch Kürze unterschieden sich die Briefe Bachs von denen Ernestis sondern auch durch Sachlichkeit und Wahrhaftigkeit. Denn Ernesti scheute nicht davor zurück, den Thomascantor persönlich anzugreifen.

Er behauptete:

Es ist erwiesen, daß Bach mit mir ein Gespötte getrieben hat.

Weiterhin:

Es gilt, Bach anzuhalten, daß er seines Amtes mit mehr Fleiß denn bisher walte.

Sodann:

Bach weiß für sich nichts anzuführen als seine Untüchtigkeit.

Schließlich:

Man kann sich auf seine testimonia – seine Bezeugungen – nicht verlaßen; und es hat wohl bisher manches Mal ein Species-Thaler Jemanden zu einem Discantisten gemachet, der so wenig Einer gewesen ist, wie ich es bin.

Der Thomasrector Ernesti beschuldigte also den Thomascantor Bach der Ehrerbietunglosigkeit und der Faulheit, der Untüchtigkeit und der Bestechlichkeit. Dieser blieb die geziemende Antwort nicht schuldig. Aber der HochEdle, dem Musikmacher noch immer grollende Rath zögerte von Monat zu Monat seine Entscheidung hinaus. Bach schien verloren. Gewann Ernesti endgültig die Oberhand, so kostete es mehr als die angedrohte Kürzung des Gehaltes und die Strafversetzung an eine niedere

Schulklasse. Amt und Würden, Einkommen und Ehre standen auf dem Spiel.

In dieser höchsten Not bekam Bach Hülfe. Er hatte sich vor drei Jahren, nach dem Tode August des Starken, bei dessen Sohn um den Titel des Hof-Componisten beworben. Hinzugefügt waren dem Bittgesuch, das während eines Aufenthaltes in Dresden verfaßt wurde, die Stimmen des Kyrie und des Gloria der h-moll-Messe. Die Worte, welche diese erhabenen Töne begleiteten, hießen:

Dem Durchlauchtigsten Fürsten und Herrn, Herrn Friedrich Augusto, Königlichen Prinzen in Pohlen und Litthauen, Herzogen zu Sachsen u.s.w.

Meinem gnädigsten Herrn.
Durchlauchtigster Churfürst,
Gnädigster Herr.

Euerer Königlichen Hoheit überreiche ich in tiefster Devotion gegenwärtige geringe Arbeit von derjenigen Wissenschaft, welche ich in der Musique erlanget, mit gantz unterthänigster Bitte, Sie wollen dieselbe nicht nach der schlechten Composition mit gnädigsten Augen anzusehen und mich darbey in Dero mächtigste Protection zu nehmen geruhen. Ich habe einige Jahre und bisdaher bey den beyden Hauptkirchen in Leipzig das Directorium in der Music gehabt, darbey aber die ein und andere Beschränckung unverschuldeterweise, auch zuweilen eine Verminderung der mit dieser Function verknüpfften Accidentien empfinden müssen, welches aber gänzlich nachbliebe, daferne Eure Königliche Hoheit mir die Gnade erweisen und ein Praedicat von Dero Hoff-Capelle verleihen und deswegen zur Ertheilung eines Decrets gehörigen Orths hohen Befehl ergehen lassen würden. Solche gnädigste Gewehrung meines demüthigsten Bittens wird mich zu unendlicher Verehrung verbinden, und ich offeriere, ich erbiete mich, in schuldigstem Gehorsam, jedesmal auf Euerer Königlichen Hoheit gnädigstes Verlangen in Componierung der Kirchen-musique sowohl als zum Orchester meinen unermüdeten Fleiß zu erweisen und meine ganzen Kräffte zu Dero Dienste zu widmen. In unaufhörlicher Treue verharrend Euerer Königlichen Hoheit unterthänigst-gehorsamster Knecht.

Dreßden, den 27. Juley 1733 Johann Sebastian Bach.

Jahrelang erhielt der Leipziger Thomascantor auf dieses Schreiben keine Antwort. Nichteinmal der Empfang seiner Noten – Teile der h-moll Messe! – wurde ihm bestätigt. König Friedrich August hatte wichtigere Dinge zu tun, als sich um das Bittgesuch eines Musikanten zu kümmern. Seine polnische Königskrone war gefährdet. Zu Warschau wurde der Beschluß gefaßt, keinen König anzuerkennen, der nicht durch Geburt Pole sei. So wurde Stanislaus Leszczyński zum Gegenkönig gewählt. Erst als Dieser vertrieben und neben dem angestammten Sächsischen Thron sein Polnischer Thron gesichert war, konnte König Friedrich August sich den heimischen Dingen wieder zuwenden. Dabei kam das Gesuch des Leipziger Thomascantors an das Tageslicht. Weil jedoch der Fürst anläßlich der Leipziger Feier seines Geburtstages die Musik sowie die Person Bachs kennen und schätzen gelernt hatte, wurde unter dem 19. November 1736 verfügt:

Nachdem Ihro Königliche Majestät in Pohlen und Churfürstliche Durchlaucht zu Sachßen Johann Sebastian Bachen, auf dessen geschehenes allerunterthänigstes Ansuchen, und um seiner guten Geschicklichkeit willen, das Praedicat als Compositeur bey der Hof-Capelle allergnädigst ertheilet hat: also ist demselben darüber gegenwärtiges Decret unter Ihro Königlichen Majestät höchsteigenhändigen Unterschrifft und vorgedruckten Königlichen Insiegel ausgefertiget worden.

Überbracht wurde Johann Sebastian Bach die Ernennungurkunde von dem Grafen Carl von Kayserling. Der bestellte während dieser Begegnung bei dem Frischgeehrten eine sanfte Musik, welche ihm sein Klavierspieler Johann Theophil Goldberg in den unzähligen schlaflosen Nächten vorspielen sollte. Beglückt wurde der Auftrag angenommen. Und bald darauf empfing der Graf die «Aria mit verschiedenen Veränderungen vors Clavicimbel mit 2 Manualen denen Liebhabern zu Gemüths Ergetzung verfertiget von Johann Sebastian Bach, Königlich Pohlnischem und Churfürstlich Sächsischem Hof-Compositeur, Capellmeister und Directore Musici in Leipzig». Immer wieder spielte Theophil Goldberg die 30 Variationen seinem schlaflosen Herrn des Nachts vor. Sie sänftigten dessen Gemüt so sehr, daß Graf Kayserling Bach einen goldenen Becher, gefüllt mit 100 Louisdors überreichen ließ.

Dem Hof bezeigte Bach sich für die am 28. November erhaltene Auszeichnung dadurch dankbar, daß er zwei Tage später, am 1. Dezember 1736, auf der neuen Silbermannorgel in der Dresdener Frauenkirche ein Konzert gab. Außer dem Grafen Kayserling waren viele Vornehme des Hofes und der Stadt anwesend. Sie lauschten mit Bewunderung einem Musiker, dessen Geschicklichkeit im Componieren hinter seiner Fertigkeit im Spielen nicht zurückstand.

Obwohl Bach es liebte, sich mit Titeln zu schmücken und Ehren einzuheimsen, welche dem Künstler gleichermaßen gebührten wie jedem in Öffentlichen Diensten tätigen Sterblichen, hatte er seine Bitte um den «Königlichen Hof-Capellmeister» nicht wegen der Titulierung eingereicht. Er brauchte die Hilfe der höchsten Stelle für seinen Kampf mit Ernesti. Als sie eintraf, zeigte sich, daß Bach richtig gerechnet hatte. Der Rath wollte es mit dem König, welcher Leipzig viele Vergünstigungen erwies, nicht verderben. Nachdem die Entscheidung jahrelang hinausgeschoben war, faßte er plötzlich den endgültigen Beschluß. Der Streit zwischen dem Thomascantor und dem Thomasrector wurde durch eine schriftliche Verordnung beigelegt. Diese bestimmte: Bach habe das Recht gehabt, den Präfecten einzusetzen. Er hätte infolgedessen die Ernennung des zweiten Krause durch den Rector bekämpfen müssen. Aber weil besagter Krause Ostern die Schule verlasse, solle es bis dahin bei der Verfügung des Rectors bleiben. Dieser Beschluß wurde am 6. Februar 1737 gefaßt. Jedoch die Rathsmitglieder hielten das mit vielen Paragraphen gespickte Schriftstück zurück. Laut Bekundung des Stadtschreibers Zacharias Trefurth und des Nuntius juris Lorentz bekamen es: Der Rector am 6. April, Bach am 10. April, Superintendent Deyling am 20. April. Dieser hatte noch am 12. April nichtsahnender Weise gebeten, der Rath möge sofort den Streit zwischen Rector und Cantor beenden, damit bei dem Öffentlichen Gottesdienst kein weiteres Hinderniß verursacht werde. Da jedoch inzwischen Ostern herangekommen war, befand sich – durch die Tapferkeit der Stadtväter begünstigt – Krause Nummer Zwei ebenso wie Krause Nummer Eins nicht mehr auf der Schule.

Der Thomascantor hatte gesiegt. Sowohl in dem Kampf mit dem Kollegen wie mit dem Superintendenten, mit dem Rector wie mit dem Rath war ihm – wenn auch mit einigen Abstrichen – sein Recht geworden. Aber Sebastian Bach zählte nunmehr 52 Jahre! Vierzehn von ihnen, seine beste Manneszeit, hatte er an nichtswürdige Kämpfe hingeben müssen. Um den Preis, daß seine körperliche Gesundheit durch Überspannung der Kräfte, seine seelische Bereitwilligkeit durch Eindringen der Verbitterung ernsthaft gefährdet wurde.

XIX

Während all dieser und manch anderer, sein Leben überschattender Kämpfe tat Johann Sebastian Bach unermüdlich und unbeirrbar seine Pflicht, diente er unerschöpflich und unverwirrbar seinem Werk. Der Leipziger Thomascantor befand sich freilich in der glückhaften Lage, daß der größte Teil der Werke von seiner Pflicht bestimmt, die meisten Weisungen der Pflicht von seinem Werk gutgeheißen wurden. Im Gegensatz zu unzähligen Cantoren, für welche die Daseinsvoraussetzungen ähnlich lagen, vermochte Bach das Pflichtbedingte ins Überzeitliche zu erheben und dadurch die höchste Stufe des Menschentums zu erreichen: Unsterblichkeit.

Die Hauptarbeit des Thomascantors galt dem Kirchendienst. Dieser war so umfänglich, daß es höchst verwunderlich blieb, warum nicht auch Er davon verzehrt wurde. Denn außer der Beaufsichtigung sämtlicher Gottesdienstmusik, die Bach als Director musices oblag, mußten durch ihn ständig drei Kirchen dirigierend, accompagnierend, komponierend — leitend, begleitend, bereitend — mit Musik, zur Hauptsache mit eigener Musik, versorgt werden.

Am Sonntag blieben von Früh bis Spät die Tore Leipzigs geschlossen. Niemand konnte die Stadt von außen her betreten, Niemand sie von innen her verlassen. Auch jeglicher Wagenverkehr auf den Straßen hatte zu unterbleiben. Im Mittelpunkt des Feiertages stand Gott. Nicht der Mensch.

Um 5½ Uhr, im Sommer um 5 Uhr, begann die Mette in der Nicolai-Kirche. Bach führte auch über die Musik dieser gottesdienstlichen Veranstaltung die oberste Aufsicht. Er brauchte allerdings nicht regelmäßig daran teilzunehmen, konnte sich vielmehr durchweg damit begnügen, die in seiner Obhut befindlichen Noten herauszugeben. Das Weitere besorgten der Organist und als Vertreter Johann Sebastian Bachs der Präfect.

Um 7 Uhr hub in den beiden Hauptkirchen, Sanct Thomae und Sanct Nicolai, der Vormittagsgottesdienst an. Nach dem musikalischen Auftakt setzte pünktlich um 8 Uhr die Predigt ein. Sie mußte pünktlich um 9 Uhr enden. Damit die vorausbestimmte Zeit innegehalten würde, befand sich auf dem Orgelchor eine Sanduhr, deren Leerlauf der Pastor von seiner Kanzel her beobachten konnte. Drohte Gefahr, daß der Predigende sich vergaß, so war der Organist verpflichtet, ihn durch Handaufheben an den rechtzeitigen Schluß der Sonntagsrede zu mahnen. Nach Beendigung des Kanzeldienstes setzte die allsonntägliche Abendmahlsfeier ein. Ihr Ende ließ sich nicht vorausbestimmen. Es hing von der Anzahl Derer ab, die jeweils zu dem Tisch des Herrn gingen. Weil jedoch der Andrang in der Regel außerordentlich groß war, so endete der Gottesdienst fast niemals zu der vorgesehenen Zeit. Erst um 11 Uhr oder noch später wurde zum Abschluß der übliche Segen erteilt. Demnach dauerte der vormittägliche Hauptgottesdienst durchschnittlich vier Stunden. Während dieser Zeit konnte Bach, da ihm als Cantor die ständige Bedienung der Orgel nicht oblag, sehr wohl gelegentlich ein Nickerchen einschieben. Er mußte aber wachen Ohres bleiben, um Unfug und Gelärm seiner sich langweilenden Schüler im Keim zu ersticken.

Der frühe Anfang und die lange Dauer des Vormittagsgottesdienstes brachten wintersüber zwei Übelstände mit sich. Einmal saß man zu Beginn eine Stunde oder noch länger im Dunkeln. Kirchenbeleuchtung war nicht vorhanden. Die wenigen Kerzen, welche Wohlhabende von ihren Häusern mitbrachten, reichten für eine auch nur notdürftige Erhellung der riesigen Kirchenräume nicht aus. Zum Anderen fror man, weil es irgendwelche Beheizung ebenfalls nicht gab, erbärmlich. Weder dicke Pelze noch gefütterte Fußsäcke, weder heiße Mauersteine noch dampfende Sandbeutel vermochten dauernd die Kälte zu verscheuchen. Man mußte, um Erstarrung zu vermeiden, eng zusammenrücken. Dazu bedurfte es keiner besonderen Willensanstrengung. Denn die Hauptkirchen waren fast stets überfüllt.

Die Schüler auf dem Orgelchor hatten es besser als die erwachsenen Kirchenbesucher. Ihnen wurden die zum Lesen der Noten unentbehrlichen Kerzen und einige für den Gang in die Kirche wünschenswerte Laternen unentgeltlich geliefert. Sie durften bei grimmiger Kälte sogar zwei Kohlenbecken anzünden. Darin umherzustochern und die Glut lebendig zu erhalten, war ein von dem Cantor – auf Grund guter Leistungen! – zu vergebendes, sehr begehrtes Vorrecht. Wer dem Feuer während der Gesangspausen am Nächsten zu stehen hatte, bestimmten die Schüler durch Geschiebe und Gedränge, durch Püffe und Knüffe. Dabei ging es ohne Polterei nicht ab. Manches Mal genügte, um die Buben zu dämpfen, Kopfwinken und Fäusteballen Sebastian Bachs nicht. Er mußte zu halbunterdrücktem Geschelte seine Zuflucht nehmen. Froren trotz Lichter und Kohlenbecken, trotz Geschubse und Geknuffe die Schüler unerträglich, so durften sie, unterdessen der Pastor auf der Kanzel stand, zur Erwärmung über den Kirchplatz in die Thomasschule laufen. Selbstverständlich nur dann, wenn es ihnen von Fall zu Fall ausdrücklich durch den Herrn Cantor erlaubt worden war. Der Sonntagspredigt entgingen die Flüchtlinge auch auf diese Weise nicht. Sie mußten sich in dem wohlbeheizten Speiseraum an einen der halbgedeckten Tische setzen und die Schriftauslegung des fälligen Evangeliums aus einem gedruckten Predigtbuch anhören. Diese wurde von dem zu ihrer Beaufsichtigung mitgeschickten Präfecten vorgelesen. Gefahr, daß die Chorknaben zu spät in das Gotteshaus zurückkämen, bestand nicht. Denn der Prediger war ja verpflichtet, minutengenau seine Ansprache zu beenden. Außerdem bestand die Möglichkeit, nach Schluß der Predigt während der Kanzelabkündigungen die Treppe emporzuschleichen.

Um 11¾ Uhr begann der Mittagsgottesdienst. Bei diesem wurde die Predigt nur von zwei Gesangsversen vorher und einem Gesangsvers hinterher umrahmt. Der Chor konnte dabei die Gemeinde nicht unterstützen. Denn die Jungen mußten sich derweil für die Weiterführung ihrer sonntäglichen Singarbeit durch Mittagessen stärken. Dazu blieb ihnen hinreichend Zeit. Nicht aber dem Thomascantor. Der hatte im Anschluß an den Hauptgottesdienst die persönliche Betreuung des Universitätsgottesdienstes durchzuführen. War die Zahl der vormittäglichen Abendmahlsgäste übergroß, so erwies sich manches Mal Eile als notwendig, damit Johann Sebastian von einer Kirche rechtzeitig in die andre Kirche kam.

Um 1¼ Uhr setzte in den beiden Hauptkirchen der Vespergottesdienst ein. Obwohl Bach inzwischen sich nur hastig hatte sättigen können, durfte er ihm lediglich ausnahmsweise fernbleiben. Denn es wurde allsonntäglich während beider Gottesdienste eine Kantate musiziert. War sie vormittags in der Thomas-Kirche erklungen, so wiederholte man sie nachmittags in der Nicolai-Kirche. Und umgekehrt. Bei dieser wichtigen Musik aber mußte der Thomascantor zur Leitung der fast immer von ihm selber komponierten Kirchenstücke persönlich zugegen sein. Bach zog also Sonntag für Sonntag mit dem chorus primarius von der Thomas-Kirche in die Nicolai-Kirche oder von der Nicolai-Kirche in die Thomas-Kirche und brachte vor der lauschenden Gemeinde seine Kantaten so gut zu Gehör, wie es die zeitbedingten Mißstände und die ortsüblichen Mißverständnisse ihm ermöglichten. Obwohl die Liturgie des Vespergottesdienstes gegenüber der Folge des Hauptgottesdienstes beträchtlich vereinfacht war, endeten des Nachmittags die kirchlichen Handlungen niemals vor 3 Uhr. Der sonntägliche Dienst Sebastian Bachs währte also von früh um Sieben bis nachmittags um Drei. Währenddessen konnte er sich keineswegs nur schöpferisch betätigen. Sehr oft mußte Sebastian als Cantor vor einem Instrument sitzen. Das erwies sich fast immer nötig, seitdem sein grimmiger Gegner Gottlieb Görner zugleich das Amt des Organisten an der Thomas-Kirche und an der Nicolai-Kirche innehatte. Aber auch außerhalb dieser Zeit ergaben sich des Öfteren Augenblicke, da es bittend, hoffend, erwartend hieß: Bach — Bach — — Bach — — —! Und niemals bat, niemals hoffte — wenn es galt, Frau Musica zu dienen — Irgendwer umsonst.

Noch um Vieles ausgiebiger und anstrengender als an den gewöhnlichen Sonntagen waren die dienstlichen Verpflichtungen und künstlerischen Betätigungen des Thomascantors an den festlichen Kirchentagen. Die Mette in der Nicolai-Kirche blieb ihrem Wesen nach unverändert. Sie wurde jedoch um eine halbe Stunde vorverlegt, fing also schon um 5 Uhr an. Das war notwendig, damit sich größerer Raum für die musikalische Ausgestaltung des Hauptgottesdienstes und der Vesper ergab. Während der ersten beiden Gottesdienste der Hohen Feste, die drei Tage hintereinander gefeiert wurden, hatte in den beiden Kirchen sowohl des Vormittags wie des Nachmittags eine besondere Kantate zu erklingen. Bach konnte also nicht, wie an durchschnittlichen Sonntagen, mit dem gleichen Stück von einer Kirche in die andere Kirche ziehen. Er mußte zu Ostern, Pfingsten und Weihnachten je sechs, zu den anderen Festen je zwei Kantaten schaffen, sie an dem jeweils voraufgehenden Nachmittag durch eilige Probe einüben und in der Kirche vom Rückpositiv der Orgel, vom Cembalo, vom Notenpult her mitspielend und dirigierend der Gemeinde darbringen.

Aber der sonntägliche Kirchendienst des Thomascantors war nicht nur umfänglich und anstrengend sondern auch umständlich und anspruchsvoll. So blieb Johann Sebastian Bach, als er zum ersten Mal in Leipzig eine Kantate aufführte, nichts Anderes, als sich über die Reihenfolge der kirchlichen Geschehnisse schriftliche Aufzeichnungen zu machen. Weil kein anderes Stück Papier zur Hand war, schrieb Bach auf die leere Vorderseite der Kantatenpartitur die «Anordnung des Gottesdienstes in Leipzig am 1. Adventssonntag frühe». Demnach verlief dieser und alle anderen Hauptgottesdienste an gewöhnlichen Sonntagen folgendermaßen:

Erstens wird praeludiret.

Hier wurde dem Organisten die für wahrhafte Könner willkommene, von fragwürdigen Musikanten gefürchtete Gelegenheit geboten, seine Kunst öffentlich zu zeigen. Es ließ sich dabei nicht nur ein kurzes Präludium unterbringen. Auch für eine freie Fantasie, für eine wechselvolle Toccata fand sich gelegentlich Raum und Zeit.

Zweitens wird die Motetta gesungen.

Diese erklang anstelle des Introitus der früheren katholischen Messe. Entnommen wurde sie einer von den umfänglichen Motettensammlungen, die aus dem abgelaufenen Jahrhundert den lutherischen Cantoren überkommen waren. Bach brauchte also diese gemeinhin unbegleiteten Chorgesänge nicht eigens zu komponieren. Denn es waren brauchbare Vorräte in großer Anzahl vorhanden. Er schrieb daher seine Motetten, insgesamt nur sieben an der Zahl, gegen entsprechende Vergütung aus festlichen Anlässen oder für Beerdigungen erster Ordnung.

Drittens wird praeludiret auf das Kyrie, so gantz zu musiciren ist.

Dieses sang der Thomanerchor in seiner dreiteiligen Form; meistens lateinisch, zuweilen aber auch deutsch.

Viertens wird intoniret vor dem Altar.

Der Geistliche sang, so gut er es vermochte, das «Gloria in excelsis» – Ehre sei Gott in der Höhe –, der Chor antwortete in vollendeter mehrstimmiger Form: «Et in terra pax hominibus bonae voluntatis», das ist: Und auf Erden Friede Denen, die guten Willens sind.

Fünftens wird die Epistola verlesen.

Der Geistliche trug, nachdem die Gemeinde sich einmütig erhoben hatte, vom Altar aus die für den jeweiligen Sonntag bestimmte Epistel vor.

Sechstens wird die Litaney gesungen.

Im Wechsel zwischen dem Prediger als Vorsänger und dem Chor als Vertreter der unbeholfen mitsingenden Gemeinde erklang das dreifaltige «Erbarme Dich» mit zahllosen abgewandelten und dennoch im Grunde sich gleichbleibenden Anrufen der Gnade Gottes.

Siebtens wird praeludiret auf den Choral.

Wiederum hatte der Organist innerhalb der abgegrenzten Aufgabe persönliche Freiheit. Es galt, durch die Orgel das Hauptlied des Gottesdienstes vorzubereiten. Sein Spiel mußte also bei der ersten Strophe, oft auch bei dem ersten Vers motivisch verbleiben, um die wartende Gemeinde zu dem Gesang des Hauptliedes möglichst eindringlich hinzuführen. Währenddessen hatte der Organist jedoch durch Harmonisierung und Registrierung, durch Temporückungen und Stärkeänderungen weiterhin manche Möglichkeiten, dem Gesang die erhoffte Größe zu verleihen.

Achtens wird das Evangelium verlesen.

Der Geistliche, welcher mitsingend auf dem Altar verblieben war, las der stehenden Gemeinde den fälligen Bibel-Abschnitt aus dem Neuen Testament.

Neuntens wird praeludiret auf die Haupt-Music.

Nunmehr kam Bach zu seinem vollen Recht als Cantor und Director musices, als Spieler und Schöpfer. Denn jetzt erklang die allsonntägliche Kantate, welche von ihm zu beschaffen, das heißt: meistens zu komponieren war. Sie hatte nicht beziehunglos im Raum zu schweben. Sie kam vom Evangelium her und drang bis zur Predigt vor. Dies gelang Johann Sebastian Bach vielfach so vollendet, daß sich manches Mal kaum entscheiden ließ, ob die Kantate um der Predigt willen oder die Predigt um der Kantate willen dawar.

Zehntens wird der Glaube gesungen.

Die Gemeinde ließ in der alten unverweichlichten dorischen Tonart das Nicäische Glaubensbekenntnis mit den machtvollen Worten Martin Luthers erklingen: «Wir glauben all an Einen Gott, Schöpfer Himmels und der Erden».

Elftens wird die Predigt gehalten.

Damit war der zweite Höhepunkt des Gottesdienstes erreicht.

Zwölftens werden nach beendigter Predigt einige Liedverse gesungen.

Die Gemeinde versuchte mit Unterstützung der Chorknaben und Begleitung der Orgel, dem Choral «Vater unser im Himmelreich» gerecht zu werden. Dann leitete sie durch das Singen eines weiteren Liedes zu der Abendmahlsfeier hinüber.

Dreizehntens werden die Verba Institutionis verlesen.

Der Geistliche gab von dem Altar aus die Einsetzungworte der Bibel in der Übersetzung Martin Luthers bekannt: «Unser Herr Jesus Christus, in der Nacht, da er verraten ward, nahm er das Brod, dankete, brachs, gabs seinen Jüngern und sprach: Das ist mein Leib, der für Euch gegeben wird.»

Vierzehntens wird praeludiret auf die Music. Und nach selbiger wechselweis abermals praeludiret und Choräle gesungen, bis die Communion zu Ende ist; et sic porro, das ist: und so weiter.

Johann Sebastian Bach hatte in der Tat ein Recht, an dieser Stelle seiner Aufzeichnung über den Leipziger Gottesdienst zu schreiben: «Und so weiter». Denn das Abendmahl — der dritte geistliche Höhepunkt nach Kantate und Predigt — das Abendmahl dauerte oft eine Stunde, ja noch länger. So konnte im Voraus nicht festgelegt werden, was und wie unterdessen musiziert werden sollte. Fest stand nur: Orgelspiel und Chorknabengesang hatten so leise zu sein, daß die Worte des Geistlichen nicht nur von den knieenden Abendmahlsgästen sondern auch von der ganzen Gemeinde vernommen wurden. Um die Gemeinde nicht zu ermüden, konnte man nicht eine Stunde lang Abendmahlslieder singen. Es mußte auf der Orgel interludiert und improvisiert werden. So war überreichlich Anlaß, gerundete Musikstücke erklingen zu lassen, welche die Schar vor dem Altar und die Gemeinde auf den Kirchenbänken tiefer hineinführten in das Geheimnis der Menschwerdung Jesu Christi, in das Mysterium der Verwandlung von Brot und Wein.

Fünfzehntens wird durch Singen und Postludium der Gottesdienst geschlossen. Wie das Präludieren der Herzenseinstimmung zu dienen hatte, so war es nicht der eigentliche Sinn des Postludiums, das Gescharre der heimgehenden Füße, das Gemurmel der hinausstrebenden Kirchgänger, das Geklapper der gespendeten Collectemünzen in den schlitzmäuligen Kupferbecken zu übertönen. Es hatte das religiöse Erlebnis durch die Macht der Musik zusammenzufassen, zusammenzureißen und als langnachhallender Klang mithinauszugehen in die neubegonnene Arbeitwoche. So blieben nach drei, nach vier Stunden trotz der eisigen Winterkälte manche Gottesdienstbesucher mit gefalteten Händen und aufgetanen Seelen in den Kirchenbänken sitzen, bis der letzte Ton verklungen war. Besonders dann, wenn Johann Sebastian Bach postludierte. Denn daß Er spielte, gewahrten selbst die Einfältigsten nach fünf oder sechs Tönen, nach zwei oder drei Akkorden.

In dieses geistlich ausgerichtete, geistig festgefügte gottesdienstliche Gebäude hinein komponierte Johann Sebastian Bach seine Kantaten. Er schuf davon fünf vollständige Kreise für alle kirchlichen Sonntage und Feiertage, insgesamt fast 300. Bach vollendete demnach während der 27 Jahre seines Leipziger Thomascantorates durchschnittlich Jahr für Jahr elf Kantaten, somit jeden vierten oder fünften Sonntag ein neues Werk. An den anderen drei oder vier Sonntagen behalf er sich mit den Kantaten sonstiger Cantoren, etwa seines Eisenacher Oheims Johann Christoph, des profunden Komponisten, oder weiterer Bache oder von Organisten mit fremdem Namen. Nur selten wiederholte Bach eigene Kompositionen. Es hätte als ein Zeichen der Armut gedeutet werden können, wenn er gezwungen war, des Öfteren das gleiche Werk zweimal zu spielen. Nahezu dreihundert Kantaten bargen die Gefahr in sich, als Armutzeugnis ausgegeben zu werden? Der Zahl nach — allerdings. Hatte doch Telemann 12 vollständige Kirchenjahrgänge an Kantaten, also fast 700, verfaßt, dazu 44 Passionen, 40 Opern, 100 Ouvertüren, unzählige Stücke für Orchester, Kammerinstrumente, Klaviere.

Für genau erkennbare Zwecke mußten diese Kantaten geschrieben werden. In das gottesdienstlich feststehende Gebäude galt es sie einzufügen. Aber die Steinmauern der Kirchen und die Geistmauern des Gottesdienstes erwiesen sich gegenüber der schöpferischen Kraft Johann Sebastian Bachs als zu eng. Während die handwerkgerechten kirchlichen Gesänge seiner Vorgänger und Nachfolger darin beschlossen blieben, drangen Bachs Kantaten über alle Hemmnisse hinweg. Und wie das Mehl im Cad, das Öl im Krug der Witwe von Zarpath, soviel sie auch von Beidem fortnahm, nicht ausging: so erwiesen sich auch Bachs Kantaten als Wunderwerke, deren Kraft durch Gebrauch zunahm.

Das Niedagewesene der Kantaten Johann Sebastian Bachs lag also nicht darin, daß sie auf Grund des Gotteswortes die Predigt vorbereiteten. Das hatten frühere kirchliche Gesangswerke auch getan und wurden dennoch durch die Zeit verweht wie Spreu durch den Sturm von der Tenne. Aber Bachs Töne öffneten das Innerste der zu einer Gemeinde zusammengeschlossenen Menschen. Nicht durch die Geistigkeit der Worte, nicht durch die Verkündigung der Lehre. Mochten Bachs Kantaten immerhin eine vertiefte Predigt sein, bewirkt wurde die Aufschließung der Menschen durch die Zaubermacht der Töne. «Solae aures sunt organa Christiani hominis» hatte Luther behauptet, als es galt, den götzendienerischen Mißbrauch des Schaubaren in der Kirche zurückzuweisen. Also: Allein die Ohren sind die Organe, die Empfangsvermittler des Christlichen Menschen. Wofür? Zu Bachs Zeiten stand auf diese Frage die Antwort im Voraus fest. Sie hieß: für das Göttliche. Aber das Überirdische sollte dem Menschen zugeleitet werden. Daraus ging die Notwendigkeit der Umformung hervor. Und zwar einmal durch die zugängliche, das Unermeßliche vereinigende Melodie; zum Anderen durch die geschlossene, das Unbegreifliche verfestigende Harmonie; zum Dritten durch den mitreißenden, das Gegensätzliche beherrschenden Rhythmus.

Wohl hatte Sebastian Bach schon in Weimar vollendete Werke dieser Art geschaffen. Aber unter den dreißig Kantaten aus jener Zeit waren sie vereinzelt geblieben. Auf Grund ständiger Vertiefung der Erkenntnis und festerer Glaubensbindung des Gefühls vollzog sich in dem Thomascantor eine innere Wandlung, welche eine unübersehbare Zahl von Gipfelleistungen ergab.

Die Kantate war für Johann Sebastian Bach niemals ein reines Musikstück, ein bloßes Kunstwerk gewesen. Jedoch erst in Leipzig zog er aus dieser Grundanschauung die letzten Folgerungen. Seine sangbaren Kirchenmusiken hatten den erklärten Zweck: Gottes Wort zu tieferer Wirkung zu verhelfen, als es die Rede allein vermochte. So mußten sie sich auf das Evangelium einstellen, dessen Verkündigung aufnehmen, dessen Auslegung unterstützen, dessen Deutung überhöhen. Die Gemeinde sollte die Botschaft nicht nur mit dem Verstande hören. Es galt, sie den Gläubigen ins Herz hineinzusingen, ins Gemüt hineinzumusizieren.

Aus dieser Stellung innerhalb des Kirchendienstes ging die erst seit Leipzig bewußt durchgeführte Zweiteilung der Kantaten Sebastian Bachs hervor.

Engere Verbindung mit dem Evangelium erwirkte die geschloßnere Form. Statt der vielstückigen Poeten-Kantate bediente der Thomascantor sich immer häufiger der Choral-Kantate und der Bibel-Kantate. Jene, die durch «Christ lag in Todesbanden» sogleich mit einem überragenden Meisterwerk einsetzte, hielt sich streng an Wort und Weise des erwählten Chorals. Sie wußte aber dem übernommenen geistlichen Lied durch musikalische Ausdeutungen und Erhöhungen einmalige künstlerische Bedeutsamkeit zu verleihen. Diese sah von der Bereimung und der Verversung des Gotteswortes durch poesiebeflissene Textdichter ab. Sie bediente sich ausschließlich des biblischen Ausdruckes.

Der innere Wandel Johann Sebastian Bachs ergab für die Kantaten einen außerordentlichen künstlerischen Vorteil. Er war als Komponist nicht mehr angewiesen auf den charakterlosen Oberpostcommissarius Christian Friedrich Henrici, genannt Picander, und die tränenseelige Offizierswitwe Marianne von Ziegler, auf den eitlen Literaturpapst Johann Christoph Gottsched und den geschäftigen Oberconsistorialsecretarius Salomo Franck, auf poetische Geistliche wie den eifernden Erdmann Neumeister und den weichmütigen Paul Gerhardt. Neben den tongewaltigen Kantatenschöpfer Johann Sebastian Bach trat nunmehr als religiöser Mitstreiter der Mann, welcher an Wortgewalt seiner Tonkraft ebenbürtig war: der Choraldichter und Bibelwortschöpfer Martin Luther. Beide aber wirkten und schufen durch Zusammenfluß einer unversiegbaren Doppelquelle: ihres Gottglaubens und ihrer Deutschheit. Aus Martin Luthers Werk und Wirkung ging zu einem beträchtlichen Teil die musikalische Kunst Sebastian Bachs hervor. Mittelst Sebastian Bachs Kantaten und Passionen, Chorälen und Liedern wurde in nicht geringrem Maße die reformatorische Tat Luthers dem deutschen Volk erhalten. So daß Jene, welche den Weg zur Kirche nicht mehr gehen konnten, den Weg zum Göttlichen sehr wohl auch weiterhin zu finden vermochten. Gemäß dem Worte Martin Luthers: «Niemand ist weniger in der Welt als ein Christ, und niemand ist mehr weltlich denn ein Christ.»

Inzwischen wurde Johann Sebastian ein Fünfziger. So mußte auch Er jene bittere Erfahrung machen, die keinem Künstler, welcher in das sechste Jahrzehnt eintritt, auch dem Allergrößten, nicht erspart bleibt: Die Jugend wandte sich von ihm ab.

Zunächst nahm Bach diese unverkennbare Tatsache mit grimmigem Humor auf. Er zog, wie stets in bedeutsamen Fällen, ein Bibelwort heran und sagte achselzuckend: «Da kam ein neuer König auf in Egypten, der wußte nicht von Joseph und seinen Taten.» Dem bedeutenden Musikkritiker Mattheson, welcher sich – um nicht als überaltert beschimpft zu werden – besinnunglos der Jugend in die Arme geworfen hatte, genügten Anzüglichkeiten und Hinterhältigkeiten. Er lobte den Virtuosen Bach, um desto unbedenklicher den Komponisten Bach mit seiner scharfgeschnittenen Feder kitzeln zu können.

Bald aber reichten Achselzucken und Lächeln Johann Sebastians zur Abwehr nicht mehr aus. Denn das nachfolgende Geschlecht ging zum rücksichtlosen Angriff über. Wortführer war der dreiundzwanzig Jahre nach Sebastian Bach geborene Sohn eines bedeutenden Orgelbauers: Johann Adolph Scheibe. Er hatte in Leipzig als Siebzehnjähriger begonnen, zugleich Musik und Literatur zu studieren. Mit zweiundzwanzig Jahren unterlag er bei einem Wettbewerb um das Amt des Thomasorganisten. Den Ausschlag zum Ungünstigen gab das ablehnende Urteil Johann Sebastian Bachs. Scheibe wandte sich nach Hamburg. Da er in höherem Maße ein Mann des Wortes als der Töne war, stärkere kunstrichterliche als kunstschöpferische Kräfte besaß und bei dem Literaturpapst Gottsched gelernt hatte, seine Feder zu schärfen: so wurde Johann Adolph Scheibe Herausgeber des einflußreichen Blattes «Der kritische Musicus». In dieser Zeitschrift, deren Einfluß auf die Jugend nur unterschätzt werden konnte, erschien im Jahre 1737 ein folgenschwerer Angriff. Der Name des Überfallenen wurde nicht genannt. Es hieß: «Der Herr –– in –––» Aber Jedermann, dem Musik Wesentliches bedeutete, wußte, wer gemeint war: der fünfzigjährige Thomascantor Johann Sebastian Bach in

Leipzig. Von ihm behauptete Scheibe, welcher den eigenen Namen ebenfalls nicht nannte:

> Dieser große Mann würde die Bewunderung ganzer Nationen seyn, wenn er mehr Annehmlichkeit hätte, und wenn er nicht seinen Stücken durch ein schwülstiges und verworrenes Wesen das Natürliche entzöge und nicht ihre Schönheit durch allzugroße Kunst verdunkelte. Weil er nach seinen Fingern urtheilet, so sind seine Stücke überaus schwer zu spielen; denn er verlangt, die Sänger und Instrumentalisten sollen durch ihre Kehlen und Instrumente eben das machen, was er auf dem Clavire spielen kann. Dieses ist aber unmöglich. Alle Manieren, alle kleinen Verzierungen und alles, was man unter der Methode zu spielen versteht, drücket er mit eigentlichen Noten aus, und das entzieht seinen Stücken nicht nur die Schönheit der Harmonie, sondern es macht auch den Gesang durchaus unvernehmlich. Die Schwülstigkeit hat ihn von dem Natürlichen auf das Künstliche, von dem Erhabenen auf das Dunkle geführt und man bewundert die beschwerliche Arbeit und eine ausnehmende Mühe, die doch vergebens angewandt ist, weil sie wider die Vernunft streitet.

Dann wurde stärkeres Geschütz aufgefahren:

> Wie kann Derjenige ohne Tadel in seinem musikalischen Arbeiten sein, welcher sich durch die Weltweisheit nicht fähig gemacht hat, die Kräfte der Natur und Vernunft zu untersuchen? Wie will Derjenige alle Vortheile erlangen, die zur Erreichung des guten Geschmacks gehören, welcher sich am wenigsten um critische Anmerkungen, Untersuchungen und um die Regeln bekümmert hat, die außer der Redekunst und Dichtkunst in der Musik doch so nothwendig sind, daß man ohne dieselben unmöglich ausdrückend setzen kann?

Und schließlich war das vernichtende Urteil zu lesen:

> Bachische Kirchenstücke sind allemal künstlicher und mühsamer, keineswegs aber von solchem Nachdrucke, Überzeugung und vernünftigem Nachdenken als die Telemannschen und Graunschen Werke.

Es wäre leicht gewesen, diesen Angriff Scheibes mit dem Hinweis auf seinen persönlichen, durch Zurücksetzung erzeugten Haß abzuwehren. Aber Das würde die wesentlichen Dinge nur obenhin anrühren, nur vorübergehend ordnen. Mochte der Kritik des Hamburger Zeitschriftenherausgebers soviel Allzumenschliches beigemischt sein wie irgend erdenklich — das Entscheidende ließ sich nicht verkennen. Der Angreifer hatte als Wortführer eines neuen Geschlechtes, als Vertreter der kommenden Generation zu gelten. Drei Mal, in jedem Abschnitt, kehrte deren wesentlichstes Wort wieder: Vernunft. Sie sollte nicht mehr gefangen genommen werden unter dem Gehorsam des Glaubens, der übergeordneten Kraft Bachischer Musik. Es galt vielmehr: Alles daranzusetzen, die Vernunft aus sämtlichen Vergangenheitbanden zu befreien. Es war die bedeutsamste menschliche Aufgabe, die Vernunft als oberste Richterin über sämtliche irdische Beziehungen zu stellen. Was denn auch schließlich in einem Maße und mit einer Unbekümmertheit geschah, daß man sie in Paris sichtbarlich auf den Thron erhob und vor ihr, obwohl sie eine Menschin war, anbetend die Kniee beugte.

Die hohe Zeit der Gotik — des himmelerstrebenden Gottesglaubens — gehörte der Vergangenheit an. Die weitgreifende Zeit des Barock — des nach Weltbezwingung trachtenden Gottesglaubens — ging dem Ende zu. In Bach, in seiner Musik, war dieser, dem Himmlischen und dem Irdischen gleichstark ergebene, Jenseitiges und Diesseitiges als gleichwertig bejahende Glaube tönende Gestalt geworden. Und zwar mit einer Größe, einer Reinheit, einer Unvergänglichkeit wie durch keine andere Kunst. Nicht durch das Wort, welches Unzucht mit dem Geist trieb. Nicht durch die Farbe, welche Raumhaftigkeit vortäuschte. Nicht durch den Stein, welcher an Einem Ort gebunden ist. Aber wie vor Bachs Erscheinen die Gotik durch das Barock abgelöst wurde, so geriet zu Lebzeiten Bachs das Barock mit dem Vernunftglauben in einen Kampf auf Leben oder Tod.

Die Aufklärung — bemüht um Glücksvermehrung — mußte selbstverständlich eine andere Musik wollen, als Johann Sebastian Bach sie gab. Seine gewaltigen, zuweilen auch gewaltsamen Schöpfungen waren ihr zu schwer, zu undurchsichtig, zu reizlos, zu kunstvoll, zu unentwirrbar, zu überladen, mit Scheibes Wort gesagt: zu schwülstig. Die Fugen galten als Kunsterzeugnisse des Willens, welche allenfalls den Kenner befriedigen, aber nicht den Musikliebenden belustigen konnten. Im Namen der neuen Weltanschauung forderte die herandrängende Jugend auch von der Musik das Leichte, Durchsichtige, Eingängige. Sie wollte Kunstlosigkeit, Unverwirrbarkeit, Einfachheit. Sie begehrte den Zauber des sinnlich Schönen, des angenehm Berückenden, des schmeichlerisch Reizvollen. So trat an die Stelle des Polyphonen – der Vielfältigkeit – das Homophone – die Einhelligkeit – und es begann – das Motiv, das Thema mit ihren Unerschöpflichen Auswertungmöglichkeiten verdrängend – die Alleinherrschaft der schnell erfaßbaren, aber auch schnell erschöpfbaren Melodie. Man sprach es offen aus: Eine schlichte Melodie sei mehr wert als zehn Fugen, verrate mehr Einsicht in das Schöne des menschlichen Gesanges als der künstlichste aller unmelodiösen Kontrapunkte. Gegen diese Wandlung wäre kaum etwas einzuwenden gewesen, wenn – – ja, wenn sie sich mit voller Reinheit erfüllt hätte. Aber die Melodiefindung der Genies – wie Mozarts – artete bei mäßigen Talenten in Singsangmacherei, in Trällerei aus. Das Leichte wurde leichtfertig, das Durchsichtige oberflächlich, das Reizvolle schmalzig. Kunstlosigkeit ergab Schludrigkeit, Unverwirrbarkeit Flachheit, Einfachheit Einfältigkeit. Und das sinnlich Schöne schämte sich nicht, auf Kosten der Reinheit, Buhlerei mit dem verschwenderisch zahlenden Guten Geschmack zu treiben.

Noch tiefer als durch den heftigen persönlichen Angriff Scheibes wurde daher Johann Sebastian Bach von der Erkenntnis dieses grauenvollen Niederganges der deutschen Musik getroffen. Mit geringschätzigem Lächeln und spöttischen Worten ließ sich dagegen nichts ausrichten. Also den Kampf gegen die neuen Götter, gegen die feilen Götzenhuldigungen der Jugend aufnehmen? Bach schwieg.

Als Anwalt des angeklagten Thomascantors trat Johann Abraham Birnbaum auf. Der war bereits mit 19 Jahren zum Magister promoviert worden und hatte sich sechs Monate später als Dozent für Rhetorik, für deutsche Redekunst unter großem Zulauf in Leipzig habilitiert. Da Birnbaum mit unermüdlichem Eifer und leidlichem Geschick Klavier spielte, so gehörte er zu den wenigen engeren Freunden Sebastian Bachs, unter denen er sich durch schrankenlose Bewunderung des Meisters aller Meister hervortat. Der Angriff Scheibes mußte ihn also heftig empören. Weil Bach es ablehnte, mit Worten zu erwidern, trat Birnbaum auf den Plan. Er ließ zur Bekämpfung des anonymen Hamburger Vorstoßes seine anonyme Schrift in Leipzig erscheinen. Als daraufhin Scheibe mit seiner «Beantwortung» das Visier hochschob und sich zu der angegriffenen Bachkritik bekannte, schickte Birnbaum unter Voransetzung seines Namens eine zweite Schrift mit dem Titel «Verteidigung» in die Welt hinaus. Sie war ebenso schwelgerisch wie oberflächlich. Die wahre Annehmlichkeit der Musik verkündete er, bestehe in der Verbindung und Abwechslung von Dissonanzen und Konsonanzen ohne Verletzung der Harmonie. Wie sorgfältig der Herr Hof-Compositeur diese Abwechslung beachte, und wie durchdringend annehmlich bey ihm die Harmonie sey, liege aus seinen Stücken deutlich am Tage für Alle, deren musikalisches Gehör durch einen neumodischen Geschmack nicht verderbt ist.

Wie zu dem gehässigen, aber ungemein geschickten Angriff seines Feindes Scheibe schwieg Johann Sebastian Bach auch zu der gutgemeinten, aber äußerst ungeschickten Verteidigung seines Freundes Birnbaum. Dieser hatte die Absicht, den verehrten Thomascantor in dem Kampf um die Geltung seiner Musik nach Kräften zu unterstützen, und schädigte ihn doch in der Öffentlichkeit so beträchtlich, daß Johann Sebastian allen Anlaß besaß, seufzend zu bitten: «Gott schütze mich vor meinen Freunden! Meiner Feinde erwehre ich mich schon selber». In Einem Punkt allerdings hatte der Herr Magister Recht: Es war Bach sehr wohl möglich, dem abfälligen Hamburger Urteil gegenüber sich auf den gründlichen Beifall Derjenigen zu berufen, die nicht dem neumodischen Zeitgeschmack um jeden Preis huldigten.

Jedoch ebensowenig wie der angegriffene Thomascantor sich die wohlgemeinte, aber unkundige Verteidigung seines Freundes Birnbaum zunutze gemacht hatte, schickte er die zustimmenden Urteile der Kenner gegen Scheibe zum Rückangriff aus. Bach schwieg. Mit theoretischen Worten. Denn mit gestalterischen Versen und vor Allem mit seinen Tönen gab er schonunglos den Hamburger Kritiker dem Gelächter der Öffentlichkeit preis.

Zur Selbstbefreiung und zur Abwehr diente Johann Sebastian Bach die Kantate «Der Streit zwischen Phoebus und Pan». Sie ging zurück auf eine altgriechische Sage. Phoebus Apollo trat mit Marsyas singend und spielend in Wettstreit. Der Gott siegte über den Menschenkönig. Ihm wurde vom Zeus deshalb zugebilligt, daß er seinen Gegner in jeder ihm angemessen erscheinenden Form bestrafen dürfe. Daraufhin zog Apollo dem Marsyas bei lebendigem Leibe das Fell ab. Da Bach über seinen ärgsten Feind diese grausame Strafe auch ideell nicht verhängen durfte, so führte er als Widersacher Phoebus Apollos den Gott der Wälder, Pan, ein und wies einem Gegner, dem Criticus Johann Adolph Scheibe, in Gestalt des Mydas eine andere Rolle sowie eine mildere, aber nicht minder vernichtende Strafe zu.

Als während der dreißiger Jahre das «Dramma per Musica Der Streit zwischen Phoebus und Pan» in dem von Bach geleiteten Leipziger Musikverein aufgeführt wurde, gerieten die Zuhörer nach wenigen Takten in helles Entzücken. Die unermüdlich aufundabrauschenden Triolen des Vorspiels malten sinnlich wahrnehmbar die emsigen Winde. Der Chor – umbraust von Triolen, bedrängt von Trillern – forderte:

Geschwinde, geschwinde,
ihr wirbelnden Winde,
auf einmal zusammen zur Höhle hinein!

Nachdem die Winde gehorcht hatten, konnte die Auseinandersetzung beginnen. Phoebus, der Vertreter der himmlischen Musik – also Bach – fuhr mit einem Recitativo seine sämtlichen musikbeflissenen wohlbekannten Gegner an:

Und Du bist doch so unverschämt und frei,
mir in das Angesicht zu sagen,
daß Dein Gesang
viel herrlicher als meiner sei?

Pan, die Verkörperung der irdischen Lust und damit der weltlichen Kunst, antwortete voller stolzem Selbstbewußtsein:

Wie kannst Du noch so lange fragen?
Der ganze Wald bewundert meinen Klang.
Der Nymphenchor,
den mein von mir erfundnes Rohr
von sieben wohlgesetzten Stufen
zum Tanzen öfters angerufen,
wird Dir von selber zugestehn:
Pan singt vor allen Andern schön.

Phoebus erwiderte verächtlich, daß dieser Gesang wohl irdischen Wesen recht sein möge, aber niemals, wie der Seinige, den Göttern genügen könne. Pan, noch in vollem Zuge, ließ sich nicht verwirren. Er strich weiterhin die Vorzüge seiner weltfreudigen Kunst heraus:

Sobald mein Ton die Luft erfüllt,
so hüpfen die Berge, so tanzet das Wild,
so müssen sich die Zweige biegen;
und unter denen Sternen
geht ein entzücktes Springen für.
Die Vögel setzen sich zu mir
und wollen von mir singen lernen.

So mußte Mercurius, der Gott des Handels – die Verkörperung der vorteilsüchtigen Leipziger Pfeffersäcke – eingreifen. Er verwies den beiden Urwidersachern das Zanken und schlug einen öffentlichen Gesangswettstreit vor. Jeder von ihnen sollte sich, damit die Sache gerecht ausginge, einen Schiedsrichter nach seinem Herzen wählen. Phoebus erbat sich Tmolus, den Berggott. Pan entschied sich für den irdischen König Mydas, mit dem Scheibe in das «Dramma per Musica» eingeführt wurde. Phoebus hatte den Vortritt. Und es begann nach dem hinreißenden Vorspiel in h-moll eine der beschwingtesten Arien Johann Sebastian Bachs. Gerichtet war sie an Hyazinth, an die Schönheit. Sie floß über von Sehnsucht. Sie war schrankenlose Hingabe. Sie mündete in beglückende Einswerdung. Sie war Bachisch wie nur je ein Musikstück von Johann Sebastian, als Instrumente und Singstimmen sich zu der Huldigung vereinten:

Mit Verlangen, mit Verlangen
drück ich Deine zarten Wangen,
holder, schöner Hyazinth.
  Deine Augen küß ich gerne,
  weil sie meine Morgensterne
  und der Seele Sonne sind.
Mit Verlangen, mit Verlangen — —

Man war, als das in gleicher Weise klagende und beseeligende Nachspiel geendet hatte, tief beeindruckt. Aber die meisten Zuhörer, obwohl sie den klanggewordenen Geisteswind vernahmen, wußten nicht, von wannen er kam, noch wohin er ging. Sie fühlten sich angerufen, blieben jedoch verwirrt stehen. Sie empfanden sich beschenkt, wurden aber beschwert. So schwiegen sie.

Pan trat zum Wettstreit an. Ein dreitaktiges, überaus lustiges Orchesterthema leitete den Gesang ein. Mit der ganzen Kraft seiner fülligen Person schmetterte der Waldgott die hinreißende Aufforderung in den Saal:

Zum Tanze, zum Sprunge,
so wackelt das Herz.
Zum Tanze, zum Sprunge,
zum Sprunge, zum Tanze!

Die Mienen der Hörer erhellten sich. Man lächelte. Man nickte. Das war eine angenehmere Musik als die schwermütige, schmelzende Hyazinth-Weise. Zum Tanze! Zum Sprunge! – ja, das verstand man. Das wollte man. Tanz und Sprung waren in den durch oktavenhafte und quintenhafte Sprünge sich ergötzenden Singnoten unmittelbar da. Das Wackeln, das Hüpfen des Herzens begehrte man. Die hin-und-herpendelnden Töne des Sängers (a–h, a–h, a–h, a–h) die aufundabrauschenden Sechzehntel des Orchesters (cis–e, cis–e, cis–e, a–cis, a–cis, a–cis) waren, was man sich wünschte: übermütige Lust. Die Tanzweise des Orchesters riß die Hörer so sehr mit, daß es schwer wurde, auf den Stühlen sitzen zu bleiben. Plötzlich ein Tonschlag mit langer Fermate. An die Stelle des dreiteiligen Taktes trat das schwere, zweigeteilte Alla-breve. Pan verspottete die Kunst Phoebus Apollos. Also die Kunst Johann Sebastian Bachs? Nicht doch! Keineswegs Pan war der Spötter. Der Thomascantor hatte mit Hilfe des Textdichters Picander die Worte festgelegt, hatte die Töne gebildet. Bach verspottete Bach. Er besaß Humor genug, mit schwierigen Einsätzen, mit langatmigen Läufen, mit würgender Chromatik seine eigene Kunst zu verlächerlichen, als er sagte und sang:

Wenn der Ton zu nüchtern klingt
und der Mund gebunden singt,
so erweckt es keinen Scherz.

Eine halbtaktige Pause. Dann setzte das Orchester mit der lustigen Weise wieder ein. Pan rief zum Tanze. Pan rief zum Sprunge. Pan ließ das Herz wack – ack – ack – ackeln. Die Herzen der Hörer hüpften vor Freude. Man hatte alle Scheu verloren. Man wiegte sich in den Hüften. Man gab einander die Hände. Man trat den Tanztakt mit den Füßen. Kaum noch dämpfte man bei dem hinreißenden Nachspiel seinen Jubel. Und dann geschah das Unvorhergesehene: Pan wurde, bevor die bestellten Preisrichter gesprochen hatten, mit Beifall überschüttet. Das Urteil war gefallen. Für Pan, den Gott auf Erden – gegen Phoebus, den Gott aus Himmelshöhen. Also durch die leichtbetörte Menge gegen Bach. Einige Augenblicke lang war Dieser verwirrt. Dann rückte er schnell das Geschehene in sich zurecht. Widersinniges hatte sich begeben? Mitnichten. Das Sinnvolle hatte sich ereignet. Allerdings: Das Urteil fiel gegen ihn aus. Aber nur das Urteil der Menge! Nicht das Urteil der berufenen Schiedsrichter. Das Geschehene sprach für die Gerechtigkeit und die Größe seiner Kunst. Er hatte unvoreingenommen und unparteiisch die gegnerische Weise mit solcher Eindringlichkeit dargestellt, daß die Menschen hemmunglos Beifall spenden mußten. Womit eindeutig bewiesen wurde, daß er, Johann Sebastian Bach, auch die leichte, die freudige, die beschwingte Kunst durchaus beherrschte und da, wo sie förderlich war, beherzt anwandte. So brauchte ihm um das End-Urteil nicht bange zu sein. Schon forderte Mercurius den Berggott Tmolus, den von Phoebus erwählten Schiedsrichter, zur Beurteilung des Gehörten auf. Der bekannte mit seinem Recitativ:

Das Urteil fällt mir gar nicht schwer;
die Wahrheit wird es selber sagen,
daß Phoebus hier den Preis davongetragen.
Pan singet für den Wald,
die Nymphen kann er wohl ergötzen;
jedoch, so schön als Phoebus Klang erschallt,
ist seine Flöte nicht zu schätzen.

Und es setzte – von der Oboe d'amore, der lieblichen ersten Oboe, begleitet – das Loblied ein auf die Kunst Johann Sebastian – – nein, keineswegs auf die Kunst Bachs als solche! Das wäre Selbstlob gewesen. Wohl aber stimmte Tmolus ein Loblied an auf jene Hohe Kunst, deren hervorragendster Vertreter Johann Sebastian Bach war. Ebenfalls im dreiteiligen, aber nicht im kurzatmigen Dreiviertel, sondern im langwelligen Zwölfachtel-Takt der Preisrichter:

Phoebus Deine Melodei
hat die Anmut selbst geboren.
  Aber wer die Kunst versteht,

wie Dein Ton verwundernd geht,
wird dabei aus sich verloren.

Pan gab trotz dieses Lobliedes aus dem Munde seines gegnerischen Preisrichters das Spiel nicht auf. Er selber forderte in einem herrischen Recitativ von seinem Preisrichter: «Komm, Mydas, sage Du nun an, was ich gethan!» Mydas schwärmte:

Ach, Pan! wie hast Du mich gestärkt,
Dein Lied hat mir so wohl geklungen,
daß ich es mir auf einmal gleich gemerkt.
Nun geh ich hier im Garten auf und nieder.
und lehre es den Bäumen wieder.
Der Phoebus macht es gar zu bunt;
allein Dein allerliebster Mund
sang leicht und ungezwungen.

Und wie Tmolus, der Berggott, ein Loblied auf Phoebus Apollo, auf die himmlische Kunst, gesungen hatte, stimmte nun Mydas, also durch seinen Mund Bach, ein breitfließendes Loblied auf die weltliche Kunst mit den Worten an: «Pan ist Meister! Phoebus hat das Spiel verloren. Pan ist Meister! Denn nach meinen beiden Ohren singt er unvergleichlich schön.» Da capo: «Pan ist Meister! Pan ist Meister!»

So standen sie unvereinbar nebeneinander, die beiden Urteile über die durch Bach vertretene Kunst der Vergangenheit und die von Scheibe geforderte Kunst der Gegenwart. Für jene wurde Kunstkenntnis verlangt und als Ergebnis Selbstverlorenheit verheißen. Diese pries sich als wohlklingend, leicht und ungezwungen an. Man könne, stellte sie fest, ihre Melodien gleich bei dem ersten Hören sich für immer merken; könne, während Bach es Einem gar zu schwer mache, sie mühelos weitere Liebhaber der lockeren Kunst lehren.

Es blieb demgemäß nur noch Eines: Die unparteiischen Götter mußten den Streit schlichten. Das Urteil fiel in einem dramatischen Recitativo. Momus fragte: «Wie, Mydas, bist Du toll?» Mercurius stimmte ein: «Wer hat Dir den Verstand verrückt?» Tmolus höhnte: «Das dacht ich wohl, daß Du so ungeschickt» Die Strafe über den Unterlegenen zu bestimmen, wurde Phoebus überlassen. Der fragte Mydas, also Bach fragte über die Ferne hin Scheibe: «Soll ich Dich verwandeln in einen Raben? Soll ich Dich schinden oder schaben?» Der Criticus winselte um Gnade. Der Künstler entschied: «Du sollst fortan zwei Eselsohren haben.» Der Gott erkannte diese Strafbestimmung als gerecht an. Der Eselsohrige jammerte: «Wie ist mir die Commission so schlecht bekommen!» Dieses Gestammel löste den göttlichen Spott aus. Der galt nun nicht mehr dem einzelnen Kritiker, nicht Johann Adolph Scheibe, welcher es gewagt hatte, die große Kunst Johann Sebastian Bachs auf leichtfertige Weise anzutasten. Die Gesamtheit der unverständigen Kritiker wurde gebeutelt und gewalkt. Mercurius höhnte, von zwei schrillen Querflöten unterstützt:

Aufgeblasne Hitze,
aber wenig Grütze
kriegt die Schellenmütze
endlich, endlich aufgesetzt.
  Wer das Schiffen nicht versteht,
  und doch an das Ruder geht,
  ertrinket mit Schaden und Schanden zuletzt.
Aufgeblasne Hitze,
aber wenig Grütze — —

Momus, der Gott des Spottes, traf durch erheucheltes Mitleid den geistig geschundenen Criticus noch härter als der Gott des Handels:

Du guter Mydas, geh nun hin
und lege Dich in Deinem Walde nieder.
Doch tröste Dich in Deinem Sinn,
Du hast noch mehr dergleichen Brüder.
Der Unverstand und Unvernunft
will jetzt der Weisheit Nachbar sein.

Man urtheilt in den Tag hinein,
und die so tun, gehören all in Deine Zunft.

Nachdem somit die Kritikaster erbarmunglos abgestraft waren, erging an den Gott der Künstler die Aufforderung, da es nichts Lieblicheres gebe als seine Lieder, die Leyer von Neuem zu ergreifen. Und dann geschah das Unvermutbare, das Wunder: Alle Instrumente — die drei Trompeten, die Pauken, zwei Querflöten, zwei Oboen, zwei Violinen, die Viola — und alle Sänger — Momus als Sopran, Mercurius als Alt, Tmolus als erster, Mydas als zweiter Tenor, Phoebus als erster, Pan als zweiter Baß — vereinigten sich zu dem großen, weithallenden Schlußchor, sangen das gleiche überwältigende Lied:

Labt das Herz, ihr holden Saiten,
stimmet Kunst und Anmut an!
  Laßt Euch meistern, laßt Euch höhnen!
  Sind doch Euren süßen Tönen
  selbst die Götter zugetan.
Labt das Herz, ihr holden Saiten,
stimmet Kunst und Anmut an!

Johann Sebastian Bach hatte in der Gestalt Johann Adolph Scheibes unerbittlich mit seinen Gegnern, derer seit Ausbreitung der Aufklärung und Anerkennung des Rokoko von Jahr zu Jahr mehr wurden, Gericht gehalten. Durch eine musikalische Schöpfung. Durch unvergleichliche Klänge. Durch beschwingende Tonfolgen. Aber Er war nicht gleich seinen Widersachern bei der Verurteilung verblieben. Ihm war es gelungen, den weiteren Weg zu zeigen. Dieser stand unter dem Zeichen der Synthese. Es galt: das Kunstfertige und das Anmutige miteinander zu verbinden, das Schwere und das Leichte abwechseln zu lassen, der Melodie und der Harmonie in gleicher Weise gerecht zu werden, dem Vielstimmigen und dem Einstimmigen nach Maßgabe der jeweiligen Forderung zu dienen. In Allem aber mußte der Rhythmus als Herzschlag belebend wirken.

Bachs Kunst wurde nicht an einen Unwürdigen verschwendet. Scheibe gestand in dem «Critischen Musicus», der seinen Angriff gebracht hatte, offen ein:

> Vor einigen Jahren lebte in einer gewissen berühmten Stadt ein gewisser Mensch, den ich desto besser abschildern kann, weil ich von Jugend an mit ihm umgegangen bin und den ich so genau als mich selbst gekannt habe. Er ward durch gewisse Zufälle gezwungen, sich auf die Musik zu legen. Indem er anfing, selbst zu merken, wie er täglich stärker ward, so äußerte sich bei ihm zugleich ein heimlicher Neid über die Vorzüge Anderer. Wenn er die Verdienste erhabener Männer erhoben hörte, so beneidete er sie, weil er nicht eine gleiche Geschicklichkeit besaß. Später verwandelte sich endlich der Neid, der ihn gefesselt hielt, in eine Eifersucht, die ihn antrieb, den Verdiensten großer Männer nachzueilen. Und so überwand er sich nach und nach, daß er nunmehro vermögend war, den Ruhm geschickter Männer, ohne rot zu werden, anzuhören und sie endlich selbst mit aufrichtigem Herzen zu erheben und ihren Verdiensten Recht zu geben.

So konnte der Hamburger Rechtsanwalt und Musikliebhaber Friedrich Ludwig Hudemann sein Huldigunggedicht «An den Herrn Capell-Meister J. S. Bach» mit den sehr deutlich auf die Kantate «Der Streit zwischen Phoebus und Pan» bezogenen Versen schließen:

> Kaum treibst Du Deinen Schall an mein geschäftig Ohr,
> So tönet, wie mich deucht, der ganze Musen-Chor.
> Ein Orgelgriff von Dir muß selbst den Neid beschämen,
> Und jedem Lästerer die Schlangen-Zunge lähmen.
> Apollo hat Dich längst des Lorbeers wert geschätzt,
> und Deines Namens Ruhm in Marmor eingeätzt.
> Du aber kannst allein durch die beseelten Saiten
> Dir die Unsterblichkeit, vollkommner Bach, bereiten.

Die Zeit jedoch ging unerbittlich den vorgezeichneten Weg. Der führte von Johann Sebastian Bach und seiner Kunst fort.

Auch dadurch ließ der Thomascantor sich nicht beirren. Wiederum antwortete er durch seine Werke; durch noch größere, noch bedeutsamere, noch umfassendere, noch reifere Schöpfungen: durch die Passionen. Vier sollten es nach den vier Evangelisten werden. Aber nur Drei konnte Bach vollenden: die in Leipzig verbesserte Johannespassion, die Matthäuspassion und die Marcuspassion. Von ihnen ging die Letztere verloren. Niemand weiß, wann; Niemand weiß, wodurch.

Noch weniger als die Johannespassion war — trotz einzelner dramatischer Stellen — die mildere Matthäuspassion ein Musikdrama. Sie erstrebte auch keine musikalische Nacherzählung des biblischen Berichtes aus dem Evangelium Matthäus in erzählender Form. Die Versuchung, concertante Musik zu geben, wurde immer wieder abgewehrt. Unbeirrbar bemühte Johann Sebastian Bach sich, ein gottesdienstlich, ein liturgisch verwendbares Werk zu schaffen. Diese Passion sollte das Leiden Christi bis ins Letzte vergegenwärtigen. So daß die Gemeinde unmittelbaren Anteil daran hatte. Statt Juden und Römern und Jüngern begleiteten im Geiste die anwesenden Christen Jesus auf seinem Gang nach Golgatha, standen unter seinem Kreuze, beklagten seinen Tod. Nicht zum empfindsamen Mitleiden wurden die Hörer angerufen sondern zum tätigen Dabeisein. Dieses sollte sich durch das Mitsingen der sinnvoll eingefügten Choräle auswirken, welches seine Bedeutung behielt, auch wenn es leise und unvollkommen war, ja nur im Herzen erfolgte. So wurden — unbeschadet der eindringlichen Recitative, der erschütternden Arien und der gewaltigen Chöre — bekenntnishafte und musikalische Höhepunkte der Matthäuspassion die Choräle.

Fünfzehn Gesänge flocht Johann Sebastian Bach dem erhabenen Werk ein. Sie waren mit ungewichtigen Ausnahmen im einfachen vierstimmigen Satz gehalten. Denn sie sollten von der Gemeinde mitgesungen werden. Sie wurden, wenn auch nicht in dem erhofften Maße, der gewünschten Vollständigkeit und der erstrebten Vollendung, mitgesungen. Es hätte völlig dem Sinn der Passion widersprochen, wenn sie lediglich von oben herab durch den Chor als künstlerische Kostbarkeiten dargeboten wären. Womöglich gar in der schwierigen Form des begleitunglosen, bewunderungheischenden a cappella-Gesanges. Erst wenn Menschenstimmen, Orgelton und Instrumentenklang sich verbanden, konnte der Hauptbestandteil dieser Bachischen Passionsmusik, der Choral, seine eigentliche Aufgabe erfüllen: die innerste Beteiligung an Christi Leiden und Sterben zur Tilgung der menschlichen Sünden herbeizurufen. So wiederholte Johann Sebastian Bach, um der Gemeinde dieses erstrebte Einbezogenwerden in die Heilige Handlung zu erleichtern, den Choral «O Haupt voll Blut und Wunden» fünf Mal; und der Choral «Herzliebster Jesu, was hast Du verbrochen» kehrte aus dem gleichen Grunde drei Mal wieder.

Sogleich der Anfang des Werkes ließ über die Bedeutung des Chorals für die Passion keinen Zweifel aufkommen. Der Erste, an der einen Seite der Thomasorgel aufgestellte, vom Ersten Orchester unterstützte Chor sang: «Kommt, ihr Töchter, helft mir klagen». Der Zweite Chor, welcher sich mit dem zu ihm gehörigen Orchester an der anderen Seite der Orgel befand, so daß jedes Hin und Her der Töne sinnfällig deutlich wurde, jede Vereinigung besonders stark ins Gewicht fiel, der Zweite Chor fragte mit langen, besinnungheischenden, spannungerzeugenden Pausen «Wen? – Wie? – – Wen? – – –» Darauf gab die Antwort mit vielstimmiger Musik nicht der Erste Chor, sondern – über dem weiterklagenden Zweiten Chor schwebend – der von einem dritten Chor gesungene einstimmige Choral:

O Lamm Gottes unschuldig
Am Stamm des Kreuzes geschlachtet

und da nach dem «Sehet!» die weitere Frage ein Mal um das andere hervorgestoßen wurde: «Was? – Was? – – Was –?» – – antwortete der Choral:

Allzeit erfunden geduldig,
Wiewohl Du warest verachtet.

Dem «Wohin? – Wohin? – –» und der Chorantwort: «Auf unsre Schuld!» gab der Choral die bleibende Bedeutung:

All Sünd hast Du getragen,
Sonst müßten wir verzagen.

Und als sodann beide Chöre sich zu dem machtvollen Beklagen des selber sein Kreuz tragenden Heilandes vereinigt hatten, schwebte über ihrem Gewoge – vom dritten Chor gesungen – die eindringliche Bitte des Chorals:

Erbarm Dich unser, o Jesu!

Diesen Choral konnte, seiner kunstvollen Form wegen, die Gemeinde nicht mitsingen. Aber schon nachdem der Evangelist sein erstes Recitativ mit den bildhaft und hörbar vergegenwärtigten Worten «auf daß er gekreuziget werde», geschlossen hatte, vereinigten sich die drei Chöre mit der Gemeinde zu dem allbekannten Choral:

Herzliebster Jesu, was hast Du verbrochen,
Daß man ein solch scharf Urteil hat versprochen?

Und so fort, mehr als zehn Mal, durch das ganze Werk hin die Weiterführung, die Erhöhung, die Überhöhung des Kunstvollen, Ausgedehnten, Vielfältigen und Vielstimmigen durch die Schlichtheit, Eindringlichkeit und Einfalt des Chorals, die Überführung des Einzelempfindens in das Gesamtgefühl der Hörer, der Gemeinde, des Volkes. Das verwirrende Fragen der Jünger auf den Hinweis Jesu, daß Einer ihn verraten werde, auf das «Herr bin ichs, bin ichs, bin ichs?» wurde beantwortet durch den Choral:

Ich bins, ich sollte büßen
An Händen und an Füßen
Gebunden in der Höll.
Die Geißel und die Banden
Und was Du ausgestanden,
Das hat verdienet meine Seel.

Als nunmehr tatsächlich der glaubensstärkste von allen Jüngern, als Petrus den Herrn verriet und der Hahn zum dritten Mal krähte, da erflehte zwar zunächst — durch das bitterliche Weinen des Verräters dazu aufgerufen — eine Einzelstimme mit einer herzzerreißenden Arie, durch den Gesang einer Einzelvioline dringlich unterstützt, das göttliche Erbarmen um der Zähren willen. Aber der Choral übertrug Schuldbekenntnis und Gnadenhoffnung auf die Gesamtheit mit der Weise zu den Gesangbuchworten:

Bin ich gleich von D I R gewichen,
Stell ich mich doch wieder ein.
Hat uns doch D E I N Sohn verglichen
Durch sein Angst und Todespein.
Ich verleugne nicht die Schuld.
Aber D E I N E Gnad und Huld
Ist viel größer als die Sünde,
Die ich stets in mir befinde.

Und am Eindringlichsten sowohl für das Wesen wie für den Willen dieser Passionsmusik war das Geschehen unter dem Kreuze Christi. Der Evangelist hatte bei den Worten: «Aber Jesus schrie abermal laut» aufgeschrien bis zum hohen Gis empor; hatte in vier sehr sanften, sehr stillen, sehr verhaltenen, Stufe um Stufe abwärts klingenden Tönen verkündet: «und verschied». Es mußte ein Choral folgen. Es folgte ein Choral. Aber wiederum stand die Gemeinde nicht klagend, anklagend, weinend neben dem Geschehen, hatte nicht nur mit letzter Hingegebenheit daran teil. Sondern sie bezog sich in das Geschehen ein. Sie war Geschehen. So griff die gläubige Schar im Augenblick des Todes Jesu Christi auf das eigene Ende voraus. Statt dem Gestorbenen jene Hilfe angedeihen zu lassen, die man gemeinhin einem Toten erweist, erbat sie sich singend von ihm Hilfe. Denn obschon er dem Leibe nach starb, war der Heiland in Wahrheit nicht tot. Er würde auferstehen an dem dritten Tage und — nicht mehr an einen bestimmten Ort gebunden — überall im Geiste sein. So ertönte — wiederum mit der von Johann Sebastian Bach vor allen Anderen geliebten Weise: «O Haupt voll Blut und Wunden» — nicht mehr in einer modernen Tonart, sondern im alten Phrygisch — es ertönte, von den beiden Chören, von dem Orchester, von der Orgel musiziert, von der Gemeinde mitgesungen, der Choral:

Wenn ich einmal soll scheiden,
So scheide nicht von mir!
Wenn ich den Tod soll leiden,
So tritt Du dann herfür!
Wenn mir am Allerbängsten
Wird um das Herze sein,
So reiß mich aus den Ängsten,
Kraft Deiner Angst und Pein.

Die erste Aufführung der Matthäuspassion fand unter Leitung Johann Sebastian Bachs in der Thomas-Kirche am Charfreitag, dem 25. April 1729, statt. Es wurde kein Konzert gegeben. Der Gottesdienst nahm in gewohnter Weise mit Schriftverlesung und Predigt, mit Gesang und Gebet, mit Segen und Amen seinen Verlauf. Die Vesper begann wie alle Sonntage um 1¼ Uhr nachmittags. Sonst mußte diese Kirchenveranstaltung um 3 Uhr beendet sein. Denn schon um 3¼ Uhr setzte die Universität mit ihrem Nachmittagsgottesdienst ein, bei dem zum Mindesten ein Teil der Chorknaben für das Singen benötigt wurde. Weil aber die zweiteilige Matthäuspassion 3½ Stunden für sich beanspruchte, so fand diese nachmittägliche Charfreitagsfeier erst nach 5 Uhr ihr Ende. Die Dinge hatten sich umgekehrt. Während sonst die Musik einen dienenden Teil der gottesdienstlichen Handlung darstellte, war durch die Matthäuspassion das Gottesdienstliche der allesüberragenden Musik untertänig geworden. Nicht weil sie eine Herrschaftstellung beanspruchte, sondern weil von ihr eine solche Annäherung an das Göttliche erreicht wurde, wie das Wort allein sie niemals erzielen konnte.

Einige Wenige vernahmen das Rauschen der Ewigkeitschwingen, welche mit Bachs Tönen über ihren Häuptern hinglitten.

Andere beklagten die mehr als vierstündige Dauer des Gottesdienstes, welche die Kirchenkälte auch noch am Ausgang des Monats April schmerzhaft fühlbar gemacht hatte. Die Kunstverständigen tadelten die Theatralik, welche von den Arien und Chören her sich der Recitative an vielen Stellen bemächtigte, so daß man sich oftmals gewaltsam daran hätte erinnern müssen: in der Kirche zu sitzen, nicht in der opera. Eine alte adlige Dame, die mit ihrem kronenbestickten Fußsack über den Arm davonrauschte, rief unbekümmert in die türensuchende Menge hinein: «Behüt Euch Gott, Ihr Kinder! Wenn es mit der Musik des Thomascantors so weiter geht wie heute, wird man bald die heilige Passion Christi von der sündigen Comödie Policinellos nicht mehr unterscheiden können und Hans Wurst außer der Bühne auch noch den Altar beherrschen.» Die Mehrzahl der Hörer nahm das gewaltige Werk gläubig hin; je nach der Kraft des Herzens einfältig oder stumpf. Der Leipziger Rath bekundete in keiner Weise seine Stellungnahme; weder durch anerkennende mündliche, noch gar durch Zustimmende schriftliche Worte.

Die Matthäuspassion wurde nur wenige Male in der Thomas-Kirche sowie in dem Saal des Musikvereins aufgeführt. Einige Teile erklangen in der Wohnung Bachs. Zu retten war diese Musik für Jene, an welche sie sich wandte, zu Lebzeiten ihres Schöpfers nicht. Die Matthäuspassion Johann Sebastian Bachs ging so völlig unter, daß schließlich nur noch dunkle Erinnerungen an ihr Vorhandensein sich von Geschlecht zu Geschlecht forterbten. Bis sie nach hundert Jahren für immer auferstand.

Was zu unvergänglichem Leben erweckt werden soll, muß in das Grab gelegt werden. Schmerzlich, um diese Notwendigkeit zu wissen. Tröstlich, auf ihre Überwindung für alles Große, Schöne und Edle wahrhaft schöpferischen Menschentums zuversichtlich hoffen zu dürfen.

XX

Immer mehr zog mit Zunahme des Unverständnisses, mit Anwachsen der Gegnerschaft Johann Sebastian Bach sich von der Welt zurück. Seine Häuslichkeit, die stets viel für ihn bedeutet hatte, wurde in ständig höherem Maße der Hafen, wo das argbedrohte Leben Zuflucht suchte vor den Stürmen des Öffentlichen Daseins. Leben aber hieß für Bach: Musik schaffen, hieß: Musik machen. So begann nach und nach die musica domestica, die zum häuslichen Gebrauch bestimmte Musik, wieder einen breiteren Raum von Sebastian Bach einzunehmen. Das in Köthen niedergeschriebene «Clavier-Büchlein» für Anna Magdalena erhielt mit der zweiten erheblich erweiterten Form seine endgültige Gestalt. Das im Gefängnis zu Weimar begonnene «Orgel-Büchlein» für Wilhelm Friedemann wurde wiederaufgenommen. Die ersten Teile der «Klavierübung» konnten zur Hauptsache ohne Weiteres in das Haus überführt werden. Ihre für Orgel gedachten Stücke ließen sich durch Umstellung und Umformung mit geringer Mühe dem häuslichen Musizieren dienstbar machen. Dem ersten Teil des «Wohltemperierten Claviers» wurde der zweite, ebenfalls vierundzwanzig Präludien und vierundzwanzig Fugen umfassende Teil an die Seite gestellt. Cembaloconzerte und Geistliche Lieder reihten sich an. Durch die Fülle der Möglichkeiten nahm das Musizieren daheim während der späteren Leipziger Jahre Johann Sebastians ebenso beträchtlich wie erfreulich zu; um so mehr, je weiter die Kinder heranwuchsen, je befähigter sie wurden, die vom Vater ihnen zugewiesene Stelle in der häuslichen Musikantenschar auszufüllen. Voller Stolz konnte Johann Sebastian Bach seinem Lüneburger Schulfreund Georg Erdmann, als er Diesen um Hilfe für Gewinnung eines neuen Amtes bat, nach Danzig schreiben: Aus meiner ersten Ehe sind am Leben drei Söhne und eine Tochter. Aus zweiter Ehe sind am Leben ein Sohn und zwei Töchter. Mein ältester Sohn ist ein studiosus Juris, die anderen beyden frequentiren — besuchen — noch einer primam und der andere secundam classem – die Prima, beziehungsweise die Secunda – und die älteste Tochter ist auch noch unverheurathet. Die Kinder der zweiten Ehe sind noch klein und der erstgebohrene Knabe sechs Jahre alt. Insgesamt aber sind sie gebohrne Musici und kann versichern, daß ich schon ein Concert vocaliter und instrumentaliter mit meiner Familie formiren – zusammenstellen – kann. Zumahlen da meine itzige Frau einen gar sauberen Soprano singet und auch meine älteste Tochter nicht schlimm einschläget.

Außer Anna Magdalena, die sich fast ganz auf das Singen beschränkte, alldieweil sie mit dem Klavierspiel infolge der ständigen Ablenkung durch häusliche Pflichten über löbliche Anfänge nicht hinausgekommen war, außer der Mutter hatte bei den Bachischen Hauskonzerten Niemand einen festen Platz. Söhne und Tochter mußten spielen oder singen, wo sie am Nötigsten gebraucht wurden. Auch der Vater wechselte nach Bedarf von dem einen Instrument zu dem anderen hinüber; spielte Clavichord oder Cembalo, strich die Geige oder die Viola pomposa, benutzte die Gambe oder die Bratsche.

Am Feste Purificationis Mariae – am Feste der Reinigung Marias – bedeutete nach Erledigung der umfänglichen Cantorenpflichten Johann Sebastian Bach seiner Gattin: Sie wollten die Kantate «Ich habe genug» zusammen mit den Kindern musizieren. Die Aufführung in der Kirche habe ihm nicht gefallen. Der Baß sei äußerst mäßig gewesen. Das schaffe er, abgesehen von einigen zu tiefen Tönen, besser. Auch das Orchester habe zu wünschen übrig gelassen. Zuhaus kämen sie vorteilhafter damit zurecht.

Anna Magdalena meinte: Das Spiel der Instrumente werde sicher ihren Mann befriedigen. Denn es sei erfreulich, wie sehr gerade in der letzten Zeit die Knaben musikalisch gereift wären. Aber «Ich habe genug» wär eine Baß-Arie! Woher dafür die notwendige Stimme nehmen? Friedemann habe einen Tenor, Emanuel sei mit dem Stimmbruch nicht ganz fertig. Bernhard besitze noch eine Kinderstimme.

Johann Sebastian antwortete: Die erste Arie, das Schlußrecitativ und die letzte Arie werde er, welcher den Continuo spiele, übernehmen. Was bereits gesagt, aber von ihr entweder nicht für voll angesehen oder überhört worden wäre!

Anna Magdalena erkundigte sich: «Und das kurze Recitativ samt Deiner wahrscheinlich schönsten Arie?»

Bach verfügte: «Singst Du.»

Anna Magdalena widersprach: «Es ist eine Baß-Arie!»

Bach glitt mit den Worten darüberhinweg: Es werde schon gehen. Er ordnete weiter an: «Gottfried Bernhard spielt die Oboe. Wilhelm Friedemann übernimmt die erste, Catharina Dorothea die zweite Violine, Philipp Emanuel die Viola. Leider wäre das Letzte ihm selbst nicht möglich. Denn sein Platz sei vor dem Cembalo, von wo aus er neben dem Spielen und dem Singen noch die Leitung des Ganzen durchzuführen habe. Jedoch werde dafür, im Gegensatz zu der Kirche, außer Bezeichnung der Einsätze kaum etwas nötig sein. Denn ihre vier Ältesten wären tatsächlich alle sehr wackere Musiker geworden. Bereit sein! Innerlich bereit sein! Keinen Widerspruch! Das Herzstück der Kantate singe sie Punctum Und hinterher werde von ihr diese Arie höchstwahrscheinlich nicht nur als eines seiner schönsten Stücke angesehen, sondern zu ihrer Lieblingsarie erklärt.

Anna Magdalena, welche erkannte, daß ihr Mann keinen Widerspruch dulden werde, fügte sich. Sie trat, als Bach vor dem Cembalo Platz genommen hatte, hinter den geliebten Vater des Hauses, um über seine Schulter hinweg in die bereitgestellten Noten zu blicken und mit wenigen Tönen den Beweis zu erbringen, daß ihr dieses Mal etwas völlig Unmögliches, etwas für ihre Sopranstimme Unausführbares von dem häuslichen Musikherrscher zugemutet werde. Je nun, Er wollte es. Also durfte man sich nicht widersetzen. Mußte vielmehr mit einem Versuch, mit einem zum Mißlingen verdammten Versuch, Guten Willen bezeigen.

Die Streichinstrumente wurden gestimmt. Keines von den drei Bachkindern brauchte dafür von dem Cembalo her einen Hilfston. Denn sie besaßen allesamt das absolute Gehör. Die

Oboe wurde durchgepustet und bemundstückt. Als äußere Ruhe und innere Sammlung eingetreten waren, gab Johann Sebastian Bach das Zeichen zum Einsatz. Mit äußerster Genauigkeit begann — wohligwiegend, im zarten, unverändert bleibenden Piano — das Trostlied der Instrumente. Vater Bach sang mit größerer Herzenshingabe als Stimmvollendung die weitgedehnte Eingangsarie «Ich habe genug.»

Nein, es benötigte keine dirigentenmäßige Leitung, dieses Spiel der kindlichen geborenen Musici. Sie bedurften keines beschwichtigenden oder aufmunternden Zeichens. Hervorholung wie Dämpfung ihrer Begleitung, je nachdem sie allein den Ton hatten oder sich dem Gesang angleichen — nicht etwa unterordnen! — mußten, Regelung der Begleitstimmen erwies sich als unnötig. Was der Schöpfer dieser glückseeligen Musik geben wollte, war jeweils da. Der Vater konnte alle Aufmerksamkeit seiner Doppelaufgabe widmen: Continuospiel und Gesang kunstgerecht zu versehen.

Als sein da-capo beendet und der letzte Teil des Nachspiels verklungen war, wendete Johann Sebastian zwei Notenblätter um. Anna Magdalena glaubte, es hätte sich ein Mißgeschick ergeben. Sie wollte das fälschlich umgedrehte Blatt zurückwenden. Aber ihr Mann wehrte, bevor es geschehen konnte, die ausgestreckte Hand ab und zeigte mit dem Kopf auf die offen vor ihr liegenden Seiten der Partitur. Anna Magdalena befolgte die eindeutige Weisung. Das Blut floß ihr zu Herzen. Es raste, um dieses nicht zu sprengen, weiter. Ihr Gesicht erglühte. Denn auf dem Cembalopult lag — von der Hand des Mannes frisch geschrieben und in die alten Noten hineingeschmuggelt — das Herzstück der Cantate für ihre Stimmlage. Heimlich war es durch Bach von Es-dur nach G-dur versetzt, somit für ihren Sopran singbar gemacht. Hätte sie ihrem Gefühl folgen dürfen, würde Anna Magdalena dem vor ihr sitzenden, glückseelig lächelnden Mann um den Hals gefallen sein. Aber dafür war keine Zeit. Es galt, zum Singen äußerlich und innerlich bereit zu sein. Anna Magdalena zwang ihr Herz zur Ruhe. Es mußte gehorsam sein. Die Musik stand über Allem. Und das Herz gehorchte. Freilich erst im allerletzten Augenblick. Denn schon schlug Johann Sebastian den Generalbaßaccord des ihr zugedachten Recitatives an. Es begann wie die voraufgegangene Arie: «Ich habe genug!» Es endete wie diese: «Ich habe genug!» Allerdings erst, nachdem die eigenen Worte und eigenen Töne voraufgegangen:

Ach! möchte mich von meines Lebens Ketten
der Herr erretten.
Ach! wäre doch mein Abschied hier,
mit Freuden sagt ich, Welt, zu Dir:
Ich habe genug!

Und dann setzte mit unermeßlichem Wohlklang das Vorspiel zu jener sanftseeligen Arie ein, welche von dieser Stunde an in der Tat das Lieblingsstück Anna Magdalenens war.

Die vier Kinder hatten ihre Noten nicht umgeschrieben. Der Hinweis des Vaters vor Beginn des Konzertes, daß die große Mittel-Arie – aus Rücksicht auf die Mutter – nicht wie bei dem Kirchengebrauch in Es sondern in G gespielt werden solle, genügte für die notwendige Transponierung. «Aus Rücksicht auf die Mutter!» Sie waren im Bilde. Gern halfen Alle bei der Überraschung mit. Die Frage, ob es mehr dem Vater oder der Mutter zuliebe geschah, ließ sich nicht beantworten.

Als das Vorspiel beendet war, begann Anna Magdalena mit ihrem noch immer sauberen Sopran zu singen:

Schlummert ein, ihr matten Augen,
fallet sanft und seelig zu.

Inniger konnte der Schlummer nicht angerufen werden, als es durch ihre milden langanhaltenden Töne geschah. Bezaubernder konnte den Augenlidern das Zufallen nicht vorgemacht werden, als es durch die synkopisch abgeleiteten Sechzehntel ihres Mundes und ihres Herzens zuwege gebracht wurde. Dann folgte die bittere Klage und Anklage:

Welt, ich bleibe nicht mehr hier,
hab ich doch kein Teil an Dir,
das der Seele könnte taugen.

Wiederum, kaum ein Ende findend, das beruhigende: «Schlummert ein — schlummert — — schlummert — —» und das beflissene «Fallet zu!» mit dem erschreckenden und zugleich beglückenden Abfallen des G der Tonart zum befremdlichen, durch eine Fermate festgehaltenen tonartfernen F. Aber noch war die Ruhe, war der Schlaf, der letzte Schlaf, der milde Bruder des Todes, nicht da. Erneuerte, nunmehr auf Überwindung zielende Klage:

Hier muß ich das Elend bauen.
Aber dort, dort darf ich schauen
süßen Frieden, stille Ruh.

Ton und Wort wollten wiederum kein Ende nehmen. Die Beschwörung, die Beteuerung, daß es sein müsse, reichten nicht aus. So wurden sie wiederholt. Zum zweiten Male, durch anderthalb Takte hin erklang es: «Ruuuuh — —». Nun war es erreicht. Beschwörung und Beteuerung wandelten sich zur Bestätigung und zur Beglaubigung: «Dort, dort, werd ich schauen süßen Frieden, stille Ruh.» So leiteten die Instrumente noch inniger, noch sanftseeliger zu der Wiederholung des Anfangs über, und Anna Magdalena, begleitet von ihrem Mann und den Kindern, sang beglückt:

Schlummert ein, ihr matten Augen — —

Bach übernahm, wie vereinbart, das zweite Recitativ und erreichte auch als Sänger tiefste Wirkung durch das sich wie von selbst ergebende Arioso:

Der Abschied ist gemacht.
Welt! gute Nacht.

Was aber folgte dem innigen Schlummerlied und dem schmerzhaften Abschiedsgesang? Jubel ohnegleichen! Die Instrumente jauchzten, die Menschenstimme jubilierte:

Ich freue mich auf meinen Tod,
ach! hätt er sich schon eingefunden.

Das war nicht die gefühlsseelige pietistische Sehnsucht nach dem Jenseit. Es war keine Absage an das Diesseit. Nicht mystische Schauer durchzitterten die Töne. Es war nach einem vollerfüllten Leben das feste, klare, hinreißende Bekenntnis des Glaubens, dem ein Weiterbestehen des Menschen nach dem Tode, eine Befreiung von irdischen Unzulänglichkeiten, eine Erhöhung zu reicherem und reinerem Sein als gewiß galt. So daß der Tod, wenn das grauenvolle Sterben überwunden wurde, nichts Schmerzliches und Widersinniges mehr an sich hatte. Sondern die langvorausgesehene, die mit der Geburt vorausgesetzte Erfüllung, die unerläßliche Abrundung des menschlichen Seins auf Erden darstellte. Bachs Musik und Bachs Gesang konnten sich demzufolge gar nicht genugtun, zu bekennen, zu beweisen:

Ich freue mich auf meinen Tod.

Als das von dem Vater unterstützte, aufjubelnde Spiel der Bachkinder mit einem leuchtenden C-dur-Akkord geendet hatte, da konnte Anna Magdalena sich nicht enthalten, Johann Sebastian um den Hals zu fallen. Es geschah keineswegs infolge innerer Bewegung über den hemmungslosen Sterbewunsch am Schluß ihrer Kantate. Der Tod war so oft durch das gemeinsame Leben der beiden Gatten hindurchgegangen, daß er ihnen längst ein Vertrauter wurde, dessen Kommen man zwar mit Bangen entgegensieht, dem man aber, wenn er angelangt ist, beherzt die Hand gibt. Jedoch Anna Magdalena fühlte sich gedrungen, ihren Dank für die Überraschung während des Musizierens und die Übereignung des Schlummerliedes durch eine Umarmung dem geliebten Gatten darzubringen. Bach empfing Dank und Freude, Kuß und Liebe mit offenkundiger Herzlichkeit. Dorotheas Augen erglänzten vor Freude. Friedemann war über den ungewohnten Anblick verwirrt. Emanuel nahm ihn gleichmütig hin. Bernhards Lippen verzogen sich spöttisch.

An diesem Abend trug Anna Magdalena Bach Ihre Arie samt dem voraufgehenden Recitativ in die zweite bereicherte Fassung des für sie geschaffenen Klavierbüchleins mit sauberster Notenschrift ein. Natürlich nicht für Baß, in Es-dur, sondern für Sopran, für ihre Stimme, in G-dur.

Noch schmerzlicher als die öffentlichen Angriffe und Ablehnungen war für Johann Sebastian Bach der zwar langsame, aber unaufhaltbare Verlust seiner Kinder. Wohlgemerkt: seiner lebenden Kinder! Nicht daß sie ihr Elternhaus verließen, bedeutete das Schwerste. Dieser Fortgang lag in der Natur des irdischen Daseins. Die heranwachsenden Nachkommen hatten das Recht auf ihr eigenes Leben. Sie mußten, wenn sie auch nur annähernd was der Vater war werden wollten — überragende Musiker — ihr Paradies der Kindheit verlassen, in die Fremde ziehen und sich auf eigene Füße stellen. Das galt es also zu tragen.

Aber Bach litt hart darunter, daß dem äußeren Scheiden seiner Söhne die innere Wegwendung voraufging. Irgendeiner von den Vieren hatte ein bitteres Wort über den Vater aufgebracht. Es ließ sich nicht feststellen, von Wem es stammte. Vielleicht hatte der bissige Bernhard es zuerst gesagt? Vielleicht kam es von dem spöttischen Christian? Dieses schmerzhafte Wort hieß: «Die alte Perücke». Und die Söhne gebrauchten es — mehr oder minder häufig, mehr oder minder heftig — allesamt. Denn sie litten Einer wie der Andere unter dem künstlerischen und menschlichen Übergewicht des Thomascantors. Am Schwersten bedrückte es Friedemann, welcher ihm sowohl im Können wie im Wesen der Nächste war und, um sich selber zu behaupten, dem Vater wie keiner von den Brüdern nacheiferte. Am Wenigsten fühlte sich infolge seiner inneren Ausgeglichenheit Emanuel belastet. Bernhard half sich durch Bissigkeit, Christian durch Gespött.

Wilhelm Friedemann schied als Erster aus dem elterlichen Hause. Johann Sebastian hatte seinem Lieblingssohn den Weg nachdrücklich vorgezeichnet. Dieser sah, aus mancherlei Gründen, für den Vater nun völlig anders aus, als er ursprünglich geplant war. Mit nur wenig abgewandelten Worten sagte Bach stets das Gleiche: «Du sollst auch Musik lernen, und zwar von mir. Aber nicht für Deinen Beruf, sondern zu Deiner Freude. Es gibt kein höheres Glück auf Erden als durch Musik. Aber die Welt braucht auch anderswo tüchtige Männer; und ein Solcher sollst Du auf einem Gebiet des Wissens – nicht der Kunst! – werden.» Jedoch Friedemann ließ die Rechtsgelehrtheit, welche der Vater ihm als Lebensaufgabe bestimmte, hinter sich. Nach Abbruch seines juristischen Studiums wurde er Organist an der Dresdener Sophien-Kirche. Gewiß, er spielte besser als sämtliche Bewerber um dieses Amt. Dennoch war es mehr als fraglich, ob dem Dreiundzwanzigjährigen die bedeutsame Organistenstelle zugesprochen wäre, wenn nicht – nach Aufgabe seines Widerspruchs gegen das Musikertum – Johann Sebastian Bach zu Gunsten seines Sohnes ein Empfehlungschreiben an den einflußreichsten Mann des Kirchencollegiums gerichtet hätte. Vierzehn Jahre wirkte Friedemann dort. Dann führte ihn sein Weg nach Halle, wo er Organist an der Markt-Kirche wurde. Wiederum stand der Thomascantor bei dieser Berufung Pate. Denn die Hallenser vergaßen inzwischen nicht, daß man sich vor Jahrzehnten ernsthaft und lange gemüht hatte, Johann Sebastian als Organisten für die Liebfrauen-Kirche zu verpflichten. Da Halle den Vater seinerzeit nicht bekommen konnte, so war man froh, den Sohn für sich gewonnen zu haben. Dieser trug nicht nur den berühmtesten aller Organistennamen in ganz Deutschland. Er war auch ein großer Könner auf der Orgel, der – wenn überhaupt – Johann Sebastian mit seinem Spiel nur wenig nachstand. Der Lebensweg schien ungefährdet vor dem ältesten der Söhne Bachs zu liegen. Aber noch häufiger und noch dringlicher als von Dresden her kamen aus Halle mahnende Hinweise auf das unstete, ja unordentliche Leben Friedemanns, der bedenkliche Neigung zum Trunk hätte. Indessen da der Sohn seine amtlichen Verpflichtungen vertragsgemäß erfüllte, fand Johann Sebastian keinen Anhalt zum väterlichen Eingreifen. Die Kompositionen dieses Bachsohnes waren infolge dessen bedauerlicher Trägheit nicht groß an Zahl. Der Vater, welcher gerade auf sie höchste Hoffnungen gesetzt hatte, betrachtete die Noten Friedemanns mit ebenso großer Bewunderung wie Besorgnis. Alles war unverkennbar von höchster Begabung, kam seiner eigenen Art äußerst nahe. Gewiß, zum Teil führte es trotz Beibehaltung der väterlichen Polyphonie über ihn hinaus. Aber in jene Richtung, die sein Herz nicht gutheißen konnte. Denn es war eine überempfindsame melodische Düsterkeit, eine übersteigerte chromatische Zerrissenheit, eine überdunkelte harmonische Trostlosigkeit darin. Für diese fand Sebastian Bach keine andere Erklärung als: Mangel an Glauben. Wenn nicht gar Glaubenslosigkeit. Wie aber sollte ein Mensch ohne Glauben leben? Und wenn er Das vermochte, wie wollte ein Musiker ohne Glauben schaffen?

Philipp Emanuel sollte in Frankfurt an der Oder nach dem Willen des Vaters wie sein voraufgehender Bruder, die Juristerei erlernen. Er gab jedoch, früher noch als Wilhelm Friedemann, das trockene Studium zugunsten der Musik auf. Gleich dem Ältesten wollte er, und zwar mit neunzehn Jahren, in Naumburg Organist werden. Einen Empfehlungbrief wie dem Bruder nach Dresden konnte der Vater seinem zweiten Sohn nicht mitgeben. Denn ihm war dort keine einflußreiche Persönlichkeit bekannt, die er hätte um Hilfe bitten können. Aber das Gesuch Emanuels an den Bürgermeister und Rath der Stadt Naumburg, ihm die freie Organistenstelle der Wenzels-Kirche zu verleihen, setzte Johann Sebastian in seiner ebenso schwungvollen wie formgerechten Weise auf. Sei es nun, daß man den Bewerber infolge seiner neunzehn Jahre noch zu jung erachtete; sei es, daß der Name Bach in Naumburg nicht den gleichen Klang hatte wie in Dresden und Halle — jedenfalls: Philipp Emanuel fiel durch. Es war zu seinem Glück. Denn nunmehr konnte er sich unbehindert nach Berlin begeben. Dort berief Friedrich der Große den Sechsundzwanzigjährigen zum Generalbaßwalter in seiner Hof-Capelle und zum Accompagnisten für sein Königliches Flötenspiel. Johann Sebastian unterdrückte, als er diese Nachricht erhielt, sein inneres Befremden darüber, daß ein Bach ganz und wahrscheinlich für immer in das weltliche Gebiet abbog, statt gleich ihm selbst beiden Musikmöglichkeiten verbunden zu bleiben. Des Erfolges freute er sich trotzdem und quittierte ihn mit dem Ausruf: «Glücklicher Emanuel!» Allerdings: Glücklich war, im Gegensatz zu seinem verdüsterten älteren Bruder, der Zweitgeborene. Wie sehr glücklich, das erwiesen dem Vater die überaus zahlreichen Kompositionen Philipp Emanuels. Dabei befand sich Vieles, was der väterlichen Art glich, ohne daß von gefährdender Nachahmung oder gar von tödlicher Abhängigkeit gesprochen werden durfte. Aber es war auch manches Andere vorhanden, das über ihn hinaus — — nein, nicht hinausging wie bei Friedemann! — jedoch, das über ihn hinwegging. Und zwar nach der Weise, die seine Gegner — allen voran der Hamburger Johann Adolph Scheibe — gebieterisch forderten. Warum nicht, wenn es die deutsche Musik weiterführte! Geschah das? Abwarten, welchen Verlauf die Entwicklung nahm! Warum nicht, wenn es leicht und flüssig, beweglich und zierlich klang? Die Gefahr des Seichten, des Übergefälligen, der Verflachung drohte? Gewiß. Aber welche Eigenart war nicht durch sich selbst bedroht? Auch die Seine. Es blieb bestehen: Glücklicher Emanuel! Sein Leben und sein Werk waren nicht, wie das Leben und Schaffen Friedemanns, durch Zweiteiligkeit gefährdet. Die beiden Grundtöne seines Wesens klangen ineinander. Wie Prim und Terz wohllautend zusammenklingen.

Der dritte, am Leben gebliebene Sohn Maria Barbaras war das Sorgenkind seines Vaters. Durch Begabung stand er den beiden älteren Brüdern nicht nach. Aber in ihm waren die gegensätzlichen Wesensteile der Eltern so gemischt, daß sie sich aneinander rieben und schrille Dissonanzen ergaben. Auch Gottfried Bernhard wollte, und zwar ohne den Umweg über die Juristerei, Musiker werden. Als er das zwanzigste Lebensjahr erreicht hatte, wurde die Organistenstelle an der Marien-Kirche zu Mühlhausen frei; in jener Stadt also, wo Johann Sebastian Bach neun Monate lang überaus erfolgreich an der Kirche Divi Blasii gewirkt hatte. Dieses Mal mußte es mit der Bewerbung wieder glücken. Wenn man dem ungebärdigen Jüngsten nicht die Fessel eines Amtes anlegte, war Schlimmes zu befürchten. Bach schrieb also an den Senior des Mühlhausener Rathes Tobias Rotschier. Er konnte sich an Unterwürfigkeiten nicht genug tun. So lautete, beträchtlich über das Übliche hinausgehend, die Anrede seines Briefes: Dem HochEdelgebohrnen, Vest und HochGelahrten Herrn, Herrn Tobia Rotschieren, vornehmen Jure consulto und HochAnsehnlichen Mitgliede, wie auch HochMeritirten Seniori Eines HochEdlen und HochWeisen Raths, bey der Kayserlich freyen Reichs-Stadt Mühlhausen in Mühlhausen; HochEdelgebohrner, Vest und HochGelahrter, Besonders HochGeehrtester Herr Senior, HochGeschätzter Gönner. Nach Hinweis auf die, sicherem Verlaut gemäß freigewordene Stelle empfahl der Thomascantor zum Nachfolger des verstorbenen Organisten Herrn Hetzehenn seinen Sohn Johann Gottfried Bernhard Bach. Dieser habe sich in der Musik so habil gemachet, sey darin so selbständig geworden, daß er für gewiß halte, Selbiger werde zur Bestreitung des vacant gewordenen Stadt-Organisten-Dienstes vollkommen geschickt und vermögend seyn. Also ersuche er Seine HochEdelgeboren in schuldigster Ehrerbietung, Sie beliebten zur Erlangung des gemeldeten Dienstes seinen Sohn dero vielgeltende Intercession — Unterstützung — zu schenken und dadurch ihn selber bittseelig, seinen Sohn Bernhard aber glücklich zu machen. Der besorgte Vater schrieb des Weiteren an den Regierenden Bürgermeister Christian Petri. Er bot Diesem an, mit seinem Sohn nach Mühlhausen kommen zu wollen, um bei solcher Gelegenheit ihm seine unterdienstliche Aufwartung zu machen und dem Sohn Gottfried Bernhard die Möglichkeit zu verschaffen, eine Probe seines vollkommenen musikalischen Könnens auf der Orgel abzulegen. Er erhoffe also von der HochEdelgeborenen Magnificence geneigtesten Befehl und Ordre, wann sie sich zu einer erlaubten Probe gehorsamst einfinden dürften.

Aber es schien so, als ob die geplante Reise nicht notwendig sein werde. Denn die freie Stelle war dem Mühlhausener Organisten Johann Nicolaus Götze zugedacht, der Hetzehenn während dessen tödlicher Krankheit längere Zeit vertreten hatte.

Als der Amtsanwärter jedoch erfuhr, daß Johann Sebastian Bach sich für seinen Sohn um die freie Stelle beworben hätte, erklärte er: Das Probespiel Bernhard Bachs sei nicht nötig. Wenn er auch nur halb so gut wie sein Vater zu spielen vermöge, dann genüge es zur Erlangung des bisher ihm zugesagten Amtes. Falls jedoch wider alles Erwarten dem Bewerber daran noch etwas fehlen solle, werde der Name Bach es schaffen. Er aber könne seine Sachen packen, Mühlhausen verlassen und sich anderswo eine Unterkunft suchen. Man möge die Organistenstelle an der Marien-Kirche also getrost ohne Probespiel dem Jungen Bach geben.

Jedoch der Regierende Bürgermeister Petri entschied: Götze brauche, da man seine Leistungen kenne, an dem vorgesehenen Probespiel nicht teilzunehmen. Sämtliche auswärtigen Bewerber jedoch hätten das unantastbare Recht, auf eigene Kosten nach Mühlhausen zu kommen und öffentlich zu zeigen, was sie über die Orgel vermöchten. Diesem alten Brauch müsse sich auch der Bachsohn unterwerfen; gleichviel, wie Großes dessen Vater schon in seiner Jugend zu Mühlhausen geleistet hätte; gleichviel, wie sehr er unterdessen berühmt geworden wäre.

Also reiste Johann Sebastian Bach, der niemals einen Fürsprecher gehabt hatte, sondern alle Erfolge des Lebens dem eigenen Können verdankte, mit seinem Sohn Gottfried Bernhard nach Mühlhausen; nach jener Stadt, die er vor einem Menschenalter verlassen hatte, weil dort seine Kunst nicht in jener Weise gedeihen konnte, wie es ihm innerstes Bedürfnis war.

Es kam genau so, wie Nicolaus Götze vorausgesagt hatte. Der Bachsohn spielte unter der inneren Beihilfe und der unbestechlichen Aufsicht des Bachvaters dermaßen hinreißend die Orgel, daß keiner von den anderen Bewerbern neben ihm bestehen konnte. Ob das Spiel ohne Empfehlung und ohne Anwesenheit Johann Sebastians ausgereicht hätte, den Gang der Dinge zu Gottfried Bernhards Gunsten entscheidend zu beeinflussen oder ob er, gleich dem Bruder Emanuel, seiner Jugend wegen unverrichteter Sache hätte wieder abziehen müssen, ließ sich nicht ausmachen. Jedenfalls: Bernhard Bach erhielt mit zwanzig Jahren die freie Mühlhausener Organistenstelle. Nicht an Divi Blasii, wohin sein Vater mit zweiundzwanzig Jahren gerufen wurde, wohl aber an Beatae Mariae Virginis, allwo dazumal der Pietist Johann Adolph Frohne gepredigt hatte. Beglückt reisten Vater und Sohn heim. Das Amt, so hoffte Johann Sebastian, werde dem jüngsten Sohn Maria Barbaras jenen Halt geben, dessen er bedürfe, um ein geachteter Organist zu werden, wie es zahlreiche Männer ihres Namens in ganz Thüringen, ja über dessen Grenzen hinaus waren.

Der Vater irrte. Bernhard führte ein liederliches Leben. Er trieb sich in Schänken herum. Er jagte hinter Frauenzimmern her. Er trank. Er machte Schulden. Diese häuften sich so, daß ein Zusammenbruch unvermeidlich schien. Aber der Bedrohte fand in zwölfter Stunde einen Ausweg.

1736, als Bernhard Bach sein einundzwanzigstes Lebensjahr erreicht hatte, wurde die Organistenstelle an der Markt-Kirche in Sangerhausen frei. Es war jener Posten, um den Johann Sebastian sich als Schüler von Lüneburg aus vergeblich beworben hatte. Bernhard, welchem der Boden in Mühlhausen unter den Füßen zu heiß wurde, bat scheinheilig den Vater, ihm zu seinem besseren Fortkommen das Organistenamt in Sangerhausen zu vermitteln. Zwar waren dunkle Gerüchte über den Lebenswandel seines gefährdeten Sohnes bis nach Leipzig gedrungen. Jedoch der Vater glaubte ihnen nicht. Die volle Wahrheit wagte Niemand dem ehrwürdigen Manne zu sagen. Demgemäß nahm Dieser an, sein Sohn wolle tatsächlich, ebenso wie er vor etwa dreißig Jahren, Mühlhausen aus inneren Gründen schon nach auffallend kurzer Zeit verlassen. In Erinnerung an die Niederlage, welche er seinerzeit bei der Bewerbung um die Organistenstelle an der Marktkirche, zu großer Jugend wegen, erlitten hatte, schrieb der allbekannte Thomascantor freudig und gutgläubig nach Sangerhausen. Er wandte sich an das Mitglied des dortigen Rathes Johann Friedrich Klemm mit der Bitte, ihm nähere Nachricht über die Art sowie die Einkünfte der dortigen vacanten Organistenstelle zu geben. Daran schloß sich das Ersuchen, ihm geneigtest seine besondere Faveur, seine Gunst, in dieser Sache zuwenden zu wollen. Den Namen seines Sohnes als Bewerber um das freigewordene Amt nannte Bach nicht. Er sprach von einem ihn sehr nahe angehenden subjectum.

Klemm sandte die erbetenen Auskünfte und erklärte sich bereit, für jeden jungen Organisten, welchen der große Cantor empfehle, nach bestem Vermögen einzutreten. Denn wessen Worte hätten in Sachen der Orgel wohl solches Gewicht wie das Urteil des Leipziger Orgelmeisters?

Da öffnete Johann Sebastian Bach das Visier. Er schrieb einen zweiten Brief an den Sangerhausener Rathsherrn Johann Friedrich Klemm. Überschwenglich bedankte der Thomascantor sich für die zugesagte Hilfe und bezeichnete das Geschehene als eine Göttliche Fügung. Er trage also fernerhin kein Bedenken, dem HochEdlen Herrn zu hinterbringen: Das von ihm vorgeschlagene subjectum wäre sein eigener Sohn Bernhard. Es sey doch wohl eine Höhere Schickung im Spiele, wenn Sangerhausen einem von seinen Kindern nach dreißig Jahren halten könne, was man ihm seinerzeit versprochen, aber nicht erfüllt hätte: die Übertragung der Organistenstelle an der dortigen Markt-Kirche.

Wie in Mühlhausen schlug Bernhard Bach auch in Sangerhausen durch sein überragendes Spiel zu Beginn des Januar 1737 sämtliche Mitbewerber aus dem Felde. So bekam er die freie Stelle und war mit 22 Jahren wohlbestallter Organist an jenem Gotteshause, dessen Versorgung mit geistlicher Musik man seinem achtzehnjährigen, in Lüneburg noch die Schulbank drückenden Vater trotz glänzenden Spieles vorenthalten hatte. Johann Sebastian Bach war beglückt und stolz, befriedigt und hoffnungvoll. Die überraschend schnell wieder freigewordene Stelle in Mühlhausen bekam endgültig Johann Nicolaus Götze.

Bernhard Bach trieb es zu Sangerhausen mit Liederlichkeiten und Saufereien, mit Schuldenmachen und Schürzenjägereien noch schlimmer als in Mühlhausen. Hinzukam, daß er anfing, sein Amt zu vernachlässigen und den Gottesdienst durch Unpünktlichkeit zu gefährden. Eines Morgens war der junge Organist der Markt-Kirche verschwunden.

Nun blieb nichts Anderes übrig, als dem Vater die Wahrheit zu sagen. Der Rathsherr Klemm, in dessen Haus Bernhard zur Miete gewohnt hatte, unterzog sich dieser schweren Pflicht. Er teilte Johann Sebastian Bach das Geschehene schonend mit. Zugleich meldete er dem vorgesetzten Consistorium ungeschminkt: Johann Gottfried Bernhard Bach, der neue Organist an der Markt-Kirche, habe sein Amt vernachlässigt, Schulden gemacht, sei ohne Urlaub aus Sangerhausen entwichen. Weil man seit Wochen nicht das Geringste von ihm gehört hätte, müsse man wohl in Kürze einen neuen Organisten erwählen?

So mußte Bach einen dritten Brief an den HochGeehrtesten Herrn Rath Friedrich Klemm nach Sangerhausen schreiben. Darin hieß es:

> Mit was für Schmerzen und Wehmut ich diese Antwort abfasse, können Euer HochEdlen von selbsten als ein Liebreicher und Wohlmeynender Vater beurtheilen. Meinen (leider mißrathenen) Sohn habe ich seit vorm Jahre, da ich die Ehre hatte, von Euerer HochEdlen viele Höflichkeiten zu genießen, nicht mit einem Auge wiedergesehen. Euer HochEdlen ist auch nicht unwißend, daß ich damahln für Selbigen nicht alleine den Tisch und den Mühlhausener Ortswechsel richtig bezahlet, sondern auch noch einige Ducaten zur Tilgung seiner Schulden zurückließ, in der Meynung: er werde nunmehro ein ander genus vitae — ein andersartiges Leben — ergreifen. Ich muß aber mit äußerster Bestürtzung abermahligst vernehmen, daß er wieder hie und da geborget, seine Lebensarth nicht im Geringsten geändert, sondern sich gar absentiret und mir nicht den geringsten Teil seines Aufenthaltes biß dato wissend gemacht hat. Was soll ich mehr sagen oder thun? Da keine Vermahnung, ja gar keine liebreiche Vorsorge und assistence mehr zureichen will, so muß ich mein Creutz in Geduld tragen, meinen ungerathenen Sohn aber der Göttlichen Barmhertzigkeit überlassen.

Alsdann machte der tiefgebeugte Vater den Vorschlag: Der Sangerhausener Rath möge die Neubesetzung der dortigen Organistenstelle so lange verzögern, bis Gottfried Bernhard zurückgekehrt oder sein Aufenthalt ausfindig gemacht sei, damit hinterher alles von ihm selbst geregelt werde. Es hätten sich schon verschiedene Gläubiger seines ungeratenen Sohnes an ihn gewandt und die Bezahlung von dessen Schulden verlangt. Er sei auch bereit es zu tun, könne sich aber erst dann dazu verstehen, wenn Gottfried Bernhard die Richtigkeit der Forderungen mündlich oder schriftlich bestätigt hätte. Also ersuche er, Johann Sebastian Bach, den Herrn Rath, dienstlich den Aufenthalt des Sohnes zu erforschen und ihm mitzuteilen. Er wolle dann die letzte väterliche Hand anlegen, um festzustellen, ob das verstockte Herz gewonnen und zur Erkenntnis gebracht werden könne. Da Bernhard das Glück gehabt hätte, bei dem HochEdlen Herrn Rath zu wohnen, so wüßte er auch gerne, ob der Entwichene seine wenigen meublen mitgenommen oder was noch von denselben vorhanden.

Dem Schreiben des Herrn Rathes hatte eine Mitteilung der Frau Rath beigelegen, daß Gottfried Bernhard seine Miete schon seit Monaten ihr nicht bezahlt hätte. So mußte Johann Sebastian noch einen Brief an die WohlEdle, VielGeehrteste Frau Klemmin schreiben. Er entschuldigte sich, daß die übersandte Schuldforderung von ihm nicht so behandelt werden könne, wie es wohl gewünscht werde. Vorerst sei es nöthig, daß ihm seines (leider ungerathenen) Sohnes endgültiges schriftliches Zugeständnis der Forderung übermittelt werde. Sodann müsse er wissen, ob Dieser nach Hause kommen oder sein Amt von Neuem antreten werde. Sollte das Erste der Fall sein, so wolle er, als Vater, die Frau Klemmin schadlos halten. Vorerst gelte es, mit Sicherheit den Aufenthalt Gottfried Bernhards festzustellen.

Der Sangerhausener Rathsherr Friedrich Klemm war von den Briefen des tiefgebeugten Vaters dermaßen erschüttert, daß er den Versuch machte, die beabsichtigte Neuwahl des Organisten hinauszuschieben. Mit Hilfe des Consistoriums gelang ihm sein

Vorhaben. Dieses ordnete, um den berühmten Thomascantor zu schonen schriftlich an: Es solle weiterhin nach dem Entschwundenen gesucht und die Organistenwahl, bis man ihn gefunden hätte, hinausgeschoben werden. Man suchte — suchte — — suchte — — —

Derweil irrte Bernhard Bach von Stadt zu Stadt, von Dorf zu Dorf. Nur selten war er völlig nüchtern. Meistens traf man ihn halb oder ganz betrunken an. War das Geld ausgegangen, spielte er in Sälen oder Schänken auf der Geige oder der Oboe zum Tanze. Sein Tun schien dem Treiben des Bachischen Ahnen, Hans des Spielmanns, zu gleichen. Jedoch Dieser hatte mit der Narrenpritsche die Waffe in der Hand gehabt, alle Bösen Geister, auch den Versucher des Trunkes, davonzupeitschen. So daß er es zu Haus, Hof, Weib, Kind und damit zum Stammvater eines über alle Maßen tüchtigen Musikergeschlechtes brachte. Bernhard aber, der nur herzzerreißend zu lachen vermochte und sich immer von Neuem mit Alkohol betäubte, mußte das Leid des Sohnes eines Großen Vaters, das Weh des Enkels eines berühmten Geschlechtes bis zum schmerzlichen Ende an sich erfahren.

Nach anderthalb Monaten sah der Sangerhausener Rathsherr Klemm sich genötigt, dem zuständigen Consistorium mitzuteilen: Es sei nicht möglich gewesen, über den Aufenthalt des entwichenen Gottfried Bernhard Bach das Geringste in Erfahrung zu bringen. Sein eigener Vater wisse nicht, wo er sich aufhalte. Man werde nun also zu einer Neuwahl des Organisten an der Markt-Kirche schreiten müssen. Er bitte im Namen des Rathes um Zustimmung der Kirchlichen Behörde.

Ehe der erbetene Brief eintraf, tauchte Bernhard reumütig in Leipzig auf. Zerknirscht kehrte er in das Elternhaus zurück. Der Thomascantor verzieh alles Vorgefallene. Hatte doch auch der Vater des Verlorenen Sohnes Diesem verziehen, obwohl Der weit tiefer fiel, Treber aus dem Trog der Schweine als Nahrung zu sich nahm und in zerlumpten Kleidern heimkehrte. Es schien Allen so, als ob die Reue des zurückgekommenen Bachsohnes dermaßen tief sei, daß ein entscheidender

Wandel zum Besseren vorgehen und er in die Bahn der älteren Brüder einbiegen werde. Bernhard trieb zur Freude und Bewunderung seines Vaters fleißig Musik. Bernhard führte zuhaus und außerhaus ein sittsames Leben. Bernhard kostete keinen Tropfen Alkohol.

Johann Sebastian Bach glaubte, daß sein Sohn gerettet sei. Ohne Widerspruch zahlte er sämtliche Schulden, die Gottfried Bernhard ihm eingestand. Auch die nicht eingestandene Mieteschuld bei der Frau Klemmin beglich er stillschweigend. Gerettet – was bedeutete gegenüber dieser freudigen Tatsache die Opferung einiger, wenn auch an Zahl nicht geringfügiger Ducaten?

Da die Organistenstelle an der Sangerhausener Markt-Kirche noch frei war, übernahm Bernhard Bach sein früheres Amt von Neuem. Die Kirchenbesucher konnten sich keinen gewissenhafteren und tüchtigeren Organisten wünschen als den Sohn des berühmten Thomascantors. Und Frau Räthin Klemm hatte einen Mieter, der ihr durch Pünktlichkeit und Zuvorkommenheit, durch Ordentlichkeit und Nüchternheit helle Freude bereitete. Aber eines Morgens war Bernhard Bach abermal verschwunden. Weder der Vater bekam von seinem dritten Sohn noch Klemms von ihrem die Miete schuldiggebliebenen Hausbewohner die geringste Nachricht. Untergetaucht. Verschwunden. Nicht mehr vorhanden.

Nach einer halbjährigen Wartezeit erfolgte in Sangerhausen die Wahl eines neuen Organisten.

Johann Sebastian Bach konnte seinem mißratenen Sohn weder die endgültige Absage noch den väterlichen Fluch schicken. Denn er wußte nicht, wohin er den Brief richten sollte.

Gottfried Bernhard Bach hatte sich aber nach Jena gewandt. Dort ließ er sich am 28. Januar 1739 als Student der Rechte immatriculieren. Was der Vater den beiden älteren Brüdern törichter Weise aufgezwungen, ihm aber zu Unrecht verwehrt hätte, das wollte er dem Starrsinnigen durch eigene Kraft abtrotzen: das Studium der Rechtswissenschaft. Nur in einem geregelten Beruf würde er die heißersehnte Ruhe finden. Die

Musik riß zu sehr an seiner Seele, als daß er bei ihrer Ausübung Frieden gewinnen könnte. Nichts mehr von Musik! Nüchterne, sachliche, ehrliche Arbeit!

Jedoch sehr bald verfiel, trotz aller guten Vorsätze, Johann Gottfried Bernhard Bach wiederum dem Laster seines Lebens: der Trunksucht. Und zwar hemmungloser als je zuvor. Nach wenigen Monaten des Studiums erlag der geschwächte Körper des Vierundzwanzigjährigen einem Fieberanfall.

Zum elften Male mußte über eines von den zwanzig Kindern des Thomascantors, in Abwesenheit des Vaters, der Totenhügel geschaufelt werden.

Dem Lebensverlauf Johann Christoph Friedrichs, eines Sohnes Anna Magdalenens, konnte Johann Sebastian Bach mit Ruhe entgegensehen. Auch dadurch, daß er gleich Friedemann und Emanuel vom Rechtsstudium zur Musik hinüberwechselte, ergaben sich für diesen Nachkommen keine ernstlichen Gefährdungen. Denn er war in gleichem Maße ordentlich wie tüchtig, sittsam wie beherrscht. So kehrte Friedrich Bach von den Bereichen des Genialen in die Bezirke des Handwerklichen zurück, aus welchem die Bache hervorgegangen waren. Als Hof-Capellmeister und Cammer-Musicus fand er in Bückeburg volle Befriedigung und gebührende Anerkennung.

Ungewiß war und blieb für den Vater das Schicksal Johann Christians, des jüngsten Sohnes seiner zweiten Gattin Anna Magdalena. Bach liebte ihn nach dem Fortgang Friedemanns mehr als seine übrigen Knaben. Drei Cembali schenkte er, zum Ärgernis der Älteren, für den Fall seines Todes dem Hochbegabten. Jedoch diese Liebe wurde nicht erwidert. Christian trennte sich äußerlich durch Hochmut, befreite sich innerlich durch Spott von dem Vater. Er gab schließlich offen zu, das Wort «Die alte Perücke» geprägt zu haben und gebrauchte es häufiger, verwandte es ätzender als die Brüder. Aber so unverkennbar auch Christians musikalische Begabung war, es ließ sich nicht verkennen, daß sein Wesen einer flackernden Kerze glich, welche im Freien durch Windeswehen sich schneller verzehrt als andere, die unangefochten im behüteten Raum brennen.

Infolge der Jugend Johann Christians erlebte der Vater weder den märchenhaften Aufstieg des musikverschwendenden Komponisten in Italien und England, noch den vorzeitigen inneren und äußeren Zusammenbruch des Lebemannes in London. Vor Allem aber blieb ihm, dem leidenschaftlichen Anhänger Martin Luthers, der Schmerz erspart, mitansehen zu müssen, daß einer von seinen Söhnen – von den Söhnen des Leipziger Thomascantors! – in Mailand zum Katholizismus übertrat, um als Zwanzigjähriger dort Domorganist werden und eine italienische Sängerin heiraten zu können.

Es wuchs in dem Hause Johann Sebastian Bachs noch ein Sohn auf, der vielleicht der Begabteste von all seinen Nachkommen war. Heinrich hieß er. Magdalena hatte ihn, nach einer frühverstorbenen Tochter, als Ersten geboren. Wenn ihr Ältester sich an eines der väterlichen Instrumente setzte und zu improvisieren, zu fantasieren begann, stockte dem Hörer das Herz vor der Gewalt seiner Töne. Festhalten konnte dieser Sohn davon nicht einen Einzigen. Denn Heinrich Bach war blöden Geistes und der Sprache in nicht höherem Maße mächtig als ein zweijähriges Kind. Trotz aller Mühe vermochte man nicht, ihm das Lesen und Schreiben auch nur notdürftig beizubringen. Wievielweniger die Notenschrift! Fast vierzig Jahre lang schleppte er sich über die Erde hin. Es schien so, als ob der Tod den nur halb ins Leben gelassenen Irren heimzuholen vergessen hätte. Als Heinrich 1763 im Hause seiner einzigen verheirateten Schwester zu Naumburg starb, war es für die Mutter und die anderen Kinder eine Erlösung. Der Vater konnte nicht mehr, gleich ihnen, für diese Wohltat Gott danken. Denn er ruhte zu dieser Zeit bereits seit dreizehn Jahren auf dem Leipziger Johannesfriedhof.

So wenig die Kämpfe mit der Außenwelt Johann Sebastian Bachs Schaffenskraft zu lähmen vermochten, ebensowenig brachte ihn das häusliche Leid um den Mut zur künstlerischen Arbeit. In jenem Jahr, da Gottfried Bernhard zu Jena starb, erschien – in Kupfer gestochen und von dem Komponisten für drei Reichsthaler erhältlich – der «Dritte Teil der Clavier-

Übung, bestehend in verschiedenen Vorspielen über die Catechismus- und andere Gesaenge vor die Orgel: Denen Liebhabern und besonders denen Kennern von dergleichen Arbeit zur Gemüths Ergezung verfertiget von Johann Sebastian Bach. In Verlegung des Authoris.»

Nachdem das gewaltige Es-dur-Praeludium pleno organo, für die gesamte Orgel, als Ganzes gegeben hatte, was hinterher im Einzelnen geboten werden sollte – menschliche Anrufung und Vertiefung des Göttlichen – folgte mit dem Kyrie das Bekenntnis und mit dem Gloria die Lobpreisung der Heiligen Dreieinigkeit. Dann setzte das eigentliche Vorhaben ein. Die musikalische Ausdeutung des Lutherischen Katechismus in der Folge seiner Hauptstücke: der zehn Gebote, des Glaubens, des Vaterunsers, der Taufe, der Buße und des Abendmahls. An das jeweilige Vorspiel zu dem entsprechenden Choral Martin Luthers schloß sich in den meisten Fällen eine Fughetta oder eine Fuge über dessen Thema an. Den Schluß bildete, wiederum der ganzen Orgel zugewiesen, die Es-dur-Fuge. Dieses ungeheure fünfstimmige Werk faßte alles Voraufgehende zusammen und trug es empor in höchste Höhen. Das gewaltige, im Alla-breve-Takt majestätisch daherschreitende erste Thema verkörperte das Gottväterliche. Ihm trat mit beweglichem Sechsvierteltakt das Gottessohnliche zur Seite. Im noch behenderen Zwölfachteltakt erschien das Gottgeistige. Und dann gelang Johann Sebastian Bach das Unfaßbare, das einer Wundertat Gleichkommende: Die vermeintlich nur dem Glauben zugängige Dreifaltigkeit des Göttlichen durch seine Töne innerhalb des menschlichen Erlebniskreises zu versinnlichen; sie hörbar, begreifbar, sie greifbar zu machen. So hatte es kaum je einen tieferen Sinn als am Schluß dieser, die Vorspiele über die Katechismusgesänge krönenden Fuge, das S. D. G., Soli Deo Gloria, Allein Gott zu Ehren.

Immer einsamer, immer stiller wurde es mit dem Fortgang der Söhne um Johann Sebastian Bach. Hatte er früher die Weite gesucht, seine überragende Fähigkeit als Orgelspieler mit Freuden der staunenden Welt gezeigt, seine einmalige Kenntnis der

Orgelbaukunst durch Werkprüfungen bewiesen, künstlerischen Ruhm und klingenden Lohn nicht verschmäht: so erstrebte er jetzt Geborgenheit und Selbstbewahrung, Klarheit und Vertiefung. Mehrmalige Einladungen Philipp Emanuels, nach Berlin zu kommen, wurden abgelehnt. Das Herz ersehnte Stille, das Gemüt begehrte Gleichmaß. Die Aufgabe lautete nun: mit dem Jenseitigen, dem Übermenschlichen und dem Überirdischen musikalische Zwiesprache zu halten, ungestört von allem Getriebe der Menschen und allem Gelärm der Erde.

Im Jahre 1741 entschloß Sebastian Bach sich dann aber doch, dem Wunsche seines Sohnes stattzugeben. Trotz der Kriegsläufte, die neben Österreich auch Sachsen in Gegnerschaft zu Preußen gebracht hatten, trat er die Reise an. Indessen nach hoffnungsvollem Beginn der Berliner Tage kam aus Leipzig ein betrüblicher Brief. Geschrieben hatte ihn Johann Elias Bach, der älteste des Schweinfurter Cantors Johann Valentin Bach. Johann Elias studierte in Leipzig Theologie. Sechs Jahre lang lebte er als Sohn in dem Hause des Thomascantors. Besonders Anna Magdalena hatte den Sanftmütigen in ihr Herz geschlossen. Dessen Zuneigung machte oft nur mit Mühe vor dem Tor zur Liebe halt. Besagter Elias Bach schrieb nach Berlin an Sebastian Bach: Er freue sich über die von dort empfangenen guten Nachrichten und hoffe auf eine gesunde Heimkehr des Reisenden. Dieser Wunsch, hieß es dann, sei umso bedeutsamer, weil sich die liebwerteste Frau Muhme schon seit acht Tagen sehr unpäßlich befinde und man nicht wissen könne, ob etwa aus der heftigen Wallung des Gemütes gar ein schleichendes Fieber oder sonstige üblen Folgerungen entstehen möchten. Und einige Tage später meldete Elias Bach dem Hochwerthesten Herrn Papa und Herrn Vetter: Viel Schmerz empfinden wir über die zunehmende Schwachheit unserer Hochverehrtesten Frau Mama, indem dieselbe schon seither 14 Tage nicht eine einzige Nacht nur eine Stunde Ruhe gehabt und weder sitzen noch liegen kann, sogar daß man mich in vergangener Nacht geruffen und wir nicht anders meynten, als wir würden sie zu unserm größten Leidwesen gar verlieren.

Sebastian Bach erzitterte bis in das Tiefste seiner Seele. Mit Schrecken gedachte er an die Heimkehr aus Karlsbad, da er Maria Barbara, die gesunden Leibes von ihm verlassen wurde, im Grabe wiederfand. Das Gleiche durfte sich bei seiner Rückkehr aus Berlin mit Anna Magdalena in Leipzig nicht ereignen! Entschlossen brach der Thomascantor, trotz allen Zuspruchs Philipp Emanuels, seine Reise ab und eilte heim.

Anna Magdalena war am Leben. Sie erholte sich, unter dem inneren Beistand ihres Mannes, sehr viel schneller, als Irgendwer zu hoffen gewagt hatte.

Zu Beginn des nächsten Jahres gebar die zweite Gattin Johann Sebastians ihr dreizehntes Kind. Es war ein Mädchen. Man taufte das Neugeborene — das Zwanzigste des Thomascantors — auf den Namen Regina Susanna.

XXI

Philipp Emanuel Bach bat unablässig: Johann Sebastian Bach möchte doch die Reise nach Berlin wiederholen. Das erste Mal sei ihr höchster Zweck wegen Erkrankung der Mutter leider nicht erreicht worden. Das zweite Mal aber müsse und werde das Erstrebte gelingen. Der Accompagnist des flötespielenden Königs wollte nämlich seinem Vater eine Audienz bei Friedrich dem Zweiten erwirken. Wenn Dieser während des allerdings schwer zu beschaffenden Zusammentreffens durch das väterliche Spiel sich innerlich angesprochen fühlte, dann war zu erhoffen, daß für sie Beide gewichtige Königliche Gunstbezeugungen von dem reichbesetzten Fürstentisch herabfielen.

Aber Johann Sebastian Bach lehnte eine Einladung seines Sohnes nach der anderen ab. Er machte Ausflüchte: Krieg — Alter — Überlastung — Arbeit. Er behauptete mit einigem Recht: Schwankende Gesundheit der Mutter — häufige Unpäßlichkeit des Vaters. Den tiefsten Grund für die Weigerung nannte Bach nur seinem Herzen. Er wollte, um die letzte Stufe des Schaffens ersteigen zu können, sich nicht mehr mit Forderungen der Welt belasten.

Philipp Emanuel aber ließ in seinen Bemühungen nicht nach. Er sprach zu dem König bei jeder passenden Gelegenheit von der Kunst Johann Sebastians. Er erbat und erhielt die Möglichkeit, wiederholt Cembalostücke von Johann Sebastian vorspielen zu dürfen. Dabei bevorzugte der Weltkundige die leichten, vom französischen Geist beeinflußten Suiten. Er wußte Friedrich zu bewegen, gelegentlich — von ihm begleitet — eine Flötensonate Johann Sebastians zu blasen. Sie mußte allerdings meistens vor Beendigung beiseit gelegt werden. Der König gestand keineswegs zu, daß sein Können dafür nicht ausreichte. Er tadelte das Werk als zu schwerfällig. Aber so wären nun einmal die Deutschen bei jeglicher Kunst. Wo sie ernst sein wollten, würden sie wütig. Tiefe verwechselten sie mit Wirrwarr. Aus Gründlichkeit machten sie Dunkelheit. Wenn sie aber doch ausnahmsweise zu lachen versuchten, dann schrieen sie durch die Lande. Und aus beabsichtigten zierlichen Tänzen würde bärenplumpe Hopserei. Da wären doch sein Lehrmeister Quantz und sein Opernkapellmeister Graun bessere Musikanten. Sie gäben der Melodie, was der Melodie gebühre. Zahlten dem Leben jenen Zoll, den das Leben verlangen könne. Lachten von Herzensgrund. Liefen nicht ständig mit verdüsterten Gesichtern umher wie die Herrn Cantores, welche sich gebärdeten, als ob sie plärrend von einem Grab zum anderen schritten; während sie sich in Wahrheit aufs Essen und Trinken und Kindermachen freuten. Der König legte, als diese Worte gefallen waren, statt der Flötensonate Johann Sebastian Bachs eine eigene Komposition auf das Notenpult und befahl dem von ihm besoldeten Accompagnisten, seines Amtes zu walten. Philipp Emanuel Bach verbarg seine Empfindungen über die flaue Musik des allmächtigen Herrschers und machte begleitend gute Miene zum bösen Spiel.

Sechs Jahre vergingen, ohne daß Sebastian Bach seinen Sinn änderte. Dann entschloß er sich, die Weigerung aufzugeben. Emanuel hatte vor dem älteren Bruder Friedemann einen eigenen Hausstand gegründet und Johanne Maria Dannemann, die Tochter eines begüterten Weinhändlers, geheiratet. Ein Jahr darauf wurde ihm der erste Sohn und damit dem Thomascantor der erste Enkel geboren. Um Diesen und seine Schwiegertochter kennenzulernen, faßte Johann Sebastian, nicht eben leichten Herzens, den Entschluß, noch einmal nach Berlin zu reisen. Er holte seinen unverheirateten Sohn in Halle ab. Denn Bach wollte zu einer Familienzusammenkunft fahren. Wollte sich an der Lebendigkeit eines anderthalbjährigen Enkels und dem Glück einer noch nicht gesehenen jungen Mutter freuen. Wollte feststellen, welch ungewöhnlichen Aufstieg – bis in die unmittelbare Nähe des glänzendsten Fürsten der Gegenwart! – das Leben seines Sohnes Philipp Emanuel genommen hatte. Als Wilhelm Friedemann unterwegs den Namen Friedrichs nannte und auf den Zweck hinwies, welchen der Bruder mit der Reise des Vaters verbände, da winkte Sebastian Bach ab. Nicht heftig, noch gar bitter. Nicht müde, geschweige denn verächtlich. Wohl aber ruhig und sicher. Ehrungen, die er ehedem begehrt und erbeten, die er begrüßt und benutzt hatte, Ehrungen der Welt lagen nunmehr weit, sehr weit hinter ihm. Sein Sinnen und Trachten war für die wenigen Jahre, welche nach der Regel des Bach-Alters ihm noch verblieben, nicht mehr auf die Wirkung gerichtet. Sondern auf das Werk. Das aber bedurfte des Lobes, auch durch Könige, nicht. Es trug seinen Lohn in sich selbst. Wenn Gott zu dem Neuerstandenen eine Sekunde lang zustimmend nickte, so konnte diese Anerkennung kein Titel und kein Geld, keine Preisung und keine Schenkung von Menschenhand aufwiegen. Friedemann hörte, während sie in der Postkutsche von Halle nach Berlin zuckelten, diese Worte des Vaters nicht ohne Zeichen der Ungeduld, ja des Spottes. Zu widersprechen wagte er, trotz seiner siebenunddreißig Jahre, der «Alten Perücke» mit keiner einzigen Silbe.

Es war am 17. Mai anno 1747. Der Kalender vermeldete, daß Sonntag sei. Also dürfe im Königlichen Hoftheater keine Oper aufgeführt werden. Wohl aber könne Friedrich der Zweite einen Musikabend im Potsdamer Schloß abhalten. Denn die Opernmusik verhinderte des Öfteren die Schloßmusik. Der gleiche Musicus konnte eben nicht zur selben Zeit an zwei Stellen spielen, bei dem König und für die zahlende Menge. Deren Ducaten aber waren unentbehrlich, damit die Schatulle Friedrichs durch Zuschüsse für die öde Theaterspielerei nicht übermäßig beansprucht wurde. Also galt die grundsätzliche Regel: Des Abends bis zum Nachtessen ein Konzert im Schloß; ausgenommen an jenen Tagen, da das Opernhaus für die misera plebs, für das Volk, geöffnet sein mußte.

Die Pendulen vor den schimmernden Spiegeln, welche von weitausladenden goldbronzierten Füßen getragen wurden, hatten die siebente Stunde verkündigt. Nicht alle gleichzeitig. Zum Ärger des Königs hinkten stets Einige hinterher. Aber wo gab es den Uhrmacher, der drei, der zwei Uhren so herrichtete, daß sie für die Dauer völlig gleichgingen? Auch wenn man die Kerle mit Gold nudelte, schafften sie es nicht. Auf den Lüstern im Musikzimmer brannten zahllose Kerzen. In ihren geschliffenen

Glasbehängen brach sich vielfarbig das Licht. Neben dem Cembalo und den beiden Spielpulten standen bekerzte Leuchtständer. Auf der Seite des Königs in doppelter Anzahl. Denn falls er patzte, war niemals sein Spiel daran Schuld. Sondern stets die miserabele Beleuchtung. Über sie konnte der Königliche Musicus in maßlose Wut geraten. Nun durfte aber Niemand einwenden, daß für alle Anderen eine geringere Beleuchtung ausreiche. Wer zu fragen gewagt hätte, ob nicht doch die Augen der Majestät im Sehen etwas nachließen und die Benutzung eines Brillenglases wenigstens für das abendliche Musizieren angebracht sei, der wäre auf immer verbannt worden. Also hatten die Hofmusicanten sich dadurch geholfen, daß sie eigenmächtig einen zweiten Leuchtständer neben das Spielpult Friedrichs stellten. Um unangenehme Auftritte zu vermeiden, mußte man zur Hinterlist greifen. Oder stillschweigend nachgeben. Der König behandelte beispielsweise die Noten der Allegros wie seine Soldaten: «Vorwärts! Falle, was fällt!» und in den Adagios, die seine große Liebe waren, überließ er sich oft so sehr dem persönlichen Empfinden, daß von Takt keine Rede mehr sein konnte.

Friedrich hatte auch am 17. Mai des Jahres 1747 für seine Abendmusik das Programm bestimmt. Gespielt werden sollte eines von den dreihundert Flötenkonzerten, die Johann Joachim Quantz ihm zuliebe komponiert hatte. Der König ließ es sich nicht nehmen, die Stimmen eigenhändig auf sein und Quantzens Pult zu legen. Dem Cembalisten, Philipp Emanuel Bach, wurde das benötigte Heft von einem Diener überreicht. Quantz hatte die Flöte mit beiden Händen umfaßt. Er durfte, wenn die Majestät den ersten Ton anblies, nicht eine Sekunde zu spät einsetzen. Denn nichts war dem Hohen Herrn so verhaßt, wie Ungleichmäßigkeiten des Taktes. Auf einige mehr oder minder unsaubere, ja verkehrte Töne kam es ihm — der seinem Können nach die Zweite Flöte hätte blasen müssen, jedoch um seines Ranges willen die Erste Flöte spielte — kam es Friedrich nicht an. Aber der Rhythmus hatte zu stimmen. Auch in der Musik war Ordnung der oberste Grundsatz. Philipp Emanuel

Bach saß — ebenfalls spielbereit — vor dem Cembalo. Gespannt wie Quantz blickte er zu dem König hinüber. Der hielt die Flöte noch in der Linken. Seine Rechte glättete die Noten auf dem Pult. Diese waren nicht so gefügig wie Menschen. Schließlich aber unterwarfen auch sie sich dem Königlichen Willen.

In dem Augenblick, da Friedrich seine Flöte zum Munde führen wollte — Quantz war ihm damit zuvor gekommen, und die Hände Philipp Emanuels schwebten über den Tasten —, in diesem Augenblick wurde die Tür geöffnet. Herein trat ein Leutnant. Er grüßte auf die übliche Weise und meldete: «Rapport der Torwache über heute in Potsdam einpassierte Fremde!» Friedrich war wegen der Störung nicht unwillig. Regieren ging über Musizieren. Er legte also die Flöte auf das Querholz des Notenpultes und befahl dem Boten durch einen Kopfwink näherzukommen. Der Leutnant stelzte auf die Majestät zu. Der König nickte. Der Leutnant verstand. Bereithalten! hieß das Kopfnicken. Als der Leutnant der Königlichen Majestät die Mappe aufgeschlagen hinhielt, entnahm Dieser ihr mit einem zweiten gnädigen Kopfnicken die Meldung der Torwache.

Friedrich überflog ohne sonderliche Aufmerksamkeit die Namenliste. Niemand von Bedeutung unter den Zugereisten. Schon schien es, als wolle er dem Leutnant das Blatt wortlos zurückgeben, daß Dieser schnellstens verschwinde und die Abendmusik beginnen könne. Doch da erhellten sich die Züge des Königs. Freudig rief er: «Messieurs, der Alte Bach ist gekommen! Heute abend musizieren Wir nicht.» Erläuternd fügte Friedrich hinzu, daß an einem so bedeutsamen Tage Ihm in gleicher Weise wie Quantz und dem Sohne des großen Musikanten zu hören gezieme.

Ein Lakai wurde, als der Leutnant mit der leeren Mappe verschwunden war, herbeigeläutet. Der mußte einen Hofbeamten heranschaffen. Dieser erhielt den Auftrag, Johann Sebastian Bach aus jenem Gasthof, in dem er abgestiegen war, zu holen. Tot oder lebendig. So schnell, wie es mittelst einer Kutsche möglich sei. Verstanden? In jedem Fall! Und: Schnell! Schnell!

Damit das fällige Konzert bald beginnen könne. Und Er nicht erst in der Geisterstunde zu seinem Nachtessen komme.

Nachdem der Hofbeamte gegangen war, verließ der König das Musikzimmer. Ein Wort über das Wohin und Warum und Wielange seines Entschwindens hielt er für unnötig. Doch verriet alsbald das Kratzen der Feder aus dem Nebenzimmer: Friedrich arbeitete.

Quantz begann, nachdem er einige Male vor Langeweile verstohlen gegähnt hatte, in einem krummbeinigen Schrank die Noten seines Gebieters zurechtzurücken. Denn so sehr der König bei Anderen auf Ordnung drang — er selber hielt sich nicht immer an sein Gebot. Vor Allem nicht bei dem Unterbringen der Noten. Schandbar, wie diese nach dem letzten Musizieren wieder durcheinandergewürfelt waren!

Philipp Emanuel, dessen Körper und Gehaben bereits der Behäbigkeit sich auszuliefern begann, saß vor dem Cembalo. Sein weingerötetes rundliches Gesicht überglänzte Freude. Er hatte um das Kommen des Vaters gewußt. Aber die Stunde der Ankunft ließ sich, wegen Unpünktlichkeit der Postkutschen, nicht voraussagen. So war Emanuel der Meinung gewesen, der Alte würde frühestens am nächsten Morgen eintreffen und sie sich in seiner Wohnung vor den Augen der Frau umarmen. Jetzt aber war der Vater da! Er konnte ihn sehen! Noch in dieser Stunde! Bei dem König! Jahr um Jahr hatte er das väterliche Kommen erfleht — umsonst. Jahr um Jahr hatte er eine Audienz für den Vereinsamten erbeten — vergeblich. Nun aber führte das eigenmächtige Schicksal das Langersehnte herbei; schöner und günstiger als es von ihm hätte bewirkt werden können. Völlig ohne sein Zutun? Nein. Denn hatte er etwa nicht immer aufs Neue dem König von dem Vater gesprochen? Von dem Vater gespielt? Ohnedem wäre nicht geschehen, was soeben geschah und weiterhin geschehen würde.

Johann Sebastian Bach war, nachdem eine befriedigende Gasthofunterkunft gefunden wurde, übermüdet in einen Stuhl gefallen. Wäre Friedemann ihm nicht zur Hilfe gekommen, würde er den Reisemantel keinesfalls abgelegt haben. Als der

Sohn seinen Willen: «Ausziehen!» durchgesetzt hatte, saß der zweiundsechzigjährige Thomascantor mit gefalteten Händen und geschlossenen Augen da. Er wollte einwenig ruhen, dann essen und vorzeitig zu Bett gehen. Am nächsten Morgen, mit schlafgestärkten Kräften, sollte Philipp Emanuel aufgesucht und die erste angeheiratete Tochter sowie der erste wohlgeratene Enkel in die Arme geschlossen werden. Einstweilen aber hieß es: Ruhen — — Ru — — hen — — —

Friedemann, der ohne sonderliche Ermüdung die Fahrt überstanden hatte, langweilte sich. Der Vater, stellte er fest, fing in der letzten Zeit doch an, beträchtlich, ja man mußte wohl sagen: bedenklich zu altern. Der siebenunddreißigjährige Hallenser Organist trat an das Fenster des Gastzimmers, welches er mit der «Alten Perücke» aus Sparsamkeitgründen teilen sollte. Vielleicht gab es draußen etwas zu sehen, das seine Gedanken ablenkte? Eine vornehme Kutsche raste näher. Der Sohn rief: «Eine Hofequipage!» Der Vater knurrte: «Warum nicht?» Der Sohn staunte: «Sie hält vor dem Hotel!» Der Vater gähnte: «Meinerwegen». Der Sohn schrie: «Ein Bote des Königs! Er kommt zu uns!!» Der Vater stöhnte: «Unsinn.»

Jedoch einige Minuten später stand der Abgesandte des Königs vor dem Leipziger Thomascantor. Getreulich richtete er den empfangenen Auftrag aus. Bach, der sehr viel lieber sich schlafen gelegt hätte, gab zur Antwort: Der Wunsch Seiner Majestät sei ihm Befehl. Der Hofbeamte möge kurze Zeit in der Kutsche auf ihn warten. Bis er sich umgekleidet hätte. Was schnell geschehen sei. Die Erwiderung lautete: Ausgeschlossen. Nichts vertrage der König schwerer als Warten. Der Beginn des fälligen abendlichen Schloßkonzertes sei ohnehin, aus Rücksicht auf den Herrn Cantor, verschoben worden. Obgleich der Herr Cammer-Virtuos Quantz und der Herr Hof-Accompagnist Bach — wohl sein Sohn? — bereits zum gemeinsamen Spiel mit Seiner Majestät sich angeschickt hätten. Johann Sebastian, ob es ihm recht war oder nicht, mußte nachgeben. Er ließ sich von Friedemann in den Grauen Reisemantel wiederhineinhelfen. Der Sohn erklärte: «Ich komme mit.» Bach sah den

Boten Friedrichs fragend an. Der Hofbeamte entschied: Ausgeschlossen. Nichts vertrage der König schwerer als eine Abweichung von seinem Befehl. Der Auftrag aber laute: Den Leipziger Thomascantor schnellstens holen! Vom Mitbringen eines Sohnes wäre nicht die Rede gewesen. Friedemann warf trotzig den Kopf zurück. Als ob außer ihm sich Niemand im Zimmer befinde, trat er abermal an das Fenster und schaute nach draußen. Der Hofbeamte verabschiedete sich von dem weggewandten Begleiter mit einer förmlichen Verbeugung, der Vater mit einem begütigenden Zuruf.

Als Johann Sebastian Bach im schmucklosen Reisegewand das überhell beleuchtete Musikzimmer des Potsdamer Schlosses betrat, kam ihm Friedrich mit ausgestreckten Händen entgegen. Sobald die Ankunft des Thomascantors gemeldet wurde, hatte er hastig die Feder hingeworfen und war aus seinem Arbeitzimmer zurückgekehrt. Der König ließ hohe, sehr hohe Höflinge oft lange warten. Einem Fürsten des Geistes gegenüber geziemte sich Wartenlassen nicht. Bach nahm bewegt die ausgestreckte Rechte der Majestät und beugte sich tief darüber.

Friedrich äußerte den Wunsch: Vor Beginn des Abendkonzertes möge sein Gast die neuen Hammerclaviere von Silbermann auf ihre Güte hin prüfen. Er hätte vor Kurzem sechs gekauft. Sie ständen in den Nebenzimmern. Nicht einzeln darauf verteilt. Sondern auch zu Zweien. So daß man ohne jedesmaliges Instrumentschleppen Duo spielen könne.

Die Wanderung zu den Silbermannclavieren begann. Bach wollte hinter dem König einen Schritt zurückbleiben. Aber Dieser rief ihn an seine Seite. Quantz und Philipp Emanuel folgten nach beträchtlichem Abstand. In dem ersten Zimmer standen zwei Instrumente: herrlich anzuschauen mit ihrem Farbspiel von blendendem Weiß und glitzerndem Gold. Bach spielte auf dem einen Instrument. Bach spielte auf dem zweiten Instrument. Ergebnis: Keine Silbe. «Unzufrieden?» fragte verwundert der König, welcher bisher nur Lob über die neuerfundenen Hammerclaviere gehört hatte. «In Manchem — ja!» antwartete Bach. Quantz sah den Sohn des Thomascantors entsetzt an. Wie durfte man, wenn es den Vorteil einer seltenen Stunde wahrzunehmen galt, dem König widersprechen? Philipp Emanuel zuckte die Achseln. Ja, so war der Vater immer gewesen und so würde er bis an das Ende seiner Tage bleiben: Wahrheitwütig. Wiedereinmal verdarb der Alte sich durch Querköpfigkeit, was schweigend hinzunehmen keine Schande bedeutet hätte. «Und warum?» fragte mit unverkennbaren Zeichen nahenden Unwillens Friedrich. Bach antwortete: Wenn ein Mensch körperlich und charakterlich ausgewachsen sei, dann könne man sehr wohl ihn besser herrichten, könne seine Vorzüge mehr zur Geltung bringen, als es bisher geschehen wäre. Seiner Länge vermöge man nichts hinzuzusetzen. Keinen Fingerbreit. An seinem Wesen vermöge man nichts zu ändern. Kein Tüttelchen. Genau so stehe es mit den Musikinstrumenten. Orgel, Cembalo, Clavichord seien ausgewachsene Geschöpfe. Gewisse Verbesserungen und Verschönerungen ließen sich auch weiterhin mit ihnen vornehmen. Aber ihre Art dulde keine Wandlung. Wenn man diese gewaltsam erzwinge, so geschehe es zu ihrem Verderben. Die Claviere jedoch, welche ihrem Namen gemäß die Töne durch Hämmer zustande brächten, befänden sich noch in den Kinderjahren. Sie müßten wachsen, müßten sich verändern. Sie würden bedeutender werden, würden sich vervollkommnen. Er habe Silbermann einige Mängel seiner Instrumente beim Probespiel gezeigt. Dieser wäre ihm dafür dankbar gewesen, hätte einen Teil von ihnen abgestellt. Auch an den beiden gespielten Instrumenten könne noch Einiges durch Meisterhand gebessert werden. Denn worauf komme es an? Darauf: Ein neuartiges Tasteninstrument zu bauen, das von der Bebung des Clavichords, von der Mehrfarbigkeit des Cembalos soviel wie möglich bewahre und die Tonmacht der Orgel hinzufüge. Ein Ziel, welches nicht in Jahren, wohl auch nicht in Jahrzehnten, sondern erst in Jahrhunderten erreichbar sei. Woraus ohne Weiteres gefolgert werden könne, wieviel, aber auch wie wenig mit den gespielten Hammerclavieren geleistet worden wäre. Der König nickte befriedigt. Quantz warf seine Befürchtung über Bord. Philipp Emanuel atmete auf.

Man ging von Zimmer zu Zimmer. Bach spielte ein Silbermannclavier nach dem anderen. Bach spielte Stücke von sich und seinen Söhnen; von seinen Lehrern Pachelbel und Böhm und Buxtehude; von seinen Weggenossen Händel und Telemann und Graupner; von seinen Schülern Kirnberger und Krebs und Schubart. Bach spielte, was ihm just ins Herz und von daher in die Finger kam. Bach spielte und schwieg. Wiederum drohte Gefahr. Der König stand offenbar vor der Frage: Ob er sein Geld zum Fenster hinausgeworfen hätte? Plötzlich fing Bach an, die gespielten Instrumente aufrichtig zu loben: Meisterwerke! Wie könne es anders sein, da sie der Meisterhand Gottfried Silbermanns entstammten? Was er vorhin eingewandt hätte, sei im Hinblick auf den Typus Hammerclavier gesagt worden. Sei in Manchem Zukunftmusik gewesen. Unter den obwaltenden Umständen, zur gegenwärtigen Zeit könnten die gespielten Instrumente in Nichts und durch Nichts besser sein, als sie es wären. Der König lächelte. Quantz und Philipp Emanuel zollten Beifall. Ob Sebastian Bach oder Gottfried Silbermann oder Friedrich selber oder allen Dreien, ließ sich nicht ermitteln.

Mit beschwingten Schritten kehrte man in das Musikzimmer zurück. Dort bat Bach sich ein ihm unbekanntes Thema von dem König aus. Das wolle er durch einmaliges Hören inwendig aufnehmen und eine Stunde lang — oder wenn die Majestät es wünsche, noch länger — seinem freien, aus dem Augenblick geborenen Spiel zu Grunde legen.

Friedrich trat vor das Cembalo hin. Er schlug — einer augenblicklichen Eingebung folgend — das gewünschte Thema an. Königlich, in gleichmäßigen Halben, stieg es bis zur Sexte empor. Ein Sprung in die Tiefe. Nicht bis zur Prim, was Abschluß bedeutet hätte. Sondern darüber hinaus bis zur großen, nach Auflösung drängenden Septime. Das Erwartete trat nicht ein. Der Abstieg wurde wiederholt. Nun von der Quint aus in gemessener Bewegung, halbtonmäßig, chromatisch, Schritt um Schritt. Für die innere Ungeduld war die gleichmäßige Beendigung nicht ausreichend. Viertel stiegen ab. Viertel stiegen auf. Nur noch bis zur Quart. Die Ruhe war zurückgewonnen. Mit überlegenen Halben leitete die Cadenz, durch einen Triller befestigt, zu der Tonica zurück.

Bach begann, nachdem Friedrich beiseite getreten war, unverzüglich zu spielen. Er improvisierte. Er variierte. Er figurierte. Bald wandte seine Musik sich dem ganzen Thema zu. Bald beschränkte sie sich auf die Ausdeutung seiner Teile: des Emporstiegs — des Niedersprungs — des chromatischen Ganges — des Kampfes im Auf und Ab — der Befriedung. Nicht nur nacheinander wurden die Thementeile musikalisch verwertet. Auch nebeneinander, übereinander ließen sie sich vernehmen. Im Kampf — in Umarmungen. Als Gegner — als Freunde.

Sebastian Bach übertraf sich an diesem Abend. Ein König hörte zu. Ein König, dessen Herz der Musik ergeben war! Philipp Emanuel erinnerte nicht, daß der Vater jemals mit solcher Vollendung, mit solcher Einswerdung der Virtuosität und des Schöpfertums gespielt hatte, Quantz kam aus dem Staunen nicht heraus. Bach spielte weit länger als eine Stunde. Die Zeit besaß über ihn keine Macht. Es wurde weder den beiden Musikern noch dem König zuviel. Bach hatte die Ersteren vergessen. Er wußte nicht mehr, daß sein zweitgeborener Sohn sich mit ihm gemeinsam in einem Schloßzimmer befand. Er hatte aus den Augen verloren, daß sein ältester Sohn zornig in einem Gastzimmer zurückgeblieben war. Bach spielte für einen einzigen Zuhörer: für Friedrich. Bach spielte schaffend. Bach schuf spielend.

Als Johann Sebastian seine Vorführung durch eine aus der günstigen Sternstunde geborene gewaltige Fuge beendet hatte, ging Friedrich mit ausgestreckten Händen auf den Komponisten zu. Dieses Mal mußte Bach Beide zum Zeichen der Bewunderung und der Beglückung, der Demut und des Dankes entgegennehmen. Dann lösten sich die Hände. Aber die Augen konnten noch nicht voneinander lassen. Die Herrscher zweier Reiche standen sich ebenbürtig gegenüber.

Friedrich riß sich los. «Morgen abend Weiteres!» sagte er im Verabschiedungton. «Bon soir, messieurs!» Schon schritt der König davon. Diesmal durch sein Arbeitzimmer hinweg in den Speisesaal. Dort wartete das Abendessen auf ihn. Der Zerwühlte nahm mit hastiger Hand nur wenige überwürzte Bissen zu sich. Weitaus das Meiste schob er seinen Freunden zu: den Hunden.

Als der König gegangen war, eilte Quantz auf Johann Sebastian Bach zu. Des Händeschüttelns und des Rühmens wollte kein Ende werden. Bach, sichtlich ermüdet, ließ Alles gleichmütig über sich ergehen. Endlich gab der von Sinnen geratene Flötist ihn frei. Vater und Sohn gingen aufeinander zu. Umarmte der Sohn den Vater? Umarmte der Vater den Sohn? Es ließ sich nicht eindeutig ausmachen. Gewiß war: Sie lagen Brust an Brust. Gesprochen wurde kein Wort. Bald darauf gab Philipp Emanuel Bach vorsichtig Johann Sebastian Bach den Arm und führte ihn zu dem wartenden Königlichen Wagen. Als dessen Tür hinter ihm geschlossen war, nahm – im Dunkel – der Sohn die Hand des Vaters an sich. Sie wurde ihm nicht verwehrt.

Plötzlich sagte Sebastian Bach erschreckt vor sich hin: «Friedemann – –?» Emanuel Bach fragte: «Was ist mit Friede?» Der Vater gab keine Antwort. Sein Sohn führte ihn die Gasthaustreppe empor. Dazu war viel Mühe nötig. Die Kraft des Körpers war dem Alten verloren gegangen. Oben jedoch riß er so heftig, als wäre er noch ein Jüngling, die Tür des gemeinsamen Zimmers auf. Es war leer. «Friedemann!» rief Johann Sebastian entsetzt. Philipp Emanuel fragte sinnlos: «Ist er doch nicht mitgekommen?» Der Vater zeigte auf den an der Wand hangenden Mantel seines Ältesten. Philipp Emanuel fragte erneut: «Wo befindet sich Friede?» Der Vater gab keine Antwort. Er wußte, wo sein liebster Sohn sich aufhielt. Philipp Emanuel wußte es auch. Gesprochen wurde darüber keine Silbe. Mit gepreßtem «Gute Nacht!» verabschiedete man sich.

Friedemann war nach dem Abschied des Vaters in eine Schänke gegangen. Dort betrank er sich. Obwohl der Sohn Johann Sebastian Bachs kaum noch seiner Sinne und seiner Füße mächtig war, fand er den Weg zu einer übelbeleumundeten

Spelunke. Mit fremden Männern und feilen Mädchen durchtobte er, während der Vater ihn schlaflos erwartete, die Nacht.

Am andern Morgen erfolgte zur vereinbarten Stunde der geplante Besuch Johann Sebastian Bachs bei seinem Sohne Philipp Emanuel. Kurz vor dem Aufbruch erschien Friedemann. Der Vater wollte ihn vorsorglich ins Bett schicken und allein fahren. Jedoch der völlig ernüchterte Sohn lehnte die gutgemeinte, aber unnötige väterliche Fürsorge ab. Nachdem er sich mit Unmengen Wassers erfrischt hatte, folgte Friedemann Bach getreulich Sebastian Bach. So sicher und fest, als ob er die ganze Nacht hindurch ungestört geschlafen hätte. Der Aufenthalt in der üppigen Wohnung Philipp Emanuel Bachs brachte Stunden reinsten Glückes. Die neue Tochter gewann durch ihr natürliches Wesen in Augenblicken das Herz des Schwiegervaters. Ernst August, der erste Enkel, gefiel dem Großvater so gut wie nur je einer von seinen Söhnen in den frühesten Lebensjahren. Während Johann Sebastian sich mit den beiden neuen Gliedern der Familie beschäftigte, erzählte Philipp Emanuel seinem Bruder von dem Abend im Königlichen Schloß; von dem überwältigenden Musizieren des Vaters; von dem tiefen Eindruck auf den König. Dem gespannt Lauschenden schoß das Blut zu Kopf. Plötzlich wurde Friedemann totenbleich. «Friede! Ist Dir nicht wohl? Soll ich aufhören?» fragte Philipp Emanuel. «Nein! Weiter!» entschied Wilhelm Friedemann. Wie ein Beschuldigter die Anklagerede des Richters nahm er die Erzählung seines Bruders entgegen. Weil Emanuel das Urteil weder sprechen konnte, noch sprechen wollte, so fällte Friedemann dieses selbst über sich. Es bestand aus Einem verächtlichen Wort.

Man begab sich gemeinsam zu der Oper. König Friedrich hatte deren Besuch angeraten. Nach seiner Weise verband er dadurch das Schöne mit dem Nützlichen, verkuppelte er das Gute mit dem Verwertbaren. Der Thomascantor sollte ihm Verläßliches über einige akustische Mängel des Hauses berichten. Die würden immer wieder beklagt. Aber Niemand vermöge, die eigentlichen Ursachen zu erkennen. Gefolgt von seinen beiden

Söhnen und zahlreichen Theaterleuten, ging Bach durch das Parkett und die Ränge der Oper. Was die Fachleute mit mühsamen Untersuchungen festgestellt, in manchen Fällen auch nicht erkannt hatten, sah Er nach wenigen Blicken: alles für die Musik Gute und Ungute, Richtige und Falsche, Brauchbare und Fehlerhafte.

Die Gesellschaft ging unter Voranschreiten des berühmten Gastes in die Wandelhalle. Bach erstieg die rundumlaufende Galerie. Er sah zu der Decke hinauf. Er sah über den Erfrischungraum hinweg. Er prüfte die Bogen der Decke. Er verfolgte ihren Lauf, ihre Anordnung, ihre Beschaffenheit. Plötzlich erklärte Johann Sebastian Bach: Der Baumeister habe mit der überwölbten Galerie ein köstliches Kunststück vollbracht. Ob man es nicht kenne? Ob man es noch niemals ausprobiert hätte? Man mußte zugestehen: Völlig unbekannt. Noch nie probiert. Was es denn Ungewöhnliches gebe? Bach erwiderte: Wenn Jemand an der von ihm mit der Rechten bezeichneten Stelle leise ein Wort gegen die Wand spreche, dann höre es ein Anderer, welcher über Kreuz an der jenseitigen Ecke des viereckigen Raumes stehe, Silbe für Silbe. Sonst aber verstehe Niemand von den Anwesenden das Allergeringste! Man bedrängte Bach, selber die Probe auf seine wunderliche Voraussage zu machen. Er willigte ein. Alle verteilten sich auf die ganze Galerie. Einer nahm den bezeichneten Eckplatz ein. Johann Sebastian kehrte sich zur Wand. Er flüsterte ihr einige, dem Lobe König Friedrichs geltende Sätze zu. Niemand hörte eine einzige Silbe. Der Querüberstehende aber konnte Wort für Wort das Geflüsterte wiedergeben. Lauter Beifall für den geheimniskundigen Großen Mann erscholl ringsum. Nun wollte, außer den Söhnen des Thomascantors, Jeder das akustische Wunder erleben. Noch als Bach längst gegangen war, beschäftigten die Theaterleute sich damit und fanden seine Behauptungen bis in das Kleinste bestätigt. Männer lachten auf. Frauen erröteten. Warum sollte man nicht verbotene Dinge gegen die Wand flüstern? Es hörte sie außer dem einzigen Menschen, welchem sie zugedacht waren, ja Niemand auf der ganzen Welt!

Am Nachmittag gab Johann Sebastian Bach ein Orgelkonzert in der Potsdamer Garnisonkirche. Trotz Kürze der Ankündigung war das Gotteshaus gut besucht. Manche allerdings hatten geglaubt, der Königliche Accompagnist, der überaus freundliche, fast immer lächelnde Sohn des Leipziger Thomascantors werde Proben seiner schönklingenden Kunst hören lassen. Sie mußten sich in die herbe Musik des Vaters erst hineinhören. Dann allerdings wurden auch die Meisten von Ihnen durch die Klarheit und Größe, die Folgerichtigkeit und Wucht, die Überirdischkeit und Macht seiner Orgelschöpfungen bezwungen. Wer aber nicht mit seiner Erlebniskraft bis zu ihnen hinaufreichte, der hielt sich an Johann Sebastian Bachs unvergleichliches Spiel. Über Das war nur einmütiges Lob als Urteil möglich.

In der vordersten Bankreihe saßen allein die beiden Brüder Wilhelm Friedemann und Philipp Emanuel. Dieser mit rundem, rotem beglücktem Gesicht. Jener mit schmalem, totenblassem, zerfurchtem, gezeichnetem Antlitz. Johanne Maria, die Schwiegertochter Johann Sebastians, hatte ihres unmündigen Sohnes wegen zuhause bleiben müssen. Auch der König, dessen Anregung und Fürsorge das Orgelkonzert sein Zustandekommen verdankte, war nicht erschienen. Er ließ sich mit dringenden Regierungsgeschäften entschuldigen.

Am Abend fand ein weiteres Bachkonzert im Königlichen Schlosse statt. Die Frische, die Lebendigkeit des ersten, unvorbereiteten Musikabends wurde nicht erreicht. Es war in Vielem ein zweites Geschehen. Überraschung hatte sich in Erwartung umgewandelt, Geschenktes wurde als Selbstverständlichkeit beansprucht. Auch war eine Reihe von Gästen geladen. Darunter befanden sich Unverständige, Reizbedürftige, Schaulustige. Was vor vierundzwanzig Stunden, im Grunde genommen, nur zwei Menschen etwas anging, daran wollten jetzt Viele teilhaben. Der König schien in Manchem verwandelt. Er war stolz auf Seinen Bach. Er begann, ihn als Paradepferd vorzuführen. Johann Sebastian aber trug in seinem Inneren eine schmerzhafte Wunde. Der Vater hatte den Sohn, hatte Friedemann gebeten mitzukommen. Am ersten Abend sei es aus Rücksicht auf das Ungewisse nicht möglich gewesen. Jetzt aber, da ihm Friedrich und seine Art bekannt wären, könne es durchaus sein. Mitkommen! Er übernehme die volle Verantwortung für das gute Gelingen. Mitkommen!! Friedemann lehnte ab. Sebastian, obwohl er fürchtete, die Vorgänge der verwichenen Nacht könnten wiederkehren, fügte sich.

Friedrich verlangte, sein großer Gast solle aus dem Stegreif eine sechsstimmige Fuge über das gestrige Thema spielen. Allerdings: Friedrich, welcher an diesem Abend nicht der flötenspielende Musicus sondern der prunkende König war, verlangte! Bach erklärte sich zu der Improvisation einer sechsstimmigen Fuge bereit. Jedoch er wandte ein: Das Thema des Königs eigne sich dazu nicht. Unwille überzuckte das Gesicht Friedrichs. Bach verdeutlichte seine Behauptung: Nicht jedes Thema sei als Unterlage für eine Fuge gut. Und nicht jedes gute Fugenthema gebe eine vierstimmige, eine fünfstimmige, nun gar eine sechsstimmige Fuge her. So bitte er unterthänigst um die Erlaubnis, für das gewünschte Stegreifspiel statt des ausgezeichneten Königlichen Themas ein zweckmäßigeres eigenes Thema wählen zu dürfen. Friedrich gedachte des vergangenen Abends und willigte ein.

Die Leistung Johann Sebastian Bachs, sowohl als Spieler wie als Schöpfer, übertraf die Bewährung des Vortages. Er wurde am Schluß mit Beifall überschüttet. Auch der König war sichtlich beeindruckt. Aber Alles blieb fern und fremd. Aus dem Erlebnis des ersten Abends war ein Schaustück geworden.

Wiederum wurde Johann Sebastian Bach von einem Königlichen Wagen heimgefahren. Als er die Treppe so schnell, wie es seine Leibesfülle zuließ, hinaufgestapft war, nahte Friedemann mit einem Licht in der Hand. Sobald die Tür des gemeinsamen Zimmers hinter ihnen geschlossen war, fanden sich zwei Männerhände. Der Druck des Sohnes bat: ‚Vergib!' Der Druck des Vaters antwortete: ‚Vergessen'. Gesprochen wurde über das Vergangene nicht. Von dem zweiten Potsdamer Musikabend hätte Friedemann — wie von dem Ersten durch Philipp

Emanuel – gern Näheres erfahren. Jedoch Johann Sebastian schwieg.

Die Erwartung Bachs, daß König Friedrich ihm ein Honorar oder ein Geschenk schicken werde, erfüllte sich nicht. Eine Einladung zu erneutem Musizieren blieb aus. Obwohl der König nach zwei Operntagen seine Abendkonzerte wieder aufnahm. Auch Anerkennung durch einen Dankesbrief ließ vergeblich auf sich warten. Weder eine Kabinettschrift noch ein Königliches Handschreiben trafen ein.

Wenige Tage darauf fuhr Johann Sebastian Bach, von seinem Lieblingssohn Friedemann bis Halle begleitet, heim nach Leipzig. Frauenfreude und Kinderjubel empfingen ihn.

Das Königliche Thema gab Bach nicht frei. Es wollte von ihm völlig bezwungen werden. Was er mit Recht für die Improvisation abgelehnt hatte – es sechsstimmig zu fugieren – mußte sich zuhause durch Versenkung und Fleiß erreichen lassen. So machte der heimgekehrte Thomascantor sich alsbald daran, dem Thema Friedrichs seine höchste Ausformung zu geben. Der Dreiundsechzigjährige konnte sich nicht genugtun, die darin ruhende Musik mit allen verfügbaren Kräften zu dauerndem Leben zu erwecken. Je fester er zugriff, desto mehr packten seine Hände. Je genauer er hinhörte, desto reicher wurden die schöpferischen Möglichkeiten. Manches von dem, was in Potsdam aus dem Stegreif gespielt wurde, konnte Bach durch die Erinnerung heranholen und unverändert verwenden. Anderes mußte durchgebildet werden. Neues galt es zur Abrundung und Vertiefung einzufügen. Insonderheit die für unmöglich erklärte Sechsstimmigkeit. Nichts war der Musik unmöglich.

Nach einer einleitenden dreistimmigen Fuge, welche Größe und Bedeutung der Aufgabe umriß, begann die Verarbeitung des aufgeschichteten Tonmaterials. Nicht weniger als acht Canones diversi, als acht verschiedene Kanons, suchten dem Thema durch Ausdeutung gerecht zu werden. Von ihnen war nur Einer im Hinblick auf die musikalische Verwendung bezeichnet. Zwei gleichklingende Violinen wurden für die Oberstimme gefordert. Der Baß erhielt keine Anweisung. Die Umsetzung des

Geschaffenen in tönende Wirklichkeit blieb den Menschen überlassen. Sie wurde Bach durchaus nicht gleichgültig. Aber die irdische Verwertung seiner musikalischen Schöpfungen war nun nicht mehr Sache Dessen, der bereits die Flügel der Ewigkeit über sich rauschen hörte.

So stand denn inmitten des Werkes jene gewaltige neue Musik, welche das Letzte gab, was Bach zu musicieren aufgetragen wurde: das sechsstimmige Ricercare, das Suchstück, welches durch eine schier endlose Folge aller Stimmen zugleich die abschließende Gestalt und die tiefste geistige Deutung des Themas erstrebte. Bach gestand ein: Er hatte, als der König darüber eine sechsstimmige Fuge verlangte, offen erklärt, daß es sich dazu nicht eigne. Diese Behauptung war richtig und falsch. Es stimmte: Für die sechsstimmige Fugierung aus dem Stegreif bot das Königliche Thema sich nicht an. Jedoch für die Ausgestaltung in der Stille seiner Componierstube gab es nichts, was als zu schwer bezeichnet werden dürfte. Mit der Größe einer musikalischen Aufgabe hatten die menschlichen Kräfte zu wachsen. Und Johann Sebastian Bach wuchs bei der Schöpfung des Ricercare über sich hinaus. Sechs Stimmen nur benötigte er. Indessen nach Stellen der Klarheit und Durchsichtigkeit, der Ruhe und der Stille erklang es immer von Neuem wie das Brausen des vielhundertstimmigen Meeres. Dieses Werk innerhalb des Werkes durfte also eine Beengung durch Instrumente nicht aufweisen.

Denn nun war, was sich seit Längerem angebahnt und in verschiedenen Kanons als bevorstehend angekündigt hatte, zum ersten Mal verwirklicht: Bach hatte eine neue Form der Musik erreicht. Auf die musica sacra, die musica viva, die musica applicata — auf die geistliche, die weltliche, die nutzbare Musik — war die musica pura gefolgt: die reine Musik, die Musik an sich; gleich den Sternen am Himmel, die wohl uns Wege weisen, Licht leihen, Schönheit schenken, aber nicht zu diesen Zwecken vorhanden sind, sondern die Bestimmung haben, daß sie — ewig um die Sonne kreisend — in sich und an sich selber Genüge finden.

Auf das sechsstimmige Ricercare folgte als Rückleitung der sechste und siebente Canon. Die Musik kehrte aus den jenseitigen Sphären zu den irdischen Bezirken heim. Auf die musica pura folgte demgemäß musica applicata, im Haus verwertbare, durch Liebhaber spielbare Musik. Sebastian Bach fügte dem Werk, welches ungeahnte Möglichkeiten ausnutzte, ein zwar schönes, aber in Manchem herkömmliches Trio hinzu, das nur noch in der Ferne das Königliche Thema anklingen ließ. Bach hatte dessen Schöpfer deswegen nicht vergessen. Im Gegenteil: Er wandte sich huldigender Weise an Friedrich. Und zwar dadurch, daß dieses eingeschobene Trio für Flöte, Violine und Continuo bestimmt wurde. Der König mochte, wenn sein Spiel dafür ausreichte, selber sich an der Flötenstimme versuchen und auf diese Weise die höchsten Möglichkeiten des Musizierens wenigstens erahnen. Denn bisher waren sie ihm noch, um des Gefälligen willen, verborgen geblieben.

Mit dem Schlußstück, dem Canone perpetuo, schien Bach bei dem Bisherigen zu beharren. Seine unmittelbare Verwendbarkeit wurde durch die Zuweisung an Violine und Flöte beibehalten. Dieser Canon näherte sich zwar schrittweise wieder dem reinen Thema, versuchte aber trotzdem unbehinderte Spielbarkeit zu erzielen. Eine Vereinigung, eine Synthese der musica pura und der musica applicata, der reinen und der verwendbaren Musik konnte nicht erreicht werden. So daß die Frage gestellt werden mußte: Ob es sinngemäßer gewesen wäre, das Ricercare von der Mitte her an den Schluß des Ganzen zu rücken und das ohne Weiteres spielbare Trio mit der nicht mehr an bestimmte Instrumente gebundenen Musik zu umrahmen.

Bach ließ das neue Werk auf seine Kosten in Kupfer stechen, ließ es drucken und binden. Das erste Exemplar schickte er als «Musicalisches Opfer» Seiner Königlichen Majestät in Preußen. Die allerunterthänigste Widmung des Titelblattes begründete und verdeutlichte ein beigefügtes Schreiben des Verfassers. Im Gegensatz zu den überschwänglichen Betitelungen obrigkeitlicher Herren und angebettelter Fürsten war dieses

Mal die Anrede kurz. Sie lautete bündig: «Allergnädigster König». Dann freilich fiel Bach in die zeitbedingte Unterwürfigkeit zurück. Denn das Schreiben begann:

> Euerer Majestät weyhe hiermit in tiefster Unterthänigkeit ein Musicalisches Opfer, dessen edelster Teil von Deroselben hoher Hand selbst herrühret. Mit einem ehrfurchtsvollen Vergnügen erinnere ich mich annoch der ganz besondern Königlichen Gnade, da vor einiger Zeit, bey meiner Anwesenheit in Potsdam, Euer Majestät selbst ein Thema zu einer Fuge auf dem Clavier mir vorzuspielen geruheten, und zugleich allergnädigst auferlegten, solches alsobald in Deroselben höchsten Gegenwart auszuführen.

Bach wies des Weiteren daraufhin: Es wäre seine unterthänigste Schuldigkeit gewesen, dem Befehl des Königs zu gehorsamen. Er hätte auch demgemäß gehandelt. Aber während des Spieles wäre ihm gar bald bewußt geworden, daß wegen Mangels nöthiger Vorbereitung die Ausführung nicht also geraten wollte, wie es das treffliche Thema erfordere. Er hätte demnach den Entschluß gefaßt und sich sogleich anheischig gemacht, das recht Königliche Thema vollkommener auszuarbeiten und es sodann der Welt bekannt zu machen. Dieser Vorsatz sei nunmehr nach bestem Vermögen bewerkstelliget worden und er habe, so schloß das Schreiben,

> keine andere als nur die untadelhafte Absicht, den Ruhm eines Monarchen — obgleich nur in einem kleinen Puncte — zu verherrlichen, dessen Größe und Stärke, gleich wie in allen Kriegs- und Friedens-Wissenschaften, also auch besonders in der Musik, jedermann bewundern und verehren muß.

Der Hoffnung Johann Sebastian Bachs, die ausgestreute Saat seiner Noten und Worte würden Frucht tragen, wenn nicht hundertfältig, dann doch fünfzigfältig oder dreißigfältig, dieser naheliegenden Hoffnung blieb die Erfüllung versagt. Der Leipziger Thomascantor empfing nichteinmal die Bestätigung seiner kostbaren Sendung. König Friedrich hatte Wichtigeres zu tun, als sich mit der Komposition eines zwar vielgerühmten, aber doch recht unmodern gewordenen teutschen Cantors zu beschäftigen. Er mußte regieren. Er mußte Schäden vergangener Kriege beseitigen. Er mußte den dritten Krieg mit Österreich vorbereiten. Auch der väterliche Wunsch Johann Sebastian Bachs, daß sein dem König gewidmetes Werk, sein musikalisches Dankopfer, dem Berliner Sohn zugute komme, erfüllte sich nicht. Während des Siebenjährigen Krieges und der anschließenden Notzeit wurde die Musik an dem Potsdamer Hof immermehr eingeschränkt und schließlich fast vergessen. Dazu trug nicht unwesentlich die Tatsache bei: Friedrich hatte mehrere seiner vorderen Zähne verloren und mußte daher jenes Instrument, das jahrzehnte lang ihm Gefährtin in frohen, Helferin in trüben Stunden gewesen war, beiseite legen. Eine Musik aber, bei der nicht Er die erste Flöte spielen konnte, hatte für den König nur geringen Reiz. Jahre hindurch hatte der zweite Sohn Johann Sebastian Bachs während der Stunden, da es möglich war, daß Friedrich zu spielen geruhte, im Vorzimmer Stunde um Stunde auf den Ruf seines Höchsten Herrn untätig warten müssen. Dann schickte Dieser ihn trotz unterthänigster Bitte um gnädige Entlassung mit den barschen Worten fort: «Wenn er glaubt an der Elbe mehr Nutzen zu schaffen als an der Spree, dann geh Er in Teufels Namen!»

So trat Philipp Emanuel als Nachfolger des verstorbenen Telemann die Stelle des obersten Kirchenmusikers in Hamburg an und führte dort ein behäbiges Leben.

Das Widmungstück des «Musikalischen Opfers» übernahm, ohne daß sein Abgang vom König bemerkt wurde, Prinzessin Amalie, die Schwester Friedrichs. Sie bewunderte das Ganze höchlichst und spielte daraus gelegentlich Einiges, so gut es ging. Insbesondere, unter ihrer Mitwirkung am Cembalo, das Trio für Flöte, Violine und Klavier.

XXII

Es wurde um Bach herum ständig einsamer. Das bewirkte zu einem Teil der natürliche Lauf der Dinge. Die Kinder verließen das Haus. Die Freunde starben. Die Schüler machten sich selbständig. Es verblieben neben dem jüngsten Sohn nur die getreue, gütige Frau und die hilfsbereiten Töchter. Von ihnen fand lediglich die Zweitgeborene Anna Magdalenens – Elisabeth Juliane Friederica – einen Mann. Dieser, namens Johann Christoph Altnikol, der gelehrsame Schüler und bewährte Organist an der Wenzels-Kirche in Naumburg, war in höherem Maße zum Sohn des alternden Thomascantors geworden als die eigenen, von ihm erzeugten Söhne. Anna Magdalena stützte sich immer häufiger und gründlicher auf Elias Bach, den Sohn des Schweinfurter Cantors, der zur Durchführung seiner wissenschaftlichen und musikalischen Studien im Haus lebte. Der Allzuwillige ließ es sich angelegen sein, die jüngsten Kinder des Thomascantors unentgeltlich zu unterrichten und der Muhme unermüdlich zur Hand zu gehen.

Nachdem Johann Christoph Friedrich mit achtzehn Jahren sein Amt als Cammermusicus in Bückeburg angetreten hatte, war Altnikol der einzige männliche Nachfahr, auf den Sebastian Bach sich lehnen konnte. Das war im doppelten Sinne nötig: innerlich, damit aus der Vereinsamung nicht Verbitterung wurde – äußerlich, weil die Sehkraft des Thomascantors erschreckend abnahm. Sein leiblicher jüngster Sohn, Johann Christian, war zu keinem von Beiden gewillt. Denn der Vierzehnjährige stand durch seine genußsüchtige Natur in äußerstem Gegensatz zu dem – seiner Meinung nach – starrsinnigen, herrschsüchtigen, überalterten Kirchenmusiker. Er fand denn auch den Schlüssel für ihr grenzenlos verschiedenes Wesen. Als eines Tages die Mutter ihn wiederum zu größerer Folgsamkeit gegen den Vater ermahnte und auf dessen Werkweg als den einzig möglichen zum wahrhaften Künstlertum hinwies, da lehnte Johann Christian Bach diese Ermahnung Anna Magdalenens mit dem lächelnden Wort ab: «Mein Vater lebt, um zu komponieren – ich werde komponieren, um zu leben. Und es auf diese Weise in der Welt sehr viel weiter bringen als die Alte Perücke.» So kam, statt des leichtlebigen Sohnes Johann Christian, der gutherzige Schwiegersohn Altnikol dem Herzen Johann Sebastians ständig näher. Er wehrte ab, was abzuwehren war. Er verscheuchte, was sich verscheuchen ließ. Er wandte zum Guten was zum Guten gewendet werden konnte. Bei Manchem freilich war eine Besserung nicht zu erzielen. Bei Anderem sollten, da sie vorwärtshalfen, die Bedrängnisse nicht abgewehrt, die Bedrückungen nicht weggeschafft werden. Von fast ebenso großer Bedeutung wie der innere Beistand war die äußere Hilfe Altnikols. Da Anna Magdalena oft das schriftliche Festhalten der Musik nicht schaffte, Johann Sebastian seiner schmerzenden Augen wegen die Feder vielfach vorzeitig aus der Hand legen mußte, so schrieb sein Schwiegersohn für ihn unermüdlich Noten.

Aber die Vereinsamung Bachs ging nicht nur aus dem natürlichen Lauf der Dinge und dem schicksalhaften Verhalten der nächsten Angehörigen hervor. Sie entsprach zu einem guten Teile seinem Wesen und Willen. Die Zeiten, da er nach außen schauen mußte, um sicherheitgebende Erkenntnisse zu gewinnen, waren vorüber. Die Jahre, während derer er Widerhall nötig hatte, daß dieser den unentbehrlichen Werkwind für seine Arbeitsregel beschaffte, waren ausgelebt. Jetzt galt es: nach innen, nur noch nach innen zu schauen. Bach bedurfte keines anderen Antriebes mehr als der eigenen Herzenskraft. Gott hatte immer hinter ihm gestanden und, weil Er an keinen Ort gebunden ist, zugleich auch vor ihm. Jetzt ging Gott an seiner Seite. Bach benötigte der Sammlung seiner letzte Kräfte, um mit Gott – nicht dem jenseitigen Gott, dem Keiner zu folgen vermochte, wohl aber mit dem Gott seines Lebens und Schaffens! – Schritt zu halten. Wenn Dieser auch, um ihn nicht über sein Vermögen zu versuchen, sich dem Menschlichen in Vielem anbequemte, den Alltagstrott durfte man Ihm nicht zumuten.

So entledigte Johann Sebastian sich aller abwerfbaren irdischen Lasten. Er schränkte seine Amtstätigkeit bis zum Äußersten ein. Junge, aufstrebende Präfecten verrichteten, so gut sie es vermochten, seine beruflichen musikalischen Pflichten. Er schrieb nur selten noch eine Kantate. Es waren ihrer im Verlauf eines Menschenalters übergenug geworden. Er ließ seine Passionen und Messen ruhen. Die Zeit für ihre musikalische Verwirklichung war noch nicht da. Er spielte daheim kaum noch eigene Werke mit den verbliebenen Familienmitgliedern: der Frau, den Töchtern, dem Schwiegersohn und — — nein, nicht dem eigenen jüngsten Sohn. Der entzog sich durch mancherlei Vorwände der sentimentalen Musikmacherei, die stets auf das Gleiche hinauslief: Jemanden, der ein unerträglicher Mensch war, zu vergöttlichen. Bach hatte sich lange schon von der Leitung des studentischen collegium musicums getrennt. Was gingen Ihn die Freuden und Leiden, die Wünsche und Sehnsüchte, die Ernsthaftigkeiten und Oberflächlichkeiten der Welt an? Nichts.

Eines aber rückte noch gebieterischer, noch ausschließlicher als bisher in den Mittelpunkt des Bachischen Lebens, um den hinfort ohne jeden Abstrich Alles zu kreisen hatte: das musikalische Werk. Es sprachen unmißkennbare Zeichen dafür, daß er mit der nächsten Schöpfung vor dem inneren Auftrag stand, die Krone seines irdischen Daseins, das Werk seiner Werke Gestalt werden zu lassen. Soviel an seinem Teil lag, wollte Bach sämtliche Kräfte zusammenraffen, um sie in den Dienst des höchsten aller Aufträge zu stellen. Diese Kräfte waren, aufs Körperhafte hin angesehen, gemindert. Die Spuren des unmittelbar bevorstehenden Alters ließen sich nicht verkennen. Die Kräfte des Geistes und des Gefühls aber waren unaufhörlich gewachsen. Sie wuchsen von Tag zu Tag. Obwohl Bach von Jugend an die Mittel seiner Kunst weitgehend beherrschte, erst jetzt meisterte er sie in vollem Umfang. Ohne das bis zum Letzten dienstfähige und dienstwillige Handwerk aber war bleibende künstlerische Gestaltung, unvergängliche musikalische Verwirklichung ebenso wenig zu erreichen, wie man ohne handwerkliche Meisterschaft die in einem Stein schlummernden Menschenkörper mit Hammer und Meißel herausschlagen konnte. Denn Musik war nicht, wie es die modischen Weichlinge, die gefühlssüchtigen Melodienverschleißer behaupteten, etwas Unbestimmtes, Fließendes, etwas Unklares, Verschwommenes. Echte Musik war in ihrem Grundwesen klar, fest, überschaubar, folgerichtig. Diesem Gesetz hatte Bach durch seine musikalischen Schöpfungen während des ganzen Lebens gedient. Das Letzte aber, was sich erreichen ließ, war noch nicht vollbracht. Jedoch er würde, wenn Gott ihm bis zu der Vollendung seines nächsten Werkes die vorhandenen Kräfte erhielt, auch Das noch schaffen: eine Musik, die klar und abgrundtief, fest und grenzenlos, folgerichtig und unermeßlich, bestimmt und vieldeutig zugleich war. Es kam nur darauf an, die musica humana und die musica mundana – die Menschenmusik und die Weltenmusik – zu vereinen. War die höchste irdische Musik ein Widerhall der Musik der Sphären – und Wer, der wahrhaft um sie wußte, wollte es bestreiten? – so mußte es möglich sein, die siderischen, die sternhaften Kräfte in tellurische, in erdhafte Musik zu verwandeln. Und zwar dadurch, daß man sie für einander und durch einander, mit einander und in einander aufklingen ließ. Um dieses Letzte zu leisten, erwies sich völlige Entäußerung aller Zeitsucht und Wirkungwollust als unbedingt nötig. Es konnte nur in gänzlicher Abgeschiedenheit vollbracht werden. Damit das tiefste Buch der Bibel, die «Offenbarung», geschrieben wurde, war es unumgänglich gewesen, daß Johannes sich selbst auf die Insel Patmos verbannte. Bachs Patmos, Bachs Insel der Einsamkeit, zu der fortan kein fremder Mensch mehr Zutritt hatte, auf der jedoch Gott stets gegenwärtig blieb, war die Componierstube in der Thomasschule. Überflüssig, den Namen Gottes anzurufen. Unnötig, sich Seiner mit Worten zu versichern. Widersinnig, Ihn mit Willensgewalt in das Schaffen einzubeziehen. Gott war in jedem Ton. Jeder Ton war in Gott. Jetzt brauchte das Göttliche nicht mehr ersehnt, erkämpft, erzwungen zu werden. Es war für Bach immer und überall da. Nichts nötig, als: es in voller Reinheit mitzuklingen.

Da die Tore in das Jenseit einladend geöffnet waren, begann Johann Sebastian Bach sein letztes Werk: «Die Kunst der Fuge». Was in dem «Musicalischen Opfer» sich angebahnt hatte, wurde nun vollendet. Es war wiederum musica pura, reine Musik, und war zugleich mehr: musica purissima, reinste, völlig in sich beschlossene, gänzlich in sich ruhende Musik. Sie drängte weder von innen her der Verwirklichung zu, noch konnte sie von außen her über sich selbst hinausgehoben werden. Denn diese Musik war so sehr in sich erfüllt, daß keine Wiedergabe irgendwas hinzuzufügen vermochte, wohl aber jede Unerfülltes zurückließ.

Die Weiterführung der Musica pura des «Musikalischen Opfers» zu der musica purissima der «Kunst der Fuge» begann schon mit dem Thema. Dem Königlichen glich das Bachische in Vielem. So nahe kam es ihm, daß man auf den Gedanken verfallen konnte: Es wäre nicht nur äußerlich von ihm veranlaßt, sondern innerlich aus ihm hervorgegangen. Allerdings wurde es der höchsten Klarheit, der reinsten Einfachheit zugeführt. Die Überhöhung der ruhevollen Quinte zur ausschweifenden Sexte fehlte. Bach begnügte sich mit zweistufigem Gleichklang und erreichte ihn mit Einem sicheren Schritt. Es fehlte der gewagte Sprung von der hohen Sexte zur unteren Septime. Zwar strebte auch das Bachische Thema dorthin. Aber das Ziel wurde nicht durch halsbrecherisches Springen erreicht, vielmehr durch gleichmäßiges Schreiten über die Mollterz und die Tonica hinweg. Es fehlte vor Allem das Gewühl der Chromatik, der Kampf zwischen Auf und Ab. Dem nur wenig beschleunigten Aufwärts bis zur Terz folgte zwar von der Quart her das Abwärts in Achteln. Aber diese blieben bei aller Behendigkeit so beherrscht, daß es zur Befestigung der Rückkehr keines Trillers bedurfte. Statt der Königlichen Unruhe und Abenteuerlichkeit waltete Ruhe und Sicherheit.

Erreicht wurde mit der «Kunst der Fuge» das Ziel, reinste Musik zu schaffen, des Weiteren dadurch, daß jede Beziehung zur Verwendbarkeit außer Acht blieb. Ihre Einheitlichkeit gefährdete nicht, wie es noch bei dem «Musicalischen Opfer» geschehen war, irgendwelche Rücksichtnahme auf den Gebrauch.

Kein einziger Satz befand sich darin, der – gleich dem für den König zum häuslichen Gebrauch hergerichteten Trio – unbedacht gespielt werden konnte. So fielen denn auch, mit einer unwesentlichen Ausnahme, alle Bezeichnungen der Instrumente, fielen sämtliche Tempovorschriften fort. An die Stelle der Letzteren traten Angaben über die musikalischen Formen, über die Wesensart der einzelnen Stücke.

Zweiundzwanzig Bearbeitungen des Themas, achtzehn Fugen und vier Canons, hatte Bach sich zum Ziel gesetzt. Dabei konnte – um Starre zu vermeiden, Blutlosigkeit zu verdrängen, Einförmigkeit zu verhindern – das durch alle Stücke in der gleichen Tonart, in d-moll, hindurchschreitende Thema nicht unverändert bleiben. Die Abstände der einzelnen Töne wurden durch eingeschobene Noten ausgefüllt. Rhythmische Abänderungen durch Auflösungen, durch Umwandlungen, durch Versetzung aus der zweiteilig schweren in die dreiteilig beschwingte Taktart dienten zur Belebung. Die Betonung wurde von den ursprünglichen Noten auf nachträglich Hinzukommendes verschoben.

Das Entscheidende aber war die schöpferische Ausdeutung, die kompositorische Durchführung des weitgreifenden, das Unendliche erstrebenden Planes, der bis in das Einzelste überschaubar gegliedert sein sollte. Sechs Gruppen umfaßte das Werk, die mit baumeisterlicher Klarheit so geordnet wurden: Vier – vier – drei; Vier – vier – drei. Die erste Gruppe brachte vier Fugen in der Normallage und in der Umkehrung. Die zweite Gruppe enthielt im doppelten Kontrapunct zwei Canons und zwei Doppelfugen. Die dritte Gruppe wies Gegenfugen auf, von denen die Erste wieder einfach gefügt war, die anderen Beiden das Thema in mehreren Größen verwendeten. Die vierte Gruppe schritt auf dem begangenen Weg weiter, über zwei themengebundene Canons bis zu zwei Tripelfugen. Die fünfte Gruppe steigerte mit vier Spiegelfugen die Ausdrucksfähigkeit des Themas bis zur Unwahrscheinlichkeit. Sie wurde Ermöglichung des Unmöglichen, vollbrachte es, musikalische Sprache des Unaussprechlichen zu sein. Die sechste und letzte Gruppe sollte mit drei himmelstürmenden Quadrupelfugen die Vollendung, die Krönung des Ganzen werden, das vom Einfachen zum Vielfältigen, vom Nahen zum Erhabenen mit sicheren Schritten den vorgezeichneten Gang bis zum Schlußpunkt zurücklegte. Alle Möglichkeiten, die es gab, um anschaulich zu machen, was sich aus einem Fugenthema durch Ausnutzung sämtlicher Formen an Musik gewinnen ließ, galt es zu verwirklichen.

So konnte das Mißverständnis aufkommen, daß dieses erhabene Werk schöpferischer, aus dem Handwerk hervorgehender, aber bis zur letzten künstlerischen Meisterschaft gelangender reinster Musik ein Erzeugnis für den Komponistenunterricht sei, das Ergebnis rechnerischer Arbeit, ein Gemächte des Verstandes, eine Ablagerung des Fleißes, das zu bestaunen — aber nicht zu bewundern wäre, das man zu zergliedern — aber nicht zu spielen vermöchte. Die Matthäuspassion wurde noch zu Lebzeiten Bachs einige Male aufgeführt. Dann versank sie in das Grab der Vergessenheit. «Die Kunst der Fuge» aufzuführen, kam Niemand in den Sinn. Man war überzeugt, daß sie nicht gespielt werden sollte. Man behauptete, daß der Komponist sie für eine Aufführung gar nicht bestimmt hätte. Die Wahrheit aber lautete: «Die Kunst der Fuge» ist kein Rechen-Exempel. Ist keine Ton-Arithmetik. Ist kein Lehr-Stück. Ist kein Beweis-Werk. Ist keine Verstand-Gaukelei. «Die Kunst der Fuge» ist Musik. Reinste Musik, welche ein von den Klängen der Ewigkeit durchhalltes Herz mit heißem Bemühen in Noten gebannt hat. Erlebbare Musik, die gespielt, immer und immer wieder gespielt sein will. Überragende Musik, die — um ihrer Größe, ihrer Unerschöpfbarkeit willen — gar nicht oft genug gehört, gar nicht häufig genug durchgefühlt werden kann.

Der vierundsechzigjährige Schöpfer dieser Fugenfolge ohnegleichen wußte von ihrer Bedeutung und ihrer Bestimmung. Er arbeitete an deren Vollendung, sofern es menschenmöglich war, mit noch restloserer Hingabe, mit noch ungeheurerem Fleiß, als er es sein ganzes Leben lang getan hatte. Es mußte gelingen, diese reinste Ausprägung seines Wesens, diese höchste Erfüllung seines irdischen Auftrages bis zum tatsächlichen Ende durchzuführen. Jahr und Tag hindurch schrieb Bach eigenhändig auf, nicht: was sein Verstand errechnete, sondern: was sein Herz erhörte. Seine Hand war nicht zitterig geworden. Manche Seiten gestaltete sie so klar, so durchsichtig, so schön, so schwungvoll wie eh und je. Indessen die Augen zwangen Bach immerwieder zu Schreibpausen. Die Augen waren schuld, wenn wider seinen Willen Einiges zitterig, unklar, ja unordentlich mit der Notenschrift geriet. Freilich, sie waren von Jugend an blöde, will sagen: kurzsichtig. Dagegen gab es ein einfaches Mittel: Man näherte den Kopf noch mehr dem Papier, als es ohnehin schon seit Jahren sein mußte. Die Augen schmerzten? Selbst der grüne Pappschirm konnte sie vor dem Wehtun nicht schützen? Nun, so mußten die Schmerzen ertragen werden. Es galt, alle Kraft daran zu setzen, das letzte Werk zu vollenden: «Die Kunst der Fuge». Das Werk der Werke. Denn sie vermittelte den Wissenden ein Geheimnis, weckte in den Nichtwissenden eine Ahnung, wie weit der Musik des Weltalls die menschliche Musik nahekommen kann. Also brauchte sie eine Vertonlichung durch unvollkommene irdische Instrumente nicht. Aber sie hatte auch keinen Anlaß, diese zu scheuen. Sie benötigte die Menschen nicht. Aber die Menschen benötigten solche Musik. Schreiben! Fünf Gruppen des Werkes waren fertig. Neunzehn Sätze standen auf dem Papier. Es fehlten nur noch drei, nur noch die Quadrupelfugen. Schreiben! Schreiben!! Nur noch? Welche Vermessenheit, so zu denken! Welcher Frevel, solches auszusprechen! Jede der Quadrupelfugen war, obwohl sie ein Teil des Ganzen darstellte, ein Werk für sich; in seiner Bedeutung nicht minder als in seinem Ausmaß. Schon näherte sich die erste Quadrupelfuge dem zweihundertsten Takt, und es mußten nach Einführung des vierten Themas mindestens noch hundert Takte, wenn nicht mehr, folgen. Schreiben! Schreiben!! Schreiben!!!

Mit unruhvoller, durch Kleckse gefährdeter Schrift gelangte Johann Sebastian Bach bis zu dem 239. Takt der ersten Quadrupelfuge seines kunstvollsten Werkes. Dann mußte der Thomascantor die Feder aus der Hand legen. Denn er sah nicht mehr. Das kam in der letzten Zeit schon mehrfach vor. Die Schleier, welche seit Jahr und Tag seine Sicht behinderten, wurden einige Male so dicht, daß die Noten auf dem Blatt nicht mehr vorhanden waren. Jedoch die Verdunkelung der Augen hatte sich stets selbst wieder aufgehoben. Es würde dieses Mal nicht anders sein. Es sollte so sein. Es mußte so sein. Denn es galt, bevor in ihm und um ihn Nacht wurde, die erste der drei Quadrupelfugen der letzten Gruppe seiner «Kunst der Fuge» zu beenden. Es galt, die zweite, die dritte Quadrupelfuge zu beginnen, zu vollenden. Und damit sein letztes, sein größtes Werk.

Bachs Hoffnungen erfüllten sich nicht. Weder von außen noch von innen her kehrte das Licht in seine Augen zurück. Alle rundum aber hielten den Schein aufrecht, als ob dies sehr bald geschehen werde. Damit sein gefährdetes Sehen nicht für immer Schaden litte, mußte der erblindete Thomascantor im Dunkeln liegen; bei Tag – bei Nacht, bei Nacht – bei Tag. Man hatte den Kranken, weil er flehentlich darum bat, nicht in die eheliche Schlafkammer hinübergeleitet, sondern für ihn ein Lager in der Componierstube aufgeschlagen. Dessen Fenster war dicht verhangen. Ein winziges, auf einem Schälchen mit Öl schwimmendes Lichtlein, wie es Maria Barbara und Anna Magdalena nach der Geburt eines neuen Kindes für einige Monate neben ihrem Bett stehen hatten, brannte irgendwo im Raum. Seine Leuchtkraft war so gering, daß kein Strahl des Lichtes Bach zu erreichen und, wenn es doch der Fall sein sollte, ihm zu schaden vermochte.

Es traf sich aber gut, daß damals in Deutschland ein berühmter englischer Augenarzt umherreiste. Er nannte sich Chevalier John Taylor, Ophthalmiater. Dem Vernehmen nach hatte dieser Medizinmann durch seine geschickten Operationen schon einer Reihe von gänzlich Erblindeten das Augenlicht wiedergegeben. Der Chevalier würde helfen. Der Chevalier mußte helfen. Damit es möglich war, die fast beendete «Kunst der Fuge» abzuschließen. Taylor kam nach Leipzig. Anna Magdalena entschloß sich zu einem Bittgang. Der Chevalier bezeigte sich der Bachin gegenüber äußerst kühl. Er wies auf die Kürze der Zeit und die Unzahl der Operationen hin, welche bereits vor seinem Kommen festgelegt wären. Erst als die ärmlich gekleidete Thomascantorin betonte, daß sie willens und fähig wären, die Ausübung der hohen Kunst des berühmten Arztes angemessen zu bezahlen, willigte der Chevalier ein, Bach zu helfen. Einige Tage später fand die Operation statt. Der englische Doctor erklärte hinterher: Alle Zeichen sprächen für einen guten Erfolg. Eine Woche lang müsse der Patient freilich noch im Dunkeln liegen. Dann aber könne man sehr langsam, sehr vorsichtig den Fensterladen öffnen. Nach und nach werde die Sehkraft des Komponisten zurückkehren. Der Ophthalmiater reiste, als er sein beträchtliches Honorar empfangen hatte, nach Wien. Jedoch so vorsichtig man auch war, so behutsam man dem Licht Eintritt in das Zimmer zugestand — Bach sah, selbst als die Läden schließlich ganz geöffnet wurden, nicht das Geringste. Einen Monat später reiste der Chevalier wieder durch Leipzig. Er war an den mecklenburgischen Fürstenhof zuhilfe gerufen. Anna Magdalena tat erneut einen Bittgang zu dem berühmten englischen Augenarzt. Nach Schilderung der Ergebnislosigkeit des ersten Eingriffes lautete ihr Flehen abermal: Helfen! Helfen!! Taylor nahm, gegen weitere Bezahlung, eine zweite Operation vor. Jetzt gestand er anschließend: Vergeblich. Nicht etwa durch seine Schuld! Der Kranke hätte derweil einen Schlaganfall erlitten. Dadurch wäre der Sehnerv zerstört worden. Irgendwelche Hoffnung, daß auch nur geringfügig das Augenlicht wiederkehre, bestehe nicht. In der «History über die Reisen und Abenteuer des Chevalier Taylor, Ophthalmiater» geschrieben von ihm selbst, hieß es elf Jahre später: Ich habe eine große Menge merkwürdiger Tiere wie Dromedare, Kamele und andere gesehen; insbesondere in Leipzig. Dort gab ich einem gefeierten Musicus, der schon das 88. Jahr erreicht hatte, sein Augenlicht wieder. Es war derselbe Mann, mit dem der berühmte Händel anfangs zusammen erzogen worden ist. Ich hoffte bei Letzterem den gleichen Erfolg zu erzielen, da alle Umstände — Beweglichkeit der Pupille, Einwirkung des Lichtes usw. — günstig zu sein schienen. Aber durch nähere Untersuchung stellte sich heraus, daß ein Schlagfluß das Auge zerstört hätte.» Bach wurde also in Einem Atem mit Dromedaren und Kamelen genannt. Bach wurde aus einem Vierundsechziger zu einem Achtundachtziger gemacht. Bach wurde, obwohl er ihn niemals gesehen hatte, gemeinsam mit Händel erzogen. Bach wurde — im Gegensatz zu Händel — das Augenlicht wieder gegeben durch den Ophthalmiater Chevalier John Taylor aus London.

Tatsächlich lag Johann Sebastian Bach weitere vier Monate lang erblindet in seiner verdunkelten Componierstube. Man wagte, daß wenigstens seine Poren es einatmeten, noch immer nicht, das Licht ins Zimmer hineinzulassen. Denn trotz der Aussage des berühmten Arztes, hofften Alle weiter auf die Rückkehr der — wenn auch geschwächten — Sehkraft des Thomascantors, damit er das vor mehr als einem Jahr begonnene große Werk der Veranschaulichung sämtlicher Fugenformen vollende. Das grelle Licht aber könne, so fürchtete man, in Wahrheit herbeiführen, was der große Doctor irrtümlich behauptet hatte: die Zerstörung des Sehnervs. Jawohl; irrtümlich! Denn von einem Schlaganfall war nicht die geringste Spur wahrzunehmen. Der Kranke blieb bei vollen Sinnen. Die Sprache stand ihm unbehindert zur Verfügung. Sein von Jugend an erstaunliches Gehör hatte keinerlei Schaden gelitten.

Bach hörte jenseit der Wand seiner Componierstube nicht nur die Sextaner lärmen; er vernahm auch das «Scht! Scht!» mit dem sie — offenbar unter Hinweis auf ihn — zur Ruhe gemahnt wurden. Bach hörte keineswegs lediglich das Geschrei, mit welchem sie aus der Schule auf den Kirchplatz stürmten; er wurde auch des Geplätschers im Wasserkasten inne, das bei ihrem gegenseitigen Bespritzen entstand. Bach hörte den Gesang der Thomasschüler, darin nunmehr ein Anderer sie unterwies, und das Getön der Thomaskirchenorgel, die Er niemals mehr spielen würde. Bach hörte das Rumpeln der Wagen jenseit der Kirchhofsmauer und das Geklappere der Thomasmühle.

Bach hörte mit dem Nahen des Frühlings in ständig reicherem Maße die Stimmen der Vögel, deren Motive und Tonarten er zur Erhellung seines verdüsterten Gemütes musikalisch bestimmte. Bach hörte die Glocken von Sanct Thomae und Sanct Nicolai, von der Universitäts-Kirche und von der Neuen Kirche, die oftmal ihn so dringend zur Erfüllung seiner Pflicht gerufen hatten, daß er fast bis zum Lauf die Schritte beschleunigen mußte. Bach hörte die Sterbeglocken der Sanct Johannis-Kirche, welche auch ihm bald läuten würden, auf daß man seinen Leib dort, jenseit der Stadtmauer, zur letzten Ruhe bettete. Bach hörte – hörte – – hörte – – – Aber der Thomascantor konnte vom Allem, was er außen und in sich hörte, durch eigene Noten nicht das Geringste mehr festhalten. Denn er war völlig erblindet.

Johann Sebastian Bach litt sehr unter der Dunkelheit, die seinem Körper aufgezwungen wurde. Sie drohte auch seine Seele zu verdunkeln: Zwei Ärzte mühten sich um ihn. Der Eine gab noch schärfere Medizinen als der Andere. Statt ihn zu entlasten, belasteten sie den Kranken. Die scheinbar unerschütterliche Gesundheit des kraftstrotzenden Mannes schwand Monat um Monat, schwand Woche um Woche. Kaum bezähmbare Ungeduld und nicht dämpfbarer Unwille taten ein Übriges, den Zustand des Kranken zu verschlimmern. Alle Ermahnungen der Ärzte, die Ruhe zu wahren, fruchteten nichts. Alle Bitten der Gattin, die Erblindung als Schicksal hinzunehmen und dankbar zu sein, daß ihm der unbehinderte Gebrauch sämtlicher anderen Sinne, insbesondere des Gehörs, des für einen Musiker wichtigsten Sinnes, geblieben sei, waren vergeblich. Das Werk! hieß es dawider. Es war unvollendet. «Die Kunst der Fuge!» Sie wurde nicht fertig. Nur noch wenig mehr als Zweidrittel der Quadrupelfugen, die geben sollten, was er mit seiner Musik noch niemals gegeben hatte, fehlten. Das Werk! Das Werk!! Unmöglich, es ohne Wiederkehr des Augenlichtes abzuschließen. Anna Magdalena tröstete: Es werde noch einmal zurückkommen. Für so lange, daß er wenigstens die begonnene erste Quadrupelfuge zu Ende schreiben könne. Gott werde ein Wunder tun. Gott werde ihn nicht vor Beendigung des großen Fugenwerkes von der Erde abrufen. Das dürfe Gott ihm und seiner zwar kleinen, aber treuen Gemeinde nicht antun. Bach schüttelte den Kopf. Ob dazu, daß man Gott keine Vorschriften zu machen habe; ob dazu, daß für den Abschluß seiner «Kunst der Fuge» das Augenlicht ihm zurückkehren werde, ließ sich nicht erkennen. Anna Magdalena mahnte: Geduldig müsse der Vater allerdings sein. Durch Ungeduld treibe er soviel Blut in die Augäpfel, daß seine Sehkraft endgültig zerstört werde. Bach schüttelte den Kopf.

Für die Welt war Johann Sebastian bereits tot. Am 2. Juni 1749 schrieb der Minister des Sächsischen Königs, Graf Heinrich von Brühl, an den Leipziger Bürgermeister Dr. Born – denselben, der vom Rath der Stadt ausgesandt wurde, Bachs bessere Bereitschaft zum Schulunterricht herbeizuführen –: Da vorauszusehen sei, daß in Kürze der amtsunfähig gewordene altersschwache Thomascantor sterbe, so empfehle er als dessen Nachfolger seinen Capell-Director Gottlob Harrer. Selbstverständlich erwarte er nicht, daß man Harrer, der äußerst tüchtig sei, ungehört in Diensten nehme. Aber eine baldige Probe, durch die sich der Rath von dem Können des Genannten überzeuge, halte er, als Minister des Landes, im Interesse der Sache für geboten.

Die Leipziger Stadtregierung, welche es sich nicht gestatten konnte, den allmächtigen Minister Seiner Königlichen Majestät zu erzürnen, beraumte das mit verbrämten Worten befohlene Probespiel bereits in der nächsten Woche an. Und es geschah Folgendes:

Den 8. Juni 1749 ward auf Befehl des Herrn Eines Ehrbaren HochWeisen Rathes der Stadt Leipzig, welche meistens zugegen waren, auf dem großen musikalischen Conzert-Saale in den Drey Schwanen auf dem Brühl, durch Empfehlung von Ihro Excellenz, des Geheimbden Rathes und Premier-Ministers Grafen von Brühl, dem Capell-Director Herrn Gottlob Harrern Gelegenheit für eine Probe zum künfftigen Cantorat von Sanct Thomae für den Fall gegeben, wenn der Capellmeister und Cantor Herr Sebastian Bach versterben sollte. Er hat selbige mit größtem Applause abgelegt.

Durch eine Probeleistung als Dirigent in einem Konzertsaal – nicht etwa durch Orgelspiel in der Kirche und Vorführung einer selbstkomponierten Kantate oder einer anderen geistlichen Musik! – wurde Gottlob Harrer zum Nachfolger des noch am Leben befindlichen Thomascantors Johann Sebastian Bach für gut befunden. Wenn die Stadtväter auch nicht den Wunsch des Ministers Graf Heinrich von Brühl erfüllten, seinen Günstling sogleich in Amt und Pflicht zu nehmen, so sagte der HochEdle, HochWohlweise Rath der Stadt Leipzig jedoch Gottlob Harrer das Thomascantorat für den Fall zu, daß der jetzige Inhaber der Stelle, Herr Cantor Sebastian Bach, versterbe; was auf Grund der Nachrichten über seinen Gesundheitszustand demnächst zu erwarten sei. Aber Bach lebte weiter, lebte – wenn auch völlig erblindet – noch länger als ein Jahr!

Anna Magdalena setzte Alles daran, daß ihr kranker Mann von diesen schmählichen Geschehnissen nichts erführe. Jedoch ihr eigener Sproß, Johann Christian teilte dem Vater, was vorgegangen war, nicht eben schonungvoll mit. Der Fünfzehnjährige war ohne Wissen der Eltern zu dem Konzert in den «Drey Schwanen» gegangen. Er schwärmte von der beschwingten Musik des Dresdener Capell-Directors, der ein weltkundiger Mann sei, und berichtete über die schrankenlose Begeisterung der Hörer, welche der griesgrämigen Kantaterei satt wären.

Wer sollte, wenn Sebastian Bach Musik hören wollte, dem hilflos gewordenen Thomascantor vorspielen? Johann Christian weigerte sich, es zu tun. Johann Friedrich war nach Bückeburg übergesiedelt. Altnikol wurde durch sein Organistenamt in Naumburg festgehalten. Emanuel mußte König Friedrich auf Abruf zur Verfügung stehen. Friedemann durfte Halle nur mit behördlicher Erlaubnis verlassen. Elias war in das Elternhaus nach Schweinfurt zurückgekehrt. Wer sollte Johann Sebastian Bachs zerwühlte Seele durch Musik sänftigen? Blieb nur Anna Magdalena. Sie tat es, wenn der Erblindete darum bat, Mal für Mal. Freilich schweren Herzens. Denn die Unzulänglichkeit ihres Spieles war der ehemaligen Sängerin vollbewußt. Aber sie versagte sich auch in diesem Falle der Gattenpflicht niemals. Lieber denn alles Andere spielte Anna Magdalena Stücke aus dem Büchlein, das ihren Namen trug. Nicht, daß sie Größeres hätte unterlassen müssen! Ihre Fertigkeit auf dem Clavichord war, ungeachtet aller Arbeit, die Mann und Kinder tagtäglich verlangten, nach und nach beträchtlich gewachsen. Und zwar in höherem Maße durch innere Reifung als durch regelmäßiges Üben. Jedoch die Stücke Ihres Notenbüchleins standen dem Frauenherzen besonders nahe. Und wenn es, auf Wunsch des Kranken, durchaus etwas Großes sein mußte, auch davon befanden sich in ihm hinreichend Kompositionen. Als frühere Sängerin bevorzugte Anna Magdalena Choräle und Lieder. Gewiß, ihre Stimme hatte, genau wie ihre Jugendschönheit, gelitten. Aber falls sie sich mit der Stärke nicht zuweit vorwagte, mit der Höhe nicht zuweit emporgriff, schaffte die zweite Gattin Johann Sebastian Bachs es noch immer, ihren Mann durch Singen zufriedenzustellen.

Eines Abends bat Bach seine Frau nach längerer Zeit wiederum: «Spielen! Etwas Sänftigendes spielen! Und dazu singen!» Anna Magdalena ging bereitwillig aus der Componierstube in das Musikzimmer hinüber. Die Tür ließ sie weit auf. Dann setzte sie sich an das Clavichord, spielte und sang.

Gib Dich zufrieden und sei stille
In dem Gotte Deines Lebens!

Anna Magdalena wollte noch weiteres spielen und singen. Aber aus dem Nebenzimmer rief Bach: «Nicht mehr!» Die Frau kehrte in die Componierstube zurück. Bach wollte sagen: «Schön!» und «Dank!» Aber die Worte kamen nicht über seine Lippen. Stumm streckte er seiner Lebensgefährtin beide Hände entgegen. Obwohl Bach die Eintretende nicht sah, genau dorthin, von wo sie kam. Allerdings, als Anna Magdalena am Bett stand und Bach mit seinen Händen die Hände der Frau ergreifen wollte, tappte der Blinde daneben. Fast wäre Dieser das Gleiche geschehen. Denn sie gewahrte, daß die erloschenen Augen ihres geliebten Mannes feucht wurden. Doch Anna Magdalena raffte alle Kräfte zusammen und nahm die suchenden Hände so an sich, als ob sie ohne Hilfe von außen ihr Ziel gefunden hätten. «Das ist», sagte Bach, «das Höchste, was man als Mensch erreichen kann: sich zufrieden geben und stille sein.» Dann erging der Thomascantor sich in Gedanken über den zweiten Vers. «In dem Gotte Deines Lebens!» heiße es. Gewiß, sein Leben habe im Grunde nur einen einzigen Gott besessen: Gottvater und Gottsohn und Gottgeist als untrennbare Dreieinigkeit. Aber hätte neben dem Gott, welchen Martin Luther lehrte, und an den er glaubte all sein Leben lang, hätte neben, hätte vor diesem Gott nicht zuweilen seine Kunst gestanden? Ja. War das Götzendienst? Nein. Denn seine Musik kam von Gott und kehrte zu Gott zurück. Manchmal auf weiten, vielleicht sogar verwunderlichen Wegen. Aber selbst der weiteste Weg war nicht, wie man bei dem ersten Blick zuweilen glauben konnte, unnütz. Selbst der wunderlichste Weg war nicht, obwohl Viele es so sahen, unrichtig. Es gab, wenn man die große Richtung zur Klarheit im Auge und im Schritt behielt, nichts Unnützes auf Erden. Es konnte, wenn man der inneren Stimme gehorchte, nichts Unrichtiges geschehen. Freilich, mit Einem hatte er doch wohl Götzendienst getrieben: mit der Begabung seines Ältesten. Nun, dafür hätte er hinreichend gebüßt. Und büße es fast täglich weiter durch das abgünstige Verhalten seines Jüngsten, dem er nicht gram zu sein vermöchte, auch wenn er es manchmal wollte, ja vielleicht sogar müßte.

Längst hatte während dieses Selbstgespräches Anna Magdalena die Hände ihres Mannes losgelassen. Seine Worte waren immer leiser geworden. Die Frau konnte sie kaum noch hören, als Bach zu dem Anfang zurückkehrte: «Ja, das ist es — Sich zufrieden geben — Stille sein — — In dem Gotte — — — in dem rechten, in dem wahren Gotte — — — in dem Gotte des eigenen einmaligen Lebens — — —» Bach schwieg. Die Augenlider waren vor Müdigkeit zugefallen. An den Wimpern hingen Tränen. Anna Magdalena, die sich vor Bewegung kaum noch fassen konnte, schlich auf den Zehenspitzen davon. Nebenan sank sie in einen Stuhl. Von der Componierstube her verkündeten ruhige Atemzüge, daß der Blinde eingeschlafen war. Erst da ließ die Thomascantorin ihren Tränen freien Lauf.

Eines Tages verlangte Sebastian Bach sehnsüchtig nach seinem Liesgen, nach Elisabeth, der verheirateten Tochter Anna Magdalenens. Diese schrieb nach Naumburg, daß die Ersehnte recht bald kommen möge. Denn mit dem Leben des Vaters gehe es zu Ende. Der Mann, Johann Christoph Altnikol, begleitete seine Frau auf der schweren Fahrt. Bach freute sich über dessen Erscheinen fast noch mehr als über das doch von ihm gewünschte Kommen seiner Lieblingstochter. Denn Altnicol war ihm teuer geworden wie ein leiblicher Sohn. Er nannte ihn auch so. Ohne jene Nebenbezeichnung, welche ihn von seinen Kindern abgrenzte. Das Wiedersehen mit dem blinden Vater war für die Naumburger fast noch schmerzlicher als für Diesen. Die hörbaren Zeichen ihrer inneren Bewegung unterdrückten sie sorgsam. Für die sichtbaren Zeichen war es nicht nötig.

Des anderen Tages, als er mit ihm allein war, sagte Bach: «Sohn, ich will Dir einen Choral diktieren.» Der Angerufene, welcher mit gefalteten Händen im verdunkelten Zimmer neben dem Bette des Kranken saß, stand auf. Er wollte eine Kerze holen, welche ihm das Schreiben ermöglichte. Bei dem kümmerlichen Schein des Nachtlichtleins war es nicht zu schaffen. Bach, der seine Absicht erriet, untersagte es ihm. Er verlangte, daß der Fensterladen geöffnet würde. «Aber wird denn — — wird das — wird es auch — —?» fragte Altnikol stockend. «Ja, Sohn, es wird gut sein für mich, das volle Licht», antwortete Bach, bevor die Frage zu Ende gesagt war. «Wenn ich es auch nicht mehr sehen kann, zu fühlen vermag ich das Licht noch. Es stimmt keinesfalls, was alle Welt behauptet: daß der Mensch nur zwei Augen habe. Er besitzt viele. Sein ganzes Leben lang. Wieviele, bemerkt man erst, wenn die beiden größten Augen erloschen sind.» Altnikol gehorchte dem Willen des Kranken. Die Sonne strömte mit überwältigendem Glanz in die Componierstube des erblindeten Sebastian Bach. «Schön!» atmete Der auf. Altnikol fragte verwundert: «Aber Vater kannst Du denn Das wirklich — —?» Der Naumburger Organist brach erschreckt ab. Das nächste Wort durfte er nicht sagen. Es mußte dem Blinden unermeßlich weh tun. Aber Johann Sebastian Bach antwortete, als ob das unterdrückte Wort ausgesprochen wäre: «Natürlich kann ich die Sonne sehen. Nicht mit den beiden Augen meines Kopfes. Sie werden die Sonne nie mehr erblicken. Aber mit den hundertmalhundert Augen meines ganzen Leibes schau ich die Sonne. Schön, daß ich endlich Wiedersehen mit ihr feiere. Schön!!»

Altnikol ging zu dem Tisch in der Nähe des Fensters. Darauf lagen Notenblätter, welche zu der «Kunst der Fuge» gehörten. Er prüfte sie scheu. Als ob der Kranke im Bett es bemerken und ihn wegen seiner Neugier schelten könnte. ‚Schon einer großer Teil der ersten Quadrupelfuge fertig!' stellte der Naumburger Organist beglückt für sich fest. ‚Ganz fehlen nur noch die zwei letzten Fugen'. Vom Bett her kam die Frage: «Bereit zum Schreiben Sohn?» Die Antwort lautete: «Ja, Vater.»

Und Johann Sebastian Bach diktierte seinem Schwiegersohn Johann Christoph Altnikol einen Choral in die Feder. Er glich manch anderen Bearbeitungen in dem dritten Teil der Clavierübung. Auf eine Einleitung, richtiger gesagt: eine Einstimmung folgte, nachdem er weiterhin umspielt und ausgedeutet war, als Cantus firmus der Choralanfang:

Wenn wir in höchsten Nöthen sein —

Das Zwischenspiel blieb gleichlang. Wurde aber beweglicher. Der Choral nahm seinen Fortgang:

Und finden nicht mehr aus noch ein —

Stimmen von oben, Stimmen von unten malten, nein! sie zeigten, gaben, waren die Ausweglosigkeit. Der Choral blieb sich in seinem Wesen gleich:

Und wissen weder Hilf noch Rath —

Langsame Beruhigung der Orgel. Denn nun hieß es verzichtend:

Ob wir gleich sorgen früh und spat —

Durch dreieinhalb Takte wurde, indes die Stimmen des Blutes sich um Beruhigung mühten, der letzte Ton des Chorals festgehalten. Der Trost aber verblieb, daß wir ungesäumt und ungescheut Gott den Herrn anrufen können, anrufen sollen um Rettung aus Angst und Not.

Kaum konnte Altnikol mit der Feder dem Diktat Bachs folgen. So sicher hörte Dieser in sich den Klang sämtlicher choraldeutenden Stimmen. Eine Veränderung, eine Verbesserung durch den Komponisten erwies sich als unnötig. Wohl aber mußte der Schüler ein paar Mal nachfragen, weil ihm nicht zu klingen schien, was er aufgezeichnet hatte. In den meisten Fällen jedoch beharrte der mutige Meister, welcher in der Klangkühnheit weiter zu gehen pflegte als sein zahmer Schüler, auf seinem Diktat. Ein paar Mal hatte Altnikol sich verhört. Die Notwendigkeit der Änderung ergab sich. Aber nicht aus der Unvollkommenheit Johann Sebastians. Sondern aus der Unzulänglichkeit seines Schwiegersohnes.

«Nein!» sagte Bach plötzlich mit äußerster Entschiedenheit. Altnikol erschrak heftig. Er fürchtete, der Vater werde die Komposition, welche in seinen Augen wohlgelungen war, verwerfen und dadurch wiedereinmal Wertvolles zerstören. Als diese Sorge ausgesprochen war, beruhigte der Blinde ihn. An der Choralbearbeitung brauche und solle nichts geändert werden. Nicht eine einzige Note! Aber die Weise erfordere in dieser Stunde einen anderen Text. Viele Male habe er mit seinen Tönen um den Tod gebuhlt. Wie ein Liebender um die Vereinigung mit der begehrten Frau. Also dürfe jetzt, da der Tod an sein Bett getreten sei und es von der Welt Abschied zu nehmen gelte, nicht von höchsten Nöten, nicht von Ratlosigkeit, nicht von Rettung aus Not und Pein gesprochen werden. Er müsse zu seinen Tönen stehen. Er müsse, was er Anderen als Erlösung jubelnd gepriesen hätte, ohne Furcht nun selber vollbringen. Er müsse dem Tod, als dem Bruder des Schlafes, freiwillig und freudig — jawohl freudig! — die Hand geben. Er müsse ihm mit einem liebevollen «Komm!» die Rechte entgegenstrecken zum friedvollen gemeinsamen Gang in das jenseitige Reich. Welcher Text alsdann, fragte Altnikol, der soeben komponierten Choralbearbeitung zugesellt werden solle? Ohne Verzug antwortete Bach: «Vor Deinen Thron tret ich hiermit». Schon hatte der Blinde die Hände gefaltet. Er sprach von den sechzehn Strophen des Chorals diese Beiden:

Vor DEINEN Thron tret ich hiermit,
O, GOTT, und DICH demüthig bitt,
Wend DEIN gnädig Angesicht
Von mir betrübtem Sünder nicht!

DU hast mich, o GOTTVATER mild,
Gemacht zu DEINEM Ebenbild,
In DIR web, schweb und lebe ich,
vergehen müßt ich ohne DICH.

Längst hatte auch Altnikol die Hände gefaltet. Obwohl seine Lippen schwiegen, sprach er — in seinem Herzen — die Worte mit, als Johann Sebastian Bach den 15. Vers des Gesanges betete:

Ein selges Ende mir bescher!
Am Jüngsten Tag erweck mich, HERR,
Daß ich DICH schaue ewiglich!
Amen! Amen! erhöre mich!

Es war Altnikol gewiß, daß nach dieser verklärten Stunde Vater Bach ein Rückweg auf die Erde nicht möglich sei. Der Naumburger Organist machte, als er das Zimmer verlassen und der erschöpfte Kranke allein geblieben war, aus dieser Überzeugung Anna Magdalenen gegenüber, damit ihre Seele sich auf das Unabwendbare vorbereite, keinen Hehl.

Am andern Morgen saß Johann Sebastian Bach im Bett und sah die Sonne. Sah sie, da vergessen wurde, den Fensterladen der Componierstube zu schließen, mit beiden Augen. Erfreut rief er die Seinen. Diese kamen verstört herbeigelaufen. Denn sie vermeinten: die letzte Stunde des Kranken sei gekommen.

Jedoch, Johann Sebastian Bach erklärte: Er sehe! Das Augenlicht sei zurückgekehrt! Man glaubte: der Todbedrohte irre. Bach zeigte auf die Sonne, zeigte auf Gegenstände des Zimmers, zeigte auf die Familienmitglieder und nannte sie bei Namen: Anna Magdalena — — Liesgen — — Sohn Altnikol — — — Gottfried Müthel, sein letzter, lieber, fleißiger Schüler. Man zweifelte noch immer. Bach ließ sich das Notenblatt vom Tisch her reichen. Ergriff es mit sicherer Hand. Las das Geschriebene. Entdeckte einen Schreibfehler. Zeigte mit dem Finger darauf. Wies Altnikol an, ihn zu verbessern. Man mußte, ob man begriff oder nicht, es glauben: Sieht! Unser blinder Vater sieht wieder! Ein Wort — weder des Verwunderns noch der Freude — ein Wort fand Niemand. So erklärte Bach: Jawohl, sein Augenlicht sei zurückgekehrt. Er sehe. Und zwar besser denn seit Jahren. Gott habe ein Wunder an ihm getan. Damit er sein fast abgeschlossenes Werk, «Die Kunst der Fuge» vollenden könne. Morgen früh stehe er auf und mache sich an die Arbeit. Der heutige Tag aber solle ganz dem Glück gehören. Solle nur Einem Gedanken gelten: Er könne wieder sehen! Könne sehen! Se — hen — — Se — — hen — — —

An diesem Nachmittag, dem 18. Juli 1750, erlitt der scheinbar Genesene einen Schlaganfall.

Zehn Tage lang kämpfte sein bewußtlos gewordener, mächtiger Körper gegen den Tod.

Am 28. Juli 1750, einem Dienstag, des Abends um Viertel vor Neun erlosch nach dem wieder versunkenen Augenlicht das Lebenslicht Johann Sebastian Bachs im 66. Jahre seines Erdendaseins.

Das Letzte, was er — seiner Blindheit wegen des eigenen Schreibens nicht mehr fähig — komponiert hatte, war die musikalische Deutung eines Chorals.

Seine letzten Gedanken und Wünsche galten dem fastvollendeten unerschöpflichen Werk, welches den Titel trug: «Die Kunst der Fuge».

Auf dessen letzte verkleckste Seite schrieb Philipp Emanuel Bach:

> N. B. — nota bene, wohlbemerkt —: Ueber dieser Fuge, wo der Nahme
>
> BACH im Contrasubject
> angebracht worden, ist
> der Verfasser gestorben.

Einige wenige Noten strebten über das letzte, mit den Buchstaben seines Namens gegebene, von seiner Hand niedergeschriebene Thema

hinaus. Dann, nach drei Takten, verklangen sie. Und damit gingen sowohl «Die Kunst der Fuge» wie das Leben Johann Sebastian Bachs in die Unsterblichkeit ein.

NACHWORT

Dieses Buch hat sich die Aufgabe gestellt, das Leben Johann Sebastian Bachs auf Grund der überlieferten Tatsachen und anhand der erhaltenen Dokumente zu erzählen. Damit das gesteckte Ziel erreicht würde, war es notwendig, auch die wesentlichen Werke der unterschiedlichen Gruppen seines Schaffens musikalisch zu deuten. Denn Bachs Kunst ist nicht etwa nur ein Teil seines Lebens. Sie macht vielmehr sein eigentliches Leben aus. Weil für ihn die Ton-Kunst das Leben schlechthin war, so wurde sein Leben Kunst; wurde es zu einem Kunstwerk, in dem Alles, auch das Widerstrebende, einem übergeordneten Zweck diente. So daß sich bei längerem, tieferem Hinhören das Disharmonische ins Harmonische auflöst, bei sorgsamerem, vorurteilsloserem Betrachten das Verworrene zur Klarheit entwirrt.

Nun hat man viel zu lange den innersten Sinn des Bachischen Lebens einseitig gesehen und war infolgedessen gezwungen, weite Strecken seines irdischen Daseins, bedeutsame Teile seines musikalischen Schaffens zu unterwerten, ja unbeachtet zu lassen. Man erklärte Johann Sebastian Bach für einen nurchristlichen Künstler, dessen ausschließliche Aufgabe es gewesen sei, im Dienste der Kirche gebrauchsfertige Musik zur Vertiefung und Erhaltung des lehrsatzmäßig festgelegten lutherischen Glaubens zu schaffen, so daß er als Künstler und Mensch seine Erfüllung erst durch das Thomascantorat in Leipzig fand. Es unterliegt allerdings nicht dem geringsten Zweifel: Johann Sebastian Bach war bis an das Ende seines Lebens ein frommer — kein frömmelnder — Mann, ein gottgläubiger — kein kirchenhöriger — evangelischer Christ. Jedoch ebenso fest steht: Johann Sebastian Bach war ein weltgläubiger, wirklichkeitbejahender Mensch; und zwar nicht trotz, sondern infolge seines christlichen Glaubens. Denn Gott war für ihn überall, war in Allem; und Alles war — seinem Glauben gemäß — durch Gott, war in Gott. So hat Bach die Welt freudig bejaht. Er ist ein so voller, starker, kraftstrotzender Mensch gewesen wie irgendein Barockherrscher. Er kämpfte um seine künstlerische Freiheit und sein berufliches Amt mit einem Ungestüm, das heftige, ja überheftige Schläge rundum verteilte. Und zwar zu keinem anderen Zweck, als Raum für die reine Gestaltung und die volle Auswirkung seiner Kunst zu gewinnen. Bach hat das unermeßliche Leid, welches ihm von seinen Vorgesetzten und Kollegen, seinen Gegnern und Kindern zugefügt wurde, überwunden durch den großen Nothelfer seines Lebens: die Arbeit; unermüdliche, unfaßliche Arbeit im Dienste des Höchsten, was auf Erden sein eigen war, im Dienste der Musik.

Weil die Dinge, wie von der neuen Forschung unwiderleglich nachgewiesen wurde, so liegen, gilt es neben den geistlichen Bach den weltlichen Bach zu stellen und mit vollem Nachdruck zu betonen, daß auch Dieser eine Fülle überragender Werke geschaffen hat, deren Schönheit und Lebenskraft noch immer nicht voll erkannt, geschweige denn gnügend ausgeschöpft ist. Aber wir dürfen nicht in den Fehler verfallen, an die Stelle der früheren Einseitigkeit eine neue Einseitigkeit zu setzen. Alle Bemühungen, aus dem rein-geistlichen einen rein-weltlichen Bach, aus dem nur-christlichen einen un-christlichen Bach zu machen, sind im Voraus zum Scheitern verurteilt.

Die geschichtlich festzustellende Wahrheit lautet: Das Leben Johann Sebastian Bachs hatte zwei Zentren, nämlich christliche Gottgläubigkeit und menschliche Weltfreudigkeit. Mit der Behauptung, daß Beide für seine Kunst die gleiche Bedeutung, das gleiche Gewicht besaßen, ist das Entscheidende noch nicht gesagt. Dieses lautet vielmehr: Gottglaube und Weltfreude Bachs waren die zwei Pole einer im Grundwesen einheitlichen Wirkungmacht. Durch getrennte Aufladungen, gegenseitige Entladungen, ständige Wiederaufladungen bis zu dem Zeitpunkt des erneuten Ausgleichs wurde der einheitliche Kraftstrom lebendig erhalten, der Alles, was mit dem Namen Johann Sebastian Bach verbunden ist, durchflutet. Es handelt sich also bei der geistlichen und der weltlichen Kunst des Thomascantors nicht um tatsächliche sondern um scheinbare Gegensätze, die sich an zwei gesonderten Stellen zwar sichtlich sammeln, aber in unsichtbaren Tiefen immer von Neuem vereinigen. Wer diese Zweipoligkeit des Lebens und der Kunst Johann Sebastian Bachs nicht erkennt, nicht vorbehaltlos anerkennt, nicht unbefangen bejaht, der geht an dem Eigentlichen des Bachischen Wesens sowie des Bachischen Schaffens vorbei und versperrt sich hüben oder drüben den Zugang zu einem bedeutsamen, ja einem unentbehrlichen Teil seiner Werke.

Für meine Geschichte von dem Leben Johann Sebastian Bachs verdanke ich wichtige Hinweise, wertvolle Tatsachen und unumgängliche Feststellungen der Bach-Forschung. Nicht nur an grundlegliche Werke wie die von Spitta und Terry, von Schweitzer und Geiringer ist dabei gedacht. Sondern die gesamte, schier unabsehbare Bachliteratur wurde in Jahrzehnten bis zu den kleinsten Schriften und den begrenztesten Einzeldarstellungen überprüft. Weil es sich aber bei meinem Buch nicht um eine wissenschaftliche Leistung sondern um eine erzählerische Bemühung handelt, ist davonabgesehen, den Zusammenhang mit der Forschung im Einzelnen hervorzuheben. Der Kenner weiß darum. Dem Liebhaber können solche Hinweise nur Unwesentliches geben. Um nicht den Fluß des Lesens durch störendes Gestrichel zu unterbrechen, ist auch auf die Einfügung von Anführungszeichen in weitem Maße verzichtet. Sie wurden nur bei der Angabe von Titeln und der Wiedergabe direkter Rede verwendet. Einbezogene Dokumente sind durch Textrückungen kenntlich gemacht. Denn noch einmal sei es gesagt: Dieses Buch will für die Liebhaber seiner Musik das Leben Johann Sebastian Bachs erzählen, aus dem seine einmalige Kunst hervorgegangen ist, ja — wenn er nicht innerlich zu Grunde gehen wollte — so, wie sie wurde, hervorgehen mußte.

Die Abweichungen dieses Buches von der üblichen Orthographie, insbesondere die Großschreibungen, wurden aus künstlerischen Gründen gewählt. Es handelt sich dabei nicht um persönliche Willkür, sondern um ein Zurückgehen auf früher geübte dichterische Ausdrucksformen, welche durch für die Schule notwendige Bestimmungen leider verloren gegangen sind. Der gleiche Brauch wird heute wieder von einer Reihe geachteter Schriftsteller geübt.